民法(債権関係)の改正に関する中間的な論点整理の補足説明

商事法務 編

商事法務

はしがき

　平成 21 年 10 月，法務大臣から「民事基本法典である民法のうち債権関係の規定について，同法制定以来の社会・経済の変化への対応を図り，国民一般に分かりやすいものとする等の観点から，国民の日常生活や経済活動にかかわりの深い契約に関する規定を中心に見直しを行う必要があると思われるので，その要綱を示されたい。」（諮問第 88 号）との諮問を受け，法制審議会は，民法（債権関係）部会（部会長＝鎌田薫・早稲田大学総長）を設置した。

　部会においては，平成 21 年 11 月から，民法（債権関係）の見直しについて審議が行われてきたところであるが，平成 23 年 4 月 12 日の第 26 回会議において，「民法（債権関係）の改正に関する中間的な論点整理」の部会決定がされた。

　このたび，その「民法（債権関係）の改正に関する中間的な論点整理」が公表され，平成 23 年 6 月 1 日から同年 8 月 1 日までの期間パブリック・コメントが実施されることとなった。また，パブリック・コメントの実施に当たって，法務省民事局参事官室から「民法（債権関係）の改正に関する中間的な論点整理の補足説明」が公表されたため，ここに法務省ホームページ上で公表された正誤表を反映させた上原文のまま収録して刊行することとした。

　なお，引用等の便宜のため，原本のページがわかるよう，本文の欄外にページの区切りを示した。

　今後も続く民法（債権関係）の改正に関する資料として，広くご活用いただければ幸いである。

平成 23 年 6 月

商事法務

目　次

はじめに ·· I

第1部　全般的事項 ·· 2

第2部　議事の概況等 ·· 8

第1　債権の目的 ·· 8
1　債権の目的（民法第399条）·· 8
2　特定物の引渡しの場合の注意義務（民法第400条）················· 8
　(1)　特定物の引渡しの場合の注意義務 ······································ 8
　(2)　贈与者の保存義務の特則 ·· 9
3　種類債権の目的物の品質（民法第401条第1項）····················· 9
4　種類債権の目的物の特定（民法第401条第2項）····················· 10
　(1)　種類債権の目的物の特定 ·· 10
　(2)　種類物贈与の特定に関する特則 ·· 11
5　法定利率（民法第404条）·· 11
　(1)　利率の変動制への見直しの要否 ·· 11
　(2)　金銭債務の遅延損害金を算定する利率について ·············· 13
　(3)　中間利息控除について ·· 15
　(4)　利息の定義 ·· 16
6　選択債権（民法第406条から第411条まで）··························· 17

第2　履行請求権等 ·· 18
1　請求力等に関する明文規定の要否 ·· 18
2　民法第414条（履行の強制）の取扱い ···································· 18
3　履行請求権の限界 ·· 20
4　追完請求権 ·· 21
　(1)　追完請求権に関する一般的規定の要否 ······························ 21
　(2)　追完方法が複数ある場合の選択権 ······································ 21
　(3)　追完請求権の限界事由 ·· 22

第3　債務不履行による損害賠償 ·· 23
1　「債務の本旨に従った履行をしないとき」の具体化・明確化
　　（民法第415条）·· 23

(1) 履行不能による填補賠償における不履行態様の要件
　　　　（民法第415条後段）……………………………………………… 23
　　(2) 履行遅滞に陥った債務者に対する填補賠償の手続的要件……… 23
　　(3) 不確定期限付債務における履行遅滞の要件（民法第412条）… 23
　　(4) 履行期前の履行拒絶………………………………………………… 24
　　(5) 追完の遅滞及び不能による損害賠償……………………………… 25
　　(6) 民法第415条前段の取扱い………………………………………… 25
　2　「債務者の責めに帰すべき事由」について（民法第415条後段）……… 26
　　(1) 「債務者の責めに帰すべき事由」の適用範囲…………………… 26
　　(2) 「債務者の責めに帰すべき事由」の意味・規定の在り方……… 26
　　(3) 債務者の帰責事由による履行遅滞後の債務者の帰責事由によらない
　　　　履行不能の処理……………………………………………………… 29
　3　損害賠償の範囲（民法第416条）…………………………………………… 29
　　(1) 損害賠償の範囲に関する規定の在り方…………………………… 29
　　(2) 予見の主体及び時期等（民法第416条第2項）………………… 30
　　(3) 予見の対象（民法第416条第2項）……………………………… 30
　　(4) 故意・重過失による債務不履行における損害賠償の範囲の特則の要否… 31
　　(5) 損害額の算定基準時の原則規定及び損害額の算定ルールについて……… 32
　4　過失相殺（民法第418条）…………………………………………………… 32
　　(1) 要件…………………………………………………………………… 32
　　(2) 効果…………………………………………………………………… 34
　5　損益相殺……………………………………………………………………… 34
　6　金銭債務の特則（民法第419条）…………………………………………… 34
　　(1) 要件の特則：不可抗力免責について……………………………… 34
　　(2) 効果の特則：利息超過損害の賠償について……………………… 35
　7　債務不履行責任の免責条項の効力を制限する規定の要否……………… 35
第4　賠償額の予定（民法第420条，第421条）……………………………… 37
第5　契約の解除………………………………………………………………… 40
　1　債務不履行解除の要件としての不履行態様等に関する規定の整序
　　（民法第541条から第543条まで）………………………………………… 40
　　(1) 催告解除（民法第541条）及び無催告解除（民法第542条，第543条）
　　　　の要件及び両者の関係等の見直しの要否………………………… 40
　　(2) 不完全履行による解除……………………………………………… 44
　　(3) 履行期前の履行拒絶による解除…………………………………… 44

(4) 債務不履行解除の包括的規定の要否……………………… 45
　2　「債務者の責めに帰することができない事由」の要否
　　　（民法第543条）……………………………………………… 45
　3　債務不履行解除の効果（民法第545条）……………………… 46
　　　(1) 解除による履行請求権の帰すう…………………………… 46
　　　(2) 解除による原状回復義務の範囲（民法第545条第2項）…… 47
　　　(3) 原状回復の目的物が滅失・損傷した場合の処理………… 48
　4　解除権者の行為等による解除権の消滅（民法第548条）…… 49
　5　複数契約の解除………………………………………………… 50
　6　労働契約における解除の意思表示の撤回に関する特則の要否… 50

第6　危険負担（民法第534条から第536条まで）……………… 52
　1　債務不履行解除と危険負担との関係………………………… 52
　2　民法第536条第2項の取扱い等………………………………… 54
　3　債権者主義（民法第534条第1項）における
　　　危険の移転時期の見直し……………………………………… 55

第7　受領遅滞（民法第413条）……………………………………… 56
　1　効果の具体化・明確化………………………………………… 56
　2　損害賠償請求及び解除の可否………………………………… 56

第8　債務不履行に関連する新規規定……………………………… 58
　1　追完権…………………………………………………………… 58
　2　第三者の行為によって債務不履行が生じた場合における
　　　債務者の責任…………………………………………………… 59
　3　代償請求権……………………………………………………… 60

第9　債権者代位権…………………………………………………… 61
　1　「本来型の債権者代位権」と「転用型の債権者代位権」の区別…… 61
　2　本来型の債権者代位権の在り方……………………………… 62
　　　(1) 本来型の債権者代位権制度の必要性……………………… 62
　　　(2) 債権回収機能（事実上の優先弁済）の当否……………… 62
　3　本来型の債権者代位権の制度設計…………………………… 63
　　　(1) 債権回収機能（事実上の優先弁済）を否定又は制限する方法…… 63
　　　(2) 被代位権利を行使できる範囲……………………………… 63
　　　(3) 保全の必要性（無資力要件）……………………………… 64
　4　転用型の債権者代位権の在り方……………………………… 65
　　　(1) 根拠規定の在り方…………………………………………… 65

(2)　一般的な転用の要件 ································· 65
　　　(3)　代位債権者への直接給付の可否及びその要件 ······ 66
　5　要件・効果等に関する規定の明確化等 ······················ 66
　　　(1)　被保全債権，被代位権利に関する要件 ·············· 66
　　　(2)　債務者への通知の要否 ····························· 66
　　　(3)　債務者への通知の効果 ····························· 67
　　　(4)　善良な管理者の注意義務 ··························· 67
　　　(5)　費用償還請求権 ··································· 68
　6　第三債務者の地位 ··· 68
　　　(1)　抗弁の対抗 ······································· 68
　　　(2)　供託原因の拡張 ··································· 69
　　　(3)　複数の代位債権者による請求の競合 ················ 69
　7　債権者代位訴訟 ··· 69
　　　(1)　規定の要否 ······································· 69
　　　(2)　債権者代位訴訟における債務者の関与 ·············· 70
　　　(3)　債務者による処分の制限 ··························· 70
　　　(4)　債権者代位訴訟が提起された後に被代位権利が差し押えられた場合の処理 ····························· 71
　　　(5)　訴訟参加 ··· 71
　8　裁判上の代位（民法第423条第2項本文） ··················· 72

第10　詐害行為取消権 ··· 73
　1　詐害行為取消権の法的性質及び詐害行為取消訴訟の在り方 ···· 73
　　　(1)　債務者の責任財産の回復の方法 ····················· 73
　　　(2)　詐害行為取消訴訟における債務者の地位 ············ 74
　　　(3)　詐害行為取消訴訟が競合した場合の処理 ············ 74
　2　要件に関する規定の見直し ································· 75
　　　(1)　要件に関する規定の明確化等 ······················· 75
　　　　ア　被保全債権に関する要件 ························· 75
　　　　イ　無資力要件 ····································· 76
　　　(2)　取消しの対象 ····································· 76
　　　　ア　取消しの対象の類型化と一般的な要件を定める規定の要否 ··· 76
　　　　イ　財産減少行為 ··································· 78
　　　　　(ｱ)　相当価格処分行為 ··························· 78
　　　　　(ｲ)　同時交換的行為 ····························· 78

　　　　(ウ)　無償行為……………………………………………………………… 79
　　　ウ　偏頗行為……………………………………………………………………… 80
　　　　(ア)　債務消滅行為……………………………………………………… 80
　　　　(イ)　既存債務に対する担保供与行為………………………………… 81
　　　エ　対抗要件具備行為…………………………………………………………… 82
　　(3)　転得者に対する詐害行為取消権の要件…………………………………… 83
　　(4)　詐害行為取消訴訟の受継…………………………………………………… 84
　3　効果に関する規定の見直し………………………………………………………… 84
　　(1)　債権回収機能（事実上の優先弁済）の当否……………………………… 84
　　(2)　取消しの範囲………………………………………………………………… 85
　　(3)　逸出財産の回復方法………………………………………………………… 85
　　(4)　費用償還請求権……………………………………………………………… 86
　　(5)　受益者・転得者の地位……………………………………………………… 86
　　　ア　債務消滅行為が取り消された場合の受益者の債権の復活……………… 86
　　　イ　受益者の反対給付…………………………………………………………… 87
　　　ウ　転得者の反対給付…………………………………………………………… 87
　4　詐害行為取消権の行使期間（民法第 426 条）…………………………………… 88

第 11　多数当事者の債権及び債務（保証債務を除く。）……………………… 89
　1　債務者が複数の場合………………………………………………………………… 89
　　(1)　分割債務……………………………………………………………………… 89
　　(2)　連帯債務……………………………………………………………………… 89
　　　ア　要件…………………………………………………………………………… 89
　　　　(ア)　意思表示による連帯債務（民法第 432 条）…………………… 89
　　　　(イ)　商法第 511 条第 1 項の一般ルール化………………………… 89
　　　イ　連帯債務者の一人について生じた事由の効力等………………………… 90
　　　　(ア)　履行の請求（民法第 434 条）…………………………………… 91
　　　　(イ)　債務の免除（民法第 437 条）…………………………………… 91
　　　　(ウ)　更改（民法第 435 条）…………………………………………… 92
　　　　(エ)　時効の完成（民法第 439 条）…………………………………… 92
　　　　(オ)　他の連帯債務者による相殺権の援用（民法第 436 条第 2 項）… 92
　　　　(カ)　破産手続の開始（民法第 441 条）……………………………… 92
　　　ウ　求償関係……………………………………………………………………… 93
　　　　(ア)　一部弁済の場合の求償関係（民法第 442 条）………………… 93
　　　　(イ)　代物弁済又は更改の場合の求償関係（民法第 442 条）……… 93

(ウ)　連帯債務者間の通知義務（民法第443条）·· 93
　　　(エ)　事前通知義務（民法第443条第1項）·· 94
　　　(オ)　負担部分のある者が無資力である場合の求償関係
　　　　　（民法第444条前段）··· 94
　　　(カ)　連帯の免除（民法第445条）··· 94
　　　(キ)　負担割合の推定規定·· 95
　　(3)　不可分債務·· 95
　2　債権者が複数の場合·· 95
　　(1)　分割債権··· 95
　　(2)　不可分債権－不可分債権者の一人について生じた事由の効力
　　　　（民法第429条第1項）··· 96
　　(3)　連帯債権··· 96
　3　その他（債権又は債務の合有又は総有）·· 96
第12　保証債務·· 98
　1　保証債務の成立··· 98
　　(1)　主債務者と保証人との間の契約による保証債務の成立··································· 98
　　(2)　保証契約締結の際における保証人保護の方策··· 98
　　(3)　保証契約締結後の保証人保護の在り方··· 100
　　(4)　保証に関する契約条項の効力を制限する規定の要否···································· 100
　2　保証債務の付従性・補充性··· 100
　3　保証人の抗弁等·· 101
　　(1)　保証人固有の抗弁－催告・検索の抗弁·· 101
　　　ア　催告の抗弁の制度の要否（民法第452条）··· 101
　　　イ　適時執行義務·· 101
　　(2)　主たる債務者の有する抗弁権（民法第457条）·· 102
　4　保証人の求償権·· 102
　　(1)　委託を受けた保証人の事後求償権（民法第459条）·· 102
　　(2)　委託を受けた保証人の事前求償権（民法第460条，第461条等）·························· 103
　　(3)　委託を受けた保証人の通知義務（民法第463条）··· 103
　　(4)　委託を受けない保証人の通知義務（民法第463条）·· 104
　5　共同保証－分別の利益·· 104
　6　連帯保証·· 104
　　(1)　連帯保証制度の在り方·· 104
　　(2)　連帯保証人に生じた事由の効力－履行の請求·· 105

- 7 根保証 106
  - (1) 規定の適用範囲の拡大 106
  - (2) 根保証に関する規律の明確化 107
- 8 その他 108
  - (1) 主債務の種別等による保証契約の制限 108
  - (2) 保証類似の制度の検討 109

第13 債権譲渡 110

- 1 譲渡禁止特約（民法第466条） 110
  - (1) 譲渡禁止特約の効力 110
  - (2) 譲渡禁止特約を譲受人に対抗できない事由 114
    - ア 譲受人に重過失がある場合 114
    - イ 債務者の承諾があった場合 115
    - ウ 譲渡人について倒産手続の開始決定があった場合 115
    - エ 債務者の債務不履行の場合 117
  - (3) 譲渡禁止特約付債権の差押え・転付命令による債権の移転 ... 117
- 2 債権譲渡の対抗要件（民法第467条） 118
  - (1) 総論及び第三者対抗要件の見直し 118
  - (2) 債務者対抗要件（権利行使要件）の見直し 121
  - (3) 対抗要件概念の整理 122
  - (4) 債務者保護のための規定の明確化等 123
    - ア 債務者保護のための規定の明確化 123
    - イ 譲受人間の関係 123
    - ウ 債権差押えとの競合の場合の規律の必要性 124
- 3 抗弁の切断（民法第468条） 124
- 4 将来債権譲渡 125
  - (1) 将来債権の譲渡が認められる旨の規定の要否 125
  - (2) 公序良俗の観点からの将来債権譲渡の効力の限界 126
  - (3) 譲渡人の地位の変動に伴う将来債権譲渡の効力の限界 127

第14 証券的債権に関する規定 130

- 1 証券的債権に関する規定の要否（民法第469条から第473条まで） ... 130
- 2 有価証券に関する規定の要否（民法第469条から第473条まで） 130
- 3 有価証券に関する通則的な規定の内容 131
- 4 免責証券に関する規定の要否 132

第15 債務引受 134

1 総論（債務引受に関する規定の要否）……………………………………… 134
  2 併存的債務引受……………………………………………………………… 135
   (1) 併存的債務引受の要件………………………………………………… 135
   (2) 併存的債務引受の効果………………………………………………… 136
   (3) 併存的債務引受と保証との関係……………………………………… 136
  3 免責的債務引受……………………………………………………………… 137
   (1) 免責的債務引受の要件………………………………………………… 137
   (2) 免責的債務引受の効果………………………………………………… 138
  4 その他………………………………………………………………………… 139
   (1) 将来債務引受に関する規定の要否…………………………………… 139
   (2) 履行引受に関する規定の要否………………………………………… 139
   (3) 債務引受と両立しない関係にある第三者との法律関係の明確化のための
      規定の要否………………………………………………………………… 139

第16 契約上の地位の移転（譲渡）…………………………………………… 141
  1 総論（契約上の地位の移転（譲渡）に関する規定の要否）…………… 141
  2 契約上の地位の移転の要件………………………………………………… 141
  3 契約上の地位の移転の効果等……………………………………………… 142
  4 対抗要件制度………………………………………………………………… 143

第17 弁済……………………………………………………………………………… 145
  1 弁済の効果…………………………………………………………………… 145
  2 第三者による弁済（民法第474条）……………………………………… 146
   (1) 「利害関係」と「正当な利益」の関係……………………………… 146
   (2) 利害関係を有しない第三者による弁済……………………………… 146
  3 弁済として引き渡した物の取戻し（民法第476条）…………………… 149
  4 債権者以外の第三者に対する弁済（民法第478条から第480条まで）… 149
   (1) 受領権限を有する第三者に対する弁済の有効性…………………… 149
   (2) 債権の準占有者に対する弁済（民法第478条）……………………… 150
    ア 「債権の準占有者」概念の見直し………………………………… 150
    イ 善意無過失要件の見直し…………………………………………… 150
    ウ 債権者の帰責事由の要否…………………………………………… 150
    エ 民法第478条の適用範囲の拡張の要否……………………………… 152
   (3) 受取証書の持参人に対する弁済（民法第480条）…………………… 152
  5 代物弁済（民法第482条）………………………………………………… 153
   (1) 代物弁済に関する法律関係の明確化………………………………… 153

(2) 第三者による代物弁済の可否·· 154
　6　弁済の内容に関する規定（民法第483条から第487条まで）············· 154
　　(1) 特定物の現状による引渡し（民法第483条）································ 154
　　(2) 弁済をすべき場所，時間等に関する規定（民法第484条）············· 155
　　(3) 受取証書・債権証書の取扱い（民法第486条，第487条）··············· 155
　7　弁済の充当（民法第488条から第491条まで）······························· 155
　8　弁済の提供（民法第492条，第493条）······································· 157
　　(1) 弁済の提供の効果の明確化··· 157
　　(2) 口頭の提供すら不要とされる場合の明文化································ 158
　9　弁済の目的物の供託（弁済供託）（民法第494条から第498条まで）··· 159
　　(1) 弁済供託の要件・効果の明確化·· 159
　　(2) 自助売却の要件の拡張··· 159
　10　弁済による代位（民法第499条から第504条まで）······················· 160
　　(1) 任意代位の見直し··· 160
　　(2) 弁済による代位の効果の明確化·· 160
　　　ア　弁済者が代位する場合の原債権の帰すう································· 160
　　　イ　法定代位者相互間の関係に関する規定の明確化······················· 162
　　(3) 一部弁済による代位の要件・効果の見直し································ 162
　　　ア　一部弁済による代位の要件・効果の見直し···························· 162
　　　イ　連帯債務の一部が履行された場合における債権者の原債権と
　　　　　一部履行をした連帯債務者の求償権との関係·························· 163
　　　ウ　保証債務の一部を履行した場合における債権者の原債権と
　　　　　保証人の求償権の関係··· 164
　　(4) 債権者の義務··· 164
　　　ア　債権者の義務の明確化·· 164
　　　イ　担保保存義務違反による免責の効力が及ぶ範囲······················· 165

第18　相殺·· 166
　1　相殺の要件（民法第505条）··· 166
　　(1) 相殺の要件の明確化·· 166
　　(2) 第三者による相殺··· 166
　　(3) 相殺禁止の意思表示·· 168
　2　相殺の方法及び効力··· 168
　　(1) 相殺の遡及効の見直し（民法第506条）····································· 168
　　(2) 時効消滅した債権を自働債権とする相殺（民法第508条）の見直し······ 169

(3)　充当に関する規律の見直し（民法第 512 条） 170
　3　不法行為債権を受働債権とする相殺（民法第 509 条） 171
　4　支払の差止めを受けた債権を受働債権とする相殺の禁止
　　（民法第 511 条） 172
　　(1)　法定相殺と差押え 172
　　(2)　債権譲渡と相殺の抗弁 174
　　(3)　自働債権の取得時期による相殺の制限の要否 175
　　(4)　相殺予約の効力 175
　5　相殺権の濫用 177

第 19　更改 178
　1　更改の要件の明確化（民法第 513 条） 178
　　(1)　「債務の要素」の明確化と更改意思 178
　　(2)　旧債務の存在及び新債務の成立 178
　2　更改による当事者の交替の制度の要否
　　（民法第 514 条から第 516 条まで） 178
　3　旧債務が消滅しない場合の規定の明確化（民法第 517 条） 179

第 20　免除及び混同 180
　1　免除の規定の見直し（民法第 519 条） 180
　2　混同の例外の明確化（民法第 520 条） 181

第 21　新たな債権消滅原因に関する法的概念
　　（決済手法の高度化・複雑化への民法上の対応） 183
　1　新たな債権消滅原因となる法的概念に関する規定の要否 183
　2　新たな債権消滅原因となる法的概念に関する規定を設ける場合に
　　おける第三者との法律関係を明確にするための規定の要否 185

第 22　契約に関する基本原則等 187
　1　契約自由の原則 187
　2　契約の成立に関する一般的規定 189
　3　原始的に不能な契約の効力 190
　4　債権債務関係における信義則の具体化 192

第 23　契約交渉段階 194
　1　契約交渉の不当破棄 194
　2　契約締結過程における説明義務・情報提供義務 196
　3　契約交渉等に関与させた第三者の行為による交渉当事者の責任 198

第 24　申込みと承諾 200

1	総論	200
2	申込み及び承諾の概念	202
(1)	定義規定の要否	202
(2)	申込みの推定規定の要否	202
(3)	交叉申込み	203
3	承諾期間の定めのある申込み	204
4	承諾期間の定めのない申込み	205
5	対話者間における承諾期間の定めのない申込み	207
6	申込者の死亡又は行為能力の喪失	207
7	申込みを受けた事業者の物品保管義務	208
8	隔地者間の契約の成立時期	208
9	申込みに変更を加えた承諾	209

第25 懸賞広告 　211

1	懸賞広告を知らずに指定行為が行われた場合	211
2	懸賞広告の効力・撤回	211
(1)	懸賞広告の効力	211
(2)	撤回の可能な時期	212
(3)	撤回の方法	212
3	懸賞広告の報酬を受ける権利	213

第26 第三者のためにする契約 　214

1	受益の意思の表示を不要とする類型の創設等（民法第537条）	214
2	受益者の権利の確定	215
3	受益者の現存性・特定性	215
4	要約者の地位	216
(1)	諾約者に対する履行請求	216
(2)	解除権の行使	216

第27 約款（定義及び組入要件） 　218

1	約款の組入要件に関する規定の要否	218
2	約款の定義	219
3	約款の組入要件の内容	220
4	約款の変更	224

第28 法律行為に関する通則 　225

1	法律行為の効力	225
(1)	法律行為の意義等の明文化	225

	(2)	公序良俗違反の具体化······	226
	(3)	「事項を目的とする」という文言の削除（民法第90条）······	228
2		法令の規定と異なる意思表示（民法第91条）······	228
3		強行規定と任意規定の区別の明記······	229
4		任意規定と異なる慣習がある場合······	229

第29　意思能力······ 231

1		要件等······	231
	(1)	意思能力の定義······	231
	(2)	意思能力を欠く状態で行われた法律行為が有効と扱われる場合の有無······	232
2		日常生活に関する行為の特則······	232
3		効果······	233

第30　意思表示······ 236

1		心裡留保······	236
	(1)	心裡留保の意思表示が無効となる要件······	236
	(2)	第三者保護規定······	237
2		通謀虚偽表示······	238
	(1)	第三者保護要件······	238
	(2)	民法第94条第2項の類推適用法理の明文化······	239
3		錯誤······	240
	(1)	動機の錯誤に関する判例法理の明文化······	240
	(2)	要素の錯誤の明確化······	241
	(3)	表意者に重過失がある場合の無効主張の制限の例外······	241
	(4)	効果······	242
	(5)	錯誤者の損害賠償責任······	243
	(6)	第三者保護規定······	244
4		詐欺及び強迫······	245
	(1)	沈黙による詐欺······	245
	(2)	第三者による詐欺······	245
	(3)	第三者保護規定······	246
5		意思表示に関する規定の拡充······	247
6		意思表示の到達及び受領能力······	250
	(1)	意思表示の効力発生時期······	250
	(2)	意思表示の到達主義の適用対象······	250
	(3)	意思表示の受領を擬制すべき場合······	251

(4) 意思能力を欠く状態となった後に到達し,
　　　又は受領した意思表示の効力…………………………………251

第31　不当条項規制……………………………………………………253
　1　不当条項規制の要否，適用対象等………………………………253
　2　不当条項規制の対象から除外すべき契約条項…………………255
　3　不当性の判断枠組み………………………………………………257
　4　不当条項の効力……………………………………………………258
　5　不当条項のリストを設けることの当否…………………………259

第32　無効及び取消し…………………………………………………262
　1　相対的無効（取消的無効）………………………………………262
　2　一部無効……………………………………………………………263
　　(1) 法律行為に含まれる特定の条項の一部無効…………………263
　　(2) 法律行為の一部無効……………………………………………264
　　(3) 複数の法律行為の無効…………………………………………265
　3　無効な法律行為の効果……………………………………………267
　　(1) 法律行為が無効であることの帰結……………………………267
　　(2) 返還請求権の範囲………………………………………………267
　　(3) 制限行為能力者・意思無能力者の返還義務の範囲…………269
　　(4) 無効行為の転換…………………………………………………270
　　(5) 追認………………………………………………………………271
　4　取り消すことができる行為の追認………………………………272
　　(1) 追認の要件………………………………………………………272
　　(2) 法定追認…………………………………………………………272
　　(3) 追認の効果………………………………………………………273
　　(4) 相手方の催告権…………………………………………………273
　5　取消権の行使期間…………………………………………………274
　　(1) 期間の見直しの要否……………………………………………274
　　(2) 抗弁権の永続性…………………………………………………274

第33　代理………………………………………………………………275
　1　有権代理……………………………………………………………275
　　(1) 代理行為の瑕疵－原則（民法第101条第1項）………………275
　　(2) 代理行為の瑕疵－例外（民法第101条第2項）………………275
　　(3) 代理人の行為能力（民法第102条）…………………………276
　　(4) 代理権の範囲（民法第103条）………………………………276

(5)　任意代理人による復代理人の選任（民法第104条）……………277
　　(6)　利益相反行為（民法第108条）……………………………………277
　　(7)　代理権の濫用………………………………………………………278
　2　表見代理…………………………………………………………………279
　　(1)　代理権授与の表示による表見代理（民法第109条）……………279
　　　ア　法定代理への適用の可否………………………………………279
　　　イ　代理権授与表示への意思表示規定の類推適用………………280
　　　ウ　白紙委任状………………………………………………………280
　　　エ　本人名義の使用許諾の場合……………………………………281
　　　オ　民法第110条との重畳適用……………………………………281
　　(2)　権限外の行為の表見代理（民法第110条）………………………282
　　　ア　法定代理への適用の可否………………………………………282
　　　イ　代理人の「権限」………………………………………………283
　　　ウ　正当な理由………………………………………………………283
　　(3)　代理権消滅後の表見代理（民法第112条）………………………283
　　　ア　法定代理への適用の可否………………………………………283
　　　イ　「善意」の対象…………………………………………………284
　　　ウ　民法第110条との重畳適用……………………………………285
　3　無権代理…………………………………………………………………285
　　(1)　無権代理人の責任（民法第117条）………………………………285
　　(2)　無権代理と相続……………………………………………………286
　4　授権………………………………………………………………………286

第34　条件及び期限……………………………………………………………289
　1　停止条件及び解除条件の意義…………………………………………289
　2　条件の成否が未確定の間における法律関係…………………………289
　3　不能条件（民法第133条）………………………………………………289
　4　期限の意義………………………………………………………………290
　5　期限の利益の喪失（民法第137条）……………………………………290

第35　期間の計算………………………………………………………………291
　1　総論（民法に規定することの当否）…………………………………291
　2　過去に遡る方向での期間の計算方法…………………………………291
　3　期間の末日に関する規定の見直し……………………………………291

第36　消滅時効…………………………………………………………………293
　1　時効期間と起算点………………………………………………………293

		(1) 原則的な時効期間について……………………………………… 293
		(2) 時効期間の特則について…………………………………………… 294
		ア 短期消滅時効制度について…………………………………… 294
		イ 定期金債権………………………………………………………… 295
		ウ 判決等で確定した権利………………………………………… 296
		エ 不法行為等による損害賠償請求権…………………………… 296
		(3) 時効期間の起算点について………………………………………… 297
		(4) 合意による時効期間等の変更……………………………………… 299
	2	時効障害事由……………………………………………………………… 299
		(1) 中断事由（時効期間の更新，時効の新たな進行）……………… 299
		(2) その他の中断事由の取扱い………………………………………… 301
		(3) 時効の停止事由……………………………………………………… 301
		(4) 当事者間の交渉・協議による時効障害…………………………… 302
		(5) その他………………………………………………………………… 303
		ア 債権の一部について訴えの提起等がされた場合の取扱い… 303
		イ 債務者以外の者に対して訴えの提起等をした旨の債務者への通知…… 304
	3	時効の効果………………………………………………………………… 304
		(1) 時効の援用等………………………………………………………… 304
		(2) 債務者以外の者に対する効果（援用権者）……………………… 305
		(3) 時効の利益の放棄等………………………………………………… 306
	4	形成権の期間制限………………………………………………………… 306
	5	その他……………………………………………………………………… 307
		(1) その他の財産権の消滅時効………………………………………… 307
		(2) 取得時効への影響…………………………………………………… 307
第37	契約各則－共通論点……………………………………………………… 308	
	1	冒頭規定の規定方法……………………………………………………… 308
	2	強行規定と任意規定の区別の明確化…………………………………… 308
第38	売買－総則………………………………………………………………… 310	
	1	売買の一方の予約（民法第556条）……………………………………… 310
	2	手付（民法第557条）……………………………………………………… 310
第39	売買－売買の効力（担保責任）………………………………………… 312	
	1	物の瑕疵に関する担保責任（民法第570条）………………………… 312
		(1) 債務不履行の一般原則との関係（瑕疵担保責任の法的性質）… 312
		(2) 「瑕疵」の意義（定義規定の要否）……………………………… 313

(3)　「隠れた」という要件の要否 ……………………………………… 315
　　(4)　代金減額請求権の要否 ………………………………………… 316
　　(5)　買主に認められる権利の相互関係の明確化 ………………… 316
　　(6)　短期期間制限の見直しの要否 ………………………………… 318
　2　権利の瑕疵に関する担保責任（民法第560条から第567条まで）：
　　　共通論点 ……………………………………………………………… 320
　3　権利の瑕疵に関する担保責任（民法第560条から第567条まで）：
　　　個別論点 ……………………………………………………………… 320
　　(1)　他人の権利の売買における善意の売主の解除権（民法第562条）の要否 … 320
　　(2)　数量の不足又は物の一部滅失の場合における売主の担保責任
　　　　（民法第565条）…………………………………………………… 320
　　(3)　地上権等がある場合等における売主の担保責任（民法第566条）……… 321
　　(4)　抵当権等がある場合における売主の担保責任（民法第567条）………… 321
　4　競売における担保責任（民法第568条，第570条ただし書）……… 322
　5　売主の担保責任と同時履行（民法第571条）…………………… 324
　6　数量超過の場合の売主の権利 …………………………………… 324
　7　民法第572条（担保責任を負わない旨の特約）の見直しの要否 …… 325
　8　数量保証・品質保証等に関する規定の要否 …………………… 326
　9　当事者の属性や目的物の性質による特則の要否 ……………… 326

第40　売買－売買の効力（担保責任以外） ……………………… 328
　1　売主及び買主の基本的義務の明文化 …………………………… 328
　　(1)　売主の引渡義務及び対抗要件具備義務 ……………………… 328
　　(2)　買主の受領義務 ………………………………………………… 328
　2　代金の支払及び支払の拒絶 ……………………………………… 329
　　(1)　代金の支払期限（民法第573条）……………………………… 329
　　(2)　代金の支払場所（民法第574条）……………………………… 330
　　(3)　権利を失うおそれがある場合の買主による代金支払の拒絶
　　　　（民法第576条）…………………………………………………… 330
　　(4)　抵当権等の登記がある場合の買主による代金支払の拒絶
　　　　（民法第577条）…………………………………………………… 331
　3　果実の帰属又は代金の利息の支払（民法第575条）…………… 331
　4　その他の新規規定 ………………………………………………… 332
　　(1)　他人の権利の売買と相続 ……………………………………… 332
　　(2)　解除の帰責事由を不要とした場合における

　　　　解除権行使の限界に関する規定……………………………………332
　　(3) 消費者と事業者との間の売買契約に関する特則………………333
　　(4) 事業者間の売買契約に関する特則………………………………333
　5 民法第559条（有償契約への準用）の見直しの要否………………333

第41　売買－買戻し，特殊の売買………………………………………335
　1 買戻し（民法第579条から第585条まで）…………………………335
　2 契約締結に先立って目的物を試用することができる売買………336

第42　交換……………………………………………………………………337

第43　贈与……………………………………………………………………338
　1 成立要件の見直しの要否（民法第549条）…………………………338
　2 適用範囲の明確化……………………………………………………338
　3 書面によらない贈与の撤回における「書面」要件の明確化
　　（民法第550条）………………………………………………………339
　4 贈与者の担保責任（民法第551条第1項）…………………………340
　5 負担付贈与（民法第551条第2項，第553条）……………………341
　6 死因贈与（民法第554条）……………………………………………342
　7 その他の新規規定……………………………………………………343
　　(1) 贈与の予約…………………………………………………………343
　　(2) 背信行為等を理由とする撤回・解除……………………………343
　　(3) 解除による受贈者の原状回復義務の特則………………………344
　　(4) 無償契約への準用…………………………………………………345

第44　消費貸借………………………………………………………………346
　1 消費貸借の成立………………………………………………………346
　　(1) 要物性の見直し……………………………………………………346
　　(2) 無利息消費貸借についての特則…………………………………347
　　(3) 目的物の交付前における消費者借主の解除権…………………348
　　(4) 目的物の引渡前の当事者の一方についての破産手続の開始…348
　　(5) 消費貸借の予約……………………………………………………349
　2 利息に関する規律の明確化…………………………………………349
　3 目的物に瑕疵があった場合の法律関係……………………………350
　　(1) 貸主の担保責任……………………………………………………350
　　(2) 借主の返還義務……………………………………………………350
　4 期限前弁済に関する規律の明確化…………………………………351
　　(1) 期限前弁済…………………………………………………………351

		(2) 事業者が消費者に融資をした場合の特則…………………………	351
	5	抗弁の接続………………………………………………………………	352

第45 賃貸借……………………………………………………………… 354

1	短期賃貸借に関する規定の見直し……………………………………	354
2	賃貸借の存続期間………………………………………………………	354
3	賃貸借と第三者との関係………………………………………………	355
	(1) 目的不動産について物権を取得した者その他の第三者との関係…………	355
	(2) 目的不動産の所有権が移転した場合の賃貸借の帰すう………………	356
	(3) 不動産賃貸借における合意による賃貸人の地位の承継………………	358
	(4) 敷金返還債務の承継………………………………………………	358
	(5) 動産賃貸借と第三者との関係……………………………………	359
	(6) 賃借権に基づく妨害排除請求権…………………………………	360
4	賃貸人の義務……………………………………………………………	360
	(1) 賃貸人の修繕義務…………………………………………………	360
	(2) 賃貸物の修繕に関する賃借人の権利……………………………	361
	(3) 賃貸人の担保責任…………………………………………………	361
5	賃借人の義務……………………………………………………………	361
	(1) 賃料の支払義務（事情変更による増減額請求権）……………………	361
	(2) 目的物の一部が利用できない場合の賃料の減額等…………………	362
6	賃借権の譲渡及び転貸………………………………………………	363
	(1) 賃借権の譲渡及び転貸の制限……………………………………	363
	(2) 適法な転貸借がされた場合の賃貸人と転借人との関係……………	364
7	賃貸借の終了……………………………………………………………	366
	(1) 賃貸物が滅失した場合等における賃貸借の終了……………………	366
	(2) 賃貸借終了時の原状回復…………………………………………	366
	(3) 損害賠償及び費用の償還の請求権についての期間の制限…………	367
	ア 用法違反による賃貸人の損害賠償請求権についての期間制限……	367
	イ 賃借人の費用償還請求権についての期間制限…………………	368
8	賃貸借に関する規定の配列…………………………………………	369

第46 使用貸借……………………………………………………………… 370

1	使用貸借契約の成立要件………………………………………………	370
2	使用貸借の対抗力………………………………………………………	370
3	使用貸借の効力（貸主の担保責任）…………………………………	371
4	使用貸借の終了…………………………………………………………	372

(1) 使用貸借の終了事由·· 372
　(2) 損害賠償請求権・費用償還請求権についての期間の制限················ 372
第47　役務提供型の典型契約（雇用，請負，委任，寄託）総論·············· 374
第48　請負·· 376
　1　請負の意義（民法第632条）·· 376
　2　注文者の義務··· 379
　3　報酬に関する規律·· 380
　(1) 報酬の支払時期（民法第633条）·· 380
　(2) 仕事の完成が不可能になった場合の報酬請求権······························ 382
　(3) 仕事の完成が不可能になった場合の費用償還請求権······················· 384
　4　完成した建物の所有権の帰属·· 385
　5　瑕疵担保責任··· 385
　(1) 瑕疵修補請求権の限界（民法第634条第1項）······························· 385
　(2) 瑕疵を理由とする催告解除·· 386
　(3) 土地の工作物を目的とする請負の解除（民法第635条ただし書）··· 387
　(4) 報酬減額請求権の要否·· 387
　(5) 請負人の担保責任の存続期間（民法第637条，第638条第2項）··· 388
　(6) 土地工作物に関する性質保証期間（民法第638条第1項）·············· 391
　(7) 瑕疵担保責任の免責特約（民法第640条）····································· 392
　6　注文者の任意解除権（民法第641条）·· 393
　(1) 注文者の任意解除権に対する制約··· 393
　(2) 注文者が任意解除権を行使した場合の損害賠償の範囲（民法第641条）··· 393
　7　注文者についての破産手続の開始による解除（民法第642条）········ 394
　8　下請負·· 395
　(1) 下請負に関する原則·· 395
　(2) 下請負人の直接請求権·· 395
　(3) 下請負人の請負の目的物に対する権利·· 398
第49　委任·· 399
　1　受任者の義務に関する規定··· 399
　(1) 受任者の指図遵守義務·· 399
　(2) 受任者の忠実義務··· 400
　(3) 受任者の自己執行義務·· 402
　(4) 受任者の報告義務（民法第645条）·· 405
　(5) 委任者の財産についての受任者の保管義務····································· 405

(6) 受任者の金銭の消費についての責任（民法第647条）……………… 406
 2　委任者の義務に関する規定……………………………………………… 406
　(1) 受任者が債務を負担したときの解放義務（民法第650条第2項）……… 406
　(2) 受任者が受けた損害の賠償義務（民法第650条第3項）……………… 407
　(3) 受任者が受けた損害の賠償義務についての消費者契約の特則
　　　（民法第650条第3項）………………………………………………… 407
 3　報酬に関する規律………………………………………………………… 408
　(1) 無償性の原則の見直し（民法第648条第1項）……………………… 408
　(2) 報酬の支払方式………………………………………………………… 409
　(3) 報酬の支払時期（民法第648条第2項）……………………………… 410
　(4) 委任事務の処理が不可能になった場合の報酬請求権……………… 411
 4　委任の終了に関する規定………………………………………………… 412
　(1) 委任契約の任意解除権（民法第651条）……………………………… 412
　(2) 委任者死亡後の事務処理を委託する委任（民法第653条第1号）……… 413
　(3) 破産手続開始による委任の終了（民法第653条第2号）……………… 414
 5　準委任（民法第656条）…………………………………………………… 415
 6　特殊の委任………………………………………………………………… 416
　(1) 媒介契約に関する規定………………………………………………… 416
　(2) 取次契約に関する規定………………………………………………… 417
　(3) 他人の名で契約をした者の履行保証責任…………………………… 419

第50　準委任に代わる役務提供型契約の受皿規定……………………… 420
 1　新たな受皿規定の要否…………………………………………………… 420
 2　役務提供者の義務に関する規律………………………………………… 422
 3　役務受領者の義務に関する規律………………………………………… 422
 4　報酬に関する規律………………………………………………………… 423
　(1) 役務提供者が経済事業の範囲で役務を提供する場合の有償性の推定…… 423
　(2) 報酬の支払方式………………………………………………………… 423
　(3) 報酬の支払時期………………………………………………………… 424
　(4) 役務提供の履行が不可能な場合の報酬請求権……………………… 424
 5　任意解除権に関する規律………………………………………………… 425
 6　役務受領者について破産手続が開始した場合の規律………………… 427
 7　その他の規定の要否……………………………………………………… 428
 8　役務提供型契約に関する規定の編成方式……………………………… 428

第51　雇用………………………………………………………………………… 430

	1	総論（雇用に関する規定の在り方）	430
	2	報酬に関する規律	431
	(1)	具体的な報酬請求権の発生時期	431
	(2)	労務が履行されなかった場合の報酬請求権	431
	3	民法第626条の規定の要否	433
	4	有期雇用契約における黙示の更新（民法第629条）	434
	(1)	有期雇用契約における黙示の更新後の期間の定めの有無	434
	(2)	民法第629条第2項の規定の要否	435

第52　寄託 …… 436

	1	寄託の成立 – 要物性の見直し	436
	(1)	要物性の見直し	436
	(2)	寄託物の受取前の当事者間の法律関係	436
	(3)	寄託物の引渡前の当事者の一方についての破産手続の開始	437
	2	受寄者の自己執行義務（民法第658条）	438
	(1)	再寄託の要件	438
	(2)	適法に再寄託が行われた場合の法律関係	438
	3	受寄者の保管義務（民法第659条）	439
	4	寄託物の返還の相手方	440
	5	寄託者の義務	441
	(1)	寄託者の損害賠償責任（民法第661条）	441
	(2)	寄託者の報酬支払義務	442
	6	寄託物の損傷又は一部滅失の場合における寄託者の通知義務	443
	7	寄託物の譲渡と間接占有の移転	444
	8	消費寄託（民法第666条）	445
	9	特殊の寄託 – 混合寄託（混蔵寄託）	446
	10	特殊の寄託 – 流動性預金口座	447
	(1)	流動性預金口座への振込みによる金銭債務の履行に関する規律の要否	448
	(2)	資金移動取引の法律関係についての規定の要否	450
	(3)	指図に関する規律の要否	451
	(4)	流動性預金口座に存する金銭債権の差押えに関する規律の要否	451
	(5)	流動性預金口座に係る預金契約の法的性質に関する規律の要否	452
	11	特殊の寄託 – 宿泊事業者の特則	452

第53　組合 …… 454

	1	組合契約の成立	454

		(1) 組合員の一人の出資債務が履行されない場合	454
		(2) 組合契約の無効又は取消し	454
	2	組合の財産関係	455
	3	組合の業務執行及び組合代理	456
		(1) 組合の業務執行	456
		(2) 組合代理	456
	4	組合員の変動	457
		(1) 組合員の加入	457
		(2) 組合員の脱退	457
	5	組合の解散及び清算	458
		(1) 組合の解散	458
		(2) 組合の清算	459
	6	内的組合に関する規定の整備	459

第54 終身定期金 ... 461

第55 和解 ... 463
　1　和解の意義（民法第695条） ... 463
　2　和解の効力（民法第696条） ... 464
　　(1) 和解と錯誤 ... 464
　　(2) 人身損害についての和解の特則 ... 465

第56 新種の契約 ... 467
　1　新たな典型契約の要否等 ... 467
　2　ファイナンス・リース ... 468

第57 事情変更の原則 ... 471
　1　事情変更の原則の明文化の要否 ... 471
　2　要件論 ... 473
　3　効果論 ... 474
　　(1) 解除，契約改訂，再交渉請求権・再交渉義務 ... 474
　　(2) 契約改訂の法的性質・訴訟手続との関係 ... 476
　　(3) 解除権と契約改訂との相互関係 ... 476

第58 不安の抗弁権 ... 477
　1　不安の抗弁権の明文化の要否 ... 477
　2　要件論 ... 478
　3　効果論 ... 480

第59 契約の解釈 ... 482

1	契約の解釈に関する原則を明文化することの要否	482
2	契約の解釈に関する基本原則	483
3	条項使用者不利の原則	484

第60 継続的契約 …… 486

1 規定の要否等 …… 486
2 継続的契約の解消の場面に関する規定 …… 486
  (1) 期間の定めのない継続的契約の終了 …… 486
  (2) 期間の定めのある継続的契約の終了 …… 487
  (3) 継続的契約の解除 …… 488
  (4) 消費者・事業者間の継続的契約の解除 …… 488
  (5) 解除の効果 …… 489
3 特殊な継続的契約－多数当事者型継続的契約 …… 489
4 分割履行契約 …… 490

第61 法定債権に関する規定に与える影響 …… 491

第62 消費者・事業者に関する規定 …… 493

1 民法に消費者・事業者に関する規定を設けることの当否 …… 493
2 消費者契約の特則 …… 497
3 事業者に関する特則 …… 498
  (1) 事業者間契約に関する特則 …… 498
  (2) 契約当事者の一方が事業者である場合の特則 …… 499
  (3) 事業者が行う一定の事業について適用される特則 …… 500

第63 規定の配置 …… 502

民法（債権関係）の改正に関する
中間的な論点整理の補足説明

平成 23 年 5 月
法務省民事局参事官室

はじめに

1　法制審議会民法（債権関係）部会（部会長＝鎌田薫早稲田大学総長）は，平成23年4月12日開催の第26回会議において，「民法（債権関係）の改正に関する中間的な論点整理」（以下「中間的な論点整理」という。）の決定を行った。当初，この会議は同年3月29日に予定されていたが，同月11日に東日本を襲った大震災のため，2週間延期されて開催されたものである。震災から2か月以上を経た現在，なお，我が国では，震災の被害への対応が何よりも最優先の課題であり，官民を挙げて復興に向けた取組みが行われている。他方，それと同時に，我が国の将来の社会のため，中長期的な立法課題への地道な取組みも継続させていく必要がある。このような考慮の下，当初の予定から約2か月時期を遅らせて，中間的な論点整理についてのパブリック・コメントの手続を実施することとした。国民各位の御理解と御協力を切にお願いしたい。

2　第26回会議における部会決定は，当日の審議結果を反映させる作業を部会長と事務当局に一任する形で行われたため，中間的な論点整理は，この反映作業を経た後の同年5月10日に，法務省ウェブサイト上で公表された。この中間的な論点整理についてのパブリック・コメントの手続を実施するに当たり，その理解の一助としていただく趣旨で，「民法（債権関係）の改正に関する中間的な論点整理の補足説明」（以下「補足説明」という。）を公表することとした。補足説明は，民法（債権関係）部会の事務当局である法務省民事局参事官室の責任において作成したものであり，第1部（全般的事項）と第2部（議事の概況等）からなる。

　第1部では，民法（債権関係）の改正に関する法制審議会への諮問，民法（債権関係）部会における審議経過，中間的な論点整理の意義やその記載要領など，中間的な論点整理に関する全般的な事項について説明する。

　他方，第2部では，中間的な論点整理の記載内容を再掲した上で，それぞれの論点項目ごとに，民法（債権関係）部会で議論が行われた際の議事の概況を中心に，その他参考となる事項を記載する。同部会の議事については，各回の会議ごとに逐語的な議事録（発言者名を表示）が作成され，既に法務省ウェブサイト上で公表されているので，議事の詳細についてはこの議事録を御覧いただきたいが，より容易に議事の概況等を把握していただけるよう，第2部を執筆した。

第1部　全般的事項

1　法制審議会への諮問

　民法のうち第1編から第3編までの財産法部分は，明治29年に制定された後，ほとんどの規定が制定当時のまま改正されていない状態が続いていたが，比較的最近になって重要な改正が行われた。すなわち，第1編総則については，平成11年に成年後見制度の見直しによる改正が，また，平成18年に法人制度改革に伴う改正が行われた。第2編物権についても，平成15年に担保・執行法制の見直しによる改正が行われた。これらに対して，第3編債権については，平成16年に第1編及び第2編とともに条文表現を現代語化した際に保証制度に関する部分的な見直しが行われたほかは，これまで全般的な見直しが行われることなく，おおむね明治29年の制定当時のまま現在に至っている。

　しかしながら，この間に我が国の社会・経済情勢は，通信手段や輸送手段が高度に発達し，市場のグローバル化が進展したことなど，様々な面において著しく変化しており，現在の国民生活の様相は，民法の制定当時とは大きく異なっている。民法は国民生活の最も重要な基本法であるので，債権関係の規定についても，この変化に対応させる必要がある。そして，その中でも特に契約に関する規定については，国民の日常生活や経済活動に関わりの深いものであるので，早急な対応が求められている。

　また，裁判実務は，民法制定以来110年余りの間に，解釈・適用を通じて膨大な数の判例法理を形成してきたが，その中には，条文からは必ずしも容易に読み取ることのできないものも少なくない。そこで，民法を国民一般に分かりやすいものとするという観点から，現在の規定では必ずしも明確でないところを判例法理等を踏まえて明確化する必要がある。

　このような事情を踏まえ，平成21年10月，千葉景子法務大臣（当時）は，法制審議会に対し，「民事基本法典である民法のうち債権関係の規定について，同法制定以来の社会・経済の変化への対応を図り，国民一般に分かりやすいものとする等の観点から，国民の日常生活や経済活動にかかわりの深い契約に関する規定を中心に見直しを行う必要があると思われるので，その要綱を示されたい。」という諮問（諮問第88号）を行った。

　諮問された見直しの対象は，民法のうち契約を中心とする債権関係の規定である。「債権関係の規定」という文言で，第3編債権だけでなく第1編総則の法律行為や消滅時効等も検討対象に含まれることが示されており，また，「契約に関する規定を中心に」という文言で，第3編債権のうちでも不法行為等の法定債権は主たる検討対象ではないことが示されている（部会資料4，1［1頁］参照）。

　また，諮問第88号では，見直しを行う観点（見直しの必要性）として，①社会・経

済の変化への対応と，②国民一般への分かりやすさという二つが掲げられている。民法財産編が制定された明治29年から，既に110年余りが経過しており，①はこの間の社会・経済の変化への対応を図ろうという趣旨である。他方，②の分かりやすさは，様々な意味に理解することが可能であるが，主として，制定以来110年余りの間に条文の外に形成された判例法理を明文化したり，不明確な規定の見直しを行うことが想定されたものである。

この諮問第88号を受けて，法制審議会は，新たな専門部会として民法（債権関係）部会を設置することを決定した。

2 民法（債権関係）部会における審議経過
 (1) 当面の審議スケジュールの決定

民法（債権関係）部会は，平成21年11月に第1回会議を開き，部会長には鎌田薫早稲田大学教授（現早稲田大学総長）が選任された。その際，同部会では，必要な審議期間を十分に確保しつつ慎重に議論を進めるという趣旨で，審議の開始に当たり答申案を取りまとめる期限を設定せず，当面の中期的目標として，諮問から1年半後の平成23年4月ころを目途に中間的な論点整理を行うとともに，パブリック・コメントの手続を実施するという方針を決めた。

 (2) 改正の必要性等に関する審議

民法（債権関係）部会では，平成21年中に開かれた第1回と第2回の会議で，改正の必要性と留意点についての議論が行われた。ここでは，諮問第88号に示されている①社会・経済の変化への対応と②国民一般への分かりやすさという二つの観点を中心に，様々な角度からの意見が述べられた。その際，この改正全体に通ずる基本理念についての議論を深める必要があるという指摘があり，その議論の題材として当事者間の合意の尊重などの理念が取り上げられ，意見交換が行われたが，これに対しては，審議の初期の段階で改正の理念を抽象的に議論するよりも，個別論点の議論を通じて，その論点の背後にある理念を議論する方が有益ではないか等の指摘もあった。

以上の議論の詳細については，各回の会議ごとの議事録が公表されているほか，これらの議論を要約した部会資料6「民法（債権関係）の改正の必要性と留意点（第1回・第2回会議における意見の概要）」が作成され，第3回会議で配布されているので，これを御覧いただきたい。

 (3) 個別的な改正検討事項に関する審議

次いで，平成22年1月から12月まで，ちょうど1年間をかけて，民法（債権関係）の改正検討事項を整理するための一巡目の審議（「第一読会」とも言われる。）が行われてきた。第3回（同年1月26日開催）から第20回（同年12月14日開催）までの18回にわたり，おおむね2か月に3回のペースで，会議が開かれた。

この間，事務当局では，公表されている複数の学者グループからの立法提案

や，これに対する実務界からの意見等の紹介を中心に，我が国における現在の議論状況を整理し，これに各国の立法例等の参考情報を添えた部会資料を作成して，民法（債権関係）部会における検討の素材を提供してきた。この第一読会のための部会資料は，資料番号（枝番号）が「X－1」と「X－2」という2種類のものが提供されている。このうち，「X－1」が審議の基本となる資料である。他方，「X－2」は，「X－1」の記載内容を再掲した上で，それぞれの項目ごとに詳細な説明を付け加えたもの（詳細版）である。

(4) 中間的な論点整理の部会決定

第一読会の審議結果を踏まえ，平成23年1月以降，中間的な論点整理の部会決定に向けた審議が行われ，第26回会議（同年4月12日開催）において，「民法（債権関係）の改正に関する中間的な論点整理案」（部会資料26）に基づく審議が行われた結果，「はじめに」に記載のとおり，当日の審議結果を反映させる作業を部会長と事務当局に一任する形で，中間的な論点整理の部会決定がされるに至った。

なお，部会資料26における個別論点の配列は，第一読会における審議順に従っていたのであるが，中間的な論点整理では，その配列が一部変更されている。具体的には，部会資料26における「債権の目的」（第54），「賠償額の予定（民法第420条，第421条）」（第57）及び「第三者のためにする契約」（第59）は，中間的な論点整理では，議論の対象となる民法の規定の配列順に合わせて，それぞれの番号が第1，第4及び第26に変更され，これに伴って他の個別論点の番号も変更されている。また，部会資料26では，消費者・事業者といった概念を用いて議論されている様々な個別論点が，その内容に関わらず「消費者・事業者に関する規定」（第62）という項目にまとめて記載されていたところ，中間的な論点整理では，個別論点はその内容に応じて本来配置されるべきところに記載した上で，「消費者・事業者に関する規定」（第62）という項目との関連性を示す記載を付記することとされている。以上の修正は，いずれも，初めて中間的な論点整理をお読みいただく方を念頭に，少しでも理解しやすいものとする観点から行われたものである。

(5) 実態調査

民法（債権関係）部会では，審議の過程で調査の必要性が指摘された事項を中心に，必要な実態調査も進められている。

これまでのところ，①不動産の賃料債権による資金調達，②債権の譲渡禁止特約，③約款，④家賃債務の保証に関して，関係団体の協力を得て，主に書面による質問形式で調査が行われている。その成果は，①については第16回会議（参考資料4－2）で，②については第19回会議（参考資料5－2，5－3，6－2）で，既に報告され，法務省ウェブサイトで公表されている。

3 中間的な論点整理
(1) 意義

　民法（債権関係）部会では，次のステージにおいて，中間試案の取りまとめを目指すことが，既に確認されている（第21回会議）。今回の中間的な論点整理は，次のステージで中間試案の取りまとめを目指すに当たって，議論すべき論点の範囲を明らかにするとともに，その論点についての同部会の議論の到達点を確認しようとするものである。

　この時期に中間的な論点整理を行うこととされたのは，次のような理由による。

　まず第1に，民法（債権関係）部会の審議対象が広範で，論点が極めて多岐にわたることから，まずは具体的な改正検討事項を一通り確認し，それを同部会の内部で共有した上で，今後の作業見通しを立てる必要があると考えられたからである。

　第2に，民法の債権関係の規定が，諮問第88号に示されているように，国民の日常生活や経済活動に密接に関わるものであることから，民法（債権関係）部会の内部だけでなく，同部会の内外で広く問題意識を共有しながら審議を進めていく必要があり，そのために，中間的な論点整理という審議の節目を設け，パブリック・コメントの手続を経ることが有益かつ適切であると考えられたからである。

　このように中間試案の取りまとめに先立って，検討すべき論点項目の洗い出しの作業を行い，それに対する意見照会の手続を実施することは，民事基本法の全面的な見直しが行われる際の一般的な手順として，これまでにも民事訴訟法や倒産法の改正作業などにおいて行われてきたところである。今回の民法（債権関係）の改正に当たっても，これらの改正作業と同様の手順を取ることとされたものである。

(2) 個別論点の記載要領

　中間的な論点整理における個別論点の記載は，その論点の内容を簡単に紹介するとともに，今後の検討の際に踏まえるべき事項や留意点なども示すものとなっている。

　このうち，論点の内容に関しては，判例法理を明文化するかどうかが議論されているものには，その旨を記載するよう努めた。その際に，判例と言うときは，基本的に最上級審が判示したもののみを対象とし，それ以外のものは裁判例と表記するよう心掛けた。なお，補足説明においては，個別論点の内容に関する説明は取り上げていないので，詳しくは，第一読会における部会資料（詳細版）の該当部分を御覧いただきたい。その参照の便宜のため，中間的な論点整理では，各論点ごとに，部会資料（詳細版）の資料番号と該当ページ数が付記されている。

　また，個別論点の記載において特に取り上げられている留意点などは，基本的に，これまでの民法（債権関係）部会における審議の過程で示された意見などを

コンパクトに要約して掲げたものである。同部会における議論状況については，各回の会議ごとの議事録が法務省ウェブサイトで公表されているほか，その理解の一助としていただく趣旨で，後記第2部（議事の概況等）を作成しているので，適宜これらを御覧いただきたい。

ところで，個別論点を記載する際の文末表現には，一定のルールが設けられている。

中間的な論点整理では，まず，最終的な改正要綱や中間試案などでしばしば見られるような「～ものとする。」等の文末表現は用いられておらず，「～どうか。」という問いかけの形が採られている。このような文末表現が採られたのは，その項目が論点であることを民法（債権関係）部会の内部で確認するだけでなく，外部に対してそれを問いかける形にするのが適当ではないかと考えられたからである。

また，中間的な論点整理における文末表現の「～どうか。」は，民法（債権関係）部会における議論の到達点に応じて，更に次の3通りに書き分けられている。

第1に，基本形は，「～について，更に検討してはどうか。」というものである。これは，そこに記載されている事項が今後取り上げるべき論点であることを単純に示す場合に用いられる表現であり，多くの論点はこの基本形によっている。また，部会資料で取り上げられたものではなく，審議の過程で委員等の発言に基づいて新たに取り上げられることとなった事項は，「更に」を付さないで「～について，検討してはどうか。」と表現されている。

第2に，改正の方向性について民法（債権関係）部会の審議においてある程度のコンセンサスがあったと見られる一部の論点は，その文末が「～とする方向で，更に検討してはどうか。」と表現されている。

第3に，より具体的な内容についてのコンセンサスがあると見られる一部の論点では，「～としてはどうか。」という文末表現が用いられている。例えば，「～という明文の規定を設けるものとしてはどうか。」といった表現である。

もっとも，これらの文末表現の書き分けは，現時点における民法（債権関係）部会の議論の到達点を確認する趣旨にとどまるものであって，その論点について法改正をすべきこと等が確定したことを表すものではない。「～としてはどうか。」という第3のタイプの論点であっても，次のステージでの取扱いの変更は当然にあり得ることであり，このことは中間的な論点整理の決定に至るまでの同部会の審議の中でも，確認されたところである。

以上のような文末表現のほかには，個別論点を紹介する際の文章表現において，民法（債権関係）部会における議論の到達点のランク付け等を示すような細かな作業は，全く行われていない。それぞれの論点の表現ぶりには，多少のばらつきがあるかも知れないが，それは決してその論点に関する議論の到達点のランク等を示すものではない。

(3) 今回のパブリック・コメントの趣旨

　中間的な論点整理は，前記(1)で説明したように，基本的に次のステージで議論すべき論点の範囲を明らかにすることを目的とするものであるから，今回のパブリック・コメントの手続も，各論点で取り上げられている立法提案に対する賛否を問う趣旨のものではない。これらの立法提案への賛否の意見を述べることは，もちろん歓迎され，今後の審議における参考資料となるが，それは必ずしもこの手続の主たる目的ではない。したがって，賛否の数を比較するような意見集約を行うことは予定されていないし，意見を述べなかったからといって消極的に賛成したとか反対したなどという扱いを受けることもない。各論点についての賛否を問うことは，次のステージにおける中間試案の取りまとめと，その後に行われる2度目のパブリック・コメントの手続の役割となる。

　今回のパブリック・コメントにおいて期待されるのは，まず，中間的な論点整理に掲げられている論点に関して，次のステージで議論する際の留意事項などを指摘する意見である。ある特定の論点について，取り上げるべきでないという意見もあるかも知れないが，多くの論点は，少なくとも問題意識は理解され得るものであるように思われる。そこで，今後その論点が議論されることを前提に，議論の際の留意事項などを幅広くお寄せいただきたい。

　また，中間的な論点整理には掲げられていない論点であっても，今回の改正作業の中で今後議論すべきであると考えられるものについては，その旨を指摘する意見を是非お寄せいただきたい。新たな論点を提示していただくことは，今回のパブリック・コメントの手続を行う主要な目的の一つであり，中間的な論点整理の決定に至るまでの議論の中でも，この点の重要性を指摘する意見があったところである。したがって，今後検討すべき新たな論点について，是非積極的に御意見をお寄せいただきたい。なお，このような新たな論点についての御意見をお寄せいただく際には，抽象的な問題提起だけでなく，できる限りその背景となる問題状況をお伝えいただきたい。その上で，具体的な立法提言まで示していただければ，今後の審議に資するところが大きいと思われる。

　その他，民法（債権関係）の改正の必要性に関する総論的な意見（前記2(2)参照）や，個別論点を超えた横断的な視点に関する意見なども含め，あらゆる意見が歓迎されている。寄せられた意見は，民法（債権関係）部会の今後の審議における参考資料として，十分に活用させていただきたいと考えている。

第2部　議事の概況等

第1　債権の目的

1　債権の目的（民法第399条）
　　債権の目的について金銭での評価可能性を必要としない旨を規定する民法第399条に関しては，民法典において原則的な事項をどの程度まで明文化すべきであるかという観点から，同条のような確認的な規定の要否について，債権の定義規定を設けることの是非と併せて，更に検討してはどうか。

【部会資料19－2第1，2［2頁］】

（議事の概況等）

　　第19回会議においては，債権の目的について金銭での評価可能性を必要としないと規定する民法第399条に関して，当然のことであり有用性もないので削除してよいという意見と，原則を確認する意義があり規定を存置すべきであるという意見があった。また，後者の立場からは，債権の目的に関する原則規定に限らず，債権の定義規定を置くことを検討してはどうかという意見があった。
　　なお，第24回会議においては，民法典において原則的な事項をどの程度まで明文化すべきであるかという観点からの検討は，本論点に限らず，他の論点においても必要となることがあるという点に留意すべきであるという意見があった。

2　特定物の引渡しの場合の注意義務（民法第400条）
(1)　特定物の引渡しの場合の注意義務
　　特定物の引渡しを目的とする債務における債務者の保存義務とその内容を定める民法第400条に関しては，契約で定められた品質・性能を有する目的物の引渡しが履行期にあったか否かを問題にすれば足りるとして不要とする意見や，契約解釈が困難な事例もあるため任意規定として存置する意義があるとする意見，契約等で定められた内容の保存義務を負うと規定する点には意義があるが，その保存義務の内容を一律に「善良な管理者の注意」と定める点は見直すべきであるという意見があった。このような意見を踏まえて，同条の規定の要否やその規定内容の見直しについて，担保責任の法的性質に関する議論（後記第39，1(1)及び2）との整合性に留意しつつ，更に検討してはどうか。

【部会資料19－2第1，3［3頁］】

（議事の概況等）

　第 19 回会議においては，特定物の引渡しを目的とする債務における債務者の保存義務とその内容を定める民法第 400 条に関して，特定物については物の品質・性能は債務の内容にならないという特定物ドグマ（部会資料 15－2［9 頁］参照）を否定する立場から，履行期に契約で定められた品質・性能を有する目的物の引渡しがあったか否かを問題にすれば足りるため，同条は不要であり，有償寄託や法定債権等において保存義務の規定が必要な場合には個別に規定を置けば足りるという意見があり，他方で，契約解釈による契約内容の明確化が困難な事例もあるため，任意規定として置くことに意味があるという意見があった。

　また，同条の規定内容のうち，特定物の引渡しを目的とする債務の債務者が目的物の保存義務を負うことを規定する点には意味があるが，その保存義務の内容を一律に「善良な管理者の注意」と規定する点については，保存義務の内容は当該債権の発生原因となる契約等の内容や性質によって個別具体的に決せられるにもかかわらず，契約等から離れた一定の内容の注意義務を尽くせば免責されるという誤解を生じさせるおそれがあり，特定物ドグマを否定する立場と整合しない可能性もあり反対であるという意見があった。この立場からは，保存義務の内容は契約等により定められる旨の規定を置くことを検討すべきではないかという意見や，仮に保存義務の内容に関する規定を置くのであれば個々の契約類型に応じた個別規定を置くことを検討すべきであるという意見があった。

(2)　贈与者の保存義務の特則

　特定物の引渡しを目的とする贈与の贈与者が負う目的物保存義務の内容に関して，現在は民法第 400 条が適用されているところ，贈与の無償性を考慮して，自己の財産に対するのと同一の注意義務をもって保存すべき旨の特則を新たに規定すべきであるという考え方について，特定物の引渡しの場合一般の注意義務に関する議論（前記(1)）との整合性に留意しつつ，更に検討してはどうか。

【部会資料 19－2 第 1，3（関連論点）［4 頁］】

（議事の概況等）

　第 19 回会議においては，特定物ドグマを否定する立場から，贈与においても契約で定められた品質・性能を有する目的物の引渡しがあったか否かを問題にすれば足りる上，贈与の無償性は契約解釈において考慮できるので，特則は不要であるという意見があったが，他に特段の意見はなかった。

3　種類債権の目的物の品質（民法第 401 条第 1 項）

　債権の目的を種類のみで指定した場合において，法律行為の性質又は当事者の意思によってその品質を定めることができないときは，債務者は，中等の品質を有す

る物を給付しなければならないと規定する民法第401条第1項に関しては，契約で定められた品質の目的物の引渡しの有無を問題にすれば足りるので不要であるという意見と，契約解釈が困難な事例もあるため任意規定として存置すべきであるという意見があったことを踏まえて，規定の要否について，更に検討してはどうか。

【部会資料19－2第1，4［4頁］】

(議事の概況等)

　　第19回会議においては，種類債権(一定の種類に属する物の一定量の引渡しを目的とする債権)の目的物の品質を法律行為の性質又は当事者の意思によって定めることができないときは，債務者は，中等の品質を有する物を給付しなければならないと規定する民法第401条第1項に関して，契約で定められた品質の目的物の引渡しがあったか否かを問題にすれば足りるので同項は不要であるという意見と，契約解釈による契約内容の明確化が困難な事例もあるため，任意規定として置くことに意味があるという意見があった。

4　種類債権の目的物の特定（民法第401条第2項）
(1)　種類債権の目的物の特定

　　種類債権の目的物の特定に関する民法第401条第2項については，契約解釈の問題に解消できるとして不要とする意見と，任意規定として存置する意義があるとする意見があったことを踏まえて，規定の要否について，更に検討してはどうか。

　　また，規定を存置する場合には，債権者と債務者の合意によっても特定が生ずる旨を新たに規定する方向で，更に検討してはどうか。

　　さらに，判例が認める変更権（種類債権の目的物が特定した後であっても，一定の場合には，債務者がその目的物を同種同量の別の物に変更することができる権利）については，単に「債権者の利益を害さないこと」を要件とするのでは要件が広すぎるとの指摘があることも踏まえ，具体的かつ適切な要件設定が可能か否かに留意しつつ，明文化の要否について，更に検討してはどうか。

【部会資料19－2第1，5［5頁］】

(議事の概況等)

　　第19回会議においては，種類債権の目的物の特定の要件を定める民法第401条第2項の要否に関して，いかなる場合に種類債権の目的物が特定するかという問題は契約解釈の問題に解消できるため，同項は不要であるという意見と，契約解釈による契約内容の明確化が困難な事例もあるため，任意規定として置くことに意味があるという意見があった。

　　また，種類債権の目的物の特定に関する規定を設けることを前提に，その具体的な要件として債権者と債務者の合意によって特定が生ずる旨を新たに規定すること

に賛成する意見，判例が認める変更権（種類債権の目的物が特定した後であっても，一定の場合には，債務者がその目的物を同種同量の別の物に変更することができる権利）の明文化については，規定があっても良いが，「債権者の利益を害さないこと」という要件では広すぎるので慎重に要件設定をしてほしいという意見があった。

(2) 種類物贈与の特定に関する特則

種類物贈与の贈与者は，当然に目的物を指定する権利を有する旨の特則を置くべきであるという考え方については，贈与者に指定権を当然に付与することが贈与の実態を適切に反映しているかという点に疑問を呈する意見があったことを踏まえ，種類債権の目的物の特定に関する議論（前記(1)）との整合性に留意しつつ，更に検討してはどうか。

【部会資料19－2第1，5（関連論点）［7頁］】

（議事の概況等）

第19回会議においては，種類物贈与の目的物の特定に関する特則の要否について，前記(1)と同様に，種類物贈与の特定の問題も契約解釈の問題に解消できるため規定は不要であるという意見があったが，他に特段の意見はなかった。

また，種類物贈与の目的物の特定に関する特則として，種類物贈与の贈与者は当然に目的物を指定する権利を有する旨の規定を置くべきであるという考え方については，受贈者が目的物の指定権を持つ贈与もあり得るため，贈与者が当然指定権を有すると決めて良いかは問題であるという意見があった。

5 法定利率（民法第404条）

(1) 利率の変動制への見直しの要否

法定利率として利率の変動制を採用することについては，これに賛成する立場から具体的な規定方法について様々な意見があった一方で，法定利率が現実に機能する場面は限定的であり，その場面のために利率の変動制を導入する意義があるのか等の疑問を呈する意見や，法定利率が用いられる場面に応じて適切な利率は異なるため，一律に法定利率を定めるのではなく，個別具体的な場面ごとに適切な利率を定めることを検討すべきではないかという意見があった。これらの意見を踏まえて，利率の変動制への見直しの要否について，法定利率が用いられる個別具体的な場面に適した利率の在り方及び利率の変動制を採用する場合における具体的な規定方法（例えば，利息等が発生している期間中に利率が変動した場合に，当初の利率で固定するか適用利率を変動させるか。）等に留意しつつ，更に検討してはどうか。

【部会資料19－2第1，6［7頁］】

(議事の概況等)

1　第19回会議においては，法定利率を合理的な水準に保つため，市場金利の動向等に連動して法定利率も変動するような枠組み（利率の変動制）を採用すべきであるという考え方が審議の対象とされた。

　　法定利率として利率の変動制を採用することに賛成する意見が複数あった。これに対して，法定利率が現実に機能し得るのは，主に遅延損害金を算定する場合と利息債権の利率を合意から導けない場合であるという認識の下，これらの場面に機能させるだけのために固定利率制を変動制に改め，適切に運用するコストを掛けるメリットがあるのか疑問がある上，個人の資金調達等においては5パーセント以上の利息がかかることもある現状に照らせば，5パーセントという法定利率が高すぎるという現状認識にも疑問があるなどとして，利率の変動制の採用に消極的な意見があった。

　　また，法定利率の規定の在り方という観点からは，法定利率が用いられる場面として利率を定めない利息付消費貸借，金銭債務の遅延損害金，中間利息控除等があるが，適切な利率はこれら各場面の特性に応じて異なるため，適用される場面の特性を問わずに一律に法定利率を定めるのではなく，各場面の特性に応じた適切な利率を個別に定めることを検討すべきではないかという意見があった。その上で，個別的な場面の特性に応じた法定利率の在り方の具体例として，利率を定めない利息付消費貸借については，債権者が企業か個人か等の当事者の属性によって運用利益が様々なので，法定利率を定めずに，個別事案の事実認定に委ねてもよいのではないかという意見があり，それに反対する意見もあったことが紹介された。また，不法行為による損害賠償請求権の遅延損害金については，運用利益だけでなく制裁的要素も考慮した場合には5パーセントや4パーセント程度が妥当ではないかという意見もあった。さらに，合意により利率を定めなかった利息債権については，利率について事前の合意形成の余地があった以上，法定利率は市場金利プラスアルファで良いと思うが，当事者による事前の合意を想定できない不法行為や不当利得等については，それぞれ独自の判断方法を検討すべきであり，例えば，不法行為による損害賠償請求権の遅延損害金については，税法等で定められた遅延利息が政策的観点から非常に高額であることなども参照しつつ検討すれば良いのではないかという意見があった。

2　法定利率として利率の変動制を採用する場合における具体的な規定方法に関しては，様々な意見があった。

　　まず，基準となる金利の選択方法について，ドイツ民法，フランス民法，イタリア民法，ヨーロッパ契約法原則等の諸外国の立法例（モデル法を含む。）や，日本において利率の変動制を採用する税法の内容等を踏まえた上で，いずれも決め手に欠けるため，慎重に調査審議をする必要があるとする意見，例えば，フランスが基準となる金利をフランス銀行の割引率から現在の「直近12か月における各月の13週

物固定利率財務省証券のオークションでの数理的利率の平均値の算術平均」に改めた理由等の検討も含めて，様々な検討が必要であるという意見，臨時金利調整法や供託利率の決定方法も参考になるのではないかという意見等があった。

　また，変動周期については，短いと事務負担が過剰になり，長いと市中金利との乖離が生ずるため，1年か半年とするのが一案ではないかという意見，同様に変動周期を短くした場合の事務負担を考慮して1年程度が適当ではないかという意見，市中金利に即時に連動させる方法もあり得るのではないかという意見，変動の周期や頻度を定めることなく，必要となったときに，その都度利率を改定するという方法も検討すべきではないかという意見等があった。なお，変動周期を1年とした場合でも，基準となる金利に基づく具体的な法定利率の算出方法としては，一時点における金利を1年間にわたり適用するのか，過去1年間の平均金利を次の1年間にわたり適用するかという問題もあり得るのではないかという意見があった。

　さらに，変動制の法定利率に基づき継続的に利息又は遅延損害金が発生している途中で利率が変動した場合については，当初の利率を完済まで適用するか，利率の変動に応じて適用利率を変動させるかという問題があるところ，後者については事務負担が過剰になる可能性があるが，前者については債務不履行や不法行為による損害賠償債務において損害が継続的に生ずる場合の処理として適切かという問題があり得るという意見があった。

　法制上の規定方法については，改正の便宜を考慮して政省令で規定することもあり得るのではないかという意見があったほか，変動周期等を定めることなく，必要となったときにその都度利率を改訂するという方法を検討すべきであるという上記立場からは，法定利率を政令で定めることとしてはどうかという意見があった。

　なお，民事法定利率において利率の変動制を採用する場合には，商事法定利率（商法第514条）についても整合性がとれるように見直すべきではないかという意見があり，その際の視点として，民事法定利率と商事法定利率で1パーセントという差異を設けることに合理性があるのかという点も検討すべきではないかという意見があった。また，第20回会議及び第24回会議においては，法定利率における利率の変動制の採用が利息制限法の上限金利規制の在り方にも影響を与える可能性があるのではないかという指摘もあった。

3　以上のほか，第26回会議において，従来の部会資料等で用いられていた「変動利率制」という言葉は，一つの債権に対して適用される利率が変動するものを意味しているように誤解されやすいので，表現方法に留意する必要があるとの指摘があった。

(2) **金銭債務の遅延損害金を算定する利率について**
　仮に法定利率を利率の変動制とした場合における金銭債務の遅延損害金を算定する利率に関して，法定利率に一定の数値の加算等をしたものにすべきであるという考え方については，金銭債務の遅延損害金について制裁的要素を導入するこ

とになり得る点を肯定的に捉える意見と否定的に捉える意見があったほか，金銭債権の発生原因によって制裁的要素が妥当しやすいものとしづらいものがあるという意見や，制裁的要素の導入に否定的な立場から，法定利率を超える損害については金銭債務における利息超過損害の損害賠償を認めることで対処すべきであるという意見等があった。このような意見を踏まえて，金銭債務の遅延損害金を算定する利率を法定利率よりも高くすることの当否について，金銭債務の発生原因の違いや金銭債務において利息超過損害の賠償を認めるかという点（後記第3，6(2)）との関連性に留意しつつ，更に検討してはどうか。

【部会資料19－2第1，6（関連論点）1［9頁］】

（議事の概況等）

第19回会議においては，法定利率を利率の変動制にした場合における金銭債務の遅延損害金を算定する利率に関して，法定利率に一定の数値を加算するなどしたものにする旨の規定を設ける考え方について，積極的な意見として，制裁的要素を導入することで紛争の早期解決にも効果があり得るとして賛成する意見や，労働基準法第114条の付加金制度のように，労働契約の使用者による支払遅延や不当解雇を抑制する効果があり得るため賛成であるという意見があり，消極的な意見として，遅延損害金にだけ懲罰的損害賠償を採用することになるばかりか，遅延損害金による利殖を目的とした紛争の長期化・訴訟遅延等が生ずるおそれがある上，法定利率と同率とする現在の実務に問題は生じていないという意見，金銭債務の履行遅滞による逸失利益は法定利率相当額であるはずであり，それよりも高い遅延損害金が必要な場合は合意をすることが可能であるにも関わらず，法律によって懲罰的要素を持ち込むことには違和感がある上，権利の存在や額を争いたい者にとっては過剰な負担となり得るという意見，金銭債務の不履行にだけ一般的に制裁的要素を持ち込む理由が不明確であるという意見等があった。

また，上記考え方を検討するに当たっての留意点や問題点の指摘として，不法行為による損害賠償債務については不法行為時から遅延損害金が発生するため，遅延損害金の利率を高くすると，不法行為による損害賠償債務の遅延損害金が高額になりやすくなるため，その当否や理論的根拠の説明等も検討すべきであるという意見や，不法行為による損害賠償債務の遅延損害金には制裁的要素があると考え得るが，善意無過失の場合の不当利得返還債務の遅延損害金に制裁的要素があると考えることは困難であり，債権総則に置かれる規定の適用範囲の広さを考えると難しい問題があるという意見，故意による不履行，過失による不履行，推定された過失による不履行等，金銭債務の遅延損害金の発生原因の多様性に照らすと，一律に懲罰的な要素を持ち込むことは困難であるという意見等があった。

さらに，上記考え方に対して消極的な立場からは，法定利率に一定の数値を加算することには反対だが，遅延損害金を超える損害を立証できた場合には損害賠償請求を認めてよく（後記第3，6(2)参照），そのことと併せて検討すべきであるという意

見や，金銭債務の遅延損害金の算定は，運用金利を基準とすべきであり，調達金利は特別損害と位置付けるべきではないかという意見があった。

　なお，損害賠償債務の遅延損害金の算定利率に関する具体的な意見として，損害賠償については，過去の損害であるほど類型的に立証が難しく，また，営業秘密に関する紛争等，類型的に立証方法が限られる事案もあり，損害額が少なく認定される傾向があるため，遅延損害金の算定利率が5パーセントであることは結果として妥当であるという企業の実務感覚があることも参考にすべきであるという意見があった。

(3)　中間利息控除について

　　将来取得されるはずの純利益の損害賠償の支払が，現在の一時点において行われる場合には，支払時から将来取得されるべき時点までの運用益を控除する必要がある（中間利息控除）とされている。この中間利息控除に関して，判例が，控除すべき運用益の計算に法定利率を用いるべきであるとしている点については，その合理性に疑問を呈し，見直しを検討すべきであるという意見が複数あったが，具体的な検討の在り方については，中間利息控除だけでなく賠償額の算定方法全体の問題と捉えるべきであるという意見や，将来の請求権の現在価額への換算という問題との関係にも留意する必要があるという意見等があり，また，現時点において立法により一定の結論を採用することに対して慎重な意見があった。このような意見をも踏まえて，中間利息控除及び賠償額の算定方法の在り方を立法的に見直すことの当否について，将来の請求権の現在価額への換算という問題との関係や，取引実務及び裁判実務に与える影響等に留意しつつ，更に検討してはどうか。

【部会資料19－2第1，6（関連論点）2［10頁］】

（議事の概況等）

　第19回会議においては，中間利息控除の問題は，本来損害額の算定に関するものであり，これを法定利率の問題として議論することに合理性はないが，損害額の算定において5パーセントの利率で中間利息控除をするという現在の実務にも合理性がなく見直しが必要であるから，民事執行法等における法定利率を用いた将来の請求権の現在価額への換算規定（民事執行法第88条第2項，破産法第99条第1項第2号等）との関係にも留意しつつ，適切な立法的解決の在り方を議論すべきではないかという意見や，法定利率の見直しに当たっては，賠償額の算定における中間利息控除の問題についても合理的な具体的解決策を示さないと大きな混乱をもたらすのではないかという意見があった。

　もっとも，具体的な検討の在り方については，中間利息控除の問題は，特に損害保険の実務に与える影響が極めて大きく，賠償額の算定方法の問題として，他の賠償額算定要因との関係に十分留意しつつ，議論すべきではないかという意見，賠償

額の算定実務は，中間利息控除だけでなく様々な要素を考慮した上で成り立っているので，その中から中間利息控除だけを取り出して見直すことは適切ではなく，賠償額の算定方法全体を総合的に検討できる場で議論すべきであるという意見，賠償額の算定だけでなく，将来の請求権の現在価格への換算においても中間利息控除がされており，それらを別個に考えるのか，運用利益の問題として共通に考えるのか等の方向性を整理して議論をすべきであるという意見等があった。

　また，中間利息控除の問題を現時点で立法的に解決することの是非に関係して，中間利息控除は本来的には法定利率の問題ではなく賠償額の算定方法の問題であり，今後の不法行為法の実務及び立法的議論等の発展の余地の大きい分野であるから，その発展を慎重に見守る必要があるとして，本論点について慎重な取扱いを求める意見があり，この立場に基本的に賛成するという意見があった。これに対しては，中間利息控除は，不法行為による損害賠償だけでなく，安全配慮義務の不履行や医療過誤の事案等，債務不履行においても問題となるのだから，不法行為法の議論に全て委ねることには疑問があるという意見があった。

　なお，中間利息控除を行うこととした場合における具体的な利率に関しては，現在の金利状況からは5パーセントの複利で資産運用することは困難であるから，中間利息控除を行う際には，控除に適した利率を定めるべきであるという意見，利率の変動制を採用する場合でも，中間利息控除においては，過去30年や40年という長期間の平均金利を用いるなど，通常の法定利率とは異なる計算方法を用いるべきであるという意見があった。なお，中間利息控除に用いる利率を下げた場合には，保険金支払額が急激に増加し，ひいては保険料の高騰につながるおそれもあるため，これを見直す場合には十分な激変緩和措置や移行期間等を設ける必要があるのではないかという意見があった。

(4) 利息の定義

　利息の定義を明文化するという考え方に関しては，法定利率が用いられる場面の特性に応じて個別に適切な利率を定めることを検討すべきであるという立場（前記(1)参照）から，法定利率が適用されるべき「利息」の意味・内容を明らかにすべきであるという意見があった。そこで，利息の定義規定を設けることの当否について，法定利率の在り方に関する各論点（前記(1)から(3)まで）との関連性や民法上利息が多義的に用いられている点に留意しつつ，更に検討してはどうか。

【部会資料19－2第1,6（関連論点）3［11頁］】

（議事の概況等）

　第19回会議においては，法定利率が用いられる場面の特性に応じて適切な利率は異なるため，利率を定めない利息付消費貸借，金銭債務の遅延損害金，中間利息控除等の各場面に応じて適切な利率を個別に定めることを検討すべきであるという

立場（前記(1)参照）から，法定利率が適用されるべき「利息」の意味・内容を検討すべきではないかという意見があった。

6 選択債権（民法第406条から第411条まで）

　選択債権に関しては，現行法に第三者の選択の意思表示の撤回に関する規定がないことから，第三者による選択の意思表示は，債権者及び債務者の承諾を得なければ撤回することができない旨の規定を設けることの当否について，更に検討してはどうか。また，選択の遡及効の制限を定める民法第411条ただし書は，適用される場面がなく，削除すべきであるという考え方の当否についても，更に検討してはどうか。

【部会資料19－2第1，7［14頁］】

（議事の概況等）

　第19回会議においては，本論点について，特段の意見がなかった。

第2 履行請求権等

1 請求力等に関する明文規定の要否

　一般に，債権者には請求力（債権者が債務者に任意に履行せよと請求できる権能），給付保持力（債務者がした給付を適法に保持できる権能），訴求力（債権者が債務者に対し訴えによって履行を請求することができる権能），執行力・強制力（給付判決が確定しても債務者が任意に履行しない場合において，強制執行手続をとることにより，国家機関の手によって債権の内容を実現できる権能）が認められるとされる（以下，債権者に認められるこれらの権能を合わせて「履行請求権」ともいう。）。これらのうち，民法には履行の強制に関する規定（同法第414条）が設けられているが，これとは別に，債権者が債務者に対して任意の履行を請求することができる旨の規定を設けるなど，債権者には請求力や訴求力等の基本的権能が認められることを確認する趣旨の明文規定を置く方向で，更に検討してはどうか。

【部会資料5－2第1，2［1頁］】

（議事の概況等）

　第3回会議においては，債権者が，債務者に対して任意の履行を請求できること（請求力）や，訴えによって履行を請求することができること（訴求力）などの基本的な権利を有していることを確認する旨の明文規定を置くという考え方に賛成する意見が複数あり，それについて特段の異論はなかった。また，債権の内容等によっては債権者に請求力が認められても強制力が認められない場合があることを踏まえて，請求力等に関する規定は，履行の強制に関する規定（民法第414条）とは区別して設けるべきという意見が複数あり，それについても特段の異論はなかった。
　これらに対して，第21回会議においては，当然認められることの明文化には実務上積極的な意義まではなく，かえって条文数が増えて民法が分かりにくくなるおそれがあることから，慎重に議論してほしいという意見があった。

2 民法第414条（履行の強制）の取扱い

　履行の強制に関する規定（民法第414条）については，債権者に認められる実体法上の権能を定めた規定であるとする見解と執行方法を定めた手続法的規定であるとする見解があるなど，規定の意義が不明確であるという指摘がある。そこで，履行の強制に関する規定のうち，実体法的規定は民法に置き，手続法的規定は民事執行法等に置くべきであるという方針を確認した上で，同条各項の規定のうち，手続法的規定として民法から削除すべきものの有無等について，更に検討してはどうか。
　その際，実体法的規定か手続法的規定かの区別が困難なものについては，手続法

において必要な規定を設けることを妨げない形で，実体法と手続法を架橋するような一般的・総則的な規定を民法に置くことについて，更に検討してはどうか。また，そのような一般的・総則的な規定の具体例として，民法に執行方法の一覧規定を置くことについても，更に検討してはどうか。

　なお，履行の強制に関する規定の民法上の配置については，引き続き債権編に置く方向で，検討してはどうか。

【部会資料5－2第1，2［1頁］，同（関連論点）［5頁］】

（議事の概況等）
1　第3回会議においては，履行の強制に関する規定（民法第414条）のうち，実体法的規定は民法に置き，手続法的規定は民事執行法等に置くべきであるとの意見が複数あり，それについて特段の異論はなかった。

　その上で，民法第414条各項の法的性質については，第1項及び第4項についていずれも実体法的規定と理解する可能性を示す意見，第2項及び第3項についていずれも手続法的規定と考える意見といずれにも実体法的な問題が含まれていると考える余地があるとする意見，特に第3項については不作為債権に違法結果の除去を請求する積極的な権能があることを示す実体法的規定と考えられるとする意見等，多様な意見があった。また，法的性質の分類が困難な規定については，必ずいずれかに分類する必要はなく，手続法において必要な規律を設けることを妨げない形で，実体法と手続法を架橋するような一般的・総則的規定を民法に置くことが望ましいという意見が複数あった。

　また，以上のような法的性質に関する検討を踏まえて，可能であれば民法に執行方法の一覧規定を設けるべきであるという意見があった。既に民法に第414条という規定がある以上，分かりやすさの観点からは民法に執行方法の一覧規定を設けることが適切であるという意見であり，同様に，請求力等に関する規定を設けつつ同条を全面的に削除した場合，そのことにより履行の強制に関する規律が実質的に変更されたものとの誤解が生じる可能性があり望ましくないとの意見もあった。これに対して，民法に執行方法の一覧規定を設けると，債権者の権利の実効性確保のための手続法的な改正について民法の改正が必要となる可能性があり望ましくないとの意見があったが，これに関しては，上記のとおり，手続法において必要な規律を設けることを妨げない形で，実体法と手続法を架橋するような一般的・総則的な規定を民法に置くことが望ましいという意見が複数あった。なお，民法と手続法に実質的な規範内容が重複する規定を置く場合には，同じ内容の規律を設けていることが理解されるように要件の書き方等に留意すべきであるという意見もあった。

2　第3回会議においては，履行の強制に関する規定は，契約債権のみならず，物権的請求権や法定債権等にも共通する問題であり，民法に規定を置く場合には，規定の配置について検討を要するとの問題提起がされた。この点については，債権の強制力と物権的請求権において現実的履行の強制ができることとでは性格が異なると

いう意見が複数あり、それを踏まえて、債権編に規定を置き必要な箇所で準用することが望ましいという意見や、債権編に規定を置いた上で、別途、必要に応じて、物権編に規定を置くことや、それらの規定を一般化・抽象化した規定を総則に置くことが検討されればよいという意見が出された。また、第21回会議においては、これらの議論を踏まえて、履行の強制に関する規定を置く場合、債権に関する強制執行だけを念頭に置けば良いのかについて、更に議論をすべきではないかという意見があった。

3 履行請求権の限界

　一般に、債務の履行が不能になった場合等、履行請求権の行使には限界があるとされていることから、そのことを確認する明文規定を設けるべきであるという考え方がある。この考え方に関しては、その限界の具体的な判断基準の在り方について、「社会通念」を基準としつつ、「契約の趣旨」がそれと異なる場合には「契約の趣旨」によると考えれば良いという意見や、「社会通念」も「契約の趣旨」に照らして規範的に評価されるものであり、「契約の趣旨」の中に「社会通念」という要素が組み込まれているという意見等、多様な意見があった。履行請求権の限界に関しては、これらの意見を踏まえて、「社会通念」という基準と「契約の趣旨」という基準との関係に留意しつつ、規定の要否や具体的な判断基準の在り方等について、更に検討してはどうか。

　　　　　　　　【部会資料5－2第1，4［9頁］，同（関連論点）1［13頁］，
　　　　　　　　　　　　　　　　　　　　同（関連論点）2［13頁］】

（議事の概況等）

　第3回会議においては、履行請求権の限界に関する規定を置くことに賛成する意見が複数あった。もっとも、履行請求権の限界に関する具体的な判断基準の在り方については、「社会通念」を基準としつつ、「契約の趣旨」がそれと異なる場合には「契約の趣旨」によると考えればよいのではないかという意見、「社会通念」も、当該「契約の趣旨」に照らして規範的に評価されるものであり、「契約の趣旨」の中に社会通念という要素が組み込まれているという意見、取引実務においては「社会通念」という基準と「契約の趣旨」という基準を総合的に考えているため、「契約の趣旨」という判断基準を強調すると契約実務への負担が過重になるおそれがあり、慎重な検討が必要であるという意見、「契約の趣旨」に照らしてという一般的な規範の方が弾力的に運用できるのではないかという意見等があった。

　具体的な限界事由に関しては、明文化の必要性について留保した上で、債務不履行による救済手段をめぐる実務上の交渉においては、信義則上の限界を主張することがあるという意見があったほかは、特段の意見がなかった。

4 追完請求権

(1) 追完請求権に関する一般的規定の要否

　一般に，債務者が不完全な履行をした場合には，債権者に追完請求権が認められるとされることから，そのことを確認する一般的・総則的な規定を設けるべきであるという考え方がある。この考え方については，追完方法の多様性等に鑑みると抽象的な規定を設けることしかできず意義が乏しいのではないかという意見や，抽象的な規定であっても無名契約の追完請求権の根拠になるなどの意義があるとする意見があったことを踏まえて，不完全履行により債権者に認められる権利を個別的・具体的に定める契約各則の規定の検討状況（後記第39，1等）に留意しつつ，有意な規定を置けるかどうかという観点から，更に検討してはどうか。また，追完請求権の要件となる「債務の不完全な履行」の具体的な内容について，代物請求権が認められる具体的な場面の検討と併せて，更に検討してはどうか。

【部会資料5－2第1，3［7頁］】

（議事の概況等）

　第3回会議においては，追完請求権に関する一般的・総則的な規定を置くことに賛成する意見が複数あったが，追完方法の多様性等に鑑みると有意な規定を置くことは困難ではないかという意見も複数あり，後者の立場からは，契約各則に必要な規定を置く方法もあるという意見があった。これに対しては，契約各論のみに規定を置いた場合，無名契約への対応に問題が生じ得るため，一般的・総則的な規定を置く意義はあるという意見や，特定物売買について追完請求権を否定する瑕疵担保責任（民法第570条）等における法定責任説を採用しないことを表す意義があるという意見，抽象的な瑕疵修補請求権の規定は既に民法上に存在しており（民法第634条第1項等），民法に抽象的な追完請求権の規定を置くことは可能であって，実体上そのような権利が認められる以上，そのことを明文化することが望ましいという意見があった。なお，追完請求権に関する一般的・総則的な規定を置くことに賛成する意見の中にも，追完方法が多様であることを包摂できる規定とすることに留意するべきであるという意見や，検討方法として，契約各則において必要な規定を検討し，それを一般的総則的な規定としてまとめられるか検討することが望ましいという意見があった。

　また，追完請求権の要件に関連して，代物請求権を履行請求権ではなく追完請求権の具体化と位置付けることにどのような法的意義があるのかという問題が提起され，その問題は，追完請求権の要件としての「債務の不完全な履行」の意義をどのように捉えるかという問題に関連するのではないかとの意見もあった。

(2) 追完方法が複数ある場合の選択権

　現行法には，当事者双方が具体的な追完方法について異なる主張をした場合

に，これを解決するための規定がないため，追完方法が複数ある場合の選択権の所在に関する規定を設けることを検討すべきであるという意見があったことを踏まえて，そのような規定の要否について，追完権に関する検討状況（後記第8，1等）や不完全履行により債権者に認められる権利を個別・具体的に定める契約各則の規定の検討状況（後記第39，1(5)等）を踏まえつつ，検討してはどうか。

（議事の概況等）

　第3回会議においては，現行法には追完方法が複数ある場合における追完方法の選択権の所在に関する規定が存在しないという指摘があり，この点に関する明文規定の要否について，追完権に関する検討状況（後記第8，1等）や契約各則における担保責任に関する検討状況（後記第39，1(5)等）を踏まえつつ，検討する必要があるという意見が複数あった。

(3)　追完請求権の限界事由

　追完請求権の限界事由としては，例えば，瑕疵修補請求権について修補に過分の費用を要することを限界事由として規定する場合などがあるところ，この点については，追完方法の多様性や損害賠償請求に先立って追完請求をしなければならないとすることの債権者への負担等の事情を考慮して検討すべきであるという意見があった。そこで，追完請求権に特有の限界事由を定めるべきであるという考え方の採否については，以上の意見を踏まえて，追完権に関する検討状況（後記第8，1等）及び不完全履行の際に債権者に認められる権利を個別的・具体的に定める契約各則の規定の検討状況（後記第39，1(5)等）との関連性に留意しつつ，更に検討してはどうか。

【部会資料5－2第1，4（関連論点）3［14頁］】

（議事の概況等）

　第3回会議においては，債務者が負う追完義務の内容が多様であることや，追完方法の選択権を債権者に委ねる制度設計をした場合には，損害賠償請求に先立ってまず追完請求しなければならないとすることが債権者の負担となり得ることなどを考慮すると，履行請求権の限界事由とは異なる追完請求権に特有の限界事由が生じる余地があるため，これらの観点を踏まえて追完請求権に特有の限界事由の要否について検討すべきであるという意見があった。追完請求権と追完権との関係についての検討（後記第8，1等）や，不完全履行により債権者に認められる権利を個別的・具体的に定める契約各則の規定についての検討（後記第39，1(5)等）と併せて検討する必要がある。

　なお，具体的な追完請求権の限界事由に関しては，明文化の必要性について留保した上で，債務不履行による救済手段をめぐる実務上の交渉において，信義則上の限界事由を主張することがあるという意見があった。

第3 債務不履行による損害賠償

1 「債務の本旨に従った履行をしないとき」の具体化・明確化（民法第415条）

(1) 履行不能による填補賠償における不履行態様の要件（民法第415条後段）

履行請求権の限界事由（前記第2，3）との関連性に留意しつつ，「履行をすることができなくなったとき」という要件（民法第415条後段）の具体的内容として，物理的に履行が不能な場合のほか，履行が不能であると法的に評価される場合も含まれるとする判例法理を明文化する方向で，更に検討してはどうか。

【部会資料5－2第2，2(1)[21頁]】

（議事の概況等）

第3回会議においては，「履行をすることができなくなったとき」（民法第415条後段）の具体的内容に関する判例法理を明文化する方向で検討することについて，特段の異論はなかった。もっとも，現行規定で余り不都合を感じないが，検討することに意味がある旨の意見もあった。

(2) 履行遅滞に陥った債務者に対する填補賠償の手続的要件

履行遅滞に陥った債務者に対する填補賠償の要件として解除が必要か否かは，現行法上不明確であるが，この点に関しては，解除することなく履行請求権と填補賠償請求権を選択的に行使できるようにすることが望ましいという考え方がある。このような考え方に基づき，履行遅滞に陥った債務者に対して，相当期間を定めて催告をしても履行がない場合（民法第541条参照）等には，債権者は，契約の解除をしなくても，填補賠償の請求をすることができるものとしてはどうか。

【部会資料5－2第2，2(2)[22頁]】

（議事の概況等）

第3回会議においては，履行遅滞に陥った債務者に対する填補賠償の要件として契約の解除を不要とする考え方について，継続的契約関係においては，契約関係を維持しつつ，履行遅滞に陥った履行期限到来分について填補賠償を請求したい場面があることや，履行請求権と填補賠償請求権の併存を認めることは債権者にとって選択の便宜があるし，債務者にとっても特段の不都合はないことなどを理由に，これに賛成する意見が複数あり，それについて特段の異論はなかった。

(3) 不確定期限付債務における履行遅滞の要件（民法第412条）

学説上確立した法理を明文化する観点から，不確定期限付債務における履行遅

滞の要件としては，債務者が期限の到来を知ったこと（民法第412条第2項）のほか，債権者が期限到来の事実を通知し，これが債務者に到達することをもって足りるものとしてはどうか。

また，不法行為による損害賠償債務は，損害の発生と同時に遅滞に陥るとする判例法理の当否やその明文化の要否等について，検討してはどうか。

【部会資料5－2第2，2(3)［24頁］】

(議事の概況等)

　　第3回会議においては，不確定期限付債務における履行遅滞の要件として，債務者が期限の到来を知ったこと（民法第412条第2項）のほか，債権者が期限到来の事実を通知し，これが債務者に到達することをもって足りるとすることについて，学説上確立した法理を条文化することは理解できるという意見があり，それについて特段の異論はなかった。

　　なお，不法行為による損害賠償債務の履行遅滞の要件に関し，判例が，損害の発生と同時に何らの催告を要することなく遅滞に陥るとしている点（最判昭和37年9月4日民集16巻9号1834頁）についても検討する必要があるのではないかという新たな問題提起があった。

(4) 履行期前の履行拒絶

　　債務者が履行期前に債務の履行を終局的・確定的に拒絶すること（履行期前の履行拒絶）を填補賠償請求権の発生原因の一つとすることに関しては，契約上の履行期に先立つ履行請求を認めることに類似し，債権者に契約上予定された以上の利益を与えることになるのではないかとの意見がある一方で，履行期前の履行不能による填補賠償請求が認められる以上，履行期前の履行拒絶による填補賠償請求も認めてよいなどという意見があった。また，効果として，反対債務の先履行義務の消滅を認めるべきであるという意見もあった。これらの意見を踏まえて，債権者に不当な利益を与えるおそれに留意しつつ，履行期前の履行拒絶により填補賠償が認められるための具体的な要件の在り方や，填補賠償及び後記の解除（後記第5，1(3)参照）以外の効果の在り方について，更に検討してはどうか。

【部会資料5－2第2，2(4)［25頁］】

(議事の概況等)

　　第3回会議においては，履行期前の履行拒絶を填補賠償請求権の発生原因の一つとすることについて，履行不能に至らない履行拒絶の事案について履行請求権と填補賠償請求権の併存を認めることには意味がある，履行期前の履行不能が認められることと同様に考え得る，早期に取引関係を処理したいというニーズがあり得るなどの理由から，これに賛成する意見が複数あった。これに対しては，履行期前の填補賠償請求を認めることは，弁済期の前倒しを認めることに類似し，債権者に契約

上予定された利益以上の利益を与えることになり得るとして反対する意見があったが，その点については中間利息控除による方法や反対債務がある場合にはその期限の利益を放棄させる方法等により調整することが可能であり，履行期前の履行不能による填補賠償請求が認められるのと同様，履行期前の履行拒絶による填補賠償請求も認められるのではないかという意見があった。なお，履行期前の履行拒絶を填補賠償請求権の発生原因の一つとすることに賛成する立場から，具体的な要件設定の困難性を指摘し，十分な議論が必要であるとする意見があった。

また，履行期前の履行拒絶の効果については，労働契約における使用者による就労拒否事案を念頭に置き，反対債務の先履行義務性の消滅を認めるべきであるとの意見があり，これについては，労働義務の受領拒絶による履行不能という観点から民法第536条第2項により反対債務が消滅しないと解するのか，それとも発生すると解するのかという議論（後記第6，2参照）との関連性に留意する必要があるとの意見があった。

(5) 追完の遅滞及び不能による損害賠償

追完請求を受けた債務者が追完を遅滞した場合や追完が不能であった場合における追完に代わる損害賠償の要件については，追完方法の多様性等を考慮した適切な要件設定等が可能かどうかという観点から，契約各則における担保責任の検討と併せて，更に検討してはどうか。

【部会資料5－2第2，2(5)［26頁］】

（議事の概況等）

第3回会議においては，追完請求を受けた債務者が追完を遅滞した場合や追完が不能であった場合における追完に代わる損害賠償の要件を定める規定の要否について，適切な要件設定ができればよいが，追完方法の多様性からそれが困難であると思われる上，履行に代わる填補賠償請求権との相違も不明確であり，履行された目的物の返還義務やその使用利益の返還義務等の細則が増えて規定の明確性を損なうおそれがあるという意見，今後議論していくことに意味があるという意見，瑕疵担保責任の問題と連動して検討する必要があるという意見があった。

(6) 民法第415条前段の取扱い

前記(1)から(5)までのように債務不履行による損害賠償の要件の具体化・明確化を図ることとした場合であっても，「債務の本旨に従った履行をしないとき」（民法第415条前段）のような包括的な要件は維持するものとしてはどうか。

【部会資料5－2第2，2(6)［27頁］】

（議事の概況等）

第3回会議においては，前記(1)から(5)までのように債務不履行の要件の具体化・

明確化を図ることとした場合であっても,「債務の本旨に従った履行をしないとき」（民法第415条前段）のような包括的な要件を維持することに賛成する意見が複数あり，それについて特段の異論はなかった。

なお，「債務の本旨に従った履行をしないとき」という要件に関しては，同要件について展開された解釈論が実務に定着しているため，同要件のみを規定することで足りるのではないかという意見があった。この意見を踏まえて，今後の検討方針について，前記(1)から(5)までの個別論点の検討を踏まえた上で，同要件の具体化・明確化の必要性を決する方向で検討してはどうかという提案がされたところ，それについて特段の異論はなかった。

2 「債務者の責めに帰すべき事由」について（民法第415条後段）
(1) 「債務者の責めに帰すべき事由」の適用範囲
「債務者の責めに帰すべき事由」という要件が民法第415条後段にのみ置かれている点に関して，同条後段が規定する履行不能とそれ以外の債務不履行を区別せず，統一的な免責の要件を定める方向で，更に検討してはどうか。

【部会資料5－2第2，3(1)［28頁］】

（議事の概況等）

第3回会議においては，「債務者の責めに帰すべき事由」（民法第415条後段）について，後記(2)に示したとおりその内容の理解や表現の適否については議論があったが，同条後段が規定する履行不能とそれ以外の債務不履行を区別せず，統一的な免責の要件を定める方向で検討することについては，特段の異論はなかった。

(2) 「債務者の責めに帰すべき事由」の意味・規定の在り方
「債務者の責めに帰すべき事由」の意味は，条文上必ずしも明らかではないが，伝統的には，債務不履行による損害賠償責任の帰責根拠を過失責任主義（故意・過失がない場合には責任を負わないとする考え方）に求め，「債務者の責めに帰すべき事由」の意味を，故意・過失又は信義則上これと同視すべき事由と解する見解が通説とされてきた。これに対し，判例は，必ずしもこのような帰責根拠・判断基準を採用しているわけではなく，また，「債務者の責めに帰すべき事由」の意味を，契約から切り離された債務者の不注意と解しているわけでもないという理解が示されている。このような立場から，「債務者の責めに帰すべき事由」の意味も，帰責根拠を契約の拘束力に求めることを前提として検討すべきであるとの見解が提示された。他方で，帰責根拠を契約の拘束力のみに求めることについては，それが取引実務に与える悪影響を懸念する意見もあった。これに対しては，ここでいう「契約」が，契約書の記載内容を意味するのではなく，当事者間の合意内容を，当該合意に関する諸事情を考慮して規範的に評価することにより導かれるものであるとの指摘があった。

以上の議論を踏まえ，債務不履行による損害賠償責任の帰責根拠を契約の拘束力に求めることが妥当かという点や，仮に帰責根拠を契約の拘束力に求めた場合には，損害賠償責任からの免責の処理はどのようにされることが適切かという点について，判例の立場との整合性，取引実務に与える影響，債務の種類による差異の有無等に留意しつつ，更に検討してはどうか。
　その上で，「債務者の責めに帰すべき事由」という文言については，債務不履行による損害賠償責任の帰責根拠との関係で，この文言をどのように理解すべきかという検討を踏まえ，他の文言に置き換える必要があるかどうか，また，それが適当かどうかという観点から，更に検討してはどうか。その際，文言の変更が取引実務や裁判実務に与える影響，民法における法定債権の規定に与える影響，その他の法令の規定に与える影響等に留意しながら，検討してはどうか。

【部会資料5－2第2，3(2)［28頁］】

（議事の概況等）

1　第3回会議においては，債務不履行による損害賠償責任の帰責根拠について，判例・実務は必ずしも過失責任主義（故意・過失がない場合には責任を負わないという考え方）を採用していないという理解を前提に，契約の拘束力を根拠とする考え方に親和的な意見が相対的に多数あった。また，第21回会議においては，判例は「債務者の責めに帰すべき事由」の意味を契約から切り離された債務者の不注意とは解していないのではないかという意見があった。これに対して，契約の拘束力に帰責根拠を求めた場合，契約交渉能力の格差を反映して一方当事者に不利な契約が締結されるおそれが高まるなどの懸念が示され，その立場から，過失責任主義を根拠とする考え方に親和的な意見も出された。また，第21回会議においては，契約に帰責根拠を求めることは合理的な判断に基づかずに契約することもある消費者にとって不当な結果が生じるという不安があるとの意見が出された。もっとも，これらの懸念については，第3回会議において，弱者保護のための公平の法理等を導入することを前提に，よりよい契約を当事者に作り出せるようにするという契約観に立って規定を整備すべきではないかという意見があり，また，ここでいう「契約」とは，社会的な基準を踏まえて規範的に評価されるものであるという意見があった。
　また，契約の拘束力を帰責根拠とする考え方に親和的な意見の中には，いわゆる手段債務は，客観的注意義務が債務内容であるため，その債務不履行による損害賠償責任の帰責根拠は過失ではないかという意見があったが，これに対しては，手段債務の内容となる注意義務の内容も契約により決まるから，この場合の帰責根拠も契約の拘束力に求められるという意見があった。
　なお，契約の拘束力を帰責根拠とする場合，明白に合意されていない部分を契約内容の確定作業により適切に処理できるかという点の整理が必要ではないかという意見もあった。また，第21回会議においては，損害賠償責任の帰責根拠を契約の拘束力に求めた場合でも，更に損害賠償責任からの免責をどのように処理すること

が適切かという点を検討する必要があるのではないかという意見があった。

2　条文の文言については、「債務者の責めに帰すべき事由」という文言を維持すべきであるという意見が複数あった。「債務者の責めに帰すべき事由」という文言は、社会規範的な感覚に適合しており、社会における紛争の自主的解決能力を維持している面があるという意見、判例の傾向を踏まえれば、債務不履行責任から解放する要件であることを端的に表現したものと理解することができるという意見、契約の拘束力を帰責根拠とする考え方に親和的な立場に立った場合でも、「責めに帰すべき事由」という文言を維持しつつ、その内実の理解の普及に努めることが望ましいという意見等である。

　また、契約の拘束力を帰責根拠とする考え方に親和的な立場からは、その考え方を適切に表現する文言を検討していくべきであり、包括的な要件設定が困難な場合には、免責される具体例を挙げながら、それを統括する要件を検討していく方法もあり得るという意見、不可抗力プラスアルファという方向で実質的な議論をすべきであるという意見、国際物品売買契約に関する国際連合条約第79条の文言を参考にすべきであるという意見等もあった。このうち、不可抗力概念については、これを天変地異と同義に扱うのではなく、天変地異以外の要素も適切に考慮できるよう検討してほしいとの意見があった。

　「契約により引き受けていない事由」という文言については、契約書の記載内容が重視され、契約の規範的評価が軽視されるとの誤解を生じさせるおそれがあるとか、契約書作成能力の劣る中小企業等が重い責任を負うのではないかといった懸念や、債務内容確定の要件との混同が生じ裁判実務における議論が混乱する可能性もある等の理由により採用に消極的な意見が多く、必ずしもこの文言に固執する必要はない旨の意見も出された。もっとも、契約書の記載内容が重視されるとの懸念に対しては、契約書の記載内容は、社会的な基準を踏まえて規範的に評価されるから、記載内容そのものが過度に重視されることにはならない旨の指摘があった。また、この文言については、法定債権に関する規定への影響にも留意すべきであるとの意見もあった。

　過失責任主義を帰責根拠とする考え方に親和的な立場からは、文言を再考するのであれば、「故意、過失又は信義則上これと同視すべき事由」等を検討してほしいとの意見があったが、これに対しては、必ずしも過失責任主義を採用していない判例・実務との乖離が明白となり不適切であるとの意見があった。

　なお、以上の検討に関しては、いわゆる結果債務のみに適用される要件を検討するのか、結果債務と手段債務に共通する要件を検討するのかを明確にすべきである旨の問題提起もあった。

3　これらのほか、債務不履行による損害賠償責任の帰責根拠や帰責事由ないし免責事由の規定方法に関して、以下のような意見や留意点の指摘があった。すなわち、契約当事者間の責任分配に関連した制度の検討に当たっては、企業と消費者の情報や交渉力の非対称性に配慮すべきであるとの意見、帰責事由に関する検討が、

民法の他の規定や商法等の他法令の規定に与える影響に留意する必要があるとの意見，裁判実務においては，「債務者の責めに帰すべき事由」（帰責事由）については債権者・債務者間の適切な利益調整のための要件としての機能が重要であり，この機能を適切に表現する必要がある旨の意見，安全配慮義務に関する裁判例において，最近の科学技術の水準に照らして相当な措置を採っていたという抗弁が認められているが，このことを包摂できる文言を検討すべきであるという意見等である。なお，帰責事由に関する検討が安全配慮義務に関する従来の議論に与える影響を懸念する意見があり，これについては，帰責事由に関する検討とは直結しない問題であるとの意見や，帰責事由に関する検討を通じて，債権者が債務不履行を主張立証し，債務者が帰責事由のないことを主張立証するという関係を明確にする必要があるのではないかという意見があった。

(3) 債務者の帰責事由による履行遅滞後の債務者の帰責事由によらない履行不能の処理

債務者の帰責事由による履行遅滞の後に，債務者の帰責事由によらない履行不能が生じた場合でも，履行遅滞に陥ったがために当該履行不能が生じたという関係が認められる限り，填補賠償請求が認められるとする判例法理を明文化するものとしてはどうか。

【部会資料 5 - 2 第 2, 3(3)［34頁］】

（議事の概況等）

第 3 回会議においては，債務者の帰責事由による履行遅滞後の債務者の帰責事由によらない履行不能の処理に関する判例法理を明文化する考え方について，明文化によって特に混乱は生じないと思われるとの意見があり，他に特段の異論はなかった。

3 損害賠償の範囲（民法第 416 条）

(1) 損害賠償の範囲に関する規定の在り方

損害賠償の範囲を規定する民法第 416 条については，その文言から損害賠償の範囲に関する具体的な規範を読み取りづらいため，規定を明確にすべきであるという意見があることを踏まえて，判例・裁判実務の考え方，相当因果関係説，保護範囲説・契約利益説等から導かれる具体的準則の異同を整理しつつ，損害賠償の範囲を画する規律の明確化の可否について，更に検討してはどうか。

【部会資料 5 - 2 第 2, 4(1)［34頁］】

（議事の概況等）

第 3 回会議においては，民法第 416 条の文言からは，損害賠償の範囲に関する具体的な規範を読み取りづらく，規定を明確にすべきである旨の意見が複数あった。

この点については，同条の通常損害・特別損害の枠組みは，分かりやすく，立証もしやすい上，客観的基準であって公平感があるなどの理由から維持されるべきであるという意見があったが，これに対して，通常損害は当事者が予見すべきだった損害と概ね同じなのだから，その枠組みにこだわる必要はないとの意見も出された。

　今後の検討方法については，相当因果関係説と保護範囲説・契約利益説という二つの基本的考え方から，それぞれどのような具体的準則が出てくるのかを整理する必要があるという意見や，判例の考え方に基づく整理も加味して検討する必要があるという意見，裁判実務では，通常損害の判断において，契約締結時の予見可能性を中心にしつつ，損害軽減義務の発想を用いた規範的判断をし，特別損害の判断において，不履行時の債務者の予見可能性に基づく損害を判断するという枠組みで安定的に運用しているため，この運用の問題性を議論の出発点とすることを提案する意見，具体的な事例に即して検討すべきであるという意見等が出された。

(2)　予見の主体及び時期等（民法第416条第2項）

　損害賠償の範囲を画する基準として当事者の予見を問題とする立場（民法第416条第2項等）においては，予見の主体と時期が問題となるが，民法の条文上はその点が不明確である。

　まず，予見の主体については，債務者とする裁判実務の考え方と両当事者とする考え方のほか，契約当事者の属性に応じた規定を設けるべきであるという意見があったことを踏まえて，前記(1)の検討と併せて，更に検討してはどうか。また，予見の時期については，不履行時とする裁判実務の考え方と契約締結時を基本とする考え方等について，損害の不当な拡大を防止する必要性に留意しつつ，前記(1)の検討と併せて，更に検討してはどうか。

【部会資料5-2第2，4(2)［40頁］】

（議事の概況等）

　第3回会議においては，不履行時における債務者の予見可能性を問題とすることで安定的に運用されている裁判実務に問題があるかどうかを検討することを提案する意見があったが，他方で，契約締結時の予見可能性を問題とすることを基本としつつ，損害の不当な拡大を防止するため，契約締結後の予見については合理的な制約を課すべきであるという意見や相当性等による歯止めを設けるべきであるという意見もあり，両当事者の予見可能性を問題とする考え方については，契約時における対等なリスク分配を想定し難い場面も念頭に置いて検討すべきであり，例えば，消費者契約における事業者の不履行の場合には，契約時の事業者の予見可能性を問題とすべきであるという意見等，多様な意見があった。

(3)　予見の対象（民法第416条第2項）

　予見の対象を「事情」とするか「損害」とするか，「損害」とする場合には損害

額まで含むのかという問題は，損害賠償の範囲について予見可能性を基準とする規範を採用することの当否と関連することを踏まえて議論すべきであるという意見や，予見の対象の捉え方によっては損害賠償の範囲（前記(1)等）と損害額の算定（後記(5)）のいずれが問題になるかが左右される可能性があるという点に留意する必要があるとの意見があった。そこで，これらの意見に留意した上で，予見の対象について，更に検討してはどうか。

【部会資料 5 － 2 第 2，4 (2)（関連論点）1 ［42 頁］】

（議事の概況等）

　第 3 回会議においては，損害賠償の範囲に関する予見可能性ルールの採否の検討は，予見の対象を「事情」とするか，「損害」とするか，「損害」とする場合，そこに損害額まで含むのかという点の検討と関連があるので，予見の対象の論点について議論を深めるべきであるという意見や，例えば，具体的な転売利益を予見の対象とすれば損害賠償の範囲が確定すると同時に損害額も確定するが，抽象的な転売利益を予見の対象とすれば損害賠償の範囲を確定した後に損害額の算定が必要となるなど，予見の対象をどのように捉えるかによって損害賠償の範囲の問題と損害額の算定の問題のいずれが問題となるかが左右される可能性があるという点に留意する必要があるとの意見があり，それらについて特段の異論がなかった。

(4)　故意・重過失による債務不履行における損害賠償の範囲の特則の要否

　債務不履行につき故意・重過失がある場合には全ての損害を賠償しなければならないとするなどの故意・重過失による債務不履行における損害賠償の範囲の特則の要否については，これを不要とする意見，要件を背信的悪意や害意等に限定する必要性を指摘する意見，損害賠償の範囲に関する予見の時期を契約締結時とした場合（前記(2)参照）には特則を設ける意義があるという意見等があった。これらを踏まえて，上記特則の要否や具体的要件の在り方について，損害賠償の範囲に関する議論との関連性に留意しつつ，更に検討してはどうか。

【部会資料 5 － 2 第 2，4 (2)（関連論点）2 ［42 頁］】

（議事の概況等）

　第 3 回会議においては，債務不履行につき故意・重過失がある場合には全ての損害を賠償しなければならないなどといった故意・重過失による債務不履行における損害賠償の範囲の特則を設ける考え方に対して，故意による不履行とは何かが問題であり，それ自体が不法行為を構成するようなものに対象を限定しないと実務上の影響が大きいので，特則を設けないか，仮に設ける場合でも，背信的悪意や害意のような要件設定を検討する必要があるとの意見があった。これに対して，第 21 回会議においては，損害賠償の範囲に関する予見の時期の論点において契約締結時を基本とする考え方を採用した場合（前記(2)参照）には，特則を設ける考え方が十分

(5) 損害額の算定基準時の原則規定及び損害額の算定ルールについて
　　損害額の算定に関する各種の判例法理の明文化については，これらの判例に基づいて物の価額を賠償する場合を想定した一般原則を置くことが妥当かどうかという観点から，損害賠償の範囲に関する問題や債務不履行解除の要件の問題等との関連性を整理しつつ，更に検討してはどうか。
　　この検討と関連して，物の引渡債務以外の債務に関する損害賠償の範囲や損害額の算定の規定の要否，履行期前の履行不能や履行拒絶に基づく填補賠償請求における損害額の算定の規定の要否について，更に検討してはどうか。
【部会資料5－2第2，4(3)［43頁］，(4)［47頁］，(5)［49頁］，同（関連論点）［51頁］】

（議事の概況等）
　　第3回会議においては，損害額の算定の問題に関して，今後の検討に当たって留意すべき点について複数の意見があった。具体的には，前記(3)（議事の概況等）記載のとおり，予見の対象の捉え方によって損害賠償の範囲と損害額の算定とのいずれが問題となるかが左右される場合がある点に留意する必要がある旨の意見や，損害額の算定の問題は損害項目の問題と関連するが区別されるものであることを明確にすべきではないかという意見，損害額の算定基準時の多様性を許容することと債務不履行解除の要件等との関連性を整理する必要があるという意見等である。
　　損害額の算定に関する判例法理については，これらの判例は古く，特定の事案の解決を示したものにすぎないため，これに基づき一般的な規定を設けることは困難ではないかという意見があった。他方で，これらの判例の多くは特定不動産の引渡債務が問題となったものであるから，物の引渡債務以外の債務についての損害賠償の範囲や損害額の算定についての検討が必要であるとの意見も出された。
　　また，損害額の算定に関する判例法理を履行期前の履行不能や履行拒絶に適用すると不合理な結果が生じ得るという問題意識から，履行期前の履行不能や履行拒絶における填補賠償額の算定基準時及び損害額の算定ルールについて検討すべきではないかという意見も出された。

4　過失相殺（民法第418条）
(1) 要件
　　過失相殺の適用範囲（民法第418条）については，債務不履行の発生について過失がある場合だけではなく，損害の発生や拡大について債権者に過失がある場合にも適用されるという判例・学説の解釈を踏まえ，これを条文上明確にする方向で，更に検討してはどうか。

その際，具体的な規定内容に関して，例えば，債権者が債務不履行の発生や損害の発生・拡大を防ぐために合理的な措置を講じたか否かという規範を定立するなど，債権者の損害軽減義務の発想を導入するという考え方については，これに肯定的な意見と債権者に過度の負担を課すおそれがあるなどの理由から否定的な意見があった。そこで，これらの意見を踏まえ，債務不履行による損害賠償責任の帰責根拠に関する議論（前記第3，2(2)）及び不法行為における過失相殺（民法第722条第2項）に関する議論との関連性や，損害賠償責任の減軽事由として具体的にどのような事情を考慮できるものとすべきかという観点に留意しつつ，この考え方の当否について，更に検討してはどうか。

また，債務者の故意・重過失による債務不履行の場合に過失相殺を制限する法理の要否や，債権者は債務者に対して損害の発生又は拡大を防止するために要した費用を合理的な範囲内で請求できる旨の規定の要否についても，検討してはどうか。

【部会資料5－2第2，5(1)［51頁］】

（議事の概況等）

　第3回会議においては，判例・学説が認める過失相殺の適用範囲を条文上明確にするということ自体には，特段の異論がなかったが，「損害軽減義務の発想を導入する観点」から検討するという方向性について，多様な意見があった。具体的には，債務者の追完権を規定する場合には，それに対応する債権者の義務を明記することが望ましく，これにより不当な追完請求権の行使を抑制できるとして，損害軽減義務を規定することに賛成する意見，例えば，使用者側が，不当解雇した労働者に対して，使用者側の履行拒絶の意思が明確であったから損害軽減のために退職すべきであったと主張するなど，債権者の義務性を強調することによる悪用のおそれがあるとして反対する意見，債権者の義務として規定すると，債権者が損害軽減のみの観点から担保の早期処分を迫られたり，不完全履行の受領を事実上強制されたりするなど，債権者に過度の負担を課すことになり得るとして慎重な検討を求める意見，過失相殺には債権者・債務者双方の利益を調整する機能があるが，債権者側の作為義務的要素のみを規定することで，その機能が損なわれないか慎重に検討する必要があるとする意見等であった。第21回会議においては，損害軽減義務の発想は，消費者に過重な負担を課すおそれがあるのではないかという意見もあった。また，第25回会議においては，損害賠償責任の軽減事由として具体的にどのような事情を考慮できるものとすべきかという観点にも留意すべきではないかという意見があった。

　また，債務者の故意・重過失による債務不履行の場合に過失相殺を制限する法理を検討すべきではないかという意見があった。

　なお，債権者は，債務者に対し，損害の発生又は拡大を防止するために要した費用を合理的な範囲内で請求できる旨の規定を設けることが望ましいという考え方に

ついては，特段の意見がなかった。

(2) 効果
　過失相殺の効果は必要的減免とされている（民法第418条）が，これを任意的減軽に改めるべきかについて，要件に関する議論（前記(1)）と併せて，更に検討してはどうか。

【部会資料5－2第2，5(2)［55頁］】

（議事の概況等）

　第3回会議においては，過失相殺の効果を必要的減免から任意的軽減に改めるという考え方について，特段の意見が示されなかった。なお，過失相殺に損害軽減義務の発想を導入することについて懸念を示す前記(1)（議事の概況等）記載の各意見は，債権者側の事情を必要的に考慮することに対して懸念を示す意味を含むものとも理解し得るため，本論点については，要件論の議論と併せて検討する必要がある。

5　損益相殺
　裁判実務上，債務不履行により債権者が利益を得た場合には，その利益の額を賠償されるべき損害額から控除すること（損益相殺）が行われており，これを明文化するものとしてはどうか。

【部会資料5－2第2，6［56頁］】

（議事の概況等）

　裁判実務上，債務不履行により債権者が利益を得た場合，その利益の額を賠償されるべき損害額から控除するという損益相殺が異論なく行われているところ，第3回会議においては，これを明文化することについて，特段の異論がなかった。

6　金銭債務の特則（民法第419条）
(1) 要件の特則：不可抗力免責について
　金銭債務の不履行について不可抗力免責を否定する民法第419条第3項の合理性に疑問を呈し，一定の免責の余地を認めるべきであるとする考え方に関しては，同項を削除して債務不履行の一般則による免責を認めるという意見や，金銭債務の特則を残した上で不可抗力免責のみを認めるという意見等があることを踏まえて，免責を認めることの可否及び免責を認める場合の具体的な要件の在り方について，更に検討してはどうか。

【部会資料5－2第2，7(1)［56頁］】

(議事の概況等)

　第3回会議においては，金銭債務についても免責を認める余地があるという考え方に関しては，具体的な免責規定の在り方について，民法第419条第3項を削除して債務不履行の一般則による免責の余地を認めることが望ましいという意見があったが，これに対しては，金銭債務の免責を債務不履行の一般則に委ねると免責の範囲が広くなりすぎて実務に与える影響が大きいとして，例えば，不可抗力免責のみを認めるなどの規定方法もあり得るのではないかという意見もあった。

　なお，金銭債務の不履行につき免責が認められる場合でも債務者に預金があれば利息が生じることから，法定利率を適正化する議論（前記第1，5(1)(2)）を踏まえて，金銭債務の不履行につき免責が認められる場合でも，債務者には法定利息分の不当利得を認め得るのではないかという意見もあった。

(2) 効果の特則：利息超過損害の賠償について
　　金銭債務の不履行における利息超過損害の賠償請求を一般的に否定する判例法理の合理性を疑問視し，利息超過損害の賠償請求が認められることを条文上明記すべきであるという考え方に関しては，消費者や中小企業等が債務者である事案において債務者に過重な責任が生ずるおそれがあるとの指摘があったが，他方で，上記の考え方を支持する立場から，債務不履行による損害賠償の一般法理が適用されるため，損害賠償の範囲が無制限に拡張するわけではないとの指摘があった。これらの意見を踏まえて，利息超過損害の賠償請求を認める考え方の当否について，更に検討してはどうか。

【部会資料5－2第2，7(2)［58頁］】

(議事の概況等)

　第3回会議においては，金銭債務の不履行において利息超過損害の賠償請求を認めることについて，消費者や中小企業等の立場の弱い者に過重な責任が生じるおそれがあるとして，消費者等の弱者保護の観点から消極的な意見が複数あったが，第21回会議においては，利息超過損害の賠償請求を認めた場合でも，債務不履行による損害賠償の一般法理が適用されるため，賠償範囲が無制限に拡張されるわけではないという意見があった。また，同会議においては，利息超過損害の賠償請求を認める方向を支持する見解は少なくないのではないかという意見があった。

7 債務不履行責任の免責条項の効力を制限する規定の要否
　債務不履行責任の免責条項の効力を制限する規定の要否について，不当条項規制（後記第31）との関係や担保責任を負わない旨の特約（民法第572条）との関係に留意しつつ，検討してはどうか。

(議事の概況等)

　民法には債務不履行責任の免責条項に関する一般的な規定が置かれていないところ，第3回会議においては，契約当事者の力関係の違いに基づいて一方当事者のみに有利な免責条項が盛り込まれる実態があることを踏まえて，ユニドロワ国際商事契約原則第7．1．6条等を参考にしつつ，債務不履行責任の免責条項の効力を制限する規定を設けるべきであるという新たな問題提起があった。この問題については，不当条項規制（後記第31）との関係や担保責任を負わない旨の特約（民法第572条）との関係に留意しつつ，検討する必要がある。

第4 賠償額の予定（民法第420条，第421条）

1 予定された賠償額が不当に過大であった場合に，裁判所がその額を減額することができる旨を明文化するという考え方に関しては，公序良俗（民法第90条）等の一般条項に委ねるほうが柔軟な解決が可能となり望ましいなどとする否定的な意見がある一方で，一般条項の具体化として規定する意義があること，公序良俗違反による賠償額の減額を認める裁判例があるところ，裁判所による額の増減を否定する同法第420条第1項後段の存在がそのような裁判所による救済法理の適用を抑制し，裁判外の紛争解決にも悪影響を与えているおそれがあること，賠償額の予定を禁止する労働基準法が適用されない労働契約において労働者保護を図る必要があることなどを理由に，明文化に肯定的な意見があった。これらを踏まえて，予定された賠償額が不当に過大であった場合に，裁判所がその額を減額することができる旨を明文化するか否かについて，不当条項規制（後記第31）及び一部無効の効力（後記第32，2(1)）に関する議論との関連性に留意しつつ，更に検討してはどうか。

　予定された賠償額の裁判所による減額を認める旨の規定を設ける場合には，要件として，予定された賠償額と実損額との比較だけでなく，賠償額の予定がされた経緯や当事者の属性等の様々な要素を総合考慮できるものとすべきであるという意見等を踏まえて，具体的な要件の在り方について，更に検討してはどうか。

　また，効果については，合理的な額までの減額を認める考え方のほか，著しく過大な部分のみを無効とすべきであるという意見があるが，後者については「著しく過大な部分」を特定した上での改訂が裁判所に可能か疑問であるとの指摘もある。これらの意見を踏まえて，効果について更に検討してはどうか。

2 予定された賠償額が不当に過小であった場合において，不当に過大であった場合と同様の規定を設けることの当否については，上記1と同様に消極的な意見と積極的な意見があるところ，他に，過小な賠償額の予定は，減免責条項の実質を持つなど過大な賠償額の予定とは問題状況が異なるので区別して検討すべきであるとの意見があった。この立場から，予定された賠償額が不当に過小であった場合には，賠償額の予定を全部無効にした上で，賠償額算定の一般則の適用に委ねるべきであるという意見があったが，これに対しては，過大な場合も過小な場合も必要な規定は同じになるのではないかという意見があった。これらを踏まえて，予定された賠償額が不当に過大であった場合と不当に過小であった場合とで規律を異にすべきか否かという点について，不当条項規制（後記第31）及び一部無効の効力（後記第32，2(1)）に関する議論との関連性に留意しつつ，更に検討してはどうか。

3 債務者に帰責事由がない場合その他免責の事由がある場合でも賠償額の予定に基づく損害賠償請求が認められるかという点や，賠償額の予定に基づく損害賠償

第4　賠償額の予定（民法第420条，第421条）

請求に関して過失相殺が認められるかという点について，検討してはどうか。

【部会資料19－2第4［33頁］】

（議事の概況等）

1　第19回会議においては，予定された賠償額が過大であった場合に裁判所による賠償額の減額を認める考え方に関して，この規律を信義則の具体化であると位置付けると，規定することによって信義則の一般的性格を理解しにくくするため，規定の必要はなく，また，これを信義則では減額できないものの減額を認める創設規定とする場合には，その根拠が問題となるため，いずれにしても信義則に委ねた方が柔軟な解釈ができて望ましいという意見や，裁判所による予定された賠償額の改訂が可能かという点に疑問がある上，当事者の自治に委ねて紛争を予防するという賠償額の予定の立法趣旨は合理的であるから，不当な賠償額の予定の規制は信義則による個別判断に委ねれば足りるのではないかという意見等，消極的な意見があった。

もっとも，このうち前者の意見に対しては，これに賛成する意見もあったが，信義則の具体化であっても国民にとって身近でかつ判例があるものについては明文化すべきであるという意見もあった。また，上記消極的な意見のうち，立法趣旨に言及する後者の意見に対しては，民法起草当時に参考にした外国法制は現在では変化していると思われる上，日本においても起草者意思と異なる裁判例が既に出ているのだから，民法第420条第1項後段の実質的妥当性についての考え方が変わっているのではないかという意見があった。

他方，積極的な意見として，裁判所は予定賠償額を増減することができないとする民法第420条第1項後段が存在することによって，裁判所が公序良俗違反として過大な賠償額の予定を無効とすることや，当事者が裁判外の交渉において同様の予定についての無効主張をすることが抑制されているおそれがあるとして，同項後段を削除し，過大な賠償額の予定を無効にする余地を認めることに賛成であるという意見や，賠償額の予定を禁止する労働基準法が適用されない労働契約等における賠償額の予定を規制する必要があるし，優越的地位にある一方当事者が過小な賠償額の予定を設けることも規制する必要があり，予定された賠償額の裁判所による増減を認めることに賛成であるという意見があった。

このうち，同項後段を削除するという点については，紛争予防という賠償額の予定の機能を維持するため，同項後段は維持した上で，裁判所の改訂権を認めることが適切であるという意見があり，また，他方で，裁判所が契約の自由に介入できないことは当然のことであるのに，同項後段の場合にだけ規定があることの説明がつかないのではないかという意見があった。

2　予定された賠償額の減額を認める場合の要件については，実損害との差額だけでなく，当事者の属性，当該予定が定められた経緯，当該予定の契約全体の中での位置付け等の様々な考慮要素を総合考慮することができるものにすべきであるとい

う意見，単純に過大とするだけでなく，他の要件の必要性についても十分に検討する必要があるという意見，不動産売買における違約金等，実損害より高額でも違約金として相当と言える賠償額の予定も現実に存在するため，判断要素として，契約遵守のための合理的な制裁としての相当性を考慮できるものとすべきであるという意見等があった。

3　予定された賠償額の減額を認める場合の具体的な効果については，著しく過大ではないところまでの改訂を認めるとすれば，そのような改訂が裁判所に可能かという問題があるという意見，裁判所に裁量的な改訂権を認めることには違和感があり，著しく過大な部分のみを公序良俗違反として無効とすべきであるという意見があった。

4　予定された賠償額が不当に過小であった場合において，不当に過大であった場合と同様の規定を設けることの当否については，過大な場合と同様に消極意見と積極意見があるところ，他に，予定された賠償額が過大な場合と過小な場合とでは問題状況が異なるため，両者を区別して検討すべきであるという意見があった。具体的には，過小な賠償額の予定は減免責条項の実質を持つ点に留意する必要があるし，また，過大な賠償額の予定を合理的な額に減額する処理は，合理的な限りで当事者の合意を尊重することになり妥当だが，裁判所に，過小な賠償額の予定について，裁判所が合理的と考える額にまで増額する権限を与えることは適当ではなく，損害額算定の任意規定の適用に委ねることが妥当であるこという意見である。これに対しては，あえて過大な賠償額の予定を設ける場合も過小な賠償額の予定を設ける場合も合理的な理由がある場合があり，いずれも不当な部分の効力のみを否定すれば足りるし，また，賠償額の立証が困難な場合においては賠償額に関する立証責任を転換することを意図して賠償額の予定をする事例もあり，その場合，過大か過小かは問題とならないのだから，過大な場合と過小な場合とで定めるべき規律はそれほど異ならないのではないかという意見があった。

5　また，予定された賠償額の増減を認める規定を設けるか否かの判断に際しては，不当条項規制（後記第31）や一部無効（後記第32，2(1)）に関する規定との異同や，仮にこれらの規定と異なる内容を定める場合にはその必要性について，十分検討する必要があるという意見があった。

6　第24回会議においては，債務者に帰責事由がない場合（損害賠償責任を免責される場合）でも賠償額の予定に基づく損害賠償請求が認められるかという点や，賠償額の予定に基づく損害賠償請求に関して過失相殺が認められるかという点についても検討するべきではないかという意見があった。

第5　契約の解除

1　債務不履行解除の要件としての不履行態様等に関する規定の整序（民法第541条から第543条まで）
　(1)　催告解除（民法第541条）及び無催告解除（民法第542条，第543条）の要件及び両者の関係等の見直しの要否
　　催告解除及び無催告解除の要件としての不履行態様等及び両者の関係等に関しては，以下の各論点について，更に検討してはどうか。
　ア　催告解除（民法第541条）
　　①　債務不履行解除制度全般における催告解除の位置付けに関しては，催告解除が実務上原則的な解除手段となっていることや，できるだけ契約関係を尊重するという観点などを理由に，現行法と同様，催告解除を原則とし，催告解除と無催告解除を別個に規定すべきであるという意見がある一方で，催告後相当期間が経過することで，無催告解除を正当化するのと同等の不履行の重大性が基礎づけられると考えれば，両者の要件を統一化することも理論上可能である旨の意見等があった。これらの意見を踏まえて，催告解除の位置付けについて，催告が取引実務において有する機能，催告解除の正当化根拠と無催告解除の正当化根拠との異同等に留意しつつ，更に検討してはどうか。
　　②　判例が付随的義務等の軽微な義務違反の場合には，解除の効力を否定していることを踏まえて，この判例法理の趣旨を明文化する方向で，更に検討してはどうか。
　　③　前記②の判例法理の趣旨を明文化する場合の具体的な要件に関しては，不履行の内容によるものとする考え方と債務の種類によるものとする考え方があることについて，いずれの考え方においても不履行の内容や債務の種類等の様々な事情を総合考慮することに違いはなく，明文化するに当たっての視点の違いにすぎないとの意見があった。また，具体的な要件の規定ぶりに関しては，軽微な不履行を除くとする意見，重大な不履行とする意見，本質的な不履行とする意見，契約をした目的を達することができないこととする意見等があった。これらを踏まえて，前記②の判例法理の趣旨を明文化する場合における具体的な要件の在り方について，要件の具体性・明確性の程度が取引実務に与える影響に留意しつつ，更に検討してはどうか。
　　④　前記②における解除を否定する要件の主張立証責任に関しては，解除を争う者が軽微な義務違反であることの主張立証責任を負うものとすべきであるとの意見があった一方で，前記②の判例法理からすれば，解除する者が自己の解除権を根拠付けるため軽微な義務違反でないことを主張立証すべきこと

となるという意見もあった。また，事業者間の契約か否かで主張立証責任の在り方を変えるという考え方（例えば，事業者間契約でない場合は解除する者が重大な不履行であることの主張立証責任を負うものとする一方，事業者間契約においては，催告に応じなければ原則として契約を解除することができ，重大な契約違反に当たらないことを債務者が立証した場合にのみ解除が否定されるとすること。後記第62，3(1)①）については，消極的な意見があったが，今後も検討を継続すべきであるという意見もあった。そこで，これらの意見を踏まえて，前記②の判例法理を明文化する際の主張立証責任の在り方について，更に検討してはどうか。

イ 無催告解除（民法第542条，第543条）

　無催告解除が認められる要件の在り方については，定期行為の遅滞（民法第542条）や履行不能（同法第543条）等，催告が無意味である場合とする意見，不履行の程度に着目し，重大な不履行がある場合とする意見，主たる債務の不履行があり，契約の目的を達成することができない場合とする意見等があったことを踏まえて，更に検討してはどうか。

ウ その他

① 前記ア及びイの各論点において不履行の程度を問題とする場合，その判断に際して不履行後の債務者の対応等を考慮することができるものとすべきか否かについては，契約の趣旨に照らして契約に拘束することを正当化できるか否かを判断基準とする観点から，不履行後の対応等も含めてよいという意見と，不履行後の対応によって本来解除できないものが解除できるようになることは不適切であるから，これを含めるべきではないという意見があったことを踏まえて，更に検討してはどうか。

② 解除が債務者に不利益をもたらし得ることに鑑みて，解除の要件設定においては，債務者にそのような不利益を甘受すべき事情があるか否かを考慮できるようにすべきであるという意見があり，これに関して，契約目的不達成や重大不履行等の要件の判断において，そのような事情を考慮できるという意見や，それでは不十分な場合があり得るという意見があった。これらの意見を踏まえて，解除により債務者が被る不利益を考慮できる要件設定の在り方について，「債務者の責めに帰することができない事由」を解除の障害事由とすることの要否（後記2）と併せて，更に検討してはどうか。

【部会資料5－2第3，2(1)［62頁］，(2)［72頁］】

（議事の概況等）

　第4回会議においては，以下のような意見・指摘等があった。

1 催告解除（民法第541条）

ア 債務不履行解除制度全般における催告解除の位置付けに関しては，現行法と同様，催告解除を原則とした上で，催告解除の要件と無催告解除の要件を別個に規

定すべきであるという意見が複数あった。その理由としては，取引実務上，解除権発生の明確性を確保するため，催告をし相当期間経過後に解除権を行使する取扱いが確立しているという実務上の運用を重視する意見，契約関係を尊重するという観点から催告解除が原則であることを明確にすべきであるという意見，解除の本質は，債務不履行という契約違反がある場合にはその契約の拘束力からの解放を認めるべきであるという点にあり，本来催告は不要と考えられるが，解除による影響の重大性を考慮して法政策的観点から催告解除を原則とすべきであるという意見があった。また，消費者保護の観点から，消費者が支払用の預金口座の残高不足に気付かないまま履行遅滞に陥った場合に無催告解除が認められ得るとすると消費者が不当な不利益を被るおそれがあるとの懸念から催告解除を必要とする意見もあった。

　　また，催告解除を正当化する根拠について，迅速かつ画一的な契約からの離脱を確保するという商取引の要請に求める考え方，催告後相当期間が経過した場合には，不履行の態様が重大と認められるから解除が正当化されるとする考え方，催告後相当期間の経過により信頼関係が破壊され契約の目的が達成できなくなるとの考え方等があり得るとの指摘があり，催告解除と無催告解除の関係を検討するに当たっては，同時に催告解除の正当化根拠の検討も行うべきであるという意見があった。より具体的には，催告解除と無催告解除の正当化根拠が同質であるとすれば，催告後相当期間経過によっても履行されないという事情を，重大な不履行等の要件を認定する一事情に解消することは理論上可能であるとする指摘もあった。

イ　付随的義務等の義務違反の場合において解除を否定する判例法理の趣旨を明文化する方向で，解除が認められる場面を適切に規律することについて，賛成する意見が複数あり，それについて特段の異論はなかった。

ウ　前記イの判例法理を明文化する場合の具体的要件としては，不履行の内容によるべきであるという意見が複数あったが，付随的義務違反等の債務の種類によるという意見もあった。もっとも，第25回会議においては，いずれの考え方においても，不履行の内容や債務の種類等の様々な事情を総合考慮することに違いはなく，明文化に当たっての視点の違いにすぎないという意見があった。

　　また，前記イの判例法理を明文化する場合の具体的な要件の規定ぶりとしては，軽微な不履行を除くとすることが良いとする意見，重大な不履行という表現を用いても良いとする意見，現行法との連続性等を重視し，契約をした目的を達することができないという表現を用いることが望ましいとする意見等があった。このうち，「重大な不履行」という文言を用いる意見に対しては，抽象的で意味が不明確であるという批判的意見が複数あったが，他方で，新しい文言への違和感は慣れによって解決することもあり，現時点で「重大な」という文言を否定する必要はないとの意見もあった。また，第21回会議においては，具体的要件の選択が取引実務に与える影響が非常に大きいため，取引実務に与える影響に十分留

意して検討すべきであるという意見があった。
　エ　前記イにおける解除を否定する要件の主張立証責任について，第４回会議において，解除される側が主張立証すべきであるという意見があったが，第25回会議において，前記イの判例法理の考え方からすると，解除を主張する者が相手の債務不履行が軽微なものでないことを主張立証すべきこととなるとの意見があった。事業者間契約を要件として主張立証責任の特則を設けることについては，第４回会議において，現実には様々な能力格差がある事業者を一律に取り扱うものであって適切でないという意見があった。また，事業者間契約について主張立証責任の特則を設けるという考え方に対しては，このような考え方が取引の迅速性や解除の可否についての予測可能性に配慮したものであると理解した上で，これらの要素は事業者間契約以外の契約においても重要であり，事業者間契約とそれ以外とを区別する合理性はないとの意見があった。

２　無催告解除（民法第542条，第543条）
　　無催告解除が認められる要件としては，不履行の程度に着目し，重大な不履行と認められる場合とする意見，不履行の程度によらずに，定期行為の遅滞や履行不能等のように催告が無意味な場合とする意見，主たる債務の不履行があり，契約の目的が達成できない場合とする意見があった。また，民法第542条及び第543条のように，無催告解除が認められる場合を例示列挙することで足りるという意見もあった。なお，無催告解除が機能する具体的な場面として，消費者取引において消費者が解除をするに当たり，取引先が倒産している場合等が考えられるという指摘もあった。
　　また，重大な不履行という要件については，その実質的な意味の理解として，不履行の結果が重大である場合とする理解と債権者に契約への拘束を期待することができない場合を広く含むとする理解という，内容の異なる二つの理解があり得るため，この点を整理して検討すべきであるという意見があった。また，催告が無意味な場合という要件についても，履行不能の場合等，催告をする意味が客観的に認められない場合という理解と，両当事者の公平という観点から催告による履行の機会を与える必要がないと認められる場合を含むという理解があり得るという指摘もあった。
　　なお，前記１ウの議論に関連して，解除原因となり得る債務不履行の範囲画定について不履行の程度によるとの考え方を採用し，かつ，不履行の程度に着目して無催告解除の要件を定めるとすると，不履行の程度を例えば重大・普通・軽微の３段階に分けて整理することになるが，他方で，履行不能のように催告が無意味な場合に無催告解除を限る立場に立つと，不履行の程度については解除できる場合とできない場合の２段階に分けて整理することになるなど，本論点は，解除制度全体の構造的な理解に関連する旨の指摘もあった。

３　その他
　ア　軽微な不履行や重大な不履行等を要件とする場合に斟酌される事情としては，

契約の趣旨に照らして契約に拘束することを正当化できないか否かを判断することになるから，不履行後の対応も含まれるという意見と，不履行後の対応によって本来解除できないものが解除できるようになることは不適切であるなどとして，これを含めるべきではないという意見があった。

イ　解除を，契約の拘束力から解放する制度であり，過失責任主義とは異なるものとして位置付ける立場（後記2参照）に立った上で，解除が債務者に不利益をもたらし得ることを考慮し，債務者にそのような不利益を課すことを正当化できる事情を考慮できる制度設計をすべきであるという意見があった。これに対しては，契約の目的を達成することができないという要件や重大な不履行という要件の有無を判断する際に，契約による契約当事者間のリスク分配等を考慮することになるため，それらの要件の下で債務者側の事情を相当程度考慮できるとの意見があったが，それらの要件による考慮で十分と言い切れるか不安があるとの懸念も示された。

なお，後記2記載のとおり，債務者が解除による不利益を甘受すべき事情については，従来「債務者の責めに帰することができない事由」（民法第543条）により考慮されていたとの指摘もされており，本論点については，後記2記載の論点との関連性にも留意する必要がある。

(2)　不完全履行による解除

不完全履行と解除の関係について，追完可能な不完全履行については履行遅滞に，追完不能な不完全履行については履行不能に準じて規定を整備するという考え方の当否については，債務不履行解除の原則的規定の在り方（前記(1)）や売買等における担保責任の規定（後記第39等）の在り方と併せて，更に検討してはどうか。

【部会資料5－2第3，2(3)［73頁］】

（議事の概況等）

第4回会議においては，不完全履行と解除の関係についての一般的規定について，追完可能な不完全履行については履行遅滞に，追完不能な不完全履行については履行不能に準じて扱うという方針により条文を整序するという点について，特段の意見はなかった。不完全履行による解除の一般的規定の在り方については，債務不履行解除の原則的規定（前記(1)）や売買等における担保責任の規定（後記第39等）の在り方との整合性に留意する必要性があるため，これらの論点と併せて更に検討する必要がある。

(3)　履行期前の履行拒絶による解除

債務者が履行期前に債務の履行を終局的・確定的に拒絶したこと（履行期前の履行拒絶）を解除権の発生原因の一つとすることについては，これに賛成する意

見があり，具体的な要件に関して，催告の要否を検討すべきであるという意見や，履行拒絶が重大な不履行等をもたらす程度のものであることが必要であることを明文化すべきであるという意見等があった。これらを踏まえて，履行期前の履行拒絶を解除権の発生原因とすることの当否及びその具体的な要件について，債務不履行解除の原則的な要件（前記(1)）との整合性や履行拒絶による填補賠償請求権（前記第3，1(4)）の論点との関連性に留意しつつ，更に検討してはどうか。

【部会資料5－2第3，2(4)［74頁］】

（議事の概況等）

　履行期前の履行拒絶を解除権の発生原因として明文化することについては，第3回会議において，履行期前であっても拒絶の意思が明確な場合には，必ずしも履行期まで拘束しておく必要はないとして明文化に理解を示す意見や，早期に取引関係を清算したいという一定のニーズがあるため，明文化に賛成する意見があった。また，第4回会議においては，履行拒絶による解除の要件として催告を必要とすべきかについて検討すべきであるという意見や，履行拒絶の程度について，それが重大な不履行や契約の目的を達成することができなくなるような不履行をもたらすものであることを明文化すべきであるとの意見があった。

(4) 債務不履行解除の包括的規定の要否

　前記(1)から(3)までのように債務不履行解除の要件の具体化・明確化を図ることとした場合であっても，「債務を履行しない場合」（民法第541条）という包括的な要件は維持するものとしてはどうか。

【部会資料5－2第3，2(5)［76頁］】

（議事の概況等）

　第4回会議においては，「債務を履行しない場合」（民法第541条）という包括的要件を維持することを前提に議論がされたという理解が示されたところ，それについて特段の異論はなかった。

2　「債務者の責めに帰することができない事由」の要否（民法第543条）

　解除は不履行をした債務者への制裁ではなく，その相手方を契約の拘束力から解放することを目的とする制度であると理解すべきであり，また，裁判例においても帰責事由という要件は重要な機能を営んでいないなどとして，解除の要件としての債務者の帰責事由を不要とする考え方がある。このような考え方については，これに理解を示す意見があった一方，現行法との連続性を確保することの意義，危険負担制度を維持する必要性，債務者が解除に伴う不利益を甘受すべき事情を考慮できる要件設定の必要性等の観点から否定的な意見があった。そこで，これらの意見を

踏まえて，上記の考え方の当否について，催告解除及び無催告解除の要件となる不履行態様等の見直しに関する議論（前記1(1)）との関連性に留意しつつ，更に検討してはどうか。

【部会資料5－2第3，3［77頁］】

(議事の概況等)

　第4回会議においては，解除について過失の有無が実質的に問題とされた裁判例は基本的にないという指摘がされ，また，解除の主たる目的は契約の拘束力からの解放にあるという点について理解を示す意見があった。
　もっとも，「債務者の責めに帰することができない事由」（帰責事由）という要件の要否については，中小企業の取引実務においては，契約を解消する際には，合意解除や契約書記載の要件に従った処理がされることが多く，帰責事由が問題となることは少ないという意見がある一方で，債務者は帰責事由があるからこそ解除に伴う不利益を甘受できるのであり，帰責事由には紛争予防機能があるという点を評価すべきであるという意見や，付随的義務等の違反による解除を否定する判例・学説の法理を前提とした場合（前記1(1)参照），帰責事由のある不履行とない不履行とで重大性等の評価が異なり結論に違いが出るのではないかという意見等，帰責事由が債務者の利益保護について果たしてきた機能を重視する意見もあった。また，同様の観点から，帰責事由とは別に，債務者から契約により得られる利益を剥奪してもよいと言える要件を検討すべきであるという意見もあった。
　また，危険負担制度を維持すべきであるという観点から解除における帰責事由を維持すべきであるという意見や，現行法との連続性を重視する観点から制度自体を大きく変えることについて否定的な意見もあった。

3　債務不履行解除の効果（民法第545条）
(1)　解除による履行請求権の帰すう

　解除の効果の法的性質論にかかわらず，解除の基本的効果として，契約当事者は，契約の解除により，いずれも履行の請求ができなくなる旨の規定を置くものとしてはどうか。
　また，解除は，紛争処理に関する契約上の定め，その他の解除後に適用されるべき契約上の定め（例えば，秘密保持義務の定め等）には影響を及ぼさない旨の規定を置くことについて，検討してはどうか。

【部会資料5－2第3，4(1)［80頁］，同（関連論点）［85頁］】

(議事の概況等)

　第4回会議においては，解除の基本的効果として，契約当事者は，契約の解除により，いずれも履行の請求ができなくなる旨の規定を置くことに賛成する意見があり，それについて特段の異論はなかった。規定を置く際には，解除の効果の法的性

質に関する特定の見解（例えば，解除の効果を契約の遡及的無効とする直接効果説）を採用した場合には解除をめぐる法律関係の説明が困難になる場面があるため，解除の効果の法的性質に関する特定の見解を採用することのないように留意すべきであるという意見が複数あり，それについても特段の異論はなかった。なお，解除の効果として履行の請求が認められなくなるという限度で規定することは，部分的な解除を認めやすくなり有益である旨の指摘もあった。

また，解除の基本的効果を規定するに当たっては，ヨーロッパ契約法原則9：305条(2)を参考に，解除は，紛争処理に関する契約上の定め，その他の解除後に適用されるべき契約上のいかなる定めにも影響を及ぼさない旨の規定を置くべきではないかとの問題提起がされた。この点について，第21回会議においては，個人情報保護義務や秘密保持義務等については解除をしても履行を請求できると理解しているとの意見があった。

(2) 解除による原状回復義務の範囲（民法第545条第2項）

　解除による原状回復義務に関し，金銭以外の返還義務についても果実や使用利益等を付さなければならないとする判例・学説の法理を条文に反映させる方向で，具体的な規定内容について，更に検討してはどうか。

　その際，①解除が将来に向かってのみ効力を生ずる場合における原状回復義務の規定の要否，②原状回復義務の目的の価値が時間の経過により減少した場合の処理の在り方及び規定の要否，③解除原因となった不履行の態様，債務者の主観的要素，不履行が生じた経緯等に応じて原状回復義務の範囲を調整する処理の在り方及び規定の要否，④不履行の原因に対する両当事者の寄与の程度等に応じて原状回復の負担を両当事者に分配する処理を可能とする規定の要否，⑤なす債務の原状回復義務の内容及び規定の要否，⑥履行請求権の限界事由の問題（前記第2，3）等と関連して原状回復義務の限界事由についての規定の要否，⑦消費者が原状回復義務を負う場合の特則の要否といった点についても，併せて検討してはどうか。

【部会資料5－2第3，4(2)［86頁］】

（議事の概況等）

　第4回会議においては，解除により金銭を返還する際には，受領時からの利息を付さなければならないと規定する民法第545条第2項を例示とし，金銭以外の返還義務についても果実や使用利益を付さなければならないとする判例・学説の法理を条文に反映させるという方向性について，これを支持する意見があり，それについて特段の異論はなかった。

　原状回復義務の範囲に関する具体的な規定内容については，これに関連して，様々な検討事項・留意事項の指摘がされた。具体的には，解除が将来に向かってのみ効力を生じる場合における原状回復義務の規定を設けるべきではないか（なお，

48　第5　契約の解除

規定場所については契約各則に必要に応じて規定することも妨げない。）という意見，原状回復義務の目的の価値が時間の経過により減少した場合の原状回復の処理について，原状回復義務の解釈論で処理するか，これを処理する新規規定を設けるか，原状回復の目的物が滅失・損傷した場合の処理に関する規定（後記(3)参照）により処理するかといった点を検討すべきではないかという意見，解除原因となった不履行の態様，債務者の主観的要素，不履行が生じた経緯等によって原状回復義務の範囲を調整する必要性について検討すべきではないかという意見，解除原因となった不履行の態様を考慮する必要性との関係において，不履行につき両当事者に相応の原因があった場合，その割合に応じて原状回復の負担を両当事者に分配する処理を可能とすることを検討すべきではないかという意見，原状回復義務の範囲を解釈に委ねた場合には，消費者に不利な結論を押しつけられるおそれがあるとの懸念から，原状回復すべき使用利益額の推定規定等，一定の規律の明文化を検討すべきではないかという意見等があった。また，なす債務の原状回復義務の内容として行為結果を除去するような作為義務が含まれるかという問題提起があり，そのように考えることに大きな障害はないのではないかとの意見が出されたが，そのように考える場合には，信託法第40条第1項第2号（受託者の任務懈怠により信託財産に変更が生じても，原状回復が著しく困難な場合，過分の費用を要する場合，その他不適当とする特別の事情がある場合に原状回復を否定する。）のような原状回復義務の限界事由についての規定が必要ではないかとの意見も出された。また，原状回復義務の限界事由に関しては，原状回復義務に履行請求権の限界事由に関する規定（前記第2，3）が適用ないし準用されるのかという問題提起があり，これを肯定する場合には，原状回復の目的物が滅失・損傷した場合の処理（後記(3)）との整合性に留意する必要があるとの指摘もあった。

(3)　原状回復の目的物が滅失・損傷した場合の処理
　　原状回復の目的物が滅失・損傷した場合の処理を定める規定の要否については，この場合にも履行請求権の限界事由に関する規定が適用ないし準用されるとする立場との整合性，目的物が滅失・損傷した場合に限らず転売された場合等を含めた規定の要否，目的物の原状回復に代わる価額返還義務を反対給付の価額の限度で認める考え方の適否等の検討を通じて，有用性のある規定を置くか否かについて，無効な契約に基づいて給付された場合における返還義務の範囲に関する論点（後記第32，3(2)）との整合性に留意しつつ，更に検討してはどうか。

【部会資料5－2第3，4(3)［87頁］】

（議事の概況等）

　　第4回会議においては，原状回復の目的物が滅失・損傷した場合の処理として，新規規定を設けることに消極的な意見として，現実的な適用場面が極めて例外的であり，信義則等の解釈に委ねるべきではないかという意見や，原状回復請求権につ

いても履行請求権の限界事由の規定が適用ないし準用されると考えるべきであり，その立場との整合性に疑問があるという意見が出された。他方で，滅失・損傷に限らず，転売等により原状回復の目的物が原状回復義務者の手元にない場合の価格償還に関する規定があることが望ましいという意見や，原状回復義務は滅失・損傷により価額返還義務として存続するとしつつ，その上限額を反対給付の返還義務の価額の限度に制限する考え方（部会資料5－2［88頁］）については，買主が解除する場合はよいが，売主が解除する場合で，買主が目的物の価値が反対給付よりも高いことを知りつつ滅失・損傷させたときには，そのような限定は不要ではないかという意見等，新規規定を設けるという観点から検討することに積極的な意見もあった。

　また，原状回復の目的物が滅失・損傷した場合を処理する規定は，解除権行使後の滅失・損傷においては特定物の引渡しの場合の注意義務（民法第400条）の不履行で処理される場合以外の場面に適用されるが，解除権行使前の滅失・損傷を含む規律を意図する場合には，原状回復義務発生前の滅失・損傷全般について同一の規律により処理することになる上，解除権者の行為等により解除権が消滅する場面を限定する考え方（後記4参照）を採用する場合には，そのような処理を行う範囲が広がるなど，原状回復の目的物が滅失・損傷した場合を処理する規定の適用範囲と規定内容の適否について留意すべきであるという指摘もあった。

4　解除権者の行為等による解除権の消滅（民法第548条）

　解除権者が解除権の存在を知らずに契約の目的物を加工又は改造した場合でも解除権は消滅すると規定する民法第548条に関しては，解除権者が解除権の存在を知らずに契約の目的物を加工又は改造した場合には解除権は消滅しないものとすべきであるという考え方がある。このような考え方の当否について，更に検討してはどうか。

【部会資料5－2第3，5［89頁］】

（議事の概況等）

　第4回会議においては，民法第548条について，解除権者が解除権の存在を知らずに契約の目的物を加工又は改造した場合には解除権は消滅しないものとすることについては，特段の意見はなかった。

　もっとも，前記3(3)記載のとおり，解除権者が解除権の存在を知らずに契約の目的物を加工又は改造した場合において解除権は消滅しないこととしたときには，解除による原状回復の目的物が滅失・損傷した場合を処理する規定が解除権行使前の目的物の滅失・損傷の場面に適用される範囲が，現行民法第548条を維持する場合に比べて拡大することに留意すべきであるとの指摘がされた。

5 複数契約の解除

同一当事者間の複数の契約のうち一つの契約の不履行に基づいて複数契約全体の解除を認めた判例（最判平成8年11月12日民集50巻10号2673頁）を踏まえて，一つの契約の不履行に基づく複数契約全体の解除に関する規定を新たに設けるべきであるという考え方に関しては，これを支持する意見と適切な要件設定が困難であるなどとして反対する意見があった。また，仮に明文化する場合における具体的な要件設定に関しては，複数契約が同一当事者間で締結された場合に限らず，異なる当事者間で締結された場合も規律することを検討すべきであるという意見があったのに対し，複数契約の解除を広く認めることが取引実務に与える影響を懸念する意見もあった。これらを踏まえて，適切な要件設定が可能か否かという点並びに複数の法律行為の無効に関する論点（後記第32，2(3)）及び抗弁の接続に関する論点（後記第44，5）との整合性に留意しつつ，一つの契約の不履行に基づいて複数契約全体の解除を認める規定を設けるという考え方の採否について，更に検討してはどうか。

【部会資料5－2第3，6［90頁］】

（議事の概況等）

第4回会議においては，同一当事者間の複数の契約について，そのうちの一つの契約の不履行に基づき複数の契約全体の解除を認めた判例を明文化する方向で検討することについて，これを支持する意見があった。これに対し，第21回会議においては，消費者によるクレジット取引等における消費者保護の観点から明文化に賛成する意見があったものの，明文化によって同一当事者間の契約については全て解除できることが原則であるとの誤解が広まるおそれがあるとして明文化に反対する意見，複数契約間の密接関連性等の曖昧な要件を明文化することに反対する意見があった。

具体的な要件設定については，第4回会議において，複数契約が同一当事者間で締結された場合に限らず，異なる当事者間で締結された場合についても規定することを検討すべきであるとの意見があったほか，複数契約の解除を広く認める要件設定をした場合には，解除権を行使された中小企業等が甚大な損害を被るおそれがあることに留意すべきであるとの意見や，異なる当事者間における複数契約の解除を認める場合も適用範囲が適切なものになるよう要件設定について慎重に検討すべきであるとの意見が出された。

6 労働契約における解除の意思表示の撤回に関する特則の要否

労働契約においては，労働者が解除の意思表示をした場合であっても，一定の期間が経過するまでの間，その意思表示を撤回することができるとの規定を検討すべきであるという考え方については，労働政策的観点からの検討が必要であり当部会において取り上げることは適当でないという意見があったことから，本論点を当部

会において取り上げることが適切か否かという点も含めて，その規定の要否について，検討してはどうか。

(議事の概況等)

　第4回会議においては，民法第540条第2項が解除の意思表示の撤回を認めていないことに関して，労働契約において労働者が一時的な感情に流され不用意に契約解除の意思表示をする事例があるということを念頭に置き，労働契約において，一定の期間が経過するまでの間，解除の意思表示を撤回することができるものとすることを検討すべきであるという新たな問題提起があった。これに対して，そのような規定の必要性に関して，同意見が念頭に置く問題意識は，意思表示や契約に関する一般則により解決できる部分があり得るとの意見があった。

　また，当部会における審議の在り方との関係では，このような労働政策的観点からの検討が必要な規定を当部会で議論することが適当かという問題意識が示された。これについては，第17回及び第21回会議において，公益代表者と労働者側，使用者側のそれぞれの代表者が参加する審議会において労使双方の意見を反映させるという労働関係法規の法形成のプロセスの特性を理由に，労働政策立法について当部会で議論することは適当ではないとの意見が複数あったが，第17回会議においては，当部会で議論すること自体は許されるのではないかとの意見もあった。これらを踏まえて，第21回及び第22回会議においては，当部会で検討すべき論点か否かという点も含めて，更に検討してはどうかという意見があった

第6　危険負担（民法第534条から第536条まで）

1　債務不履行解除と危険負担との関係

　　債務不履行解除の要件につき債務者の帰責事由を不要とした場合（前記第5，2）には，履行不能の場面において解除制度と危険負担制度の適用範囲が重複するという問題が生ずるところ，この問題の処理については，解除制度に一元化すべきであるという意見や解除制度と危険負担制度を併存させるべきであるという意見等があった。解除一元化案は，履行不能と思われる場面では帰責事由の有無に立ち入ることなく原則的に催告解除を行う実務に適合的である上，現実の取引実務・裁判実務では危険負担制度がほとんど機能を果たしておらず，同一の目的を有する制度を併存させる意義が乏しいこと，反対債務からの解放を当事者の意思に委ねる方が私的自治の要請にかない，法律関係の明確化に資すること，債権者が反対債務の履行に利益を有する場合や不能となった債権につき代償請求権を有する場合等，債権者が契約関係の維持に利益を有する場面があることなどを理由とし，他方，解除・危険負担併存案は，履行不能の場合には反対債務が自然消滅すると考えるのが常識的な場面が多いこと，常に解除の意思表示を必要とすることが債権者に不利益となる場合があり得ることなどを理由とする。

　　そこで，この問題の処理に伴う様々な課題（例えば，仮に解除制度に一元化した場合においては，危険負担の発想に基づく特則が必要な場面の整理，継続的な契約で一時的な履行不能が生じた場合における利益調整規定等の要否，解除権の存続に関する催告権や解除権消滅事由の規定の見直しの要否等。仮に解除制度と危険負担制度を併存させる場合においては，契約の終了という同一の目的・機能を有する制度を併存させる必要性と弊害の有無等）の検討を踏まえて，解除制度と危険負担制度の適用範囲が重複する場面の処理について，更に検討してはどうか。

【部会資料5－2第4，3［100頁］】

（議事の概況等）

1　第4回会議においては，債務不履行解除の要件として債務者の帰責事由を不要とした場合（前記第5，2），債務不履行解除と危険負担の適用範囲が重複するという問題の処理について，両者を単純に併存させるべきであるという意見（単純併存モデル），重複部分においては帰責事由による適用範囲の区分を維持し，危険負担のみを適用すべきであるという意見（危険負担一元化モデル），解除に一元化すべきであるという意見（解除一元化モデル），原則として解除権を優先させるが一部において両者の併存を認めるべきであるという意見（解除優先の併存モデル）等，複数の意見が示された。

2　単純併存モデル及び危険負担一元化モデルを支持する意見は，その理由として，

帰責事由なく履行不能に陥った場合，反対債務は自然消滅するのが常識的であり，既に危険負担の発想になじんでいること，実社会の全ての人が契約に対して意識的に行動しているわけではなく，契約終了を当事者による解除の意思表示にかからせずに自然消滅させることが望ましい場面があること，危険負担は不可抗力により債務が消滅した場合に反対債務を消滅させる制度であるのに対し，解除は一方当事者が重大な契約違反をした場合に契約を維持できないとして反対債務を消滅させるものであり，制度趣旨が異なるため，併存させる意義があると言えること，解除一元化モデルでは，解除の相手方の所在が不明で解除の意思表示を到達させられない場合に不便であること，解除一元化モデルを採用しつつ，継続的契約等において危険負担の発想に基づく特則を置くなどした場合，規定が複雑になり理論的に一貫した説明が困難になり得ることなどをあげている。

　これに対し，解除一元化モデルを支持する立場からは，その理由として，契約の終了という同一の機能を持つ制度を重複して置く必然性がないこと，履行不能と思われる場合でも原則として催告をする取引実務の実態に適合的であること，訴訟における攻撃・防御の構造を考慮すると，現実に危険負担が機能する場面は少ないこと，危険負担を廃止しても取引実務に特段の支障は生じないとの意見があること，賃貸借等，契約類型の性質に応じて危険負担の発想に基づく処理が適切な場合には特則を置くことで対応できること，解除の意思表示を失念していた場合等についても信義則や権利濫用により適切に対応できることなどをあげている。また，改正により解除と危険負担を併存させたドイツにおいては，両制度とも同じ目的・機能を有する制度であるにもかかわらず，要件面での整合性が取れていないとの問題が指摘されるようになっているとの事情が紹介された。

　さらに，消費者等においては反対債務が当然に消滅したと理解し解除の意思表示をしない場合もあり得るところであり，解除を優先させつつも，類型的に解除の意思表示を要求することが適切でない事例については解除と危険負担を併存させるという解除優先の併存モデルを支持する意見もあった。

3　これらの議論を踏まえて，解除一元化モデルも危険負担の発想による特則を設けることを否定しておらず，単純併存モデル等との違いは解除の原則性をどの程度認め，その例外をどの程度認めるかという点にあると整理できるから，両制度の関係を一般論として議論するのではなく，債務不履行解除の要件につき債務者の帰責事由を不要とした場合における解除制度の具体的な在り方と危険負担制度の具体的な在り方をそれぞれ検討することを優先させ，その上で両制度の組み合わせ方を検討すべきではないかとの提案がされた。

　解除制度の具体的な在り方については，賃貸借の場合には危険負担の発想に基づく特則が必要ではないかという意見，継続的な契約において債務の一部が一時的に履行不能に陥った場合の利益調整が課題になるとの意見，解除一元化モデルを採用した場合，債務者の法的地位の安定を図るための催告権の在り方や，債権者の解除利益を適切に保護するための解除権の消滅事由の在り方等を検討すべきではないか

との意見があった。また，契約締結後の帰責事由のない目的物の損傷のように債務の一部が不履行となったが，それが解除権の発生を基礎付ける程度ではない場合の利益調整について規定を設ける必要があるのではないかとの意見があった。この点は，瑕疵担保責任（後記第39）との関連性にも留意する必要がある。

2　民法第536条第2項の取扱い等

　債務不履行解除と危険負担との関係（前記1）の見直しの結論にかかわらず，民法第536条第2項の実質的な規律内容（債権者の帰責事由により債務が履行不能となった場合には，反対債務は消滅しないという規律内容）は維持するものとしてはどうか。その上で，この規律を一般的な通則として置くか，各種の契約類型の特性に応じた個別規定として置くかなどといった具体的な規定方法や規定内容について，契約各則における議論及び受領遅滞との関係（後記第7，1）を踏まえて，更に検討してはどうか。

　また，民法第535条及び第547条の見直しについては，債務不履行解除と危険負担の関係の見直し（前記1）と併せて，更に検討してはどうか。

【部会資料5-2第4，3（関連論点）1から同（関連論点）3まで
［102頁から103頁まで］】

（議事の概況等）

1　第4回会議においては，債務不履行解除と危険負担の関係の見直し（前記1）についてどのような結論を採用したとしても，民法第536条第2項が規定する規律内容（債権者の帰責事由により債務が履行不能となった場合には，反対債務は消滅しないという規律内容）を維持するべきであるという意見が複数あり，それについて特段の異論はなかった。具体的には，同項は労働事件において重要な役割を有しており，同項により契約が維持され賃金請求権が認められると，労働者は，社会保険や労働保険上の地位を維持できる上，労働基準法上の各種救済を受けられるなどの利点があるが，解除による損害賠償請求のみの処理だと解雇の金銭的解決を認めることにつながるおそれがあり問題であるとの意見等があった。

　その上で，この規律を一般的な通則として置くか，各種契約類型の特性に応じた個別規定として置くかについては，慎重に検討されてよいという意見があった。具体的な意見としては，雇用や請負等，一定の役務提供がされた後に報酬の支払時期が到来する契約類型においては，民法第536条第2項が規定する規律による保護の必要性が高いのではないかとの指摘があり，より具体的な規定の提案として，債権者側の事由によって先履行義務が履行できなくなった場合には，反対給付の請求をすることができる旨の明文規定を置くべきであるとの意見があった。同様の観点から，役務提供の先履行があって初めて報酬請求権が発生する契約類型においては，同項の「反対給付を受ける権利を失わない」との表現が適切せず見直すべきであるとの意見が出され，これを受けて，役務提供型契約においては，そもそも報酬請求

権が何によって発生するのかという問題があり，同様の問題は賃貸借にも存在するとの指摘がされた。また，債権者に帰責事由があることの主張立証責任を債務者に負わせているように読める同項の文言は，労働契約における解雇無効事案の実務上の取扱いと齟齬しており，規定を設ける際にはこの点に留意すべきであるとの意見，債権者の受領拒絶によりいつ危険が移転するかなどの受領遅滞との関係にも留意すべきであるという意見もあった。

　なお，同項の「責めに帰すべき事由」という文言を「義務違反」という文言に置き換える立法提案（後記第49，3(4)）に対して強い反対があるとの意見があった。

2　民法第535条及び第547条の見直しについては，特段の意見がなかったが，これらは，債務不履行解除と危険負担との関係の見直しの結果に影響を受ける問題であるため，その見直しと併せて，更に検討する必要がある。

3　債権者主義（民法第534条第1項）における危険の移転時期の見直し

　　特定物の物権の設定又は移転を目的とする双務契約において，契約当事者の帰責事由によることなく目的物が滅失又は損傷した場合，その滅失又は損傷の負担を債権者に負わせる旨を定めている民法第534条第1項については，債権者が負担を負う時期（危険の移転時期）が契約締結時と読めることに対する批判が強いことから，危険の移転時期を目的物引渡時等と明記するなど適切な見直しを行う方向で，更に検討してはどうか。その上で，具体的な危険の移転時期について，解除の要件につき債務者の帰責事由を不要とした場合（前記第5,2）における売買契約の解除権行使の限界に関する規定の論点（後記第40,4(2)）との整合性に留意しつつ，更に検討してはどうか。

【部会資料5－2第4，2［93頁］】

（議事の概況等）

　第4回会議においては，特定物の物権の設定又は移転を目的とする双務契約において，契約当事者の帰責事由によることなく目的物が滅失又は損傷した場合，その滅失又は損傷の負担を債権者に負わせる民法第534条第1項について，債権者が負担を負う時期（危険の移転時期）を遅らせることで，危険の移転時期を合理的な時期に見直す方向で検討することについて，これを支持する意見があり，それについて特段の異論はなかった。

　具体的な危険の移転時期について，第4回会議では特段の意見がなかったものの，売買について議論された第14回会議においては，不動産売買においては登記移転のみで危険が移転するものとすることは不合理である旨の意見があった。本論点については，解除の要件につき債務者の帰責事由を不要とした場合（前記第5,2）における売買契約の解除権行使の限界に関する規定の論点（後記第40,4(2)）との整合性に留意する必要がある。

第7　受領遅滞（民法第413条）

1　効果の具体化・明確化

　　受領遅滞及びその前提となる弁済の提供のそれぞれの具体的な効果が条文上不明確であるという問題が指摘されていることを踏まえて，受領遅滞の具体的な効果について，弁済の提供の規定の見直し（後記第17，8(1)）と整合性を図りつつ，条文上明確にする方向で，更に検討してはどうか。
　　その際，受領遅滞の効果として反対債務の期限の利益の喪失を認める必要があるか否かという点について，履行期前の履行拒絶の効果（前記第3，1(4)及び第5，1(3)）及び民法第536条第2項の取扱い（前記第6，2）の論点と関連して，更に検討してはどうか。

【部会資料5－2第5，2［104頁］】

（議事の概況等）

　　第4回会議においては，受領遅滞について判例を明文化する趣旨に賛同するとの意見があった。これを踏まえて，今後の検討方針について，受領遅滞の効果を具体化・明確にする方向で検討を進めるべきとの理解が示されたところ，それについて特段の異論はなかった。第25回会議においては，本論点については，弁済の提供の効果の明文化に関する議論（後記第17，8(1)）との整合性に留意する必要があるとの意見があった。
　　また，労働契約における使用者による就労拒否事案を念頭において，受領遅滞の効果として反対債務の期限の利益の喪失を認めることを検討すべきであるとの意見があった。前記第3，1(4)においても同様の問題意識に基づく意見が出されており，履行拒絶の効果（前記第2，1(4)及び第5，1(3)）及び民法第536条第2項の取扱い（前記第6，2）と関連して検討する必要がある。

2　損害賠償請求及び解除の可否

　　受領遅滞の効果として，債権者が合意あるいは信義則等に基づき受領義務を負う場合において受領義務違反があったときには，債務者に損害賠償請求権や解除権が認められる旨の規定を置くべきか否かについて，規定を置くことの実務上の必要性や弊害の有無等に留意しつつ，更に検討してはどうか。
　　また，合意に基づく受領強制の規定を置くべきか否かという点について，受領遅滞の要件・効果の検討と併せて，更に検討してはどうか。

【部会資料5－2第5，3［107頁］】

(議事の概況等)

1　第4回会議においては，引渡債務につき目的物の保管費用が高額であるとか目的物が腐敗するおそれがあるといった場合において受領遅滞があったときには，早期に契約を解除して当該目的物を処分する必要性が高いという理由から，受領遅滞の効果として，債権者に信義則等に基づく受領義務の違反がある場合には，債務者に損害賠償請求権や解除権が認められる旨の規定を置くことに賛成する意見と，債権者が信義則上の受領義務を負う場合があることは認めるものの，それを受領遅滞の具体的な効果として明文化した場合，実務に無用な混乱を生じさせるおそれがあるとして明文化に反対する意見があった。

　　なお，受領遅滞の効果の検討に当たっては，受領遅滞の法的性質及び要件の在り方に留意すべきではないかとの意見があった。また，要件の検討に当たっては，弁済の提供に関する判例法理を変更しないように留意すべきであるとの意見があった。

2　合意に基づく受領強制（部会資料5-2第5，3（関連論点）[108頁]）については，特段の意見はなかった。受領遅滞の要件・効果の検討と併せて，更に検討する必要がある。

第8 債務不履行に関連する新規規定

1 追完権

債務者の追完権を認める規定を設けるかどうかについては，追完権により主張できる内容や追完権が必要となる場面を具体的に明らかにしつつ，追完権が債務者の追完利益を保護する制度として適切か否かという観点及び他の制度（例えば，催告解除の催告要件等）によって債務者の追完利益を十分に確保することができるか否かという観点から，更に検討してはどうか。

【部会資料5－2第6，1［109頁］】

（議事の概況等）

　第4回会議においては，追完権の内容や追完権が必要となる場面が不明確であることなどから，規定する必要性に乏しいのではないかという意見が複数あった。具体的には，追完権を権利として規定することの意味について，債権者の損害賠償請求権や解除権等の効力を停止させること以上に，債権者に対して強制力を伴う何らかの請求をすることを可能とするのかが不明確であるとする意見，追完権が必要となる場面が不明確であるという意見，債務者の追完利益を保護する必要性は認めるものの，その実現方法として，債務不履行をした債務者に救済方法を選択する法的な権利まで与える必要はないのではないかという意見，追完権を規定する場合，債権者に認められる権利との優先関係等を定める規定が必要となり制度が複雑となる上，多様な紛争類型を適切に規律することは困難であり，かえって様々な紛争が起こるのではないかという意見等があった。もっとも，第21回会議においては，追完権の必要性を肯定する方向で見直しても良いのではないかという意見があった。

　このうち，追完権が必要となる場面としては，解除を封じる場面，損害賠償請求を封じる場面，追完請求権の行使に対抗する場面があり得るところ，解除のうち催告解除については催告を通じて債務者の追完利益を保障でき，無催告解除については，不履行の重大性の判断において債務者の追完可能性を考慮できると整理すれば追完権の必要性は乏しくなり，考慮しないと整理すれば必要性が生じ得る，損害賠償請求を封じる場面では，履行請求権と填補賠償請求権の併存を認める場合（前記第3，1(2)等）には必要性が生じ得るが，併存を認めない場合には必要性が否定され得る，追完請求権の行使に対抗する場面については，追完方法の選択権の所在に関する制度設計の問題として検討すべきであるなどといった意見，不完全履行以外の不履行については，受領義務や弁済の提供の問題に解消され得るので追完権を認める必要はないという意見があった。これに対して，第21回会議においては，仮に売買の瑕疵担保責任において無催告解除を認める制度設計をする場合には，売主に追完権を認める意義があり得るという意見や，意思表示の瑕疵等を理由とした法律

行為の無効・取消事由を拡張する場合においては，追完権の発想を応用することにより，契約の維持に利益を有する当事者に適切な救済手段を与えることが可能となり得るという意見があった。

追完権のほかに債務者の追完利益を保護する具体的な方法についての意見としては，債権者の権利行使を損害軽減義務や信義則等により制限・調整することが妥当であるとする意見，上記のとおり，催告解除における催告制度をあげる意見，無催告解除においては不履行の重大性の判断において債務者の追完可能性を考慮できると整理することが可能であるという指摘等があった。これらの解除に関する意見・指摘を踏まえて，国際物品売買契約に関する国際連合条約のように，追完権は解除の効力を封じることはできないとする立法方法もあり得るのではないかとの指摘もあった。

これらに対して，比較法的に追完権は取引実務上の必要性に基づき定められたものであり，裁判外の紛争解決における規範としての必要性も含めて，日本においても同様の必要性が認められるのではないかという意見，追完権に消極的な意見も，債務者の追完利益を保護する必要性を否定するものではなく，追完権の内容や適用範囲の不明確性を指摘するものと理解できるから，これらの点について，更に検討すべきではないかという意見があった。

2　第三者の行為によって債務不履行が生じた場合における債務者の責任

債務を履行するために債務者が使用する第三者の行為によって債務不履行が生じた場合における債務者の責任に関しては，第三者を類型化して各類型に応じた要件を規定する考え方や，類型化による要件設定をせず，第三者の行為による責任をどこまで債務の内容に取り込んだかによって決する考え方等を踏まえて，どのような規律が適切かについて，更に検討してはどうか。

【部会資料5－2第6，2［112頁］】

（議事の概況等）

第4回会議においては，債務を履行するために債務者が使用する第三者の行為によって債務不履行が生じた場合における債務者の責任の有無に関する規定として，第三者を類型化し，各類型に応じた要件を規定する考え方（部会資料5－2第6，2A案［113頁］）について，取引の度に相手方の立場等を確認する必要が生じるなど実務を混乱させるおそれがある，適切な類型化は困難であり，各類型への該当性をめぐって紛争が生じ得るなどの消極意見があった。これに対し，類型化による要件設定をせず，第三者の行為による責任をどこまで債務の内容に取り込んだかによって決する考え方（同B案［113頁］）については，立法技術的な困難性を指摘する意見，消費者契約においては，事業者に第三者の選任・監督について過失がある場合には免責されない等の消費者保護のための特則が必要であるという意見があった。これらの議論を踏まえて，必ずしもA案かB案かの方向性を決めずに今後の検討に委ね

るとの方向性が示され、それについて特段の異論はなかった。

3 代償請求権

　判例が認める代償請求権の明文化の要否及び明文化する場合の適用範囲等については、債務不履行により債権者に認められる填補賠償請求権等との関係や、契約類型に応じた代償請求権の規定の必要性等に留意しつつ、更に検討してはどうか。

【部会資料5－2第6, 3 [115頁]】

（議事の概況等）

　第4回会議においては、代償請求権の明文化に消極的な意見と今後の検討課題を指摘する意見が出された。明文化に消極的な意見としては、抽象的な代償請求権だけを規定した場合、目的物の代償と認められる利益が担保に供されている場合における代償請求権との優劣関係等の不明確な問題が残り実務を混乱させるのではないかという意見が出され、今後の検討課題を指摘する意見としては、填補賠償請求権との関係等、代償請求権を債権法全体の中でどのように位置付けるかに留意して検討すべきであるという意見や、特定物売買では危険負担の債権者主義を撤廃ないし制限すれば代償請求権の必要性は小さくなるが、他の契約類型では必要性が認められる場合もあり、契約類型ごとの検討が必要ではないかという意見が出された。これらを踏まえて、引き続き検討を継続するとの方向性が示されたところ、それについて特段の異論がなかった。

第9　債権者代位権

（前注）この「第9　債権者代位権」においては，便宜上，次の用語を用いることとする。
「代位債権者」… 債権者代位権を行使する債権者
「債務者」……… 代位債権者が有する被保全債権の債務者
「第三債務者」… 代位債権者が代位行使する権利（被代位権利）の相手方

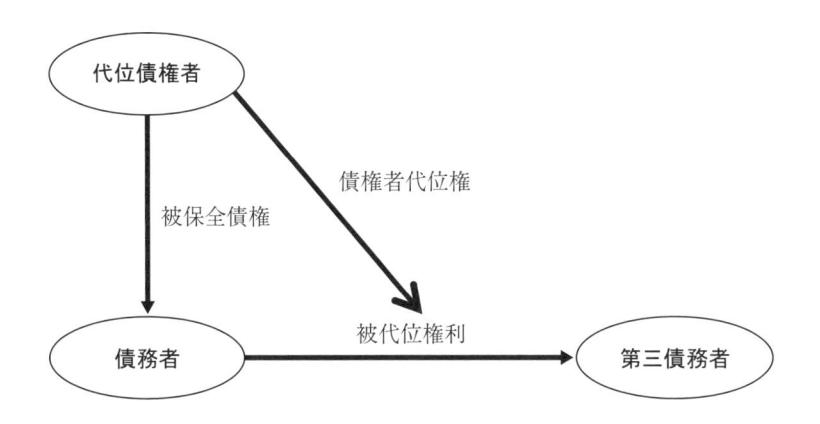

```
        代位債権者
       /        \
  被保全債権    債権者代位権
     ↓            ↘
   債務者 ─被代位権利→ 第三債務者
```

1　「本来型の債権者代位権」と「転用型の債権者代位権」の区別

　債権者代位権については，本来的には債務者の責任財産の保全のための制度であると理解するのが一般的であると言われている（本来型の債権者代位権）ものの，現実には，責任財産の保全とは無関係に，非金銭債権（特定債権）の内容を実現するための手段としても用いられている（転用型の債権者代位権）。
　本来型の債権者代位権と転用型の債権者代位権とでは，想定される適用場面が異なることから，必要に応じて両者を区別した規定を設ける方向で，更に検討してはどうか。

【部会資料7－2第1，1（関連論点）［2頁］】

（議事の概況等）

　第5回会議においては，本来型の債権者代位権と転用型の債権者代位権とでは，想定される適用場面が異なることから，両者を区別して，それぞれの制度の在り方を個別に検討していくことについて，特段の異論はなかった。
　もっとも，被保全債権が金銭債権であっても，形成権を代位行使する場合や被代位権利の時効の中断をする場合などについては，本来型の債権者代位権と転用型の債権者代位権との中間的な類型として捉えるべきであるとの意見もあり，また，こ

れらを中間的な類型として捉えるとしても，形成権を代位行使する場合と被代位権利の時効の中断をする場合とを同列に扱うことには疑問があるとの意見もあった。

2 本来型の債権者代位権の在り方

(1) 本来型の債権者代位権制度の必要性

　　判例は，代位債権者が，第三債務者に対して，被代位権利の目的物である金銭を直接自己に引き渡すよう請求することを認めており，これによれば，代位債権者は，受領した金銭の債務者への返還債務と被保全債権とを相殺することにより，債務名義を取得することなく，債務者の有する債権を差し押さえる場合よりも簡便に，債権回収を図ることができる（こうした事態は「事実上の優先弁済」とも言われている。）。これに対しては，債務者の責任財産を保全するための制度として民事保全制度（仮差押制度）を有し，債権回収のための制度として民事執行制度（強制執行制度）を有する我が国の法制の下において，本来型の債権者代位権制度を存続させることの必要性に疑問を示す見解もあるが，本来型の債権者代位権には，民事執行・保全制度では代替することのできない機能があることから，これを存続させる方向で，更に検討してはどうか。

【部会資料7－2第1，2(1)［2頁］】

（議事の概況等）

　　第5回会議においては，実務では本来型の債権者代位権を用いて債権回収を図る例はほとんどないとの意見や，債権の回収・保全は民事執行・保全制度によって実現すべきであるとの意見もあったが，労働債権を確保するための手段や交渉を促すための手段としての本来型の債権者代位権の有用性を指摘する意見や，本来型の債権者代位権を被保全権利として第三債務者の下に移転した財産を仮に差し押さえることや，形成権の代位行使，被代位権利の時効の中断等については民事執行・保全制度では代替できないことを指摘する意見，新たな法理を生成していくための基礎となる権利としての本来型の債権者代位権の必要性を指摘する意見など，本来型の債権者代位権を廃止することに慎重な意見が多数あった。

(2) 債権回収機能（事実上の優先弁済）の当否

　　本来型の債権者代位権における債権回収機能（事実上の優先弁済）に関しては，責任財産の保全という制度の目的を逸脱するものであるなどとして，これを許容すべきではないとする意見がある一方で，これを否定することに慎重な意見もあることから，これらを踏まえて，その見直しの要否について，更に検討してはどうか。

【部会資料7－2第1，2(2)［7頁］】

（議事の概況等）

　第5回会議においては，債権回収機能（事実上の優先弁済）については，責任財産の保全という制度の目的を逸脱するものであることや，実務でもほとんど用いられていないことなどから，これを否定することに積極的な意見があったが，債権回収機能に対して具体的な弊害は指摘されていないことや，被代位権利について調査を行うなどの努力をした代位債権者は報われるべきであることなどから，これを否定することに慎重な意見もあった。なお，債権回収機能を否定することに慎重な意見の中には，行き過ぎた債権回収も妥当ではないので，何らかの制限を設けることを考えてもよいとの意見もあった。

3　本来型の債権者代位権の制度設計

(1)　債権回収機能（事実上の優先弁済）を否定又は制限する方法

　仮に本来型の債権者代位権における債権回収機能（事実上の優先弁済）を否定又は制限する場合（前記2(2)参照）には，そのための具体的な方法（仕組み）が問題となる。これについては，代位債権者が第三債務者に対して金銭の直接給付を請求することを否定又は制限するという方法や，代位債権者への金銭の直接給付を肯定しつつ，その金銭の債務者への返還債務と被保全債権との相殺を禁止する方法などを対象として，更に検討してはどうか。

　また，被代位権利が金銭以外の物の引渡しを求めるものである場合にも，代位債権者への直接給付の可否と，直接給付を認める場合の要件が問題となるが，これについても，更に検討してはどうか。

【部会資料5－1第1，3(1)［8頁］，同（関連論点）［9頁］】

（議事の概況等）

　第5回会議においては，債権回収機能（事実上の優先弁済）を否定するための具体的な方法（仕組み）について，代位債権者が第三債務者から受領した金銭の債務者への返還債務と被保全債権との相殺を禁止することに理解を示す意見があった。また，債権回収機能を制限するための方法として，一定期間内はこの相殺を禁止することを提案する意見や，この相殺は債務者の側からのみする場合に限って認められるとすることを提案する意見があった。

　被代位権利が金銭以外の物の引渡しを求めるものである場合の代位債権者への直接給付の可否と，直接給付を認める場合の要件については，特に意見はなかった。

(2)　被代位権利を行使できる範囲

　判例は，代位債権者が本来型の債権者代位権に基づいて金銭債権を代位行使する場合において，被代位権利を行使し得るのは，被保全債権の債権額の範囲に限られるとしているが，仮に本来型の債権者代位権における債権回収機能（事実上

の優先弁済）を否定又は制限する場合（前記2(2)参照）には，この判例と異なり，被保全債権の債権額の範囲にとどまらずに被代位権利の行使ができるものとするかどうかについて，更に検討してはどうか。

【部会資料7－1第1，3(2)［10頁］】

（議事の概況等）

　　第5回会議においては，債権回収機能（事実上の優先弁済）を否定できないのであれば，被代位権利の行使は被保全債権の債権額の範囲にとどまるとするべきであるとの意見があったほか，被保全債権の債権額の範囲を越えて被代位権利を行使した代位債権者が，受領した金銭を費消してしまうことを危惧する意見もあった。

(3)　保全の必要性（無資力要件）

　　本来型の債権者代位権の行使要件に関して，判例・通説は，民法第423条第1項本文の「自己の債権を保全するため」（保全の必要性）とは，債務者の資力がその債務の全てを弁済するのに十分ではないこと（無資力）をいうと解しており，この無資力要件を条文上も具体的に明記すべきであるという考え方がある。このような考え方の当否について，債務者の無資力を要求するのは厳格に過ぎ，保全の必要性という柔軟な要件を維持すべきであるなどの意見があることも踏まえて，更に検討してはどうか。

　　また，これに関連して，債務者名義でない債務者所有の不動産を差し押さえるために登記申請権を代位行使する場合に債務者の無資力を要件としないなど特別の取扱いをすべきであるかどうかについて，近時の判例で一定の場合に代位登記を要せず執行手続内で処理する可能性が開かれたことを指摘する意見があることなども踏まえて，更に検討してはどうか。

【部会資料7－1第1，3(3)［10頁］，(4)［12頁］】

（議事の概況等）

1　第5回会議においては，債務名義なしに債務者の財産管理権に干渉することを正当化するためには，一定の要件は必要だが，債務者が無資力であればよいというものでもないので，無資力要件を一つの要素とするような柔軟な要件を設けるべきであるとの意見や，債権回収機能（事実上の優先弁済）を否定する場合には，無資力要件を緩和して，民事保全手続と同様の保全の必要性で足りるとすべきであるとの意見があった。また，被保全債権が金銭債権であっても，被代位権利の時効の中断をする場合などについては，無資力要件を不要とすることも考えられるとの指摘があり，このような指摘をも踏まえて，あえて無資力要件を条文上も具体的に明記する必要はないとの意見があった。このほか，仮に無資力要件を不要とする場合であっても，形成権の代位行使に関しては，債権者代位権の行使に一定の制限をかけるために，何らかの要件を設ける必要があるとの意見があった。

2 第5回会議においては，債務者名義でない債務者所有の不動産に対する強制執行を行うために登記申請権を代位行使する場合について，債務者の無資力を要件としないなど特別の取扱いをすべきであるかどうかが審議され，無資力要件を不要とする登記申請権の代位行使の制度を不動産登記法に設けることを提案する意見があったが，そもそも民事執行手続において債務者名義でない債務者所有の不動産に対する強制執行を可能とするような手当てをすべきであるとの意見もあった。この点については，第21回会議において，最判平成22年6月29日判時2082号62頁を紹介した上で，登記申請権の代位行使を要せずして債務者名義でない債務者所有の不動産に対する強制執行を可能とする手法を検討する余地があることを指摘する意見があった。

4 転用型の債権者代位権の在り方

(1) 根拠規定の在り方

転用型の債権者代位権について，本来型の債権者代位権とは別に規定を設ける場合（前記1参照）には，その根拠規定の在り方について，確立した債権者代位権の転用例についてそれぞれの固有領域で個別に規定を設ける方法や，転用型の債権者代位権の一般的な根拠規定を設ける方法などを対象として，更に検討してはどうか。

【部会資料7－1第1，4(1)[15頁]】

(議事の概況等)

第5回会議においては，新たな法理を生成していくための基礎となるものとして転用型の債権者代位権の一般的な根拠規定を設けるべきであるとの意見があったほかは，特に意見はなかった。

(2) 一般的な転用の要件

仮に転用型の債権者代位権の一般的な根拠規定を設ける場合（前記(1)参照）には，様々な転用事例に通ずる一般的な転用の要件が問題となるが，これについては，「債権者が民法四二三条により債務者の権利を代位行使するには，その権利の行使により債務者が利益を享受し，その利益によつて債権者の権利が保全されるという関係」が必要であるとした判例を参考にしつつ，更に検討してはどうか。

【部会資料7－1第1，4(2)[19頁]】

(議事の概況等)

第5回会議においては，「債務者に属する当該権利を行使することを当該債権者が債務者に対して求めることができる場合において，債務者が当該権利を行使しないことによって，債権者の当該債権の実現が妨げられているとき」（部会資料7－2[20頁]参照）という要件は厳格に過ぎ，「保全される権利と代位行使される権利との間

に関連性があるとき」(部会資料 7 - 2 [20 頁] 参照) という要件は緩やかに過ぎるとして，判例(最判昭和 38 年 4 月 23 日民集 17 巻 3 号 356 頁)が示す「債権者が民法四二三条により債務者の権利を代位行使するには，その権利の行使により債務者が利益を享受し，その利益によって債権者の権利が保全されるという関係」という要件を明文化する方向で検討することを提案する意見があった。また，転用の要件として，他に適切な手段がないという意味での補充性を要求すべきであるとの意見もあったが，これに対して，補充性については解釈に委ねてもよいとする意見もあった。

(3) 代位債権者への直接給付の可否及びその要件
　　転用型の債権者代位権においても，被代位権利が金銭その他の物の引渡しを求めるものである場合には，代位債権者への直接給付の可否と，直接給付を認める場合の要件とが問題となる(前記 3(1)参照)が，これについて，更に検討してはどうか。
【部会資料 7 - 1 第 1，4(2)（関連論点)[21 頁]】

(議事の概況等)

　　第 5 回会議においては，本論点について，特に意見はなかった。

5　要件・効果等に関する規定の明確化等

(1) 被保全債権，被代位権利に関する要件
　　被保全債権に関する要件について，被保全債権の履行期が未到来の場合(民法第 423 条第 2 項)のほか，被保全債権が訴えをもって履行を請求することができず，強制執行により実現することもできないものである場合にも，債権者代位権を行使することができないものとする方向で，更に検討してはどうか。
　　また，被代位権利に関する要件について，債務者の一身に専属する権利(同条第 1 項ただし書)のほか，差押えが禁止された権利についても，その代位行使は許されないものとする方向で，更に検討してはどうか。
【部会資料 7 - 1 第 1，5(1) [21 頁]】

(議事の概況等)

　　第 5 回会議においては，本論点について，紹介されている見解に対し，特に異論はなかった。

(2) 債務者への通知の要否
　　債務者に被保全債権の存否等について争う機会を与えるとともに，債務者自身による被代位権利の行使の機会を確保するために，債権者代位権を行使するための要件として，債務者への通知を要求するかどうかについて，更に検討してはど

うか。
　また，仮に債務者への通知を要求する場合には，通知の時期や通知義務違反の効果についても，更に検討してはどうか。

【部会資料7－1第1，5(2)［22頁］】

（議事の概況等）

1　第5回会議においては，債権者代位権を行使するための要件として債務者への通知を要求することに理解を示しつつも，債務者が行方不明の場合に通知を公示する必要が生じ，手続の簡便性が損なわれてしまうことを危惧する意見があった。これに対しては，通知義務の趣旨が債務者への配慮にとどまるのであれば，債務者が行方不明の場合にまで通知義務を負わせる必要はないとの意見があった。
　　また，債権者代位権が訴訟において行使される場合には，緊急性や密行性の観点から，債務者への通知を義務付けるべきではないとの意見があった。これに対しては，そもそも密行性が要求されるような場面で債権者代位権の行使が認められるべきなのかどうかを議論すべきであるとの意見や，転用型の債権者代位権の行使については緊急性や密行性が要求される場面はないとの意見があった。
2　仮に債務者への通知を要求する場合の通知の時期や通知義務違反の効果については，特に意見はなかった。

(3)　債務者への通知の効果
　　判例は，代位債権者の権利行使について通知を受けた債務者は，もはや独自の訴えの提起はできず，また権利の処分もできないとしているが，裁判外の通知によって債務者の処分権限が制限されることに対しては，債務者や第三債務者の地位が不安定になるなどの指摘があることから，債務者への通知によって債務者の処分権の制限が生ずることはないとするかどうかについて，更に検討してはどうか。

【部会資料7－1第1，5(2)（関連論点）［24頁］】

（議事の概況等）

　　第5回会議においては，一片の裁判外の通知によって債務者の処分権限が制限されることは不当であるとの意見があったが，第21回会議においては，少なくとも労働債権の確保のために裁判外で債権者代位権を用いる場合については，処分制限効を否定することには賛成できないとの意見があった。
　　なお，本論点に関連する論点として，後記7(3)参照。

(4)　善良な管理者の注意義務
　　代位債権者は債権者代位権の行使に当たって債務者に対し善良な管理者の注意義務を負うものとするかどうかについて，更に検討してはどうか。

【部会資料7-1第1,5(3)[24頁]】

(議事の概況等)

　第5回会議においては，代位債権者は他人である債務者の権利を代位行使するのであるから，善良な管理者の注意義務（善管注意義務）を負わないのは不合理であるとの意見があった。これに関して，債務者との関係で善管注意義務を負うのであれば理解できるが，全ての債権者のために善管注意義務を負うのは理解できないとの意見があった。

　なお，善管注意義務の法的根拠に関し，債務者と代位債権者とが，債務者を委任者，代位債権者を受任者とする一種の法定委任関係にあると説明すること（部会資料7-2[24頁]参照）に対しては，契約のないところに委任を認めることになって混乱を招きかねないことなどから，あえて根拠を一つに決める必要はないとの意見があった。

(5) 費用償還請求権

　代位債権者は，債権者代位権の行使のために必要な費用を支出した場合には，債務者に対してその費用の償還を請求できるものとするかどうかについて，更に検討してはどうか。

　また，仮にこの費用償還請求権を条文上も明らかにする場合には，これについて共益費用に関する一般の先取特権が付与されることを条文上も明らかにするかどうかについても，更に検討してはどうか。

【部会資料7-1第1,5(4)[25頁]】

(議事の概況等)

　第5回会議においては，誤振込みの事案を例にとって，自ら間違って振り込んでおきながら，その回収費用を債務者に負担させようというのは，行き過ぎなのではないかとの意見があったほかは，特に意見はなかった。

6　第三債務者の地位

(1) 抗弁の対抗

　判例・通説は，第三債務者が債務者に対して有している抗弁を代位債権者に対しても主張することができるとしている。そこで，これを条文上も明らかにする方向で，更に検討してはどうか。

　また，第三債務者が代位債権者自身に対して有する固有の抗弁を主張することの可否については，これを条文上も明らかにするかどうかも含めて，更に検討してはどうか。

【部会資料7-1第1,6(1)[26頁]，同（関連論点）[27頁]】

（議事の概況等）

　第5回会議においては，本論点について，特に意見はなかった。

(2) 供託原因の拡張

　被代位権利の目的物を引き渡す義務を負う第三債務者の負担を軽減する観点から，訴訟外で債権者代位権が行使された場合などの一定の場合にも供託が可能となるように，その供託原因を拡張するかどうかについて，代位債権者や債務者の利益にも配慮しつつ，更に検討してはどうか。

【部会資料7－1第1，6(2)［27頁］】

（議事の概況等）

　第5回会議においては，第三債務者の負担を軽減する観点から，供託原因を拡張すべきであるとの意見があったが，これに対して，代位債権者と名乗る者からの請求があったことのみをもって供託を認めることになれば，債務者に不当な不利益を負わせることになるので，更に議論を深めるべきであるとの指摘があった。

(3) 複数の代位債権者による請求の競合

　複数の代位債権者に対して金銭その他の物を交付することを命ずる判決が確定した場合には，第三債務者はそのうちの一人に対して履行をすれば債務を免れるものとするかどうかについて，更に検討してはどうか。

【部会資料7－1第1，6(3)［28頁］】

（議事の概況等）

　第5回会議においては，本論点について，特に意見はなかった。

7　債権者代位訴訟

(1) 規定の要否

　債権者代位訴訟についての特別な手続規定の要否については，民法と手続法との役割分担に留意しつつ，前記6までの検討結果に応じて必要な規定を新たに設ける方向で，更に検討してはどうか。

【部会資料7－1第1，7［29頁］】

（議事の概況等）

　第5回会議においては，債権者代位訴訟についての特別な手続規定を設ける方向で検討していくことについて，特段の異論はなかった。この点に関し，第21回会議においては，特別な手続規定を民法に設けるべきであるのか，それとも民事訴訟法等の手続法に設けるべきであるのかについても検討するべきであるとの意見が

あった。

(2) **債権者代位訴訟における債務者の関与**
　債権者代位訴訟についての規定を設ける場合（前記(1)参照）には，債務者に対する手続保障の観点から，代位債権者による債務者への訴訟告知を要するものとするかどうかについて，更に検討してはどうか。

【部会資料7－1第1，7(1)［30頁］】

（議事の概況等）

　第5回会議においては，代位債権者による債務者への訴訟告知の要否については，会社法第849条と同様の規律を設ける方向で立法的解決を図るべきであるとの意見があった。

(3) **債務者による処分の制限**
　債権者代位訴訟についての規定を設ける場合（前記(1)参照）には，債権者代位訴訟の提起が徒労になることを防ぐ観点から，債務者が前記(2)の訴訟告知を受けたとき等に，その後の債務者による被代位権利の行使やその他の処分を制限するものとするかどうかについて，更に検討してはどうか。
　また，仮に債務者による被代位権利の処分を制限する場合には，第三債務者による弁済をも禁止するかどうかについても，更に検討してはどうか。

【部会資料7－1第1，7(2)［31頁］】

（議事の概況等）

　第5回会議においては，債権者代位訴訟の提起が徒労になることを防ぐために，債務者による処分を制限すべきであるとの意見もあったが，債権が仮に差し押さえられた場合であっても，債務者は第三債務者に対して訴訟を提起して，給付判決を求めることができるとされているのに，債権者代位権が行使された場合には，債務者は訴訟の提起すらできなくなってしまうというのは，バランスが悪いとして，民事執行・保全制度との制度間のバランスに留意した制度設計をするべきであるとの意見や，債務者による処分の制限は民事執行・保全制度によるべきであるとの意見もあった。また，債権者代位権の行使によって債務者の下に財産が移転した場合には，その後の債権者間での分配手続の実効性を確保するために，何らかの処分禁止効があるべきであるとの意見があった。
　仮に債務者による被代位権利の処分を制限する場合のその態様については，特に意見はなかった。
　なお，本論点に関連する論点として，前記5(3)参照。

(4) 債権者代位訴訟が提起された後に被代位権利が差し押えられた場合の処理
　　判例は，債権者代位訴訟が提起された後に，他の債権者が被代位権利を差し押さえて支払を求める訴え（取立訴訟）を提起したとしても，代位債権者の債権者代位権行使の権限が失われるものではなく，裁判所は代位債権者と他の債権者の請求を併合審理し，これらを共に認容することができるとする。
　　しかし，債権者代位訴訟についての規定を設ける場合（前記(1)参照）には，債権者代位権の行使によって保全された責任財産からの満足は究極的には強制執行によって実現されることを重視して，債権者代位訴訟が提起された後に被代位権利が差し押さえられたときには，差押えを優先させるものとする方向で，更に検討してはどうか。
　　また，これに関連して，被代位権利が差し押さえられた場合の債権者代位訴訟の帰すうについても，更に検討してはどうか。
　　　　　　　　【部会資料7－1第1，7(3)［33頁］，同（関連論点）［34頁］】

(議事の概況等)

　　第5回会議においては，債権者代位権を強制執行のための前駆的な手続と捉えるのであれば，債権者代位訴訟と差押えとが競合した場合については，差押えを優先させるのが自然であるとの意見があった。
　　また，債権者代位訴訟の提起後に被代位権利が差し押さえられた場合の債権者代位訴訟の帰すうに関しては，給付訴訟の提起後に訴訟物たる債権が差し押さえられた場合であってもその給付訴訟は中止も中断もしないと解されていることとの整合性に留意して制度設計をする必要があるとの指摘があった。なお，この点に関しては，民法ではなく，民事執行法の債権差押えの効力の問題として捉えることもできるとの指摘があった。さらに，第25回会議においては，差押えを優先させるとしたときに，被代位債権が差し押さえられた場合の債権者代位訴訟の帰すうについて，進行を認めないものとする方法のほか，差押えが解除されることを停止条件とする給付判決をする方法，無条件で給付判決をして執行手続内で調整する方法などを紹介する意見があった。

(5) 訴訟参加
　　債権者代位訴訟についての規定を設ける場合（前記(1)参照）には，債務者が債権者代位訴訟に訴訟参加することができることや，他の債権者が債権者代位訴訟に訴訟参加することができることを条文上も明らかにする方向で，更に検討してはどうか。
　　　　　　　　　　　　　　　【部会資料7－1第1，7(4)［34頁］】

(議事の概況等)

　　第5回会議においては，債務者や他の債権者が債権者代位訴訟に訴訟参加するこ

とができることを条文上も明らかにする方向で更に検討することについて，特段の異論はなかったが，訴訟参加の形態については細部を整理していく必要があるとの指摘があった。

8 裁判上の代位（民法第423条第2項本文）
　裁判上の代位の制度（民法第423条第2項本文）を廃止するかどうかについて，更に検討してはどうか。

【部会資料7－1第1，8［38頁］】

（議事の概況等）

　第5回会議においては，本論点について，特に意見はなかった。

第10　詐害行為取消権

（前注）この「第10　詐害行為取消権」においては，便宜上，次の用語を用いることとする。
「取消債権者」… 詐害行為取消権を行使する債権者
「債務者」……… 取消債権者が有する被保全債権の債務者
「受益者」……… 債務者の行為（詐害行為）の相手方
「転得者」……… 受益者から詐害行為の目的物を取得した者（その者から更に詐害行為の目的物を取得した者を含む。）

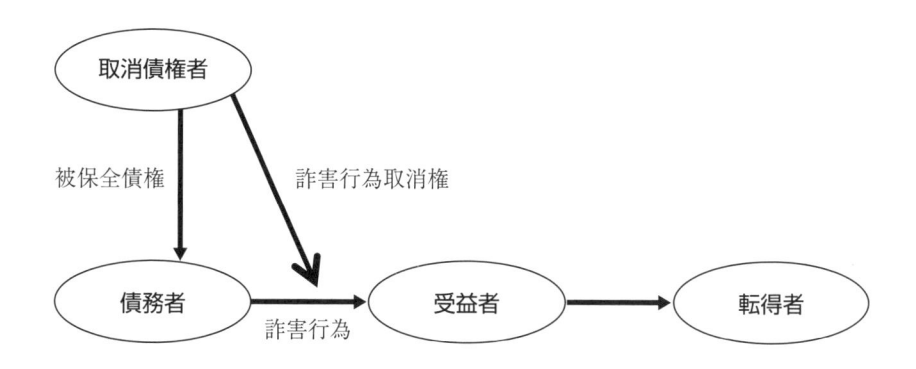

1　詐害行為取消権の法的性質及び詐害行為取消訴訟の在り方
(1)　債務者の責任財産の回復の方法

　　判例は，詐害行為取消権を，債務者の詐害行為を取り消し，かつ，これを根拠として逸出した財産の取戻しを請求する制度（折衷説）として把握しているとされ，取消しの効果は，取消債権者と受益者・転得者との間で相対的に生じ，債務者には及ばないとする（相対的取消し）。これに対しては，債務者の下に逸出財産が回復され，債務者の下で強制執行が行われることを理論的に説明することができないなどの問題点が指摘されており，学説上は，責任財産を保全するためには，逸出財産を受益者・転得者から現実に取り戻すまでの必要はなく，受益者・転得者の手元に置いたまま，債務者の責任財産として取り扱うべきとする見解（責任説）も有力に主張されている。

　　詐害行為取消権の規定の見直しに当たっては，このような学説の問題意識も踏まえつつ，まずは判例法理（折衷説）の問題点を個別的に克服していく方向で，更に検討してはどうか。

【部会資料7－2第2，2(1)［42頁］】

(議事の概況等)

　第5回会議においては，詐害行為取消権を取消債権者が自己の利益のために行使する制度として位置付けようとする立場や，倒産法制とは切り離して制度を構築すべきであるとする立場から，責任説を採用することに肯定的な意見もあったが，詐害行為取消権の行使に常に強制執行を伴うことになるので私的整理の場面において活用しにくくなることや，債務者が倒産した場合の否認権との接合に困難が生じること，現在の実務との連続性が損なわれることなどを理由に，責任説を採用することに消極的な意見が多数あった。もっとも，責任説を採用しない場合であっても，取消しの効力が債務者に及ばないこと（相対的取消し）に起因する理論的問題点に対する手当てはしなくてはならないとの指摘があった。

(2) 詐害行為取消訴訟における債務者の地位
　　取消しの効力が債務者に及ばないこと（相対的取消し）に起因する理論的問題点（前記(1)参照）を克服するために，詐害行為取消訴訟において，受益者又は転得者のみならず債務者をも被告とするか，又は債務者に対する訴訟告知を要するものとするなどして，取消しの効力が債務者にも及ぶようにするかどうかについて，更に検討してはどうか。
　　また，仮に債務者をも被告とする場合には，債務者に対する給付訴訟の併合提起を義務付けるかどうかについても，更に検討してはどうか。
　　　　　　　【部会資料7－2第2，2(2)［45頁］，同（関連論点）1［46頁］】

(議事の概況等)

　第5回会議においては，詐害行為取消訴訟において債務者を被告とすることに理解を示しつつも，所在不明だと思われていた債務者が実は死亡していた場合などへの対応に不安を指摘する意見があった。また，否認訴訟においては破産者を被告とする必要はないとされていることから，詐害行為取消訴訟においても必ずしも債務者を被告としなければならないものではなく，例えば，債務者に対する訴訟告知を義務付けることでも足りるのではないかという意見があった。
　仮に債務者をも被告とする場合に，債務者に対する給付訴訟の併合提起を義務付けるかどうかに関しては，債権回収機能（事実上の優先弁済）が否定されることになるのであれば（後記3(1)参照），いずれにせよ債権回収のために債務名義が必要となるのであるから，詐害行為取消訴訟と同時に債務者に対する債務名義を取得できることは便宜であるとの意見もあったが，給付訴訟の併合提起を義務付けるというのは行き過ぎであるとの意見もあった。

(3) 詐害行為取消訴訟が競合した場合の処理
　　仮に取消しの効力が債務者にも及ぶものとする場合（前記(2)参照）には，同一

の詐害行為の取消しを求める複数の詐害行為取消訴訟が提起された際に，どのようにして判決内容の合一性を確保するかや，複数の債権者がそれぞれ自己に対して逸出財産の引渡しを求めたときの規律の在り方等について，更に検討してはどうか。

【部会資料7－2第2，2(2)（関連論点）2［47頁］】

（議事の概況等）

第5回会議においては，本論点について，特に意見はなかった。

2　要件に関する規定の見直し
(1)　要件に関する規定の明確化等
ア　被保全債権に関する要件

被保全債権に関する要件について，判例と同様に，詐害行為よりも前に発生していることを要するものとするかどうかについて，詐害行為取消しの効果（後記3(2)参照）との関係にも留意しつつ，更に検討してはどうか。

また，被保全債権が訴えをもって履行を請求することができず，強制執行により実現することもできないものである場合には，詐害行為取消権を行使することができないものとするかどうかについて，更に検討してはどうか。

【部会資料7－2第2，3(1)ア［48頁］】

（議事の概況等）

第6回会議においては，詐害行為よりも後に債務者に対する債権を取得した者は，詐害行為を前提として取引関係に入っているのであるから，保護に値しないとして，被保全債権に関する要件について，詐害行為よりも前に発生していることを要求することに賛成する意見があったが，詐害行為取消しの効果に関して，仮に被保全債権の債権額の範囲にとどまらずに詐害行為を取り消せるという結論を採用するのであれば（後記3(2)参照），被保全債権の要件として，詐害行為よりも前に発生していることを要求する必然性はなくなるとの指摘もあった。もっとも，この指摘に対しては，詐害行為取消権を行使できる債権者と回復された財産に執行をかけることができる債権者とを一致させることに必然性はないとの指摘もあった。このほか，第5回会議においては，労働債権のように詐害行為以降にも継続的に発生し続ける債権をも被保全債権とできるようにするべきであるとの意見や，詐害行為後に取得した債権であっても，発生が詐害行為より前であれば被保全債権となるのかどうかを明らかにするべきであるとの意見があった。

被保全債権が訴えをもって履行を請求することができず，強制執行により実現することもできないものである場合には詐害行為取消権を行使することができないものとするかどうかについては，特に意見はなかった。

イ 無資力要件

「債権者を害することを知ってした法律行為」（民法第424条第1項本文）の「債権者を害する」とは，債務者の行為によって債務者の責任財産が減少して不足を来すおそれがあることをいうと解されている（無資力要件）。そこで，この無資力要件を条文上も具体的に明記するかどうかや，明記する場合の具体的な内容について，更に検討してはどうか。

【部会資料7-2第2，3(1)イ［49頁］】

（議事の概況等）

71　第5回会議においては，本論点に関して，無資力要件が厳格なものとなると労働債権の回収手段として詐害行為取消権を行使する場合に困難が生じるとの指摘があった。また，第21回会議においては，無資力要件と倒産法上の支払不能基準との関係についても検討すべきであるとの指摘があった。

(2) 取消しの対象
ア　取消しの対象の類型化と一般的な要件を定める規定の要否

詐害行為取消権の要件については，民法第424条第1項本文は，「債権者を害することを知ってした法律行為」という概括的な規定を置くのみであるが，取消しの対象となる行為の類型ごとに判例法理が形成されてきたことや，平成16年の破産法等の改正により倒産法上の否認権の要件が類型ごとに整理されたことなどを踏まえて，取消しの対象となる行為を類型化（後記イからエまで参照）して要件に関する規定を整理すべきであるとの意見がある。そこで，詐害行為取消権の要件に関する規定を取消しの対象となる行為ごとに類型化して整理するかどうかについて，更に検討してはどうか。

また，仮に詐害行為取消権の要件を類型化されたものに改める場合であっても，詐害行為取消しの一般的な要件を定める規定（民法第424条第1項本文に相当するもの）を維持するかどうかについて，更に検討してはどうか。そして，一般的な要件を定める規定を維持する場合には，法律行為以外の行為も一定の範囲で取消しの対象になると解されていることから，「法律行為」という文言を改める方向で，更に検討してはどうか。

【部会資料7-2第2，3(2)［50頁］，同（関連論点）1［54頁］，
同（関連論点）2［54頁］】

（議事の概況等）

1　第21回会議においては，詐害行為取消権の要件に関する規定を取消しの対象となる行為を類型化して整理することに積極的な意見があった。

なお，詐害行為取消権の要件に関する規定の類型化に当たっては，平成16年の破産法等の改正により，倒産法上の否認権について，いわゆる偏頗行為否認の時期

的要件として支払不能概念が採用されたこと等に伴い、平時における詐害行為取消権の方が否認権よりも取消しの対象行為の範囲が広い場面があるといった現象（逆転現象）が生じていることへの対応を検討する必要があることが指摘されている（部会資料7-2［50頁］参照）。この点に関しては、第5回会議において、再建可能性のある債務者との取引の安全の確保という否認権の規定の改正の趣旨を貫徹するには、詐害行為取消権の要件を否認権の要件に整合させる必要があること、逆転現象は明らかに不合理であること、裁判実務の現場では、否認権の規定を解釈上の指針として取り込んで詐害行為取消権を運用する傾向がかなり浸透してきていることなどを理由に、詐害行為取消権の要件を否認権の要件に整合するものに改めることに積極的な意見があった。これに対し、詐害行為取消権の私的整理における活用を重視する立場からは、偏頗行為を詐害行為取消しの対象から除外すれば私的整理に対する詐害行為取消権の機能が弱まることになるとして、偏頗行為を詐害行為取消しの対象から除外するような方向で詐害行為取消権の要件を否認権の要件に整合させることに消極的な意見もあった。労働債権の回収手段として詐害行為取消権を行使している立場からも、詐害行為取消しの対象が狭くなることに反対する意見があった。また、民法と倒産法との役割分担という視点から、詐害行為取消権の要件を否認権の要件とを等質化させるまでの必要はないとの意見もあった。

　なお、私的整理に関しては、上記の意見のほか、第21回会議及び第25回会議において、偏頗行為が詐害行為取消権の対象となっていると、かえって私的整理が阻害されることになるとの意見や、詐害行為取消権の要件の柔軟性が失われると、「私的整理に関するガイドライン」の運用に悪影響が生じかねないとの懸念を示す意見があった。

2　第5回会議においては、詐害行為取消しの一般的な要件を定める規定（民法第424条第1項本文に相当するもの）を維持するかどうかについては、特に意見はなかった。また、取消しの対象を「法律行為」から「行為」に改めるものとする提案（部会資料7-2［54頁］参照）に対しても、特に意見はなかったが、第21回会議において、単に「法律行為」という文言を「行為」に改めるだけでは、物を付合させる行為は詐害行為取消権の対象とはならないことを前提としている民法第370条との間に矛盾を生じさせてしまうので、適切な文言を考える必要があるとの指摘があった。

　なお、この点に関連して、第5回会議、第6回会議及び第21回会議において、詐害的な会社分割が詐害行為取消しの対象となると判示した近時の下級審裁判例（東京地判平成22年5月27日判時2083号148頁、東京高判平成22年10月27日金法1910号77頁）等を踏まえた検討をすべきであるとの意見があった。これに対しては、会社分割に特有の規定を民法に設けようとするのは適当ではないが、民法の文言を改めた結果として無意識のうちに会社分割が詐害行為取消権の対象外となることは避ける必要があり、その限度では会社分割に関する論点も意識すべきであるとの指摘があった。

3 ところで，第25回会議においては，「逆転現象」という用語について，一定の評価を伴う表現ではないかとの指摘があったが，論点を指し示すためには便宜な用語であるとの意見もあった。

イ 財産減少行為
(ｱ) 相当価格処分行為
　　判例は，不動産等の財産を相当価格で処分する行為（相当価格処分行為）について，債権者に対する共同担保としての価値の高い不動産を消費，隠匿しやすい金銭に換えることは，債権者に対する共同担保を実質的に減少させることになるとして，詐害行為に該当し得るとしている。これに対し，破産法は，相当の対価を得てした財産の処分行為の否認について，破産者が隠匿等の処分をする具体的なおそれ，破産者の隠匿等の処分をする意思，受益者の認識をその要件とするなどの規定を置き（同法第161条第1項），否認の要件を明確にするとともに，その成立範囲を限定している。
　　仮に詐害行為取消権の要件に関する規定を取消しの対象となる行為ごとに類型化して整理する場合（前記ア参照）には，相当価格処分行為の取消しの要件として，相当価格処分行為の否認と同様の要件を設けるかどうかについて，更に検討してはどうか。

【部会資料7－2第2，3(2)ウ［59頁］】

（議事の概況等）

　第5回会議においては，相手方の予測可能性を確保するという否認権の規定の改正の趣旨を貫徹するには，詐害行為取消権の要件を否認権の要件に整合させる必要があるとの意見があった。これに対し，労働債権の回収手段として詐害行為取消権を行使している立場から，詐害行為取消しの対象が狭くなることに反対する意見があった。

(ｲ) 同時交換的行為
　　判例は，担保を供与して新たに借入れをする場合等のいわゆる同時交換的行為について，借入れの目的・動機及び担保目的物の価格に照らして妥当なものであれば詐害行為には当たらないとしている。これに対し，破産法は，同時交換的行為を偏頗行為否認の対象から除外している（同法第162条第1項柱書の括弧書部分）が，担保権の設定が融資に係る契約と同時に，又はこれに先行してされている場合には，経済的には，担保権の目的物を売却して資金調達をした場合と同様の実態を有すると考えられることから，相当価格処分行為の否認（同法第161条参照）と同様の要件の下で否認することができると解されている。
　　仮に詐害行為取消権の要件に関する規定を取消しの対象となる行為ごとに

類型化して整理する場合（前記ア参照）には，同時交換的行為の取消しの要件として，相当価格処分行為の否認と同様の要件を設けるかどうかについて，更に検討してはどうか。

【部会資料7－2第2，3(2)エ［60頁］】

（議事の概況等）

　第5回会議においては，相手方の予測可能性を確保するという否認権の規定の改正の趣旨を貫徹するには，詐害行為取消権の要件を否認権の要件に整合させる必要があるとの意見があった。これに対し，労働債権の回収手段として詐害行為取消権を行使している立場から，詐害行為取消しの対象が狭くなることに反対する意見があった。

　㋒　無償行為
　　財産を無償で譲渡したり，無償と同視できるほどの低廉な価格で売却したり，債務を免除したり，債務負担行為を対価なく行ったりする行為（無償行為）については，債務者が「債権者を害することを知って」おり（民法第424条第1項本文），かつ，受益者が「債権者を害すべき事実」を知っている（同項ただし書）場合には，詐害行為に該当すると解されている。これに対し，破産法は，破産者が支払の停止又は破産手続開始の申立てがあった後又はその前6か月以内にした無償行為及びこれと同視すべき有償行為については，破産者・受益者の主観を問わず，否認（無償否認）の対象となると規定している（同法第160条第3項）。
　　仮に詐害行為取消権の要件に関する規定を取消しの対象となる行為ごとに類型化して整理する場合（前記ア参照）には，無償行為の取消しの要件として，無償否認の要件と同様の要件を設けるかどうかについて，無償否認の要件とは異なり受益者の主観的要件のみを不要とすべきであるとする考え方が示されていることや，時期的な限定を民法に取り込むことの是非が論じられていることにも留意しつつ，更に検討してはどうか。
　　また，無償行為の取消しについて受益者の主観を問わない要件を設ける場合には，取消しの効果についても，無償否認の効果（同法第167条第2項）と同様の特則を設けるかどうかについて，更に検討してはどうか。

【部会資料7－2第2，3(2)オ［61頁］，同（関連論点）［62頁］】

（議事の概況等）

　第5回会議においては，無償行為の取消しの要件として無償否認の要件をそのまま取り込むのではなく，まずは，支払停止という基準が相当であるかどうかなど，無償否認の要件の合理性を検討する必要があるとの意見があった。第21回会議及び第25回会議においては，支払停止という基準を民法に取り込んでまで無償否認

の要件と同様の要件を設けることに疑問を呈する意見があったほか，そもそも時期的な限定を民法に取り込むかどうかや，取り込んだ場合の無資力要件との関係などについては，十分な議論がされていないとの指摘があった。

75 ウ 偏頗行為
　(ｱ) 債務消滅行為
　　判例は，債務消滅行為のうち一部の債権者への弁済について，特定の債権者と通謀し，他の債権者を害する意思をもって弁済したような場合には詐害行為となるとし，また，一部の債権者への代物弁済についても，目的物の価格にかかわらず，債務者に，他の債権者を害することを知りながら特定の債権者と通謀し，その債権者だけに優先的に債権の満足を得させるような詐害の意思があれば，詐害行為となるとしている。これに対し，平成16年の破産法等の改正により，いわゆる偏頗行為否認の時期的要件として支払不能概念が採用されたこと等に伴い，支払不能等になる以前に行われた一部の債権者への弁済は，倒産法上の否認の対象から除外されることになった。このため，債務消滅行為に関しては，平時における詐害行為取消権の方が否認権よりも取消しの対象行為の範囲が広い場面があるといった現象（逆転現象）が生じている。
　　こうした逆転現象が生じていることへの対応策として，①債権者平等は倒産手続において実現することとして，債務消滅行為については詐害行為取消しの対象から除外すべきであるとの考え方や，②倒産手続に至らない平時においても一定の要件の下で債権者平等は実現されるべきであるとして，特定の債権者と通謀し，その債権者だけに優先的に債権の満足を得させる意図で行った非義務的な債務消滅行為に限り，詐害行為取消しの対象とすべきであるとの考え方，③偏頗行為否認の要件（破産法第162条）と同様の要件を設けるべきであるとの考え方が示されているほか，④判例法理を明文化すべきであるとの考え方も示されている。
　　仮に詐害行為取消権の要件に関する規定を取消しの対象となる行為ごとに類型化して整理する場合（前記ア参照）には，債務消滅行為の取消しの具体的な要件について，以上の考え方などを対象として，更に検討してはどうか。

【部会資料7－2第2，3(2)ア［55頁］，同（関連論点）［57頁］】

（議事の概況等）

1　第5回会議においては，本文①の考え方に対して，偏頗行為を詐害行為取消しの対象から除外して，債権者平等は倒産手続において実現するものとすることに理解を示す意見もあったが，倒産状態であっても必ずしも倒産手続が開始されるとは限らないことから，債権者平等は倒産手続で実現すればよいと割り切ることへの反対

意見もあった。本文②の考え方に対しては，偏頗行為を詐害行為取消しの対象に取り込みつつ，通謀という要件を設けることにより，一定の要件の下で平時における債権者平等を図りながらも，可及的に逆転現象を解消するものとして評価する意見もあったが，金融機関と再建可能性のある債務者との協議が通謀に当たり得るのであれば，債務者の再建が阻害されることになるので，詐害行為取消しの対象とするのは特に悪質性の高い通謀があるものだけにするべきであるとの意見や，逆転現象を解消するためには支払不能を基準時とするべきであるとの意見があった。本文③の考え方に対しては，逆転現象が解消できることや，危機時期における行為規範が明確になるとして，これを評価する意見もあったが，平時においては，支払不能であったかどうかを回顧的に判断する倒産手続開始後とは異なり，支払不能に陥っても回復する可能性があることから，支払不能を基準時とすることは困難であるとの意見もあった。また，第21回会議においては，本文②の考え方と判例法理とは内容が異なるとして，判例法理を明文化する本文④の考え方についても検討対象とすべきであるとの意見があった。

2　なお，債務消滅行為を詐害行為取消しの対象から除外したとしても，過大な代物弁済については，債権額を超える過大な部分には財産減少行為としての性質があることから，この部分に限っては取消しの対象となると解される（破産法第160条第2項参照）が，第5回会議においては，このことを条文上も明らかにするかどうかについては（部会資料7－2［57頁］参照），特に意見はなかった。

　　㈑　既存債務に対する担保供与行為
　　　判例は，一部の債権者に対する既存債務についての担保の供与は，その債権者に優先弁済を得させ，他の債権者を害することになるので，詐害行為に該当し得るとしている。これに対し，平成16年の破産法等の改正により，いわゆる偏頗行為否認の時期的要件として支払不能概念が採用されたこと等に伴い，支払不能等になる以前に行われた一部の債権者に対する既存債務についての担保の供与は，倒産法上の否認の対象から除外されることになった。このため，既存債務に対する担保供与行為に関しては，平時における詐害行為取消権の方が否認権よりも取消しの対象行為の範囲が広い場面があるといった現象（逆転現象）が生じている。

　　　こうした逆転現象が生じていることへの対応策として，①債権者平等は倒産手続において実現することとして，既存債務に対する担保供与行為については詐害行為取消しの対象から除外すべきであるとの考え方や，②倒産手続に至らない平時においても一定の要件の下で債権者平等は実現されるべきであるとして，特定の債権者と通謀し，その債権者だけに優先的に債権の満足を得させる意図で行った非義務的な既存債務に対する担保供与行為に限り，詐害行為取消しの対象とすべきであるとの案，③偏頗行為否認の要件（破産法第162条）と同様の要件を設けるべきであるとの考え方が示されているほ

か，④判例法理を明文化すべきであるとの考え方も示されている
　　仮に詐害行為取消権の要件に関する規定を取消しの対象となる行為ごとに類型化して整理する場合（前記ア参照）には，既存債務に対する担保供与行為の取消しの具体的な要件について，以上の考え方などを対象として，更に検討してはどうか。

【部会資料７－２第２，３(2)イ［57頁］】

（議事の概況等）

　　第５回会議においては，本文①の考え方に対して，偏頗行為を詐害行為取消しの対象から除外して，債権者平等は倒産手続において実現するものとすることに理解を示す意見もあったが，倒産状態であっても必ずしも倒産手続が開始されるとは限らないことから，債権者平等は倒産手続で実現すればよいと割り切ることへの反対意見もあった。本文②の考え方に対しては，偏頗行為を詐害行為取消しの対象に取り込みつつ，通謀という要件を設けることにより，一定の要件の下で平時における債権者平等を図りながらも，可及的に逆転現象を解消するものとして評価する意見もあったが，金融機関と再建可能性のある債務者との協議が通謀に当たり得るのであれば，債務者の債権が阻害されることになるので，詐害行為取消しの対象とするのは特に悪質性の高い通謀があるものだけにするべきであるとの意見や，逆転現象を解消するためには支払不能を基準時とするべきであるとの意見があった。本文③の考え方に対しては，逆転現象が解消できることや，危機時期における行為規範が明確になるとして，これを評価する意見もあったが，平時においては，支払不能であったかどうかを回顧的に判断する倒産手続開始後とは異なり，支払不能に陥っても回復する可能性があることから，支払不能を基準時とすることは困難であるとの意見もあった。また，第21回会議においては，本文②の考え方と判例法理とは内容が異なるとして，判例法理を明文化する本文④の考え方についても検討対象とすべきであるとの意見があった。

　エ　対抗要件具備行為
　　判例は，対抗要件具備行為のみに対する詐害行為取消権の行使を認めることは相当ではないとしている。これに対し，破産法は，支払の停止等があった後にされた一定の対抗要件具備行為について，権利移転行為とは別に否認の対象となる旨を規定している（同法第164条）。
　　そこで，仮に詐害行為取消権の要件に関する規定を取消しの対象となる行為ごとに類型化して整理する場合（前記ア参照）には，対抗要件具備行為を詐害行為取消しの対象とするかどうかや，これを対象とする場合に対抗要件具備行為の否認と同様の要件を設けるかどうかについて，更に検討してはどうか。

【部会資料７－２第２，３(2)カ［63頁］】

(議事の概況等)

　第5回会議においては，対抗要件具備行為を詐害行為取消しの対象にすることの意味が見出せないとの意見があったほか，支払停止という基準が相当であるかどうかなど，対抗要件具備行為の否認の要件の合理性を検討する必要があるとの意見があった。

(3) 転得者に対する詐害行為取消権の要件

　判例は，「債権者を害すべき事実」について，受益者が善意であっても，転得者が悪意であれば，転得者に対する詐害行為取消権は認められるとしている。これに対し，転得者に対する否認について規定する破産法第170条第1項は，転得者が転得の当時それぞれその前者に対する否認の原因があることを知っていることを要する（同項第1号）としつつ，転得者が破産者の内部者である場合には，その前者に対する否認の原因についての悪意を推定することとし（同項第2号），また，転得者が無償行為又はこれと同視すべき有償行為によって転得した場合には，転得者の悪意を要件とせず，それぞれその前者に対して否認の原因があれば足りる（同項第3号）としている。この結果，債権者平等が強調されるべき局面で機能する否認権よりも平時における詐害行為取消権の方が，取消しの対象行為の範囲が広い場面があるという現象（逆転現象）が生じている。

　そこで，転得者に対する詐害行為取消権の要件として，転得者に対する否認と同様の要件を設けるかどうかについて，更に検討してはどうか。その際，否認権の規定のように前者に対する否認の原因があることについての悪意を要求する（この場合には，前者の主観的要件についても悪意であることが要求される。）のではなく，受益者及び全ての転得者が「債権者を害すべき事実」について悪意であることを要求することで足りるとするかどうかや，転得者が無償行為によって転得した場合の特則の要否についても，更に検討してはどうか。

【部会資料7－2第2，3(2)キ［64頁］，同（関連論点）［66頁］】

(議事の概況等)

　第5回会議においては，倒産法改正の際には，転得者に対する否認の要件として二重の悪意を要求すること（前者に対する否認の原因があることについての悪意を要求する結果，前者の主観的要件についても悪意であることが要求される。）に否定的な意見が大勢を占めたものの，否認権の相対効を貫いた場合の反対給付の扱いに関して民法上の議論が固まっていなかったことから，二重の悪意の要件の見直しができなかったという経緯があったことを紹介した上で，詐害行為取消権の見直しに当たっては，受益者及び全ての転得者が「債権者を害すべき事実」について悪意であることを要求し，それで足りるとする方向を採用すべきであるとの意見があった。

79 **(4) 詐害行為取消訴訟の受継**

　破産法第45条は，破産債権者又は財団債権者が提起した詐害行為取消訴訟が破産手続開始当時に係属する場合における破産管財人による訴訟手続の受継について規定している。仮に否認権よりも詐害行為取消権の方が取消しの対象行為の範囲が広い場面があるという現象（逆転現象）が解消されない場合（前記(2)ウ(ア)(イ)，(3)参照）には，受継される詐害行為取消訴訟に否認訴訟の対象とはならないものが残ることから，このような訴訟は破産管財人が詐害行為取消訴訟のまま手続を続行できるとするかどうかについて，更に検討してはどうか。

【部会資料7－2第2，3(2)ク［66頁］】

（議事の概況等）

　第5回会議においては，仮に逆転現象が解消されない場合には，個々の取消債権者に詐害行為取消訴訟を維持させるのではなく，倒産手続に責任を持っている管財人が詐害行為取消訴訟として手続を続行できるとすべきであるとの意見があった。

3　効果に関する規定の見直し

(1) 債権回収機能（事実上の優先弁済）の当否

　判例は，取消債権者が，受益者又は転得者に対して，返還すべき金銭を直接自己に引き渡すよう請求することを認めており，これによれば，取消債権者は，受領した金銭の債務者への返還債務と被保全債権とを相殺することにより，受益者その他の債権者に事実上優先して，自己の債権回収を図ることができることになる。

　このような債権回収機能（事実上の優先弁済）に関しては，民法第425条の「すべての債権者の利益のため」との文言に反し，本来の制度趣旨を逸脱するものであるとの指摘や，債権回収に先に着手した受益者が遅れて着手した取消債権者に劣後するという結論には合理性がないといった指摘がある。これらを踏まえて，上記の債権回収機能を否定又は制限するかどうかについて，責任財産の保全という制度趣旨との関係のほか，詐害行為取消権の行使の動機付けという観点などに留意しつつ，更に検討してはどうか。

　また，仮に詐害行為取消権における債権回収機能を否定又は制限する場合には，そのための具体的な方法（仕組み）について，更に検討してはどうか。

【部会資料7－2第2，4(1)［70頁］，(2)［72頁］，同（関連論点）［74頁］】

（議事の概況等）

　第6回会議においては，債権回収機能（事実上の優先弁済）は，消費者被害救済の場面や労働債権の回収の場面で活用されていることや，取消債権者が裁判所に請求してまで詐害行為取消権を行使することへのインセンティブとなっていることから，否定すべきではないとの意見があった。また，こうした意見に関して，詐害行

為取消権を全ての債権者のための制度に位置付ける民法第425条の規律を所与の前提とする必然性はないとの見地から，詐害行為取消権を取消債権者が自己の権利を確保するための制度として捉えることにより，債権回収機能（事実上の優先弁済）を真正面から肯定することができるとの指摘もあった。これらの意見に対しては，詐害行為取消権がインセンティブを与えてまで行使を促進させなければならないものであるのかどうかについての疑問が提起されたほか，不動産は債務者の下に戻るのに金銭は債権者に回収されるということへの違和感や，債権回収に先に着手した受益者が遅れて着手した取消債権者に劣後するということへの違和感を示す意見があった。

具体的な制度設計に関しては，単なる偏頗行為を取り消す場合には，逸出財産は債務者の下に回復するだけだが，通謀のある偏頗行為を取り消す場合には，債権者の回収を認めるとする提案や，債権者が取消判決とともに債務者に対する給付判決をも取得して，いち早く執行手続に入って，執行手続の優劣ルールに従って事実上最優先で回収できるようにするとの提案があった。

(2) 取消しの範囲

判例は，被保全債権の債権額が詐害行為の目的である財産の価額に満たず，かつ，その財産が可分である場合には，取消債権者は，その債権額の範囲でのみ取り消すことができるとしているが，仮に詐害行為取消権における債権回収機能（事実上の優先弁済）を否定又は制限する場合（前記(1)参照）には，判例のような制限を設ける合理的な理由が乏しくなることから，被保全債権の債権額の範囲にとどまらずに詐害行為を取り消せるものとするかどうかについて，更に検討してはどうか。

【部会資料7－2第2，4(3)[74頁]】

（議事の概況等）

第6回会議においては，詐害行為取消権を全ての債権者のための制度に位置付ける民法第425条の規律を所与の前提とする必然性はないとの見地から，被保全債権の債権額の範囲にとどまらずに詐害行為を取り消せるのは，効果として過大であるとの意見があった。他方，詐害行為取消権を全ての債権者のための制度に位置付ける立場からは，他の債権者の存在を考慮すると，取消しの範囲を取消債権者の債権額の範囲に限定するというのでは，過小となるおそれが生じるとして，受益者の保護等の仕組みを設けることを前提に，被保全債権の債権額の範囲にとどまらずに詐害行為を取り消せるようにするべきであるとの意見があった。

(3) 逸出財産の回復方法

仮に，詐害行為取消権を，債務者の詐害行為を取り消し，かつ，これを根拠として逸出した財産の取戻しを請求する制度（折衷説）として把握する立場を採る

86　第10　詐害行為取消権

81　　　場合（前記1(1)参照）には，逸出財産が登記・登録をすることのできるものであるか，金銭その他の動産であるか，債権であるかなどに応じて，その具体的な回復方法の規定を設けるかどうかを，更に検討してはどうか。
　　　また，判例は，逸出財産の返還方法について，現物返還を原則とし，それが不可能又は著しく困難である場合に価額賠償を認めていることから，仮に逸出財産の具体的な回復方法についての規定を設ける場合には，これを条文上も明らかにするかどうかについて，価額の算定基準時をどのように定めるかという問題にも留意しつつ，更に検討してはどうか。
　　　　　　　【部会資料7－2第2，4(4)［75頁］，ア［76頁］，イ［77頁］，ウ［78頁］，エ［79頁］】

（議事の概況等）

　　第6回会議においては，逸出財産の具体的な回復方法についての規定を設けるかどうかに関する直接的な意見はなかったが，逸出財産が不動産である場合に関して，収益執行の仕組みが参考になり得るとの意見や，債務者の下に現物を返還したとしても結局は売却して分配することになるのであるから，価額賠償を原則とする方が便宜であるとの意見があった。価額賠償に関しては，算定基準時をどのように定めるかなどについて検討する必要があるとの指摘があった。

(4)　費用償還請求権
　　　取消債権者が詐害行為取消権の行使のために必要な費用を支出した場合に，債務者に対してその費用の償還を請求できるものとするかどうかについて，更に検討してはどうか。
　　　また，仮にこの費用償還請求権を条文上も明らかにする場合には，これについて共益費用に関する一般の先取特権が付与されるかどうかについても，更に検討してはどうか。
　　　　　　　　　　　　　　　　【部会資料7－2第2，4(5)［80頁］】

（議事の概況等）

　　第6回会議においては，債務者に対して費用の償還を請求できるとするのではなく，詐害行為取消しの効果を享受しようとする他の債権者に対して費用の分担を請求できるものとするべきであるとの意見があったほか，弁護士費用が費用償還請求権の対象となるかどうかを明確にする必要があるとの意見があった。

(5)　受益者・転得者の地位
　ア　債務消滅行為が取り消された場合の受益者の債権の復活
　　　判例は，受益者が債務者から弁済又は代物弁済を受けた行為が取り消されたときに，受益者の債権が復活するとしていることから，仮に債務消滅行為を詐

害行為取消権の対象とする場合（前記2(2)ウ(ア)参照）には，受益者の債権が復活する旨を条文上も明らかにするかどうかについて，更に検討してはどうか。

【部会資料7－2第2，4(6)ア［82頁］】

（議事の概況等）

　　第6回会議においては，本論点について，特に意見はなかった。

　イ　受益者の反対給付

　　　取消債権者が詐害行為取消権を行使したことにより，受益者が債務者から取得した財産を返還した場合において，受益者は，その財産を取得した際に債務者に反対給付をしていたときであっても，直ちにその返還を求めることはできず，取消債権者が現実に被保全債権の満足を受けたときに限って，債務者に対して不当利得の返還を請求することができるにすぎないと解されている。しかし，破産法上は，受益者の反対給付については，原則として財団債権として扱われるとされており，これとの整合性を図る観点から，取り消された詐害行為において受益者が反対給付をしていた場合には，取消債権者や他の債権者に優先して，その反対給付の返還又はその価額の償還を請求することができるものとするかどうかについて，更に検討してはどうか。

　　　また，仮に受益者に優先的な価額償還請求権を認める場合には，取消債権者の費用償還請求権（前記(4)参照）との優劣についても，更に検討してはどうか。

【部会資料7－2第2，4(6)イ［83頁］，同（関連論点）［86頁］】

（議事の概況等）

　　第6回会議においては，受益者の反対給付の価額の償還に関しては，受益者の予測可能性を担保するなどの政策判断から倒産法の改正がされたところ，この政策目的を貫徹するためには，詐害行為取消権においても同様の政策判断が採用される必要があるとの意見があった。また，反対給付の返還又はその価額の償還の請求を優先させる方法として，先取特権の付与のほかに，同時履行の抗弁権の付与も考えられるとの指摘があった。これに対し，第21回会議においては，受益者の保護を強めれば，それだけ詐害行為取消権の効果が弱くなるとして，少なくとも労働債権を被保全債権とする詐害行為取消権の行使の場合については，受益者の保護を図る方向での見直しをすべきではないとの意見もあった。

　　仮に受益者に優先的な価額償還請求権を認める場合の取消債権者の費用償還請求権との優劣については，特に意見はなかった。

　ウ　転得者の反対給付

　　　取消債権者が詐害行為取消権を行使したことにより，転得者がその前者から

83 　取得した財産を返還した場合において，転得者は，その財産を取得した際に前者に反対給付をしていたときであっても，直ちにその返還を求めることはできず，取消債権者が現実に被保全債権の満足を受けたときに限って，債務者に対して不当利得の返還を請求することができるにすぎないと解されている。しかし，仮に受益者に優先的な価額償還請求権を認める場合には（前記イ参照），これとの均衡を保つ観点から，転得者が前者に対してした反対給付の価額を優先的に回収できるようにするかどうかについても，更に検討してはどうか。

【部会資料 7 - 2 第 2 , 4 (6) ウ［86 頁］】

（議事の概況等）

　　第 6 回会議においては，転得者の反対給付の扱いについては，倒産法改正の際にも問題となったものの成案を得られなかったので，詐害行為取消権の見直しに当たって更に検討を進めるべきであるとの意見があったほか，転得者が反対給付の価額を優先的に回収する方法として，同時履行の抗弁権を付与することが考えられるとの指摘があった。

4　詐害行為取消権の行使期間（民法第 426 条）

　　詐害行為取消権の行使期間については，消滅時効制度の見直し（後記第 36 参照）を踏まえて，更に検討してはどうか。

【部会資料 7 - 2 第 2 , 5［88 頁］】

（議事の概況等）

　　第 6 回会議においては，倒産法改正の際に，否認権の行使期間を 20 年とするのは長過ぎるという指摘があったものの，詐害行為取消権の行使期間と差異を設けないとされたことから，短期化できなかったという経緯があったことを紹介した上で，詐害行為取消権の見直しに当たっては，行使期間を短期化する方向で検討すべきであるとの意見があった。

第11 多数当事者の債権及び債務（保証債務を除く。）

1 債務者が複数の場合
(1) 分割債務

分割債務について，別段の意思表示がなければ，各債務者は平等の割合で債務を負担することを規定する民法第427条は，内部関係（債務者間の関係）ではなく対外関係（債権者との関係）を定めたものと解されていることから，これを条文上も明らかにする方向で，更に検討してはどうか。

【部会資料8－2第1，2(1)［4頁］】

（議事の概況等）

第6回会議においては，条文の解釈が明文化されることは，分かりやすい民法を実現するために必要なことであるとの意見があった。

また，民法第427条に関しては，分割債務を原則とすることの妥当性を検討する必要があるとの意見があった。

(2) 連帯債務
ア 要件
(ｱ) 意思表示による連帯債務（民法第432条）

民法第432条は，「数人が連帯債務を負担するとき」の効果を規定するのみで，連帯債務となるための要件を明記していないところ，連帯債務は，法律の規定によるほか，関係当事者の意思表示によっても成立すると解されていることから，これを条文上も明らかにする方向で，更に検討してはどうか。

【部会資料8－2第1，2(2)ア［5頁］】

（議事の概況等）

第6回会議においては，実務では親子や夫婦で住宅ローンを組むような場面でなければ連帯債務を見ることはないとの指摘もあったが，連帯債務が法律の規定のみならず意思表示によっても成立することが明文化されることは，分かりやすい民法を実現するために必要なことであるとの意見があった。

(ｲ) 商法第511条第1項の一般ルール化

「数人の者がその一人又は全員のために商行為となる行為によって債務を負担したときは，その債務は，各自が連帯して負担する」ことを規定する商法第511条第1項を参考としつつ，民事の一般ルールとして，数人が一個の行為によって債務を負担した場合には広く連帯債務の成立を認めるものとす

るかどうかについて，事業に関するものに限定する要件の要否も含めて，さらに検討してはどうか。

【部会資料8－2第1，2(2)ア（関連論点）［7頁］】

（議事の概況等）

　第6回会議においては，最近の商法学者の間では，商法第511条第1項に関し，「取引の安全を図る必要性は商取引のみならず民事取引にも妥当することから，民事の一般ルールとすべきであるとの見解」（部会資料8－2［7頁］参照）は必ずしも支持を受けていないことが紹介され，ジョイント・ベンチャーのような事業性の高い場合はともかく，そうではない場合にどこまで連帯債務の成立を認めることが妥当であるかは，実務を踏まえて判断していく必要があるとの意見があった。

　このほか，商法第511条第1項の一般ルール化に関しては，組合債務に対する適用関係を整理すべきであるとの意見があった。この点については，後記第53，2及び第62，3(3)⑤参照。

イ　連帯債務者の一人について生じた事由の効力等

　民法は，連帯債務者の一人について生じた事由の効力が他の連帯債務者にも及ぶかという点について，相対的効力を原則としつつも（同法第440条），多くの絶対的効力事由を定めている（同法第434条から第439条まで）。絶対的効力事由が多いことに対しては，債務者の無資力の危険を分散するという人的担保の機能を弱める方向に作用し，通常の債権者の意思に反するのではないかという問題が指摘されていることや，共同不法行為者が負担する損害賠償債務（同法第719条）のように，絶対的効力事由に関する一部の規定が適用されないもの（不真正連帯債務）があるとされていること等を踏まえ，絶対的効力事由を見直すかどうかについて，債権者と連帯債務者との間の適切な利害調整に留意しつつ，更に検討してはどうか。

【部会資料8－2第1，2(2)イ［8頁］】

（議事の概況等）

　第6回会議においては，連帯債務者の一人について生じた事由の効力等に関する議論の在り方に対して，法律行為ごとに債権者と連帯債務者との利害をどのように調整するかを議論すべきであって，一律に連帯債務の担保的効力を強めるべきであるとの前提に立って議論をするのは妥当ではないとの意見や，一つ一つの法律行為を対象とする検討も必要であるが，全体としてのバランスにも留意する必要があるとの意見などがあった。また，不真正連帯債務の取扱いに関して，市民が「連帯債務」と言われてイメージするものは，複数の加害者による事故であることが多いと思われるとして，不真正連帯債務の場面を中心に据えた議論の必要性を指摘する意見があった。

㈦　履行の請求（民法第434条）
　　　連帯債務者の一人に対する履行の請求が絶対的効力事由とされていること（民法第434条）に関しては，債権者の通常の意思に合致するとの評価がある一方で，請求を受けていない連帯債務者に不測の損害を与えることを避ける観点から，これを相対的効力事由とすべきであるとの考え方や，絶対的効力事由となる場面を限定すべきであるとの考え方が示されている。これらを踏まえて，履行の請求が絶対的効力事由とされていることの見直しの要否について，更に検討してはどうか。
　　　　　　　　　　　　【部会資料8－2第1，2(2)イ㈦［12頁］】
（議事の概況等）
　　第6回会議においては，債権者の通常の意思に照らせば，履行の請求は絶対的効力事由とすべきであるとの意見もあったが，絶対的効力事由となる場面を限定すべきであるとの意見もあった。絶対的効力事由となる場面を限定する方法に関して，債務者間に利益共同関係がある場合に限って絶対的効力を認めるという考え方に対しては，予見可能性が損なわれるという批判や，債務者間に利益共同関係が存在しない共同不法行為の場面において被害者の救済に不都合を来すおそれがあるという批判があった。このほか，債権者が絶対的効力を有すると明記した場合には，履行の請求を受けた連帯債務者から他の連帯債務者への伝達が期待できるので，絶対的効力を認めることが考えられるとの提案があった。さらに，第25回会議においては，連帯債務者間に相互に委託し合うなどの一定の関係がある場合には，絶対的効力を認めるべきであるとの意見があった。

　㈣　債務の免除（民法第437条）
　　　民法第437条は，連帯債務者の一人に対する債務の免除について，その連帯債務者の負担部分の限度で絶対的効力事由としているが，これを相対的効力事由とするかどうかについて，更に検討してはどうか。
　　　　　　　　　　　　【部会資料8－2第1，2(2)イ㈣［13頁］】
（議事の概況等）
　　第6回会議においては，債権者の通常の意思に照らせば，債務の免除は相対的効力事由とすべきであるとの意見もあったが，求償の循環という実務的に面倒な事態を避けるために絶対的効力事由とすべきであるとの意見もあった。このほか，債務の免除の意思表示をする債権者に対して，絶対的効力を有するのか相対的効力にとどまるのかを明確に表示することを促すような規定を設けることを提案する意見もあった。

(ウ) 更改（民法第435条）
　　民法第435条は，連帯債務者の一人と債権者との間に更改があったときに，全ての連帯債務者の利益のために債権が消滅するとしているが，これを相対的効力事由とするかどうかについて，更に検討してはどうか。
【部会資料8－2第1，2(2)イ(ウ)［16頁］】

（議事の概況等）
　　第6回会議においては，更改については，契約を延長するためにされることがあることや，一種の代物弁済と捉えることができることから，これを絶対的対的効力事由とすべきであるとの意見があった。

(エ) 時効の完成（民法第439条）
　　民法第439条は，連帯債務者の一人について消滅時効が完成した場合に，その連帯債務者の負担部分の限度で絶対的効力を認めているが，これを相対的効力事由とするかどうかについて，更に検討してはどうか。
【部会資料8－2第1，2(2)イ(エ)［16頁］】

（議事の概況等）
　　第6回会議においては，時効の完成については，求償の循環という実務的に面倒な事態を避けるために絶対的効力事由とすべきであるとの意見があった。

(オ) 他の連帯債務者による相殺権の援用（民法第436条第2項）
　　判例は，民法第436条第2項の規定に基づき，連帯債務者が他の連帯債務者の有する債権を用いて相殺の意思表示をすることができるとしているが，これに対しては，連帯債務者の間では他人の債権を処分することができることになり不当であるとの指摘がされている。
　　そこで，他の連帯債務者が相殺権を有する場合の取扱いについては，相殺権を有する連帯債務者の負担部分の範囲で他の連帯債務者は弁済を拒絶することができるとする案や，他の連帯債務者は弁済を拒絶することもできないとする案などを対象として，更に検討してはどうか。
【部会資料8－2第1，2(2)イ(オ)［18頁］】

（議事の概況等）
　　第6回会議においては，本論点について，特に意見はなかった。

(カ) 破産手続の開始（民法第441条）
　　民法第441条は，連帯債務者の全員又はそのうちの数人が破産手続開始の決定を受けたときに，債権者がその債権の全額について各破産財団の配当に

加入することができるとしているが、全部の履行をする義務を負う者が数人ある場合の破産手続への参加については、破産法第104条第1項に規定が設けられており、実際に民法第441条が適用される場面は存在しないことから、これを削除する方向で、更に検討してはどうか。

【部会資料8-2第1,2(2)イ(カ)[20頁]】

(議事の概況等)

第6回会議においては、倒産法と民法との関係が分かりにくくなっているとして、倒産実体法を実質的に改正するのでなければ民法第441条を削除することに問題はないとの指摘があり、これに対し、特に異論はなかった。

ウ　求償関係
(ｱ)　一部弁済の場合の求償関係（民法第442条）
判例は、連帯債務者の一人が自己の負担部分に満たない弁済をした場合であっても、他の連帯債務者に対して割合としての負担部分に応じた求償をすることができるとしていることから、これを条文上も明らかにするかどうかについて、更に検討してはどうか。

【部会資料8-2第1,2(2)ウ(ｱ)[23頁]】

(議事の概況等)

第6回会議においては、本論点について、特に意見はなかった。
なお、本論点に関連する論点として、後記第17,10(3)イ参照。

(ｲ)　代物弁済又は更改の場合の求償関係（民法第442条）
連帯債務者の一人が、代物弁済や更改後の債務の履行をした場合に、他の連帯債務者に対して、出捐額を限度として、割合としての負担部分に応じた求償ができるものとするかどうかについて、更に検討してはどうか。

【部会資料8-2第1,2(2)ウ(ｱ)（関連論点）[24頁]】

(議事の概況等)

第6回会議においては、本論点について、特に意見はなかった。

(ｳ)　連帯債務者間の通知義務（民法第443条）
連帯債務者間の事前・事後の通知義務を規定する民法第443条に関して、他の連帯債務者の存在を認識できない場合にまでこれを要求するのは酷であるとの指摘があることから、他の連帯債務者の存在を認識できない場合には通知義務を課さないものとするかどうかについて、更に検討してはどうか。

【部会資料8-2第1,2(2)ウ(ｲ)（関連論点）[26頁]】

(議事の概況等)

　　第6回会議においては，本論点については，特に意見はなかった。

　(エ)　事前通知義務（民法第443条第1項）
　　　民法第443条第1項は，求償権を行使しようとする連帯債務者に他の連帯債務者への事前の通知を義務付ける趣旨の規定であるが，これに対しては，連帯債務者は，履行期が到来すれば，直ちに弁済をしなければならない立場にあるのであるから，その際に事前通知を義務付けるのは相当ではないとの批判がある。そこで，この事前通知義務を廃止するかどうかについて，更に検討してはどうか。

【部会資料8－2第1，2(2)ウ(イ)［24頁］】

(議事の概況等)

　　第6回会議においては，事前通知義務を廃止してもよいとの意見もあったが，現行法を改める必要はないとの意見もあった。

　(オ)　負担部分のある者が無資力である場合の求償関係（民法第444条前段）
　　　判例は，負担部分のある連帯債務者が全て無資力である場合において，負担部分のない複数の連帯債務者のうちの一人が弁済等をしたときは，求償者と他の資力のある者の間で平等に負担をするとしていることから，これを条文上も明らかにするかどうかについて，更に検討してはどうか。

【部会資料8－2第1，2(2)ウ(ウ)［26頁］】

(議事の概況等)

　　第6回会議においては，本論点について，特に意見はなかった。

　(カ)　連帯の免除（民法第445条）
　　　民法第445条は，連帯債務者の一人が連帯の免除を得た場合に，他の連帯債務者の中に無資力である者がいるときは，その無資力の者が弁済をすることのできない部分のうち連帯の免除を得た者が負担すべき部分は，債権者が負担すると規定するが，この規定に対しては，連帯の免除をした債権者には，連帯債務者の内部的な負担部分を引き受ける意思はないのが通常であるとして，削除すべきであるとの指摘がある。そこで，同条を削除するかどうかについて，更に検討してはどうか。

【部会資料8－2第1，2(2)ウ(エ)［27頁］】

(議事の概況等)

　第6回会議においては，連帯の免除は，実務でもまず見かけないものであり，言葉の意味も分かりにくいことから，これについて規定する民法第445条は削除すべきであるとの意見があった。

　㋖　負担割合の推定規定
　　　連帯債務者間の求償に関する紛争を防止するため，連帯債務者間の負担割合についての推定規定を新たに設けるかどうかについて，検討してはどうか。

(議事の概況等)

　本論点は，部会資料8－2では特に取り上げられていないものであるが，第6回会議において，連帯債務者間の求償に関する紛争を防止するために，連帯債務者間の負担割合についての推定規定を設けるべきであるとの意見があった。

　(3)　不可分債務
　　　仮に，連帯債務における絶対的効力事由を絞り込んだ結果として，不可分債務と連帯債務との間に効力の差異がなくなる場合には，不可分債務は専ら不可分給付を目的とし（性質上の不可分債務），連帯債務は専ら可分給付を目的とするという整理をするかどうかについて，更に検討してはどうか。
　　　また，その際には，不可分債務における債権の目的が不可分給付から可分給付となったときに，分割債務ではなく連帯債務となる旨の特約を認めるかどうかについても，併せて更に検討してはどうか。
　　　　　　　　　　　　【部会資料8－2第1，2(3)［28頁］，同（関連論点）［30頁］】

(議事の概況等)

　第6回会議及び第21回会議においては，不可分債務と連帯債務との間に効力の差異が残る場合には，意思表示による不可分債務を認める実益があるとの意見があった。この意見は，債務者が一人であっても不可分債務を認める余地があることを前提とするものであるが，債務者が一人である住宅ローンについて，これを意思表示による不可分債務にすることにより，複数の相続人がこの住宅ローンを相続した場合であっても，全ての相続人に対して絶対的効力事由のない不可分債務としての責任を追及することが可能となり，債権者にとって実務上の利点があるという。

2　債権者が複数の場合
　(1)　分割債権
　　　分割債権について，別段の意思表示がなければ，各債権者は平等の割合で権利

を有することを規定する民法第427条は，内部関係（債権者間の関係）ではなく対外関係（債務者との関係）を定めたものであると解されていることから，これを条文上も明らかにする方向で，更に検討してはどうか。

【部会資料8－2第1，3(1)［30頁］】

（議事の概況等）

　第6回会議においては，本論点についての直接的な意見はなかった。本論点に関連して，実務上，特に相続人が複数である場合の相続の場面において，分割債権となるかどうかが明確ではないことから，分割債権になるかどうかの基準を明確にすべきであるとの意見があった。

(2) **不可分債権―不可分債権者の一人について生じた事由の効力（民法第429条第1項）**

　民法第429条第1項は，不可分債権者の一人と債務者との間に更改又は免除があった場合でも，他の不可分債権者は債務の全部の履行を請求することができるが，更改又は免除により債権を失った不可分債権者に分与すべき利益は，債務者に償還しなければならないことを規定する。この規定について，混同や代物弁済の場合にも類推適用されるとする見解があることから，不可分債権者の一人と債務者との間に混同や代物弁済が生じた場合にも適用される旨を明文化するかどうかについて，更に検討してはどうか。

【部会資料8－2第1，3(2)［32頁］】

（議事の概況等）

　第6回会議においては，本論点について，特に意見はなかった。

(3) **連帯債権**

　民法には明文の規定は置かれていないものの，復代理人に対する本人と代理人の権利（同法第107条第2項）や，転借人に対する賃貸人と転貸人の権利（同法第613条）について，連帯債権という概念を認める見解があることから，連帯債権に関する規定を新設するかどうかについて，更に検討してはどうか。

【部会資料8－2第1，3(3)［34頁］，同（関連論点）［35頁］】

（議事の概況等）

　第6回会議においては，本論点について，特に意見はなかった。

3 **その他（債権又は債務の合有又は総有）**

　債権又は債務について合有又は総有の関係が生じた場合に関する規定を新設するかどうかについて，検討してはどうか。

（議事の概況等）

　本論点は，部会資料8－2では特に取り上げられていないものであるが，第6回会議において，債権・債務の合有・総有についても検討の対象に加えるべきであるとの意見があった。

　このほか，多数当事者の債権及び債務の規定の見直しに当たって，規定の強行法規性の有無を検討すべきであるとの意見もあった。

第12　保証債務

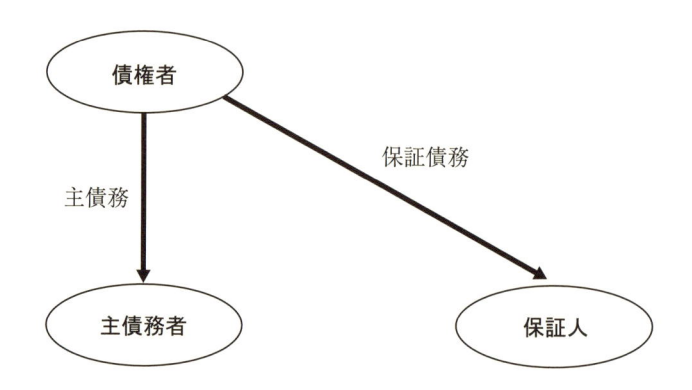

```
      債権者
       │ ＼
   主債務│  ＼保証債務
       ↓    ↘
     主債務者   保証人
```

1　保証債務の成立
(1)　主債務者と保証人との間の契約による保証債務の成立
　　債権者と保証人との間の契約（保証契約）のほか，主債務者と保証人との間の契約（保証引受契約）によっても，保証債務が成立することを認めるものとするかどうかについて，更に検討してはどうか。

【部会資料8－2第2，2(1)［42頁］】

（議事の概況等）

　　第6回会議においては，保証引受契約について，保証人保護の規定をくぐり抜けるような脱法的な併存的債務引受に保証人保護の規定を及ぼすことができることや，将来の金融のイノベーションに資する可能性があることから，これを評価する意見もあったが，保証引受契約が導入されなくても実務上の不都合は生じないなどとして，その必要性に疑問を呈する意見もあった。また，保証を目的とする脱法的な併存的債務引受への対応ということであれば，併存的債務引受に保証人保護の規定を準用する方法もあるので，保証引受契約の規定を新設するメリットを明確にする必要があるとの意見もあった。

(2)　保証契約締結の際における保証人保護の方策
　　保証は，不動産等の物的担保の対象となる財産を持たない債務者が自己の信用を補う手段として，実務上重要な意義を有しているが，他方で，個人の保証人が想定外の多額の保証債務の履行を求められ，生活の破綻に追い込まれるような事例が後を絶たないこともあって，より一層の保証人保護の拡充を求める意見がある。このような事情を踏まえ，保証契約締結の際における保証人保護を拡充する

観点から，保証契約締結の際に，債権者に対して，保証人がその知識や経験に照らして保証の意味を理解するのに十分な説明をすることを義務付けたり，主債務者の資力に関する情報を保証人に提供することを義務付けたりするなどの方策を採用するかどうかについて，保証に限られない一般的な説明義務や情報提供義務（後記第23，2）との関係や，主債務者の信用情報に関する債権者の守秘義務などにも留意しつつ，更に検討してはどうか。

　また，より具体的な提案として，一定額を超える保証契約の締結には保証人に対して説明した内容を公正証書に残すことや，保証契約書における一定の重要部分について保証人による手書きを要求すること，過大な保証の禁止を導入すること，事業者である債権者が上記の説明義務等に違反した場合において保証人が個人であるときは，保証人に取消権を与えることなどの方策が示されていることから，これらの方策の当否についても，検討してはどうか。

【部会資料8－2第2，2(2)［44頁］】

（議事の概況等）

1　第6回会議においては，平成16年改正の際の附帯決議に盛り込まれた保証人に対する説明や情報提供の義務付けの実現を望む意見もあったが，説明や情報提供は契約締結の場面一般に求められるものであるから，まずは一般的な説明義務や情報提供義務の規定の在り方を検討するべきであるとの意見もあった。

　また，保証人に対する説明義務や情報提供義務に関する規定を設ける場合の留意点として，保証を業とする者に対する説明とそうでない者に対する説明との違いを踏まえた検討が必要であることや，主債務者の資力に関する情報を保証人に提供することが守秘義務に反することにならないかを整理する必要があることなどが指摘された。なお，説明義務違反の効果に関して，意思に瑕疵がないにもかかわらず説明義務が果たされなかったというだけで保証契約が無効になったり取り消されたりするのは理論的に無理があるとの指摘があった。

2　このほか，保証契約締結の際における具体的な保証人保護の方策を提案するものとして，第6回会議においては，一定額を超える保証契約の締結には保証人に対して説明した内容を公正証書に残すことや，保証契約書における一定の重要部分について保証人の手書きを要求すること，過大な保証の禁止を導入することなどを求める意見があり，第21回会議においては，事業者である債権者が説明義務等に違反した場合において保証人が個人であるときは，保証人に取消権を与えることなどを求める意見があった。

　こうした提案に対しては，保証人保護のための詳細な規定を設けると，制度全体が重くなってしまい，企業金融に支障が生じかねないとの指摘があったほか，過大な保証を禁止すると，保証契約の無効事由が増加することによって取引の安全が害されるおそれがあるので，少なくとも事業者保証に関してはこれを制度化するべきではないとの意見があった。

(3) 保証契約締結後の保証人保護の在り方

　　保証契約締結後の保証人保護を拡充する観点から，債権者に対して主債務者の返済状況を保証人に通知する義務を負わせたり，分割払の約定がある主債務について期限の利益を喪失させる場合には保証人にも期限の利益を維持する機会を与えたりするなどの方策を採用するかどうかについて，更に検討してはどうか。

【部会資料8－2第2，2(2)関連論点［46頁］】

（議事の概況等）

　　第6回会議においては，主債務者が期限の利益を喪失する前に債権者から保証人に対する通知などがあれば，保証人が代位弁済して期限の利益を喪失させないことも可能となるなどとして，保証契約締結後の保証人保護のための方策を設けることに積極的な意見があった。もっとも，例えば，銀行が運送業者の高速道路の通行料の一括払を保証している場合には，銀行は道路管理会社から運送業者の財務状況を継続的に報告してもらおうとは考えていないとして，主債務者の財務状況の報告義務を強行規定として定めると，実務と乖離する場面が生じ得るとの指摘もあった。

(4) 保証に関する契約条項の効力を制限する規定の要否

　　事業者の保証人に対する担保保存義務を免除する条項や保証人が保証債務を履行した場合の主債務者に対する求償権の範囲を制限する条項に関し，その効力を制限する規定の要否について，不当条項規制（後記第31）との関係に留意しつつ，検討してはどうか。

（議事の概況等）

　　本論点は，部会資料8－2では特に取り上げられていないものであるが，第25回会議において，「消費者契約法日弁連試案」では，事業者の保証人に対する担保保存義務を免除する条項や保証人が保証債務を履行した場合の主債務者に対する求償権の範囲を制限する条項の効力を制限することが提案されているとして，こうした条項の効力を制限する規定を設けるべきであるという新たな問題提起があった。この問題については，不当条項規制との関係に留意しつつ，検討する必要がある。

2　保証債務の付従性・補充性

　　保証債務の内容（債務の目的又は態様）が主債務よりも重い場合には，その内容が主債務の限度に減縮されることを規定する民法第448条との関係で，保証契約が締結された後に主債務の内容が加重されても，保証債務には影響が及ばないことをも条文上も明らかにするかどうかについて，更に検討してはどうか。

　　また，そもそも保証債務の性質については，内容における付従性に関する民法第448条や，補充性に関する同法第452条，第453条といった規定はあるものの，その多くは解釈に委ねられていることから，これらに関する明文の規定を設けるかど

うかについても，更に検討してはどうか。

【部会資料8－2第2，3［46頁］，同（関連論点）［47頁］】

（議事の概況等）

　第6回会議においては，労働債権について保証契約がされた場合に，その後の労使交渉によって賃金が引き上げられたときには，引上げ分についても保証の対象となることを求める意見があったが，これについては，将来の労働債権についての保証の問題であって，付従性とは別の問題として捉えるべきであるとの指摘があった。

　付従性や補充性に関する明文の規定を設けるかどうかについては，特に意見はなかった。

3　保証人の抗弁等
(1)　保証人固有の抗弁─催告・検索の抗弁
ア　催告の抗弁の制度の要否（民法第452条）

　催告の抗弁の制度については，保証人保護の制度として実効性が乏しいことなどから，これを廃止すべきであるとする意見もあるが，他方で，保証人保護を後退させる方向で現状を変更すべきでないとする意見もあることから，その要否について，更に検討してはどうか。

【部会資料8－2第2，4(1)ア［47頁］】

（議事の概況等）

　第6回会議においては，催告の抗弁については，これを意図的に排除するために連帯保証が用いられるのが通常であることに照らし，廃止すべきであるとの意見もあったが，保証人保護のための制度をあえて廃止することはないとの意見もあった。

イ　適時執行義務

　民法第455条は，催告の抗弁又は検索の抗弁を行使された債権者が催告又は執行をすることを怠ったために主債務者から全部の弁済を得られなかった場合には，保証人は，債権者が直ちに催告又は執行をすれば弁済を得ることができた限度において，その義務を免れることを規定する。この規定について，その趣旨を拡張して，債権者が主債務者の財産に対して適時に執行をすることを怠ったために主債務者からの弁済額が減少した場合一般に適用される規定に改めるかどうか，更に検討してはどうか。

　また，仮に適時執行義務に関する規定を設ける場合には，これが連帯保証にも適用されるものとするかどうかについても，検討してはどうか。

【部会資料8－2第2，4(1)イ［48頁］】

（議事の概況等）

　　　第6回会議においては，債権者が債務の膨らむのを放置することを許すべきではないとして，適時執行義務の規律を設けることに賛成する意見もあったが，債務者を当面の危機から救済するために弁済期の延長などの対応をしたところ，結果的にかえって信用が悪化してしまった場合に，適時執行義務違反を問われることになるというのは債権者には受け入れ難いものであるなどとして，適時執行義務の規律を設けることに反対する意見もあった。このほか，適時執行義務は認めるが保証人の事前求償権を認めないとしたり，適時執行義務は認めないが保証人の事前求償権は認めるとするなど，事前求償権（後記4(2)参照）の規律とセットで保証人保護のバランスを考えるべきであるとの提案もあった。なお，適時執行義務の「適時」が誰にとっての適時であるかを明確にして議論をするべきであるとの指摘があった。

　　　また，仮に適時執行義務に関する規定を設ける場合には，これを連帯保証にも適用されるものとすべきであるという提案があり，この提案に賛成する意見があった。

(2)　主たる債務者の有する抗弁権（民法第457条）

　　　保証人が主債務者の債権による相殺をもって債権者に対抗することができると規定する民法第457条第2項については，保証人は主債務者の債権による相殺によって主債務が消滅する限度で履行を拒絶できるにとどまるとする規定に改めるかどうかについて，更に検討してはどうか。

　　　また，民法には，主債務者が債権者に対して相殺権を有する場合の規定しか置かれていないことから，主債務者がその余の抗弁権を有している場合の規定を設けるかどうかについても，更に検討してはどうか。

　　　　　　　　　　　　【部会資料8－2第2，4(2)［51頁］，同（関連論点）［52頁］】

（議事の概況等）

　　　第6回会議においては，本論点について，特に意見はなかった。

4　保証人の求償権

(1)　委託を受けた保証人の事後求償権（民法第459条）

　　　委託を受けた保証人による期限前弁済は，委託の趣旨に反することがあることから，この場合における保証人の事後求償権は，委託を受けた保証人についてのもの（民法第459条第1項）ではなく，委託を受けない保証人と同内容のもの（同法第462条第1項）とするかどうかについて，更に検討してはどうか。

　　　　　　　　　　　　　　　　　　　　【部会資料8－2第2，5(1)［52頁］】

（議事の概況等）

　第6回会議においては，本論点について，特に意見はなかった。
　なお，本論点に関連するする論点として，第17，10⑶ウ参照。

⑵　委託を受けた保証人の事前求償権（民法第460条，第461条等）
　仮に適時執行義務に関する規定を設ける場合（前記3⑴イ参照）には，委託を受けた保証人が事前求償権を行使することができることを規定する民法第460条を維持するかどうかについて，更に検討してはどうか。

【部会資料8－2第2，5⑵［54頁］】

（議事の概況等）

　第6回会議においては，事前求償権は，主債務者が破綻した場合に保証人が倒産手続等に参加するために用いられているので，これが廃止されると，催告・検索の抗弁が適用されない連帯保証において，保証人を保護するための仕組みが欠けることになるとの指摘があったが，これに対しては，当事者間で合意をすれば事前求償権も認められるのであれば，条文上はこれを廃止したとしても，実務に悪影響はないとの指摘もあった。
　このほか，保証人保護の在り方に関して，事前求償権を与えなくても，主債務者に担保を積ませたり，保証人を免責させる方策を設けたりすることも考えられるとの指摘や，フランス消費法典L．341－1条（部会資料8－2［75頁］参照）を参考にした規律も考えられるとの指摘があった。また，物上保証人の保護とのバランスにも留意すべきであるとの指摘もあった。

⑶　委託を受けた保証人の通知義務（民法第463条）
　保証人の通知義務について規定する民法第463条は，連帯債務者の通知義務に関する同法第443条を準用しているところ，仮に，連帯債務者の事前通知義務を廃止する場合（前記第11，1⑵ウ㈣参照）には，委託を受けた保証人についての事前通知義務も廃止するかどうかについて，更に検討してはどうか。

【部会資料8－2第2，5⑶［57頁］】

（議事の概況等）

　第6回会議においては，本論点について，特に意見はなかったが，第21回会議においては，連帯債務者と保証人とでは利益状況が必ずしも同一ではないことから，仮に連帯債務者の事前通知義務を廃止する場合であっても，論理必然的に委託を受けた保証人の事前通知義務を廃止しなければならないわけではないとの指摘があった。

(4) 委託を受けない保証人の通知義務（民法第463条）
　　保証人の事前通知義務（民法第463条，第443条）の趣旨は，債権者に対抗することができる事由を有している主債務者に対し，それを主張する機会を与えようとすることにあるが，委託を受けない保証人の求償権の範囲は，もとより主債務者が「その当時利益を受けた限度」（同法第462条第1項）又は「現に利益を受けている限度」（同条第2項）においてしか認められておらず，主債務者が債権者に対抗することができる事由を有している場合には「利益を受けている限度」から除外されることになるため，事前通知義務の存在意義は乏しい。そこで，委託を受けない保証人についても，事前通知義務を廃止するかどうかについて，更に検討してはどうか。

【部会資料8－2第2，5(4)［58頁］】

（議事の概況等）

　第6回会議においては，委託を受けない保証人の通知義務に関する直接的な意見はなかったが，民法第462条第2項に関して，「債務者の意思に反して」という主観的な要件ではなく，「債務者の合理的な利益に反して」というような客観的な要件にすべきであるとの意見があった。

5　共同保証—分別の利益

　複数の保証人が保証債務を負担する場合（共同保証）に，各共同保証人は，原則として頭数で分割された保証債務を負担するにすぎない（分別の利益）ことを規定する民法第456条に関し，分別の利益を認めずに，各共同保証人は全額について債務を保証する（保証連帯）ものとするかどうかについて，保証人保護を後退させる方向で現状を変更すべきでないとする意見があることにも留意しつつ，更に検討してはどうか。

【部会資料8－2第2，6［60頁］】

（議事の概況等）

　第6回会議においては，分別の利益については，これを意図的に排除するために連帯保証が用いられるのが通常であることに照らし，廃止すべきであるとの意見もあったが，保証人保護を後退させる方向で現状を変更すべきではないとして，分別の利益を維持すべきとの意見や，保証契約に際して分別の利益をどうするのかを明確に表示することを促すような規定を設けるべきであるとの意見もあった。

6　連帯保証

(1) 連帯保証制度の在り方
　　連帯保証人は，催告・検索の抗弁が認められず，また，分別の利益も認められないと解されている点で，連帯保証ではない通常の保証人よりも不利な立場にあ

り，このような連帯保証制度に対して保証人保護の観点から問題があるという指摘がされている。そこで，連帯保証人の保護を拡充する方策について，例えば，連帯保証の効果の説明を具体的に受けて理解した場合にのみ連帯保証となるとすべきであるなどの意見が示されていることを踏まえて，更に検討してはどうか。

　他方，事業者がその経済事業（反復継続する事業であって収支が相償うことを目的として行われるもの）の範囲内で保証をしたときには連帯保証になるとすべきであるとの考え方（後記第62，3(3)①）も提示されている。この考え方の当否について，更に検討してはどうか。

【部会資料8－2第2，7(1)［62頁］，部会資料20－2第1，3(3)［20頁］】

（議事の概況等）

1　第6回会議においては，中小企業経営者の立場からの意見として，個人保証を引き継ぐことへの抵抗感から事業承継に支障が生じており，その対策として連帯保証人の保護を拡充すべきであるとの意見があった。また，連帯債務の効果の説明を具体的に受けて理解した場合にのみ連帯債務となるというような仕組みを提案する意見もあった。これに対し，労働者の立場からの意見として，不採算部門を分離する会社分割がされた場合に分割元を連帯保証人にして不採算部門に残った労働者の労働債権を確保したり，会社の賃金支払能力に不安がある場合に経営者個人を連帯保証人にして労働債権を確保したりしているので，こうした保証については，現状の規定を維持すべきであるとの意見があった。

2　また，第20回会議においては，事業者が経済事業（反復継続する事業であって収支が相償うことを目的として行われるもの）の範囲内で保証をしたときは連帯保証とするとの考え方に対し，「経済事業」の概念が不明確である（「収支相償う」の意味が不明確である）との指摘があったほか，商法第511条第2項は「営利性」の有無を基準として連帯保証になる場合を画しているが，これに代えて「経済事業」という基準を用いることにどれだけの意味があるのか疑問であるとの意見があった。これに対し，この考え方は，同項が連帯保証を広い範囲で成立させていたのを狭める趣旨で提案されたものであるとの指摘があった。

3　なお，第6回会議においては，連帯保証制度を廃止すべきであるなどの指摘（部会資料8－2［37頁］参照）に対して，「廃止」の意味を明確にした上で議論をすべきであるとの意見があった。この点に関して，仮に催告・検索の抗弁や分別の利益に関する規定を強行法規としたとしても，連帯保証と同じような効果を持つ別の手段を考えることは可能であるとの指摘や，これらの規定を任意法規としていても，消費者契約法第10条の適用などの場面で相応の意味を有することになるとの指摘があった。

(2)　連帯保証人に生じた事由の効力―履行の請求

　連帯保証人に対する履行の請求の効果が主債務者にも及ぶこと（民法第458

条，第434条）を見直す必要があるかどうかについて，更に検討してはどうか。

【部会資料8－2第2，7(2)［63頁］】

（議事の概況等）

　　　第6回会議においては，連帯保証人に対する履行の請求に絶対的効力を認めないと，行方不明になった主債務者が得をする事態が生ずることになりかねないことや，保証人の事後求償権の消滅時効が，保証人による免責行為があった時点から進行を開始するとされている（最判昭和60年2月12日民集39巻1号89頁）以上，保証人に対する履行請求によって主債務の時効が中断したとしても，主債務者に不測の損害とは言えないことなどを根拠に，連帯保証人に対する履行の請求の効果が主債務者にも及ぶことを見直す必要はないとの意見があった。もっとも，立法を論じる場面においては，保証人の事後求償権の消滅時効が，保証人による免責行為があった時点から進行を開始するとの判例法理を所与の前提とすべきではないとの指摘もあった。このほか，主債務者と連帯保証人との間に利益共同関係（前記第11，1(2)イ(ｱ)参照）がある場合に限って絶対的効力を認めるべきであるとの意見や，保証契約に際して絶対的効力とするのか相対的効力とするのかを明確に表示することを促すような規定を設けるべきであるとの意見があった。また，第12回会議においても，連帯保証人が主債務者から委託を受けていた場合や主債務者と連帯保証人との間に一定の関係がある場合には，絶対的効力を認めるべきであるとの意見があった。

7　根保証
(1)　規定の適用範囲の拡大

　　　根保証に関しては，平成16年の民法改正により，主たる債務の範囲に金銭の貸渡し又は手形の割引を受けることによって負担する債務（貸金等債務）が含まれるもの（貸金等根保証契約）に対象を限定しつつ，保証人が予想を超える過大な責任を負わないようにするための規定が新設された（同法第465条の2から第465条の5まで）が，保証人保護を拡充する観点から，主たる債務の範囲に貸金等債務が含まれない根保証にまで，平成16年改正で新設された規定の適用範囲を広げるかどうかについて，更に検討してはどうか。

【部会資料8－2第2，8［65頁］】

（議事の概況等）

　　　第6回会議においては，貸金等根保証に関する規定は，平成16年当時の喫緊の課題のみを対象としたものにすぎない上，政策的な色彩が濃厚であることから，これを私法的な普遍性を備えたものにするために一般化する必要があるなどとして，一般化を妨げるような立法事実が認知されない限り，主たる債務の範囲に貸金等債務が含まれない根保証にまで，平成16年改正で新設された規定の適用範囲を拡げ

るべきであるとの意見があった。これに対しては，簡便な根保証制度がないと，商品取引や消費者取引において取引を打ち切られることが生じたり，中小企業がオフィスを借りようとする場合や小売店がクレジットカードの加盟店になろうとする場合において契約を締結してもらえなくなるなどの不都合が生じ得るのではないかとの指摘もあったが，貸金等根保証に関する規定のように保証人が法人である場合を除くこととすれば問題は生じないとの指摘もあった。

(2) 根保証に関する規律の明確化

　根保証に関して，いわゆる特別解約権を明文化するかどうかについて，更に検討してはどうか。また，根保証契約の元本確定前に保証人に対する保証債務の履行請求が認められるかどうかや，元本確定前の主債務の一部について債権譲渡があった場合に保証債務が随伴するかどうかなどについて，検討してはどうか。

　このほか，身元保証に関する法律の見直しについても，根保証に関する規定の見直しと併せて，検討してはどうか。

【部会資料8-2第2，8［65頁］】

（議事の概況等）

1　第6回会議においては，特別解約権の明文化に関して，根保証では，契約当初に予測できないような事態が生じ得ることが構造的に内在されているのであるから，特別解約権を明文化する必要性は高いこと，この種の規定は要件・効果を厳格に規定することには馴染まないものであるから，一般条項的なものとすればよいこと，保証人が事情を知らない間に事態が進展した場合には，特別解約権があるだけでは保証人保護を図ることができないので，通知義務に相当するものも必要となることを指摘する意見や，経営者保証において，経営者から退任したときに解約できるような規定を設けることを提案する意見があった。これに対しては，平成16年改正によって根保証の期間の制限が設けられたことから，判例が特別解約権を認めてきた前提に変化が生じているとの指摘や，極度額の制限があれば特別解約権は不要であるとの指摘もあった。また，仮に事業者間の根保証にも通知義務が課せられるとなると，それに関する事務が煩雑になるとの指摘もあった。こうした指摘に対しては，更に，3年から5年の制限期間においても事態の急変が起こりうることや，極度額についての内容規制が存在しないことから，根保証の期間の制限や極度額の定めがあったとしても，なお特別解約権の必要性は揺らがないとの反論があった。

　さらに，第26回会議においては，東日本大震災への対応という観点から，家屋や工場が被災した場合を元本確定事由とするなど，定型的に特別解約権が認められるような具体的な要件を検討するべきであるとの意見があった。

　このほか，第6回会議においては，根保証契約の元本確定前に保証人に対する保証債務の履行請求が認められるかどうかや，根保証契約の元本確定前に主債務が譲渡された場合に保証債務が随伴するかどうかについても，更に検討するべきである

との意見があった。
2　第6回会議においては、身元保証に関する法律についても、見直しの検討をするべきであるとの意見があった。これについて、根保証に関する規定の見直しとの関連で、身元保証に関する法律についても整備が必要になる可能性はあるとの指摘があった。

　　なお、身元保証に関する法律の見直しについては、まだ具体的な立法提案が示されていない。

8　その他
(1)　主債務の種別等による保証契約の制限
　　主債務者が消費者である場合における個人の保証や、主債務者が事業者である場合における経営者以外の第三者の保証などを対象として、その保証契約を無効とすべきであるとする提案については、実務上有用なものまで過剰に規制することとなるおそれや、無効とすべき保証契約の範囲を適切に画することができるかどうかなどの観点に留意しつつ、検討してはどうか。

（議事の概況等）

1　本論点は、部会資料8－2では特に取り上げられていないものであるが、第6回会議において、消費者信用に関する保証と事業者信用に関する保証とを区別して議論をすべきであり、更に後者については、経営者保証と第三者保証とを区別して議論をすべきであるとの意見があった。こうした区別を前提に、消費者信用については、個人保証を禁止し、また、事業者信用については、第三者保証を禁止して、経営者保証のみを許すことを提案する意見があった。もっとも、こうした提案に対しては、消費者信用という言葉の曖昧さを指摘し、例えば、住宅ローンを個人が保証することの当否についてどのように考えるのかといった問題提起をする意見があった。
2　個人保証に関しては、自己の責任を理解していない保証人が多いという現状に照らして廃止すべきであるという意見もあったが、これを廃止したからといって、必ずしも主債務者に対する過剰融資がされなくなるわけではないことに留意する必要があるとの指摘や、保証人の保護のみならず金融の円滑にも配慮する必要があるとの指摘もあった。なお、個人保証のみに適用される規定を民法からは削り、消費者保護法制に移すべきであるとの意見もあったが、これに対しては、民法（債権関係）の改正にとどまらない手当てが必要になることから、当部会における検討対象となり得るかどうかが問題となるという指摘があり、民法から削除するかどうかという議論の仕方に反対する意見もあった。

　　また、経営者保証に関しては、中小企業経営者が経営責任を自覚するための手段としての有用性を指摘する意見があった。

(2) 保証類似の制度の検討

　　損害担保契約など，保証に類似するが主債務への付従性がないとされるものについて，明文規定を設けるべきであるとの提案については，その契約類型をどのように定義するか等の課題があることを踏まえつつ，検討してはどうか。

（議事の概況等）

　本論点は，部会資料8－2では特に取り上げられていないものであるが，第6回会議においては，損害担保契約など，保証に類似するが主債務への付従性がないとされるものについて，明文規定を設けるべきであるとの意見や，これらの制度と保証との違いを明らかにするべきであるとの意見があった。

　なお，損害担保契約等の明文化に関しては，まだ具体的な立法提案が示されていない。

第13　債権譲渡

【債権譲渡の競合（二重譲渡）】

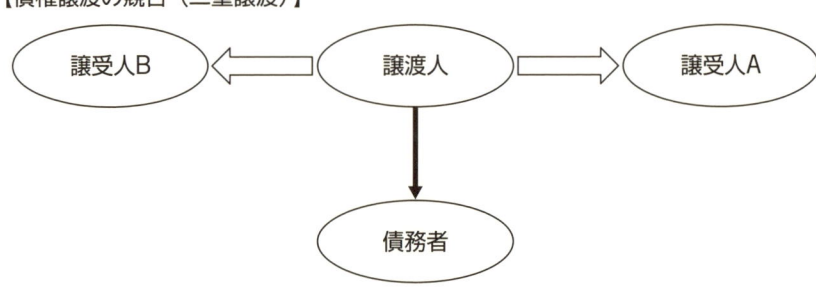

譲受人B ← 譲渡人 → 譲受人A
　　　　　　↓
　　　　　債務者

【債権譲渡と差押えの競合】

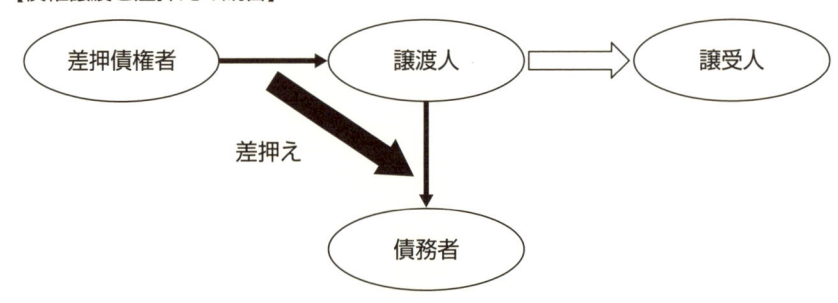

差押債権者 → 譲渡人 → 譲受人
　　　　差押え　↓
　　　　　　　債務者

（議事の概況等）

　第25回会議においては，債権譲渡の規定の在り方の見直しの検討に当たって，債権質の規定に与える影響にも留意することが必要であるとの意見があった。

1　譲渡禁止特約（民法第466条）
　(1)　譲渡禁止特約の効力
　　　譲渡禁止特約の効力については，学説上，「物権的」な効力を有するものであり，譲渡禁止特約に違反する債権譲渡が無効であるとする考え方（物権的効力説）が有力である。判例は，この物権的効力説を前提としつつ，必要に応じてこれを修正していると評価されている。この譲渡禁止特約は，債務者にとって，譲渡に伴う事務の煩雑化の回避，過誤払の危険の回避及び相殺の期待の確保という実務上の必要性があると指摘されているが，他方で，今日では，強い立場の債務者が必ずしも合理的な必要性がないのに利用している場合もあるとの指摘や，譲渡禁止特約の存在が資金調達目的で行われる債権譲渡取引の障害となっていると

の指摘もされている。

　以上のような指摘を踏まえて，譲渡禁止特約の効力の見直しの要否について検討する必要があるが，譲渡禁止特約の存在について譲受人が「悪意」（後記⑵ア参照）である場合には，特約を譲受人に対抗することができるという現行法の基本的な枠組みは，維持することとしてはどうか。その上で，譲渡禁止特約を対抗できるときのその効力については，特約に反する債権譲渡が無効になるという考え方（以下「絶対的効力案」という。）と，譲渡禁止特約は原則として特約の当事者間で効力を有するにとどまり，債権譲渡は有効であるが，債務者は「悪意」の譲受人に対して特約の抗弁を主張できるとする考え方（以下「相対的効力案」という。）があることを踏まえ，更に検討してはどうか。

　また，譲渡禁止特約の効力に関連する以下の各論点についても，更に検討してはどうか。

① 譲渡禁止特約の存在に関する譲受人の善意，悪意等の主観的要件は，譲受人と債務者のいずれが主張・立証責任を負うものとすべきかについて，更に検討してはどうか。

② 譲渡禁止特約の効力についてどのような考え方を採るかにかかわらず，譲渡禁止特約の存在が，資金調達目的で行われる債権譲渡取引の障害となり得るという問題を解消する観点から，債権の流動性の確保が特に要請される一定の類型の債権につき，譲渡禁止特約を常に対抗できないこととすべきかどうかについて，特定の取引類型のみに適用される例外を民法で規定する趣旨であるなら適切ではないとの意見があることに留意しつつ，更に検討してはどうか。

　また，預金債権のように譲渡禁止特約を対抗することを認める必要性が高い類型の債権に，引き続き譲渡禁止特約に強い効力を認めるべきかどうかについても，特定の取引類型のみに適用される例外を民法で規定することについて上記の意見があることに留意しつつ，検討してはどうか。

③ 将来債権の譲渡をめぐる法律関係の明確性を高める観点から，将来債権の譲渡後に，当該債権の発生原因となる契約が締結され譲渡禁止特約が付された場合に，将来債権の譲受人に対して譲渡禁止特約を対抗することの可否を，立法により明確にすべきかどうかについて，譲渡禁止特約によって保護される債務者の利益にも留意しつつ，更に検討してはどうか。

【部会資料9－2第1，2⑴［2頁］，同（関連論点）1から同（関連論点）3まで［5頁］】

（議事の概況等）

1　第7回会議においては，譲渡禁止特約の効力については，民法第466条第2項を廃止し，譲受人に対する特約の抗弁の主張を一切認めないという考え方があり得るところ，この考え方については，譲渡禁止特約によって債務者の利益を保護する必要がある等の理由から反対する意見があり，これに対して特段の異論はなかった。

また，これに関連して，第8回会議においては，債権譲渡に関する検討全般について，債権譲渡が行われた結果，退職金等の労働債権の確保が困難になるおそれがあることから，このような事態が生じないように配慮すべきであるという意見があった。

2　その上で，譲渡禁止特約の効力について，譲渡禁止特約は原則として特約の当事者間で効力を有するにとどまり，債権譲渡は有効であるが，債務者は「悪意」の譲受人に対して特約の抗弁を主張できるとする考え方（相対的効力案）を採るべきであるという意見と，譲渡禁止特約に反する債権譲渡が無効となるという考え方（絶対的効力案）を採るべきであるという意見とがそれぞれ出された。

　相対的効力案を支持する方向の意見としては，債務者からの承諾を得ることなく譲渡禁止特約付債権に譲渡担保を設定する方法による資金調達をする場合において，差押えがされたときや譲渡人に倒産手続が開始されたときには，譲渡が無効とされる絶対的効力案よりも，譲渡の効力が認められる相対的効力案を採る方が，債権者にとっては資金調達の可能性が広がると考えられるという意見や，譲渡禁止特約が付されるのは債務者の力が強い場面であり，このような債務者の保護としては，弁済の相手方を固定する効力を認めれば足り，他方で，譲渡禁止特約付債権を悪意で譲り受けた譲受人の非難可能性が特に高いとまでは言えないことから，相対的効力案を採ることにはそれなりの合理性があるとする意見があった。これに対して，相対的効力案を批判する意見として，二重譲渡がされた場合の処理等で法律関係が複雑となり，混乱するおそれがあるとする意見や，相対的効力案を採っても，当事者間では譲渡禁止特約違反になることに変わりはないことから，譲受人に中途半端な立場が認められるだけであり，合理的な資金調達を促進する効果があるか疑問であるという意見があった。

　これに対して，絶対的効力案を支持する方向の意見としては，資金調達の必要性という理由だけで，譲渡禁止特約に意図的に反してされた譲渡を正当化し，これを有効とすることには違和感があるという意見や，譲渡禁止特約付きの債権を譲渡する場合には，債務者の承諾を得た上で譲渡するのが通常であり，債務者に譲渡を知らせることなく行われる債権譲渡を有効と認める必要はないのではないかという意見があった。しかし，後者の意見に対しては，債務者が譲渡を承諾することが制度として担保されていないことや，譲渡禁止特約に同意したとはいえ債権者は特約によって利益を受けるわけではないことを考慮すべきであるという意見，債権譲渡登記制度により債務者に知らせることなく第三者対抗要件を具備することが認められており，この制度が一定の機能を果たしていることからすると，譲渡禁止特約の効力の在り方についても，債権譲渡登記制度と整合的な制度かという観点から検討すべきであるという意見や，債務者に譲渡の承諾を求めることによって譲渡人の信用不安を招くおそれがあるところ，相対的効力案を採った上で，登記により第三者対抗要件を具備すれば，信用不安を招くことなく，倒産手続開始時や差押えがされた場合に譲受人が譲渡の効力を第三者に対抗できる可能性が生ずるため，資金調達を

促進し得るという利点があることを指摘する意見があった。このほか，相対的効力案を採ると，債権が倒産財団にほとんど残らないという結果が生ずる可能性があるため，慎重に検討する必要があるという意見があったが，これに対しては，倒産手続における一般債権者の保護は，譲渡禁止特約で図るべき問題なのか疑問であるという意見があった。

なお，譲渡禁止特約の効力の在り方については，絶対的効力案と相対的効力案のいずれを採るかという問題から検討するのではなく，主張・立証責任の分配，差押えとの関係，倒産手続における取扱い等の各論的な問題から検討すべきではないかという意見や，これまで物権的効力説の枠組みの中で判例や学説が債務者と譲受人との利益調整を行ってきたことを踏まえて，債務者と譲受人との利益調整を反映させる枠組みを作るべきであるという意見があったが，これに対しては，相対的効力案と絶対的効力案のいずれを採るかという問題も一つの各論的な問題として議論すべきであるという意見があった。

以上のほか，譲渡禁止特約の効力を検討するに当たっては，売掛債権の流動化のために用いられる一括決済方式では絶対的効力が認められることを前提としてスキームが組まれているため，譲渡禁止特約の効力が制限されることで債務者の二重払のリスクが高まると一括決済方式の維持が困難となり，かえって企業の円滑な資金調達に支障を生じないかという点に留意する必要があるという意見や，事業提携契約のように企業相互間の信頼関係が前提となっている契約に基づく債権について，譲渡禁止特約の効力を制限することには抵抗があるので慎重に検討すべきであるとする意見があった。

3　以上のような議論のほか，今後の検討に当たっては，譲渡禁止特約がどのような役割を果たしているか，また，譲渡禁止特約によって資金調達にどのような支障が生じているかという点等について，実態の調査が必要であるという指摘があった。これを踏まえて，譲渡禁止特約によって企業の資金調達にとってどのような支障が生じているのかという点，譲渡禁止特約付債権を譲渡する場合に債務者の承諾を取得することができているのかという点や，どのような理由で譲渡禁止特約が付されているかという点等についての実態の調査を行った（参考資料5－2，5－3，6－2参照）。

4　譲渡禁止特約を対抗することの可否を決する譲受人の善意，悪意等の主観的要件についての主張・立証責任の分配に関しては，債務者が譲受人の「悪意」について主張・立証責任を負うべきであるという考え方を支持する意見があったが，譲渡禁止特約の効力について絶対的効力案と相対的効力案のいずれを採るかという点と関連する問題であるという指摘や，この「議事の概況等」2のとおり，譲渡禁止特約の効力を検討する際には，主張・立証責任の分配等の各論的な議論により，債務者と譲受人との利益調整を行うことが重要であるという指摘があったことから，譲渡禁止特約の効力と関連する問題として，更に検討する必要があると考えられる。

5　債権の流動性の確保が特に要請される一定の類型の債権については，譲渡禁止

特約を対抗することを常に認めないこととすべきであるという考え方が表明された。例外とする一定の類型の債権の具体例としては，不動産の賃貸借契約を原因関係とする債権やライセンス契約を原因関係とする債権など，国際取引における債権譲渡に関する条約第9条に挙げられるものが紹介された（部会資料9－2［6頁］参照）ほか，金銭債権について一律に譲渡禁止特約を対抗できないとする考え方もあり得るとの意見があった。また，これに関連して，例えば，譲渡禁止特約の効力を原則として制限した上で，大量迅速に弁済する必要がある預金債権のように，譲渡禁止特約の抗弁の主張を認める必要性が高い一定の類型の債権のみに適用される例外を認めて，引き続き譲渡禁止特約に強い効力を認めることが望ましいという意見もあった。

　以上の考え方に対しては，一定の類型のみに適用される例外を認めるのであれば，特別法で定めればよく，民法で規定すべき問題ではないのではないかという意見など，反対する意見があった。

　なお，以上のような考え方については，まだ具体的な提案が示されていない。

6　将来債権の譲渡の安定性を高める観点から，将来債権の譲渡と譲渡禁止特約の効力との関係を立法により明確にすべきかという問題については，譲渡禁止特約によって保護される債務者の利益にも留意すべきであるとの意見があった。また，これに関連して，将来債権譲渡がされた場合の譲渡人に，債権を発生させる義務を負わせる必要があるとした上で，この義務に反する行為の具体例として，譲渡の対象となった将来債権について譲渡禁止特約を付すことが挙げられた。そして，この場合には，義務違反の効果として譲渡禁止特約の効力が否定されると考えるべきではないかという意見があった。将来債権譲渡に関する問題と関連し得ることに留意しつつ，更に検討する必要があると考えられる。

(2)　譲渡禁止特約を譲受人に対抗できない事由
　ア　譲受人に重過失がある場合
　　　判例は，譲受人が譲渡禁止特約の存在について悪意の場合だけでなく，存在を知らないことについて重過失がある場合にも，譲渡禁止特約を譲受人に対抗することができるとしていることから，譲渡禁止特約の効力についてどのような考え方を採るかにかかわらず，上記の判例法理を条文上明らかにすべきであるという考え方がある。このような考え方の当否について，資金調達の促進の観点から，重過失がある場合に譲渡禁止特約を譲受人に対抗することができるとすることに反対する意見があることにも留意しつつ，更に検討してはどうか。

【部会資料9－2第1，2(2)ア［7頁］】

(議事の概況等)

　第7回会議及び第22回会議においては，本論点について，賛成する意見があっ

たが，他方で，債権の流動化等の資金調達が困難になるとして，重過失がある場合にも譲渡禁止特約を対抗できるとすることに反対する意見があった。

　以上のほかにも，この考え方を採ると，譲渡禁止特約が付されていることが，一定程度社会で広く認知されているものについては，当然に譲渡禁止特約を対抗できるということになるのではないかという指摘があった。

　　イ　債務者の承諾があった場合
　　　譲渡禁止特約の効力についてどのような考え方を採るかにかかわらず，債務者が譲渡を承諾することにより譲渡禁止特約を譲受人に対抗することができなくなる旨の明文規定を設けるものとしてはどうか。
　　　　　　　　　　　　　　　　　　【部会資料9－2第1，2(2)イ［8頁］】

（議事の概況等）

　第7回会議においては，本論点に賛成する意見があり，これに対して特段の異論はなかった。

　　ウ　譲渡人について倒産手続の開始決定があった場合
　　　譲渡人につき倒産手続の開始決定があった場合において，譲渡禁止特約の効力について相対的効力案（前記(1)参照）を採るとしたときは，管財人等が開始決定前に譲渡されていた債権の回収をしても，財団債権や共益債権として譲受人に引き渡さなければならず，管財人等の債権回収のインセンティブが働かなくなるおそれがあるという問題がある。このような問題意識を踏まえて，譲渡人について倒産手続の開始決定があったとき（倒産手続開始決定時に譲受人が第三者対抗要件を具備しているときに限る。）は，債務者は譲渡禁止特約を譲受人に対抗することができないという規定を設けるべきであるという考え方が示されている。このような考え方に対しては，債務者は譲渡人について倒産手続開始決定がされたことを適時に知ることが容易ではないという指摘や，債務者が譲渡人に対する抗弁権を譲受人に対抗できる範囲を検討すべきであるという指摘がある。そこで，このような指摘に留意しつつ，仮に相対的効力案を採用した場合に，上記のような考え方を採用することの当否について，更に検討してはどうか。

　　　また，上記の考え方を採用する場合には，①譲渡人の倒産手続の開始決定後に譲渡禁止特約付債権を譲り受け，第三者対抗要件を具備した譲受人に対して，債務者が譲渡禁止特約を対抗することの可否について，検討してはどうか。さらに，②譲渡禁止特約の存在について悪意の譲受人に対して譲渡がされた後，譲渡人の債権者が譲渡禁止特約付債権を差し押さえた場合も，複数の債権者が債権を奪い合う局面である点で，倒産手続が開始された場面と共通することから，譲渡禁止特約の効力について上記の考え方が適用されるべきである

という考え方がある。このような考え方を採用することの当否についても，検討してはどうか。

【部会資料9－2第1，2(2)ウ［8頁］】

(議事の概況等)

1　第7回会議及び第22回会議においては，譲渡禁止特約を譲受人に対抗することができない新たな事由として，譲渡人について倒産手続の開始決定があった場合（倒産手続開始決定時に譲受人が第三者対抗要件を具備しているときに限る。）に，債務者は，譲受人に対して譲渡禁止特約を対抗することができない旨の規定を設けるべきであるという考え方については，倒産手続が開始されたからといって譲渡禁止特約によって保護されるべき債務者の利益が失われるわけではなく，譲渡禁止特約を引き続き対抗できるとすべきであり，譲受人は，管財人又は再生債務者に対して，財団債権又は共益債権としてその返還を求めることができることとすればよいとして反対する意見があった。もっとも，管財人又は再生債務者が譲渡禁止特約付債権を回収したとしても，全て財団債権や共益債権として譲受人に引き渡さなければならないとすると，回収のインセンティブが働かないおそれがあり，何らかの対応が必要であるという問題意識が示されたところであり，このような観点も踏まえ，規定の要否を引き続き検討する必要がある。

　　また，債務者は，譲渡人の倒産手続開始決定の事実を知ることができないおそれや，譲受人が対抗要件を具備してから倒産手続開始までに長期間が経過し，債務者が譲渡されていたことを失念しているおそれがあることから，規定を設ける場合には債務者を保護する方法を考えるべきであるという意見や，債務者は，どの時点までに発生した譲渡人に対する抗弁権を譲受人に対抗することができるかについて検討すべきであるとの意見があったことから，これらの意見を踏まえて，規定の内容を検討する必要がある。

2　また，上記の考え方と関連して，①譲渡人の倒産手続開始決定後に譲渡禁止特約付債権を譲渡し，第三者対抗要件を具備した譲受人に対して，債務者が譲渡禁止特約を対抗することの可否や，②譲渡禁止特約の存在について悪意の譲受人に対して譲渡がされた後，譲渡人の債権者が譲渡禁止特約付債権を差し押さえた場合に債務者が譲受人に対して譲渡禁止特約を対抗することの可否についても，併せて検討する必要があるという意見があった。このうち，①については，事業再生期間中の資金調達が可能となることを理由として特約の対抗を否定する立場を採用すべきという意見があったほか，倒産手続開始決定後に譲渡された場合には，譲受人とその他の譲渡人の債権者が債権を奪い合う局面にあるとは言えないものの，特約の対抗を認めて倒産手続開始前に譲渡された場合と結論が異なることとなるのは違和感があるという意見があった。②については，譲受人と差押債権者との間での債権の奪い合いという局面が生じている点で，上記の考え方が適用される場面と共通することから，この場合にも債務者の意思により譲渡禁止特約を譲受人に対抗するか否

を選択させることの是非が問題となるという意見があった。

　　エ　債務者の債務不履行の場合
　　　　譲渡禁止特約の効力について仮に相対的効力案（前記(1)参照）を採用した場合には，譲受人は債務者に対して直接請求することができず，他方，譲渡人（又はその管財人等）は譲渡した債権を回収しても不当利得返還請求に基づき譲受人に引き渡さなければならないこととなるため，譲渡人につき倒産手続の開始決定があったとき（上記ウ）に限らず，一般に，譲渡人に債権回収のインセンティブが働かない状況が生ずるのではないかという指摘がある。このような問題意識への対応として，譲渡人又は譲受人が，債務者に対して（相当期間を定めて）譲渡人への履行を催告したにもかかわらず，債務者が履行しないとき（ただし，履行をしないことが違法でないときを除く。）には，債務者は譲受人に譲渡禁止特約を対抗することができないとする考え方が示されている。このような考え方の当否について，検討してはどうか。

（議事の概況等）

　　第25回会議においては，本論点について検討すべきであるとの問題提起があった。これは，譲渡人の債権回収のインセンティブが働かない事態が生ずると，相対的効力案を採用したとしても，資金調達が阻害されるおそれがあるとの問題意識に基づき提案するものであるとの説明があった。また，債務者の債務不履行があった場合に譲渡禁止特約を譲受人に対抗できないこととする根拠については，譲渡禁止特約によって保護されるべき債務者の利益が失われるということが挙げられている。

(3)　譲渡禁止特約付債権の差押え・転付命令による債権の移転
　　譲渡禁止特約付きの債権であっても，差押債権者の善意・悪意を問わず，差押え・転付命令による債権の移転が認められるという判例法理について，これを条文上も明確にしてはどうか。

【部会資料9－2第1，2(3)［9頁］】

（議事の概況等）

　　第7回会議においては，譲渡禁止特約付きの債権であっても，差押債権者の善意・悪意を問わず，差押え・転付命令による債権の移転が認められるという判例法理について，これを条文上も明確にすべきであるという考え方に賛成する意見があり，特段の異論はなかった。

2 債権譲渡の対抗要件（民法第467条）
(1) 総論及び第三者対抗要件の見直し

債権譲渡の対抗要件制度については，債務者が債権譲渡通知や承諾の有無について回答しなければ制度が機能せず，また，競合する債権譲渡の優劣について債務者に困難な判断を強いるものであるために，債務者に過大な不利益を負わせていることのほか，確定日付が限定的な機能しか果たしていないこと等の民法上の対抗要件制度の問題点が指摘されている。また，動産及び債権の譲渡の対抗要件に関する民法の特例等に関する法律（以下「特例法」という。）と民法による対抗要件制度が並存していることによる煩雑さ等の問題点も指摘されている。これらの問題点の指摘を踏まえて，債権譲渡の対抗要件制度を見直すべきかどうかについて，更に検討してはどうか。

債権譲渡の対抗要件制度を見直す場合には，基本的な見直しの方向について，具体的に以下のような案が示されていることを踏まえ，更に検討してはどうか。その際，Ａ案については，その趣旨を評価する意見がある一方で，現在の特例法上の登記制度には問題点も指摘されており，これに一元化することには問題があるとの指摘があることから，まずは，特例法上の登記制度を更に利用しやすいものとするための方策について検討した上で，その検討結果をも踏まえつつ，更に検討してはどうか。

［Ａ案］登記制度を利用することができる範囲を拡張する（例えば，個人も利用可能とする。）とともに，その範囲において債権譲渡の第三者対抗要件を登記に一元化する案

［Ｂ案］債務者をインフォメーション・センターとはしない新たな対抗要件制度（例えば，現行民法上の確定日付のある通知又は承諾に代えて，確定日付のある譲渡契約書を債権譲渡の第三者対抗要件とする制度）を設けるという案

［Ｃ案］現在の二元的な対抗要件制度を基本的に維持した上で，必要な修正を試みるという案

【部会資料9-2第1，3(1)［10頁］，同（関連論点）1から同（関連論点）3まで［13頁から18頁まで］】

（議事の概況等）

1 第7回会議においては，まず，現在の対抗要件制度の問題点について議論を尽くすことが必要であるという意見があった。すなわち，確定日付のある証書による通知又は承諾の到達の先後により競合する譲受人間の優劣を決するという現在の実務（到達時説）は，債務者に対して到達の先後の判断という負担を押し付けるものであり，債務者がインフォメーション・センターの機能を果たすという点も，債務者がそのような負担を強いられる理由が明確でないことから，これらの問題点について検討すべきであるというものである。

上記の問題点への対応としては，制度の基本的枠組みは維持しつつ債務者の保護

を拡充するという観点から，債権譲渡が競合した場合における供託を現状よりも広く認めるべきであるという意見があった。しかし，この意見に対しては，供託の可否の判断にも相当な法的知識が必要であることを指摘して，債権譲渡が競合した場合にその優劣や供託の可否を債務者に判断させるという制度の基本的枠組み自体が適当ではなく，債務者が過誤払のリスクを負わないようにする必要があるという意見があった。

　また，第22回会議においては，上記の問題点のほかにも，現在の債権譲渡法制の下では，競合する債権譲渡の優劣とその場合の複雑な弁済ルールについて，債務者が困難な判断を強いられており，これを解決するための方法の一つとして債権譲渡の対抗要件制度の見直しが検討課題となり得るとの意見もあった。

2　債権譲渡の対抗要件制度の見直しをする場合の具体的な考え方として，本文記載のＡ案からＣ案までが紹介され，議論された。

(1)　Ａ案については，その趣旨は理解できるものの，現在の特例法上の登記制度を前提とすると，Ａ案を採るのは時期尚早であるとして，Ｃ案を支持する意見が多く出された。この意見からは，現在の登記制度に対する批判として，例えば，①民法上の対抗要件を具備する場合に比して，登記に要する費用の方が高い点や実務的な負担が増える点（特に，親族間の債権譲渡のように金額的にも少額と考えられる債権譲渡についても登記を対抗要件とすることは，費用や手間の観点から現実的ではないという点），②譲渡しようとしている債権と登記されている債権との同一性の確認が困難であるという点，③対抗要件制度を登記に一元化すると債権譲渡の事実を秘したいという要請に応えられないという点，④債権譲渡登記に関する事務を行う登記所が限られており，利便性に問題があるという点を挙げるものがあった。このほか，Ａ案に対する批判として，指名債権について手形・小切手が発行された場合や電子記録債権が利用された場合には，指名債権の譲渡の対抗要件と手形・小切手や電子記録債権の譲渡の効力要件との競合が生じ得るので，Ａ案を採ったとしても，異なる対抗要件制度が並存することによるＣ案の問題点が完全に解消されるわけではないという意見があった。

　　これに対して，Ａ案に対する批判として挙げられた上記①から④までには，現在の民法上の対抗要件制度にも妥当するものが含まれていることを指摘した上で，登記制度の見直しによってそのような批判を解消できるのであれば，登記制度の役割を大きくする方が，よりよい債権譲渡法制になるのではないかという意見があった。

(2)　他方，積極的にＣ案を支持する意見もあった。その理由としては，第三者対抗要件を登記に一元化することにより，債務者に知らせることなく債権譲渡が行われることを原則とする制度にすることは適当ではないという点を挙げるものがあった。また，異議をとどめない承諾により対抗要件の具備と抗弁権の切断という効果を一度に得られるという民法上の対抗要件制度の利点は維持すべきであり，他方で，登記制度にも，債権譲渡の事実を債務者に知られたくない場合や債

務者の数が多い場合に利用しやすいという利点があるから，対抗要件制度が並存することの弊害よりも，二つの対抗要件制度を使い分ける必要性の方が重要であるという点を挙げるものもあった。もっとも，このうちの後者の理由に対しては，民法上の対抗要件制度には，債権譲渡の有無を第三者が簡易に確認できるか，優劣関係を明快に決定できるかという課題があり，対抗要件制度を使い分ける必要性というのは，譲渡人と譲受人の利益だけに着目するものであるという意見があった。

3　以上のような議論を踏まえ，今後の検討の方向について，次のような意見があった。まず，A案とC案とのいずれを採るかにかかわらず，現在の登記制度の更なる改良は検討課題とされるべきであり，この検討の結果，実務上耐え得る制度を構築できる見通しのある範囲で，登記制度の対象を拡充し，場合によっては第三者対抗要件の登記への一元化を検討すればよいとするものがあり，また，C案を支持する者も現在の登記制度の改良・拡充には積極的ではないかとした上で，今後の検討方法としては，C案を基本としながら登記制度の拡充を検討する方法と，A案を基本としながら問題点の是正を検討する方法があり得るが，その両者は対立するものではないとするものがあった。このほか，A案の採用は時期尚早であるという意見の中にもA案の趣旨は肯定的に評価する意見があったことから，現段階でA案を採ることを断念するのではなく，例えば，民法には登記を第三者対抗要件とすると規定した上で，改正法の施行時期等を定める法令で，一定の期間は次善の策と考えられる対抗要件制度で運用することを定め，その間に制度環境を整えるという方法なども検討対象となり得るのではないかという意見もあった。

なお，B案については，反対する意見もあったが，もともとB案は，A案を補完するものとして，登記制度を利用することのできない債権譲渡（例えば，非金銭債権の譲渡）を対象として提案されていた考え方であるため，仮にA案が採用される場合には，補完的にB案も議論の対象となる可能性があるため，現時点では，B案もなお今後の検討対象となり得るものと考えられる。

4　今後の具体的な検討課題として，まず，登記制度の改良については，この「議事の概況等」2(1)記載の①から④までの点のほか，⑤登記事項証明書の開示範囲に関して，労働者，労働組合や第三債務者が容易に取得できるようにすべきではないかという意見，⑥登記の対象とすべき譲渡人の範囲に関して，法人ごとに第三者対抗要件を登記に一元化するかどうかの選択権を与え，一元化を選択する法人は，法人登記簿にその旨の登記をするという制度を検討できないかという意見，⑦登記の対象とすべき債権の範囲に関して，ライセンス契約上の債権のように企業秘密を含むものもあるため，債権の性質を問わず第三者対抗要件を登記に一元化することは適当でないが，金銭債権以外の債権についても債権の性質によっては登記を第三者対抗要件とするニーズはあるという意見があった。また，これらのほかにも，A案を採る場合には，現在の制度下で登記に必要な費用を前提とすると，ある債務者に対して多数の債権者が有している債権を信託会社が譲り受けるという一括信託方式

においては，第三者対抗要件具備のために現在よりも多額の費用がかかるようになることを指摘する意見，民法上の対抗要件制度を前提としている銀行法等の特別法に与える影響に配慮すべきであるという意見，登記制度を維持するためのシステム管理が重要であることを指摘する意見，登記に一元化すれば債務者は安心して支払えるという面もあるが，消費者にとっては，自分で登記を確認して譲渡の有無を調査するのは難しいことから，消費者にも簡単に確認できるような制度を考えてほしいという意見があった。

　他方，民法上の対抗要件制度の問題点に関する検討課題としては，この「議事の概況等」1記載の問題点のほか，配達日時を証明する制度を利用することにより確定日付が合理的に機能する方向で見直すことが挙げられた。

(2) 債務者対抗要件（権利行使要件）の見直し

　債権譲渡の当事者である譲渡人及び譲受人が，債務者との関係では引き続き譲渡人に対して弁済させることを意図して，あえて債務者に対して債権譲渡の通知をしない（債務者対抗要件を具備しない）場合があるが，債務者が債権譲渡の承諾をすることにより，譲渡人及び譲受人の意図に反して，譲受人に対して弁済する事態が生じ得るという問題があると指摘されている。このような問題に対応するために，債権譲渡の対抗要件制度について第三者対抗要件と債務者対抗要件を分離することを前提として，債務者対抗要件を通知に限った上で，債務者に対する通知がない限り，債務者は譲渡人に対して弁済しなければならないとする明文の規定を設けるべきであるとの考え方が示されている。

　これに対して，債務者対抗要件という概念は，本来，それが具備されなくても，債務者の側から債権譲渡の事実を認めて譲受人に対して弁済することができることを意味するものであるとの指摘があった。他方で，現行法の理解としても，債務者が譲受人に弁済できると解されているのは，承諾という債務者対抗要件があるからであって，債務者対抗要件とは無関係に債務者が弁済の相手を選択できるという結論は導けないという考え方もあり得るとの指摘があった。また，承諾によって，債務者対抗要件の具備と同時に抗弁の切断の効果が得られることから，実務上承諾に利便性が認められているとの指摘があった。

　以上の指摘等に留意しつつ，債務者対抗要件（債務者に対する権利行使要件）を通知に限った上で，債務者に対する通知がない限り，債務者は譲渡人に対して弁済しなければならないとする明文の規定を設けることの当否について，更に検討してはどうか。

【部会資料9－2第1，3(2)［21頁］，同(3)（関連論点）1［26頁］】

（議事の概況等）

　第7回会議，第22回会議及び第25回会議においては，債務者対抗要件（権利行使要件）を通知に限った上で，債務者に対する通知がない限り，債務者は譲渡人に

対して弁済しなければならないとする考え方に対して、異議をとどめない承諾により、債務者対抗要件の具備と同時に抗弁権の切断という効果が得られ、必要な手続を一度で完了させることができるという利点があることを指摘して、これに反対する意見や、仮に譲受人に弁済されたとしても、譲受人が譲渡人に対して弁済を受けた金額を引き渡せばよいだけなので、譲渡当事者の意図に反して債務者が譲受人に弁済することがなぜ問題なのか疑問であり、利便性が認められている債務者の承諾を債務者対抗要件としないことの根拠としては不十分であるという意見があった。もっとも、この問題については、上記の意見も踏まえて更に議論を継続すべきであるという意見も出されており、前記(1)の問題と関連する問題でもあることから、更に検討する必要があると考えられる。

　また、上記の考え方が採用されると、債務者対抗要件が具備されない限り、債務者との関係で債権譲渡の効力が生じなかったことになるとした上で、これは、債務者対抗要件が譲渡を債務者に対抗するための要件であり、債務者対抗要件が具備されなくても、債務者は譲渡の事実を認めて譲受人に対して弁済することができるという現行法の考え方と整合しない考え方であり、債務者対抗要件の見直しにとどまらない問題であるとの意見があった。これに対して、現行法の下でも、債務者対抗要件が具備されない限り、債務者が譲受人に弁済したとしても当該弁済は無効であるとの考え方もあり得るため、必ずしも現行法の考え方と整合しないとは言えず、特に、対抗要件制度の見直しにより債務者をインフォメーション・センターとしない制度を採用したときには、債務者対抗要件を具備しない譲受人に対する弁済の有効性については、有効とする見解と無効とする見解のいずれの見解も成り立ち得るとした上で、この問題を債務者対抗要件の見直しの問題として捉えることが可能であると指摘する意見があった。

　なお、上記のような考え方が採用される場合には、第三者弁済をしようとする者も、譲渡人にしか有効な弁済ができないこととなるかどうかについて、検討する必要があるとの意見があった。

(3)　対抗要件概念の整理

　　民法第467条が定めている債権譲渡の対抗要件のうち、債務者との関係での対抗要件を権利行使要件と呼び、債務者以外の第三者との関係での対抗要件と文言上も区別して、同条の第1項と第2項との関係を明確にするかどうかについて、上記(2)の検討結果に留意しつつ、更に検討してはどうか。

【部会資料9－2第1, 3(2)（関連論点）1 [23頁]】

(議事の概況等)

　　第7回会議においては、民法第467条の第1項と第2項との関係を明確にする方向で規定を見直すことについて、特段の異論がなかった。もっとも、第22回会議においては、この検討における留意点として、前記(2)において債務者対抗要件を通

知に限った上で，債務者に対する通知がない限り，債務者は譲渡人に対して弁済しなければならないという考え方を採った場合には，債務者対抗要件の制度の本質を見直すことにつながるという指摘があった。

(4) 債務者保護のための規定の明確化等
　ア　債務者保護のための規定の明確化
　　債権譲渡は，債務者の関与なく行われるため，債務者に一定の不利益が及ぶことは避けがたい面があり，それゆえ，できる限り債務者の不利益が少なくなるように配慮する必要があるという観点から，債権譲渡が競合した場合に債務者が誰に弁済すべきかという行為準則を整理し，これを条文上明確にする方向で，更に検討してはどうか。
　　また，供託原因を拡張することにより，債務者が供託により免責される場合を広く認めるかどうかについて，更に検討してはどうか。

【部会資料9－2第1，3(3)［24頁］】

（議事の概況等）

　第7回会議においては，現在の対抗要件制度は，債務者に負担を強いるものであるという問題意識の下で，債権譲渡が競合した場面で弁済を迫られる債務者を保護するという観点から，規定の整備が必要であるという意見が多数あった。その具体的な方法として，債務者の行為準則を条文上明確にするという考え方が紹介されていた（部会資料9－2［24頁］参照）が，これに対して特段の異論はなかった。
　また，このように債務者の行為準則を明確にするという観点からは，債務者が供託により免責される場合を明確にすることも検討課題となる（部会資料9－2［26頁］参照）ところ，第7回会議及び第8回会議では，供託が認められる場合を単に明確にするだけではなく，現在よりも広く認める方向で検討すべきであるという意見があった。これには，例えば，債権が二重に譲渡された場合には当然に供託できるようにするなど，債務者が判断を誤るリスクを回避することができるような制度設計とすべきであるという意見や，特に債務者が消費者である場合には，債権者が誰か正確に判断することが困難であることを考慮すべきであるという意見などがあった。
　以上のほか，同様に債務者を保護する観点から，民法第470条のように債務者の調査権限を認める規定を設けることも検討すべきではないかという意見があった。

　イ　譲受人間の関係
　　複数の譲受人が第三者対抗要件を同時に具備した場合や，譲受人がいずれも債務者対抗要件を具備しているが第三者対抗要件を具備していない場合において，ある譲受人が債権全額の弁済を受領したときは，ほかの譲受人によるその受領額の分配請求の可否が問題となり得るが，現在の判例・学説上，この点は

明らかではない。そこで，これを立法により解決するために，分配請求を可能とする旨の規定を設けるかどうかについて，更に検討してはどうか。

【部会資料9－2第1，3(3)（関連論点）2［27頁］】

（議事の概況等）

第7回会議においては，複数の譲受人が第三者対抗要件を同時に具備した場合や，譲受人がいずれも債務者対抗要件を具備しているが第三者対抗要件を具備していない場合において，ある譲受人が債権全額の弁済を受領したときの，譲受人間の受領額の分配請求の可否について，立法により解決すべきであるという考え方の採否については，理論的にも実務的にも重要な問題であるという指摘があったものの，特に具体的な意見はなかった。

ウ　債権差押えとの競合の場合の規律の必要性

債権譲渡と債権差押えが競合した場合における優劣について，判例は，確定日付のある譲渡通知が債務者に到達した日時又は確定日付のある債務者の承諾の日時と差押命令の第三債務者への送達日時の先後によって決すべきであるとし，債権譲渡の対抗要件具備と差押命令の送達の時が同時又は先後不明の場合には，複数の債権譲渡が競合した場合と同様の結論を採っている。このような判例法理を条文上明確にするかどうかについて，更に検討してはどうか。

【部会資料9－2第1，3(3)（関連論点）3［27頁］】

（議事の概況等）

第7回会議においては，債権譲渡と債権差押えが競合した場合における優劣の基準に関する判例法理を条文上明確にすべきであるという考え方について，特段の意見がなかった。

3　抗弁の切断（民法第468条）

異議をとどめない承諾（民法第468条）には，単に譲渡がされたことの認識の通知をすることにより抗弁の切断という重大な効果が認められる根拠が必ずしも明確ではなく，また，債務者にとって予期しない効果が生ずるおそれがあるなどの問題があることから，この制度を廃止する方向で，更に検討してはどうか。

この制度を廃止する場合には，抗弁の切断は，基本的に抗弁を放棄するという意思表示の一般的な規律に従うことになるため，これに対する特則の要否を含めて，どのように規律の明確化を図るかが問題となる。この点について，譲受人が抗弁の存在について悪意の場合にも抗弁が切断されることになるため，特に包括的に抗弁を放棄する旨の意思表示により債務者が不利益を受けるおそれがあるとの指摘に留意しつつ，更に検討してはどうか。

また，その場合における特則として，債務者が一方的に不利益を被ることを防止

する観点から，例えば，書面によらない抗弁の放棄の意思表示を無効とする旨の規定の要否について，更に検討してはどうか。

【部会資料9－2第1，4［27頁］，同（関連論点）1［29頁］】

（議事の概況等）
1　第7回会議においては，異議をとどめない承諾の制度を廃止することについて，債務者が債権譲渡がされたことを認識した旨の通知をしただけで抗弁が切断されることにより，債務者の予期に反する結果を生じさせるおそれがあるとして，賛成する意見があり，これに対して特段の異論はなかった。
2　異議をとどめない承諾の制度を廃止した場合には，抗弁の切断は，基本的に抗弁を放棄するという意思表示の一般的な規律に従うこととなるが，この場合における新たな特則の要否については，譲受人が抗弁の存在について悪意であっても抗弁が切断されることになり，現在よりも債務者が保護されなくなる場合が生ずるとして，債務者に不利益が生じないように配慮する必要があるという意見があった。特に，一切の抗弁を放棄するという包括的な意思表示がされた場合には，現在では譲受人が知っていた抗弁は切断されないが，抗弁の放棄という制度を採るとこれらについても抗弁が切断され，抗弁が切断される範囲が現在よりも広くなるのではないかという指摘があった。もっとも，この指摘に対しては，債務者による抗弁の放棄は現在でも可能であり，異議をとどめない承諾の制度を廃止することに伴って新たに生ずる問題ではないと指摘した上で，放棄した抗弁の範囲が明確でないときは，一般には，譲受人が知らない抗弁は主張しないという趣旨の意思表示をしたと解釈されるのではないかという意見や，譲渡当事者と協議の上で債務者が抗弁を放棄する事例を想定したときに，譲受人が悪意であるから抗弁の放棄が成立しないという解釈が成り立たないことを指摘して，意思表示の一般ルールによらざるを得ない問題であるという意見があった。

　また，抗弁の放棄が行われるのは典型的に債務者に不利益が生じやすい場面であると指摘して，債務者が消費者である場合や，消費者以外の弱い立場にある者である場合に，抗弁の放棄という名目で一方的に不利益が押し付けられる制度にならないように留意する必要があるとする意見があった。

　以上のような問題に対応するための具体的な特則の例として，書面によらない抗弁の放棄の意思表示を無効とする考え方（部会資料9－2［29頁］参照）を挙げる意見があり，その規定の要否について更に検討する必要があると考えられる。

4　将来債権譲渡

(1)　将来債権の譲渡が認められる旨の規定の要否

　将来発生すべき債権（以下「将来債権」という。）の譲渡の有効性に関しては，その効力の限界に関する議論があること（後記(2)(3)参照）に留意しつつ，判例法理を踏まえて，将来債権の譲渡が原則として有効であることや，債権譲渡の対抗

要件の方法により第三者対抗要件を具備することができることについて，明文の規定を設けるものとしてはどうか。

【部会資料9－2第1，5(1)［31頁］】

(議事の概況等)

　第7回会議及び第22回会議においては，判例法理を踏まえて，将来債権の譲渡の有効性及び将来債権譲渡の対抗要件に関する明文の規定を設けるべきであるという考え方について，将来債権の譲渡が，現在では，ファクタリングや証券化等の資金調達の手段となっているので，その根拠を明文化する必要性があるとして，賛成する意見があり，これに対して特段の異論はなかった。

　規定を設ける場合には，将来債権譲渡の効力が及ぶ範囲に留意する必要があるとの意見があったことから，後記(2)(3)の検討に留意しつつ，検討する必要があると考えられる。

(2) 公序良俗の観点からの将来債権譲渡の効力の限界

　公序良俗の観点から将来債権の譲渡の効力が認められない場合に関して，より具体的な基準を設けるかどうかについては，実務的な予測可能性を高める観点から賛成する意見があったが，他方で，債権者による過剰担保の取得に対する対処という担保物権法制の問題と関連するため，今般の見直しの範囲との関係で慎重に検討すべきであるとの意見があった。また，仮に規定を設けるのであれば，譲渡人の事業活動の継続の可否や譲渡人の一般債権者を害するかどうかという点が問題となるとの意見があった。これらの意見に留意しつつ，公序良俗の観点からの将来債権譲渡の効力の限界の基準に関する規律の要否について，更に検討してはどうか。

【部会資料9－2第1，5(1)(関連論点)［32頁］】

(議事の概況等)

　第7回会議及び第25回会議においては，公序良俗の観点から将来債権の譲渡の効力が認められない場合があることについて，判例・学説上，争いがないと言えるものの，どのような場合にその効力が否定されるのか，より具体的な基準を設けることについては，賛成する意見と反対する意見の双方が出された。

　まず，具体的な基準を設けることに賛成する意見の理由としては，公序良俗の観点から効力が否定される場合があるというだけでは実務的な予測可能性が低いことや，将来債権譲渡は他人からの与信を受けて初めて発生する債権等を長期にわたって譲渡することができるという点で危険な取引類型であることから，抽象的であっても特別な規定を設ける必要性が高いことが挙げられた。その場合の具体的な基準の案として，譲渡対象となる将来債権の発生期間について定めがない場合には，例えば5年又は10年とし，期間が定められた場合には，債権の性質に鑑みて余りに

も長期の場合には相当と認められる期間を超える部分について無効とするという規定を設けることが考えられるという意見があったが，この意見に対しては，発生期間の定めがない場合についてその期間を一律に一定の期間とする旨の規定を置いても，公序良俗という規範が別途適用されることになるから，必ず有効になるわけではないという意見，将来債権譲渡に期間の制限が課されると金融取引を阻害するおそれがあるという意見や，対象債権の特定の限界という観点から期間制限の規定を考える余地があり得ると指摘しつつ，そのような考え方に反対であるという意見等の反対意見があった。このほか，具体的な基準を設ける場合には，譲渡人の事業活動の継続の可否や譲渡人の一般債権者を害するかどうかが問題となることに留意すべきであるとの意見があった。

これに対して，具体的な基準を設けること自体に反対する意見は，その理由として，①将来債権譲渡が行われるのは基本的に譲渡担保であると考えられるところ，この場合には譲渡人に取立権が付与又は留保されているのが通常であり，一般に譲渡人の営業の自由を過度に制約しない仕組みとなっていることから，更に何らかの基準を設けるのは難しいと考えられることと，②ほかの債権者との関係については，債権譲渡に固有の問題ではなく，ほかの一般債権者との利害調整という過剰担保一般の問題と関連することから，債権譲渡についてのみ規律を設けることが適切か疑問であり，その規定がどのような意味を持つかという点を慎重に検討しなければならないし，そもそも過剰担保という担保物権法制の問題について当部会で議論することができるかも疑問であることが挙げられた。もっとも，②の疑問に対して，本論点は担保物権法制とは区別して扱うことができるとの意見もあった。

(3) 譲渡人の地位の変動に伴う将来債権譲渡の効力の限界

　　将来債権の譲渡の後に譲渡人の地位に変動があった場合に，その将来債権譲渡の効力が及ぶ範囲に関しては，なお見解が対立している状況にあることを踏まえ，立法により，その範囲を明確にする規定を設けるかどうかについて，更に検討してはどうか。具体的には，将来債権を生じさせる譲渡人の契約上の地位を承継した者に対して，将来債権の譲渡を対抗することができる旨の規定を設けるべきであるとの考え方が示されていることから，このような考え方の当否について，更に検討してはどうか。

　　上記の一般的な規定を設けるか否かにかかわらず，不動産の賃料債権の譲渡後に賃貸人が不動産を譲渡した場合における当該不動産から発生する賃料債権の帰属に関する問題には，不動産取引に特有の問題が含まれているため，この問題に特有の規定を設けるかどうかについて，検討してはどうか。

【部会資料9－2第1，5(2)［32頁］】

(議事の概況等)

1　第7回会議においては，将来債権の譲渡の後に譲渡人の地位に変動があった場合

に，その将来債権譲渡の効力が及ぶ範囲については，具体的に問題となり得る例として，①不動産の賃料債権の譲渡後に賃貸人が不動産を譲渡した場合における当該不動産から発生する賃料債権の帰属，②売掛債権の譲渡後に事業譲渡等によって事業が譲渡された場合における同一事業から発生する売掛債権の帰属，③将来債権を含む債権の譲渡後に倒産手続が開始された場合における管財人又は再生債務者の下で発生する債権の帰属（部会資料9－2［32頁］）が挙げられた上で，これらの例に即して議論が行われた。

2　まず，総論的な意見として，①から③までの各論点について将来債権譲渡の効力が広く及ぶとする結論を採ることを疑問視する意見があった。この意見の中には，まず，譲渡の対象となる将来債権とは何かという問題について検討すべきではないかという意見があった。また，①や②の問題については，将来債権の譲渡と契約上の地位の移転とが競合した場合にどちらが優先するかという問題として捉えられるとした上で，債権者が交代した後の契約関係から発生した債権については，本来的には将来債権の譲渡の効力が及ばないはずであり，また，将来債権の譲渡は，不安定であることを前提としているのだから，将来債権の譲渡の効力が及ぶことを認めるとしても，その範囲は限定的に考えるべきであるという意見もあった。

　　また，①から③までの各論点の結論について，必ずしも論理必然の組合せがあるのではなく，様々な組合せがあり得るということを指摘した上で，仮に将来債権譲渡の効力が及ぶ範囲を制限的に考える方向での規定を設ける場合には，その根拠について，譲渡人には自ら譲渡した将来債権を具体的に発生させるため事業や不動産を保存する義務があると考え，不動産や事業を第三者に譲渡することにより保存義務に違反した場合には，その効果として，将来債権の譲受人が当該不動産や事業の譲受人の下で発生した債権について将来債権譲渡の効力が及ぶとすることが考えられるという意見があった。もっとも，この意見は，将来債権が譲渡されたとしても，これを具体的に発生させる不動産や事業の処分が禁止されるわけではないことから，将来債権譲渡の効力が不動産等の譲受人の下で発生した債権に及ぶとするには，より明確な根拠が必要であるということも併せて指摘している。

　　以上のほかにも，①や②の問題について，将来債権の譲受人を保護する規定を設けることは，将来債権譲渡という取引がその後に不動産や事業が第三者に譲渡されるリスクを内在するものであるという評価をすることになり，将来債権譲渡により資金調達をする者にとって不都合にもなり得るのではないかという問題を指摘する意見，この問題に関する規律を設けることにより資金調達にとってどれだけの利点があるか検討する必要があるという意見や，最判平成19年2月15日民集61巻1号243頁について①や②の問題との関係で検討が必要であるという意見があった。

3　①に特有の問題として，賃料債権は賃貸人が賃借物を賃借人に使用収益させたことに対する対価として発生するものであることからすると，不動産の譲渡により賃貸人でなくなった者の下では賃料債権が発生せず，賃料債権の譲渡の効力が及ばなくなるのではないかという問題提起があった。この点については，不動産の譲受

人が将来債権の譲渡人の地位をも承継するかどうかが問題となり，賃料債権を譲渡するという合意が賃貸借契約上の賃貸人たる地位に内在するものとして組み込まれるという理解を疑問視する意見がある一方で，一般的には基本契約から定期的に生ずる債権が譲渡された場合には，当該契約関係が維持されている限り，将来債権譲渡の効力が契約上の地位の譲受人の下で生じた債権に及ぶという説明が可能であるとの意見もあった。

　また，この問題が，賃料債権の長期にわたる差押えの後に不動産が譲渡された場合や，賃料債権に物上代位による差押えが行われた後に，抵当権が実行されて競売されるか任意に第三者に譲渡された場合と整合的な解釈が必要とされるものであることや，不動産を譲り受けようとする者が当該不動産から発生する賃料債権の譲渡の有無という情報に容易にアクセスできるかどうかという点とも関係する問題であることなど，不動産取引に特有の問題が含まれているため，将来債権の譲渡後における譲渡人の地位の変動に関する一般の問題とは切り離して，規律を設けることを検討すべきであるという意見もあった。

　なお，①の問題に関連して，実務において不動産の賃料債権による資金調達が行われているかという点や，不動産取引において賃料債権が第三者に譲渡されている可能性があるというリスクをどのように考慮しているかという点についての実態調査を行った（参考資料4－2参照）。

4　③については，主として倒産法上の問題として議論されるべきものであるという意見があり，これに対する異論はなかった。もっとも，この問題は，まず民法で将来債権譲渡に関する一般的な規律が明確にされなければ，倒産法での規律を設けることは難しいため，民法上できる限り明確な規律を設ける方向で議論すべきであるという意見や，倒産法の改正の際にはこの問題への対応は将来の民法改正に委ねられたという経緯があると指摘して，倒産法の議論と連携しながら今回の民法改正の際に検討することが必要であるという意見があった。

　このほか，この問題に関する意見として，倒産手続が開始された後に倒産財団の財産を使って発生した債権が倒産手続開始前に締結された将来債権譲渡契約の譲受人に帰属するのは不公平であり，倒産手続開始後に発生する債権のうち，少なくとも債権を発生させるのに要する費用相当額については，倒産手続が開始された譲渡人（管財人又は再生債務者）に帰属するという考え方を採るべきであるという意見，この問題の解決方法として，アメリカ連邦倒産法のように，倒産手続開始決定後に裁判所がコストと譲渡契約等を勘案して，倒産手続開始後に発生した債権の一部を財団に帰属させるよう決定することができるとする考え方を採るべきであるという意見や，旧破産法第63条が削除されたこととの関係を検討すべきであるという意見があった。

第14　証券的債権に関する規定

1　証券的債権に関する規定の要否（民法第469条から第473条まで）

　　民法第469条から第473条までの規定は，講学上，証券的債権に関する規定であると言われているところ，この証券的債権の意義（有価証券との関係）については見解が分かれ，これらの規定の適用対象が必ずしも明らかではないという問題がある一方で，証券的債権の意義についての見解の如何にかかわらず，有価証券と区別される意味での証券的債権に関して独自の規定を積極的に設けるべきであるという考え方は特に主張されていない。そこで，有価証券と区別される意味での証券的債権に関する独自の規定については，同法第86条第3項も含めて，これを置かない方向で規定の整理をすることとしてはどうか。
　　また，証券的債権に関する規定の要否と併せて，指名債権という概念を維持する必要があるかどうかについても，検討してはどうか。

　　　　　　　　　【部会資料9－2第2，1［37頁］，同（関連論点）［38頁］】

（議事の概況等）

1　第7回会議においては，有価証券と区別される意味での証券的債権に関する独自の規定を設ける必要があるかという点について，主として商法の観点から，流通を保護する必要があるものについては，有価証券のうちの無記名証券・選択無記名証券（以下「持参人払証券」という。）と位置付けて，有価証券の法理を適用すればよいのではないかという意見や，有価証券とは流通保護の程度が異なるものとして証券的債権についての規定を置くという考え方自体はあり得るが，証券的債権の定義や流通保護の規定の在り方を具体的に考えると，有価証券とは区別される意味での証券的債権に関する規定を設けることは難しいのではないかという意見があり，これに対して特段の異論はなかった。
　　民法第86条第3項については，動産とみなすという規定を媒介として即時取得の規定（同法第192条）等の適用の可否を問題とするのではなく，仮に規定が必要であるとしても無記名債権に固有の規定を置くか，又は，無記名債権という概念も残さず，端的にそれらの規定の類推適用の可否という問題として検討すべきであるとの意見があったが，同項を積極的に存置すべきであるという意見はなかった。
2　証券的債権に関する規定の要否と併せて，指名債権という概念を維持する必要があるかどうかという問題があるとして，条文上単に債権と表記すれば足りるかどうかについても検討すべきであるという意見があった。

2　有価証券に関する規定の要否（民法第469条から第473条まで）

　　有価証券とは区別される意味での証券的債権に関する独自の規定を置かない方向

で規定の整理をする場合（前記１参照）には，民法第470条から第473条までが実際に有価証券との関係で機能しているという見解があることを踏まえ，これらを有価証券に関する規定として改める方向で，更に検討してはどうか。その上で，有価証券に関する通則的な規定が民法と商法に分散して置かれることによる規定の分かりにくさを解消することが検討課題となるところ，学校法人債，医療法人債や受益証券発行信託のように，商事証券として整理できない証券が発行されるようになっているという現状等を踏まえて，有価証券に関する通則的な規定群を一本化した上でこれを民法に置くという考え方が示されている。このような考え方の当否について，更に検討してはどうか。

【部会資料９－２第２，２［39頁］】

（議事の概況等）

　第７回会議においては，有価証券とは区別される意味での証券的債権に関する独自の規定を置かない方向で規定の整理をする場合（前記１参照）に，民法第469条から第473条までの規定を必要に応じて有価証券に関する規定として改めるという考え方に対して，特段の異論はなかった。

　その上で，有価証券に関する通則的な規定の置き場所については，学校法人債，医療法人債や受益証券発行信託のように，商事証券として整理できない証券が発行されるようになっているという現状や，（有価証券を含む）証券的債権は商事の証券に限られないから民法に通則的な規定を置くことにしたという民法起草時の説明との連続性を考慮し，民法に有価証券に関する通則的な規定を設けるべきであるという意見があった。

3　有価証券に関する通則的な規定の内容

　仮に有価証券に関する通則的な規定群を民法に置くこととする場合（前記２参照）における具体的な規定の内容としては，まず，有価証券の定義規定を設けるかどうかが問題となる。この点については，有価証券が，経済活動の慣行の中で生成し変化していくものであること，現在の法制度上も，有価証券に関する一般的な定義規定が置かれていないこと等を踏まえ，定義規定は設けないものとする方向で，更に検討してはどうか。

　また，有価証券を指図証券と持参人払証券とに分類した上で，規定を整理することとし，具体的には，①有価証券に関する通則的な規定の適用対象となる有価証券の範囲（記名証券に関する規定の要否を含む。）に関する規定，②有価証券の譲渡の要件に関する規定，③有価証券の善意取得に関する規定（裏書が連続している証券の占有者に形式的資格が認められることの意義の明確化，善意取得が認められる範囲，裏書の連続の有無に関する判断基準を含む。），④有価証券の債務者の抗弁の切断に関する規定（抗弁の切断のための譲受人の主観的要件を含む。），⑤有価証券の債務の履行に関する規定（指図証券の債務者の注意義務の内容，持参人払証券の

132　第14　証券的債権に関する規定

債務者の注意義務の内容，支払免責が認められるための主観的要件を含む。），⑥有価証券の紛失時の処理に関する規定（記名証券に公示催告手続を認める必要性，公示催告手続の対象となる有価証券の範囲を含む。）に関する規定を設けるかどうかについて，更に検討してはどうか。

【部会資料9－2第2，3(1)から(6)まで，
それらの（関連論点）［42頁から54頁まで］】

（議事の概況等）

　　第7回会議においては，有価証券に関する通則的な規定群を民法に置くこととする場合における具体的な規定の内容のうち，有価証券の定義規定の要否という点に関しては，有価証券が，経済活動の慣行の中で生成し変化していくものであるということ，我が国ではこれまで私法上有価証券に関する一般的な定義規定は置かれてこなかったことや，有価証券について特別の法律の規定又は慣習法がある場合に限って認めるという立場を採ると現在よりも対象が狭くなるおそれがあることを理由として，定義規定は設けず，解釈に委ねることが望ましいという意見があり，これに対して特段の異論はなかった。また，有価証券についての定義規定は設けないものの，有価証券を指図証券と持参人払証券とに分類した上で，基本的な規定を設けることが望ましいという意見があった。

　　このほかに，①有価証券に関する通則的な規定の適用対象となる有価証券の範囲（記名証券に関する規定の要否を含む。）（部会資料9－2，3(1)及びその（関連論点）［42頁以下］），②有価証券の譲渡の要件に関する規定（部会資料9－2，3(2)［43頁］），③有価証券の善意取得に関する規定（裏書が連続している証券の占有者に形式的資格が認められることの意義の明確化，善意取得が認められる範囲，裏書の連続の有無に関する判断基準を含む。）（部会資料9－2，3(3)及びその（関連論点）［45頁以下］），④有価証券の債務者の抗弁の切断に関する規定（抗弁の切断のための譲受人の主観的要件を含む。）（部会資料9－2，3(4)及びその（関連論点）［47頁以下］），⑤有価証券の債務の履行に関する規定（指図証券の債務者の注意義務の内容，持参人払証券の債務者の注意義務の内容，支払免責が認められるための主観的要件を含む。）（部会資料9－2，3(5)及びその（関連論点）［49頁以下］），⑥有価証券の紛失時の処理に関する規定（記名証券に公示催告手続を認める必要性，公示催告手続の対象となる有価証券の範囲を含む。）（部会資料9－2，3(6)及びその（関連論点）［52頁以下］）という問題が紹介されたが，いずれについても特段の意見はなかった。

4　免責証券に関する規定の要否

　　民法には規定がないが，講学上，免責証券という類型の証券が認められ，その所持人に対して善意でされた弁済を保護する法理が形成されていることから，その明文規定を設けるべきであるという考え方がある。このような考え方の当否について，仮に民法第480条の規定を廃止する場合（後記第17，4(3)参照）には，免責証

券の要件を考える手掛かりとなる規定がなくなるという懸念を示す意見もあることに留意しつつ，更に検討してはどうか。
　　　【部会資料9－2第2，4［54頁］，部会資料10－2第1，5(3)［11頁］】
（議事の概況等）
　第7回会議においては，免責証券の所持者に対する弁済が保護されること等の免責証券に関する明文の規定を設けるべきであるという考え方について，銀行実務においては，受取証と引換えに金銭や証券等を引き渡す取引が多く行われているが，民法第480条を削除すると，受取証書と区別された免責証券の要件をうかがわせる規定が失われてしまうという懸念があることから，同条を削除する場合には免責証券の要件に関する規定を設けるべきであるという意見があった（第8回会議でも同旨の意見があった）。

第15 債務引受

【併存的債務引受】

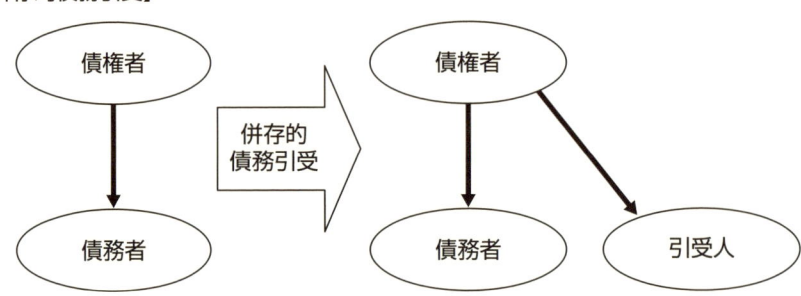

債権者 → 債務者　併存的債務引受　⇒　債権者 → 債務者、債権者 → 引受人

【免責的債務引受】

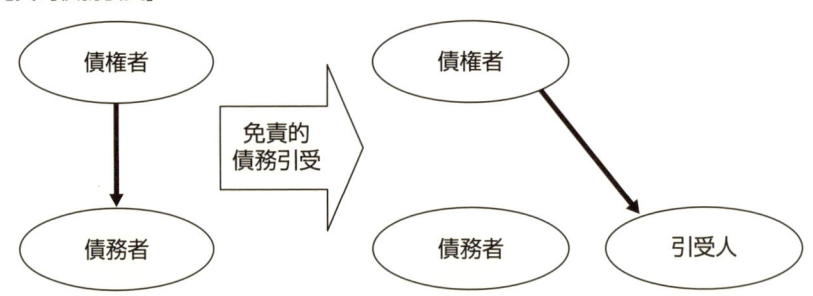

債権者 → 債務者　免責的債務引受　⇒　債権者、債務者、債権者 → 引受人

1 総論（債務引受に関する規定の要否）

民法には債務引受に関する規定が設けられていないが、これが可能であることについては特段の異論が見られず、実務上もその重要性が認識されていることから、債務引受が可能であることを確認し、その要件・効果を明らかにするために、明文の規定を設ける方向で、更に検討してはどうか。

【部会資料9－2第3，1［55頁］】

（議事の概況等）

第13回会議においては、債務引受に関する明文の規定を設けることについて、判例・学説で明確に認められていることや、実務でも定着しており、しばしば利用されていることを理由として、賛成する意見があり、これに対して特段の異論はなかった。もっとも、検討に当たっての留意点として、債権者、債務者及び引受人の三者ではなく、そのうちのいずれか二者間の合意により債務引受が成立する場合に

は，合意に関与していない者との関係でどのような効果をもたらすか問題となり得ることから，要件と効果との組合せをきめ細かく検討すべきであるという意見があった。また，例えば，預金保険法において，破綻金融機関から救済金融機関に対する事業譲渡がされる場合に，預金者等の債権者の承諾なく，救済金融機関が債務を引き受けることができるとの規定が置かれている（同法第131条第1項参照）など，債務引受について規定を置いている特別法にも留意しつつ検討すべきであるという意見があった。

2 併存的債務引受
(1) 併存的債務引受の要件

併存的債務引受の要件については，必ずしも債権者，債務者及び引受人の三者間の合意を必要とせず，①債務者及び引受人の合意がある場合（ただし，債権者の承諾の要否が問題となる。）と，②債権者及び引受人の合意がある場合には，併存的債務引受をすることができるものとする方向で，更に検討してはどうか。

①の場合における債権者の承諾の要否については，第三者のためにする契約における受益の意思表示の見直し（後記第26，1）や併存的債務引受の効果（どのような事由を絶対的効力事由とするか）（後記(2)）とも関連することに留意しつつ，更に検討してはどうか。

【部会資料9－2第3，2(1)［57頁］】

（議事の概況等）

併存的債務引受の要件について，一般に，必ずしも債権者，債務者及び引受人の三者間の合意を必要とせず，①債務者及び引受人の合意がある場合（ただし，第三者のためにする契約となるため，債権者が引受人に対する債権を取得するには債権者の受益の意思表示が必要である。）や，②債権者及び引受人の合意がある場合には，併存的債務引受をすることが可能であることを明文化するという考え方が紹介された（部会資料9－2［57頁］）が，第13回会議においては，この基本的な枠組みに対しては特段の異論がなかった。

このうち，①の場合における債権者の承諾の要否という問題が，第三者に権利を取得させる類型の第三者のためにする契約における第三者の受益の意思表示の要否の見直しの問題との関係で，議論された。第三者の受益の意思表示を不要とすると，例えば，発行済みの社債に事後的に保証を付けようとしても多数の債権者との間で個別に保証契約を締結することが困難であるという事情があるときに，併存的債務引受によれば債権者の関与がなくても同様の法律効果が得られるという点で便利であるが，反対に，反社会的勢力が引受人になろうとすることを排除できなくなる危険があることに留意すべきであるという指摘があった。また，債権者の受益の意思表示を不要とする場合でも，債権者に対する通知を必要とするか，又は債権者が反対の意思を表示することにより併存的債務引受の効果が生じないようにすべき

であるという意見もあった。このほか，併存的債務引受の効果と関連する問題として，時効の完成について連帯債務の絶対的効力が認められる方向で見直された場合に，債権者の受益の意思表示を不要とすると，債権者にとって不利益になるのではないかという意見もあった。

(2) 併存的債務引受の効果

併存的債務引受の効果については，①併存的債務引受によって引受人が負担する債務と債務者が従前から負担している債務との関係が，連帯債務となることと，②債務者が有する抗弁を引受人が債権者に対して主張することができることを規定する方向で，連帯債務における絶対的効力事由の見直し（前記第11，1(2)）との関係に留意しつつ，更に検討してはどうか。

また，併存的債務引受がされた場合における求償権の有無について，第三者による弁済や保証における求償権の有無との関連に留意しつつ，検討してはどうか。

【部会資料9－2第3，2(2)［59頁］】

（議事の概況等）

第13回会議においては，併存的債務引受の効果について，①併存的債務引受によって引受人が負担する債務と債務者が従前から負担している債務との関係が，連帯債務（ただし，民法第432条以下の連帯債務よりも絶対的効力事由が限定されたもの）となることと，②債務者が有する抗弁を引受人が債権者に対して主張することができるということについて，明文の規定を設けるべきであるという考え方が紹介されたが，この考え方に対して特段の異論はなかった。

また，第三者による弁済の規定の見直しについての議論の中で，第三者が弁済した場合の求償権と保証人が保証債務を履行した場合の求償権との間の整合性について検討すべきであるとの意見があったことを踏まえ，併存的債務引受の引受人が債務を履行した場合の求償権の有無等についても併せて検討すべきであるとの意見があった。

(3) 併存的債務引受と保証との関係

併存的債務引受と保証との関係については，併存的債務引受が保証人保護のための規定の潜脱に利用されることを防止するために規定を設ける方向で，具体的な規定の内容について，更に検討してはどうか。

【部会資料9－2第3，2(2)（関連論点）［60頁］】

（議事の概況等）

第13回会議においては，併存的債務引受は，債務者の債務の履行を確保するためのものであるという点で保証と共通の機能を有しているにもかかわらず，例え

ば，契約を書面で締結しなければならない（民法第446条第2項）という書面要件等の保証人保護の規定が適用されず，要件・効果が異なることから，債務引受についての規定を設ける場合には，保証人保護の規定からの潜脱を防止するための規定が必要であるという意見があり，これに対して特段の異論はなかった。

　その上で，具体的にどのような規定を設けるべきであるかという点について議論されたが，併存的債務引受契約の趣旨が補充的に債務を負うものであった場合には，引受人が保証人となったものと推定する旨の規定を設けるべきであるとする考え方や，契約の目的が債務者の負う債務を保証するものであるときは，保証の規定を準用する旨の規定を設けるべきであるとする考え方（部会資料9－2［60頁］）は，いずれも明確性の点で十分でないなどとして，更に検討すべきであるという意見があった。また，具体的な規定の在り方として，上記の考え方のほかに，保証契約の書面要件（民法第446条第2項）と同様の規定のほか，併存的債務引受契約における引受人の意思表示に瑕疵がある場合には債権者による受益の意思表示後もその事由を債権者に対抗することができるとする規定や，請求の絶対効を認める場合に引受人に期限の利益を維持する機会を与えるという規定等を，併存的債務引受に関する規定として設けることを検討すべきであるという意見もあった。

　以上の意見のほかにも，保証契約について書面要件が設けられる際には，その当時の裁判実務において保証契約の認定に当たり書面の存在が重視されているという実態があったことも考慮されたことを指摘した上で，併存的債務引受についても書面要件を設けるのであれば，同様の点に関する裁判実務の実態を調査すると参考になるのではないかという意見があった。

3　免責的債務引受

(1)　免責的債務引受の要件

　　免責的債務引受の要件については，必ずしも債権者，債務者及び引受人の三者間の合意を必要とせず，①債務者及び引受人の合意がある場合（債権者が承認した場合に限る。）と，②債権者及び引受人の合意がある場合（ただし，債務者の意思に反しないことの要否が問題となる。）には，免責的債務引受をすることができるものとする方向で，更に検討してはどうか。
　　②の場合における債務者の意思に反しないことの要否については，免責的債務引受の法的性質を併存的債務引受に債権者による免除の意思表示が付加されたものと見るかどうかと関連することや，第三者による弁済（後記第17，2(2)）や免除（後記第20，1）等の利益を受ける者の意思の尊重の要否が問題となる民法上の制度間の整合性に留意しつつ，更に検討してはどうか。

【部会資料9－2第3，3(1)［61頁］】

（議事の概況等）

　　第13回会議においては，免責的債務引受の要件については，必ずしも債権者，

138　第15　債務引受

債務者及び引受人の三者間の合意は必要ではなく，基本的に，①債務者及び引受人の合意がある場合（債権者が承認した場合に限る。）と，②債権者及び引受人の合意がある場合に，免責的債務引受をすることが可能であるとする方向で規定を設けることについて，特段の異論はなかった。

　もっとも，②の場合に，債務者の意思に反しないときに限るかという点について，いずれの考え方もあり得るという意見があり，債務者の意思に反するときにも，債権者及び引受人の合意による免責的債務引受を認めるのであれば，その引受人が債務を履行しても求償権が発生しないこととすべきではないかという意見があった。

　また，②の場合に，債務者の意思に反するときにも免責的債務引受を認めるのであれば，第三者による弁済や債務者の交替による更改の要件との関係についても検討する必要があるという意見があり，第三者による弁済や免除の要件の見直し（後記第17，2(2)，第20，1）も含めて，利益を受ける者の意思を尊重することの要否が問題となる民法上の制度間の整合性に留意する必要があると考えられる。

(2) 免責的債務引受の効果

　免責的債務引受の効果については，①原債務に設定されている担保が引受人の債務を担保するものとして移転するか，それとも消滅するか，②債権者の承認を要する場合における債務引受の効力発生時期，③債務者の有する抗弁事由の引受人による主張の可否に関して，それぞれどのような内容の規定を設けるべきかについて，更に検討してはどうか。

　また，引受人の債務者に対する求償権の有無に関する規定の要否について，検討してはどうか。

【部会資料9－2第3，3(2)［64頁］】

（議事の概況等）

1　第13回会議においては，免責的債務引受の効果として，①原債務に設定されている担保が引受人の債務を担保するものとして移転するか，それとも消滅するか，②免責的債務引受が債務者と引受人との合意によってされ，債権者の承認が必要となる場合における債務引受の効力の発生時期や，③債務者の有する抗弁事由の引受人による主張の可否などが問題とされていることを踏まえ，これらに関する規定を設けることについては，特に異論はなかった。

　このうち，①について，(i)引受人の債務を担保するものとして存続するという考え方，(ii)消滅するという考え方，(iii)債務者と引受人の合意による債務引受の場合には引受人の債務を担保するものとして存続し，債権者と引受人の合意による債務引受の場合には消滅するという考え方のいずれもあり得るという意見があった。また，自らの債務について担保を設定していた債務者は，免責的債務引受によって，言わば物上保証人のような立場になるため，後順位担保権者との関係が複雑になる

可能性があるとして，以上の(i)から(iii)までのいずれの考え方を採るかの検討に当たっては，後順位担保権者がいる場合の債務者との関係を検討すべきであるという意見もあった。
2 　以上の①から③までのほかに，免責的債務引受の効果に関する問題として，引受人の債務者に対する求償権の有無について，当事者間に合意がない場合のデフォルトルールを設けることを検討すべきであるという意見があり，これに対して特段の異論はなかった。

4 　その他
(1) 　将来債務引受に関する規定の要否
将来債務の債務引受が有効であることやその要件に関する明文の規定を設けるかどうかについて，検討してはどうか。

（議事の概況等）

　第13回会議において，将来債権譲渡の規定を設けることが論点として取り上げられていることや清算機関等で将来債務引受が利用されているという実態を踏まえて，将来債務引受についての明文の規定を設けることを併せて検討すべきであるという意見があった。将来債務引受の規定の内容としては，将来債権譲渡と同様にほかの債務と区別することができる程度の特定性があれば，有効に将来債務の引受けをすることができることや，引受けの対象となる債務の特定がされている限り，債務者と引受人との間の合意による将来債務引受では債権者が特定されていなくてもよいことと，債権者と引受人との間の合意による将来債務引受では債務者が特定されていなくてもよいことが提案された。

(2) 　履行引受に関する規定の要否
履行引受に関する明文の規定を設けるべきであるという考え方の当否について，その実務的な利用状況にも留意しつつ，更に検討してはどうか。
【部会資料9－2第1，5(1)（関連論点）［56頁］】

（議事の概況等）

　第13回会議においては，履行引受に関する明文の規定を設けるべきであるという考え方について，実務上は履行引受が利用されることがあるとの指摘もあったが，このようなものについてまで規定を設ける必要はないという意見があった。

(3) 　債務引受と両立しない関係にある第三者との法律関係の明確化のための規定の要否
債務引受と両立しない関係にある第三者との法律関係を明確にする規定の要否について，具体的にどのような場面が問題となり得るのか検討する必要があると

の指摘があり，これに対して，①将来発生する債務について差押えがされた場合における差押えと免責的債務引受との関係や，②債権が譲渡された後に，当該債権について譲渡人との間の合意により債務引受がされ，その後債権譲渡について第三者対抗要件が具備された場合における，債権譲渡と債務引受との関係等が問題になり得るとの意見があったことを踏まえつつ，検討してはどうか。

(議事の概況等)

　第22回会議において，債務引受と相前後して引受け前の債権について債権譲渡，差押え等があった場合のように，債務引受とは両立しない関係にある第三者との法律関係を明確にする規定を設けるべきであるとの意見が出された。この意見に対しては，債務引受に関して第三者との関係を問題にしなければならないのは，具体的にどのような場合なのかについて，前提として検討する必要があるとの指摘があったが，この指摘に対して，例えば，①将来発生する債務について，免責的債務引受がされた後に当該債務について差押えがされた場合の，差押えと債務引受との関係が必ずしも明らかではないと指摘されていることや (部会資料10－2［74頁］参照)，②債権が譲渡された後に，当該債権について債権の譲渡人と引受人との間で債務引受がされ，その後債権譲渡について第三者対抗要件が具備された上で (債務者対抗要件は原債務者に対してのみ具備されたことが前提)，引受人が譲渡人に対して弁済した場合に，原債務者が当該弁済の効力を債権の譲受人に主張することができるかが明らかではない指摘されている。そこで，これらの場合の法律関係を明確にする規定を設けることが望ましいとの意見があった。

　なお，以上のような債務引受とは両立しない関係にある第三者との法律関係に関する規定の要否については，まだ具体的な立法提案が示されていない。

第16　契約上の地位の移転（譲渡）

1　総論（契約上の地位の移転（譲渡）に関する規定の要否）
　民法には契約上の地位の移転（譲渡）に関する規定が設けられていないが，これが可能であることについては，判例・学説上，異論がないと言われていることから，その要件・効果等を明確にするために明文の規定を設けるかどうかについて，更に検討してはどうか。

【部会資料9－2第4，1［67頁］】

（議事の概況等）

　第13回会議においては，契約上の地位の移転（譲渡）に関する規定を民法に設けるべきであるという考え方について，取引の法的安定性に資するということや，今後の議論の展開の基礎となることのほか，倒産法の観点からも，倒産手続開始決定があった場合の取扱いに関する特別の規律の要否という議論との関係で，民法で一般ルールを明確にすることが望ましいこと等を理由として，賛成する意見があった。

　これに対して，契約上の地位の移転が認められることや，規定を設けること自体に一定の意義があることに異論はないとするものの，特に，契約上の地位の移転の要件のうち，契約の相手方の承諾を不要とする場合について，契約の性質に応じて判断するという規定を設けるのでは，現在と余り変わらないと指摘した上で，あらゆる契約類型を想定した上で規定を設けることが困難であることからすると，そもそも契約上の地位の移転についての規定を設けることは難しいのではないかという意見もあった。

2　契約上の地位の移転の要件
　契約上の地位の移転は，譲渡人，譲受人及び契約の相手方の三者間の合意がある場合だけではなく，譲渡人及び譲受人の合意がある場合にも認められ得るが，後者の場合には，原則として契約の相手方の承諾が必要とされている。しかし，例外的に契約の相手方の承諾を必要としない場合があることから，契約の相手方の承諾を必要としない場合の要件を具体的にどのように規定するかについて，更に検討してはどうか。

【部会資料9－2第4，2［70頁］】

（議事の概況等）

　第13回会議及び第25回会議においては，契約上の地位の移転の要件について，譲渡人，譲受人及び契約の相手方の三者間の合意がある場合だけではなく，譲渡人

及び譲受人の合意があり，これを契約の相手方が承諾した場合にも認められることと，契約の相手方の承諾が必要ではない場合があるという基本的な枠組みについて，賛成する意見があり，これに対して特段の異論はなかった。

契約の相手方の承諾が必要でない場合の要件をどのように規定するかという点では，契約の性質上，承諾が不要な場合があることを規定するという考え方に対して，抽象的な規定であっても今後の議論の展開の基礎になるとして賛成する意見があったが，他方，このような抽象的な規定では規定を設ける意義に乏しい上，明確にしようとしても，様々な契約類型を念頭に置いて規定を設けることは実際上難しいのではないかと指摘する意見もあった。後者の意見は，そもそも契約上の地位の移転についての規定を設けること自体が難しいのではないかとする意見である。

なお，相手方の承諾が不要な場合の例として，事業譲渡に伴う労働契約の使用者たる地位の移転を挙げる考え方が紹介された（部会資料9－2［70頁］参照）が，これに対しては，民法第625条や現在の裁判例に反するという意見があった。また，賃貸不動産の譲渡に伴う賃貸人たる地位の移転を例として挙げる考え方に対しては，賃貸不動産の譲渡人に対して，譲受人からリースバックがされる事例等を考えると，所有権の移転に伴い契約上の地位が移転すると考えるべきではない場合もあり得るのではないかという意見があった。更に，損害保険契約の目的物の譲渡に伴って，相手方である保険会社の承諾なく契約上の地位が目的物の譲受人に移転するとされていた旧商法第650条の規定が，実務の考え方と異なっており，必要に応じて約款で対応すればよいことを理由として保険法の制定時に削除されたと指摘して，契約上の地位の移転において相手方の承諾が不要となる要件を規定する場合には，旧商法第650条が削除された後の現在の保険実務に与える影響に留意すべきであるという意見もあった。

また，労働契約について契約上の地位の移転を認めるには，労働者の事前の包括的な承諾では足りず，移転の都度，個別の承諾を必要とすべきであるとの考え方があり，この考え方に留意しつつ，規定の在り方を検討すべきであるとの意見があった。

3　契約上の地位の移転の効果等

契約上の地位の移転により，契約当事者の一方の地位が包括的に承継されることから，当該契約に基づく債権債務のほか，解除権，取消権等の形成権も譲受人に移転することになるが，契約上の地位の移転についての規定を設ける場合には，このほかの効果等として，①既発生の債権債務も譲受人に移転するか，②譲渡人の債務についての担保を，順位を維持しつつ移転させる方法，③契約上の地位の移転によって譲渡人が当然に免責されるか否かという点に関する規定の要否について，更に検討してはどうか。

【部会資料9－2第4，3［72頁］，同（関連論点）［73頁］】

(議事の概況等)

　第13回会議においては，契約上の地位の移転により，当該契約に基づく債権債務のほか，解除権，取消権等の形成権も譲受人に移転することになるが，契約上の地位の移転についての規定を設ける場合には，このほかの効果等として，①既発生の債権債務も譲受人に移転するか，②譲渡人の債務についての担保を順位を維持しつつ移転させる方法，③契約上の地位の移転によって譲渡人が当然に免責されるか否かという点が問題になるということについて，特段の異論はなかった。

　このうち，①について，合意によって決められるのが当然の問題であるとした上で，特約がない場合には移転しないと考えるべきであるという意見があった。また，③については，特に消費者は，契約上の地位の移転という言葉で，譲渡人の免責まで含意されていると必ずしも認識できないことから，別途免責の承諾を必要とすべきであるという意見があったが，他方で，特約がない限り，譲渡人は免責されると考えてよいという意見もあった。

4　対抗要件制度

　契約上の地位の移転の対抗要件制度については，その制度を創設する必要性を指摘する意見がある一方で，これを疑問視する意見があるほか，契約上の地位の移転一般について，二重譲渡の優劣を対抗要件具備の先後によって決することの当否や，多様な契約類型に対応可能な対抗要件制度を具体的に構想することの可否が問題となるとの指摘がある。そこで，これらの意見に留意しつつ，対抗要件制度を創設するかどうかについて，更に検討してはどうか。

【部会資料9-2第4，4［74頁］】

(議事の概況等)

　第13回会議においては，契約上の地位の移転について対抗要件制度を創設すべきであるという考え方について，肯定的な意見と否定的な意見の双方があった。

　肯定的な意見としては，契約上の地位が二重に譲渡されることや，契約上の地位の移転に伴い移転した債権について譲渡人の債権者が差押えをすることがあり得ることから，契約上の地位の移転についての対抗要件制度が必要であるとするものがあった。また，新たに対抗要件制度を創設する場合の在り方について，契約上の地位の移転の要件として原則として相手方の承諾が必要とされることを踏まえて，対抗要件制度に相手方の承諾を絡ませる制度とすることがあり得るのではないかという意見があった。

　これに対して，対抗要件制度の創設に否定的な意見もあった。契約上の地位には多様な類型があるところ，二重譲渡の優劣を対抗要件具備の先後によって決するという対抗問題の枠組みに契約上の地位の移転が一般的になじむのか疑問であり，契約上の地位を移転させる契約がされればそれで地位の移転が完結するという捉え方

が適合的な契約類型も存在することを踏まえて検討する必要があるという意見があった。また，契約上の地位の移転について対抗要件制度を創設すると，契約上の地位から発生する債権が個別に譲渡される場合における契約上の地位の移転の対抗要件と個別の債権譲渡の対抗要件との優劣や，不動産についての所有権移転登記と契約上の地位の移転の対抗要件との優劣などについて，どのように考えるかという問題が生ずるという意見があった。さらに，対抗要件制度を創設するとしても，契約上の地位の移転一般に適用可能な対抗要件制度としてどのようなものを設けるかということも問題であり，例えば，ゴルフ会員権や，不動産の賃貸借契約上の賃貸人又は賃借人の地位等，契約上の地位にも様々な類型がある上，ゴルフ会員権の譲渡の対抗要件では，指名債権の譲渡の場合に準ずるとする判例を疑問視する考え方もあることからすると，具体的な制度を構想することができるか疑問であるという意見もあった。

第17　弁済

(議事の概況等)

　第8回会議においては，弁済の規定の見直しの総論的な課題として，弁済の規定の文言や配列をできる限り分かりやすく整備することについて検討すべきであるという意見があった。これは，①民法の中でも特に弁済の規定には，趣旨が分かりにくいものが少なからず存在すること，②現在の規定の配列では，冒頭に第三者による弁済という異例なものが置かれており，その後の規定も，配列の方針がよく分からないこと，③例えば，弁済充当の規定（民法第488条から第491条まで）は条文相互の関係が分かりにくいので，一つの条文に簡潔な形でまとめることも考えられるが，他方で，弁済による代位に関する同法第501条は，代位の基本的な効果と代位権者相互の関係という異質な内容が一か条にまとめられているために分かりにくくなっていること，④供託は，弁済の下位項目ではなく，弁済とは別の債権消滅原因の一つであるにもかかわらず，民法は「第一款　弁済」の下位項目として，「第二目　弁済の目的物の供託」を置いていること等の問題点があり，これらの問題点を解消することが，分かりやすい民法にするという観点からは重要であるという意見であった。

1　弁済の効果

　弁済によって債権が消滅するという基本的なルールについて，明文の規定を設けるものとしてはどうか。
　また，弁済の効果についての規定を設けることと関連して，弁済と履行という用語の関係や民事執行手続による満足（配当等）と弁済との関係を整理することについて，更に検討してはどうか。

【部会資料10－2第1，2［1頁］，同（関連論点）1［1頁］，
同（関連論点）2［2頁］】

(議事の概況等)

1　第2回会議及び第22回会議においては，弁済によって債権が消滅することについて明文の規定を設けるべきであるという考え方について，弁済によって債務が消滅することは，「債務の消滅」という節の中に弁済の規定があることから読み取れるという構造になっているが，国民に分かりやすい民法にするという観点からは，このような当然のルールについて明文の規定を設けることが必要であるとして，賛成する意見があり，これに対して特段の異論はなかった。なお，弁済による代位において，原債権が弁済者に移転するという判例の考え方を維持する場合（後記10⑵ア参照）には，弁済がされたときでも債権が消滅しないことを併せて明記するかどう

かを検討すべきであるとの意見もあった。
2　これに関連する論点として，①弁済と履行という用語について，両者は同じことを別の観点から見たものであり，履行は債務の内容を実現するという債務者の行為の面から，弁済は債権が消滅するという面から見たものであるとする見解に従って，その用法を整理すべきであるという考え方と，②配当その他の民事執行手続による満足（以下「配当等」という。）と弁済との関係について，配当等が弁済であることを明記する規定を設けるべきであるという考え方が紹介された（部会資料10－2［1頁，2頁］参照）。

　　第8回会議においては，このうち，②について，民事執行法学では，配当等は弁済と性質が異なるという意見も有力であり，また，配当等の際に源泉徴収が必要かという問題において，配当等と弁済が違うということを理由に源泉徴収が必要ないという議論が有力である等，配当等と弁済が必ずしも同じものではないという前提で議論されている場面があることから，②の考え方に基づく規定の内容やその射程について，慎重に検討すべきであるという意見があった。

　　また，第22回会議においては，弁済と給付という概念の関係についても明らかにすることが望ましいとの意見もあった。

2　第三者による弁済（民法第474条）

(1)　「利害関係」と「正当な利益」の関係

　　債務者の意思に反しても第三者による弁済が認められる「利害関係」を有する第三者（民法第474条第2項）と，弁済によって当然に債権者に代位すること（法定代位）が認められる「正当な利益を有する者」（同法第500条）との関係が不明確であるという問題意識を踏まえて，債務者の意思に反しても第三者による弁済が認められる者と法定代位が認められる者の要件について不明確な文言の使い分けを避ける方向で，更に検討してはどうか。具体的には，例えば，法定代位が認められる者についての「弁済をするについて正当な利益を有する者」という表現を，債務者の意思に反しても弁済できる第三者の範囲を画する場面でも用いるという考え方が示されており，このような考え方の当否について，更に検討してはどうか。

【部会資料10－2第1，3(1)［2頁］】

（議事の概況等）

　　第8回会議においては，債務者の意思に反しても第三者による弁済が認められる者と法定代位が認められる者の要件について文言を使い分けないという考え方に対しては，特段の異論がなかった。

(2)　利害関係を有しない第三者による弁済

　　利害関係を有しない第三者による弁済が債務者の意思に反する場合には，当該

弁済は無効とされている（民法第474条第2項）が，これを有効とした上で，この場合における弁済者は債務者に対する求償権を取得しないこととすべきであるという考え方がある。このような考え方の当否について，①委託を受けない保証（同法第462条）や債権譲渡（同法第466条）とは異なり，第三者による弁済の場合には債権者の積極的な関与がないという点をどのように考えるか，②事務管理や不当利得に関する規律との関係をどのように考えるか，③利害関係を有しない第三者による弁済が認められる場合における当該第三者による弁済の提供の効果をどのように考えるか（後記8(1)）などの点に留意しつつ，更に検討してはどうか。

【部会資料10－2第1，3(2)［3頁］】

（議事の概況等）

1　第8回会議においては，利害関係を有しない第三者による弁済が債務者の意思に反する場合にも，これを有効とすべきであるという考え方については，これに賛成する意見と，これに反対し，弁済を無効とする現在の規定を維持すべきであるという意見とがあった。無効とすべきであるという意見としては，例えば，不特定物の引渡しのために倉庫での保管費用がかかっていた場合に，第三者の弁済が有効となり，債務者による弁済ができなくなると，無駄な保管費用が発生することになるという問題があり，そもそもこのような通常とは異なる方法による弁済を有効とする必要はないのではないかというものがあった。

2　利害関係を有しない第三者による弁済が債務者の意思に反する場合にも，これを有効とすべきであるという考え方を採ると仮定して，その場合に弁済者が債務者に対する求償権を取得しないこととすべきかという点についても議論がされたが，特に，①委託を受けない保証や債権譲渡（特に譲渡禁止特約付債権の譲渡）についての規律との関係をどのように考えるか，②弁済者が求償権を取得しないこととする場合における不当利得や事務管理の規律との関係をどのように考えるか，③債務者の意思に反する利害関係を有しない第三者による弁済の提供の効果をどのように考えるかという点を中心に意見が出された。

(1)　まず，①については，第三者による弁済の場合には，債権者は，弁済を受領するか否かを決めることにより消極的に関与できる（ただし，③のとおり，この点についても別途検討する必要があるとされる。）だけで，債権者が強制的に代わることになるが，他方で，委託を受けない保証と債権譲渡によって債権者が交代する場合には，保証契約や債権譲渡契約の当事者として債権者が積極的に関与することが必要になることを指摘した上で，特に債権譲渡法制との関係でそごを生じさせないためには，第三者による弁済によって求償権が発生し，実質的に強制的な債権者の交代が生ずることについて，何らかの明確な根拠の説明が必要であるという意見があった。また，同様の観点から，利害関係を有しない第三者が債務者の意思に反して債権を満足させるには，保証や債権譲渡のように債権者の積極的な

関与があり，かつ，その後の当事者間の関係が明確に規律されている方法によることが望ましいと指摘して，利害関係を有しない第三者による弁済の場合には求償権を認めないこととすべきであるという意見があった。

　これに対して，弁済者が求償権を取得することとすべきであるという考え方からは，債権は自由に譲渡できるのが原則であるから，譲渡禁止特約が付されている場合について別途検討する余地があるとしても，債権譲渡法制との整合性を根拠として一般的に求償権を否定すべきではないという意見，弁済者が求償権を確保するために形式的にせよ保証契約を締結しなければならないとすると，法的知識が無い者が保証契約を締結しなかったために求償権を取得できない事態が生じ得るという問題を指摘する意見，また，保証と第三者による弁済の場合とで求償権の有無を区別することにより，債権者による積極的な関与を促すという点についても，債権者が，債務者の利益を考慮した上で，保証契約を締結するかどうかを選択するとは考えられず，債権者に対して債務者の利益保護の役割を期待するのは難しいのではないかという意見があった。また，実際には，第三者による弁済を受領する限度で債権者が消極的に関与したという事例と，債権者の積極的な関与の下で債務引受などがされた後に直ちに弁済されたという事例には，それほど差がなく，事実認定が難しい場合が多いのではないかという意見もあった。

　なお，上記の意見に関連して，委託を受けない保証の場合に保証人に求償権を認めるべきかという点についても，検討すべきであるという意見があった。

(2) 次に，②については，利害関係を有しない第三者による弁済がされた場合，現在は，弁済者は，事務管理や不当利得を根拠として，債務者に対して現存利益の償還又は返還を請求することができると解釈されているところ，第三者による弁済がされた場合の求償権を認めないこととする場合には，これらの制度についても見直しをしなければ，整合性が欠けることになるのではないかという意見があった。これに対して，第三者による弁済において弁済者の求償権を認めないこととしても，事務管理として費用や有益費の償還義務を負わせるという価値判断を維持することはあり得るため，事務管理等との整合性を根拠として求償権を認める必要はないのではないかという意見があったが，更にこれに対して，第三者による弁済において求償権を認めないという規定を設ければ，事務管理や不当利得による請求も認めないことを含意すると考えられ，また，そのように解されるのでなければ，わざわざ求償権を認めないという規定を置く意味がないのではないかという反論があった。

(3) ③については，①とも関連する問題として問題提起されたものである。すなわち，このような弁済の提供の効果を有効とするのであれば，債権者は，利害関係のない第三者が債務者の意思に反して弁済する場合であっても，弁済の受領を強制されることになり，債権者は消極的にすら関与する余地がなくなるが，このように，債権者の意思的関与を一切不要としつつ，第三者による弁済を有効とすることについて，疑問を呈する意見であった。

(4) 以上のほか，求償権を認めるべきであるという意見として，法律上の利害関係は有しないものの，関連会社や親族のように事実上の利害関係がある第三者が，第三者による弁済を希望することがあり得るが，そのような者が贈与の意思で弁済をするとは限らないので，デフォルトルールとしては求償権を認めた上で，当事者間の合意により求償しないことを認めればよいという意見があった。

他方，求償権を認める必要がないという意見としては，利害関係を有しない第三者が債務者の意思に反して弁済をする具体的な場合が想定できないことから，そのような場合について，求償権を取得することを認めて保護する必要があるか疑問であるという意見や，第三者による弁済の制度が悪用されて，債務者が第三者から不当な請求を受けた実例があることを指摘した上で，債務者に対して過酷な取立てがされることを防止するため，求償権を認めるべきではないという意見があった。

また，利害関係を有しない第三者による弁済の場合も，消極的にではあるが債権者が関与するという考え方を前提に，利害関係を有しない第三者による弁済について，一律に求償権を取得しないとするのではなく，弁済の効果を債務者に対して主張できないものとするとか，債務者が受益の意思表示をしたときに求償権が発生するといった中間的な処理についても検討すべきであるという意見もあった。

3 弁済として引き渡した物の取戻し（民法第 476 条）

民法第 476 条は，その適用範囲がおおむね代物弁済に限定されていて，存在意義に乏しいこと等から，これを削除する方向で，更に検討してはどうか。

【部会資料 10 - 2 第 1，4 [5 頁]】

（議事の概況等）

第 8 回会議においては，本論点について，特段の異論はなかった。

4 債権者以外の第三者に対する弁済（民法第 478 条から第 480 条まで）

(1) 受領権限を有する第三者に対する弁済の有効性

民法上，第三者が受領権限を有する場合についての明文の規定は置かれていないが，第三者に受領権限を与えて弁済を受領させること（代理受領）は，実務上広く活用され，重要な機能を果たしていることから，第三者が受領権限を有する場合には弁済が有効であることについて明文の規定を設ける方向で，更に検討してはどうか。

【部会資料 10 - 2 第 1，5(1) [6 頁]】

（議事の概況等）

第 8 回会議においては，本論点について，特段の異論はなかった。

(2) 債権の準占有者に対する弁済（民法第478条）
　ア 「債権の準占有者」概念の見直し
　　民法第478条の「債権の準占有者」という要件については，用語として分かりにくい上，財産権の準占有に関する同法第205条の解釈との整合性にも問題があると指摘されていることを踏まえて，同法第478条の適用範囲が明らかになるように「債権の準占有者」という要件の規定ぶりを見直す方向で，更に検討してはどうか。

【部会資料10－2第1，5(2)ア［7頁］】

（議事の概況等）

　　第8回会議においては，民法第478条の「債権の準占有者」という要件の規定ぶりを見直すべきであるという考え方に対して，特段の異論はなかったものの，実質的に適用範囲が拡張されるような文言にならないように配慮してほしいという意見があった。

　イ 善意無過失要件の見直し
　　民法第478条の善意無過失の要件に関して，通帳機械払方式による払戻しの事案において，払戻し時における過失の有無のみならず，機械払システムの設置管理についての過失の有無をも考慮して判断した判例法理を踏まえ，善意無過失という文言を見直す方向で，更に検討してはどうか。

【部会資料10－2第1，5(2)イ［8頁］】

（議事の概況等）

　　第8回会議においては，通帳機械払方式による払戻しの事案において，払戻し時における過失の有無のみならず，機械払システムの設置管理についての過失の有無をも考慮して判断した判例法理を，条文上も読み取りやすくなるようにするために，民法第478条の善意無過失という文言を見直すべきであるという考え方に対して，特段の異論はなかったものの，実質的に適用範囲が拡張されるような文言にならないように配慮してほしいという意見があった。

　ウ 債権者の帰責事由の要否
　　民法第478条が外観に対する信頼保護の法理に基づくものであるという理解に基づき，同様の法理に基づく民法上のほかの制度（表見代理，虚偽表示等）と同様に，真の債権者に帰責事由があることを独立の要件とすることの当否について，銀行預金の払戻しの場合に関する特別の規定を設ける必要性の有無を含めて，更に検討してはどうか。

【部会資料10－2第1，5(2)イ（関連論点）［9頁］】

（議事の概況等）

1　第8回会議においては，民法第478条において，真の債権者に帰責事由があることを独立の要件とすべきであるという考え方について，賛成する意見と反対する意見との双方があった。
2　真の債権者に帰責事由があることを独立の要件とすべきではないという意見としては，新たに権利義務関係を設定して法律関係に入る場面とは異なり，弁済は義務を履行する場面であるから，真の債権者に帰責事由があることを要件とすると，円滑な経済取引を阻害するおそれがあるという点，特に大量処理の必要がある銀行実務が滞ることにより，顧客にとっても悪影響が生じるという点や，債権が二重に譲渡された事案において民法第478条により債務者を保護することができる場合が少なくなるという点を指摘する意見があった。

　　また，この立場からは，民法第478条の規定が，弁済を有効とするか否かによって，真の債権者と債務者のいずれか一方のみに負担を負わせる制度になっている点に問題があることを指摘して，弁済を有効とするか否かの判断は，債務者が善意であったか否かのみを要件とするか，債権者と債務者との間の免責特約の効力を認めることにより，まずは弁済者を広く保護することとした上で，債権者と債務者との間で損害賠償請求がされる場面で，過失相殺により両者の過失（帰責事由）の程度に応じて双方に損失を分担させるような制度にすることが望ましいのではないかという意見があった。もっとも，この意見に対しては，現在でも，真の債権者に帰責事由が認められる場合には，債務者が真の債権者に対して損害賠償請求することが可能であり，債務者か真の債権者の一方のみに負担を負わせる制度になっているわけではないという意見があった。
3　これに対して，真の債権者に帰責事由があることを独立の要件とすべきであるという意見としては，銀行預金の払戻しが円滑に行われるべきであるという要請はあるものの，一般市民から見た銀行預金の財産的価値の重要性を考慮すると，帰責事由がないにもかかわらず重要な財産が失われることを正面から認めてよいか疑問であるという意見があった。また，民法の起草者は，民法第478条が現在の判例法理のように広く適用されることを想定していなかったにもかかわらず，判例が，特に銀行の預金債権の払戻しという限定された局面について，債務者である銀行を広く救済するという政策判断から同条の適用範囲を拡張してきたという経緯があると指摘した上で，債権者の帰責事由を必要としてその適用範囲を制限すべきであるという意見もあった。
4　以上の意見のほか，上記の民法第478条の沿革を指摘した上で，銀行の預金債権の払戻しの場面とそれ以外の場面とを区別して，同条の適用範囲を検討すべきであるという意見があった。同様の意見として，そもそも現在の判例も真の債権者の帰責事由を要件として考慮しているとした上で，同条が権利外観法理の一環である以上，原則として債権者の帰責事由を独立の要件とすべきであるとし，他方，大量処

エ　民法第478条の適用範囲の拡張の要否
　　判例が、弁済以外の行為であっても実質的に弁済と同視することができるものについて、民法第478条の適用又は類推適用により救済を図っていることを踏まえて、同条の適用範囲を弁済以外の行為にも拡張することについて、更に検討してはどうか。

【部会資料10－2第1、5(2)（関連論点）［10頁］】

（議事の概況等）

　　第8回会議においては、判例が、弁済以外の行為であっても実質的に弁済と同視することができるものについて、民法第478条の適用又は類推適用により救済を図っていることを踏まえて、同条の適用範囲を弁済以外の行為にも拡張すべきであるという考え方については、賛成する意見があり、これに対して特段の異論はなかった。
　　もっとも、規定を設ける場合には、限定列挙にならないように留意すべきという意見や、これまでの判例で民法第478条の適用又は類推適用が認められたものの中には、金銭を貸し付けるという債務の弁済と位置付けられ、適用範囲を拡張したわけではないものが含まれていると考えられるとした上で、具体的な規定の在り方に留意すべきであるという趣旨の意見があった。

(3)　受取証書の持参人に対する弁済（民法第480条）
　　受取証書の持参人に対する弁済に限って特別な規律を設ける必要性が乏しいとの指摘がある。そこで、免責証券の規定を設けることの要否（前記第14、4）に関する検討にも留意しつつ、民法第480条の規定を廃止する方向で、更に検討してはどうか。

【部会資料10－2第1、5(3)［11頁］】

（議事の概況等）

　　第8回会議においては、民法第480条の規定を廃止すべきであるという考え方については、受取証書を持参したというだけで、立証責任が転換されるのは適当ではないとして、同条を廃止することに賛成する意見があり、これに対して特段の異論はなかった。
　　また、前記第14、4のとおり、民法第480条の規定を廃止する場合には、免責証券の要件について、併せて検討すべきであるという意見があった。

5 代物弁済（民法第482条）
(1) 代物弁済に関する法律関係の明確化

代物弁済については，諾成的な代物弁済の合意が有効であることを確認する明文の規定を設けることの要否について，更に検討してはどうか。

また，代物弁済の合意の効果については，①代物給付義務の有無，②交付した目的物に瑕疵があった場合における瑕疵がない物の給付義務等の有無，③代物弁済の合意後における本来の債務の履行請求の可否，④本来の債務の消滅時期，⑤代物弁済の合意に基づき給付義務を負う目的物の所有権移転時期，⑥清算義務の有無等を条文上明確にすることの要否について，任意規定としてどのような規定を設けることがふさわしいかという観点から，更に検討してはどうか。

【部会資料10－2第1，6［12頁］，同（関連論点）1［13頁］】

（議事の概況等）

1　第8回会議においては，代物弁済の法的性質について，伝統的に要物契約か諾成契約かという争いがある点（部会資料10－2［12頁］参照）については，現在では諾成的な代物弁済の合意が有効であることは明らかであるという意見があり，これに対して特段の異論はなかった。

その上で，この点を条文上明確にするかについては，現在でも，代物弁済が要物契約であると説明されることがあるために，その効果が分かりにくくなっているという問題があるため，代物弁済の効果を明確にする観点から代物弁済の法的性質を明確にする必要があるという意見や，代物弁済は，当初の合意と異なる物を給付の目的物とする点で更改と同じ機能を有するが，合意によって元の債務を消滅させる更改とは異なり，代物弁済では合意だけでは元の債務の消滅という効果が生じないという差異があることを，条文上明確にすることが必要ではないかという意見等，賛成する意見があった。これに対して，諾成的な代物弁済の合意が契約として有効であることは明らかであり，これについて規定を設ける必要があるか疑問であるという意見もあった。

2　代物弁済の合意の効果については，①代物給付義務の有無，②交付した目的物に瑕疵があった場合における瑕疵がない物の給付義務等の有無，③代物弁済の合意後における本来の債務の履行請求の可否，④本来の債務の消滅時期，⑤代物弁済の合意に基づき給付義務を負う目的物の所有権移転時期，⑥清算義務の有無等が明らかではないとして，これらの点に関する規定を設けるべきであるという意見があった。

他方，上記のうち，例えば，①や②について，代物給付義務や瑕疵がない物の給付義務が認められるのは明文規定を設けるまでもなく当然であるという意見，①や③について，合意の解釈の問題であって，民法で一律に決められる問題ではないのではないかという意見など，これらの規定を設けることに消極的な意見もあったが，①の代物給付義務については，代物弁済の合意後も，債務者は，本来の債務を

履行することによって債務を消滅させることができるか，それともその時点以降は代物を給付する義務に変容したと考えるかという問題があり，代物給付義務があるか否かは解釈論として必ずしも明らかではないという意見があった。
3　上記の規定の置き場所が問題となるところ，代物弁済による債権の消滅に関する規定を弁済の規定と一緒に置く方が分かりやすいという意見があったが，代物弁済の合意に関する規定の置き場所については，債権の消滅と密接に関連するから一緒に置くべきであるという意見と，別にすべきであるという意見とがあった。

(2)　第三者による代物弁済の可否
　　代物弁済にも民法第474条が類推適用され，同条の要件を充足する限り債務者以外の第三者も代物弁済をすることができることを，条文上明確にする方向で，更に検討してはどうか。
【部会資料10－2第1，6（関連論点）2［13頁］】

(議事の概況等)

　　第8回会議においては，本論点について，特段の異論はなかった。

6　弁済の内容に関する規定（民法第483条から第487条まで）
(1)　特定物の現状による引渡し（民法第483条）
　　民法第483条に関しては，本来，履行期における現状で引き渡すべき旨を定めた規定であるのに，これを引渡し時における現状と理解した上で，同条を瑕疵担保責任（同法第570条）に関する法定責任説の根拠とする立場があるなど，その規定内容が誤解されているとの指摘があり，また，実際に同条の規定が問題となる場面は乏しいことから，これを削除すべきであるという考え方がある。このような考え方の当否について，取引実務では任意規定としての同条の存在が意識されているという指摘もあることに留意しつつ，更に検討してはどうか。
【部会資料10－2第1，7(1)［14頁］】

(議事の概況等)

　　民法第483条を削除すべきであるという考え方は，この規定が実際に問題となる場面は乏しく，その重要性は必ずしも高くないと指摘されているとともに，同条の内容が誤解されているという問題点があるという問題意識に基づくものであるとされているが，第8回会議においては，同条が契約書を作成していない取引における行為規範になっており，実務上同条の内容が誤解されることによる問題も生じていないとして，同条を存置すべきであるという意見があった。これに対して，理論上の議論との関係で疑義が生じている問題について，一般論としては，可能な限り立法により疑義を明らかにする姿勢で臨むことが望ましいという意見もあった。

(2) 弁済をすべき場所，時間等に関する規定（民法第484条）
　弁済をすべき時間に関する商法の規定内容（商法第520条）は，商取引に特有のものではなく，民事一般の取引にも当てはまると考えられていることから，商法第520条に相当する民事の一般ルールの規定を民法に置く方向で，更に検討してはどうか。
　また，民法に事業者概念を取り入れる場合に，契約当事者の一方が事業者である場合の特則として，商法第516条を参照しつつ，債権者が事業者であるときには，特定物の引渡し以外の債務の履行は債権者の現在の営業所（営業所がないときは住所）においてすべきであるとの考え方（後記第62，3(2)①）が提示されている。このような考え方の当否について，更に検討してはどうか。
【部会資料10－2第1，7(2)［15頁］部会資料20－2第1，3(2)［16頁］】

（議事の概況等）

　第8回会議においては，商法第520条に相当する民事の一般ルールを民法に置くべきであるという考え方について，特段の異論がなかった。
　また，第20回会議においては，債権者が事業者であるときには，特定物の引渡し以外の債務の履行は債権者の現在の営業所（営業所がないときは住所）においてすべきであるとの考え方について，特段の意見がなかった。

(3) 受取証書・債権証書の取扱い（民法第486条，第487条）
　受取証書の交付と債務の履行とは同時履行の関係にあるのに対して，債権証書の返還との関係では債務の履行が先履行であるという解釈を条文上明確にする方向で，更に検討してはどうか。
【部会資料10－2第1，7(3)［16頁］】

（議事の概況等）

　第8回会議においては，本論点について，特段の異論がなかった。

7　弁済の充当（民法第488条から第491条まで）

　弁済の充当に関する民法第488条から第491条までの規定の内容については，合意による充当が優先すること，同法第491条が同法第488条の適用を排除するものであること，費用相互間，利息相互間又は元本相互間の充当の順序が問題となる場合における指定充当の可否について見解が分かれていること等，条文上必ずしも明確でない点があることを踏まえて，弁済の充当に関する規律の明確化を図る方向で，更に検討してはどうか。
　また，その際には，以下の各論点についても，検討してはどうか。
　① 債務者が数個の債務について元本のほか利息及び費用を支払うべき場合に，費用，利息及び元本の順番で充当すべきとする民法第491条第1項の規定を改

め，この場合には特定の債権ごとに充当する方向で見直すべきかどうかについて，検討してはどうか。
② 民事執行手続における配当が，同一の債権者が有する数個の債権の全てを消滅させるに足りない場合に，法定充当によるべきであるという判例法理を立法により見直し，合意による充当や指定充当（同法第 488 条）を認めるべきかどうかについて，執行実務に与える影響に留意しつつ，検討してはどうか。
③ 信託などを原因として，複数の債権者から同一の債務者に対する債権の取立てを委託された者が，これらの債権の回収をした場合等の充当のルールに関する明文の規定を設けるべきかどうかについて，検討してはどうか。

【部会資料 10 − 2 第 1，8 ［17 頁］，同（関連論点）［19 頁］】

(議事の概況等)

1　第 8 回会議，第 22 回会議及び第 25 回会議においては，弁済の充当に関する民法第 488 条から第 491 条までの規定を規律の明確化を図る方向で見直すべきであるという考え方について，弁済の充当に関する規定相互の関係が分かりにくいことから，場合によっては一つの条文に簡潔な形でまとめることも必要であるとする意見や，合意による充当が優先することを条文上明記すべきであるという意見があったほか，これに対して特段の異論はなかった。

2　このほか，①債務者が数個の債務について元本のほか利息及び費用を支払うべき場合に費用，利息及び元本の順番で充当すべきであるとする民法第 491 条第 1 項の規定を見直し，特定の債権から順番に充当することを認める考え方，②民事執行手続における配当が，同一の債権者が有する数個の債権の全てを消滅させるに足りない場合には，法定充当によるべきであるという判例法理を見直し，合意による充当や指定充当（同法第 488 条）を認める考え方，③複数の債権者が同一の債務者に対して債権を有する場合の充当のルールに関する明文の規定を設けるという考え方について，併せて検討すべきであるという意見があった。

①を挙げる意見は，複数の債権がある場合，実務的には特定の債権ごとに処理をしていくことが非常に多いこと，その方が債権管理上も便利であることや，債務者の認識としても分かりやすいということを理由とするものであった。その上で，債務者が充当の対象とする債権を指定した場合には，費用，利息及び元本の順番で充当することとし，他方，債権者が充当の対象とする債権を指定した場合は，元本，利息及び費用の順番で充当することにすればよいという考え方も併せて示された。

②を挙げる意見としては，判例は法定充当によるべきであるとしているものの，債権者も債務者も元本から先に充当することを希望する場合が多く，配当表に配当金額のみが明記されており，どの債権に充当されるか記載がないことから，実務上は，当事者間で合意により充当順序を変更しているということを紹介した上で，このような実務上の取扱いを踏まえて，立法により判例法理を見直すべきであるという意見のほか，会社更生手続において，更生担保権の目的物の価額が更生手続開始

後に発生した遅延損害金の額に満たなかった場合に，法定充当が適用された結果，主要な債権者である銀行が議決権を持たないという不都合な事態が生じたことがあるとして，倒産法上も問題が生じていることを指摘する意見もあった。これに対して，この考え方の当否については，執行実務に与える影響に留意しつつ，慎重に検討を行う必要があるとの意見があった。

　③を挙げる意見は，例えば，信託において，受託者が同一の債務者に対して，受益者の異なる複数の信託財産に属する複数の債権を有している場合や，信託財産としての債権と受託者固有の債権とを有している場合等において，充当に関する合意がなかったときに，充当の指定なく弁済されると，どの債権に充当してよいか明らかではないという問題があるため，複数の債権者が同一の債務者に対して債権を有する場合の充当のルールについて，明文の規定を設けることを検討すべきであるという意見であった。

8　弁済の提供（民法第492条，第493条）

(1)　弁済の提供の効果の明確化

　弁済の提供及びこれに基づく受領遅滞のそれぞれの具体的な効果が条文上不明確であるという問題が指摘されていることを踏まえて，弁済の提供の具体的な効果について，受領遅滞の規定の見直し（前記第7）と整合性を図りつつ，条文上明確にする方向で，更に検討してはどうか。

　また，利害関係を有しない第三者による弁済が認められる場合における，当該第三者による弁済の提供の効果を条文上明確にすべきかどうかについて，併せて検討してはどうか。

【部会資料10－2第1，9［20頁］】

（議事の概況等）

1　第8回会議においては，弁済の提供の具体的な効果を条文上明確にすべきであるという考え方について，特段の異論はなかった。

2　もっとも，債権者の同時履行の抗弁権の消滅が受領遅滞の効果であるとする考え方（部会資料10－2［21頁］）について，同時履行の抗弁権は，相手方が弁済の提供をするまで自分の債務の履行を拒絶できるというものであり，民法第533条もそのような文言になっていることを踏まえると，同時履行の抗弁権の消滅は，受領遅滞の効果というより弁済の提供の効果と考えるべきであるとした上で，この点は既に同条で明確に規定されていることから，改めて同法第492条で規定する必要はないという意見があった。また，同条について基本的に現状を維持することでよいとしつつ，「債務の不履行によって生ずべき一切の責任を免れる。」という文言で解除が認められないことまで含意されているか疑問であり，解除が認められないことを別途明記すべきではないかという意見があった。

　また，利害関係を有しない第三者による弁済が認められる場合における当該第三

者による弁済の提供の効果は，条文上明らかではないので，この点についても明確にすることを検討すべきであるという意見があった。この問題は，前記2(2)の問題と関連して，検討する必要がある。

(2) 口頭の提供すら不要とされる場合の明文化
　債権者が，契約そのものの存在を否定する等，受領拒絶の意思を明確にしている場合には，判例上，債務者は口頭の提供すらしなくても債務不履行責任を負わない場合があるとされている。このような判例法理を条文上明記するかどうかについて，この判例法理は賃貸借契約の特殊性を考慮したものであることから一般化すべきではないとの指摘や，労働契約で解雇が無効とされる事案において同様の取扱いがされているとの指摘があることに留意しつつ，更に検討してはどうか。
　また，口頭の提供すら不要とされる場合の一つとして，債務者において債務の実現につき債権者の受領行為以外に何らの協力を求める必要がなく，履行期及び履行場所が確定している取立債務において，債務者の口頭の提供がなくても遅滞の責任を負わないとした裁判例を明文化すべきかどうかについて，検討してはどうか。

【部会資料10－2第1，9（関連論点）［21頁］】

(議事の概況等)

1　第8回会議及び第22回会議においては，口頭の提供がなくても債務不履行責任を負わない場合があることを認めている判例法理を明文化すべきであるという考え方について，特に労働実務の観点から，使用者が解雇の意思表示をして，労務の受領をあらかじめ拒絶したという事例では，改めて労働者が口頭の提供をしなくても債務不履行責任を負わず，かつ，労働者が民法第536条第2項の「責めに帰すべき事由」を立証しなくても，使用者が労務受領拒絶に合理的な理由があることを立証しない限り，賃金請求が認められるという取扱いが一般的であるので，口頭の提供が不要とされる場合があることは明文化されることが望ましいという意見があった。これに対して，上記の判例法理は，賃貸借契約の特殊性を考慮したものであり，これを一般化する規定を設けることは適当ではないとする意見があった。
　なお，この判例の考え方を明文化する際には，例えば，休業命令のように期間を定めて労務の受領を拒否した場合も，受領拒絶の意思を明確にしている場合に該当するかという点等，労働実務に与える影響について留意すべきであるという意見があった。

2　第22回会議においては，口頭の提供すら不要とされる場合の一つとして，債務者において債務の実現につき債権者の受領行為以外に何らの協力を求める必要がなく，しかも確定の履行期及び履行場所が存するためにあらかじめ受領時期及び受領場所を債権者が知っている場合には，債務者が口頭の提供の責任を負うものではな

いとした裁判例（東京地判昭和30年6月13日判時58号18頁）を明文化すべきであるとの意見があった。もっとも，この裁判例は，取立債務について，債務者が履行の場所においてその期限までに弁済の準備をしておけば，債権者に対する通知がなくとも，履行遅滞の責任を負わないとしたものであり，かつ，債務者（借家人）が供託を続けていた事案である。学説上は，取立債務についてこの裁判例のような結論が導かれる理由について，履行遅滞の要件を充足していなからであるとする見解や，債務者が弁済の準備をしたことをもって「現実の提供」があったと考えることができるという見解等が主張されており，また，そもそも供託が続けられていたことからすると，受領拒絶の意思が明確にされていたとも言えることから，この裁判例を口頭の提供すら不要とされる独自の類型と位置付けることには異論があり得ることに留意しつつ，引き続き検討することが必要であると考えられる。

9 弁済の目的物の供託（弁済供託）（民法第494条から第498条まで）
(1) 弁済供託の要件・効果の明確化

　　①債権者の受領拒絶を原因とする供託で，判例は，債務者による弁済の提供が必要であるとしているが，そのことは条文上必ずしも明らかではないこと，②供託の基本的な効果は債権が消滅することであるが，供託後も弁済者が供託物を取り戻すことができるとされている（民法第496条第1項）こととの関係で，供託から取戻権の消滅までの間の法律関係が明らかではないこと，③供託の効果として債権者は供託物の還付請求権を取得するが，そのような供託の基本的な法律関係が条文上必ずしも明らかではないこと等が指摘されていることを踏まえて，弁済供託の要件・効果を条文上明らかにする方向で，更に検討してはどうか。

【部会資料10－2第1，10⑴［21頁］】

（議事の概況等）

1　第8回会議においては，弁済供託の要件・効果を条文上明らかにすべきであるという考え方について，賛成する意見があり，これに対して特段の異論はなかった。
2　なお，債権者代位権が行使された場合に，第三債務者としては，誰が真の債権者か不明な場合があることや，特に債権譲渡が競合した場合には，供託により債務者が免責される場合を現在よりも広く認めるべきであるということ等を指摘した上で，弁済供託の要件を拡張すべきであるという意見があった。

(2) 自助売却の要件の拡張

　　①金銭又は有価証券以外の物品の供託について，適当な保管者が選任される見込みが低い等の場合にも自助売却による供託が認められるよう，「弁済の目的物が供託に適しないとき」（民法第497条）という要件を拡張すべきかどうかや，②弁済の目的物が腐りやすい食品や変質のおそれがある薬品である等，物理的な価値の低下のおそれがある場合のほか，市場での価値の下落のおそれがある場合にも

自助売却が認められるように,「滅失若しくは損傷のおそれがあるとき」という要件を見直すべきかどうかについて,自助売却が広く認められることによる債権者の不利益にも配慮しつつ,更に検討してはどうか。

【部会資料10－2第1,10(2)［23頁］,同（関連論点）［25頁］】

（議事の概況等）

　　第8回会議においては,「弁済の目的物が供託に適しないとき」や「滅失若しくは損傷のおそれがあるとき」という自助売却の要件を拡張すべきであるという考え方について,受領遅滞への対応は必要であるとしつつも,債権者にとっては不利益に働く場合があるため,余りに広く認めすぎるのは問題であるという指摘があった。

10　弁済による代位（民法第499条から第504条まで）
(1)　任意代位の見直し

　　任意代位の制度に対しては,第三者による弁済を制限している同法第474条第2項との整合性を欠くという問題が指摘されているほか,債権者の承諾が要件とされている結果,債権者が任意代位を承諾しない場合には,債権者は弁済を受領しつつ弁済者には代位が認められなくなるという問題が指摘されている。これらの指摘を踏まえ,①任意代位の制度を廃止すべきであるという考え方や,②任意代位の制度を存置しつつ,その要件から,弁済と同時に債権者の承諾を得ることを不要とするという考え方に基づき制度を見直すべきかどうかについて,第三者による弁済の制度の見直しの検討結果を踏まえて,更に検討してはどうか。

【部会資料10－2第1,11(1)［26頁］】

（議事の概況等）

　　任意代位制度の見直しについては,①任意代位制度を廃止すべきであるという考え方と,②任意代位制度を存置しつつ,その要件から,弁済と同時に債権者の承諾を得ることを不要とするという考え方が紹介されている（部会資料10－2［26頁］参照）が,第8回会議においては,①を採用するか否かについて,第三者による弁済の制度の見直しについての検討と関連することに留意すべきであるという意見があった。また,利害関係を有しない第三者による弁済が債務者の意思に反する場合には,弁済を無効とすべきであるという考え方を前提として,②に賛成する意見があった。第三者による弁済の制度の見直しの検討結果を踏まえて,更に検討する必要があると考えられる。

(2)　弁済による代位の効果の明確化
ア　弁済者が代位する場合の原債権の帰すう

　　弁済により債権者に代位した者は,求償権の範囲内で原債権及びその担保権を行使することができる（民法第501条柱書）ところ,この場合に原債権が弁

済者に移転すると説明する判例の考え方に対しては，原債権と求償権という二つの債権が弁済者に帰属することになって法律関係が複雑化している等の問題が指摘されていることを踏まえて，弁済者が代位する場合の原債権の帰すうに関する法律関係を明確にする方向で，更に検討してはどうか。
　その具体的な規定内容としては，例えば，弁済者が代位する場合であっても原債権は弁済により消滅することを明記した上で，原債権の効力として認められた権利を代位者が行使できること等を定めるべきであるという考え方が示されている。このような考え方の当否について，原債権と求償権との関係に関する現在の学説・判例法理等に与える影響の有無に留意しつつ，更に検討してはどうか。

【部会資料10－2第1，11(2)ア［28頁］】

（議事の概況等）

　　第8回会議及び第22回会議においては，弁済により債権者に代位した者は，求償権の範囲内で原債権及びその担保権を行使することができるとされているが，この場合に原債権が弁済者に移転すると説明する判例の考え方について，実務上も混乱が生じており，法律関係を明確にする方向で整理すべきであるとする意見があり，これに対して特段の異論はなかった。
　　この場合の見直しの方向として，弁済者が代位する場合であっても原債権は弁済により消滅するとしつつ，原債権の債務名義を利用することができることや，担保権を代位行使する際の被担保債権の額を画するという機能等との関係に限って原債権を観念するという考え方（部会資料10－2［28頁］）があるところ，例えば，原債権の消滅時効を観念するのかどうかや，なぜ承継執行文の付与や担保権の実行が認められるのかが分かりにくいという指摘があり，このような考え方を採ることにより，現在よりも法律関係がどのように分かりやすくなるのか明確にすべきであるという意見があった。また，上記の考え方とは異なる方向を示唆するものとして，代位者は担保的に原債権を取得するものの，担保権を実行し，回収した場合には，求償権を回収したこととなり，求償権が消滅するという整理をすることができないかという意見があった。
　　なお，規定を見直す場合には，倒産法にも弁済による代位の場合の原債権の帰すうに関する規定（破産法第104条第4項）が置かれていることから，この規定の整理が必要になる点に留意すべきであるという意見や，例えば，破産手続開始決定後に第三者による弁済がされると，弁済をした第三者は，破産債権となる求償権を取得するとともに，弁済による代位によって財団債権となる原債権を取得することがあるが，この場合における求償権と原債権との関係に関する議論（求償権が破産債権とされていることにより，原債権の行使も制約されるか）にも留意すべきであるとの意見があった。

イ　法定代位者相互間の関係に関する規定の明確化
　民法第501条は，第1号から第6号までにおいて法定代位者相互間の関係に関する規定を置いているが，例えば，①保証人と第三取得者との関係（保証人が第三取得者に対して代位するために付記登記を要する場合），②保証人が複数いる場合における保証人相互間の規律，③物上保証人と債務者から担保目的物を譲り受けた第三取得者との関係，④保証人兼物上保証人の取扱い，⑤物上保証人から担保目的物を譲り受けた第三取得者の取扱い等は条文上明らかでないことから，これらの点を判例等を踏まえて明確にする方向で，更に検討してはどうか。
　また，これと関連して，以下のような判例法理についても，条文上明確にする方向で，更に検討してはどうか。
　㋐　法定代位者間で民法第501条各号所定の代位割合を変更する旨の特約が結ばれることがあるところ，保証人が物上保証人との間で締結した当該特約の効力を後順位抵当権者に対して主張することができるとするもの
　㋑　物上保証人所有の甲不動産と債務者所有の乙不動産に共同抵当が設定されており，甲不動産には後順位抵当権が設定されている場合に，先に甲不動産につき抵当権の実行による競売がされたときは，その後順位抵当権者が物上保証人に優先して乙不動産からの配当を受けることができるとするもの
　　　【部会資料10－2第1，11(2)イ[30頁]，同（関連論点）1[33頁]，
　　　　　　　　　　　　　　　　　　　　　同（関連論点）2[33頁]】

（議事の概況等）
　第8回会議においては，民法第501条の条文上明らかではない点について判例・学説を踏まえて明確にすべきであるという考え方について，特段の異論がなかった。
　また，法定代位者間で民法第501条各号所定の代位割合を変更する旨の特約が結ばれることがあるところ，保証人が物上保証人との間で締結した当該特約の効力を後順位抵当権者に対して主張することができるとする判例法理や，物上保証人所有の甲不動産と債務者所有の乙不動産に共同抵当が設定されており，甲不動産には後順位抵当権が設定されている場合に，先に甲不動産につき抵当権の実行による競売がされたときには，その後順位抵当権者が物上保証人に優先して配当を受けることができるとする判例法理を条文上明確にすべきであるという考え方についても，特段の異論がなかった。

(3)　一部弁済による代位の要件・効果の見直し
　ア　一部弁済による代位の要件・効果の見直し
　　一部弁済による代位の場合に代位者が単独で担保権を実行することを認めた判例法理を見直し，代位者は債権者との共同でなければ担保権を実行すること

ができない旨を明文で規定するかどうかについては，一部弁済による代位があった場合の抵当不動産からの配当上，原債権者が優先するという判例法理を明文化するかどうかと併せて，更に検討してはどうか。

　また，一部弁済による代位がある場合であっても，原債権者は単独で担保権の実行ができることを条文上明確にする方向で，更に検討してはどうか。

【部会資料10－2第1，11(3)［34頁］，(4)［35頁］，同（関連論点）［35頁］】

（議事の概況等）

1　第8回会議においては，一部弁済による代位の場合に，債権者との共同でなければ代位者が担保権を実行することができない旨を明文で規定すべきであるという考え方について，一部弁済による代位の効果に関して，抵当不動産からの配当上，債権者が優先するという判例法理を明文化するのであれば，代位者が単独で担保権を実行することを認めたとしても，それは，原債権者が債権全額の弁済を受けてなお余剰がある場合に限られることになるから，原債権者による換価時期選択の利益を確保するために，原債権者との共同でなければ代位者が担保権を実行することができないとする必要はないという意見があった。一部弁済による代位の効果と関連する問題として，要件・効果を併せて，更に検討すべきであると考えられる。

2　一部弁済による代位がある場合であっても，原債権者が単独で担保権の実行ができることを条文上明確にするという考え方については，特段の異論がなかった。

　　イ　連帯債務の一部が履行された場合における債権者の原債権と一部履行をした連帯債務者の求償権との関係

　　　　連帯債務の一部を履行した連帯債務者は，ほかの連帯債務者に対して求償権を取得するとともに，一部弁済による代位によって，原債権及びその担保権を行使し得ることになる（求償権並びに代位によって取得した原債権及びその担保権を「求償権等」と総称する。）が，この場合に連帯債務の一部を履行した連帯債務者が取得する求償権は，債権者の有する原債権に劣後し，債権者が原債権の全額の弁済を受領するまで，当該連帯債務者は求償権等を行使することができないことを条文上明確にするかどうかについて，検討してはどうか。

（議事の概況等）

　　第6回会議において，一部弁済の場合の連帯債務者間の求償については，債権者への弁済が完了するまでは，債権者に劣後することを明文化すべきであるとの意見があった。もっとも，この考え方に対しては，後記ウ（議事の概況等）のとおり，求償権等が原債権に劣後するという考え方に疑問を呈する意見があったことに留意する必要がある。

ウ　保証債務の一部を履行した場合における債権者の原債権と保証人の求償権の関係

　　保証債務の一部を履行することにより，保証人は，求償権を取得するとともに，一部弁済による代位によって，原債権及びその担保権を行使し得ることになる（求償権並びに代位によって取得した原債権及びその担保権を「求償権等」と総称する。）が，この場合に保証人が取得する求償権は，債権者の有する原債権に劣後し，債権者が原債権の全額の弁済を受領するまで，保証人は求償権等を行使することができないことを条文上明確にするかどうかについて，更に検討してはどうか。

【部会資料10－2第1，11(4)（関連論点）[36頁]】

（議事の概況等）

155　第8回会議及び第22回会議においては，保証人が保証債務の一部を履行した場合に，保証人が取得する求償権並びに代位によって取得した原債権及びその担保権（以下「求償権等」と総称する。）は，債権者の有する原債権に劣後し，債権者が原債権の全額の弁済を受領するまで，保証人は求償権等を行使することができないことに関する明文の規定を設けるべきであるという考え方に賛成する意見があったが，これに対して，求償権等が原債権に劣後するという考え方に疑問を呈する意見もあった。

(4)　債権者の義務
　ア　債権者の義務の明確化
　　弁済による代位に関連する債権者の義務として，解釈上，①不動産担保権がある場合の代位の付記登記に協力すべき義務や，②債権者の担保保存義務が認められていることから，これらに関する明文の規定を設ける方向で，更に検討してはどうか。
　　また，②の担保保存義務に関し，合理的な理由がある場合には債権者が担保保存義務違反を問われないとする方向で規定を設けるべきかどうかについては，法定代位をする者の代位の期待の正当性（特に保証人の保護の要請）にも留意しつつ，規定を強行規定とすべきかという点も含めて，更に検討してはどうか。

【部会資料10－2第1，11(5)[36頁]，同（関連論点）1[37頁]】

（議事の概況等）

1　第8回会議においては，弁済による代位に関連する債権者の義務として，①不動産担保権がある場合の代位の付記登記に協力すべき義務や，②債権者の担保保存義務に関する明文の規定を設けるべきであるという考え方について，特段の異論がなかった。

2　②の担保保存義務に関し，合理的な理由がある場合には債権者が担保保存義務違反を問われないとする方向で規定を設けるべきであるという考え方については，債権者の行為の合理性だけを考慮するのではなく，法定代位をする者の代位の期待の正当性，特に保証人保護の要請が強調されているということを踏まえ，両者の観点を併せて検討すべきであるという意見があった。

　また，この規定を強行規定とするのか，それとも任意規定とするかという点も論点として検討すべきであるという意見があった。

イ　担保保存義務違反による免責の効力が及ぶ範囲

　債権者が担保保存義務に違反して担保の喪失等をした後に，抵当不動産を物上保証人や第三取得者から譲り受けた第三者が，担保保存義務違反による免責の効力を債権者に対して主張することができるかという問題がある。この問題について，判例は，債権者が故意又は懈怠により担保を喪失又は減少したときは，民法第504条の規定により，担保の喪失又は減少によって償還を受けることができなくなった金額の限度において抵当不動産によって負担すべき責任の全部又は一部は当然に消滅し，当該不動産が更に第三者に譲渡された場合においても，責任消滅の効果は影響を受けないとしていることから，このような判例法理を条文上明確にするかどうかについて，更に検討してはどうか。

【部会資料10－2第1，11(5)（関連論点）2［37頁］】

（議事の概況等）

　第8回会議においては，債権者が担保保存義務に違反して担保の喪失等をした後に，物上保証人や第三取得者から抵当不動産を譲り受けた第三者が，担保保存義務違反による免責の効力を債権者に対して主張することができるかどうかという点に関する判例法理を条文上明確にすべきであるという考え方について，特段の意見がなかった。

第18　相殺

1　相殺の要件（民法第505条）
(1)　相殺の要件の明確化
　「双方の債務が弁済期にある」ことを相殺の要件とする民法第505条第1項の規定を見直し，受働債権の弁済期が到来していない場合でも相殺が認められるとしている判例法理を明記することの当否については，特に相殺の遡及効を維持する場合に，これが相殺適状の要件を見直すものか，あるいは相殺適状の要件は見直さず，期限の利益を放棄して相殺をすることができることを明記するものかという点が問題となることに留意しつつ，更に検討してはどうか。
　また，自働債権について相手方の抗弁権が付着している場合に相殺が認められないという判例法理を条文上も明確にする方向で，更に検討してはどうか。
【部会資料10－2第2，2(1)［40頁］】

（議事の概況等）

1　第8回会議においては，相殺の要件について受働債権の弁済期が到来していない場合でも相殺が認められるとしている判例法理を明記すべきであるという考え方について，現在の判例法理は，双方の債務が弁済期にあることが相殺適状の要件であるものの，期限の利益を放棄することによって，受働債権の弁済期が到来していない場合でも相殺できるというものであるから，判例法理を明文化する際には，これをそのまま明文化すべきであり，相殺適状の要件を見直して，受働債権の弁済期の到来を相殺適状の要件としないという規定とすべきではないという意見があった。この点については，特に相殺の効果について引き続き遡及効を認めることとした場合に，どの時点までの遅延損害金が発生するかという問題と関係するので，相殺の効果についての検討結果を踏まえて，検討すべきであるという指摘もあった。
　なお，受働債権の弁済期が到来していない場合でも相殺が認められることを明文化する際には，期限の利益が債権者のためにある場合もあり，この場合に相殺をした相殺権者は損害賠償責任を免れないという現在の考え方が維持されるべきであるという意見があった。
2　自働債権について相手方の抗弁権が付着している場合に相殺が認められないという判例法理を条文上も明確にすべきであるという考え方について，特段の異論はなかった。

(2)　第三者による相殺
　自己の債権で他人の債務を消滅させるという第三者による相殺（下図のBが甲債権を自働債権，乙債権を受働債権としてする相殺）についても，その者が「弁

済をするについて正当な利益を有する者」である場合には認められる旨の明文の規定を設けるべきであるという考え方がある。このような考え方については，第三者による相殺が認められることによって，①Ｂが無資力のＡから事実上の優先弁済を受け，Ｂ以外のＡの債権者の利益が害されるという問題や，②Ａが無資力のＢに対して反対債権を有する場合に，Ｂが甲債権をあえて乙債権と相殺することを認めると，ＡのＢとの相殺の期待が害されるという問題のように，弁済と相殺との問題状況の違いに応じて，その要件を第三者による弁済の場合よりも制限する必要があるという指摘があることにも留意しつつ，更に検討してはどうか。

また，規定を設ける場合には，受働債権の債権者（下図のＡ）が無資力となる前に三者間の合意により相殺権が付与されていた場合の当該合意の効力に関する規定の要否についても，検討してはどうか。

【部会資料10－2第2，2⑵［41頁］】

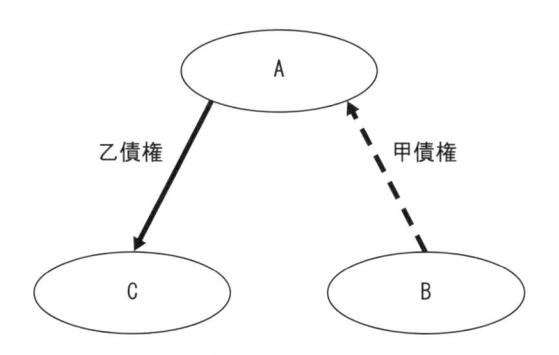

(議事の概況等)

1　第8回会議においては，第三者による相殺（上図のＢが甲債権を自働債権，乙債権を受働債権としてする相殺）に関する規定を設けるべきであるという考え方については，特に倒産手続開始決定後に，第三者による相殺の可否が問題になることが多いということを指摘した上で，まず，民法で原則となる規定を設けた上で，必要に応じて，倒産法で関連する規定を設けることが望ましいという意見があり，これに対して特段の異論はなかった。

2　もっとも，第三者による相殺は，第三者による弁済の場合とは異なり，実際にＡに対して給付が行われないこと等から，第三者による弁済とは問題状況が異なるとして，これを第三者による弁済と同様の要件で認めることに反対する意見があった。

第一は，Ａが無資力の場合に，ほかのＡの債権者に損害を与えるおそれがあるという問題を指摘する意見であった。具体的には，Ａの従業員の労働債権には一般先取特権が認められており，Ｂの債権よりも優先するはずであるのに，Ｂによる相殺

が認められると，労働債権の回収が困難になるという問題や，Aが無資力の場合にはBの有する甲債権の価値は券面額以下であるにもかかわらず，乙債権と対当額で相殺が認められるのは不当であるという問題を指摘する意見であった。

　第二は，Bが無資力の場合に，Aに損害を与えるおそれがあるという問題を指摘する意見であった。具体的には，Aが銀行で，Bが甲債権（預金債権）を有していた場合に，AはBに対して丙債権という反対債権を有しており，甲債権との相殺により丙債権を回収することを期待していたところ，Bが甲債権と乙債権とを相殺することにより，Aには不良債権である丙債権だけが残ってしまう場合があるという問題を指摘するものであり，この問題に対応するために，Bによる甲債権と乙債権との相殺には，Aの承諾を要件とするか，Aからの相殺の抗弁を認めるべきであるという意見であった。

　以上のような問題があることを踏まえて，第三者による相殺の要件を絞り込むことが必要であると指摘した上で，その際には，倒産手続開始決定後の局面も視野に入れつつ，検討すべきであるという意見があった。

3　以上のほか，規定を設ける場合に，第三者による相殺が認められる者の要件として「弁済をするについて正当な利益を有する者」という概念を参考にすることに対して，この概念は外縁が不明確であるとして，第三者による弁済の見直しと併せて，検討すべきであるという意見や，受働債権の債権者（上図のA）が無資力となる前にA，B及びCの三者間の合意により相殺権が付与されていた場合の当該合意の効力について検討すべきであるという意見があった。

(3)　相殺禁止の意思表示
　　民法第505条第2項の「善意」の意義について，善意であっても重大な過失によって相殺禁止の意思表示があることを知らなかった場合が除外されることを条文上明確にする方向で，更に検討してはどうか。

【部会資料10－2第2，2(3)［43頁］】

159　（議事の概況等）
　　　第8回会議においては，本論点について，特段の異論がなかった。

2　相殺の方法及び効力
　(1)　相殺の遡及効の見直し（民法第506条）
　　　民法第506条は，相殺に遡及効を認めているところ，この規定内容を見直し，相殺の意思表示がされた時点で相殺の効力が生ずるものと改めるべきであるという考え方がある。このような考え方の当否について，遡及効が認められなくなることにより特に消費者に不利益が生ずるおそれがあるという指摘があることに留意しつつ，任意規定として遡及効の有無のいずれを規定するのが適当かという観点から，更に検討してはどうか。

【部会資料10-2第2，3［43頁］】

（議事の概況等）
1 　第8回会議においては，相殺の遡及効を認める民法第506条を見直し，相殺の意思表示がされた時点で相殺の効力が生ずることとすべきであるという考え方に対して，反対する意見や慎重に検討すべきであるとする意見が多く出された。
　その理由としては，当事者間の公平の観点から望ましくないという点を挙げるものが多く，これらの意見はいずれも，具体的な例として，消費者と事業者（特に銀行）との間で相殺が問題となる場合の不都合を指摘するものであった。すなわち，そのような場合には，通常，事業者側の債権の利息の方が，消費者側の債権の利息よりも高いところ，相殺の遡及効を認めないこととすると，消費者側からの相殺が遅れるほど利息の差額が高額となり，消費者が不利益を受けるおそれがあるということを指摘するものである。また，同様の問題は，中小企業についても生じ得ると指摘する意見もあった。
　その上で，相殺の意思表示の時に相殺の効力を生じさせるという当事者間の特約の効力は一般的には認めてよいが，相殺の意思表示の時期が著しく遅れたこと等により上記のような不都合が生ずる場合には，消費者契約法や権利濫用の法理によって，当該特約の効力を否定し，消費者等を救済すべきであるという意見があった。
2 　以上のような意見に対して，相殺の遡及効を認めることにより，相殺適状の生じた時に遡及して相殺の効力が生ずるとしても，期限の利益を放棄して相殺の意思表示をする場合には，期限の利益を放棄した時点で相殺適状が生ずるのであり，結局意思表示をした時点で相殺の効力が生ずることになるのだから，遡及効を認めたとしても，消費者等の保護につながるか疑問であるという意見があった。
　また，相殺適状により債権債務が清算されているという当事者の期待の保護の必要性は必ずしも高いとは言えないことや，相殺の遡及効を認める考え方が，必ずしも相殺の要件として意思表示を必要とする制度と親和的であるわけではないという指摘も理解できるとして，何がデフォルトルールとして適当であるかという観点から，相殺の意思表示の時に相殺の効力を認める考え方の採否による得失を引き続き検討すべきであるという意見もあった。
3 　以上のほかにも，特に預金債権を担保として銀行が貸付をしている場合や両建預金のように最初から互いに担保視しているような債権債務を相殺する場合には，遡及効を認めるのはなじまないが，他方で，それ以外の場合には，遡及効を認めるのが公平と言える場合もあると思われ，一律に議論するのは難しいのではないかという意見もあった。

(2) 時効消滅した債権を自働債権とする相殺（民法第508条）の見直し
　民法第508条を見直し，時効期間が満了した債権の債務者に，時効援用の機会を確保するという視点から，①債権者Aは，時効期間の経過した自らの債権の債

務者Ｂが時効を援用する前に，当該債権を自働債権として相殺の意思表示をすることができるが，②その場合も，債務者Ｂは，Ａによる相殺の意思表示後の一定の期間内に限り，時効を援用することができるものとするという考え方がある。このような考え方の当否について，債務者の相殺の期待を保護すべきであるとの意見や，時効制度の見直しの検討結果を踏まえて，更に検討してはどうか。

【部会資料10－２第２，３（関連論点）１［45頁］】

（議事の概況等）

1　第８回会議においては，民法第508条の見直しが時効制度の在り方と関係する問題であることから，時効制度について検討した上で，改めて検討すべきであるという意見があった。
2　上記を前提として，この点についての議論がされたが，民法第508条を見直すと，自らの債権の時効完成を防ぐことができなかった消費者が相殺の機会を奪われるという事態が生じ得る等，これまで相殺が認められてきた者がその機会を失って不利益を受けることになるが，相対立する債権があるときには，相殺による回収が可能であると期待して債権を行使しないことがあるところ，そのような期待に基づき自働債権の時効期間が満了したとしても必ずしも非難に値しないため，相殺の期待を保護すべきである等として，慎重に検討すべきであるという意見が多く出された。具体例としては，過払金返還請求権について時効が完成していた場合に，借入債務と相殺することによって，消費者を保護するという事例が多くあるが，このような相殺ができなくなってしまうという事態が挙げられた。

　これに対して，民法第508条の規定は，消滅時効の法律構成について不確定効果説を採る現在の判例が確立する前のものであり，そのために内容に不明確な点が残っていることから，部会資料で紹介された考え方も視野に入れつつ，見直すことが必要ではないかという意見もあった。

(3)　充当に関する規律の見直し（民法第512条）

　　自働債権又は受働債権として複数の債権があり，当事者のいずれもが相殺の順序の指定をしなかった場合には，判例は，元本債権相互間では相殺適状となった時期の順に従って相殺し，その時期を同じくする元本債権相互間及び元本債権とこれについての利息・費用債権との間では，民法第489条及び第491条を準用して相殺充当を行うとしている。そこで，相殺の遡及効を維持する場合には，このような判例法理を条文上明らかにすることの当否について，更に検討してはどうか。

　　他方，相殺の意思表示の時に相殺の効力が生ずるものとする場合には，上記の判例法理は妥当しなくなるが，民法第489条第２号の「債務者のために弁済の利益の多いもの」から充当するという規定を相殺に準用している同法第512条によると，相殺の場合には，当事者双方が債務者であることから，いずれの当事者の

ために利益の多いものから相殺すべきかが明らかではないという問題がある。そこで，同条を見直し，相殺の意思表示をした者のために利益が多いものから順に充当するという規定に改めることの当否について，更に検討してはどうか

【部会資料10－2第2，3（関連論点）2［46頁］】

(議事の概況等)

　第8回会議においては，相殺の効力の見直しに伴って，相殺の充当に関する規律を見直すべきであるという考え方について，特に意見がなかった。相殺の効力の見直し（前記(1)）についての検討結果を踏まえて，更に検討すべきであると考えられる。

3　不法行為債権を受働債権とする相殺（民法第509条）

　不法行為債権を受働債権とする相殺の禁止（民法第509条）については，相殺による簡易な決済が過剰に制限されている等の問題意識から，相殺禁止の範囲を限定するかどうかについて，被害者の保護に欠けるおそれがあるとの指摘や当事者双方の保険金請求が認められている保険実務への影響等に留意しつつ，更に検討してはどうか。
　仮に相殺禁止の範囲を限定するとした場合には，以下のような具体案について，更に検討してはどうか。
　［A案］民法509条を維持した上で，当事者双方の過失によって生じた同一の事故によって，双方の財産権が侵害されたときに限り，相殺を認めるという考え方
　［B案］民法509条を削除し，以下のいずれかの債権を受働債権とする場合に限り，相殺を禁止するという考え方
　　(1)　債務者が債権者に損害を生ぜしめることを意図してした不法行為に基づく損害賠償請求権
　　(2)　債務者が債権者に損害を生ぜしめることを意図して債務を履行しなかったことに基づく損害賠償請求権
　　(3)　生命又は身体の侵害があったことに基づく損害賠償請求権（(1)及び(2)を除く。）

【部会資料10－2第2，4［48頁］】

(議事の概況等)

　第8回会議及び第22回会議においては，民法第509条において不法行為債権を受働債権とする相殺が禁止されている範囲を現状よりも限定すべきであるという考え方について，賛成する意見と反対する意見とがあった。
　賛成する意見は，不法行為債権を受働債権とする相殺が禁止される範囲が広く，決済が過剰に制限されているという問題を指摘した上で，不法行為債権を受働債権とする相殺が禁止された趣旨にも留意しつつ，相殺が認められる範囲を検討すべき

であるという意見であった。
　他方，反対する意見として，相殺が認められることにより，被害者の保護に欠けるおそれがあるとする意見や，合意による相殺が認められているのだから，それで十分であり，あえて法定相殺を認める必要はなく，過失による損害賠償請求についても，原則としてはお互いに支払うこととする方が，当事者双方の保険金請求が認められている保険実務において有利であるし，あえて相殺が禁止される範囲を限定する必要はないのではないかという意見があった。

4　支払の差止めを受けた債権を受働債権とする相殺の禁止（民法第511条）

　（前注）この「第18，4　支払の差止めを受けた債権を受働債権とする相殺の禁止」においては，以下の定義に従うこととする。
　　「差押債権者」… 差押債務者の有する債権を差し押さえた者
　　「差押債務者」… 自らが有する債権につき差押えを受けた者
　　「第三債務者」… 差押債権者による差押えを受けた債権の債務者

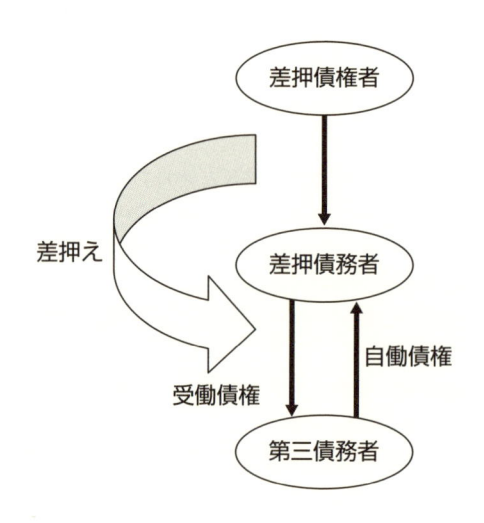

(1)　法定相殺と差押え

　受働債権となるべき債権が差し押さえられた場合に，第三債務者が相殺することができるためには，差押え時に自働債権と受働債権の弁済期がいずれも到来していなければならないか，また，到来している必要がないとしても自働債権と受働債権の弁済期の先後が問題となるかという点について，条文上明確にしてはどうか。
　その際には，受働債権の差押え前に取得した債権を自働債権とするのであれば，自働債権と受働債権との弁済期の先後を問わず相殺をすることができるとす

る判例法理（無制限説）を前提としてきた実務運用を尊重する観点から，無制限説を明文化することの当否について，無制限説により生じ得る不合理な相殺を制限するために無制限説を修正する必要があるとの意見があることに留意しつつ，更に検討してはどうか。

【部会資料 10 − 2 第 2，5(1)［51 頁］】

（議事の概況等）

1　第 8 回会議においては，受働債権となるべき債権が差し押さえられた場合に，第三債務者が相殺することができるためには，差押え時に自働債権と受働債権の弁済期がいずれも到来していなければならないか，また，到来している必要がないとしても自働債権と受働債権の弁済期の先後が問題となるかという点について，条文上明確にすべきであるという考え方に対しては，特段の異論がなかった。

2　その上で，受働債権の差押え前に取得した債権を自働債権とするのであれば，自働債権と受働債権との弁済期の先後を問わず，相殺をすることができるとする判例法理（無制限説）を明文化すべきであるという意見があった。

　その理由として，実務では無制限説を前提とした運用が長年積み重なってきており，また，様々な業態のサービスに相殺の無制限説を前提としているものがあるという実態を重視すべきであるということを挙げる意見，相対立する債権債務があるときには，自らの債務が自らの債権の担保的機能を果たしていると期待している第三債務者を，差押債権者よりも保護すべきであるということを挙げる意見，特に債権回収の手段が多くない中小企業は，相殺の担保的機能に期待をしているということを挙げる意見，民事再生法・会社更生法上の相殺禁止規定が無制限説を前提としていると思われることとの整合性を採るべきであるということを挙げる意見があった。

3　これに対して，無制限説は，①第三債務者が，自働債権の弁済期が到来していないが受働債権の弁済期が到来している場合に，受働債権の弁済を拒みつつ，自働債権の弁済期が到来した段階で相殺することを許容する点で不当であるという意見があった。また，相殺すらできない差押債権者の差押えへの期待を一定程度保護するために相殺を制限する必要があるという観点から，②差押えの時点で両債権の弁済期が未到来の場合は，自働債権の弁済期が受働債権の弁済期より先に到来する場合に限り，相殺を対抗することができるという考え方（制限説）を採用すべきであるという意見や，一定の取引類型について無制限説を採用することを認めつつ，それ以外の取引類型については制限説を採用して相殺を対抗することができる場合を制限すべきであるという意見があった。

　これらの意見に対しては，まず①について，通常，期限の利益喪失条項が付されていることから，受働債権の弁済を拒み，債務不履行状態を長期間継続させた上で，自働債権の弁済期が到来した時点で相殺するという不当な相殺が行われることはほとんどないという意見，相殺ができる場合には少なくとも自働債権は履行遅滞

に陥っていることになり，履行遅滞を前提とする制度であるから，指摘されるような相殺は必ずしも不当ではないという意見や，差押債権者の期待を保護する必要はないとする意見があった。また，②については，なぜ，偶然によって決せられる自働債権と受働債権との弁済期の先後によって相殺の可否が決せられるか疑問であるという意見，制限説を採った場合には，期限の利益喪失事由により弁済期を操作することが重要になるが，その結果，法的知識に乏しい者が相殺することができなくなる点で公平ではないという意見，制限説を採った場合，金融機関が借り手の負担軽減のために返済期限の延長を行うと，それにより相殺が認められなくなるおそれが生ずることから，金融機関が返済期限の延長に慎重になるおそれがあるという意見等，制限説を採ることに反対する意見があった。このほか，制限説を採らなくても，不当な相殺については，相殺権の濫用として相殺の効力が否定されるという意見もあった。

(2) **債権譲渡と相殺の抗弁**

債権の譲受人に対して債務者が相殺の抗弁を主張するための要件について，法定相殺と差押えに関する規律（上記(1)）に従うことを条文上明確にするかどうかについては，法定相殺と差押え，譲渡禁止特約の効力及び転付命令と相殺との関係に関する検討結果を踏まえて，債権譲渡取引に与える影響にも留意しつつ，更に検討してはどうか。

【部会資料10－2第2，5(1)（関連論点）1［54頁］】

（議事の概況等）

1　第8回会議においては，債権譲渡と相殺の抗弁との関係については，法定相殺と差押えとの関係について無制限説を採用したとしても，債権譲渡の場合には，譲渡代金を支払う譲受人の保護の必要性があることから，将来相殺できる地位・利益を一律に保護してよいか疑問であるという意見があった。その上で，この場合には，抗弁が切断される時点までに債務者が譲渡人に対する債権を取得しており，かつ，その時点で既に相殺適状にあった場合に限り，相殺することができるとする規定を置くという考え方を採るべきであるという意見のほか，事案に応じた解決を可能とするため，現時点では規定を設けない方がよいという意見もあった。

これに対して，抗弁が切断される時点までに債務者が譲渡人に対する債権を取得していれば，自働債権と受働債権の弁済期の先後を問わず，相殺することができるとする規定を置くという考え方が望ましいとしつつ，この問題は，債権の譲渡禁止特約の効力と関連する問題であり，譲渡禁止特約の効力が現在よりも大幅に否定されるような考え方が採られない限り，どのような考え方も採り得るとする意見もあった。

2　以上のほか，この問題を検討する際には，転付命令と相殺の関係の問題についても併せて検討すべきであるとする意見もあった。これは，特に相殺の遡及効が否

定された場合には，転付命令に相殺の効力を対抗できないという考え方が採られる可能性があるとした上で，転付命令は差押えが前提となるものであるが，債権者の地位が移転するという点で債権譲渡に類似することから，債権譲渡についても，転付命令と同様の結論になるという懸念があるとする意見であった。

(3) 自働債権の取得時期による相殺の制限の要否

　　差押えや仮差押えの申立てがあった後，差押命令や仮差押命令が第三債務者に送達されるまでの間に，第三債務者が，当該差押え等の申立てを知った上で取得した債権を自働債権とする相殺は，民法第511条による相殺の制限を潜脱しようとするものである場合があることから，このような場合には相殺の効力を認めないとする旨の規定を新たに設けるべきであるという考え方がある。このような考え方の当否について，例外的に相殺の効力を認めるべき場合の有無も併せて検討する必要がある（破産法第72条第2項各号参照）との指摘に留意しつつ，更に検討してはどうか。

　　また，支払不能となった債権者に対して債務を負う者が，支払不能後に新たに取得した他人の債権を自働債権として相殺する場合の相殺の効力を，民法で制限することの要否についても，検討してはどうか。

【部会資料10－2第2，5(2)（関連論点）2［55頁］】

(議事の概況等)

　第8回会議及び第22回会議においては，差押えや仮差押えの申立てがあった後，差押命令や仮差押命令が第三債務者に送達されるまでの間に，第三債務者が，当該差押え等の申立てを知った上で取得した債権を自働債権とする相殺の効力を認めないとする旨の規定を新たに設けるべきであるという考え方について，審議が行われた。そこでは，この考え方が破産法第72条第1項第4号を参照して提案されたものであると指摘した上で，破産法上は，形式的に同号の要件を充足したとしても，相殺の期待を保護すべき場合には同法第72条第2項各号により例外的に相殺が認められることとなるので，このような例外を認めるべき場合の有無について，併せて検討すべきであるとの意見があった。また，この考え方が想定している適用場面は，差押命令の申立てから送達時までのごく短い期間であることを指摘し，規定を設ける必要性について疑問を呈する意見もあった。

　また，差押えとの関係だけではなく，支払不能となった債権者に対して債務を負う者が，支払不能後に新たに取得した他人の債権を自働債権として相殺する場合の相殺の効力を，民法で制限することの要否についても，検討すべきであるという意見があった。

(4) 相殺予約の効力

　　差押え又は仮差押えの命令が発せられたこと等の事由が生じた場合に期限の利

益を喪失させる旨の合意や，その場合に意思表示を要しないで相殺の効力が生ずるものとする旨の合意に関して，判例は，相殺予約の効力を，特に制限なく差押債権者等に対抗することができるという考え方を採っているとの見解が有力であるが，学説上は，相殺予約は差押えによる債権回収を回避するものであり，その効力を合理的な範囲に限定すべきであるという見解が主張される等，判例の結論に対しては，なお異論があるところである。相殺予約の効力を差押債権者又は仮差押債権者（差押債権者等）に対抗することの可否に関する明文の規定を設けるかどうかについては，自働債権と受働債権の弁済期の先後によって，相殺予約の効力を差押債権者等に対抗することの可否を決するという考え方は採らないことを確認した上で，その効力を一律に認めるという考え方（無制限説）を採るべきか，それとも一定の場合にその効力を制限すべきかについて，更に検討してはどうか。

【部会資料10－2第2，5(2)［57頁］】

（議事の概況等）

1　差押え又は仮差押えの命令が発せられたこと等の事由が生じた場合に期限の利益を喪失させる旨の合意や，その場合に意思表示を要しないで相殺の効力が生ずるものとする旨の合意（相殺予約）に関しては，これらの相殺予約の効力を第三者である差押債権者又は仮差押債権者（差押債権者等）に対抗することの可否について明文の規定を設けるかどうかという点が議論されてきた。第8回会議においては，この点について，相殺予約の効力を差押債権者等に対抗することができるのは，自働債権の弁済期が受働債権の弁済期よりも先に到来する場合に限られるという考え方も紹介されたが，これに賛成する意見はなかった。

2　その上で，相殺予約の効力を一律に認めるという考え方（無制限説）を採るべきであるとする意見と，一定の場合にその効力を制限すべきであるという意見の双方が出された。

　無制限説を採るべきであるとする意見には，理由として，第三債務者の相殺の利益は，たまたま差押えをしてきた差押債権者の利益に比して保護されるべきであるから，相殺予約によって，直ちに相殺により回収することを当然に認めるべきであるとすることを挙げる意見があった。

　これに対して，一定の場合に相殺予約の効力を制限すべきであるという意見としては，差押債権者等に対抗することができるのは，自働債権及び受働債権が，相互に信用を供与しあうという社会的な定型性を有すると認められる関係にある場合に限られるという考え方に賛成する意見があった。これは，この考え方が利益衡量の観点からバランスがよいという評価があり得るということや，判例（最（大）判昭和45年6月24日民集24巻6号587頁）がこの考え方を採っているという解釈論があり，無制限説を明文化したとしても，なおこの解釈論が主張し続けられる可能性があるため，できるだけ明確な形でこの解釈論を明文化することも検討に値するとい

うことを理由とするものであった。もっとも，この考え方に対しては，条文化することが難しいと思われる反面，相殺が問題となる場合のほとんどはこの考え方によっても相殺予約の効力が認められるはずであるので，わざわざこの考え方を条文化する必要がないという意見や，実務において，相互に債権を持ちあう取引には様々な類型があることから，条文を設ける場合には慎重に検討すべきであるという意見があった。

　また，無制限説が，仮差押えの命令が発せられたことにより期限の利益を喪失させるとの合意の効力を認めることに対して，仮差押えは，被担保債権の有無が明らかではない状況でも認められるにもかかわらず，これによって期限の利益が喪失し，相殺されることを認められるのが適当と言えるか疑問であるとして，仮差押えに基づく相殺予約の効力を制限することの要否を検討すべきであるという意見もあった。

5　相殺権の濫用

　個別的な相殺禁止の規定に抵触するわけではないが，一般債権者との関係で公平の理念に反する等の場合に，権利濫用の法理により相殺が認められないとされる場合がある（相殺権の濫用）。このような場合があること及びその要件に関する明文の規定を設けることの当否について，特に自働債権の取得時期との関係で相殺権の濫用の問題が生じるということに留意しつつ，更に検討してはどうか。

【部会資料10－2第2，6［61頁］】

（議事の概況等）

　第8回会議及び第22回会議においては，相殺権の濫用として相殺が認められない場合があること及びその要件に関する明文の規定を設けるべきであるという考え方について，賛成する意見と反対する意見との双方があった。規定を設けることに反対する意見は，相殺権の濫用は権利濫用の問題であり，権利濫用の一般規定があれば足りるとするものであったが，これに対して，規定を設けることに賛成する意見は，相殺の効力を広く認める場合には相殺権の濫用による制約が重要となることから，特別の定めをおくことに意義があるのではないかとするものであった。

　規定を設ける場合には，特に，同行相殺や担保付債権との相殺（部会資料10－2［61頁］参照）は，判例でも相殺権の濫用には当たらないとされており，原則として，相殺権の濫用ではないということに留意すべきであるという意見があった。そして，この意見に関連して，判例で同行相殺について相殺権の濫用が問題となったのは，その債権の取得時期に問題があったということが理由であったことを踏まえて，自働債権の取得時期による相殺の制限の要否（前記4(3)）の問題や，支払不能・危機時期に陥った相手方に対する債権を支払不能後に新たに取得した上で，これを自働債権とする相殺についての制限の要否について，相殺権の濫用の問題と関連させて検討すべきであるという意見があった。

第19 更改

1 更改の要件の明確化（民法第513条）
(1) 「債務の要素」の明確化と更改意思

民法第513条において更改の要件とされている「債務の要素」の具体的内容をできる限り条文上明記するとともに，当事者が更改の意思（特に，旧債務を消滅させる意思）を有することを更改の要件とする判例法理を条文上明確にする方向で，更に検討してはどうか。

【部会資料10－2第3，2(1) [63頁]】

（議事の概況等）

第8回会議においては，民法第513条において更改の要件とされている「債務の要素」の具体的な内容をできる限り条文上明記すべきであるという考え方について，特段の異論はなかった。

また，当事者が更改の意思を有することを更改の要件とする判例法理を条文上明確にすべきであるという考え方に賛成する意見があり，これに対して特段の異論はなかった。

(2) 旧債務の存在及び新債務の成立

更改が効力を生ずるための要件として，旧債務が存在することと新債務が成立することが必要であることを条文上明記する方向で，更に検討してはどうか。

【部会資料10－2第3，2(2) [65頁]】

（議事の概況等）

第8回会議においては，本論点について，特段の異論はなかった。

2 更改による当事者の交替の制度の要否（民法第514条から第516条まで）

更改による当事者の交替の制度は，今日では債権譲渡や免責的債務引受と機能が重複しているという問題意識を踏まえて，債務者の交替による更改及び債権者の交替による更改の規定（民法第514条から第516条まで）をいずれも削除する方向で，更に検討してはどうか。

また，当事者を交替する旨の合意が更改に含まれないことを明らかにする観点から，債権者の交替による更改に相当する内容の合意があった場合には，債権譲渡の合意があったものとみなし，債務者の交替による更改に相当する内容の合意があった場合には，免責的債務引受の合意があったものとみなす旨の規定を設けることの要否についても，更に検討してはどうか。

【部会資料 10 － 2 第 3，3［66 頁］】

(議事の概況等)

　第 8 回会議においては，更改による当事者の交替の規定を削除すべきであるという考え方について，特段の異論がなかった。
　また，更改による当事者の交替の合意は，債権譲渡又は免責的債務引受の合意とみなす旨の規定を設けるべきであるという考え方について，そのような更改の実務上の必要性が本当にないかどうかが重要であり，必要性がないとまで言えないのであれば，当事者の交替による更改は債権譲渡又は債務引受と推定するという程度の規定を置けばよいのではないかという意見があったが，これに対して，実務上の経験としては，更改による当事者の交替を利用したことがないという意見や利用されているのを見たことがないという意見があった。また，仮に書面上では更改による当事者の交替という文言の実例があったとしても，債権譲渡や債務引受による場合との違いが不明確であるのは問題であり，機能が完全に重複するのであれば，概念の整理が必要であるという意見があった。

3　旧債務が消滅しない場合の規定の明確化（民法第 517 条）

　旧債務が消滅しない場合に関する民法第 517 条については，①「当事者の知らない事由」とは債権者が知らない事由に限られるのではないか，②「更改によって生じた債務が」「取り消されたとき」とは，新債務が取り消されたときと更改契約が取り消されたときのいずれを意味するのか，③「当事者の知らない事由」という文言は「成立せず」のみならず「取り消されたとき」にもかかるのではないかという点で，規定の内容が明らかでないと指摘されていることを踏まえ，これらを条文上明確にする方向で，更に検討してはどうか。

【部会資料 10 － 2 第 3，4［68 頁］】

(議事の概況等)

　第 8 回会議においては，本論点について，特段の異論はなかった。

第20 免除及び混同

1 免除の規定の見直し（民法第519条）

債権者の一方的な意思表示により免除ができるとする規律を見直し，債務者の意思に反する場合には免除が認められないこととするかどうかについて，免責的債務引受（前記第15, 3(1)）や第三者による弁済（前記第17, 2(2)）など，利益を受ける者の意思の尊重の要否が問題となる民法上の制度間の整合性に留意しつつ，更に検討してはどうか。

また，債権者が債権を放棄する旨の意思表示をすることにより，債権者は債務者に対して債務の履行を請求することができなくなるが，債務者は引き続き債務の履行をすることができるということを内容とする債権の放棄という制度を設けることの要否について，検討してはどうか。

【部会資料10 − 2第4, 2 [70頁]】

（議事の概況等）

1　第13回会議においては，債権者の一方的な意思表示により免除ができるとする民法第519条の規律を見直し，債務者の意思に反する場合には免除が認められないこととする方向で規定を改めるべきという考え方について，慎重な検討を要すると指摘する意見があった。特に，免除を契約として構成し，債権者と債務者との合意が必要であるとする考え方に対しては，免除するための時間的・費用的な負担が大きくなるとして，実務的には，現在のように単独行為で免除が可能とする方がよいという意見があった。また，債権者の一方的な意思表示により免除ができることの不都合の例として部会資料で挙げられたものは，確かに免除によって債務者に不利益が生ずるおそれはあるが，規定を改める根拠としては薄弱であるという意見もあった。

これに対して，民法には，利益であっても債務者に押し付けてはならないという思想に基づく制度とそのような思想に基づいていない制度とが混在しているため，これらの制度についての規律を分かりやすく統一的に整理することが必要であり，また，免除により債務者に不利益が生じ得るという実際上の不都合もあることから，この問題について引き続き検討すべきであるという意見があった。

なお，仮に免除には合意が必要とする場合には，例えば，労働関係における休業措置が免除に該当するかが問題となるように，なす債務において免除がどのような意味を有するかという点や，なす債務が免除された場合の報酬請求権の発生の有無が問題となり得るという点に留意して，検討する必要があるという指摘があった。

2　以上のほか，免除の制度のほかに，免除よりも弱い効力を持つものとしての債権の放棄という制度を新たに導入することの要否について，検討すべきであるとす

る意見があった。この意見は，債権の放棄という制度の具体的な内容として，債権者の債権を放棄する意思表示により，債権者は債務者に対して債務の履行を請求することができなくなるが，債権が消滅する免除とは異なり，債務者は引き続き債務の履行をすることができるとすることが考えられるとするものであった。しかし，現時点ではアイデアが提示されたにとどまる。

2　混同の例外の明確化（民法第520条）

民法第520条ただし書は，債権及び債務が同一人に帰属した場合であっても，その債権が第三者の権利の目的であるときは，例外的に債権が消滅しないとしている。しかし，判例・学説上，債権が第三者の権利の目的であるとき以外にも，債権及び債務が同一人に帰属しても債権が消滅しない場合があるとされていることを踏まえて，このような混同の例外を条文上明確にすることの要否について，検討してはどうか。

（議事の概況等）

　民法第520条は，債権及び債務が同一人に帰属したときには債権が消滅するが，その債権が第三者の権利の目的であるときには，例外的に債権が消滅しないとしている。しかし，判例・学説上，債権が第三者の権利の目的であるとき以外にも，債権及び債務が同一人に帰属しても債権が消滅しない場合があることが認められている。

　第13回会議においては，このような判例・学説上認められているが条文上明らかではない混同の例外について，条文上も明確にすべきであるという意見があった。具体的な例として，銀行保証付私募債を銀行が取得したときのように債権が証券化されている場合，同一の人に帰属した場合でもその財産が分離独立していると見るべき場合等，現在の解釈論でも混同により債権が消滅することはないと考えられているものを挙げた上で，このような点を条文上明確にすることが望ましいという意見があった。

　その場合の規定の見直しの方向として，民法第520条ただし書の例示を増やす考え方，同条ただし書が例示であることが明らかになるようにするという考え方のほか，同条本文を債権者・債務者という主語にした上で，それが同一の資格・地位になった場合等とすることによって，例外を拡張するという考え方が挙げられた。もっとも，このうち，同条ただし書の例示を増やすという考え方に対しては，考え方としてあり得るが，限定解釈されてしまうおそれがあるという点に留意すべきであるという意見があった。また，上記の問題意識に対応する適切な規定を設けることが難しい場合に同条を削除することは考えられないかという問題提起もされたが，原則について定めておくことが望ましいという意見や，物権に関する同法第179条との関係に留意しなければならないという意見があった。

　以上のほか，契約によって混同を生じさせないことを認めることも検討すべきで

172 あるという意見もあった。もっとも，これに対しては，混同を任意規定とすると，債権・債務の帰すうの在り方が分かりにくくなるおそれがあるとして懸念する意見があった。

第21 新たな債権消滅原因に関する法的概念（決済手法の高度化・複雑化への民法上の対応）

1 新たな債権消滅原因となる法的概念に関する規定の要否

　多数の当事者間における債権債務の決済の過程において，取引参加者AB間の債権が，集中決済機関（CCP）に対するAの債権とBに対するCCPの債権とに置き換えられる（下図1参照）ことがあるが，この置き換えに係る法律関係を明快に説明するのに適した法的概念が民法には存在しないと指摘されている。具体的な問題点としては，例えば，置き換えの対象となるAB間の債権について譲渡や差押えがされた場合に，法律関係の不明確さが生ずるおそれがあることや，CCPが取得する債権についての不履行により，置き換えの合意そのものが解除されると，既に完了したはずの決済をやり直すなど決済の安定性が害されるおそれがあるとの指摘がされている。

　このような指摘を踏まえて，決済の安定性を更に高める等の観点から，上記のような法律関係に適した法的概念に関する規定を新たに設けるべきであるという考え方が提示されている。この考え方は，集中決済を念頭に置きつつも，より一般的で，普遍性のある債務消滅原因として，次のような規定を設けることを提案する。すなわち，AがBに対して将来取得する一定の債権（対象債権）が，XのBに対する債権及びXのAに対する債務（Xの債権・債務）に置き換えられる旨の合意がされ，実際に対象債権が生じたときは，当該合意に基づき，Xの債権・債務が発生して対象債権が消滅することを内容とする新たな債務消滅原因の規定を設けるべきであるというのである（下図2参照）。

　まずは，このような規定の要否について，そもそも上記の問題意識に疑問を呈する見解も示されていることや，集中決済以外の取引にも適用される普遍的な法的概念として規定を設けるのであれば，集中決済以外の場面で悪用されるおそれがないかどうかを検証する必要がある旨の指摘があることに留意しつつ，更に検討してはどうか。

　また，仮にこのような規定が必要であるとしても，これを民法に置くことの適否について，債権の消滅原因という債権債務関係の本質について規定するのは基本法典の役割であるとする意見がある一方で，CCPに対する規制・監督と一体として特別法で定めることが望ましいとする意見があることに留意しつつ，更に検討してはどうか。

【部会資料10-2第5［72頁］】

図1

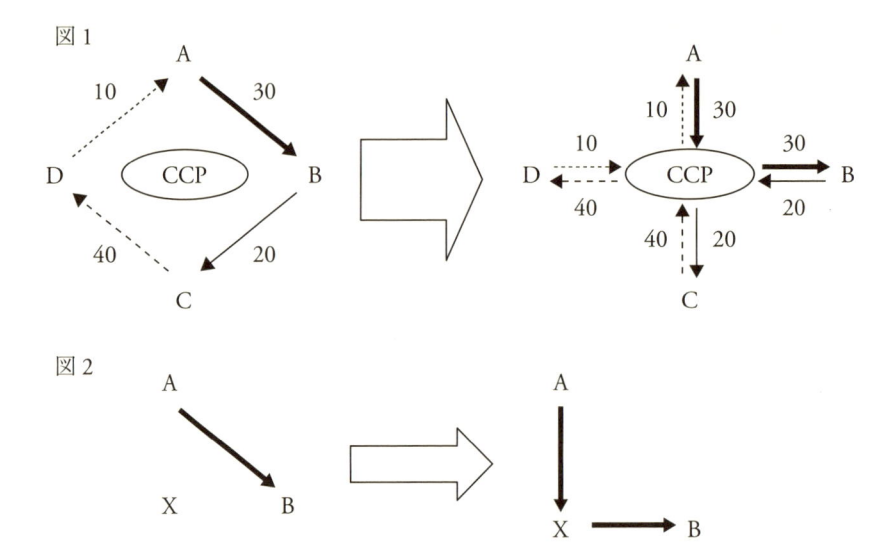

図2

（議事の概況等）

1　第13回会議においては，上図1のAB間の債権をAと集中決済機関（CCP）に対する債権とCCPのBに対する債権とに置き換えようとする場合に，この法律関係の明快な説明に適した法的概念が民法には存在しないという問題が指摘されていることを踏まえて，決済の安定性を更に高める等の観点から，このような法律関係に適した新たな法的概念を設けるという考え方について，賛成する意見があった。

　他方で，このような法的概念に関する規定を設けることに疑問を呈する意見として，CCPが無因でBに対する債権を取得するという法律構成になぜ問題があるのか疑問であるし，仮に無因の債権取得に問題があるとすれば，CCPの債務引受と債権取得との間に対価関係があると説明することも可能ではないかという意見や，CCPを中心とする集中決済制度は法律構成を含め安定的に運営されており，問題は生じておらず，現在の実務のようにCCPの債務引受と構成することによりリスクが軽減されているという面もあると指摘する意見があった。

　このほか，CCPが債務引受をすると同時に債権を取得するという現在の実務の考え方を否定するものでなければ，新たな法的概念を導入してもよいが，このような実務の考え方を否定するものであれば，反対であるという意見もあった。

2　上記のような新たな法的概念を設けるとしても，その規定を民法に設けることの是非については意見が分かれ，特別法に委ねるべきであるという意見があった。このような意見としては，この規定が特殊な取引形態を念頭に置くものであり，かつ，関係当事者がごく限定された事業者であること，特にCCPには許認可を取得した法人が念頭に置かれているから，互換性のある法律関係を規定することを建前

とする民法にこのような規定を設けることは疑問であるという意見，多数当事者間の決済は，今後も様々な形で変化・発展していく可能性のある取引であることから，民法に規定を設けるべきではないという意見や，決済の安定性という観点からはCCPに対する規制・監督や参加者の倒産リスクへの手当てが不可欠であるため，このような規律を含めて一体として特別法で規定すべきであり，このうちの一部だけを民法に置くと，集中決済以外の場面で悪用されるおそれもあるという意見があった。

　これに対して，集中決済における債権の置き換えの場面で債権の消滅原因を新たに観念することが適当であるとした上で，債権の消滅原因という債権債務関係の本質について規定するのは基本法典の役割であり，また，集中決済に参加する当事者としては非営利法人も含まれ得ることやCCPは必ずしも許認可を取得した法人に限られないことに留意すべきであるとして，民法に規定を設けることを検討すべきであるという意見があった。また，特別法に規定を置くべきであるという意見に対して，民法に基礎となる法的概念が置かれていないにもかかわらず，決済の安定性を高めるために第三者からの差押えとの関係についての特別の規律を特別法に置くことが立法技術上可能かどうか疑問であるという意見や，民法に基本的な法的概念を置いた上で，これに関係する規制を民法の外に整備することにより，悪用のおそれに対応すればよいという意見もあった。

2　新たな債権消滅原因となる法的概念に関する規定を設ける場合における第三者との法律関係を明確にするための規定の要否

　前記1のような新たな法的概念に関する規定を設ける場合には，併せて，第三者の取引安全を図る規定や，差押え・仮差押えの効力との優劣関係など，第三者との法律関係を明確にするための規定を設けることの要否が検討課題となる。この点について，具体的に以下の①から③までのような規定を設けるべきであるとの考え方が示されているが，これらの規定を民法に置くことの要否について，特に①は決済の効率性という観点から疑問であるとするとの意見や，これらの規定内容が集中決済の場面でのみ正当化されるべきものであるから特別法に規定を設けるべきであるとの意見が示されていることに留意しつつ，更に検討してはどうか。

① 　第三者の取引安全を確保するため，前記1の債権・債務の置き換えに係る合意については，登記を効力発生要件とし，登記の完了後対象債権の発生前にＡがした債権譲渡その他の処分は，効力を否定されるものとする。

② 　対象債権の差押えや仮差押えは，対象債権が発生した時に，Ｘの債務に対する差押えや仮差押えに移行する。当該差押えの効力が及ぶＸの債務を受働債権とする相殺については，民法第511条の規律が適用されるものとする。

③ 　対象債権についてのＢのＡに対する一切の抗弁はＸに対抗することができない旨の当事者間の特約を許容する。また，Ｘの債権をＢが履行しない場合にも，対象債権の消滅の効果には影響しない。

【部会資料10－2第5［72頁］】

175　（議事の概況等）

1　前記1の新たな法的概念に関する規定を設ける場合には，本文①から③までのような内容の規定の全部又は一部を設けることについて，賛成する意見があった。
　このうち，特に①に対して，決済制度の構築に当たっては，決済の安定性と決済の効率性が重要であるとした上で，前記1の債権債務の置き換えに係る合意については，登記を効力要件とすべきであるという考え方は，決済の安定性を高めるかもしれないが，決済の効率性という観点からは疑問であるという意見があった。
　また，決済の安定性・効率性を高めるための規定の内容としては，①から③までのような規定を設けること以外のアプローチも考えられるとして，以下のような意見があった。現在の実務では，AB間の債務について，CCPが，Aに対する債務の債務引受をすると同時に，Bに対する債権を取得するとされているが，このうちのCCPによる債権取得について，債権の発生原因の説明が必ずしも十分に明瞭になっていないという指摘があり，また，AのBに対する債権が差し押さえられた場合の差押えとの優劣関係が不明確であるという指摘がある。これらの指摘のうち，前者に対しては，CCPが債務引受に伴ってBに対する求償権を取得したと構成することの可否や，設定的に債権・債務関係が生ずるという無因の債権取得を認めることの可否についても検討すべきであるとし，後者に対しては，差押えや債権譲渡が競合した場合などにおける第三者との関係について規律する規定を設けることの要否を検討すべきではないかとする意見があった。また，決済の安定性・効率性を高めるための私法上の基礎として商法上の交互計算に関連付けながら規定を設けることが考えられるとしながら，商人間又は商人と非商人との間の取引にのみ適用される交互計算では，全ての決済制度には適用されないという問題があるとして，交互計算との関係に留意しつつ，新たな法的概念を民法に設けることの要否を引き続き検討すべきであるとする意見等があった。

2　本文①から③までのような規定を設けるとしても，民法に規定を置くことの当否については，債権債務の置き換えを常に第三者の差押えに優先させるのは集中決済の場面でのみ正当化されるものであるから，そのような規定を民法に設けるのは疑問であるとする意見があった。これに対しては，①から③までのような規定は，CCPを中心とする集中決済制度と論理的に結びつく場面もあれば，そうではない場面もあると考えられるとして，民法に規定を置くことの是非を引き続き検討すべきであるという意見があった。

第22　契約に関する基本原則等

1　契約自由の原則

　　契約を締結しようとする当事者には，①契約を締結するかしないかの自由，②契約の相手方を選択する自由，③契約の内容決定の自由，④契約の方式の自由があるとされており（契約自由の原則），明文の規定はないものの，民法はこの原則の存在を前提にしているとされている。そこで，これを条文上明記する方向で，明文化する内容等を更に検討してはどうか。

　　契約自由の原則を条文上明記すると当事者が契約内容等を自由に決定できるという側面が過度に強調されるとの懸念から，これに対する制約があることを併せて条文上明記すべきであるとの考え方がある。制約原理の具体的な内容を含め，このような考え方の当否について，契約自由に対する制約と法律行為一般に対する制約との関係，契約自由に対する制約として設けられた個々の具体的な制度との関係などにも留意しながら，更に検討してはどうか。

　　　　　　　　　　　【部会資料11－2第1，2［1頁］，同（関連論点）［2頁］】

（議事の概況等）

1　本論点については，第9回会議において審議が行われた。
2　契約自由の原則の明文化
　　明文の規定はないものの，民法は契約自由の原則の存在を前提にしていることから，これを条文上明記すべきであるとの考え方が紹介された。このような考え方について，契約自由の原則は当事者の自由な意思決定が尊重されるという原則を明らかにする意義があり，また，市場経済の基盤となっているなどとして，これを条文上明記すべきであるとの意見が述べられ，このような方向にはおおむね異論がなかった。

　　もっとも，各種の業法には，何らかの法益を保護するために契約内容等を規制するものがあり，業法によるこのような規制と契約自由の原則との関係も問題になることから，契約自由の原則をあえて規定しない方がよいとの意見もあった。

　　また，本文記載の①から④までのうち，①と②については，例えば賃貸借や雇用などの分野で，相手によって不当な差別的取扱いを許容することにつながりかねないため，これらを条文上明記するかどうかについては，③④と区別して慎重に検討必要があるとの意見があった。

　　このほか，④の現れである諾成契約の原則について，現行法上も，要物契約が例外として規定されていることから間接的に諾成主義の原則を読み取ることができるようになっており，あえて明文化しない方がよいとの意見があった。

3 契約自由の原則に対する制約

　契約自由の原則に一定の制約があることには異論がなかったが，契約自由の原則を条文上明記することとする場合に，これに対する制約があることを併せて規定すべきかどうかについては，意見が分かれた。

　契約自由の原則に対する制約を併せて規定する必要性があるとの立場からは，契約自由の原則を規定するだけでは，契約内容等を当事者が自由に決められるという側面だけが過度に強調されるおそれがあること，消費者などの弱者を保護する観点から契約自由には一定の制約があること，憲法第29条第2項は財産権の内容は公共の福祉に適合するように定めると規定していること，契約自由の原則は当然の前提となっており，民法にはむしろこれに対する制約があることを規定しておく方が重要であることなどが指摘された。

　具体的な制約の内容として，契約自由の原則には内容の公正さと手続的な公正さ（説明義務が果たされるなど）の両面から制限があるとの意見，契約自由の原則に対する制約原理には，公序良俗のほかこれを超えるものが含まれているとの意見があった。また，制約原理を規定する方法や位置について，制約原理には，弱者の保護，市場経済の保護，契約制度の内在的制約など様々なものが含まれていることから，これらの具体的な制約原理を個別に設けることに加え，契約自由の原則には制約がある旨の抽象的な規定が必要であるとの意見，公序良俗に関する民法第90条の周辺に，契約自由の原則とこれに対する制約原理としての公序良俗等を規定すべきであるとの意見があった。

　これらの意見に対しては，契約自由の原則に対する制約原理として，公序良俗や強行規定のみが想定されているのか，これらを超える制約原理があることを想定しているのかが不明確であるとの問題提起があった。契約自由の原則に対する制約原理として強行規定や公序良俗が想定されているのであれば，このような制約は契約だけでなく法律行為一般に妥当するものであるから，制約原理は民法第90条など法律行為に関する規定に委ね，契約に関する規定の箇所では端的に契約の自由を明文化すれば足り，他方，公序良俗や強行規定を超える制約原理が想定されているのであれば，そのような制約原理が条文になった場合の影響を慎重に検討する必要があるとするものである。また，契約正義や手続的公正などを契約自由に対する制約原理として規定するとすれば，法律行為の自由に対する制約という観点から法律行為の箇所に設けられた様々な規定との関係が不明確になり，体系的にも理解が困難で使いにくいものになるおそれがあるとの意見があった。

　以上のとおり，契約自由の原則に対する制約原理を併せて明文化するか否かについては，制約原理として公序良俗や強行規定のみを念頭に置くのか，これを超える制約原理があるのかについて認識が一致しているとは言えず，また，後者の考え方において具体的にどのような制約原理が念頭に置かれているのかは必ずしも明らかではないため，これらの点について検討する必要がある上，契約自由に対する制約と法律行為一般に対する制約との関係，契約自由に対する制約として設けられた

個々の具体的な制度との関係などにも留意する必要があると考えられる。

2 契約の成立に関する一般的規定

　契約の成立について，民法は申込みと承諾を中心に規律を設けているが，申込みと承諾に分析できない合意による契約の成立もあり得るなどとして，契約の成立一般に関するルールが必要であるという考え方がある。このような契約の成立に関する一般的規定を設けるかどうかについて，成立要件と効力要件との関係にも留意しながら，規定内容を含めて更に検討してはどうか。

　契約の成立に関する一般的規定を設けることとする場合の規定内容については，例えば，契約の核心的部分（中心的部分，本質的部分）についての合意が必要であるという考え方があるが，このような考え方によれば，契約の成否と当事者の認識が食い違いかねないとの指摘もある。そこで，このような考え方の当否について，契約の核心的部分（中心的部分，本質的部分）の範囲を判断する基準（客観的に決まるか，当事者の意思や認識に即して決まるか。）にも留意しながら，更に検討してはどうか。

【部会資料11－2第1，3［4頁］】

（議事の概況等）

1　本論点については，本文記載の考え方が紹介され，第9回会議において審議が行われた。
2　成立要件と有効要件の関係
　契約の成立に関する規定を設けることの意義については，契約の成立要件と有効要件との関係について問題提起があり，契約の成立要件を満たさない場合を不成立として無効とは別に扱うのか，成立要件を満たさない場合を含めて有効性の問題として扱うのかを議論しなければならないとの指摘があった。
3　契約の成立に関する一般的規定の要否
　契約の成立に関する一般的規定を設けることの要否については，意見が分かれた。
　このような一般的規定を設けることを支持する立場からは，申込みと承諾に分析することになじまない合意による契約の成立もあることを理由に挙げる意見や，契約が成立するには本質的部分についての合意が必要であるとの考え方を前提として，一般的規定があることにより，何が本質的な部分なのか，どのような事情があれば合意があったと言えるかをそれぞれの場面において検討するための手がかりが得られるという意義があるとの意見があった。
　一般的規定を設けることに慎重な立場からは，契約の成否の判断に当たって考慮される事項や契約条項の詳細さは契約ごとに異なっていることを指摘して，全ての契約に共通する一般的な規定を設けることは困難であるとの意見が述べられた。また，契約の成立に関する一般的規定を設ける結果として，例えば消費者契約におい

て消費者が契約の成否を争う余地が制限されるなど，事案に応じた柔軟な解決が困難になるという実際上の不都合を指摘する意見もあった。

　一般的規定を設けることの困難性を指摘する意見に対しては，一般的規定を設けることを支持する立場から，現在でも一定のルールがあるからこそ契約の成否が判断できているのであり，このようなルールを適切に抽出することができればこれを条文化することを否定する理由はないとの意見や，現在でも，契約の基本部分についての意思の合致があれば契約が成立するという理解を前提に，それぞれの契約類型や状況を踏まえて契約の成否が検討されており，事案ごとに契約の成否が判断されることと一般的規定を設けることとが矛盾するわけではないとの意見があった。

4　契約の成立に関する一般的規定の内容

　民法の規律が必ずしも契約成立に関する一般的な規定として適切なものではないことを指摘する意見として，民法は申込みと承諾という概念を中心に規律を設けているが，これらの規律は隔地者間の契約についてのルールであり，原則はむしろ意思の合致であるとの指摘，申込みと承諾という古典的な概念で説明するのは現代の取引においては必ずしも適当ではないとの指摘，労働契約についても申込みと承諾という概念のみで論じることは難しいとの指摘などがあった。

　このような認識を踏まえ，新たに設けるべき規律の内容について，契約の核心部分（中心部分，本質的部分）についての合意があれば契約が成立するとの意見が述べられ，このような考え方を補足するものとして，ここにいう核心部分は客観的にあらかじめ決まるのではなく，当事者にとって契約の成否を左右する事柄であるかどうか（その部分についての合意がなければ一方当事者は契約を締結しない事柄であり，相手方もそれを認識しているような部分であるかどうか。）が問題であるとの意見があった。また，契約を成立させるには，契約の本質や類型から最低限合意が必要な部分について合意されていることが必要であるが，このような部分だけでなく，当事者が当該契約を成立させるために必要であると考えた事項についても合意されていることが必要であるとの意見があった。

　以上に対し，実務においては契約が成立するために必要な合意というものを意識せずに契約交渉が行われており，これを契約成立の要件とすれば，当事者の意に反して契約が成立してしまったり，逆に，当事者は契約が成立したと考えていたのに成立要件を満たしていなかったりするリスクがあるとの批判があった。このような批判に対しては，当事者の意思に即して契約の核心的部分が決定されるのであれば，契約が成立していないと思っていたのに成立していたということはむしろ起こらないことになるとの反論が述べられた。

3　原始的に不能な契約の効力

　原始的に不能な契約の効力については，民法上規定がなく，学説上も見解が分かれていることから，明確ではない。この点について，契約はそれに基づく債務の履行が原始的に不能であることのみを理由として無効とはならないという立場から，

その旨を条文上明記するとともに，この規定が任意規定であることを併せて明らかにすべきであるとの考え方が示されている。このような考え方の当否について，原則として無効とはならないという規律は当事者の通常の意思や常識的な理解に反するとの指摘などがあることも踏まえ，更に検討してはどうか。

【部会資料 11 - 2 第 1，4［7 頁］】

（議事の概況等）

1　本論点については，第 9 回会議において審議が行われた。
　原始的に不能な契約については，現在の解釈論として，これを無効とする見解と，原始的に不能であるというだけで直ちに無効となるわけではないとする見解が主張されていることなどから，その効力に関する規定を設ける必要性があるとの意見があり，また，規定を設ける際にはこの規定が任意規定であることを明確にすべきであるとの意見があった。原始的に不能な契約の効力に関する規定を設けるべきであるとの意見に対してはおおむね異論がなかったが，規定の内容については様々な意見があった。

2　当然には無効とならないとの意見
　原始的に不能な契約の効力に関する規定の具体的な在り方については，一つの考え方として，契約は原始的に不能であることを理由に無効とはならないという規定を置くべきであるとの考え方が主張された。このような考え方の根拠として，履行不能になったのが契約締結の前か後かというわずかな違いで法律関係が大きく異なるのは均衡を失すること，不能とこれに隣接する諸概念（売買契約の目的物のうちの一部が滅失した場合や，物の瑕疵，権利の瑕疵などが想定されている。）との間に本質的な差があるとは言えないにもかかわらず，不能とされると契約全体が無効となるという扱いは均衡を失すること，これらの不均衡を是正するためには，契約成立の前後を通じ，給付実現の困難が認められる事態が，それぞれの契約の趣旨に照らして重大なものかどうかという一貫した視点で解決を図るべきであること，客体が不存在であることから直ちに履行が不能であるとする議論には疑問があることなどが挙げられた。
　このうち契約の成立時点を境に効果が異なることの不均衡を指摘する意見に対しては，契約成立前は調査義務を尽くさなかったことに基づく責任，契約成立後は保存義務違反に基づく責任を負うのであり，義務の根拠が異なるのであるから，法律効果が異なるのは当然であるとの反論があった。

3　原則として無効となるとの意見
　原始的に不能な契約は原則として無効であるとの考え方も主張された。このような考え方の根拠として，原始的に不能な契約が有効であるとすれば，債権者は履行利益の賠償を請求することができ，契約当事者としてはこれを前提に契約交渉をしなければならないこととなって，取引実務に悪影響を及ぼすおそれがあること，契約当事者は，不能であることを知っていれば契約を締結しないのが通常であるか

ら，原始的に不能な契約は無効であると考えるのが自然であることが主張された。
　このような考え方に対しては，原始的に不能な契約を有効とすることによる不都合は公序良俗や錯誤によって解決することも可能であるから，必ずしも一律に無効とする必要はないとの意見があった。また，契約当事者は不能であることを知っていれば契約を締結しないのが通常であるという根拠に対しては，契約当事者の一方又は双方が原始的不能を知らない場合にどのように処理をするかが問題であるとの反論があった。

4　具体的な効果を議論すべきであるとの意見
　効力に関する規定の具体的内容については，これらのほか，原始的に不能な契約を無効と考える見解も信頼利益の賠償を認めるなど，何らの効果も生じないとしているわけではないことを指摘し，一律に無効か有効かという議論の立て方をするのではなく，何を相手方に請求することができるのかなどの効果を議論すべきであるとの意見があった。

5　団体契約への適用の可否
　なお，原始的に不能な契約の効力に関する規定を設ける場合の当該規定の適用対象については，組合契約のような団体契約において目的の達成が当初から不能である場合にも適用されるかという問題提起があった。これに対しては，ここでの議論は基本的に団体契約を想定したものではなく，組合契約については組合契約の箇所で議論すべきであるとの意見があった。

4　債権債務関係における信義則の具体化

　債権債務関係においては，当事者は相手方に対し，民法第1条第2項の信義則の現れとして，債権債務の内容や性質等に応じて，本来的な給付義務に付随する義務（例えば，契約目的を実現するために信義則に従って行動する義務や，相手方の生命・財産等の利益を保護するために信義則に従って行動する義務）や弁済の受領に際しての協力義務などを負うことがあるとされている。このことは従来からも判例上認められていることから，これらの義務の法的根拠となる規定として，債権債務関係における信義則を具体化した規定を設けるべきであるとの考え方がある。他方，付随義務等の内容は個別の事案に応じて様々であり，一般的な規定を設けるのは困難であるとの指摘や，特定の場面についてのみ信義則を具体化することによって信義則の一般規定としての性格が不明確になるとの指摘などもある。そこで，債権債務関係における信義則を具体化するという上記の考え方の当否について，具体的な規定の内容を含め，更に検討してはどうか。

【部会資料11－2第1，5［10頁］】

(議事の概況等)

1　本論点については，第9回会議において審議が行われた。
2　信義則の具体化規定を設けることを支持する意見

民法第1条第2項の一般規定に加えて債権債務関係について信義則を具体化した規定を設けることを支持する立場から、主に理論的な観点からの意見として、債権債務関係における信義則には、債権の行使や債務の履行に当たって誠実に行動すべきであるという誠実行動原則としての意味のほか、民法第1条第2項の背後にあるより広い指導原理としての信義則から契約上の義務が発生するという理解がされており、信義則に基づく義務が発生することを明らかにするために契約に関する基本原則の箇所に規定を設ける意味があるとの意見や、契約自由の原則には、自由に契約を締結することができるという側面と、契約を締結すると拘束力を持つという側面があるが、後者の基礎にある契約の拘束力との関係で信義則が意味を持つことから、規定を設ける方がよいとの意見があった。また、実務的な観点からの意見として、一般規定としての信義則が適用されるのは限定された場面であって利用しにくいことから、契約に関して信義則を具体化した規定があれば利用しやすく、実務上大きな意味があるとの意見があった。

3　信義則の具体化規定を設けることに慎重な意見

　これに対し、債権債務関係について信義則を具体化した規定を設けることに慎重な意見として、信義則がどのように機能するかは、個別の事案や状況に応じて様々であるとして、法律に一般的な規定を設けるのは困難であることを指摘する意見があった。また、民法第1条第2項の信義則によって認められていることをそのまま明文化するだけであれば新たな規定を設ける必要はなく、むしろ債権債務関係についてのみ信義則を具体化する規定を設けることにより、信義則の一般規定性を不明確にするおそれがあるとの意見があった。

4　信義則の具体化規定を設ける場合の留意点と規定内容

　仮に信義則を具体化した規定を設けることとする場合の留意点として、判例などによって認められていることを明文で規定するのであれば問題はないが、新たな内容の規律を設けるのであれば、現在の解釈論に基づく実務運用との関係等を詳細に検討する必要があるとの指摘や、例えば委任における善管注意義務など個別の典型契約に関する規定に抽象的な義務を課すものがあり、これらの規定と信義則を具体化した規定との関係を整理する必要があるとの指摘があった。

　また、信義則の具体化規定の内容については、契約上の本来的な義務ではないが、当事者の意思や契約の性質に照らして一定の場合には一定の行動をすべきであるという義務を負うことを条文上明記する方向で努力をすべきであるとの意見、信義則上の義務の存否を判断するに当たって考慮すべき事情として、契約の性質・内容、当事者の地位・属性、契約交渉の内容・経過などを具体的に例示すべきであるとの意見などが述べられた。また、当事者間の情報量、交渉力の格差を適切に反映すべきであるとの意見があった。

5　契約終了後における信義則上の義務

　また、債権債務関係における信義則に関連する論点として、契約終了後における信義則上の義務についても検討が必要であるとの意見があった。

第23　契約交渉段階

1　契約交渉の不当破棄

当事者は契約を締結するかどうかの自由を有し，いったん契約交渉を開始しても自由に破棄することができるのが原則であるが，交渉経緯によって契約交渉を不当に破棄したと評価される者が信義則上相手方に対する損害賠償義務を負う場合があることは従来から判例上も認められていることから，契約交渉の不当破棄に関する法理を条文上明記すべきであるとの考え方がある。これに対しては，契約交渉の破棄が不当であるかどうかは個別の事案に応じて判断される事柄であり，一般的な規定を設けるのは困難であるとの指摘や，規定を設けると悪用されるおそれがあるとの指摘，特定の場面について信義則を具体化することによって信義則の一般規定としての性格が不明確になるとの指摘などもあることから，契約交渉の不当破棄に関する規定を設けるという上記の考え方の当否について，規定の具体的な内容を含めて，更に検討してはどうか。

これを明文化する場合の規定内容を検討するに当たっては，損害賠償の要件に関しては契約交渉の破棄が原則として自由であることに留意した適切な要件の絞り込みの在り方が，効果に関しては損害賠償の範囲や時効期間等がそれぞれ問題になることから，これらについて，契約交渉の不当破棄に基づく損害賠償責任の法的性質などにも留意しながら，更に検討してはどうか。

【部会資料11－2第2，2［11頁］】

（議事の概況等）

1　本論点については，第9回会議において審議が行われた。
2　明文化の是非

契約交渉を不当に破棄した場合の損害賠償義務は，従来から，信義則を根拠として判例上認められているが，これを条文上明記することの是非については，意見が分かれた。

規定を設けることを支持する意見として，交渉が成立するという期待を相手方に持たせながら契約を破棄して損害を与えるという事案が現実にあり，契約の不当破棄を理由として損害賠償が認められる場合があることは判例上も認められていることから，適切な要件を検討した上で，これを明らかにすることには意味があるとの意見があった。

これに対し，契約交渉の不当破棄に関する規定を設けることに消極的な意見もあった。消極的な立場からは，交渉のどの段階から破棄が許されなくなるのか，どのような場合に契約交渉の破棄が不当と言えるかなどは事案ごとの判断であり，明文の規定を設けることは困難であること，契約交渉の不当破棄について規定を設け

ると立法の意図を超えた形で悪用されるおそれがあること，民法第1条第2項の信義則によって認められていることをそのまま明文化するだけであれば新たな規定を設ける必要はなく，むしろ債権債務関係についてのみ信義則を具体化する規定を設けることにより，信義則の一般規定性を不明確にするおそれがあることなどが指摘された。

3　明文化する場合の留意点と規定内容

仮に規定を設けることとした場合に留意すべき事項として，まず原則として契約交渉の破棄は自由であることを確認すべきであるとの意見があった。

また，契約交渉の不当破棄に基づく損害賠償責任の法的性質を債務不履行責任と考えるか不法行為責任と考えるかによって，免責条項や補助者の責任，消滅時効の処理などの具体的な効果が異なり得るが，これらの点や損害賠償の範囲などについては学説上様々な見解が対立しており，大きな問題が残っていること，この責任の法的性質が不法行為責任であるとすると，契約交渉の不当破棄による損害という経済的損失について不法行為制度がどこまで保護すべきかについて十分な議論の蓄積がない上，これを契約の箇所に規定することが適切かどうかが問題になることが指摘された。

具体的な規律の内容については，総論的な意見として，契約交渉の不当破棄に基づく損害賠償責任について基本的には不法行為責任のルールを採用した上で，補助者の部分についてだけ契約責任型の処理をするのが望ましいとの意見があったほか，どのような場合に契約交渉の不当破棄として損害賠償義務を負うかという要件を中心に意見が交換された。

契約交渉の破棄が不当と評価されるための要件については，契約交渉の破棄が原則として自由であることに配慮して，要件を相当絞り込む必要があるとの意見があった。具体的には，成立について積極的な信頼を与えたとか，契約締結のつもりがないのにいたずらに契約交渉を継続したとか，正当な理由なく破棄したなどが必要であるとする。

同様に，契約交渉の不当破棄が広く認められることに対する懸念を表明する意見もあった。例えば，交渉過程で相手方が反社会的勢力に該当することが判明したために契約交渉を破棄した結果損害賠償義務を負うことにならないか，消費者契約において消費者が慎重に商品選択をすることができなくなるのではないかというものである。これに対しては，交渉過程における注意義務が信義則に基礎づけられ，その下で相手方当事者の契約成立への信頼を保護するという枠組みが採用されるのであり，民法第709条の権利侵害や過失と同じ枠組みを採用しようとするのであるから，不当破棄の範囲が過度に広くなるということはないとの意見も述べられた。

また，要件を設定するに当たって留意すべき事項として，従来の信義則に基づく処理との連続性に着目して，従来信義則で認められたものをそのまま明文化するのであれば懸念するには当たらないが，従来の規律と異なる内容が盛り込まれるとすれば，従来の規律との異同を明らかにする必要があることなどを指摘する意見が

あった。

このほか，労働組合と使用者との団体交渉について，労働組合がこれを拒否したことが交渉の不当破棄に該当するとすれば労使交渉の現場が混乱するおそれがあるとの意見があった。

4 その他

労働者の採用の過程において，何度かの面接をした結果特定の思想信条などが判明したためこれを理由に不採用とする例を挙げて，信義則上の注意義務だけでなく，公序良俗違反，強行法規違反についても規定を設けるべきであるとの意見があった。

2 契約締結過程における説明義務・情報提供義務

契約を締結するに際して必要な情報は各当事者が自ら収集するのが原則であるが，当事者間に情報量・情報処理能力等の格差がある場合などには当事者の一方が他方に対して契約締結過程における信義則上の説明義務・情報提供義務を負うことがあるとされており，このことは従来からも判例上認められている。そこで，このような説明義務・情報提供義務に関する規定を設けるべきであるとの考え方があるが，これに対しては，説明義務等の存否や内容は個別の事案に応じて様々であり，一般的な規定を設けるのは困難であるとの指摘，濫用のおそれがあるとの指摘，特定の場面について信義則を具体化することによって信義則の一般規定としての性格が不明確になるとの指摘などもある。そこで，説明義務・情報提供義務に関する規定を設けるという上記の考え方の当否について，規定の具体的な内容を含めて更に検討してはどうか。

説明義務・情報提供義務に関する規定を設ける場合の規定内容を検討するに当たっては，説明義務等の対象となる事項，説明義務等の存否を判断するために考慮すべき事情（契約の内容や当事者の属性等）などが問題になると考えられる。また，説明義務・情報提供義務違反の効果については，損害賠償のほか相手方が契約を解消することができるかどうかも問題になり得るが，この点については意思表示に関する規定（特に後記第30，4及び5参照）との関係などにも留意する必要がある。これらについて，説明のコストの増加など取引実務に与える影響などにも留意しながら，更に検討してはどうか。

【部会資料11－2第2，3［15頁］】

（議事の概況等）

1 本論点は，契約締結過程における説明義務・情報提供義務に関する法理を明文化することの可否やその要件を取り上げるものである。この点についての具体的な提案として，「契約を締結するか否かの判断に影響を及ぼす事項」についての説明義務等とそれ以外の事項についての説明義務等を区別し，前者についての規律を設けるという考え方，「契約を締結するか否かの判断に影響を及ぼす事項」に限らず契約

締結に際して当然知っているべき情報を含めて説明義務等を規定すべきであるとの考え方などが紹介され，第 9 回会議において審議が行われた。

2　説明義務等についての規律を設けるかどうかについては，これに積極的な意見と慎重な意見とがあった。

　積極的な意見としては，一方の当事者が信義誠実の原則に基づいて説明義務等を負うことがあること自体は判例・学説によって一般的に認められており，これを適切な形で明文化できれば規定を設けることを否定する理由はないとの意見や，消費者保護の観点から，説明義務等に関する規定を設けることは民事ルールにおける消費者保護を進める上で意義があるとの意見があった。

　これに対し，幾つかの観点から，情報提供義務等に関する規定を設けることに慎重な意見が述べられた。まず，規定内容に関わる観点から，企業間の取引においては情報格差がないという前提で取引の安全が保たれており，当事者が説明義務等を負うのは相手が消費者や中小企業である場合などの特殊な事例であるから，これを一般化するのは相当でないとの意見があった。また，規定を設けることの実際上の弊害を指摘するものとして，情報提供義務等の規定が設けられることによって過大な範囲で情報提供が必要であると曲解されるおそれや濫用されるおそれがあるとの意見や，消費者契約を念頭に置いて，消費者が聞きたくない説明を聞かされるおそれが生ずるとの意見もあった。このほか，規定を設ける上での法制上の問題点を指摘するものとして，説明義務・情報提供義務の存否や範囲は個別具体的な事案に応じて判断すべきことであって定式化は難しいとの意見や，民法第 1 条第 2 項の信義則によって認められていることをそのまま明文化するだけであれば新たな規定を設ける必要はなく，むしろ債権債務関係についてのみ信義則を具体化する規定を設けることにより，信義則の一般規定性を不明確にするおそれがあるとの意見，金融取引を例に挙げながら，金融商品取引法は顧客の属性によって書面交付義務や説明義務の存否を区別してきめ細かな調整を行っているが，民法という一般法で説明義務等を規定すれば，このような調整を行うことが困難にならないかという観点も考慮すべきであるとの意見があった。

3　規定を設ける場合の留意点と規定内容

　説明義務等に関する規定を設ける場合の留意点として，現在の判例法理を的確に反映し，取引が円滑に進むような分かりやすい文言を検討すべきであるとの意見があった。

　説明義務等に関する規定の具体的な内容については，説明義務等の対象となる事項や説明義務等の存否を判断するための考慮要素等について意見が述べられた。

　説明等の対象となる事項について，「契約を締結するか否かの判断に影響を及ぼす事項」とそれ以外の事項を区別して前者についてのみ規定を設けるという考え方に対し，後者の事項についても説明義務等が信義則上認められるのであれば，その違反に基づく損害賠償責任が認められるはずであり，効果として損害賠償を定めるのであれば，これらの区別に合理的な理由はないとの意見があった。また，説明等の

対象となる事項は取引の安全の観点から明確に規定すべきであり,「契約を締結するか否かの判断に影響を及ぼす事項」という規律では,どの範囲で説明義務等が課せられるのか曖昧で取引に支障が出るとの意見があった。

　説明義務等の存否の判断に当たって考慮すべき事項については,契約の内容・性質,当事者の地位・属性・専門性の有無,交渉経緯,問題となっている情報の重要性・周知性,情報の偏在の有無,当事者間の信認関係の有無などを挙げる意見があった。このうち当事者の属性に関連する意見として,事業者であっても規模によっては人員やコストの面で説明義務等を負わせるのが困難な場合があるとの意見があった。

4　その他

　以上のほか,労働契約は債務の内容が生身の人間と切り離すことができないという特色を有することから,プライバシー,思想信条の自由などの労働者の人格権との調整を検討すべきであり,説明義務等について明文の規定を設けるとしても,労働契約の応募者については適用の対象から除外することも検討すべきであるとの意見があった。

3　契約交渉等に関与させた第三者の行為による交渉当事者の責任

　当事者が第三者を交渉等に関与させ,当該第三者の行為によって交渉の相手方が損害を被ることがあるが,このような場合に交渉当事者が責任を負うための要件や効果は必ずしも明らかではない。そこで,これらの点を明らかにするため,新たに規定を設けるかどうかについて,その規定内容を含めて更に検討してはどうか。

　規定内容について,例えば,被用者その他の補助者,代理人,媒介者,共同して交渉した者など,交渉当事者が契約の交渉や締結に関与させた第三者が,契約前に課せられる前記1又は2の信義則上の義務に違反する行為を行った場合に,交渉当事者が損害賠償責任を負うとの考え方があるが,これに対しては,交渉当事者がコントロールすることのできない第三者の行為についてまで責任を負うことにならないかとの懸念も示されている。そこで,交渉当事者の属性,第三者との関係,関与の在り方などにも配慮した上で,上記の考え方の当否について,更に検討してはどうか。

【部会資料11－2第2,4［18頁］】

(議事の概況等)

1　本論点については,第9回会議において審議が行われた。

　現在の解釈論では,交渉の一方当事者が交渉に関与させた第三者の行為によって交渉の相手方が損害を被った場合に交渉当事者が責任を負うことがあるが,その要件や法律構成については見解が一致していないとされている。この問題について,被用者に限らず独立的補助者の行為についても交渉当事者が責任を負う場合があることを前提とした上で,交渉当事者が自らその第三者を交渉等に関与させたかどう

かを判断基準にするという考え方が紹介された。
2　問題の捉え方についての総論的な指摘として，第三者の行為についての当事者の責任という問題の前に，交渉当事者が相手方に対して信義則上どのような義務を負っているかという問題が存在しており，次にその義務を誰がどのような形で遂行するのかという観点から，第三者の行為についての当事者の責任が問題になると理解すべきであるとの指摘があった。
3　第三者の行為についての交渉当事者の責任に関する規定を設ける場合に留意すべき点として，金融関係の法令には，民法第715条の特則として，利用者保護のために，銀行代理業者や生命保険募集人，保険代理人等の責任を規定するものがあり，民法に規定を設ける場合には，これらの規定との関係を整理する必要があるとの指摘があった。
4　規律の内容については，主としてこのような規定を設けた場合に交渉当事者が責任を負う場面が広すぎるのではないかという観点から，懸念を表明する意見があった。
　　具体的には，交渉当事者と第三者との関係に着目した意見として，交渉当事者の双方から委託を受けた第三者が交渉に関与している場合の法律関係が錯綜するというもの，M＆Aなどある種の商取引についての交渉には特定の当事者のためとは言えない独立した立場の者も関与しており，このような者を一方の当事者が適切に監督することは困難であるから，このような者の行為について契約当事者が責任を負うのは不適当であるというものがあった。また，交渉当事者と第三者の情報量等の格差に着目した意見として，契約の交渉当事者が消費者であって媒介委託を受ける者が事業者であるような事例を例に挙げ，契約当事者が第三者を適切に監督することは困難であるから，媒介に入った者のした行為について責任を負うのは問題があるいうものがあった。
　　これらの懸念に対応するための一つの考え方として，委託する交渉当事者の属性，交渉当事者と第三者との関係（被用者に限定し，独立的補助者を含めないなど。），交渉当事者の関与の在り方などについて要件上の限定を加える必要があるとの意見があった。

第24　申込みと承諾

1　総論

　民法は,「契約の成立」と題する款において申込みと承諾に関する一連の規定を設けている。これらの規定を見直すに当たっては，申込みと承諾の合致という方式以外の方式による契約の成立に関する規定の要否（前記第22，2参照）のほか，多様な通信手段が発達している今日において，発信から到達までの時間的間隔の存在を前提とした規定を存置する必要性の有無や程度，隔地者概念で規律されている規定を発信から到達までの時間的間隔がある場合や契約締結過程に一定の時間を要する場合などの問題状況ごとに整理して規定を設けることの要否などについて，検討してはどうか。

【部会資料11-2第3，1［20頁］】

（議事の概況等）

1　申込みと承諾については第9回会議において審議が行われた。この点については，契約の成立における位置づけや立法の在り方などについて総論的な観点から様々な意見があった。

2　まず，申込みと承諾について議論する前提として，契約の成立におけるこれらの概念の位置づけについて，契約を成立させる合意一般を分解したものと位置づけられ，全ての契約成立について観念できるものであるのか，全ての契約成立について申込みと承諾に分解できるのではなく，これらがあるのは契約の成立の一部にすぎないのかを検討しておく必要があるとの意見があった。この点についての一つの考え方として，申込みと承諾に関する規定は，契約の締結に向けた意思表示の撤回がいつまで許されるかなど，契約の成立に向けた意思表示のプロセスを規律するという広い射程を持った概念という側面と，一方が契約内容を設定して他方がこれに同意するというタイプの契約の成立に関する判断枠組みの側面の二つの側面を有しており，後者は必ずしも一般的なものではないとの指摘があった。

3　また，申込みと承諾に関する詳細な規定を設ける必要性の有無を問うものとして，今日の社会においては，電話，ファクス，電子メールなど様々な通信手段が発達しており，発信から到達までに発信者の死亡などの事態が発生することを想定した規定を存置する必要性を再検討すべきであるとの意見があった。
　これに対しては，申込みと承諾というタイプの契約の成立の仕方についての基本的考え方を示しておくことは意味があるとの意見があった。

4　規定の内容については，現行法上の申込みと承諾に関する規定が扱っている問題状況や概念について，幾つかの異質な問題が含まれており，改正に当たってはこれらを整理する必要があるとの意見があった。

具体的には，申込みと承諾の間の時間的な間隔には，通信手段を利用することによって生ずるものと，段階的にプロセスを踏んで話が詰まっていくという契約締結プロセスが採られることによって生ずるものとがあり，いずれの適用場面を想定しているのかを整理した上で具体的な規定内容を検討すべきであるとの意見が述べられた。その具体例としては，申込みに対して変更を加えて承諾する場合についての規律は，通信手段による時間的間隔の問題ではなく，交渉が段階的に行われる場合でも，あるいは同席して対話している場合でも同じ問題が生じ，変更を加えた承諾をどう扱うかを決めるルールが必要になると考えられるという指摘があった。

　また，「隔地者」という概念は複数の異質な問題を混在して扱っており，整理の必要があるとの意見，「隔地者」は発信と到達の時間的な間隔を指すとされてきたが，通信手段が多様化した今日の社会において，この概念を整理し，条文上も明らかになるような形で規定を置くことが必要であるとの意見があった。なお，この点に関連して，「隔地者」という文言が適切かどうかについても検討すべきであるとの意見があった。

　これらの意見に見られるように，民法第521条から第527条までには，申込みや承諾等の意思表示の発信から到達までに時間がかかる場合に関する規律と，到達までに時間が掛かるかどうかにかかわらず，申込みから契約の成立までに一定の時間的間隔が予定されている場合（被申込者に検討時間が与えられている場合など，承諾適格が一定期間存続する場合）に関する規律とが含まれている。すなわち，同法第522条，第526条第1項，第527条は，意思表示の発信から到達までに時間がかかる場合に関する規定であるが，同法第521条，第523条，第524条，第525条，第526条第2項は，意思表示の発信からその到達までに時間がかかる場合だけでなく，申込みから契約の成立までに時間的間隔が予定されている場合について問題となる（同法第97条の「隔地者」は意思表示の発信から到達までに時間がかかる相手方の意味で用いられているが，同法第524の「隔地者」は必ずしもこのような相手方に限らず，「隔地者」が複数の異質な問題を混在して扱っているという意見はこのことを指摘するものと言える。）。さらに，同法第528条は，申込みから承諾までに時間的間隔が予定されているかどうかに限らず適用され得る規定である。

　契約の成立に関する規定の在り方については，民法の規定がこれらの異質な問題を扱っていることを踏まえて検討する必要があると考えられる。なお，後記3②及び4③は意思表示の発信から到達までに時間がかかる場合に関する論点であり，後記3①及び③並びに4①②及び④は，これに限らず申込みから契約の成立までに一定の時間的間隔が予定されている場合に関する論点である。5は，意思表示の発信から到達までに時間を要しない場合に承諾適格の存続期間を定めなかった場合に関する規律を取り上げるものである。

5　申込みと承諾に関する具体的な規律内容に関わる総論的な意見として，申込みと承諾に関するルールを検討するに当たっては，申込みをした者の利益と承諾をした者の利益とのバランスを取ることが重要であるが，民法では，承諾期間を定めな

ければ申込みの拘束力が認められるとか，承諾について発信主義が採られているなど，承諾する側が一方的に優遇されており，適切な両者の利害調整が必要であるとの意見があった。
6　このほか，電子メールなどの通信手段を想定すると，申込みや承諾がどの段階で現実に到達したとするのかが法律上明確ではなく，申込みや承諾が一定の形で明確にしていくのであればこれと一緒に検討していかなければならないとの意見があった。

2　申込み及び承諾の概念
(1)　定義規定の要否

民法上，申込みと承諾の意義は規定されていないが，申込みと承諾に関する一連の規定を設ける前提として，これらの概念の意義を条文上明記するものとするかどうかについて，更に検討してはどうか。

申込みと承諾の意義を条文上明記する場合の規定内容については，学説上，申込みはこれを了承する旨の応答があるだけで契約を成立させるに足りる程度に内容が確定していなければならないとされ，承諾は申込みを応諾して申込みどおりの契約を締結する旨の意思表示であるとされていることなどを踏まえ，更に検討してはどうか。

【部会資料11－2第3，2［21頁］】

（議事の概況等）

本論点は，申込みと承諾の概念を条文上明らかにすべきかどうか等の問題を取り上げるものである。民法上これらの概念の意義は示されていないが，申込みはこれを了承する旨の応答があるだけで契約を成立させるに足りる内容的な確定性が必要であるとされていることや，承諾は申込みを応諾して申込みどおりの契約を締結する旨の意思表示であることは，おおむね共通の理解とされている。これらを踏まえ，申込みと承諾に関する一連の規定を設ける前提として，これらの用語の意義を条文上明らかにすべきであるとの考え方が紹介され，第9回会議において審議が行われた。

申込みの意義については，申込み後に契約内容が具体化する契約（例えば団体保険など）もあるなど，契約内容の確定の在り方は契約によって様々であることに留意する必要があるとの意見があった。

(2)　申込みの推定規定の要否

申込みと申込みの誘引の区別が不明瞭である場合があることから，店頭における商品の陳列，商品目録の送付などの一定の行為を申込みと推定する旨の規定を設けるべきであるとの考え方がある。例えば，民法に事業者概念を取り入れる場合に，事業者が事業の範囲内で不特定の者に対して契約の内容となるべき事項を

提示し，提示された事項によって契約内容を確定することができるときは，当該提示行為を申込みと推定するという考え方が示されている（後記第62，3(2)②）。これに対しては，応諾をした者が反社会的勢力である場合など，これらの行為をした者が応諾を拒絶することに合理的な理由がある場合もあり，拒絶の余地がないとすると取引実務を混乱させるおそれがあるとの指摘もある。そこで，このような指摘も踏まえ，申込みの推定規定を設けるという上記の考え方の当否について，更に検討してはどうか。

【部会資料11－2第3，2（関連論点）1［23頁］，
部会資料20－2第1，3(2)［16頁］】

（議事の概況等）

申込みの推定規定を設けるという本文記載の考え方が紹介され，第9回会議において審議が行われた。なお，本文記載のように事業者の行為について申込みの承諾規定を設けるとすれば，その前提として事業者概念を民法に取り入れることが必要になる（後記第62参照）ので，事業者概念を民法に取り入れることの可否にも留意が必要である。

このような考え方に対しては，実務的な観点から懸念を示す意見があった。具体的には，例えば，商品を陳列していたが顧客が希望するサイズの商品の在庫がなかった場合，商品目録を送付したところ相手方が盗んだクレジットカードを利用しようとした場合，未成年者が酒類やたばこを購入する意思表示をした場合などを考えると，商取引の観点からはなるべく申込みと扱わないことが望ましいとの意見，相手方が反社会的勢力であることが判明した場合に契約締結を拒絶する余地を残しておく必要があるとの意見，カードローンの広告が申込みと推定され，広告した者による審査の余地がなくなるとすると実務に混乱が生ずるとの意見，事業者による情報の発信手段にはチラシやホームページなど多様なものがあり，申込みの推定規定を設けると実務に混乱を招くおそれがあるとの意見があった。

また，推定規定の実効性に疑問を呈するものとして，推定規定を設けても，推定を覆すために「申込みに該当しない」という旨の記載をするなどの行動を誘発するにすぎず，規定を設けた意義が失われるおそれもあるとの意見があった。

(3) 交叉申込み

交叉申込み（当事者が互いに合致する内容の申込みを行うこと）によって契約が成立するかどうかについては明文の規定がなく，学説上も見解が分かれている。交叉申込みによって契約が成立するという立場から，その旨を条文上明記すべきであるとの考え方があるが，これに対しては，多数の申込みが交叉した場合にどのような組合せの申込みが合致したのが特定できない場合が生ずるなどの指摘もある。そこで，このような考え方の当否について，更に検討してはどうか。

【部会資料11－2第3，2（関連論点）2［23頁］】

(議事の概況等)

　交叉申込みによって契約が成立する旨の規定を設けるべきであるとの考え方が紹介され，第9回会議において審議が行われたが，特段の意見がなかった。

3　承諾期間の定めのある申込み

　承諾期間の定めのある申込みについては，次のような点について検討してはどうか。

① 　承諾期間の定めのある申込みは撤回することができない（民法第521条第1項）が，承諾期間の定めのある申込みであっても申込者がこれを撤回する権利を留保していた場合に撤回ができることについては，学説上異論がない。そこで，この旨を条文上明記するものとしてはどうか。

② 　承諾期間経過後に到達した承諾の通知が通常であれば期間内に到達するはずであったことを知ることができたときは，申込者はその旨を通知しなければならないとされている（民法第522条第1項本文）が，承諾について到達主義を採ることとする場合（後記8参照）には，意思表示をした者が不到達及び延着のリスクを負担するのであるから，同条のような規律は不要であるという考え方と，到達主義を採った場合でもなお同条の規律を維持すべきであるとの考え方がある。この点について，承諾期間の定めのない申込みに対し，その承諾適格の存続期間内に到達すべき承諾の通知が延着した場合の規律（後記4③）との整合性にも留意しながら，更に検討してはどうか。

③ 　申込者は遅延した承諾を新たな申込みとみなすことができる（民法第523条）が，申込者が改めて承諾する手間を省いて簡明に契約を成立させる観点からこれを改め，申込者が遅延した承諾を有効な承諾と扱うことができるものとすべきであるとの考え方がある。このような考え方の当否について，承諾期間の定めのない申込みに対し，その承諾適格の存続期間経過後に到達した承諾の効力（後記4④）との整合性にも留意しながら，更に検討してはどうか。

【部会資料11－2第3，3(1)［26頁］，
(2)［30頁］，(3)［32頁］】

(議事の概況等)

1　本項は，承諾期間の定めのある申込みに関する改正検討事項を取り上げるものである。この点については，第9回会議において審議が行われた。
2　申込者が申込みを撤回する権利を留保した場合
　本文①の考え方が紹介され，審議が行われた。このような考え方に対しては，特段の異論はなかった。
3　承諾期間内に到達すべき承諾の通知の延着
　民法第522条は，承諾期間の定めのある申込みに対する承諾の通知が期間経過後

に到達した場合における申込者の通知義務等を規定しているが，仮に承諾について到達主義を採ることとする場合（後記8参照）について，本文②記載の二つの考え方が紹介され，審議が行われた。

　この点については，民法が比較的緩やかな要件で申込者に通知義務を課し，懈怠の効果として大きな効果を与えている点は見直すべきだが，承諾が本来であれば期間内に到達したはずであることを申込者が知っている場合に，到達主義の下で相手方がリスクを負担すべきであるとして何らの義務を負わないのは相当でなく，信義則上申込者が通知すべきであるという場面があるのではないかとの意見があった。

4　遅延した承諾の効力

　本文③記載の考え方が紹介され，審議が行われたが，特段の意見はなかった。

4　承諾期間の定めのない申込み

承諾期間の定めのない申込みについては，次のような点について検討してはどうか。

① 承諾期間の定めのない申込みは，申込者が承諾の通知を受けるのに相当な期間を経過するまでは撤回することができない（民法第524条）が，申込者がこれを撤回する権利を留保していた場合には撤回ができることについては学説上異論がない。そこで，この旨を条文上明記するものとしてはどうか。

② 申込みについて承諾期間の定めがない場合であっても，撤回されない限りいつまでも承諾ができるわけではなく，承諾適格（対応する承諾によって契約が成立するという申込みの効力）の存続期間が観念できると言われている。隔地者に対する承諾期間の定めのない申込みの承諾適格の存続期間については民法上規定されていないが，これに関する規定の要否について，その具体的な内容（例えば，承諾期間としての相当な期間又は承諾の通知を受けるのに相当な期間の経過により承諾適格が消滅するなど。）を含め，更に検討してはどうか。その際，承諾期間の定めのない申込みが不特定の者に対してされた場合について特別な考慮が必要かどうか，更に検討してはどうか。

③ 隔地者に対する承諾期間の定めのない申込みに対し，その承諾適格の存続期間経過後に承諾が到達したが，通常であれば申込みの承諾適格の存続期間内に到達したと考えられる場合については，規定がない。このような場合に，申込者が延着の通知を発しなければならないなど民法第522条と同様の規定を設けるかどうかについて，承諾期間内に到達すべき承諾の通知が延着した場合の規律（前記3②）との整合性に留意しながら，更に検討してはどうか。

④ 隔地者に対する承諾期間の定めのない申込みに対し，その承諾適格の存続期間経過後に承諾が到達した場合には，申込者は遅延した承諾を新たな申込みとみなすことができる（民法第523条）とされているが，申込者が改めて承諾する手間を省いて簡明に契約を成立させる観点からこれを改め，申込者がこれを有効な承諾と扱うことができるものとすべきであるとの考え方がある。このよ

うな考え方の当否について，承諾期間の定めのある申込みに対する遅延した承諾の効力（前記3③）との整合性にも留意しながら，更に検討してはどうか。
【部会資料11－2第3，3(2)（関連論点）[31頁]，(3)（関連論点）[33頁]，4(1)[35頁]，同（関連論点）[36頁]，(2)[38頁]，同（関連論点）[38頁]】

(議事の概況等)
1　本項は，隔地者に対する承諾期間の定めのない申込みに関する論点をまとめて取り上げるものである。この点については，第9回会議において審議が行われた。
2　申込者が申込みを撤回する権利を留保した場合
　　本文①記載の考え方が紹介されたが，この点について特段の異論はなかった。
3　承諾期間の定めのない申込みの承諾適格の存続期間
　　民法上，承諾期間の定めのない申込みの承諾適格（承諾によって契約が成立するという申込みの基本的な効力）については規定が設けられていないが，その存続期間に関する明文の規定を設けるべきであるとの考え方がある。具体的な提案として，①申込みの趣旨，取引慣行及び信義則等に従った承諾期間としての相当な期間の経過により承諾適格が消滅するとの考え方，②承諾の通知を受けるのに相当な期間に承諾の意思表示が到達しなかったときは承諾適格が消滅するとの考え方（拘束力の存続期間と同様の規律），③被申込者が相当期間内に承諾の通知を発しないときは承諾適格が消滅するとの考え方などが紹介された。
　　また，承諾期間の定めのない申込みが不特定の者に対してされた場合には，例えば，相当の期間の経過により一律に申込みの効力が失われるとするなど，特別な考慮が必要であるとの問題意識が紹介された。
　　以上の点について，特段の意見はなかった。
4　承諾適格の存続期間内に到達すべき承諾の通知の延着
　　承諾期間の定めのない申込みについても承諾適格の存続期間が観念できるとすると，承諾適格の存続期間経過後に承諾が到達したが，通常であれば申込みの承諾適格の存続期間内に到達したと考えられる場合には，承諾期間の定めのある申込みに関する民法第522条が扱っている問題と同様の問題が生ずる。これは，前記3②に関連する問題であり，前記3②において民法第522条の規定を維持するのであれば，承諾期間の定めのない申込みについても同様の規定を設けるかどうかが問題になり得るとの問題提起がされた。この点について特段の意見はなかった。
5　遅延した承諾の効力
　　承諾期間の定めのない申込みについて承諾適格の存続期間が観念できるとすると，承諾適格の存続期間経過後に承諾が到達した場合に，申込者がこれを有効な承諾と扱うことができることとすべきであるとの考え方が紹介された。この点について特段の意見はなかった。なお，この点は前記3③に関連するので，これとの整合性にも留意する必要がある。

5　対話者間における承諾期間の定めのない申込み

　対話者間における承諾期間の定めのない申込みの効力がいつまで存続するかについては，民法上規定がなく，明確でないことから，その存続期間を明確にするための規定を新たに設けるべきであるとの考え方がある。このような考え方の当否について，その規定内容も含めて，更に検討してはどうか。規定内容として，例えば，対話が継続している間に承諾しなかったときには申込みの効力が失われる旨の規定を設けるべきであるとの考え方があるが，このような考え方の当否を含め，対話者間における申込みの効力の存続期間について，更に検討してはどうか。

【部会資料11－2第3，5［39頁］】

（議事の概況等）

　対話者間の申込みについては，民法第521条第1項は適用されるが，同法第524条は適用されないなど，必ずしもその効力が明確であるとは言えないとの指摘がある。具体的な提案として，商法第507条を参考に，対話者間における承諾期間の定めのない申込みについて，直ちに（対話が継続している間に）承諾しなかった場合には効力が失われる旨の規定を設けるべきであるとの考え方が第9回会議において紹介され，これに対して特段の意見はなかった。

6　申込者の死亡又は行為能力の喪失

　隔地者に対する意思表示は，発信後の表意者の死亡又は行為能力の喪失によっても効力が失われない（民法第97条第2項）。同項は申込者が反対の意思を表示した場合には適用されないとされている（同法第525条）が，これは同法第97条第2項が任意規定であることを示すものにすぎず，これを明記する必要があるとしても（後記第28，3参照），同項の規定ぶりによって明記すべきであると考えられる。そこで，同法第525条のうち「申込者が反対の意思を表示した場合」という文言を削除する方向で，更に検討してはどうか。

　また，死亡等の発生時期については解釈が分かれているところ，申込みの発信後到達までに限らず，相手方が承諾の発信をするまでに申込者の死亡又は行為能力の喪失が生じ，相手方がこのことを承諾の発信までに知った場合にも同条が適用され，申込みの効力は失われることとすべきであるとの考え方がある。このような考え方の当否について，更に検討してはどうか。

【部会資料11－2第3，6［41頁］】

（議事の概況等）

　民法第525条は，同法第97条第2項が適用されない場面を定めているが，このうち，「申込者が反対の意思を表示した場合」を削除すべきであるとの考え方が第9回会議において紹介され，これに対して特段の異論はなかった。

　また，同法第525条にいう「死亡」及び「行為能力の喪失」の発生時期や被申込

者がこれを知った時期については解釈が分かれているところ、これを承諾の発信をするまでとするべきであるとの考え方が併せて紹介された。これに対して特段の意見はなかった。

7 申込みを受けた事業者の物品保管義務

事業者概念を民法に取り入れることとする場合に、事業者がその事業の範囲内で契約の申込みを受けた場合には、申込みとともに受け取った物品を保管しなければならないこととすべきであるとの考え方（後記第62，3(2)③）の当否について、更に検討してはどうか。

【部会資料20－2第1，3(2)［16頁］】

（議事の概況等）

第20回会議において本文記載の考え方が紹介されて審議が行われたが、特段の意見はなかった。

8 隔地者間の契約の成立時期

隔地者間の承諾の意思表示については、意思表示の効力発生時期の原則である到達主義（民法第97条第1項）の例外として発信主義が採用されている（同法第526条第1項）が、今日の社会においては承諾についてこのような例外を設ける理由はないとして、承諾についても到達主義を採用すべきであるとの考え方がある。このような考え方の当否について、更に検討してはどうか。

承諾について到達主義を採る場合には、申込みの撤回の通知の延着に関する民法第527条を削除するかどうか、承諾の発信後承諾者が死亡した場合や能力を喪失した場合について同法第525条と同様の規定を設ける必要があるかどうかについて、検討してはどうか。

【部会資料11－2第3，7［43頁］、同（関連論点）［45頁］】

（議事の概況等）

1　隔地者間の契約の成立時期に関する民法第526条第1項は、意思表示の到達主義（同法第97条第1項）の例外として承諾について発信主義を採用しているが、現代においては承諾通知が延着する現実的な可能性は低いなどとして、承諾についても到達主義によるものとすべきであるとの考え方が紹介され、第9回会議において審議が行われた。

2　承諾について到達主義を採ることの当否

承諾について到達主義を採ることを支持する意見として、今日においては通信手段が発達していることから、契約成立を早い段階で認める必要性が高いとは言えないとの意見、発信から到達までの時間が短縮されているから発信主義を採るメリットは小さくなったが、承諾通知の延着や不到達のリスクはまだあるので、両者の利

害を調整する観点から到達主義を採るべきであるとの意見があった。
　これに対し，現行法では，承諾者は承諾を発信すれば契約が成立したと判断できるが，到達主義を採った場合には契約の成否を判断するために到達の有無を確認しなければならず，コストの増加につながるとの指摘もあることから，慎重に検討する必要があるとの意見，早く契約の成立を認めることが望ましい取引分野もあり，このような分野においては発信主義を維持すべきであるという考え方があることを紹介するものがあった。
3　関連する問題
　承諾について到達主義を採るかどうかに関連して議論する必要がある問題として，次のような問題提起があった。
　まず，現代の社会においては，発信から到達までの時間的間隔に格別の考慮を払う必要性は小さくなってきているが，受取拒絶など到達主義の問題点もあることから，受取拒絶のような場合にどうするかを一体として検討する必要があるとの意見があった（受取拒絶については，後記第30,6(3)参照）。
　また，申込みについては到達主義が採られていることから死亡や能力喪失に関する規定が設けられている（民法第525条）が，承諾について到達主義を採ることとするのであれば，同条と同様に，承諾についても発信後承諾者が死亡した場合や能力を喪失した場合に関する規定を設ける必要があるとの意見があった。
　以上のほか，民法が承諾について発信主義を採っているため，申込みの撤回の到達と承諾の発信の先後関係を承諾者が知り得ることから，同法第527条は申込みの撤回が延着したことの通知義務を承諾者に課しているが，承諾について到達主義を採った場合には，承諾の到達と申込みの撤回の到達の先後関係を承諾者が知ることはできないから，同条のような特別の規定は不要であるとの考え方が紹介された。

9　申込みに変更を加えた承諾

　民法第528条は，申込みに変更を加えた承諾は申込みの拒絶と新たな申込みであるとみなしているが，ここにいう変更は契約の全内容から見てその成否に関係する程度の重要性を有するものであり，軽微な付随的内容の変更があるにすぎない場合は有効な承諾がされたものとして契約が成立するとの考え方がある。このような考え方の当否について，契約内容のうちどのような範囲について当事者に合意があれば契約が成立するか（前記第22,2参照）に留意しながら，更に検討してはどうか。
　また，このような考え方を採る場合には，承諾者が変更を加えたが契約が成立したときは，契約のうち意思の合致がない部分が生ずる。この部分をどのように補充するかについて，契約に含まれる一部の条項が無効である場合の補充（後記第32,2(2)）や，契約の解釈に関する規律（後記第59,2）との整合性に留意しながら，検討してはどうか。

【部会資料11－2第3,8［48頁］】

198 （議事の概況等）

1　本論点は，承諾に当たって申込みに加えた変更がどの程度のものであれば申込みに対する有効な承諾であり，どの程度のものであれば申込みの拒絶と新たな申込みとなるのかの判断基準について取り上げるものである。この点については，第9回会議において審議が行われた。

2　この点については，前記第22，2において，契約の核心的部分（中心部分，本質的部分）が，客観的にではなく当事者の意思に従って判断されると考える立場から，これとの整合性に留意し，どの程度の変更であれば当該承諾がなお有効となるかの判断基準についても，客観的に決まるのではなく，当該当事者にとってその契約の成否を左右させる事柄かどうか，すなわち，その部分について合意がなければ少なくとも一方当事者は契約をしないと考え，このことを相手方も分かるような事柄について変更が行われたかどうかを基準にすべきであるとの意見があった。

　また，規定を設けるに当たって留意すべき点の指摘として，複雑な契約においては，一見小さい修正を何度もやりとりをして契約締結に至るが，このような過程で契約がいつの間にか成立していたということになれば不都合であるとの指摘があった。

3　この問題に関連して，承諾に変更が加えられたが重大な変更ではないとして契約の成立が認められた場合においても，当事者間のやりとりのうちの最後の意思表示がそのまま契約内容になるわけではないことが確認された。これを前提とすると，変更が加えられた部分については当事者の意思が合致していないことになるので，その補充のルールが必要になるとの意見があった。この点については，契約に含まれる一部の条項が無効である場合の補充のルール（後記第32，2(2)）や，契約の解釈に関するルール（後記第59，2）とも関連するので，これらとの整合性にも留意する必要があると考えられる。

第25　懸賞広告

1　懸賞広告を知らずに指定行為が行われた場合

　懸賞広告（指定行為をした者に一定の報酬を与える旨の広告）を知らずに懸賞広告における指定行為を行った者が報酬請求権を有するかどうかは民法の条文上明らかでないが，学説上はこれを肯定する見解が有力であり，この立場を条文上も明記すべきであるとの考え方がある。これに対し，懸賞広告は報酬によって指定行為を促進することを目的とする制度であり，偶然指定行為を行った者に報酬請求権を与える必要はないとの指摘もあることから，このような指摘にも留意しつつ，上記の考え方の当否について，更に検討してはどうか。

【部会資料11－2第4，2［52頁］】

（議事の概況等）

1　懸賞広告を知らないまま指定行為をした者が報酬請求権を有するがどうかは，民法の条文上明らかでないが，有力な学説に従って，このような者も報酬請求権を有することを条文上明記すべきであるとの考え方が紹介され，第9回会議において審議が行われた。
2　この点について，懸賞広告は，これによって指定行為を促進することを制度趣旨とするものであるから，懸賞広告の存在を知らないで偶然に指定行為を行ってしまった者については懸賞を与える必要はないとの意見があった。
　他方，懸賞広告にも，とにかく結果さえ達成できればいいというものもあるので，懸賞広告者が特段の意思を明らかにしていない場合にどちらにしておくかという問題であり，懸賞広告の趣旨に応じて変更することができるとの意見があった。

2　懸賞広告の効力・撤回

(1)　懸賞広告の効力

　懸賞広告の効力の存続期間（いつまでに指定行為を行えば報酬請求権を取得することができるか。）は民法の条文上明らかでないことから，これを明らかにするため，懸賞広告をした者が指定行為をする期間を定めた場合には当該期間の経過によって効力を失うものとし，その期間を定めなかった場合には指定行為をするのに相当の期間の経過により効力を失う旨の規定を新たに設けるべきであるとの考え方がある。このような考え方の当否について，更に検討してはどうか。

【部会資料11－2第4，3(1)［53頁］】

（議事の概況等）

　本論点について，本文記載の考え方が紹介され，第9回会議において審議が行わ

れたが、これに対して特段の意見はなかった。
　この点については、承諾期間の定めのある申込みの効力の存続期間（民法第521条第2項）、承諾期間の定めのない申込みの承諾適格の存続期間（前記第24、4②）とも関連すると考えられるので、これらとの整合性にも留意する必要があると考えられる。

(2) 撤回の可能な時期

　懸賞広告をした者が懸賞広告を撤回することができる時期について、指定行為に着手した第三者の期待をより保護する観点から、民法第530条第1項及び第3項の規定を改め、指定行為をすべき期間が定められている場合にはその期間内は撤回することができないものとし、また、第三者が指定行為に着手した場合には撤回することができないものとすべきであるとの考え方がある。このような考え方の当否について、懸賞広告をした者にとって第三者が指定行為に着手したことを知ることは困難であるとの批判があることも考慮しながら、更に検討してはどうか。

【部会資料11－2第4、3(2)［54頁］】

200　（議事の概況等）

　本論点について、本文記載の考え方が紹介され、第9回会議において審議が行われた。
　この点については、懸賞広告をした後、指定行為に当たる発明・発見が海外でされた場合や、懸賞広告者自身の努力によって指定行為がされた場合などには、懸賞広告を撤回する実益があるため、撤回を制限すべきでないとの意見が述べられた。
　また、第26回会議において、第三者が指定行為に着手した場合には撤回できないという考え方に対し、第三者が指定行為に着手したことを懸賞広告者が知ることは困難であるから、第三者が指定行為に着手した旨を通知した場合には撤回できないとするなど、実現可能な規定内容を検討すべきであるとの意見があった。これに対して、懸賞広告者が第三者の着手を知らない場合であっても、指定行為に着手した第三者の期待をより保護すべきであるという考え方があり得るという指摘もあった。

(3) 撤回の方法

　懸賞広告の撤回の方法については、民法上、懸賞広告と同一の方法による撤回が不可能な場合に限って他の方法による撤回が許されている（同法第530条第1項・第2項）が、撤回の効果がこれを知った者に対してのみ生ずることを前提に、同一の方法による撤回が可能な場合であっても異なった方法による撤回をすることができるものとすべきであるとの考え方がある。このような考え方の当否について、更に検討してはどうか。

【部会資料 11 − 2 第 4，3(3)［56 頁］】

（議事の概況等）

　　懸賞広告の撤回の方法について，撤回の効果をそれを知った者に限定するのであれば，懸賞広告と異なる方法による撤回を第 2 次的なものとする必要はないとの考え方が第 9 回会議において紹介され，これに対して特段の意見はなかった。

3　懸賞広告の報酬を受ける権利

　　懸賞広告に定めた行為をした者が数人あるときの報酬受領権者の決定方法については，指定行為をした者が数人あるときは最初にした者が報酬を受ける権利を有する等の規定（民法第 531 条）が設けられているが，同条に対しては，その決定方法を一律に法定するのではなく懸賞広告をした者の意思に委ねれば足りるなどの指摘もある。このような指摘を踏まえ，同条をなお存置するかどうかについて，更に検討してはどうか。

　　また，優等懸賞広告における優等者の判定方法（民法第 532 条）に関して，広告中では判定者ではなく判定方法を定めるものとする等の見直しをするかどうかについて，検討してはどうか。

【部会資料 11 − 2 第 4，4［57 頁］】

（議事の概況等）

1　民法第 531 条第 1 項は指定行為をした者が数人あるときは最初にした者が報酬請求権を取得すると規定しているが，懸賞広告者の意思に委ねれば足りるとして同項を削除すべきであるとの考え方，同項及び同条第 2 項が任意規定であることを定める同条第 3 項は不要であるとの考え方が紹介され，第 9 回会議において審議が行われた。
2　懸賞広告をした者の意思に委ね，民法第 531 条第 1 項を削除するという考え方に対しては，広告者の意思が明確であればよいが，意思が明確でない場合に紛争が生ずることがあり得るので，同項を削除して問題が生じないか，慎重な検討が必要であるとの意見があった。また，同条第 3 項の要否については，規定が強行規定か任意規定かを明らかにすることの要否や適否，任意規定であることを明らかにするための表現方法（後記 28，3 参照）を踏まえて検討する必要があると考えられる。
3　優等懸賞広告について，民法第 532 条第 2 項は，いずれの者の行為が優等であるかは公告中に定めた者又は懸賞広告者が判定すると規定しているが，これに関する新たな提案として，判定者の氏名をあらかじめ広告中で明らかにすると選定方法の公正が害されるおそれがあることから，優等の判定方法については，広告中に定めた者が判定するとするよりも，広告中に定めた方法によって決定するなどとすれば足りるとの意見があった。

第26 第三者のためにする契約

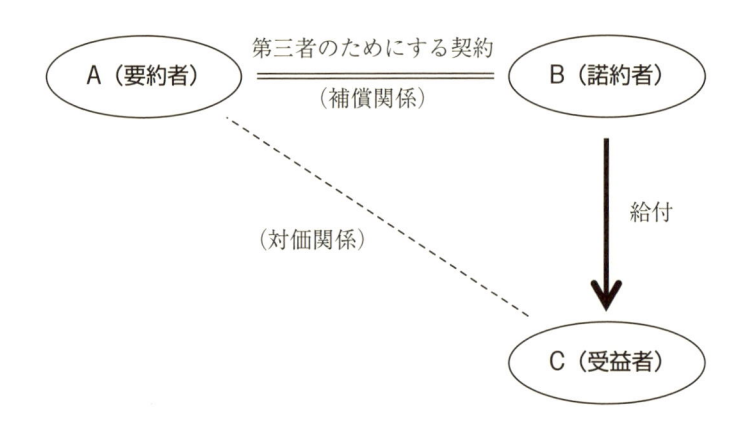

```
         第三者のためにする契約
  A（要約者）═══════════════ B（諾約者）
              （補償関係）
         ＼                    │
          ＼                   │給付
           ＼                  │
      （対価関係）              ▼
             ＼          C（受益者）
```

1 受益の意思の表示を不要とする類型の創設等（民法第537条）

　民法第537条第2項は、受益者（第三者）の権利は、受益者が契約の利益を享受する意思（受益の意思）を表示したときに発生すると規定している。これに対し、第三者のためにする契約の内容によっては、受益の意思の表示がなくても受益者の権利を発生させることが適当な場合があるとして、受益者の権利の発生のために受益の意思の表示を必要とすべきか否か等の観点から、第三者のためにする契約の類型化を図り、その類型ごとに規定を明確にすべきであるとの考え方がある。このような考え方の当否について、受益の意思の表示を要せずに債権を取得することが受益者にとって不当な場合もあることを指摘する意見があることなどに留意しつつ、更に検討してはどうか。

【部会資料19－2第6，2［58頁］】

（議事の概況等）

　第19回会議においては、受益者の権利の発生のために受益の意思の表示を不要とする第三者のためにする契約の類型を創設することについて、仮に受益者にとって不要な権利が発生した場合であっても、受益者はそれを放棄することができること、発行済みの社債に事後的に保証を付する場合等に有用性を見出すことができることなどを根拠に、これに積極的な意見もあったが、反社会的勢力が関係する債権等を押し付けられることになりかねないことや、受益者が債権を取得したことに気付かずに納税の機会を逸してしまうおそれがあることなどから、これに消極的な意

見もあった。このほか，本論点を検討するに当たっては，信託法第88条第1項本文が受益者は当然に受益権を取得すると規定していることとのバランスを考慮するべきであるとの意見もあった。

　部会資料19－2［61頁］では，第三者のためにする契約を，①受益者に諾約者に対する債権を取得させるもの（債権取得型），②受益者に諾約者に対する債権を取得させる場合において，受益者に付随的な負担が伴うもの（負担付債権取得型），③受益者が，諾約者から財産権の移転又は役務の提供を受ける債権を取得するのに対し，反対給付の債務を負う契約を成立したものと扱うもの（契約成立型），④受益者の諾約者に対する債務を免除させるもの（債務免除型），⑤要約者と諾約者の間で合意された受益者の諾約者に対する責任の制限や免除に関する条項を受益者が援用できるようにするもの（条項援用型）の5類型に分類する提案が紹介されていたが，これに対しては，立法論として大袈裟に過ぎるとの指摘があった。部会資料19－2［60頁］では，債権取得型の利用例として，出産に関する医療において胎児に対する医師の義務を導く場合が挙げられていたが，これに対しては，そもそも第三者のためにする契約の問題として捉えるべきではなく，出産における胎児の保護という場面に即した固有の法理を生成するべきであるとの意見があった。また，条項援用型に関しても，いわゆるヒマラヤ条項に条文上の根拠を与えることが目的であれば（部会資料19－2［63頁］参照），第三者のためにする契約という一般的な法理を用いるのではなく，固有の法理を生成することで対応するべきであるとの意見があった。

2　受益者の権利の確定

　民法第538条は，受益者の受益の意思の表示があって初めて受益者（第三者）の権利が発生するという前提の下で，「第三者の権利が発生した後は，当事者は，これを変更し，又は消滅させることができない」と規定しているが，仮に受益者の権利の発生のために受益の意思の表示を不要とする類型を設ける場合（前記1参照）には，この規定に関し，例えば，受益者が取得する権利や利益について正当な期待を持つ段階に至れば，もはやその変更や撤回を認めるべきでないなどの観点から所要の修正をするかどうかについて，更に検討してはどうか。

【部会資料19－2第6，2（関連論点）［63頁］】

（議事の概況等）

　第19回会議においては，本論点について，特に意見はなかった。

3　受益者の現存性・特定性

　第三者のためにする契約の締結時において，受益者が現存することや特定されていることが必要かどうかに関し，判例は，受益者が現存する必要も特定されている必要もないとしていることから，これを条文上も明らかにするかどうかについて，更に検討してはどうか。

216　第26　第三者のためにする契約

【部会資料19－2第6，3［64頁］】

（議事の概況等）

　　第19回会議においては，消費者紛争などの場面では，直接の紛争当事者にはなっていない消費者をも救済対象とする内容の和解をする場合に，第三者のためにする契約を用いることが考えられるので，規定が整備・明確化されることは望ましいとの意見があった。

4　要約者の地位
(1)　諾約者に対する履行請求

　　第三者のためにする契約において，要約者が諾約者に対して受益者への履行を請求することができることについては，条文上は明らかでないが，学説上は一般に肯定されている。そこで，このことを条文上も明記するかどうかについて，要約者による履行請求訴訟と受益者による履行請求訴訟との関係等を整理する必要を指摘する意見があることも踏まえて，更に検討してはどうか。

【部会資料19－2第6，4(1)［65頁］】

（議事の概況等）

　　第19回会議においては，消費者紛争などの場面では，直接の紛争当事者にはなっていない消費者をも救済対象とする内容の和解をする場合に，第三者のためにする契約を用いることが考えられるので，規定が整備・明確化されることは望ましいとの意見があった。

　　第24回会議においては，要約者が諾約者に対して受益者への履行を請求することができることを条文上も明記するためには，要約者による履行請求訴訟の既判力の及ぶ範囲やその執行方法，受益者による履行請求訴訟との関係等について整理しておく必要があるとの指摘があった。

(2)　解除権の行使

　　第三者のためにする契約において，諾約者がその債務を履行しない場合に，要約者が当該第三者のためにする契約を解除することができるかどうかに関し，受益者の意思を尊重する観点から，要約者は，受益者の承諾を得て，当該第三者のためにする契約を解除することができることを条文上も明記するかどうかについて，更に検討してはどうか。

【部会資料19－2第6，4(2)［66頁］】

（議事の概況等）

　　第19回会議においては，消費者紛争などの場面では，直接の紛争当事者にはなっていない消費者をも救済対象とする内容の和解をする場合に，第三者のために

する契約を用いることが考えられるので，規定が整備・明確化されることは望ましいとの意見があった。

第27　約款（定義及び組入要件）

1　約款の組入要件に関する規定の要否

現代社会においては，鉄道・バス・航空機等の運送約款，各種の保険約款，銀行取引約款等など，様々な分野でいわゆる約款（その意義は2参照）が利用されており，大量の取引を合理的，効率的に行うための手段として重要な意義を有しているが，個別の業法等に約款に関する規定が設けられていることはあるものの，民法にはこれに関する特別な規定はない。約款については，約款使用者（約款をあらかじめ準備してこれを契約内容にしようとする方の当事者）の相手方はその内容を了知して合意しているわけではないから，約款が契約内容になっているかどうか不明確であるなどの指摘がある。そこで，約款を利用した取引の安定性を確保するなどの観点から，約款を契約内容とするための要件（以下「組入要件」という。）に関する規定を民法に設ける必要があるかどうかについて，約款を使用する取引の実態や，約款に関する規定を有する業法，労働契約法その他の法令との関係などにも留意しながら，更に検討してはどうか。

【部会資料11－2第5，1［60頁］】

（議事の概況等）

1　いわゆる約款（その意義については必ずしも理解が一致していないが，この点については2参照）を契約内容にするための要件に関する一般的規定を設けるべきであるとの考え方が紹介され，第11回会議において審議が行われた。いわゆる約款に関しては，当事者間における交渉力の格差などに着目した議論として，内容の適正化も問題とされている（後記第31）が，ここでは，約款が契約内容になるための要件（組入要件）を規定することの要否やその内容を取り上げるものである。

約款の組入要件という形で問題を設定することについては，契約内容への組入れを議論する切り口としては約款が唯一のものではなく，例えば，個別交渉を経ていない契約条項が契約内容になるためにはどのような要件が必要かという問題設定も可能であるが，契約内容の確定やその変更に当たって一人の当事者が多数の相手方と同一内容の契約を締結しているという側面に着目し，多数の相手方相互の間の公平性を確保するなど一般の契約法理と異なる法理が問題になり得るとして，約款という切り口を取り上げることの意義を検討する必要があることを指摘する意見があった。

2　組入要件に関する規定の要否

いわゆる約款の組入要件に関する規定の要否については，規定がない現状においては約款が十分に安定した拘束力を持つかどうか不明瞭であるため，いわゆる約款に基づく取引のより安定した運用をするためには組入要件に関する規律が必要であ

るとの意見も述べられた。一方，約款については，個別の事業法による内容の規制，消費者取引や下請取引における当事者間の格差に配慮した個別の立法措置などが既にされていることから，実態を調査してどのような問題が生じているのかを把握した上で，既存の法律による対応の可否を確認するなどの手順を踏むことが必要であるとの意見，組入要件を規定すると，本来契約は締結した以上守られるべきであるにもかかわらず，自分にとって不利益な状況となったことを理由に約款が契約内容になっていないことを主張するなど，悪用されるおそれがあるので，そのようなことが起きないようにするという視点も必要であるとの意見があった。

2　約款の定義

　約款の組入要件に関する規定を設けることとする場合に，当該規定の適用対象となる約款をどのように定義するかについて，更に検討してはどうか。

　その場合の規定内容として，例えば，「多数の契約に用いるためにあらかじめ定式化された契約条項の総体」という考え方があるが，これに対しては，契約書のひな形などが広く約款に含まれることになるとすれば実務における理解と異なるという指摘や，労働契約に関する指摘として，就業規則が約款に該当するとされることにより，労働契約法その他の労働関係法令の規律によるのではなく約款の組入要件に関する規律によって労働契約の内容になるとすれば，労働関係法令と整合的でないなどの指摘もある。そこで，このような指摘にも留意しながら，上記の考え方の当否について，更に検討してはどうか。

【部会資料11－2第5，2［60頁］，同（関連論点）［61頁］】

(議事の概況等)

1　約款の組入要件に関する規定の適用対象とすべき約款の定義について，「多数の契約に用いるためにあらかじめ定式化された契約条項の総体」とする考え方が紹介され，第11回会議において審議が行われた。なお，現状においてはどのようなものが約款に該当するかについて大きく見解が異なっており，共通の認識がないまま議論が行われるのは望ましくないとの指摘があった。

2　約款の定義と不当条項規制の対象

　約款についてはその内容の適正化も議論されている（後記第31）が，組入要件と内容規制とは異なる問題であるから，組入要件の対象となる約款をどのように定義するかと，約款特有の不当条項規制をする場合にどのような約款をその対象とするかとは区別して議論する必要があるとの指摘があった。

3　定義の内容

　「多数の契約に用いるためにあらかじめ定式化された契約条項の総体」が契約上使用されている場合には，それが契約内容に組み入れられるための要件は必ず問題になるから，組入要件が問題になる約款の定義としてはこれが妥当であるとの意見があった。

この定義に対しては，不明確な定義が規定されれば現在利用されているものが約款に該当するかどうかの判断が難しくなるなどの実務上の混乱が予想されるため，上記の定義が十分に明確なものであるか慎重な検討が必要であるとの意見，上記の定義によれば契約のひな形や裏面約款などが約款として扱われると考えられるが，それでは定義が広すぎて取引の実情に合わないとの意見，逆に，上記の定義によれば「多数の契約に用いるため」という要件を満たさない条項は約款に該当しないことになり，狭すぎるとの意見（これを約款の定義として用いるのであれば，約款の組入要件と併せて，より一般的な規定として，一方的に作成された契約条項が契約の内容になるための要件を規定すべきであるとする。）などが述べられた。
　なお，後記3とも関連するが，労働契約に関する意見として，就業規則が約款に該当するとされ，労働契約法とは異なる要件の下で，約款の組入要件を満たすことを理由に労働契約の内容となるとすれば，同法との整合性がとれないとの意見や，労働基準法によって就業規則の作成が義務付けられていない労働者10人未満の事業場における就業規則には労働契約法の就業規則関係規定の適用がないとの立場を前提に，そのような就業規則が約款に該当し，約款の組入要件を満たすことを理由に労働契約の内容となるのは適当でないとの意見が示された。

4　個別交渉条項及び中心部分に関する条項
　約款の定義については，当事者間での個別の交渉を経て採用された条項（個別交渉条項）や契約の中心部分に関する条項が約款に含まれるかについても問題提起がされ，併せて審議が行われた。
　この点については，問題となる条項全体のうちの一部を定義から除外することについて，一部が約款であって一部は約款でないというのは分かりにくいので，全体を約款と扱うか，全体を約款でないと扱うかにすべきであるとの意見があった。
　規定の内容に関する意見として，個別交渉条項について，事業者間契約の中で用意された約款について当事者間で交渉がされ，互いに理解して変更の合意をしたのであれば，その部分については組入要件に関する規定の適用はない（その場合であっても，合意がされた部分以外の部分については適用の対象になるとする。）との意見，中心部分に関する条項については，中心部分に該当するかどうかは条項の作成方法によっても変わってくるから，中心部分に関する条項であるからといって約款の組入要件に関する規定の適用を除外すべきではないとの意見があった。
　以上に対し，個別交渉条項及び中心部分に約款に関する規定が適用されるかが問題になるのは，組入要件についてではなく不当条項規制を及ぼすべきかどうかであるから，これらの部分が組入要件の対象となる約款の定義から除外されるかどうかを議論するのは不適切であるとの指摘があった。

3　約款の組入要件の内容
　仮に約款の組入要件についての規定を設けるとした場合に，その内容をどのようなものとするかについて，更に検討してはどうか。

例えば，原則として契約締結までに約款が相手方に開示されていること及び当該約款を契約内容にする旨の当事者の合意が必要であるという考え方がある。このうち開示を要件とすることについては，その具体的な態様によっては多大なコストを要する割に相手方の実質的な保護につながらないとの指摘などがあり，また，当事者の合意を要件とすることについては，当事者の合意がなくても慣習としての拘束力を認めるべき場合があるとの指摘などがある。

　このほか，相手方が個別に交渉した条項を含む約款全体，更には実際に個別交渉が行われなくてもその機会があった約款は当然に契約内容になるとの考え方や，約款が使用されていることが周知の事実になっている分野においては約款は当然に契約内容になるとの考え方もある。

　約款の組入要件の内容を検討するに当たっては，相手方が約款の内容を知る機会をどの程度保障するか，約款を契約内容にする旨の合意が常に必要であるかどうかなどが問題になると考えられるが，これらを含め，現代の取引社会における約款の有用性や，組入要件と公法上の規制・労働関係法令等他の法令との関係などに留意しつつ，規定の内容について更に検討してはどうか。

　また，上記の原則的な組入要件を満たす場合であっても，約款の中に相手方が合理的に予測することができない内容の条項が含まれていたときは，当該条項は契約内容とならないという考え方があるが，このような考え方の当否について，更に検討してはどうか。

　　　　　　　　【部会資料 11 - 2 第 5，3［62 頁］，同（関連論点）［64 頁］】

（議事の概況等）

1　約款の組入要件の具体的な内容については，当該約款を契約内容にする旨の当事者間の合意に加え，原則として契約までに約款が相手方に開示されていることが必要であるが，開示が現実的に困難である場合には例外的にこの要件を緩和するという考え方などが紹介され，第 11 回会議において審議が行われた。

　　約款に関してはその内容の適正化も議論されている（後記第 31）が，約款を内容規制の対象とするかどうかについては意見が分かれ得るのに対し，組入要件は，約款が使用されている場合に，契約当事者の属性や当事者間の格差の存否等にかかわらず常に問題になるものであるから，内容の適正化のための規制とは規定の意味や必要性が異なるという指摘があった（ただし，この両者が独立の問題であることを前提としつつ，約款の内容について私法上の規制が及ぶことと併せて組入要件を緩やかにするという考え方もあり，組入要件と不当条項規制は連動し得るとの指摘もあった。）。

2　現行法における約款の組入れ

　　約款の拘束力に関する意見として，約款の拘束力は当事者の意思のみに基づくのではなく，慣習としての拘束力を加味して考えるべきであり，約款を契約内容とする当事者の合意を必要としない場合もあるとの理解を示すものがあった。これに対して，学説においては，約款による契約にも契約法理が妥当するという契約説的理

解を支持する見解が基本的には有力であるが，契約説によって完全に説明できるわけではなく，約款の法規範性を重視する法規範説的な理解を加味すべきであるとの問題意識はあり得るとの指摘があった。

　また，公共交通機関やライフラインなど個別の事業法が制定されている分野においては，相手方が個別に同意するかしないかにかかわらず，その約款が契約内容に組み込まれるという前提が採られているとの理解も示された。これに対しては，これらの分野において，約款について顧客が個別に同意していなくても約款が契約内容になるという解釈が成り立ち得るとしても，それは個別の事業法の解釈として導かれるものであり，約款に関する公的な規制がされていることから直ちに当該約款が契約内容になるとは言えないとの意見があった。

3　組入要件と契約の拘束力に関する基本原則との関係

　約款の組入要件と通常の契約の拘束力に関する基本原則との関係についても議論がされ，約款の組入要件は通常の契約に関する基本原則より厳格にすべきか，緩和すべきか，同等のものとすべきか，考え方を整理する必要があるとの指摘があった。この点について，約款を契約内容にするためには，その旨の合意（組入合意）と事前の開示が必要であるという考え方を支持する立場から，約款の拘束力も組入合意によって基礎づけられるが，およそ知る機会がなかった条項に同意を与えることはできないから，開示があって初めて組入合意に拘束力が認められるというのが組入要件の内容であり，それは通常の契約に関する原則を具体化したものであるとの理解が示された。

　このほか，組入合意に加えて相手方の認識可能性があれば足りるという考え方は，内容を了知した上で同意する必要があるという原則を緩和したものであると理解した上で，どの程度の認識可能性が必要か，いずれの当事者にどのような行動を求めるかは一律に規定できず，場面に応じて原則や例外を規定する必要があるとの指摘もあった。これに対し，約款の組入要件が契約に関する基本原則より緩和されるとすると，その正当化根拠が必要であるとの意見があった。

4　原則的な組入要件の内容

(1)　組入要件の具体的な内容については，公表されている立法提案を分析した指摘として，約款の拘束力の根拠を考える場合に，相手方の了解可能性を重視する方向と，組入合意を重視する方向があることが指摘された。第11回会議において示された意見には，契約の拘束力は当事者の意思に基づくという民法の原則から，約款に拘束力を認めるためには当事者が当該約款を契約内容とすることを合意したことが必要であるが，知り得ないものに同意を与えることはできない以上，締結時までに約款が相手方に開示されていることも併せて要件とすべきであるとするものがあった。

　約款の開示を要件とすることについては，相手方が契約内容を実質的に理解できることに重点を置くべきであり，形式的に開示を要件としたとしても，開示に大きなコストを要する一方，相手方が大部の資料を理解することができるとは限

らず，実質的な相手方の利益の保護に役立たないおそれもあるとの意見（これに対しては，契約の中心的な内容に関する説明と約款の開示とは別の問題であるとの指摘もある。)，何らかの約款によることが社会通念上周知の事実になっている契約類型については，現実の開示がなくても，契約締結時までに約款の開示を求められれば開示できる状況にあることで足りるとの意見があった。

　組入合意の要否については，合意がない場合であっても約款によるという慣習があることを根拠に拘束力が認められる場合があるのではないかとの意見，不特定多数の相手方から同意を取り付けることは実務的に困難であるため，約款を契約内容にする合意までは不要とすべきであるとの意見があった（なお，特定の約款を用いることが慣習になっている場合に当該約款が拘束力を有するかどうかは，慣習の効力（後記第28，4）の問題であると考えられる。)。

　なお，第11回会議において示された意見には，約款に含まれるある条項について交渉がされた場合には当該条項はもとより，その約款全体が組み入れられることとすべきであり，さらに，交渉の機会が与えられていれば実際に交渉がされたか否かにかかわらず約款全体が組み入れられることとすべきであるというものがあった。もっとも，交渉の機会が与えられているということは開示や組入合意があるとも考えられ，このような考え方は，開示と組入合意を要件とする考え方と実質的には異ならないとも考えられる。

(3) 労働契約の分野に関する意見として，就業規則は約款に該当すると考えられるが，組入れについては労働契約法第7条，変更については同法第10条の規定が適用され，就業規則の組入れや変更は約款に関する規定による影響を受けないとの意見が示された。これに対し，労働基準法によって就業規則の作成が義務付けられていない使用者の就業規則には労働契約法の就業規則関係規定の適用がないとの立場を前提に，そのような就業規則が約款に該当し，約款の組入要件を満たすことを理由に労働契約の内容となるのは適当でないとの意見もあった。

(4) このほか，組入要件の内容を検討するに当たって留意すべき点の指摘として，流通性のある権利に関する約款についての組入要件をどのように考えるかという問題提起があった。

210

5　不意打ち条項

　約款の拘束力については，原則的な組入要件を満たす場合であっても，相手方が合理的に予測することができない内容の条項（不意打ち条項）が約款に含まれていたときには，当該条項は拘束力を有しないとの考え方が紹介され，併せて審議が行われた。不意打ち条項はその内容の当不当を問わない点で不当条項規制（後記第31）とは異なることを確認した上で，不意打ち条項に関する規定を設けるという考え方を支持し，不意打ちに当たるかどうかは，契約を締結する際の具体的事情から当該条項が約款に含まれていることを合理的に予期できるかどうかを基準とすべきであるとの意見もあったが，新しい契約手法や新しい契約条項の導入が新しい産業のリスクを軽減し，その育成に寄与するという考え方もあり，不意打ち条項の効力

を否定することは新しい商品やサービスにチャレンジしようとする意欲を削ぐおそれがあるから，合理的に予測できない条項であっても内容的に問題がなければ許容されることとすべきであるとの意見も述べられた。

4 約款の変更

約款を使用した契約が締結された後，約款使用者が当該約款を変更する場合があるが，民法には約款に関する規定がないため，約款使用者が一方的に約款を変更することの可否，要件，効果等は明確でない。そこで，この点を明らかにするため，約款使用者による約款の変更について相手方の個別の合意がなくても，変更後の約款が契約内容になる場合があるかどうか，どのような場合に契約内容になるかについて，検討してはどうか。

(議事の概況等)

1 本論点は，契約締結後の約款使用者による約款の変更について，その相手方に対する拘束力の有無及びその要件を取り上げるものである。この点については，第11回会議において審議が行われた。
2 約款が使用された契約が継続的な契約である場合には，当該契約の継続中に，法令の改正等の様々な理由により，約款使用者が当該約款を変更する必要が生ずることがある。契約についての一般原則によれば，いったん契約が成立した以上，一方当事者が相手方の同意なくその契約内容を変更することはできないはずであるが，上記のように，約款を変更する必要性がある一方，多数の相手方から個別に変更についての同意を得るのは非現実的である上，顧客間で契約内容が異なると顧客を平等に扱うべきであるという要請に反するとの指摘がある。このような問題意識から，約款の変更に合理性や社会的相当性があること等を要件として，約款使用者による一方的な変更後の約款に相手方に対する拘束力を認めるべきであるとの意見があった。

第28　法律行為に関する通則

1　法律行為の効力

(1) 法律行為の意義等の明文化

「法律行為」という概念は民法その他の法令に用いられているが，この概念の有用性に疑問を呈する見解があるほか，民法にその意義に関する一般的な規定が設けられていないため，意味が分かりにくいという問題が指摘されている。既に法律上の概念として定着したものであることなどから法律行為という概念を維持した上で，その意義について，例えば，法律行為とは，契約，単独行為及び合同行為をいうとの形式的な定義規定を設けるという考え方や，法律行為は法令の規定に従い意思表示に基づいてその効力を生ずるという基本的な原則を条文上明記するという考え方があるが，これらの当否について，更に検討してはどうか。

【部会資料12－2第1，2(1)［1頁］，同（関連論点）［2頁］】

（議事の概況等）

法律行為の意義等の明文化については，本文記載の考え方が紹介され，第10回会議において審議が行われた。

法律行為概念を維持するかどうかについて，既に法律上の概念として定着したものであること，民法以外の領域でも法律行為概念を前提とした立法や解釈が行われてきていることなどから，今後も維持すべきであるという意見があった。

法律行為概念を維持する場合には，民法における基本原則に当たるものをできる限り明文化するという観点から，例えば，法律行為は，法令の規定に従い意思表示に基づいて効力を生ずる旨の規定を設けるなど，法律行為に関する基本的な原則を条文上明記すべきであるとの意見が述べられた。

法律行為に関する規定を設ける場合，民法典中のどの箇所に規定を置くかが問題になるが，法律行為に関する規定は，民法典が採用する権利を基軸としたパンデクテン・システムの中で，権利の変動原因としての人の行為に関する共通の基本原則を定めたものと位置づけられることから，民法総則に設けるべきであるとの意見が述べられた。これに対し，法律行為に関する原理性の高い規定は総則に設けるべきであるが，契約の規律に関わる具体的な規定や意思表示に関する規定をどのように配置するかについては更に検討が必要であるとの意見もあった。法律行為に関する規定の位置づけは，民法典全体をどのように編成するかという問題（後記第63）とも関連するので，民法典全体の編成についての考え方を踏まえた上で検討する必要がある。

(2) 公序良俗違反の具体化

　公序良俗違反の一類型として暴利行為に関する判例・学説が蓄積されていることを踏まえ，一般条項の適用の安定性や予測可能性を高める観点から，暴利行為に関する明文の規定を設けるものとするかどうかについて，自由な経済活動を萎縮させるおそれがあるとの指摘，特定の場面についてのみ具体化することによって公序良俗の一般規定としての性格が不明確になるとの指摘などがあることに留意しつつ，更に検討してはどうか。

　暴利行為の要件は，伝統的には，①相手方の窮迫，軽率又は無経験に乗じるという主観的要素と，②著しく過当の利益を獲得するという客観的要素からなるとされてきたが，暴利行為に関するルールを明文化する場合には，主観的要素に関しては，相手方の従属状態，抑圧状態，知識の不足に乗じることを付け加えるか，客観的要素に関しては，利益の獲得だけでなく相手方の権利の不当な侵害が暴利行為に該当し得るか，また,「著しく」という要件が必要かについて，更に検討してはどうか。

　また，暴利行為のほかに，例えば「状況の濫用」や取締法規に違反する法律行為のうち公序良俗に反するものなど，公序良俗に反する行為の類型であって明文の規定を設けるべきものがあるかどうかについても，検討してはどうか。

【部会資料12－2第1，2(2)［4頁］】

(議事の概況等)

1　暴利行為の明文化の可否

　「相手方の窮迫，軽率又は無経験に乗じて著しく過当な利益を獲得する行為」は暴利行為とされ，従来から公序良俗に反して無効であると考えられてきたが，公序良俗に関する民法第90条の規定の具体化として，暴利行為が無効であることを条文上明記すべきであるとの考え方が紹介され，第10回会議において審議が行われた。

　このような考え方について，現行の民法第90条のみでは具体性に欠け，利用しにくいことから，暴利行為に関するルールを明確にすることは有意義であるなどとして，これを支持する意見が述べられた。一方，例外的な事例に適用された判例法理を条文化すれば原則と例外が逆転し，契約が無効になるリスクを検討するためにコストが高まったり取引の迅速性を阻害したりするなど，自由な経済活動が萎縮するおそれがあること，暴利行為に関する規定が機能するのは，詐欺・強迫などの意思表示に関する規定や消費者契約法の規定による表意者保護が及ばない限定された場面であり，これを明文化する実益は必ずしも大きいとは言えないこと，明文化すると悪用されるおそれがあること，暴利行為を民法第90条の具体化として明文化すると，同条の一般規定としての性格が不明確になるおそれがあることなどから，慎重な検討が必要であるとの意見も述べられた。

2 暴利行為の要件に関する総論的な議論

　暴利行為の要件は，伝統的には，①相手方の窮迫，軽率又は無経験に乗じるという主観的要素と，②著しく過当の利益を獲得するという客観的要素からなるとされてきた。
　このような要件について，主観的要素と客観的要素を相関的に衡量して相手方の財産処分に関する自己決定権が侵害されていると言える場合には表意者に対する拘束力を否定すべきであるという考え方を踏まえて見直すべきであるとの意見や，伝統的要件は現代の取引社会に伝統的な定義が適合しなくなっているという面があり，要件の柔軟化を含めて見直しを図ることが必要であるが，効力を否定されるのが契約自由の範囲を逸脱する行為に限定されるよう慎重に要件を検討すべきであるとの意見，安易に公序良俗規定を適用することには問題があり，ハードルを下げる趣旨ではなく予測可能性を高める方向で要件を検討すべきであるとの意見などが述べられた。

3 暴利行為の要件に関する各論的な議論

　要件に関する各論的意見として，主観的要素に相手方の従属状態や抑圧状態に乗じることを加えるべきであるとの意見や，客観的要素の「著しく過当な利益」について，主観的要素と相関的な衡量をすることにより，「著しく過当」とまで言えなくても「不当」な利益を得るものであれば暴利行為に該当し得るとの意見，客観的要素として，自己が権利を獲得する場合だけでなく，相手方の権利を不当に侵害すること（例えば，相手方を廃業させること）も挙げるべきであるとの意見が述べられた。他方，このような意見に対して，事業者と消費者との間の一般的な情報格差に乗じた場合が暴利行為の主観的要素を充たすかどうかが不明確であるなど，暴利行為の外延が不明確になるおそれがあり，その結果取引実務に萎縮的効果が生じないかとの疑問を呈する意見，「著しく」という要件を除外することには疑問があるとの意見も述べられた。

4 公序良俗違反とは別に暴利行為に関する規定を設ける考え方

　交渉力の格差等を不当に利用した取引について何らかの規律を設けることは必要だが，無効という強い規範的効力を持つ規定ではなく，情報や交渉力の格差を利用して自己の利益を図り又は相手方を害する契約をしてはならないという訓示的な規定を設けるという提案もあった。暴利行為が無効という強い効果を持つとすると具体化し得る範囲がかなり狭いものとなるおそれがあるが，無効という効果を前提としなければ，要件も柔軟に考える余地があるとする。これは暴利行為を公序良俗とは別に規定することを示唆するものであると言える。

5 公序良俗に反するその他の類型

　暴利行為のほかに，「状況の濫用」（相手の置かれた不利な状況につけこんで法律行為をさせること）を例に挙げて，公序良俗に反する行為の類型であって明文の規定を設けるべきものがあるかどうかについても，検討する必要があるとの意見が述べられた。例えば，暴利行為は著しく過当の利益を獲得することを要件としているが，

今日の社会においては利得要件を要求するのに適しない類型の問題が発生しているとして，利得要件ではなく契約締結過程の不当性に着眼して法律行為を無効にするような一般法理を検討すべきではないかという問題提起があった。

　また，公法上の取締法規にはこれに反する意思表示が無効になるものがあるが，取締法規と異なる意思表示の効力について民法に規定を設けることができるか，検討する必要があるとの意見があった。

　もっとも，これらの点に関しては，まだ具体的な立法提案が示されていない。

(3)　「事項を目的とする」という文言の削除（民法第90条）
　　民法第90条は，「公の秩序又は善良の風俗に反する事項を目的とする法律行為は，無効とする。」と規定しているが，これを「公の秩序又は善良の風俗に反する法律行為は，無効とする。」と改めるものとしてはどうか。

【部会資料12－2第1，2(3)［10頁］】

（議事の概況等）

　　民法第90条は，「公の秩序又は善良の風俗に反する事項を目的とする法律行為は，無効とする。」と規定しているが，現在の判例・学説の一般的な理解によれば，法律行為が公序良俗に反する事項を目的としているかどうかではなく，法律行為が行われた過程その他の諸事情を考慮して，当該法律行為が公序良俗に反しているかどうかが判断されているとされている。このことを条文上明確にするため，「事項を目的とする」を削除し，「公の秩序又は善良の風俗に反する法律行為は，無効とする。」と改めるという考え方が第10回会議において紹介され，審議が行われたが，この点について特段の異論は述べられなかった。

2　法令の規定と異なる意思表示（民法第91条）
　　法令の規定と異なる意思表示の効力について，原則として意思表示が法令の規定に優先するとした上で，その法令の規定が公序良俗に関するもの（強行規定）であるときは例外的に意思表示が無効となることを条文上明記するものとしてはどうか。

【部会資料12－2第1，3［11頁］】

（議事の概況等）

　　法令の規定と異なる意思表示の効力については，第10回会議において審議が行われた。

　　私的自治の原則という基本原則との整合性の観点から，法律行為の当事者が法令と異なる意思を表示したときにはその意思表示の効力が認められることが原則であり，その法令が公序良俗に関するものであるときは例外としてその効力を生じないことを規定すべきであるとの意見が述べられた。

これに対し，法令は本来遵守してしかるべきであり，法律の規定に私人の合意が優先するという任意規定は極めて限られたものであるから，むしろ法令の規定と異なる意思表示は効力を有せず，当該規定が任意規定である場合に例外的に意思表示が優先するという規定の方が，原則と例外をより適切に表しているとの意見もあった。

3　強行規定と任意規定の区別の明記

　民法上の規定のうち，どの規定が強行規定であり，どの規定が任意規定であるかを条文上明らかにすることが望ましいとの考え方がある。これに対しては，全ての規定についてこの区別を行うのは困難であるとの指摘，規定と異なる合意を許容するかどうかは，相違の程度や代替措置の有無などによって異なり，単純に強行規定と任意規定に二分されるわけではないとの指摘，強行規定かどうかを法律上固定することは望ましくないとの指摘などがある。これらの指摘を踏まえ，強行規定と任意規定の区別を明記するという上記の考え方の当否について，強行規定かどうかを区別することの可否やその程度，区別の基準の在り方，区別をする場合における個々の規定の表現などを含め，検討してはどうか。

（議事の概況等）

　第10回会議において，法令の規定のうち，どの規定が強行規定であり，どの規定が任意規定であるかを明らかにするのが望ましいとの意見があった。他方，全ての条文についてこれを明らかにすることは困難である上，現在の解釈を固定化することとなってかえって望ましくないとの意見，明らかに強行規定であるものについてその旨を明確にすることは考えられるが，それ以外のものが任意規定であるという解釈が導かれるのは望ましくないため，表現の在り方に工夫が必要であるとの意見，法令の規定と異なる内容の合意が許容されるとしても，許容される相違の程度に制約があるとか，適切な代替措置の下でのみ法令の規定と異なる合意が許容されるなどの制約があるものもあり，任意規定であるか強行規定であるかを単純に二分することは困難であるとの意見などが述べられた。

4　任意規定と異なる慣習がある場合

　任意規定と異なる慣習がある場合における任意規定と慣習との優先劣後の関係は，これを扱う民法第92条と法の適用に関する通則法第3条が整合的でないようにも解し得ることから，現行法上不明確であり，立法的解決の必要性が指摘されている。この点について，社会一般より小さい社会単位で形成された規範である慣習がある場合にはこれに従うことが当事者の意思に合致する場合が多いなどとして，慣習が任意規定に優先することを原則とし，当該慣習が公序良俗に反する場合や当事者が反対の意思を表示した場合は任意規定が優先するものとすべきであるとの考え方がある。他方，不合理な慣習が優先するのは適当でないことなどから，慣習が契

約内容になるためには当事者の意思的要素を介在させるべきであり，これがない場合には任意規定が優先することとすべきであるとの考え方もある。そこで，任意規定と異なる慣習がある場合の優先劣後の関係について，契約の解釈に関する規律（後記第59）との整合性にも留意しながら，更に検討してはどうか。

【部会資料12－2第1，4［13頁］】

216 （議事の概況等）

1 任意規定と慣習との優劣関係については，第10回会議において審議が行われた。
　民法第92条は，任意規定と異なる慣習がある場合に，一定の要件の下で慣習が任意規定に優先することを規定しているが，他方，法の適用に関する通則法第3条の表現は，慣習が任意規定に劣後するようにも解し得る。このため，上記の規定相互の関係をどのように理解するかについても議論が錯綜している状況にあり，現行法上，任意規定と慣習の優先劣後関係は不明確である。そこで，任意規定と慣習との関係について考え方を整理するとともに，上記各規定の関係についても立法的解決を検討すべきであるとの意見が述べられた。

2 この点について，社会一般より小さい社会単位で形成された慣習がある場合にはこれに従うことが当事者の意思に合致する場合が多いなどとして，任意規定より慣習が優先するのが原則であり，慣習が公序良俗に反するものである場合や当事者が慣習と異なる意思表示をした場合には，任意規定が慣習に優先することとすべきであるとの意見が述べられた。また，基本的にこのような考え方を支持しつつ，どのような慣習であっても任意規定に優先するとするのは適当ではないという懸念を踏まえて，例えば，当事者間で合意した慣習や当事者間で確立した慣習など，一定の限定を付した上で慣習が任意規定に優先することを検討すべきであるとの意見もあった。
　これに対し，慣習が優先するとの原則に対する例外として公序良俗に反する慣習のみを挙げるだけでは，公序良俗に反するとまでは言えないが不合理な慣習が任意規定に優先してしまうおそれがあるなどとして，慣習が任意規定に優先するのは慣習によるという当事者の意思が介在している場合にすべきであるとの意見も述べられた。
　任意法規と慣習との優先劣後関係をどのように考えるかは，契約の解釈（後記第59）とも関連する問題であることから，検討に当たっては，契約の解釈の原則との整合性にも配慮する必要があると考えられる。
　なお，労働契約に関して，現行法上必要とされている「慣習による意思」を不要とした場合に，就業規則作成義務のない事業場で作成された規則類，労働基準法及び労働契約法所定の要件を充足しない就業規則，労働者に不利益な職場慣行が慣習としての効力を認められるとすれば問題であるとの意見や，労使間には様々な慣習があり，慣習と任意規定との関係についての考え方を整理するに当たっては，労働契約にどのような影響が及ぶかを慎重に考慮する必要があるとの意見があった。

第29　意思能力

1　要件等
(1)　意思能力の定義

　　意思能力を欠く状態で行われた法律行為の効力が否定されるべきことには判例・学説上異論がないが，民法はその旨を明らかにする規定を設けていない。そこで，意思能力を欠く状態で行われた法律行為の効力について明文の規定を設けるものとしてはどうか。

　　その場合には，意思能力をどのように定義するかが問題となる。具体的な規定内容として，例えば，有効に法律行為をするためには法律行為を自らしたと評価できる程度の能力が必要であり，このような能力の有無は各種の法律行為ごとに検討すべきであるとの理解から，「法律行為をすることの意味を弁識する能力」と定義する考え方がある。他方，各種の法律行為ごとにその意味を行為者が弁識していたかどうかは意思能力の有無の問題ではなく，適合性の原則など他の概念が担っている問題であって，意思能力の定義は客観的な「事理を弁識する能力」とすべきであるとの考え方もある。これらの考え方の当否を含め，意思能力の定義について，更に検討してはどうか。

【部会資料12－2第2，1［17頁］】

（議事の概況等）

1　意思能力の定義等については，第10回会議において審議が行われた。

　　民法上，意思能力を欠く状態で行われた法律行為は無効であると解されているが，これを明文で定めた規定はない。意思能力を欠く状態で行われた法律行為の効力について明文の規定を設けることについて，特段の異論は述べられなかった。

2　意思能力の定義については，意見が分かれた。

　　まず，有効に法律行為をするためにはその法律行為を自らしたと評価できる程度の能力が必要であり，このような能力が意思能力であるが，ある法律行為を自らしたと評価し得るために必要な能力の程度は様々な法律行為ごとに検討されるべきであって，人の行為一般をするために必要な客観的，絶対的な能力が問題となるわけではないとの理解や，従来の裁判例においても意思能力の基準は行為の種類によって異なっていることなどから，意思能力を「法律行為をすることの意味を弁識する能力」と定義すべきであるとの意見が述べられた。

　　これに対し，種々の法律行為ごとにその行為の意味を理解しているかどうかは従来理解されてきた意思能力概念が担っているものではないとして，意思能力の定義は，より一般的，客観的な「事理を弁識する能力」とすべきであるとの意見があった。この立場からは，「事理を弁識する能力」という意味での意思能力に加え，法律

行為をするには「法律行為をすることの意味を弁識する能力」も必要であるが、これは情報提供義務や状況の濫用など別の概念の問題として議論すべきであるとの意見もあった。

(2) 意思能力を欠く状態で行われた法律行為が有効と扱われる場合の有無
　意思能力を欠く状態で行われた法律行為であっても、その状態が一時的なものである場合には、表意者が意思能力を欠くことを相手方が知らないこともあり、その効力が否定されると契約関係が不安定になるおそれがあるとの指摘がある。また、意思能力を欠いたことについて表意者に故意又は重大な過失がある場合には、意思能力を欠くことを知らなかった相手方に意思能力の欠如を対抗できないという考え方がある。これに対し、意思能力を欠く状態にある表意者は基本的に保護されるべきであるとの指摘もある。
　以上を踏まえ、意思能力を欠く状態で行われた法律行為が有効と扱われる場合の有無、その具体的な要件（表意者の帰責性の程度、相手方の主観的事情等）について、検討してはどうか。

（議事の概況等）
　第22回会議において、意思能力を一時的に失った状態で行われた法律行為の効力が否定されるとすると、契約関係が不安定になるほか、意思表示を受ける側が容易に判断できない場合も多く、不測の損害が発生する可能性があるとの意見があった。
　また、意思表示をした者が故意又は重大な過失により意思能力（事理弁識能力）を欠いていたときは、意思能力を欠いている事実について善意の相手方や善意の第三者に対し、意思能力を欠いていたことによる効果を主張することができないという立法提案があることから、このような立法提案の当否についても検討すべきであるとの意見があった。
　これらに対しては、常時であれ一時的であれ、意思能力を欠く状態にある表意者を保護するのが基本であるとして、一時的に意思能力のない状態に陥ったことについて帰責性のない表意者の保護を弱めることに反対する意見があった。

2　日常生活に関する行為の特則
　意思能力を欠く状態で行われた法律行為であっても、それが日常生活に関する行為である場合は意思能力の不存在を理由として効力を否定することができない旨の特則を設けるべきであるとの考え方がある。これに対しては、不必要な日用品を繰り返し購入する場合などに意思無能力者の保護に欠けるおそれがあるとの指摘や、意思能力の意義について当該法律行為をすることの意味を弁識する能力とする立場に立てばこのような特則は不要であるとの指摘がある。これらの指摘も踏まえ、日常生活に関する行為の特則を設けるという上記の考え方の当否について、更に検討

してはどうか。

【部会資料 12 - 2 第 2，1（関連論点）［19 頁］】

（議事の概況等）

　成年被後見人及び被保佐人がした行為は原則として取り消すことができるが，民法は，日常生活に関する行為については行為能力の制限を理由として取り消すことができないとしている（同法第9条，第13条）。意思能力を欠く状態で行われた行為についても，これらの規定と同様の趣旨が当てはまるとして，意思能力を欠く状態で行われた行為のうち日常生活に関するものは確定的に有効であるとの考え方が示されていることが紹介され，第10回会議において審議が行われた。

　このような考え方に対しては，意思無能力者が不必要な日用品を繰り返し購入した場合など，日常生活に関する行為であっても意思無能力者を保護するために法律行為の効力を否定すべき場合があるとして，日常生活に関する特則を設けるべきではないとの意見や，意思能力概念を客観的・絶対的なものではなく，個々の法律行為ごとにその意味を理解する能力と定義することを前提とすれば，日常生活に関する行為は一般原則によっても有効とされる範囲が広くなり，逆にそのような能力すらない場合には効力を否定すべきであるとの意見などが述べられた。

　他方，日常生活に関する行為の特則を設けないとすれば，成年被後見人が日常生活に関する行為をした場合には，制限行為能力を理由とする取消しは民法第9条ただし書によって否定されるが，意思無能力を理由とする無効の主張には制限がないこととなって不均衡が生じるとして，その是非を検討すべきであるとの意見があった。

3　効果

　現在の判例及び学説は，意思能力を欠く状態で行われた法律行為は無効であるとしているが，これは意思無能力者の側からのみ主張できるなど，その効果は取消しとほとんど変わりがないことなどから，立法論としては，このような法律行為は取り消すことができるものとすべきであるとの考え方も示されている。このような考え方に対し，取り消すことができる法律行為は取消しの意思表示があるまでは有効と扱われるため取消しの意思表示をすべき者がいない場合などに問題を生ずること，取消しには期間制限があるために意思無能力者の保護が十分でないこと，意思無能力者が死亡して複数の相続人が相続した場合の取消権の行使方法が明らかでないことなどから，意思能力を欠く状態で行われた行為の効果を主張権者が限定された無効とすべきであるとの考え方もある。これらを踏まえ，意思能力を欠く状態で行われた法律行為の効果を無効とするか，取り消すことができるものとするかについて，更に検討してはどうか。その検討に当たっては，効力を否定することができる者の範囲，効力を否定することができる期間，追認するかどうかについての相手方の催告権の要否，制限行為能力を理由として取り消すこともできる場合の二重効

についてどのように考えるかなどが問題になると考えられるが，これらについて，法律行為の無効及び取消し全体の制度設計（後記第32）にも留意しつつ，検討してはどうか。

【部会資料12－2第2，2［20頁］，部会資料13－2第2，4［56頁］】

（議事の概況等）

1　現行法上，意思能力を欠く状態で行われた法律行為の効果は無効であるとされているが，この無効を主張することができるのは意思無能力者の側からのみであると解する見解が一般的である。このような解釈論を踏まえ，意思能力を欠く状態で行われた法律行為の効果について，これを取り消すことができることとするとの考え方が提示されていることが紹介され，第10回会議において審議が行われた。

2　この点について，法律行為の効力を否定することができるのは意思無能力者の側からのみであることについては特段の異論は述べられなかったが，その法律構成については，これを主張権者が限定された無効とする考え方と，これを取り消すことができるものとする考え方に分かれた。

　取消しを主張する考え方からは，相対的無効による表意者保護の枠組みは，取消制度で問題になっている表意者保護の場面と基本的に枠組みとしては同じであるから，取消しのルールで統一して考えるのがよいこと，効果を取消しとすることによって，制限行為能力者が意思能力を欠く状態で行った法律行為についての二重効の問題等が回避されることが根拠として挙げられた。

　主張権者が限定された無効とする考え方を支持する立場からは，その効果を取り消すことができるものとした場合の不都合として，取消期間には制限があること（民法第126条），意思無能力者に法定代理人がいない場合に事実上不利益を被ることなど，意思無能力者の保護に欠けるおそれが挙げられた。また，意思能力を欠く状態で行われた法律行為を取り消すことができるものとすれば，意思無能力の状態が継続している場合に誰が取消権を行使するのか，遺言者が取り消さないまま死亡して複数の相続人が共同相続した場合に取消権をどのように行使するかなど，困難な問題が生ずる可能性があるとの意見（もっとも，相続の問題は，効果を無効とした場合であっても生ずる問題であるとの指摘もあった。）も述べられた。

3　意思能力を欠く状態で行われた法律行為を無効とするとしても，その主張権者や主張し得る期間などについては現在解釈に委ねられており，不明確であることから，この点を条文上明確にする必要があるとの意見が述べられた。

　意思無能力の効果を主張することができる者の範囲については，効果を無効とする立場から，引き続き解釈に委ねるという意見や，誰が無効を主張することができるかではなく，相手方からは無効を主張することができないとの規定を設けることも考えられるとの意見があった。これに対し，効果を取消しとするとする立場からは，取り消すことができるのは意思能力を欠いた者又はその代理人，承継人若しくは同意をすることができる者とする考え方がある（部会資料13－2，第2，4［56頁］

参照)。

　また，表意者の相手方が，表意者に対して，法律行為を追認するかどうかを確答すべき旨の催告をすることができる旨の規定を設けるべきであるとの意見があった。

　このほか，成年被後見人が意思無能力の状態でした行為については，行為能力の制限を理由に当該行為を取り消すことができる一方，意思無能力を理由に当該行為は無効であるということになるが，このいわゆる二重効の問題についてどのように調整するかを検討する必要があるとの意見が述べられた。

　以上の点については，相対的無効という概念を設けるかどうかなど，法律行為の無効及び取消しの制度設計全体（後記第32）に関わる問題であることから，この点に留意しながら検討する必要があると考えられる。

221 **第30　意思表示**

1　心裡留保
(1)　心裡留保の意思表示が無効となる要件
　　表意者が表示と真意に不一致があることを知ってした意思表示の効力について，民法第93条は，①相手方が表意者の真意に気づいてくれることを期待して真意と異なる意思表示をした場合（非真意表示）と②表意者が相手方を誤信させる意図を持って，自己の真意を秘匿して真意と異なる意思表示をした場合（狭義の心裡留保）を区別せずに規定しているが，この両者を区別し，非真意表示においては相手方が悪意又は有過失のときに無効であるが，狭義の心裡留保においては相手方が悪意の場合に限って無効であるとすべきであるとの考え方がある。このような考え方の当否について，その両者を区別することが実際上困難であるとの指摘があることも踏まえ，更に検討してはどうか。
　　また，心裡留保の意思表示は，相手方が「表意者の真意」を知り又は知ることができたときは無効であるとされている（民法第93条ただし書）が，真意の内容を必ずしも知る必要はないことから，その悪意等の対象を「表意者の真意」ではなく，「表示が表意者の真意でないこと」と改める方向で，更に検討してはどうか。

【部会資料12－2第3，2(1)［23頁］】

（議事の概況等）
1　本論点については第10回会議において審議が行われた。
2　心裡留保が無効となるための要件
　　表意者が表示と真意に不一致があることを知りながらした意思表示の効力について，民法第93条は，原則として有効とし，相手方が表意者の真意を知り又は知ることができたときは無効となると規定している。
　　このような規定の在り方については，心裡留保には，①相手方が表意者の真意に気づいてくれることを期待して真意と異なる意思表示をした場合（非真意表示）と，②表意者が相手方を誤信させる意図を持って，自己の真意を秘匿して意思表示をした場合（狭義の心裡留保）とがあり，この両者を区別して効力を規定すべきであるとの意見が述べられた。具体的には，表意者が表示と真意に不一致があることを知っていた場合であっても意思表示は原則として有効である（民法第93条本文の規律と同じ。）が，上記①の場合には相手方が悪意又は有過失のときは当該意思表示が無効になる（同条ただし書と同じ。）のに対し，上記②の場合は，表意者が，相手方は表意者の真意を知り得たのにそれを怠ったとして当該法律行為の無効を主張することができるのは不当であるから，相手方が悪意の場合に限って無効になるとす

べきであるとする。
　これに対しては，非真意表示と狭義の心裡留保とを明確に区別するのが可能であるか疑問であるとの意見も述べられた。
　また，民法第93条は，取締役会の承認を受けることが要求されている行為がその承認なく行われた場合についても類推適用されるが，このような場合にどのような影響が及ぶかについて慎重な検討が必要であるとの意見も述べられた。
3　悪意の対象
　民法第93条ただし書は，心裡留保の意思表示は，相手方が「表意者の真意」を知り又は知ることができたときは無効であると規定し，「表意者の真意」についての相手方の主観的態様を問題としているが，表意者の真意までは知らなくても表示が真意と異なっていることを知っていれば，表示に対する相手方の信頼を保護する必要はないことから，「表示が表意者の真意でないこと」についての相手方の主観的態様を問題とすべきであるとの考え方が紹介された。このような考え方について，特段の異論は述べられなかった。
4　無効の主張権者
　非真意表示と狭義の心裡留保とを区別する考え方を前提として，非真意表示の無効を主張することができるのは表意者に限定すべきであるが，狭義の心裡留保の無効を主張することができる者には制限がないこととすべきであるとの考え方が紹介された。このような考え方については，特に意見がなく，更に検討する論点に含める必要はないとの意見があった。

(2)　第三者保護規定
　心裡留保の意思表示を前提として新たに利害関係を有するに至った第三者を保護する規定はなく，解釈に委ねられているが，このような第三者が保護される要件を明らかにするため新たに規定を設ける方向で，更に検討してはどうか。その際，通謀虚偽表示・錯誤・詐欺等に関する第三者保護規定との整合性に留意しながら，その規定内容や，第三者保護規定の配置の在り方について，更に検討してはどうか。規定内容については，例えば，心裡留保の意思表示が無効であることを善意の第三者に対抗することができないという考え方と，善意かつ無過失の第三者に対抗することができないという考え方があるが，その当否を含めて更に検討してはどうか。

【部会資料12－2第3，2(2)［26頁］】

(議事の概況等)

1　民法第93条は，心裡留保の意思表示が無効である場合に，この意思表示を前提として新たに利害関係を有するに至った第三者を保護するための規定を設けていない。そこで，心裡留保について第三者保護規定を設けるべきであるとの考え方が紹介され，第10回会議において審議が行われた。

2 　意思表示が無効であり，又は取り消された場合の第三者保護規定については，心裡留保のほか，通謀虚偽表示，錯誤，詐欺等において問題となるが，これらについて一貫した考え方に従って定める必要があることに留意すべきであるとの意見があった。具体的には，これらの場合に第三者が保護されると，意思表示に無効原因や取消原因があっても表意者が権利を失うことになるから，このような効果を正当化するためには，第三者の信頼が保護に値すること，すなわち第三者の善意無過失が必要であることを原則とすべきであるとする。
　このような考え方に従うと，心裡留保の意思表示が無効である場合にその意思表示を前提として新たに利害関係を有するに至った第三者が保護されるためには，当該第三者が意思表示の無効について善意無過失であることが必要であることになる。
　これに対し，通謀虚偽表示に関する第三者保護の要件（後記2(1)）にもよるが，これが善意で足りるとすると，これと同様に，心裡留保においても第三者が善意であれば足りるという考えもあり得るとの指摘があった。
3 　なお，無効原因又は取消原因がある意思表示を前提として新たに利害関係を有するに至った第三者を保護するための規定は，それぞれの無効原因又は取消原因ごとに規定するという方法だけでなく，まとめて第三者保護規定を1箇所に設け，その中で相互の対比を明らかにするという方法も考えられるので，規定の置き方についても検討すべきであるとの意見があった。

2　通謀虚偽表示

(1)　第三者保護要件

　通謀虚偽表示による意思表示の無効は善意の第三者に対抗することができないとされている（民法第94条第2項）が，心裡留保・錯誤・詐欺等に関する第三者保護規定を検討する場合には，これらとの整合性を図る観点から，同項の第三者が保護されるための主観的要件を見直す必要がないかどうかについて，検討してはどうか。
　また，併せて第三者保護規定の配置の在り方についても検討してはどうか。

（議事の概況等）

1 　第22回会議において，無効又は取り消すことができる法律行為の存在を前提として新たに利害関係を有するに至った第三者を保護するための要件は，真の権利者の帰責性と相手方の要保護性をどのように調整するかであるが，心裡留保，錯誤等に関する第三者保護規定を検討しているのであれば，これらとの整合性の観点から，通謀虚偽表示に関する第三者保護規定についても，その主観的要件が現在のままでよいかどうかが問題になり得るとの意見や，学説上も民法第94条第2項の解釈について無過失が必要であるとの見解があるとの意見があった。
2 　これに関連する意見として，第10回会議においては，意思表示が無効であり，

又は取り消された場合の第三者保護規定は，心裡留保のほか，通謀虚偽表示，錯誤，詐欺等において問題となるが，これらについて一貫した考え方に従って定める必要があることに留意すべきであるとの意見があった。具体的には，これらの場合に第三者が保護されると，意思表示に無効原因や取消原因があっても表意者が権利を失うことになるから，このような効果を正当化するためには，第三者の信頼が保護に値すること，すなわち第三者の善意無過失が必要であることを原則とすべきであるとする。

3 また，第10回会議において，第三者保護規定は，それぞれの無効原因又は取消原因ごとに規定するという方法だけでなく，まとめて第三者保護規定を1箇所に設け，その中で相互の対比を明らかにするという方法も考えられるので，規定の置き方についても検討すべきであるとの意見があった。

(2) 民法第94条第2項の類推適用法理の明文化

民法第94条第2項は，真実でない外観を作出したことについて責任がある者は，その外観を信頼した者に対し，外観が真実でないとの主張をすることが許されないといういわゆる表見法理の実定法上の現れであるとされ，判例により，同項の本来的な適用場面に限らず，例えば不動産の取引において真の権利者が不実の登記名義の移転に関与した場合など，様々な場面に類推適用されている。判例による同項の類推適用法理は，重要な法理を形成していることから，これを条文上明記すべきであるとの考え方がある。このような考え方については，その当否とは別に，物権変動法制全体との調整が必要になるため，今回の改正作業で取り上げることは困難であるとの指摘があることも踏まえつつ，当面その考え方の当否を更に検討する一方で，今後この論点を取り上げるべきかどうかについても，検討してはどうか。

【部会資料12−2第3，3［27頁］】

(議事の概況等)

本論点については，第10回会議において審議が行われた。

民法第94条第2項の類推適用法理は判例上重要な法理を形成しており，このような法理が条文上明記されていないのは問題であるとして，これを明文化すべきであるとの意見があった。また，具体的な要件や効果については様々な考え方があり得るものの，真の権利者の帰責性と第三者の保護要件を考慮することによって両者の利害を調整することについては概ね合意が得られており，このような緩やかな基準であっても明文化することには意義があるとの意見があった。

他方，同項の類推適用について明文の規定を設けるに当たっては，物権変動法制全般との調整が必要であるから，その要件効果を定めるに当たっては相当慎重な検討が必要であることなどを指摘して，今回の改正でこの論点を取り上げることには反対であるとの意見も述べられた。

3 錯誤
(1) 動機の錯誤に関する判例法理の明文化

錯誤をめぐる紛争の多くは動機の錯誤が問題となるものであるにもかかわらず，動機の錯誤に関する現在の規律は条文上分かりにくいことから，判例法理を踏まえて動機の錯誤に関する明文の規定を設ける方向で，更に検討してはどうか。

規定の内容については，例えば，事実の認識が法律行為の内容になっている場合にはその認識の誤りのリスクを相手方に転嫁できることから当該事実に関する錯誤に民法第95条を適用するとの考え方がある。他方，動機の錯誤に関する学説には，動機の錯誤を他の錯誤と区別せず，表意者が錯誤に陥っていること又は錯誤に陥っている事項の重要性について相手方に認識可能性がある場合に同条を適用するとの見解もある。そこで，このような学説の対立も踏まえながら，上記の考え方の当否を含め，動機の錯誤に関する規律の内容について，更に検討してはどうか。

【部会資料12-2第3，4(1)［30頁］】

（議事の概況等）

1 動機の錯誤について，判例は，動機が明示又は黙示に表示されて法律行為の内容となれば民法第95条の適用があるとしているが，このような判例法理を明文化することの当否について，第10回会議において審議が行われた。
2 この点について，錯誤が実際に紛争になる事案の多くは動機の錯誤が問題になる事案であり，このような重要な問題に関する規律が民法にないのは望ましくないとして，動機の錯誤に関する規律を民法に設けることを支持する意見があった。また，動機の錯誤に関する現在の判例ルールは分かりにくく，要件等を明確にする趣旨は理解できるとの意見や，消費者保護の観点を挙げて動機の錯誤の明文化を支持する意見もあった。

これに対し，錯誤は詐欺や強迫と異なり相手方に責めがある事由とは言えず，また，表意者の動機を知ることは相手方にとって困難であることなどからすると，動機の錯誤に関する明文の規定を設けることは商取引の迅速性を阻害することになりかねないとの意見もあった。
3 明文化する場合の規定内容についても，様々な意見が述べられた。まず，動機の錯誤においては，法律行為をするかどうかを決めるに当たって重視した事実に関する認識の誤りのリスクを誰が負担すべきかが問題になり，このリスクは本来認識を誤った者が負担すべきであるが，その認識が相手方との間の合意内容に取り込まれていればこのリスクを相手方に転嫁することができるという考え方を判例が採っているとの理解を前提に，このような判例法理をもとに，事実の認識が法律行為の内容になったことを要件として民法第95条の適用を認めるべきであるとの意見があった。これに対しては，事実の認識が「法律行為の内容になる」とはどのような

状況を意味しているのかが不明確であるとの意見や，実務では表示によって相手方に認識可能になっているかどうかが判断基準とされており，法律行為の内容となったかどうかを判断基準とすれば，現在の実務と相違が生じ，無効となる余地が少なくなるのではないかとの意見もあった。

また，表意者の錯誤を相手方が認識できる状態になっていれば，これについて民法第95条を適用できることとすべきであるとの意見があった。

(2) 要素の錯誤の明確化

民法第95条にいう「要素」について，判例は，意思表示の内容の主要な部分であり，この点についての錯誤がなかったなら表意者は意思表示をしなかったであろうし，かつ，意思表示をしないことが一般取引の通念に照らして正当と認められることを意味するとしている。このような判例法理を条文上明記することとしてはどうか。

【部会資料12−2第3，4(2)［31頁］】

(議事の概況等)

要素の錯誤の意義の明確化については，第10回会議において審議が行われた。

本文記載の判例の考え方について，錯誤がなければ表意者はその意思表示をしなかっただろうという場合に表意者を保護する必要が生ずるが，主観的因果性を要件とするだけでは取引の安全や相手方の信頼を害することになるため，客観的な重要性による制限を設けるというのが判例の基礎にある考え方であり，これは支持することができるとして，この判例の考え方を明文化すべきであるとの意見があった。

また，判例に沿った明文化はよいが，固定的な解釈しか許されないような規定ぶりになってしまうと消費者被害の救済を柔軟に行う妨げになりかねないので，この点にも留意すべきであるという意見があった。

(3) 表意者に重過失がある場合の無効主張の制限の例外

表意者に重過失があったときは意思表示の錯誤無効を主張することができないとされている（民法第95条ただし書）が，①表意者の意思表示が錯誤によるものであることを相手方が知っている場合又は知らなかったことについて相手方に重過失がある場合，②当事者双方が同一の錯誤に陥っている場合，③相手方が表意者の錯誤を引き起こした場合においては，表意者は重過失があっても無効を主張できるものとすべきであるとの考え方がある。このような考え方について，相手方が過失なく表意者の錯誤を引き起こした場合にも重過失ある表意者が錯誤無効を主張することができるとするのは適当でないなどの指摘があることも踏まえ，更に検討してはどうか。

【部会資料12−2第3，4(3)［32頁］】

(議事の概況等)

1　民法第95条ただし書による無効主張の制限に対する例外について，本文記載の考え方が紹介され，第10回会議において審議が行われた。
2　上記の考え方については，表意者の錯誤を引き起こすことについて相手方に過失がなかった場合にまで重過失ある表意者に錯誤主張を認めることには問題があるとの意見や，相手方が表意者の錯誤を引き起こした場合に重過失ある表意者に錯誤主張を認めるとすると，重過失がある表意者が，相手方によって錯誤に陥ったなどと主張して錯誤無効を主張することを許容することになりかねないとして反対する意見などがあった。

　逆に，相手方が不当な表示を行った場合は，相手方に過失がなかった場合であっても，表意者は重過失の有無にかかわらず錯誤を主張できることとすべきであるとの意見があった。

(4) 効果

　錯誤があった場合の意思表示の効力について，民法は無効としている（同法第95条本文）が，無効の主張は原則として表意者だけがすることができると解されているため，その効果は取消しに近づいているとして，錯誤による意思表示は取り消すことができるものとすべきであるとの考え方がある。このような考え方に対しては，取消権の行使期間には制限があるなど，表意者の保護が十分でなくなるおそれがあるとして，無効という効果を維持すべきであるとの考え方もあることから，これらを踏まえ，錯誤による意思表示の効果をどのようにすべきかについて，更に検討してはどうか。

　その検討に当たっては，錯誤に基づく意思表示の効力を否定することができる者の範囲，効力を否定することができる期間，追認するかどうかについての相手方の催告権の要否などが問題になると考えられるが，これらについても，法律行為の無効及び取消し全体の制度設計（後記第32）にも留意しつつ，検討してはどうか。

【部会資料12－2第3，4(4)［34頁］，部会資料13－2第2，4［56頁］】

(議事の概況等)

1　錯誤があった場合の効果

　錯誤があった場合の効果について，取り消すことができることとすべきであるとの本文前段の考え方が紹介され，第10回会議において審議が行われた。

　この点については，相対的無効による表意者保護の枠組みは，取消制度による表意者保護の場面と基本的に枠組みとしては同じであるから取消しのルールで統一して考えるのがよいこと，効果を取消しとすることによって無効との二重効等の問題が回避されることを根拠として，錯誤の効果を取消しとする考え方を支持する意見

もあった。一方，効果を取消しにした場合には，例えば主張しうる期間に制限が加わるなど，表意者の保護が低下するなどとして，効果を無効とすべきであるとの意見もあった。

2 関連する問題

錯誤の効果を無効とするにせよ，取消しとするにせよ，その効果を主張することができる者の範囲や，効果を主張する期間についても検討する必要がある。

効果の主張権者については，効果を取消しとすることを前提として，例えば，表意者又はその代理人若しくは承継人とする考え方がある（部会資料13－2第2，4［56頁］参照）。効果を無効とする考え方においても，主張権者が限定されているいわゆる相対的無効（取消的無効）が前提とされていると考えられ，これを条文上明記するかどうかについて検討する必要がある。

また，表意者の相手方が，表意者に対して，法律行為を追認するかどうかを確答すべき旨の催告をすることができる旨の規定を設けるべきであるとの意見があった。

これらの問題については，相対的無効に関する規定を設けるかどうかなど，法律行為の無効及び取消し全体の制度設計（後記第32）についても留意しつつ，検討する必要があると考えられる。

(5) 錯誤者の損害賠償責任

錯誤は，錯誤者側の事情で意思表示の効力を否定する制度であるから，錯誤者はこれによって相手方が被る損害を賠償する責任を伴うとして，錯誤無効が主張されたために相手方や第三者が被った損害について錯誤者は無過失責任を負うという考え方がある。これに対しては，無過失責任を負わせるのは錯誤者にとって酷な場合があり，損害賠償責任の有無は不法行為の一般原則に委ねるべきであるとの指摘もある。このような指摘も踏まえ，上記の考え方の当否について，更に検討してはどうか。

【部会資料12－2第3，4(4)（関連論点）［34頁］】

（議事の概況等）

錯誤者が錯誤無効を主張したために相手方や第三者が損害を被った場合について，錯誤者は無過失でも損害賠償義務を負うとの考え方や，不法行為法の一般原則に委ねるべきであり，錯誤に関する特則は不要であるとの考え方が紹介され，第10回会議において審議が行われた。

この点について，錯誤者に無過失の損害賠償責任を負わせることに賛成する意見があったことが紹介された。一方，消費者が錯誤に陥って錯誤無効を主張した場合などを想定すると，錯誤者に無過失の損害賠償責任を負わせるのは酷であり，不法行為の一般原則に従うべきであるとの意見があった。

(6) 第三者保護規定

錯誤によってされた意思表示の存在を前提として新たに利害関係を有するに至った第三者を保護する規定はなく，解釈に委ねられているが，このような第三者が保護される要件を明らかにするため新たに規定を設ける方向で，更に検討してはどうか。その際，心裡留保・通謀虚偽表示・詐欺等に関する第三者保護規定との整合性に留意しながら，その規定内容や，第三者保護規定の配置の在り方について，更に検討してはどうか。規定内容については，例えば，表意者の犠牲の下に第三者を保護するには第三者の信頼が正当なものでなければならないとして，善意かつ無過失が必要であるとの考え方や，錯誤のリスクは本来表意者が負担すべきものであり，第三者は善意であれば保護されるとの考え方があるが，これらの考え方の当否を含めて更に検討してはどうか。

【部会資料 12 - 2 第 3，4 (5)［35 頁］】

（議事の概況等）

1 民法第95条は，錯誤による意思表示が無効である場合に，この意思表示を前提として新たに利害関係を有するに至った第三者を保護するための規定を設けていない。そこで，このような第三者を保護するための規定を設けるべきであるとの考え方が紹介され，第10回会議において審議が行われた。

2 意思表示が無効であり，又は取り消された場合の第三者保護規定については，錯誤のほか，心裡留保，通謀虚偽表示，詐欺等において問題となるが，これらについて一貫した考え方に従って定める必要があることに留意すべきであるとの意見があった。具体的には，これらの場合に第三者が保護されると，意思表示に無効原因や取消原因があっても表意者が権利を失うことになるから，このような効果を正当化するためには，第三者の信頼が保護に値すること，すなわち第三者の善意無過失が必要であることを原則とすべきであるとする。

表意者に錯誤がある場合も，この原則どおり，第三者が保護されるためには善意無過失を要することとすべきであるとの意見があった。

これに対し，第三者保護要件に関する上記の原則は支持しながらも，錯誤のリスクは本来表意者が負担すべきものであり，これを第三者に転嫁する要件は上記の要件よりも厳格であるべき（第三者は上記の原則より広く保護されるべき）であって，第三者は善意であれば保護されるとの判断もあり得るという意見もあった。

3 なお，無効原因又は取消原因がある意思表示を前提として新たに利害関係を有するに至った第三者を保護するための規定は，それぞれの無効原因又は取消原因ごとに規定するという方法だけでなく，まとめて第三者保護規定を1箇所に設け，その中で相互の対比を明らかにするという方法も考えられるので，規定の置き方についても検討すべきであるとの意見があった。

4 詐欺及び強迫

(1) 沈黙による詐欺

積極的な欺罔行為をするのではなく，告げるべき事実を告げないことで，表意者を錯誤に陥れて意思表示をさせることも，詐欺に該当することがあるとされている。そこで，このことを条文上明記すべきであるという考え方があるが，これに対しては，現行の詐欺の規定があれば足りるとして規定を設ける必要性を疑問視する指摘もある。このような指摘を踏まえ，沈黙による詐欺に関する規定の要否や設ける場合の規定内容（沈黙が詐欺に該当する範囲等）について，更に検討してはどうか。

【部会資料12－2第3，5(1)［43頁］】

(議事の概況等)

沈黙による詐欺の明文化について，本文記載の考え方が紹介され，第10回会議において審議が行われた。

沈黙による詐欺が民法第96条の詐欺に該当し，これによる意思表示を取り消すことができる場合があることについては，特段の異論は述べられなかったが，そのような結論を導くためには現在のような詐欺の規定があれば足り，あえて沈黙による詐欺に関する規定を設ける必要はないとの意見があった。

他方，従来は，沈黙による詐欺として，表意者が錯誤に陥っているのを知りながら放置するという場面が念頭に置かれており，このような場面で取消しを認めるのであれば，民法第96条とは別に沈黙による詐欺に関する規律を設ける必要が生ずるが，このような場合については詐欺を理由とする取消しを認めるのではなく，むしろ説明義務違反などとして問題を処理すべきであり，詐欺に関する規定を設けるべきではないとの意見があった。

また，これらとは観点の異なる意見として，どのような場合に沈黙による詐欺に該当するかが明確でなければ取引実務に影響があるとの意見があった。

なお，労働契約の分野では，応募者のプライバシー，思想信条の自由等の人格権との調整が不可欠であること，使用者が応募者に求め得る情報についての判例・法律上の制限が乏しいこと，採用時の沈黙による詐欺等を理由に使用者が労働契約の取消しを主張するおそれがあることなどを挙げて，労働契約の応募者を適用対象とするかどうかについて慎重に検討すべきであるとの意見や，労働者による経歴詐称の事案では，告知しなかった事項の性質，契約の性質，当事者間の交渉力格差といった事情を考慮して妥当な結果が導かれるようにすべきであるとの意見があった。

(2) 第三者による詐欺

第三者が詐欺をした場合について，相手方が第三者による詐欺の事実を知っていた場合だけでなく，知ることができた場合にも，表意者はその意思表示を取り

消すことができるものとしてはどうか。
　また，法人が相手方である場合の従業員等，その行為について相手方が責任を負うべき者がした詐欺については，相手方が詐欺の事実を知っていたかどうかにかかわりなく取消しを認めるものとする方向で，相手方との関係に関する要件等について更に検討してはどうか。

【部会資料12－2第3，5(2)［44頁］，同（関連論点）［45頁］】

（議事の概況等）

　　第三者による詐欺について，本文前段記載の考え方が紹介され，第10回会議において審議が行われたが，このような考え方について，特段の異論はなかった。
　　また，相手方の代理人が表意者を欺罔して意思表示をさせた場合には，表意者は相手方本人が善意でも意思表示を取り消すことができると考えられているが，このような考え方を発展させ，法人の従業員等，その行為について相手方が責任を負うべき者がした詐欺については，相手方が詐欺の事実を知っていたかどうかにかかわらず，表意者は意思表示を取り消すことができるとの考え方が紹介され，審議が行われた。この点についても特段の異論は述べられなかったが，このような事例は第三者による詐欺ではなく，本人の詐欺と位置づけるべきであるとの意見があった。

(3)　第三者保護規定

　　詐欺による意思表示の取消しは「善意の第三者」に対抗できないとされている（民法第96条第3項）が，第三者が保護されるには善意だけでなく無過失が必要であるとの学説が有力である。そこで，これを条文上明記するものとしてはどうか。
　　また，併せて第三者保護規定の配置の在り方についても検討してはどうか。

【部会資料12－2第3，5(3)［45頁］】

（議事の概況等）

　　本論点については，第10回会議において審議が行われた。
　　詐欺による意思表示の存在を前提として第三者が当該法律関係に新たに利害関係を有するに至った場合に当該第三者が保護されるための要件として，民法第96条第3項は「善意」と規定しているが，学説には，善意に加えて無過失を要するとするものと，善意で足りるとするものとがある。
　　この点について，無効原因又は取消原因がある意思表示の存在を前提として第三者が新たに利害関係を有するに至った場合の第三者の保護要件について，第三者が保護されると，意思表示に無効原因や取消原因があっても表意者が権利を失うことになるから，このような効果を正当化するためには，第三者の信頼が保護に値すること，すなわち第三者の善意無過失が必要であることを原則とすべきであり，表意者が詐欺による意思表示をした場合も，この原則に従い，第三者が保護されるため

には善意無過失を要することとすべきであるとの意見があった。このような考え方について，特段の異論は述べられなかった。
　なお，第三者保護規定については，詐欺のほか，心裡留保，通謀虚偽表示，錯誤等において問題となるが，これらについて一貫した考え方に従って定める必要があることに留意すべきであるとの意見があった。
　また，規定の配置の在り方については，無効原因又は取消原因がある意思表示を前提として新たに利害関係を有するに至った第三者を保護するための規定は，それぞれの無効原因又は取消原因ごとに規定するという方法だけでなく，まとめて第三者保護規定を1箇所に設け，その中で相互の対比を明らかにするという方法も考えられるので，規定の置き方についても検討すべきであるとの意見があった。

5　意思表示に関する規定の拡充

　詐欺，強迫など，民法上表意者が意思表示を取り消すことができるとされている場合のほかにも，表意者を保護するため意思表示の取消しを認めるべき場合があるかどうかについて，更に検討してはどうか。
　例えば，契約を締結するか否かの判断に影響を及ぼすべき事項に関して誤った事実を告げられたことによって表意者が事実を誤認し，誤認に基づいて意思表示をした場合には，表意者は意思表示を取り消すことができるという考え方がある。また，表意者の相手方が表意者にとって有利な事実を告げながら，これと表裏一体の関係にある不利益な事実を告げなかったために表意者がそのような事実が存在しないと誤認し，誤認に基づいて意思表示をした場合（誤った事実を告知されたことに基づいて意思表示をした場合と併せて不実表示と呼ぶ考え方がある。）には，表意者は意思表示を取り消すことができるという考え方もある。これらの考え方に対しては，濫用のおそれを指摘する指摘や，表意者が事業者であって相手方が消費者である場合にこのような規律を適用するのは適当ではないとの指摘，相手方に過失がない場合にも取消しを認めるのであれば相手方の保護に欠けるとの指摘などもあるが，これらの指摘も踏まえ，上記の考え方の当否について，更に検討してはどうか。

【部会資料12－2第3，6(1)[52頁]，(2)[56頁]】

（議事の概況等）

1　民法は，意思表示が無効となり，又は取り消すことができる場合として，心裡留保，虚偽表示，錯誤，詐欺及び強迫の規定を設けているが，社会・経済の変化，取引の複雑化に応じ，これらの規定のみでは十分に対処でいない場合が生じているとの指摘がある。そこで，民法上の規定のみでは対処できない場合に対応するための一つの考え方として，本文記載の考え方が紹介され，第10回会議において審議された。

2　このような議論に関する総論的な意見として，詐欺，強迫など民法上取消しが

認められている類型以外にも，情報提供が不適切だったことや情報が提供されなかったこと等を理由として意思表示の効力を否定すべき場合があるかという観点から，規定の要否を検討すべきであるとの意見があった。また，現行法では，要素の錯誤があったときは相手方の主観的事情や行為態様にかかわらず表意者が保護される一方，要素の錯誤があった場合以外の場合には，相手方の行為が詐欺に該当しない限り表意者は保護されないが，これは不均衡であり，このような錯誤と詐欺とのすき間の事例を救済することの可否を検討する必要があるとの意見があった。

3　本文記載の不実表示に関する考え方については，これを支持する意見もあった。
　　まず，このような考え方を理論的に説明するものとして，従来から，相手方が動機の錯誤を引き起こした場合には，意思表示が無効とされてもやむを得ないと考えられているが，相手方が不実告知をした場合に意思表示を取り消すことができるとの考え方の背景には動機の錯誤に関する上記の理解があるとの意見，意思決定の基盤である情報が不十分であった結果として意思表示に瑕疵が生じた場合には，原則として表意者がそのリスクを引き受けるべきであるが，表意者が相手方から提供された情報を信用することが許される場合があり，不実表示は，このような表意者の信頼を相手方が裏切ったためにリスクを相手方に転嫁することが許されると考えられるとの意見などがあった。
　　また，消費者契約法に不実告知や不利益事実の不告知の規定が設けられていることに着目し，情報や交渉力の格差は事業者と消費者との間にあるだけではなく，事業者間においても同様の問題が生じうるとして，不実告知等に関する規律は取引一般に妥当するとの意見があった。

4　以上に対し，本文記載の不実表示に関する考え方に対して消極的な意見も述べられた。
　　その理由としては，表意者が事業者である場合には相手方の提供した情報について表意者自身が正確性を確認する注意義務を負うべきであること，消費者契約法の規定は当事者間の情報等の格差に着目したものであり，それ以外の契約に同様の規律を設ける必要性はなく，また，理論的根拠も十分な説明がされているとは言えないこと，事業者間では大量の没個性的な取引が行われており，取消原因を追加することはこのような取引を阻害することになること，表意者による濫用の可能性があることなどが挙げられた。
　　また，相手方の利益に着目し，詐欺や強迫以外に表意者を保護すべき場面はあるが，相手方の責めに帰すべき事由があることを要件とすべきであり，相手方が無過失であった場合にまで取消しを認めるのは相当でないとの意見や，消費者が事業者に対して事実と異なる告知をした場合に事業者が意思表示を取り消すことができるのは相当でないとの意見，表意者と相手方の属性によって相手方の主観的要件を区別すべきではないかとの意見などがあった。
　　このほか，消費者契約法第4条の不実告知及び不利益事実の不告知は相手方による勧誘態様の規制であり，これが意思表示の形成過程一般に妥当するかどうか慎重

に検討する必要があるとの意見があった。

　不実表示の効果については，取り消すことができるという効果は，表意者又は相手方のいずれかを全面的に保護し，他方は一切保護しない点で必ずしも妥当な解決を導くとは言えないとして，事業者間では意思表示の取消しではなく，損害賠償によって解決することも考えられるとの意見があった。

　また，労働契約の分野では，応募者のプライバシー，思想信条の自由等の人格権との調整が不可欠であること，使用者が応募者に求め得る情報についての判例・法律上の制限が乏しいこと，採用時の沈黙による詐欺等を理由に使用者が労働契約の取消しを主張するおそれがあることなどを挙げて，労働契約の応募者を適用対象とするかどうかについて慎重に検討すべきであるとの意見があった。

5　不実表示として取り消される場面が拡大することへの懸念に対しては，不実表示が問題となるのは「契約を締結するか否かの判断に影響を及ぼすべき事項」についてのみである上，どのような「表示」がされたかは当事者が当該事情の下でどのような意味に理解するのが合理的であるかを考慮して判断されることや，誤認と意思表示との因果関係が必要とされることなど，要件を適切に設定することによって解決可能であるとの反論が示された。

6　また，企業買収や事業譲渡等の契約実務上，当事者が一定の事項（事実関係・権利義務関係等）の真実性を保証する一方，代金支払後に当該事項が真実と異なっていることが判明した場合の救済手段を補償請求に限定するなどの条項（表明保証条項）が設けられることがある。表明保証について，表明保証された事項が真実でないことが判明した場合には，それが取引実行前であれば契約の解除事由となり，取引実行後であれば契約の解消ではなく金銭的解決を図るという合意と捉え，このような合意の根拠となる規定を現代的な取引の実情を踏まえた新たな規定として民法に設けることを検討すべきであるとの意見もあった。

　不実表示との関係では，表明保証の対象となった事項が真実でなかったときに，相手方が不実表示の規定に基づいて意思表示を取り消すことができるとすると，救済手段を限定する上記の実務との乖離を招くのではないかという懸念が示され，不実表示の規定を排除する特約を認めるべきであるとの意見があった。これに対しては，意思表示に関する規定は強行規定であって，不実表示の規定を排除することはできないと考えるべきであるが，正確性について担保しないという留保の下で情報を提供した場合は不実表示には該当しない可能性があるとの意見や，不実表示に基づく取消権を事前に放棄することの可否についても検討の余地があるとの意見があった。

　このほか，①事実に関する認識の誤りのリスクを両当事者が合意することによって転嫁することが可能であり，表明保証はこのようなリスク負担についての合意として有効であると捉える見解，②表明保証がされている場合は，その事項が真実でなかったとしても契約の効力を維持し，その後の処理を当該表明保証条項において指定された処理に委ねることが約定されているのであるから，表明保証された事項

が真実でなかったとしても，それが真実であるとの表明と意思決定との間の因果関係が欠けるとの見解なども示されている。また，解釈論によって解決するのではなく，不実表示に関する規定を明示的に任意規定にすべきであるとの考え方も示されている。

6 意思表示の到達及び受領能力
(1) 意思表示の効力発生時期
民法第97条第1項は，意思表示は相手方に「到達」した時から効力を生ずると規定するが，この「到達」の意味内容について，相手方が社会観念上了知し得べき客観的状態が生じたことを意味すると解する判例法理を踏まえ，できる限り具体的な判断基準を明記する方向で，更に検討してはどうか。

具体的な規定内容として，例えば，①相手方が意思表示を了知した場合，②相手方が設置又は指定した受信設備に意思表示が着信した場合，③相手方が意思表示を了知することができる状態に置かれた場合には，到達があったものとするとの考え方があるが，このような考え方の当否を含め，「到達」の判断基準について，更に検討してはどうか。

【部会資料12－2第3，7(1)［62頁］】

(議事の概況等)

本論点については第10回会議において審議が行われた。

意思表示の効力発生時期について判断基準をできる限り明確にすることに対しては特段の異論はなかった。

具体的な判断基準については，本文後段の考え方が紹介され，審議が行われた。このような考え方について，使用しなくなったメールアドレスに到達しただけで意思表示が到達したことになるのは不都合であるとの意見があった。このほか，「到達」の意義に関する考え方として，例えば，書面を郵送する方法で意思表示をしたところ，受取人が不在で不在配達通知を受けたが，受取人が受領せず表意者に返却された場合にも到達が認められるようにすべきであるとの意見があった（これについては後記(3)参照)。

(2) 意思表示の到達主義の適用対象
民法第97条第1項は，「隔地者に対する意思表示」を意思表示の到達主義の適用対象としているが，この規律が対話者の間の意思表示にも妥当することを条文上明確にするため，「相手方のある意思表示」は相手方に到達した時から効力を生ずるものとしてはどうか。

【部会資料12－2第3，7(2)［63頁］】

（議事の概況等）

　民法第97条第1項は，隔地者に対する意思表示について，その通知が相手方に到達した時に効力が発生することを規定しているが，対話者の間の意思表示の効力がいつ発生するかを定めた規定はない。この点について，通説的見解は，同項は対話者に対する意思表示にも適用されると解していることを踏まえ，相手方のある意思表示はその意思表示が相手方に到達した時から効力を生ずると改めるべきであるとの考え方が紹介され，第10回会議において審議が行われたところ，このような考え方に対する特段の異論は述べられなかった。

(3)　意思表示の受領を擬制すべき場合
　意思表示が相手方に通常到達すべき方法でされたが，相手方が正当な理由なく到達のために必要な行為をしなかったなどの一定の場合には，意思表示が到達しなかったとしても到達が擬制されるものとする方向で，更に検討してはどうか。
　どのような場合に意思表示の到達が擬制されるかについては，表意者側の行為態様と受領者側の対応の双方を考慮して，両者の利害を調整する観点から，更に検討してはどうか。

【部会資料12－2第3，7(3)［64頁］】

（議事の概況等）

　通常であれば意思表示が相手方に到達したはずであるのに，相手方が意思表示の受領を拒絶するなどしたために，意思表示が相手方に現実に到達しなかったり到達が遅れたりした場合には，意思表示の到達の有無や時期をめぐってしばしば紛争が生じ，裁判例にも，相手方が意思表示の受領を拒絶した場合に到達を擬制したと解されるものがあることを踏まえ，一定の場合には意思表示の到達が擬制されるとの考え方が紹介され，第10回会議において審議が行われた。
　この点について，一定の場合に意思表示の到達が擬制されるとの考え方を支持する意見が述べられ，他方，このような考え方に対する特段の異論は述べられなかった。
　具体的にどのような場合に意思表示の到達が擬制されるかについては，表意者側の意思表示の態様と受領者側の対応の双方を考慮した規律を検討すべきであるとの意見があった。

(4)　意思能力を欠く状態となった後に到達し，又は受領した意思表示の効力
　表意者が，意思表示を発信した後それが相手方に到達する前に意思能力を欠く状態になった場合や，相手方が意思能力を欠く状態で表意者の意思表示を受領した場合における意思表示の効力に関する規定を設けることについて，更に検討してはどうか。

【部会資料 12 - 2 第 3, 7(4)［65 頁］】

(議事の概況等)

　表意者が意思表示を発信した後それが相手方に到達する前に意思能力を欠く状態になった場合や，相手方が意思能力を欠く状態で表意者の意思表示を受領した場合における意思表示の効力について，民法には規定が設けられていない。

　表意者が，意思表示が相手方に到達する前に意思能力を欠いた状態になった場合については，意思表示に関する到達主義の原則からは意思表示の効力等に疑問が生ずるが，相手方が不測の損害を被らないように，意思表示の効力が意思能力の喪失によって影響を受けないとの規定を設けるべきであるとの考え方が紹介され，第10 回会議にいて審議が行われた。

　また，相手方が意思能力を欠く状態で表意者の意思表示を受領した場合の意思表示の効力については，意思表示の意味を理解できない相手方を保護するため，表意者はその意思表示を対抗することができないとの規定を設けるべきであるとの考え方等が紹介された。

　これらの点については，意思能力概念の理解として，法律行為の性質に応じてその意味を理解する能力であるとするものと，より一般的，客観的に人の行為の意味を理解する能力であるとするものとがあり得ることを踏まえ，いずれの意思能力概念を採用するかを明確にした上で議論すべきであるとの意見があった。

第31　不当条項規制

1　不当条項規制の要否，適用対象等

(1) 契約関係については基本的に契約自由の原則が妥当し，契約当事者は自由にその内容を決定できるのが原則であるが，今日の社会においては，対等な当事者が自由に交渉して契約内容を形成することによって契約内容の合理性が保障されるというメカニズムが働かない場合があり，このような場合には一方当事者の利益が不当に害されることがないよう不当な内容を持つ契約条項を規制する必要があるという考え方がある。このような考え方に従い，不当な契約条項の規制に関する規定を民法に設ける必要があるかについて，その必要性を判断する前提として正確な実態の把握が必要であるとの指摘などにも留意しつつ，更に検討してはどうか。

(2) 民法に不当条項規制に関する規定を設けることとする場合に対象とすべき契約類型については，どのような契約であっても不当な契約条項が使用されている場合には規制すべきであるという考え方のほか，一定の契約類型を対象として不当条項を規制すべきであるとの考え方がある。例えば，約款は一方当事者が作成し，他方当事者が契約内容の形成に関与しないものであること，消費者契約においては消費者が情報量や交渉力等において劣位にあることから，これらの契約においては契約内容の合理性を保障するメカニズムが働かないとして，これらを不当条項規制の対象とするという考え方（消費者契約については後記第62，2①）である。また，消極的な方法で不当条項規制の対象を限定する考え方として，労働契約は対象から除外すべきであるとの考え方や，労働契約においては，使用者が不当な条項を使用した場合には規制の対象とするが，労働者が不当な条項を使用しても規制の対象としないという片面的な考え方も主張されている。これらの当否を含め，不当条項規制の対象について，更に検討してはどうか。

【部会資料13－2第1，1［1頁］，2(1)［5頁］，
部会資料20－2第1，2［11頁］】

（議事の概況等）

1　本論点については，当事者の属性等にかかわらずどのような契約であっても不当な契約条項が使用されている場合には規制すべきであるという考え方や，約款が使用された契約及び消費者契約を不当条項規制の対象とすべきであるとの考え方などが紹介され，第11回会議において審議が行われた。

2　不当条項規制の必要性

不当条項規制の必要性については，現在でも消費者契約法に不当条項規制に関する規定があるが，消費者契約について不当条項規制を行うという立場を変える必要はなく，これを前提とした上で，約款に特有の不当条項規制を行うかどうかを検討

すべきであるとの意見や，現行法上も民法第90条のような一般条項によって実質的には不当条項規制が行われているが，同条は本来契約全体を無効にすることを予定した規定であり，個別条項の規制を行う必要性が高まっている今日においては同条の役割には明確性の観点から限界があるとして，現在でも行われている不当条項規制を明確にするという観点から規定を設けるのが相当であるとの意見，情報や交渉力に格差がある当事者間で，弱い方の立場の利益が不当に害されないように内容規制をする趣旨には賛成であるとの意見など，民法に不当条項規制に関する規定を設ける考え方を支持する意見も述べられた。また，不当条項を規制することによる実際上の利点を指摘するものとして，どのような条項が規制されるかの予測可能性を高め，個別の紛争を防止することにつながり，取引の安全に資するとの意見があった。

他方，民法に不当条項規制に関する規定を設けることに対して慎重な意見も強く，不当条項規制の必要性を判断するにはどのような問題が現実に生じているのか実態を把握することが必要であるとの意見，不当条項規制に関する規定を民法に設けることは民法に取締法規としての色彩を取り込むことになり，一般法としての性格を変容させることにつながることから，その必要性を基礎づける問題が生じているのか慎重な実態の把握が必要であるとの意見などがあった。

3　不当条項規制の対象

どのような契約類型を不当条項規制の対象とするかについては，契約類型にかかわらず全ての契約について不当条項を規制するのが本来は望ましいとの意見もあった。

また，約款が使用された契約を不当条項規制の対象とすることを支持するものとして，消費者契約法の不当条項規制の基礎には契約内容の形成に一方当事者が実質的に関与できないという意味での交渉力の不均衡がある場合には内容規制が正当化されるという考え方があるが，約款が使用される場合は相手方が事業者であっても契約内容の形成に実質的に関与するのが難しく，内容を確認したり交渉によって変更する可能性にも不均衡が生ずるから，上記の考え方は約款が使用された契約にも当てはまるとの意見や，約款が使用された契約については契約条項の不当性をめぐる問題が多数発生しているが，約款を対象とする不当条項規制によって約款の取引を安定させることができるとの意見，約款の組入要件（前記第27）に関する規定によってその拘束力を確保した上で，それにふさわしい内容規制を行うことが考えられるとの意見があった。もっとも，約款が使用された契約について不当条項規制を行うとしても，事業者間の契約についての不当性の判断基準は消費者契約に比べて緩やかでもよいとするものがあった。

他方，事業者間で契約の迅速性の確保などの観点から約款が使用される場合には当事者間に交渉力の格差があるとは限らず，また，事業者は自らに適用される条項について自らの責任で検討すべきであると言えるから，事業者間においては，公序良俗や条項の合理的解釈を超える規制を行うべきではないとの意見，当事者間に交

渉力の不均衡があるために契約内容の合理性が保障されず，当事者を保護する必要がある場合は存在するが，事業者間の契約ひな形，再保険や金融機関同士の債券貸借取引に用いられる定型的な契約条項などが使用された場合に当事者を保護する必要性は低いとの意見，不当条項規制が悪用されないような配慮を行うべきであるとの意見など，約款が使用された契約を不当条項規制の対象とすることについて慎重な意見も述べられた。また，約款には行政取締法規による規制が行われているものがあり，このような規制との関係についても留意することが必要であるとの意見もあった。

　民法に不当条項規制に関する規定を設ける場合には，約款が使用された契約のほか，仮に民法に消費者及び事業者概念を取り入れるのであれば，消費者契約の特則として，これを民法の不当条項規制の対象とすべきであるとの考え方（後記第62, 2①）が第20回会議において紹介されたところ，これに賛成する意見があった。

4　労働契約の取扱い

　労働契約に関しては，労働契約法が，就業規則の内容の合理性を要件とするとともに個別の合意がなくても就業規則が契約内容になると規定しており（同法第7条），同法が完結した規制を設けているから，不当条項規制の対象から除外するという考え方もあり得るとの意見があった。これに対し，約款を不当条項規制の対象とする場合には，広い意味での約款に含まれる就業規則もその対象となるという理解を前提として，労働契約の特殊性に配慮した規制の在り方を検討すべきであるとの意見があった。

　また，使用者が不当な条項を使用した場合は規制の対象とするが，労働者が不当な条項を使用しても規制の対象としないという片面的な規制とすべきであるとの意見もあった。

2　不当条項規制の対象から除外すべき契約条項

　不当条項規制の対象とすべき契約類型に含まれる条項であっても，契約交渉の経緯等によって例外的に不当条項規制の対象から除外すべき条項があるかどうか，どのようなものを対象から除外すべきかについて，更に検討してはどうか。

　例えば，個別に交渉された条項又は個別に合意された条項を不当条項規制の対象から除外すべきであるとの考え方がある。このような考え方の当否について，どのような場合に個別交渉があったと言えるか，一定の契約類型（例えば，消費者契約）に含まれる条項は個別交渉又は個別合意があっても不当条項規制の対象から除外されないという例外を設ける必要がないかなどに留意しながら，更に検討してはどうか。

　また，契約の中心部分に関する契約条項を不当条項規制の対象から除外すべきかどうかについて，中心部分とそれ以外の部分の区別の明確性や，暴利行為規制など他の手段による規制の可能性，一定の契約類型（例えば，消費者契約）に含まれる条項は中心部分に関するものであっても不当条項規制の対象から除外されないとい

う例外を設ける必要はないかなどに留意しながら，更に検討してはどうか。

【部会資料13－2第1，2(2)[6頁]，(3)[8頁]】

（議事の概況等）

1　不当条項規制の対象となる契約類型に含まれる契約条項であっても，双方の当事者が契約内容の形成に関与する機会が十分に保障されている場合には不当条項規制の対象とならないとの考え方がある。具体的には，当事者間で個別に交渉された条項（以下「個別交渉条項」という。）や，価格や目的物の性質など契約の中心部分に関する条項は，不当条項規制の対象から除外すべきであるという考え方があり，第11回会議において，このような考え方について審議が行われた。

2　個別交渉条項

個別交渉条項を不当条項規制の対象から除外するとの考え方については，交渉力に格差がある当事者間においては，実質的な交渉がされたとしても契約内容の合理性が担保できるとは言えないことから反対する意見や，交渉が行われたことによって一律に不当条項規制の対象から除外するのではなく，不当性判断における考慮要素とすれば足りるとの意見が述べられた。また，仮に原則として個別交渉条項を不当条項規制の対象から除外するとしても，消費者契約については，個別交渉がされたことを理由に不当条項規制の対象から除外すべきでないとの意見があった。

他方，当事者間で個別に交渉が行われた場合は双方当事者が契約内容の形成に関与しており，不当条項規制を行う理由がないこと，形式的な交渉がされたにすぎない場合にも不当条項規制が及ばないとすれば規制の趣旨が没却されるおそれがあるが，実質的な交渉が行われた場合に限って不当条項規制が及ばないこととするのであれば妥当な解決を導き得ることなどから，個別交渉条項を不当条項規制の対象から除外する考え方を支持する意見も述べられた。この立場からは，どのような場合に実質的な交渉がされたかが不明確であるとの批判に配慮して，「当事者間で特に合意された条項」を不当条項規制の対象から除外することも考えられるとの意見も述べられた。

また，個別に交渉された条項も公序良俗・暴利行為の問題として規律することを前提に不当条項規制の対象から除外することは考えられるが，暴利行為等で処理できないのであれば不当条項規制の対象とすべきであるとの意見もあった。

3　中心部分に関する条項

契約の中心部分に関する条項については，このような条項であっても一方の当事者にとって理解することが困難な場合があり，当事者が理解しないまま契約条項を承諾した結果不利益を被る可能性があること，中心部分とそれ以外の部分を区別するのは困難であること，中心部分に関する条項を不当条項規制の対象から除外すると，中心部分については内容の不当性を考慮しないという誤解を生むおそれがあることなどを理由として，中心部分に関する条項を除外すべきでないという考え方や，中心部分であるからといって一律に不当条項規制の対象から除外するのではな

く，不当性判断における考慮要素とすれば足りるとの意見が述べられた。
　他方，価格などの契約の中心部分についてはその当否を判断する基準が一般的には存在せず，規制を行おうとすると恣意的な介入になりがちであるなどとして，契約の中心部分に関する条項を不当条項規制の対象から除外する考え方を支持する意見，中心部分にも隠蔽効果が働くという意見に対する反論として，そのような問題については不当条項規制ではなく契約の透明性を確保する方法や暴利行為に関する規定によって対処すべきであるとの意見も述べられた。
　また，中心部分に属するとされている事項を公序良俗・暴利行為の問題として規律することを前提に不当条項規制の対象から除外することも考えられるが，暴利行為等で処理できないのであれば不当条項規制の対象とすべきであるとの意見もあった。

3　不当性の判断枠組み

　民法に不当条項規制に関する規定を設けることとする場合には，問題となる条項の不当性をどのように判断するかが問題となる。具体的には，契約条項の不当性を判断するに当たって比較対照すべき標準的な内容を任意規定に限定するか，条項の使用が予定されている多数の相手方と個別の相手方のいずれを想定して不当性を判断するか，不当性を判断するに当たって考慮すべき要素は何か，どの程度まで不当なものを規制の対象とするかなどが問題となり得るが，これらの点について，更に検討してはどうか。

【部会資料13－2第1，3(1)［9頁］】

（議事の概要等）
1　本論点は，不当条項規制に関する規定を民法に設けることとする場合に，契約条項の不当性をどのように判断するかを取り上げるものである。この点については，第11回会議において審議された。
2　比較対照すべき標準的な内容
　契約条項の不当性を判断するに当たって，問題となっている条項が任意規定を適用する場合と比較して一方の当事者を害するかどうかを検討するという考え方や，問題となっている条項が当該条項のない場合と比較して一方の当事者を害するかどうかを検討するという考え方があることが紹介され，審議が行われた。後者の考え方によれば，明文の任意規定がない場合でも，判例法理や法の一般原則による解決と比較して当事者を害する条項は，不当性が肯定されることがあり得る点で，前者の考え方と異なっている。
　この点について，新しい契約形態が次々と現れていることを指摘して，これに対応する明文の任意規定がない場合もあるから，不当性を判断するに当たって比較対照すべき標準的な内容を任意規定に限定すべきではないとの意見があった。
3　判断の基準となる相手方
　約款に含まれる条項の不当性を判断するに当たっては，契約の相手方ごとに個別

に判断するか，問題となる条項の使用が予定されている多数の相手方を基準に画一的に判断するかが問題となり，約款を使用した契約も個別の相手方との契約であることからすると，当事者ごとに個別に不当性を判断すべきであるとの考え方が紹介され，審議が行われた。

　この点については，多数の相手方に対して画一的に用いられるという約款の性質や取引の安全を理由に，条項の使用が予定されている多数の相手方を基準とすべきであるとの意見や，逆に，問題となる条項以外の条項の内容や当事者間における説明の内容など個別具体的な要素を加味することが妥当な場合が多いとの意見があった。

　4　不当性を判断するに当たっての考慮要素

　　内容的な不当性が中心的に考慮されるべきであるが，これと併せて条項が明確で分かりやすいものであるかを考慮すべきであるとの意見があった。これに関連して，条項の明確さ，分かりやすさを判断するに当たって契約締結時の状況も考慮されるのであれば，契約締結過程における説明義務・情報提供義務（前記第23，2）との関係を整理する必要があるとの指摘があった。

　5　規制すべき不当性の程度

　　どの程度不当な条項を規制の対象にするかについては，信義則に反して相手方に一方的に不利益を課すものを規制すべきであるとの意見があった。

　　他方，不当性の程度として信義則などの一般規定を持ち出すのであれば，これらの一般規定があれば足り，不当条項規制に関する規定を設ける意義が乏しいのではないかとの意見があった。このような意見に対しては，消費者契約法第10条についてもこれを創設規定であると理解する学説が多く，信義則などの一般規定があれば足りるとの説明が十分であるとは言えないこと，仮に信義則などの一般規定があれば足りると考えるのであれば不当条項規制の規定を設けた上でこれを確認規定であると説明すれば足りることなどを指摘して，信義則などの一般規定があるから不当条項規制に関する規定は不要であるとは言えないとの意見があった。

4　不当条項の効力

　民法に不当条項規制に関する規定を設けることとする場合には，ある条項が不当と評価された場合の効果が問題になるが，この点に関しては，不当条項規制の対象となる条項は不当とされる限度で一部の効力を否定されるとの考え方と，当該条項全体の効力を否定されるとの考え方がある。いずれが適当であるかについては，「条項全体」が契約内容のうちどの範囲を指すかを明確にすることができるか，法律行為に含まれる特定の条項の一部に無効原因がある場合の当該条項の効力をどのように考えるか（後記第32，2(1)）にも留意しつつ，更に検討してはどうか。

　また，不当な条項を無効とするか，取り消すことができるものとするかについて，更に検討してはどうか。

【部会資料13－2第1，3(2)［13頁］】

（議事の概況等）

1 本論点については，第11回会議において審議が行われた。
2 効力を否定される範囲
　　不当条項の効力が否定される範囲については，ある条項の一部分が不当であると評価される場合には，不当と評価される限度で条項の効力が否定されるにすぎないとの考え方と，原則として当該条項全部の効力を否定すべきであるとの考え方とがあることが紹介された。
　　この点については，何をもって一つの「条項」と言えるのかが明確ではなく，あらかじめある条項が不当とされる場合の効果を規定すると対応が硬直的になるおそれがあるため，個別の契約条項の合理的解釈や一般条項によって対応すべきであるとの意見があった。
　　他方，不当とされる限度で効力を否定し得るという考え方によると，条項の作成者が一方的に自分に有利な条項を設けても少なくとも不当とされない限度までは効力が維持されることになり，不当条項の使用を助長することになりかねないこと，不当とされる限度がどの程度かを画一的に判断することは簡単でないことなどから，条項全体が無効になるとの考え方を支持する意見も述べられた。このような意見に対しては，条項の作成者による不当条項の使用を防止するという政策的観点を民法に持ち込むべきではないとの意見もあった。
　　この点については，法律行為に含まれる特定の条項の一部に無効原因がある場合の当該条項の効力をどのように考えるか（後記第32，2(1)）にも関連するので，この点との整合性にも配慮する必要があると考えられる。
3 無効又は取消し
　　不当な条項の効力を否定する手法として，無効とする考え方と取り消すことができることとする考え方があり得ることが紹介された。この点については，取り消すという手間を相手方に負担させるよりも，無効とする方が社会的な公正の確保という観点からも望ましいとの意見があった。

5 不当条項のリストを設けることの当否

　民法に不当条項規制に関する規定を設けることとする場合には，どのような条項が不当と評価されるのかについての予測可能性を高めることなどを目的として，不当条項規制に関する一般的規定（前記3及び4）に加え，不当と評価される可能性のある契約条項のリストを作成すべきであるとの考え方があるが，これに対しては，硬直的な運用をもたらすなどとして反対する意見もある。そこで，不当条項のリストを設けるという考え方の当否について，一般的規定は民法に設けるとしてもリストは特別法に設けるという考え方の当否も含め，更に検討してはどうか。
　また，不当条項のリストを作成する場合には，該当すれば常に不当性が肯定され，条項使用者が不当性を阻却する事由を主張立証することができないものを列挙

したリスト（ブラックリスト）と，条項使用者が不当性を阻却する事由を主張立証することによって不当性の評価を覆すことができるものを列挙したリスト（グレーリスト）を作成すべきであるとの考え方がある。これに対し，ブラックリストについては，どのような状況で使用されるかにかかわらず常に不当性が肯定される条項は少ないのではないかなどの問題が，グレーリストについては，使用者がこれに掲載された条項を回避することにより事実上ブラックリストとして機能するのではないかなどの問題が，それぞれ指摘されている。そこで，どのようなリストを作成するかについて，リストに掲載すべき条項の内容を含め，更に検討してはどうか。

【部会資料13－2第1，4［15頁］】

（議事の概況等）
1　本論点については，第11回会議において審議が行われた。
2　リストを作成することの当否
　　不当条項のリストを作成するという手法について，どのような条項が不当と評価されるかをリスト化することは規律を明確化・具体化する意義があるとして，その意義を評価する意見があった。
　　他方，一見不当な内容を有する契約条項が含まれていても契約全体としてはバランスが取れている場合もあり，契約全体の中から特定の条項のみを取りだしてリストに該当するかどうかを判断するという手法は硬直的なものになるおそれがあるとの意見，不当性の判断は当事者の属性によっても異なるものであり，当事者の属性にかかわらず一律に不当とされる条項を規定することが可能か検討する余地があるとの意見，新しい商品やサービスの提供に当たっては契約内容を自由に設計する余地を残しておくことが重要であって，一定の条項をリストに掲げて規制すると新しい商品等の提供の支障になるおそれがあるとの意見，不当と考えられている条項であっても，莫大な損害を負うリスクを回避して事業の予測可能性を確保するために必要であったり，外国においては標準的に用いられているなど，用いることが合理的な場合もあることから，一律に効力を否定すべきでないとの意見など，不当条項リストの作成に対して消極的な意見も述べられた。
3　リストの種類
　　ブラックリストを作成することについては，ある条項が不当とされるかどうかは契約が締結される状況や当事者の属性によっても異なり，反証の余地なく常に不当性が肯定される条項は多くはないとの指摘があり，特に個別交渉条項を不当条項規制の対象にするのであれば，ブラックリストはかなり限定的なものにする必要があるとの意見があった。この点については，どのような条項をブラックリストに掲載すべきかは慎重な検討を要するが，ブラックリストに掲載すべき適切な条項があるかどうかを検討すべきであり，掲載すべき条項があるならブラックリストを作成すること自体を否定する必要はないとの意見があった。
　　グレーリストを作成することについては，このような枠組みの柔軟さを評価する

意見や，個別交渉条項を不当条項規制の対象にする場合にはブラックリストを限定的なものにしてグレーリストを充実させるべきであるとする意見など，その意義を評価するものがある一方，条項作成者がリスクを回避するためにグレーリストに掲載されている条項を使用しないことも考えられ，グレーリストが実質的にはブラックリストと同様に機能してしまうおそれがあるとの意見もあった。

また，グレーリストよりも効力の弱いものを提案するものとして，常に不当性が肯定されるとは言えない条項については，これを約款で用いると無効とされる可能性があるとして注意を喚起するため，立証責任の転換よりも緩やかな行為規範的な意味を有するリストが有益であるとの意見があった。

4　不当条項リストの具体的な内容

「条項使用者が任意に債務を履行しないことを許容する条項」をブラックリストに掲げるという考え方が紹介されたところ，例えば，インターネットオークションに出品禁止物が出品された場合に事業者は出品後であっても当該商品をオークションから削除できるという条項が不当条項として効力を否定されるおそれがあるとの懸念が示されたが，これに対しては，任意に債務を履行しないことを許容する条項は，既存の契約類型において通常であれば生ずる債務を前提にして，その債務を任意に履行しないことを許容する条項であり，インターネットオークションに関する上記の条項は該当しないとの意見があった。

また，相手方の裁判を受ける権利を制限する条項をグレーリストに，相手方の提訴を禁止する条項（無条件の不起訴の合意）をブラックリストに掲げるべきであり，仲裁条項についても検討すべきであるとの意見があった。

5　その他

以上のほか，リストを作成するに当たっての留意点を指摘するものとして，行政法規で規制の対象となっている約款には，使用者の相手方の利益だけでなく，公共の安全などの視点を踏まえているものがあり，このような約款をどのように扱うのかにも留意が必要であるとの意見があった。

また，労働契約においては，例えば，使用者の損害賠償義務を制限する条項は不当であるが，労働者の使用者に対する賠償義務を減免する条項は不当とは言えないように，どのような条項が不当かは当事者の属性等によって変化するものであり，リストの内容を当事者の属性にかかわらず統一的に適用することは困難であるとして，労働の分野については，不当条項規制は使用者が条項使用者である場合に限定すべきであるとの意見があった。

第32 無効及び取消し

1 相対的無効（取消的無効）

法律行為の無効は原則として誰でも主張することができるとされているが，暴利行為，意思能力を欠く状態で行われた法律行為，錯誤に基づく法律行為など，無効となる原因によっては無効を主張することができる者が限定される場合があるとされている。しかし，このようないわゆる相対的無効（取消的無効）の主張権者の範囲や無効を主張することができる期間については，民法上明文の規定がなく，必ずしも明確であるとは言えない。暴利行為に関する規律を設けるかどうかは議論があり，意思能力を欠く状態で行われた法律行為や錯誤に基づく法律行為の効果についても見直しの議論がある（前記第28，1(2)，第29，3，第30，3(4)）が，これらの効果を無効とする場合に，いわゆる相対的無効（取消的無効）に関する法律関係を明らかにするため，新たに規定を設けるかどうかについて，規定内容を含め，更に検討してはどうか。

【部会資料13－2第2，4（関連論点）[57頁]】

（議事の概況等）

本論点は，いわゆる相対的無効（取消的無効）に関する規定の要否や内容を取り上げるものである。これについては第11回会議において審議が行われた。

暴利行為，意思能力を欠く状態で行われた法律行為，錯誤に基づく法律行為は無効とされているが，その無効は表意者の側からしか主張することができないとされている。もっとも，無効を主張することができる者の厳密な範囲や，無効を主張することができる期間等に関する明文の規定はなく，解釈が確立されているとも言えない。このような認識を背景として，意思能力を欠く状態で行われた法律行為等の効果を無効とする立場を維持する場合には，相対的無効（取消的無効）の主張権者や期間制限について規定すべきであるとの意見があった。

なお，意思能力を欠く状態で行われた法律行為や錯誤による法律行為の効果についてはこれを取り消すことができるものとするとの考え方もあり（前記第29，3，前記第30，3(4)），このような考え方を採用する場合には，この問題は暴利行為についてのみ生ずることになる（暴利行為について現在示されている立法提案は，公序良俗の具体化として規定するというものであり，これを取り消すことができるものとする考え方は示されていない。）。また，本論点について検討した結果，相対的無効に関する規定の内容が取消しに関する規定の内容と近接する場合には，翻って相対的無効と取消しとを区別する実益があるかどうかが問題となり得る。このように，本論点と暴利行為等の効果は相互に関連するものであるから，その整合性にも留意して検討する必要があると考えられる。

2 一部無効

(1) 法律行為に含まれる特定の条項の一部無効

　　法律行為に含まれる特定の条項の一部に無効原因がある場合における当該条項の効力は，民法第604条第1項などの個別の規定が設けられているときを除いて明らかでないため，原則として無効原因がある限度で一部無効になるにすぎず，残部の効力は維持される旨の一般的な規定を新たに設ける方向で，更に検討してはどうか。

　　このような原則を規定する場合には，併せてその例外を設けるかどうかが問題になる。例えば，一部に無効原因のある条項が約款に含まれるものである場合や，無効原因がある部分以外の残部の効力を維持することが当該条項の性質から相当でないと認められる場合は，当該条項の全部が無効になるとの考え方がある。また，民法に消費者概念を取り入れることとする場合に，消費者契約の特則として，無効原因がある条項の全部を無効にすべきであるとの考え方がある（後記第62，2②）。他方，これらの考え方に対しては「条項の全部」がどこまでを指すのかが不明確であるとの批判もある。そこで，無効原因がある限度で一部無効になるという原則の例外を設けることの当否やその内容について，更に検討してはどうか。

【部会資料13－2第2，2(1)［41頁］，部会資料20－2第1，2［11頁］】

（議事の概況等）

1　本論点は，法律行為に含まれる特定の条項の一部に無効原因がある場合に当該条項全体が無効になるか，無効原因がある限度で無効になるかという問題を取り上げるものであり（法律行為に含まれるある条項が無効となる場合に当該法律行為全体が無効になるかどうかという問題（後記(2)参照）とは区別される。），第11回会議において審議が行われた。

2　原則的な効果

　　このような場合における当該条項の効果について，契約自由に対する介入は必要最小限にとどめる必要があり，無効基準に抵触する限度で無効にすれば規制の趣旨は達成できるとして，条項の一部無効が原則であるとの意見があり，このような意見に対する特段の異論はなかった。

3　例外の有無

　　一部無効の原則に対する例外として条項全部が無効になる場合の有無や，どのような場合に条項全体が無効になるかについては，様々な意見があった。

　　約款や消費者契約の契約条項は事業者が一方的に作成するのが通常であるが，これらについて一部無効の原則を貫徹すると，事業者があえて不当な条項を規定しておいたとしても法律上認められる最大の限度で有効性が維持されることになり，不当条項が流布するのを防止できないこと，契約条項を自ら作成した者はこれを無効とされることによる不利益を受けてもやむを得ないことから，問題となる条項が約

款又は消費者契約に含まれるものであるときは条項全体が無効にすべきであるとの意見があった。
　これに対し，事業者が包括的に不当な条項を規定することを防止するという政策的観点を民法に持ち込むこと自体に対する疑問を呈する意見，何をもって1個の「条項」と言い得るかは判断が困難な場合があるとして，無効となる範囲の明確性の観点から条項全体を無効とすることに慎重な意見があった。また，第20回会議においては，消費者契約についての例外を設けるべきであるとの考え方に対し，消費者契約の場合には全部無効しかあり得ないとすると柔軟性を欠き，過大な結果となるおそれがあるとの意見があった。これらの意見からは，一部無効に対する例外を設けないことになると考えられる。
　上記の意見のうち，何をもって1個の「条項」と言い得るかの判断は困難であるとの意見に対しては，契約書で行った条文構成をそのまま基準にするのではなく，1個の無効判断ができるかどうかを判断基準にすべきであり，このような判断基準によれば，「条項」の範囲が必ずしも不明確であるとは言えないとの意見があった。
4　明文の規定を設けることの当否
　これらのほか，本論点は細かい問題であり，法律に規定するにはふさわしくないとの意見があった。

(2)　法律行為の一部無効
　　法律行為に含まれる一部の条項が無効である場合における当該法律行為の効力について明らかにするため，原則として，当該条項のみが無効となり，法律行為の残部の効力は維持される旨の一般的な規定を新たに設ける方向で，更に検討してはどうか。
　　もっとも，このような原則の例外として法律行為全体が無効になる場合があるとされている。どのような場合に法律行為全体が無効になるかという判断基準については，例えば，当該条項が無効であることを認識していれば当事者は当該法律行為をしなかったであろうと合理的に考えられるかどうかを判断基準とするとの考え方などがある。このような考え方の当否を含め，法律行為全体が無効になるための判断基準について，更に検討してはどうか。
　　また，法律行為の一部が無効とされ，これを補充する必要が生じた場合にどのような方法で補充するかについては，例えば，個別の法律行為の趣旨や目的に適合した補充を最優先とする考え方や，合理的な意思解釈によれば足りるとする考え方などがある。これらの考え方の当否を含め，上記の補充の方法について，更に検討してはどうか。
　　　　　　　　【部会資料13－2第2，2(2)［42頁］，同（関連論点）［43頁］】

(議事の概況等)
1　本論点は，法律行為に含まれるある条項が無効となる場合に，当該法律行為全

体が無効になるか，当該条項のみが無効になるかという問題を取り上げるものである。この点については，第11回会議において審議が行われた。また，法律行為全体が無効となるわけではなく，その一部が無効となる場合には，無効となる部分を補充する必要が生じ得るが，この場合に法律行為をどのように補充するかについて，併せて審議が行われた。

2　法律行為の一部が無効である場合の効果

　法律行為の一部が無効である場合の効果について，無効な条項が法律行為に含まれていたとしても原則として当該条項以外の効力は維持されるが，例外的に，当該条項が無効であることを当事者が認識していれば当事者が当該法律行為をしなかったであろうと合理的に考えられる場合には法律行為全体が無効になるという意見があった。原則として無効な条項以外の効力が維持されるという点については，特段の異論がなかった。

3　補充のルール

　この「議事の概況等」2記載の考え方による場合には，契約は有効だが一部の条項の効力が否定されるため，無効部分を補充する必要が生ずる場合がある。その補充の基準については，当事者が実際に行った具体的な法律行為の趣旨に適合する補充はどのようなものであるかが確定できる場合はこれを最も優先すべきであるとして，一次的には当事者が一部無効を認識していたらどのような合意をするかという仮定的意思による補充を行い，これを確定できないときは，順次，慣習，任意規定，信義則に基づく補充をすべきであるとの意見があった。

　仮定的意思による補充という見解については，当事者が一部無効を認識していた場合の二次的な次善の意思を有していることを想定するのは現実的ではないとし，一部無効の部分は最初から存在しなかったものとして，この部分については一般論としての当事者の合理的な意思解釈をすれば足りるとの意見があった。このような意見に対しては，当事者の仮定的意思に基づく補充とは，二次的合意を確認することではなく，当該法律行為の内容や状況に即した個別的な補充をすることであるとの反論がされた。このような理解を前提にすれば，仮定的意思による補充と当事者の合理的な意思解釈とは，実質において大きく異なるところはないと考えられる。

　なお，一部無効になった部分を補充するルールについては，申込みに対して軽微な修正を加える承諾がされたため，契約は成立したが内容の一部について合意がされていない場合の扱い（前記第24，9参照）との整合性に留意する必要があるとの指摘があった。

4　明文の規定を設けることの当否

　以上のほか，本論点は細かい問題であり，法律に規定するにはふさわしくないとの意見があった。

(3) **複数の法律行為の無効**

　ある法律行為が無効であっても，原則として他の法律行為の効力に影響しない

と考えられるが，このような原則には例外もあるとして，ある法律行為が無効である場合に他の法律行為が無効になることがある旨を条文上明記すべきであるとの考え方がある。これに対しては，適切な要件を規定することは困難であるとの指摘や，ある法律行為が無効である場合における他の法律行為の効力が問題になる場面には，これらの契約の当事者が同じである場合と異なる場合があり，その両者を区別すべきであるとの指摘がある。そこで，上記の指摘に留意しつつ，例外を条文上明記することの当否について，更に検討してはどうか。

　例外を規定する場合の規定内容については，例えば，複数の法律行為の間に密接な関連性があり，当該法律行為が無効であるとすれば当事者が他の法律行為をしなかったと合理的に考えられる場合には他の法律行為も無効になることを明記するとの考え方があるが，これに対しては，密接な関連性という要件が明確でなく，無効となる法律行為の範囲が拡大するのではないかとの懸念を示す指摘や，当事者が異なる場合に相手方の保護に欠けるとの指摘もある。そこで，例外を規定する場合の規定内容について，上記の指摘のほか，一つの契約の不履行に基づいて複数の契約の解除が認められるための要件（前記第5，5）との整合性にも留意しながら，更に検討してはどうか。

【部会資料13－2第2，2(3)［45頁］】

(議事の概況等)

1　本論点は，ある法律行為が無効である場合に他の法律行為が無効になるのはどのような場合か，これを条文上明記するかという問題を取り上げるものである。この点については，本文後段記載の考え方が紹介され，第11回会議において審議が行われた。

2　問題状況の整理
　この問題については，同一当事者間の複数の法律行為が問題になる場合と，異なる当事者間の複数の法律行為が問題になる場合とで異なる考慮が必要であるから，両者を分けて検討すべきであるとの意見があった。

3　規定を設けることの当否
　事業者間の取引では，複数の契約に分けて取引をする以上，一つの契約が無効であっても他の契約は無効にならないことを原則とすべきであり，規定を設けることによって原則と例外が逆転すると取引の安全を害するとの意見があった。
　これに対し，無効の範囲が問題になる場合に，契約の個数が1個であるか複数であるかが争われることがあることからすると，複数の法律行為であっても一定の要件の下で全体が無効になり得ることを明らかにしておいた方が法的安定に資するとの意見があった。

4　他の法律行為が無効になるための要件
　密接な関連性があることを要件とする考え方に対しては，要件が曖昧で際限なく広がっていくおそれがあり，特に複数の契約の相手方が異なる場合に相手方の保護

に欠けるおそれがあるとして反対する意見があった。密接関連性という要件の不明確性を指摘する意見に対しては，相互依存関係や密接関連性という要件の下で一つの法律行為の無効が他の法律行為の無効を導くことは現在でも認められており，規定を設けない方がより明確なルールが一般的に妥当するというわけではないとの指摘があった。
5　他の論点との関係
　なお，この問題は，密接な関連性のある複数の契約の解除（前記第5，5）とも関連するので，その整合性に留意が必要であるとの指摘があった。

3　無効な法律行為の効果

(1)　法律行為が無効であることの帰結

　　法律行為が無効である場合には，①無効な法律行為によっては債権が発生せず，当事者はその履行を請求することができないこと，②無効な法律行為に基づく履行がされているときは相手方に対して給付したものの返還を求めることができることは現在の解釈上も異論なく承認されているが，これを条文上明記する方向で，不当利得に関する規律との関係にも留意しながら，更に検討してはどうか。

【部会資料13－2第2，3(1)［46頁］】

（議事の概況等）

　法律行為が無効であることの基本的な帰結については，第11回会議において審議が行われた。この点については，法律行為が無効であることの意味が明らかになるように，履行請求ができないことと給付したものの返還を請求できることを条文上明記すべきであるとの意見があった。また，第23回会議においては，相対的無効の場合でもこれと同様の規律が妥当するかどうかという論点もあるとの指摘があった。

(2)　返還請求権の範囲

　ア　無効な法律行為に基づく履行がされているときは相手方に対して給付したものの返還を求めることができるが，この場合における返還請求権の範囲を明らかにする観点から，民法第703条以下の不当利得に関する規定とは別に，新たに規定を設けるかどうかについて，更に検討してはどうか。

　イ　上記アの規定を設けるとした場合の内容については，例えば，次の①から③まで記載の内容の規定を設けるとの考え方があることを踏まえ，更に検討してはどうか。

　　①　原則として，受領した物を返還することができるときはその物を，これを返還することができないときはその価額を，それぞれ返還しなければならない。

②　上記①の原則に対する例外として，無効な法律行為が双務契約又は有償契約以外の法律行為である場合において，相手方が当該法律行為の無効を知らずに給付を受領したときは，利益が存する限度で返還すれば足りる。
　　③　無効な法律行為が双務契約又は有償契約である場合には，相手方が当該法律行為の無効を知らなかった場合でも，返還すべき価額は現存利益に縮減されない。ただし，この場合に返還すべき価額は，給付受領者が当該法律行為に基づいて相手方に給付すべきであった額を限度とする。
　ウ　上記イ記載の考え方に加え，詐欺の被害者の返還義務を軽減するなど，無効原因等の性質によって返還義務を軽減する特則を設けるかどうかについても，検討してはどうか。

【部会資料13－2第2，3(2)［48頁］】

252　（議事の概況等）
1　前記(1)記載のとおり，無効な法律行為（取り消された結果無効とみなされた法律行為を含む。）に基づいて給付がされていた場合には給付を返還しなければならないが，本論点は，この場合の返還義務の範囲に関する規定の要否及びその内容を取り上げるものである。この点については，第11回会議において審議が行われた。
2　返還請求権に関する規定の要否
　　民法第703条及び第704条によれば，利得をした者が善意である場合は，不当利得の返還義務の範囲は現存利益の限度に縮減するとされているが，これは一方当事者が相手方に一方的に給付を行う場合を主として想定したものであり，双方の当事者が対価的な給付を行う場合に利得消滅の抗弁が認められると双務的な契約関係の清算を実現することができないから，これらの規定は双務契約や有償契約の場合に適合していないことを指摘する意見があり，この点については特段の異論がなかった。このような認識を踏まえて，少なくとも法律行為の無効に関して返還請求の要件を明文化すべきであるとの意見があった。また，給付利得と侵害利得とを区別して規定を設けることを基本的に支持しつつ，その場合には給付利得に関する規定と民法第703条・第704条との関係を整理する必要があるとの意見があった。
3　返還請求権に関する規定の内容
　　返還請求権に関する規定の内容については，①受領した物を返還することができるときはその物を，これを返還することができないときはその価額を返還しなければならないことを原則とすること，②この原則に対する例外として，無効な法律行為が双務契約又は有償契約以外の法律行為である場合において，相手方が当該法律行為の無効を知らずに給付を受領したときは，利益が存する限度で返還すれば足りるとすること，③無効な法律行為が双務契約又は有償契約である場合には，相手方が当該法律行為の無効を知らなかったときでも②の利得消滅の抗弁は主張できないが，この場合に返還すべき価額は，給付受領者が当該法律行為に基づいて相手方に給付すべきであった額を限度とするとの意見があった。

このような意見に対しては，利得消滅の抗弁を主張することの可否が問題になる契約の類型を双務契約と有償契約のいずれとするのか，どのような違いが生ずるのかという問題提起がされ，上記の意見を支持する立場からは，基本は双務契約だが，片務・有償契約においても清算問題が同様に出てくるので，これに対応する必要があるとの意見があった。

また，無効の原因が意思無能力の場合，暴利行為であった場合，公序良俗違反の場合，詐欺又は強迫による取消しの場合などにおいては，有償契約だからといって受領した物又は価額，使用利益を返還しなければならないとするのは問題であり，無効原因や取消原因の性質に応じて返還義務を免除又は縮減するという特別規定を置くことを検討すべきであるとの意見があった。これに対しては，不法原因給付の規定により対応することも可能であるとの意見もあった。

このほか，契約以外の法律行為が無効であった場合の返還請求権の規律の在り方について，より具体的な検討が必要であるとの意見があった。

4　規定の位置

契約関係の清算に関する規定の位置について，問題となる契約が有償契約か無償契約かの区別，双務契約か片務契約かの区別，双務契約の一方の債務のみが履行された場合の処理の在り方などに応じた規律が必要となることから，民法総則ではなく，契約総則又は契約の各類型の箇所に規定を設けるべきであるとの意見があった。

(3)　制限行為能力者・意思無能力者の返還義務の範囲

民法第121条は，契約が取り消された場合の制限行為能力者の返還義務を現存利益の範囲に縮減しているが，制限行為能力者がこのような利得消滅の抗弁を主張できる場面を限定する必要がないかどうかについて，更に検討してはどうか。

その場合の規定内容については，例えば，制限行為能力者が，取消しの意思表示後，返還義務があることを知りながら受領した利益を費消したときは利得消滅の抗弁を認めないとの考え方や，制限行為能力者に害意があるときは利得消滅の抗弁を認めないとの考え方などがあるが，利得消滅の抗弁を限定すると制限行為能力者の保護に欠けることになるとの指摘もある。そこで，制限行為能力者が利得消滅の抗弁を主張することができる場面を限定する場合の規定内容について，更に検討してはどうか。

また，意思無能力に関する規定を新たに設ける場合（前記第29,3）には，意思無能力者の返還義務の範囲についても制限行為能力者の返還義務と同様の規定を設ける方向で，更に検討してはどうか。この場合に，自己の責めに帰すべき事由により一時的に意思能力を欠いた者に利得消滅の抗弁を認めるかどうかについても，更に検討してはどうか。

【部会資料13－2第2，5［58頁］，同（関連論点）1［59頁］，
同（関連論点）2［59頁］】

(議事の概況等)

1　制限行為能力者が，取消しの意思表示後，返還義務があることを知りながら受領した利益を費消したときは利得消滅の抗弁を認めないとの考え方について，第11回会議において審議が行われた。また，意思無能力者の返還義務の範囲についても制限行為能力者と同様に返還請求権の範囲を限定するとの考え方や，自己の帰責事由により一時的に意思能力を欠いた者の返還義務を現存利益に縮減する必要はないとの考え方が紹介され，併せて審議が行われた。

2　制限行為能力者の返還義務の範囲

　制限行為能力者が返還義務を知って利得を費消した場合に利得消滅の抗弁を認めないとの考え方については，消費者契約においては消費者が返還義務を知らなかった旨の主張をすることが困難であることや，浪費癖がある制限行為能力者の保護に欠けることなどを挙げて，反対する意見があった。もっとも，このような意見の中にも，相手方を害する意思など制限行為能力者の主観的要件をより限定すれば検討の余地があるとの意見があった。

3　意思無能力者の返還義務の範囲

　意思無能力者の返還義務について制限行為能力者と同様に利得消滅の抗弁を認めることについては特段の異論がなかった。

　また，自己の帰責事由により一時的に意思能力を欠いた者の返還義務については，消費者契約を念頭に置いて，事業者が消費者の意思無能力状態を利用して契約を締結した場合には，意思能力を欠いたのが消費者の帰責事由による場合であっても，返還義務を現存利益に縮減してよいとの意見があった。

(4)　無効行為の転換

　無効な行為が他の法律行為の要件に適合している場合に，当該他の法律行為としての効力を認められることの有無及びその要件を明らかにするため，明文の規定を新たに設けるかどうかについて，更に検討してはどうか。

　その場合の規定内容については，例えば，法律行為が無効な場合であっても，類似の法律効果が生ずる他の法律行為の要件を満たしているときは，当該他の法律行為としての効力を認めることができる旨の規定を設けるべきであるとの考え方の当否を含めて，更に検討してはどうか。

【部会資料13－2第2，3(3)［51頁］】

(議事の概況等)

　本論点は，いわゆる無効行為の転換（無効な法律行為が他の法律行為の要件に適合している場合に，当該他の法律行為としての効力を認めること）について取り上げるものである。本文後段記載の考え方や，無効行為の転換について規定を設けないとの考え方が紹介され，第11回会議において審議が行われた。

この点について，従来無効行為の転換が認められたとされてきた事例には必ずしも無効行為の転換とは言えないものが含まれていたことや，必要な方式を具備しない要式行為が一般的に類似の効果を有する行為として有効であるとは言えないことなどを挙げて，一般的な形で無効行為の転換に関する規定を設けることには賛成できないとの意見があった。また，無効な法律行為を他の法律行為として有効にすることにより法律関係が不安定になることがないか，慎重に検討する必要があるとの意見があった。

なお，労働分野については，懲戒解雇として無効な解雇の意思表示が普通解雇として有効性が認められることや，懲戒処分として行われた配転・降格等が無効である場合に労働条件の変更としてその有効性が認められるのは不当であることを指摘して，一般原則として無効行為の転換に関する規定を設けることには問題があるとの意見があった。これは，無効行為の転換が認められる場面を限定すべきであるとの意見であり，本文において論点とされている「無効行為の転換が認められるための要件」に関する一つの考え方であると考えられる。

(5) 追認

無効な行為は追認によっても効力を生じないとされている（民法第119条本文）が，これを改め，錯誤や意思無能力による無効など当事者の一方を保護することを目的として無効とされる法律行為では，当該当事者が追認することによって遡及的に有効とすることができるものとするかどうかについて，これらの法律行為の効果の在り方の見直しとの関係にも留意しつつ，更に検討してはどうか。

また，無効な行為を追認することができるものとする場合には，相手方の法的地位の安定を図る観点から，無効な行為を追認するかどうか確答するように追認権者に催告する権利を相手方に与えるべきであるとの考え方がある。このような考え方の当否について，どのような無効原因について催告権を与えるかを含め，検討してはどうか。

【部会資料13－2第2，3(4)［53頁］】

（議事の概況等）

本論点は，無効な行為は追認によっても効力を生じないとする民法第119条本文の改正の要否を取り上げるものであり，第11回会議において審議された。

無効な行為であっても，その原因によっては追認によって遡及的に有効にし得るとの考え方に対しては，消費者保護を念頭に置きつつ，無効な行為が追認によって遡及的に有効になるとすると，被害を受けた消費者がその法律行為が無効であると気づいた後に追認した場合はその後無効主張をすることができなくなり，被害救済の観点から問題があるとの意見があった。もっとも，当事者が無効であることを知って追認するとその後無効を主張できなくなるのは，追認の効果を遡及的有効とするかどうかにかかわらないことである（民法第119条ただし書参照）から，上記の

意見は，遡及効の有無ではなく，追認によって法律行為が有効になる余地を認めること自体に対する批判と見ることができる。

　また，無効行為についての追認の余地を認めるのであれば，追認するか否かを確答するよう追認権者に催告する権利を相手方に与えるべきであるとの意見があった。同様の制度として，制限行為能力者の相手方が追認するかどうかの催告権を有するという例がある（民法第20条第1項）が，無効な行為について催告権に関する規定を設けるという考え方の当否を検討するに当たっては，無効原因一般について催告権に関する規定を設けるのか，特定の無効原因についてのみ設けるのであればどこに催告権に関する規定を設けるかなどについても併せて検討する必要があると考えられる。

4　取り消すことができる行為の追認
(1)　追認の要件

　取り消すことができる行為を追認権者が追認するための要件（民法第124条第1項）については，取消原因となった状況が消滅したことだけでなく，対象となる行為について取消権を行使することができることを知っていることが必要であるという考え方の当否について，更に検討してはどうか。

　また，制限行為能力者（成年被後見人を除く。）について，法定代理人，保佐人又は補助人の同意を得て自ら追認することができることを条文上明記するとともに，この場合には，法定代理人，保佐人又は補助人が対象となる行為について取消権を行使することができることを知っていることを要件とすべきであるという考え方の当否について，更に検討してはどうか。

【部会資料13－2第2，6(1)［60頁］】

（議事の概況等）

　本論点は，取り消すことができる行為の追認の要件を取り上げるものであり，第11回会議において審議が行われた。本文記載の考え方が紹介されたところ，これについて，賛成する意見がある一方，追認権者が対象となる行為について取消権を行使することができることを要件とすると実務上困難な問題を生じさせることにならないかどうか慎重に検討すべきであるとの意見があった。

(2)　法定追認

　法定追認事由について，判例や有力な学説に従って，相手方の債務の全部又は一部の受領及び担保の受領が法定追認事由であることを条文上明記すべきであるとの考え方があるが，追認することができることを知らなくても，単なる外形的事実によって追認の効果が生ずるとすれば，追認権者が認識しないまま追認が擬制されるおそれがあるとの指摘もある。このような指摘を踏まえ，上記の考え方の当否について，更に検討してはどうか。

【部会資料 13 − 2 第 2，6⑵［64 頁］】

(議事の概況等)

　法定追認事由について，相手方の履行の受領は民法第 125 条第 1 号に含まれるとするのが判例であること，担保の受領も同条第 4 号に含まれるとするのが学説上多数説であることから，これらが法定追認事由であることを条文上明記すべきであるとの考え方が紹介され，第 11 回会議において審議が行われた。

　この点についての総論的な意見として，悪徳商法に対する消費者の取消権の行使を確保する観点からは，法定追認事由の拡大については慎重な考慮が必要であるとの意見があった。また，履行の受領及び担保の受領という外形的事実だけから，取消権者の認識がなくても追認があったとみなすことには反対であるとの意見があった。

(3)　追認の効果

　取り消すことができる行為の追認は不確定的に有効であった行為を確定的に有効にするにすぎず，追認によって第三者が害されるという場面は考えられないことから，取り消すことができる法律行為を追認することによって第三者の権利を害してはならない旨の規定（民法第 122 条ただし書）は，削除するものとしてはどうか。

【部会資料 13 − 2 第 2，6⑴（関連論点）［62 頁］】

(議事の概況等)

　本文記載の考え方が紹介され，第 11 回会議において審議が行われたところ，このような考え方に対する特段の異論はなかった。

(4)　相手方の催告権

　相手方の法的地位を安定させる観点から，取り消すことができる法律行為を追認するかどうか確答するように追認権者に催告する権利を相手方に与えるべきであるとの考え方がある。このような考え方の当否について，どのような取消原因について催告権を設ける必要があるかを含め，検討してはどうか。

(議事の概況等)

　第 11 回会議において，取り消すことができる法律行為について，追認するか否かを確答するよう追認権者に催告する権利を相手方に与えるべきであるとの意見があった。

　このような制度は，例えば民法第 20 条第 1 項のように個別の取消原因についての規定の箇所に設けられている例がある。催告権に関する規定を設けるという考え方の当否を検討するに当たっては，取消原因一般について催告権に関する規定を設

けるのか，特定の取消原因についてのみ設けるのであればどこに催告権に関する規定を設けるかなどについても，併せて検討する必要があると考えられる。

5 取消権の行使期間
(1) 期間の見直しの要否
取消権の行使期間については，追認可能時から5年間，行為時から20年間とされている（民法第126条）ところ，これは長すぎるとして，例えば，これを追認可能時から2年間又は3年間，行為時から10年間に短縮すべきであるとの考え方がある。これに対し，例えば消費者には現行法の行使期間でも取消権を行使することができない者がおり，行使期間を短縮すべきではないとの意見もある。そこで，取消権の行使期間の短縮の可否及び具体的な期間について，債権の消滅時効期間の在り方（後記第36，1(1)）にも留意しつつ，更に検討してはどうか。

【部会資料13－2第2，7(1)［65頁］】

（議事の概況等）

取消権の行使期間については，第11回会議において審議が行われた。
この点については，現行の期間内でも取消権を行使することができない人もおり，これを更に短縮することには慎重な考慮が必要であるとの意見があった。

(2) 抗弁権の永続性
取消権の行使期間の制限が，取消権者が相手方からの履行請求を免れるために取消権を行使する場合にも及ぶかどうかについては，明文の規定がなく解釈に委ねられている。この点を明らかにするため，上記の場合に行使期間の制限なくいつまでも取消権を行使できる旨の規定を新たに設けるべきであるとの考え方があるが，このような考え方の当否について，更に検討してはどうか。

【部会資料13－2第2，7(2)［69頁］】

（議事の概況等）

取消権を抗弁権として行使する場合には期間の制限なくいつまでも取消権を行使できる旨の規定を設けるべきであるとの考え方が紹介され，第11回会議において審議が行われた。この点については，消費者契約を念頭に置きつつ，悪質な事業者が取消権の行使期間経過後に履行を請求してきた場合にこれを免れるための現実の必要性があるとして賛成する意見があった。
なお，この点については，解除権を抗弁権として行使する場合にも同様の問題があると考えられることから，これとの整合性にも留意しつつ，検討する必要があると考えられる。

第33　代理

1　有権代理

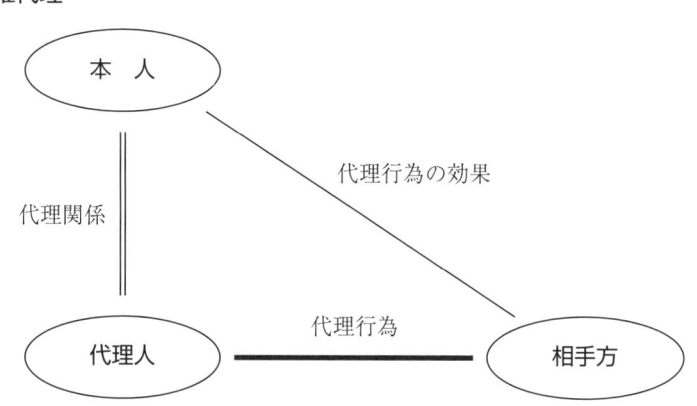

```
        本　人
         ‖          ＼
         ‖            ＼代理行為の効果
     代理関係            ＼
         ‖               ＼
        代理人 ——代理行為—— 相手方
```

(1) 代理行為の瑕疵―原則（民法第101条第1項）

民法第101条第1項は，代理行為における意思表示の効力が当事者の主観的事情によって影響を受ける場合には，その事情の有無は代理人について判断すると規定するが，代理人が詐欺・強迫をした場合については，端的に同法96条第1項を適用すれば足りることから，同法第101条第1項の適用がないことを条文上明確にする方向で，更に検討してはどうか。

【部会資料13－2第3，2⑴［73頁］】

（議事の概況等）

第12回会議においては，本論点について，特に意見はなかった。
なお，本論点に関連する論点として，前記第30，4⑵参照。

(2) 代理行為の瑕疵―例外（民法第101条第2項）

民法第101条第2項は，本人が代理人に特定の法律行為をすることを委託した場合に，代理人が本人の指図に従ってその行為をしたときは，本人は，自ら知っていた事情について代理人が知らなかったことを主張することができないとし，また，本人が自らの過失によって知らなかった事情についても同様とすると規定する。この規定に関して，その趣旨を拡張して，任意代理において本人が代理人の行動をコントロールする可能性がある場合一般に適用される規定に改めるべきであるとの考え方があるので，この考え方の当否について，更に検討してはどうか。

【部会資料13−2第3，2(2)［75頁］】

(議事の概況等)

　　第12回会議においては，消費者被害を生じさせた事業者がその代理人に責任を転嫁することを封ずるという観点から，民法第101条第2項の適用場面を拡大することに賛成する意見があった。

(3)　代理人の行為能力（民法第102条）

　　民法第102条は，代理人は行為能力者であることを要しないと規定するが，制限行為能力者の法定代理人に他の制限行為能力者が就任した場合には，本人の保護という法定代理制度の目的が達成されない可能性がある。これを踏まえ，法定代理については，制限行為能力者が法定代理人に就任すること自体は可能としつつ，本人保護のために，その代理権の範囲を自らが単独ですることができる行為に限定するなどの制限を新たに設けるかどうかについて，更に検討してはどうか。

【部会資料13−2第3，2(3)［77頁］】

(議事の概況等)

　　第12回会議においては，いわゆる老老介護が行われている高齢化社会では，親の法定代理人となった子自身も高齢で制限行為能力者であるという事態が生じ得るが，このような場合に公的機関による監督が十分に機能するとは限らないとして，制限行為能力者が法定代理人に就任した場合に本人保護のために代理権の範囲に制限を設けることに賛成する意見があった。また，これに関連して，法定代理人が代理権を行使できない行為について本人が有効に法律行為をするための手当てが必要になるとの指摘もあった。他方，取引の相手方にとっては，代理権の範囲の制限の有無や内容を把握することは困難であるとして，取引の安全の観点から，代理権の範囲に制限を設けることに対して慎重な意見もあった。

　　なお，本論点に関しては，制限行為能力者の法定代理人への就任可能性を認めないとすることも検討対象とはなり得るが，これに対しては，制限行為能力制度の理念であるノーマライゼーションの考え方に反するとの批判があるところである（部会資料13−2［78頁］）。もっとも，第12回会議においては，代理人は行為能力者であることを要しないという規律については，法定代理のみならず任意代理においても，その合理性に疑問を感じるとの意見があった。

(4)　代理権の範囲（民法第103条）

　　民法第103条は，「権限の定めのない代理人」は保存行為その他の一定の行為のみを行うことができると規定するが，そもそも代理人の権限の範囲は，法定代理の場合にはその発生の根拠である法令の規定の解釈によって定まり，任意代理の

場合には代理権授与行為の解釈によって定まるのが原則であるのに，その旨の明文の規定は存在しない。そこで，この原則を条文上も明らかにするかどうかについて，更に検討してはどうか。

【部会資料13－2第3，2(4)［79頁］】

（議事の概況等）

　第12回会議においては，本論点について，特に意見はなかった。

(5)　任意代理人による復代理人の選任（民法第104条）
　　民法第104条は，任意代理人が本人の許諾なく復代理人を選任することができる場合を，やむを得ない事由があるときに限定しているが，この点については，任意代理人が復代理人を選任することができる要件を緩和して，自己執行を期待するのが相当でない場合に復代理人の選任を認めるものとすべきであるとの考え方がある。このような考え方の当否について，本人の意思に反して復代理人が選任されるおそれを指摘する意見があることなども踏まえて，更に検討してはどうか。

【部会資料13－2第3，2(5)［82頁］】

（議事の概況等）

　第12回会議においては，自己執行を期待するのが相当でない場合に復代理人の選任を認めるものとすることを支持する意見もあったが，復代理人の選任の要件を緩やかにすると，本人の意思に反して復代理人が選任されてしまうおそれが生ずるとして，復代理人の選任の要件を緩和することに消極的な意見もあった。このほか，「自己執行を期待するのが相当でない」という表現が分かりにくいとして，「期待する」主体が誰であるのかを明確にして議論をする必要があることを指摘する意見もあった。

　なお，本論点に関連して，代理における復代理の要件と委任における復受任の要件（後記第49，1(3)）とが食い違うことは相当ではないとして，両者の要件を調整する必要性を指摘する意見があった。

(6)　利益相反行為（民法第108条）
　　形式的には自己契約及び双方代理を禁止する民法第108条に該当しないものの，実質的には本人と代理人との利益が相反している事案において，同条の趣旨を援用すると判断した判例があることなどから，代理人の利益相反行為一般を原則として禁止する旨の明文の規定を設けるという考え方がある。このような考え方の当否について，取引に萎縮効果が生じるなどとしてこれに慎重な意見があることにも留意しつつ，更に検討してはどうか。
　　また，代理人の利益相反行為一般を原則として禁止する場合には，これに違反

278　第33　代理

した場合の効果についても，無権代理となるものとする案や，本人への効果の帰属を原則とした上で，本人は効果の不帰属を主張することができるものとする案などがある。そこで，これらの案について，相手方や相手方からの転得者等の第三者の保護をどのように図るかという点も含めて，更に検討してはどうか。

【部会資料13－2第3，2(6)［85頁］，同（関連論点）［86頁］】

（議事の概況等）

1　第12回会議においては，利害関係が多様である商取引については，利益相反行為に該当するか否かが一義的には明らかとならないため，代理人の利益相反行為一般を規制した場合には，取引に萎縮効果が生じたり，利益相反概念の希釈化が生じたり，更には商社のビジネスモデルに悪影響が生じたりするのではないかとの懸念が示されたが，これに対しては，利益相反行為を規制する際に問題となるのは，代理行為の効果が本人に帰属するかどうかという外部関係に限られ，内部関係において忠実義務に違反するかどうか等の問題が直ちに影響するものではないから，こうした指摘は当たらないとの指摘があった。

　　また，第23回会議においては，形式的には自己契約及び双方代理を禁止する民法第108条に該当しないものの，実質的には本人と代理人との利益が相反している事案において，同条の趣旨を援用すると判断した判例（大判昭和7年6月6日民集11輯1115頁）は，借家人が家屋の賃貸借契約を締結する際に，家主との間で紛争が生じた場合には借家人の代理人を家主が選任することができるとの特約をしたという個別具体的な事案におけるものであって，この判例が存在するということだけを理由に，代理人の利益相反行為一般を原則として禁止する旨の明文の規定を設けるというのは無理があるとの意見があった。もっとも，前掲大判昭和7年6月6日以降も，民法第108条が実質的な利益相反行為を禁じていると解した裁判例は少なくない。

　　このほか，利益相反行為の規制の在り方に関して，民法第108条は，自己契約及び双方代理という形式に着目して規制する条文であるから，同条の適用範囲を拡張して実質的に利益相反行為を規制するのであれば，同条とは別の規定を用意するべきであるとの意見があった。

2　利益相反行為の効果については，本人による効果不帰属の主張を認めるという構成を支持する意見もあったが，無権代理とすることを支持する意見もあった。

(7)　代理権の濫用

　　判例は，代理人がその代理権を濫用して自己又は他人の利益を図る行為をした場合に，心裡留保に関する民法第93条ただし書を類推適用して，本人は悪意又は過失のある相手方に対して無効を主張することができるものとすることにより，背信行為をされた本人の保護を図っている。このような判例法理に基づき代理権の濫用に関する規定を新設するかどうかについては，代理行為の効果が本人

に及ばないのは相手方が悪意又は重過失のある場合に限るべきであるなどの見解があることも踏まえつつ，規定を新設する方向で，更に検討してはどうか。

また，代理権の濫用に関する規定を新設する場合には，その効果についても，その行為は無効となるものとする案や，本人は効果の不帰属を主張することができるものとする案などがある。そこで，これらの案について，相手方からの転得者等の第三者の保護をどのように図るかという点も含めて，更に検討してはどうか。

【部会資料13－2第3，2(7)［89頁］，同（関連論点）［90頁］】

(議事の概況等)

1　第12回会議においては，代理権が濫用された場合に民法第93条ただし書を類推適用して本人保護を図るという判例法理を明文化するという考え方に対しては，特に異論はなかった。その上で，民法第93条における非真意表示と狭義の心裡留保とを区別するという立法提案（前記第30，1(1)参照）との関係で，代理権の濫用は，相手方が悪意の場合にのみ法律行為の無効を主張できる狭義の心裡留保に相当すると考えられるが，本人も言わば被害者であることを勘案して，重過失のある相手方に対しても効果不帰属の主張を認めるべきであるとの意見があった。これに対しては，相手方に悪意又は過失がある場合に本人の保護を図るとする判例法理の下においても，特に取引の安全が害されているとは思われないとの指摘があった。
2　代理権の濫用の効果については，代理権の範囲内で代理権が行われたものの，代理人が本人に対して負う内部的な義務に違反しているという性質からすると，無権代理と構成するよりも，本人による効果不帰属の主張を認めるという構成が適合的であるとの意見があった。

2　表見代理

(1)　代理権授与の表示による表見代理（民法第109条）
　ア　法定代理への適用の可否
　　　代理権授与の表示による表見代理を規定する民法第109条に関しては，法定代理には適用がないとする判例・学説を踏まえて，このことを条文上明記するかどうかについて，法定代理であっても，代理権授与表示があったと評価することができる事案もあり得るとの指摘があることも踏まえて，更に検討してはどうか。

【部会資料13－2第3，3(1)ア［91頁］】

(議事の概況等)

　　　第13回会議においては，本人が不利益を受けるのは，それを正当化する理由がなければならないという表見法理の出発点に立ち帰って，法定代理に表見代理の規定の適用がないことを明確にするべきであり，法定代理に表見代理の規定が適用さ

れないことに不都合があれば，必要に応じて民法第825条のような規定を整備すればよいとの意見があった。これに対して，法定代理であっても，代理権を有すると誤信させるような名称の使用を放置している場合のように，代理権授与表示があったと評価したり，本人の帰責性を認めたりすることができる事案もあり得るので，法定代理への同法第109条の適用を排除するべきではないとの意見があった。このほか，法定代理への同条の適用の有無について，あえて明文の規定を設ける必要はないとの意見もあった。

264　　イ　代理権授与表示への意思表示規定の類推適用
　　　　民法第109条の代理権授与の表示については，その法的性質は意思表示ではなく観念の通知であるとされているものの，意思表示に関する規定が類推適用されるとする見解が主張されていることから，代理権授与の表示に意思表示に関する規定が類推適用される場合の具体的な規律を条文上も明らかにするかどうかについて，更に検討してはどうか。

【部会資料13－2第3，3(1)イ［92頁］】

（議事の概況等）

　第13回会議においては，代理権授与の表示をした本人が表示された代理権を授与していないことを知っていた場合には，狭義の心裡留保（前記第30，1(1)参照）に該当し得るとして，本人は，相手方に悪意がある場合に限って，表見代理責任の効果が生じないことを主張できる旨の明文の規定を設けるべきであるとの意見があり，また，代理権授与の表示と解釈される行為を，本人がそのような意味を持つとは知らずに行った場合には，錯誤の規定が類推適用されると解されることから，これについて明文の規定を設けるべきであるとの意見があった。
　これに対して，このような細目についてまで明文の規定を設ける必要はないとの意見もあった。

　　　ウ　白紙委任状
　　　　民法第109条が実際に適用される主たる場面は，白紙委任状が交付された場合であると言われていることから，白紙委任状を交付した者は，白紙委任状の空白部分が補充されて相手方に呈示されたときは，これを呈示した者が白紙委任状の被交付者であると転得者であるとを問わず，呈示した者に代理権を与えた旨の同条の代理権授与の表示を相手方に対してしたものと推定する旨の規定を新設するという考え方がある。この考え方の当否について，白紙委任状の呈示に至るまでの本人の関与の程度や，白紙委任状における空白部分の態様が様々であることなどを指摘して，一般的な規定を設けることに消極的な意見があることも踏まえ，更に検討してはどうか。

【部会資料13－2第3，3(1)ウ［94頁］】

（議事の概況等）

　第 13 回会議においては，白紙委任状については，呈示に至るまでの本人の関与の程度や，その空白部分の態様が様々であることから，一般的な規定を設けることは適当ではないとの意見があったほか，白紙委任状についての規定を設けた結果として，かえって白紙委任状の使用が奨励されることになったり，白紙委任状の被交付者や転得者が白紙委任状を濫用するおそれが高まるのではないかとの危惧を示す意見もあった。
　このほか，仮に白紙委任状についての規定を設ける場合であっても，白紙委任状の相手方への交付には代理権授与表示の一類型に収まりきらない面があることから，民法第 109 条とは別の規定とするべきであるとの意見もあった。

　　エ　本人名義の使用許諾の場合
　　　判例には，代理権授与の表示があった場合のみならず，本人が自己の名義の使用を他人に許した場合にも，民法第 109 条の法理等に照らして，本人の表見代理による責任を肯定するものがあることから，このことを条文上も明らかにするかどうかについて，更に検討してはどうか。

【部会資料 13 − 2 第 3，3(1)エ［95 頁］】

（議事の概況等）

　第 13 回会議においては，本人名義の使用が許諾されていた場面では，名義使用者が取引当事者としての自覚を有している場合が多いことから，名義貸与者が表見代理の責任を負うのみならず，名義使用者にも取引当事者として連帯責任を負わせる方向で規定を設けることを検討すべきであるとの意見があった。これに対しては，本人名義の使用許諾の場面では，相手方がその名義を信頼した場合であれば，表見代理に準じた保護が必要となるが，相手方が目の前にいる名義使用者を取引の当事者だと信じていた場合には，表見代理に準じた保護は必要とならないとの指摘や，名義使用者に連帯責任を負わせる場合には，無権代理人の責任（民法第 117 条）との関係も含めて，その責任の性質をどのように捉えるかを検討する必要があるとの指摘があった。さらに，これに対して，名義使用者は，名義貸与者に責任を押し付けるつもりはなく，自分こそが契約の当事者だと思っていることが多いことから，無権代理人の責任ではなく，契約当事者としての責任を負うと解すべきであり，その上で，名義貸与者については，商法第 14 条のような名義貸与者の責任についての独立した規定を設けて連帯責任を負わせるべきであるとの意見があった。

　　オ　民法第 110 条との重畳適用
　　　判例は，代理権授与の表示を受けた他人が，表示された代理権の範囲を超える法律行為をした場合に，民法第 109 条と同法第 110 条とを重畳適用すること

により，その他人に代理権があると信ずべき正当な理由がある相手方の保護を図っていることから，このことを条文上も明らかにするかどうかについて，更に検討してはどうか。

【部会資料13－2第3，3(1)オ［97頁］】

（議事の概況等）

　　　第13回会議においては，このような細目についてまで明文の規定を設ける必要はないとの意見があった。

　(2)　権限外の行為の表見代理（民法第110条）
　　ア　法定代理への適用の可否
　　　　代理人がその権限外の行為をした場合の表見代理を規定する民法第110条に関しては，判例は法定代理にも適用があるとしていると解されているが，学説上は法定代理への適用を認めない見解も有力であり，同条が法定代理には適用されないことを条文上明記すべきであるとの考え方が提示されている。そこで，この考え方の当否について，法定代理であっても，本人に一定のコントロール可能性があるにもかかわらず放置している場合のように，本人の帰責性を認めることができる事案もあり得るとの指摘があることも踏まえて，更に検討してはどうか。

【部会資料13－2第3，3(2)ア［99頁］】

（議事の概況等）

　　　第13回会議においては，本人が不利益を受けるのは，それを正当化する理由がなければならないという表見法理の出発点に立ち帰って，法定代理に表見代理の規定の適用がないことを明確にするべきであり，法定代理に表見代理の規定が適用されないことに不都合があれば，必要に応じて民法第825条のような規定を整備すればよいとの意見があった。これに対しては，法定代理であっても，本人に一定のコントロール可能性があるにもかかわらず，本人がこれを放置している場合のように，代理人が権限外の行為をしたことについて本人の帰責性を認めることができる事案もあり得るので，法定代理への同法第110条の適用を排除するべきではないとの意見があった。このほか，解釈によって法定代理への同条の類推適用を認めることで足りるなどとして，法定代理への同条の適用の有無についての明文の規定を設ける必要はないとの意見もあった。

　　　本論点に関連して，仮に法定代理への同条の適用がないものとするにしても，例えば，市町村長の行為が議会の承認を必要とするときに，承認があったと善意無過失で信じた第三者の保護を図る必要はあるとの指摘があった。

イ 代理人の「権限」
　民法第110条の「権限」に関しては，代理権に限られるものではなく，事実行為を含めた対外的な関係を形成する権限であれば足りるとする見解が有力である。そこで，このことを条文上も明らかにするかどうかについて，権限外の行為の表見代理の成立範囲を適切に限定する必要性にも留意しつつ，更に検討してはどうか。

【部会資料13－2第3，3(2)イ［100頁］】

(議事の概況等)

　第13回会議においては，あえて明文の規定を設けなくても，「権限」という文言の解釈によって，それが代理権に限られるものではなく，事実行為を含めた対外的な関係を形成するものも含まれることは明らかにできるとの意見があった。第23回会議においては，事実行為を含めた対外的な関係を形成する権限であれば足りるとした場合に，権限外の行為の表見代理の成立に歯止めが掛からなくなることを懸念する意見があった。

ウ　正当な理由
　民法第110条の「正当な理由」に関しては，その意味やどのような事情があるときにこれが認められるのかが明らかではないとの指摘があることから，善意無過失を意味することを条文上も明らかにするとする案や，「正当な理由」の有無についての考慮要素をできる限り明文化するとする案などを対象として，その規定内容の明確化を図るかどうかについて，更に検討してはどうか。

【部会資料13－2第3，3(2)ウ［102頁］】

(議事の概況等)

　第13回会議においては，「正当な理由」の有無についての考慮要素を明文化することを支持する意見があったが，これに対しては，かえって硬直的な解釈しかされなくなり，取引への萎縮効果が生ずる危険があるとの指摘もあった。また，「正当な理由」が善意無過失を意味することを明確にして，民法第109条，第112条と平仄を合わせるべきであるという意見もあったが，これに対しては，同法第110条において善意無過失ではなく「正当な理由」という文言が用いられたのは，相手方には代理権限の調査を怠ったという過失があるので，原理的に無過失となることはないと考えられたためであり，この考え方を前提とすると，同法第109条，第112条とあえて平仄を合わさなかったことの説明はつくとの指摘があった。

(3) 代理権消滅後の表見代理（民法第112条）
ア　法定代理への適用の可否
　代理権消滅後の表見代理を規定する民法第112条に関しては，判例は法定代

理にも適用があるとしていると解されているが，学説上は法定代理への適用を認めない見解も有力であり，同条が法定代理には適用されないことを条文上明記すべきであるとの考え方が提示されている。そこで，この考え方の当否について，法定代理であっても，制限行為能力者であった本人が行為能力者となった後は，法定代理人であった者の行動に対する本人の帰責性を認めることができる事案もあり得るとの指摘があることも踏まえて，更に検討してはどうか。

【部会資料13－2第3，3(3)ア［104頁］】

268　（議事の概況等）

　　第13回会議においては，本人が不利益を受けるのは，それを正当化する理由がなければならないという表見法理の出発点に立ち帰って，法定代理に表見代理の規定の適用がないことを明確にするべきであり，法定代理に表見代理の規定が適用されないことに不都合があれば，必要に応じて民法第825条のような規定を整備すればよいとの意見があった。これに対しては，法定代理であっても，制限行為能力者であった本人がそうではなくなったのに，法定代理人であった者がなお法定代理人として行動する場合のように，本人に一定のコントロール可能性があり，本人の帰責性を認めることができる事案もあり得るので，法定代理への同法第112条の適用を排除するべきではないとの意見があった。

イ　「善意」の対象

　　民法第112条の「善意」の対象については，判例は，行為の時点で代理権の不存在を知らなかったことで足りるとするものと解されているが，学説上は，同条における相手方が保護される根拠との関係で，過去において代理権が存在したことを知っており，その代理権の消滅を知らなかったことを必要とするとの見解が有力である。そこで，このような学説に基づいて「善意」の対象を条文上も明らかにするかどうかについて，更に検討してはどうか。

【部会資料13－2第3，3(3)イ［105頁］】

（議事の概況等）

　　第13回会議においては，民法第110条とは別に同法第112条を規定する意味を見出すために，過去において代理権が存在したことを知っており，その代理権の消滅を知らなかったことを必要とすることを条文上も明確にすべきであるとの意見があったが，行為の時点で代理権の不存在を知らなかったことで足りるという理解でよいという意見もあった。

　　なお，第13回会議及び第23回会議において，本文で引用した判例（最判昭和44年7月25日集民96号407頁）について，単に行為の時点で代理権の不存在を知らなかったことで足りるとしたわけではなく，過去において代理権が存在したことを知っており，その代理権の消滅を知らなかったことを必要とすると判示したと読む

こともできるとの指摘があった。

　ウ　民法第110条との重畳適用
　　判例は，本人から代理権を与えられていた者が，消滅した代理権の内容を超える法律行為をした場合に，民法第110条と同法第112条とを重畳適用することにより，その者に権限があると信ずべき正当な理由がある相手方の保護を図っていることから，このことを条文上も明らかにするかどうかについて，更に検討してはどうか。
【部会資料13－2第3，3(3)ウ［106頁］】

（議事の概況等）

　第13回会議においては，このような細目についてまで明文の規定を設ける必要はないとの意見があった。

3　無権代理
(1)　無権代理人の責任（民法第117条）
　民法第117条第1項による無権代理人の責任に関しては，無権代理人が自らに代理権がないことを知らなかった場合には，錯誤に準じて無権代理人としての責任を免れ得るものとする旨の規定を設けるかどうかについて，相手方の保護の観点から，これに慎重な意見があることも踏まえて，更に検討してはどうか。
　また，同条第2項に関しては，無権代理人が故意に無権代理行為を行った場合には，相手方に過失があるときでも，無権代理人は同条第1項の責任を免れないものとする旨の規定を設けるかどうかについて，更に検討してはどうか。これに関連して，無権代理人が重過失によって無権代理行為を行った場合にも同様とするかどうかや，相手方の過失が軽過失にとどまる場合には，無権代理人はその主観的態様にかかわらず無権代理人としての責任を免れないものとするかどうかについても，更に検討してはどうか。
【部会資料13－2第3，4(1)［108頁］】

（議事の概況等）

　第13回会議においては，無権代理人が自らに代理権がないことを知らなかった場合には，錯誤に準じて，無権代理人としての責任を免れ得るとすることに賛成する意見もあったが，相手方の保護とのバランスや，比較法的には無権代理人は無過失で責任を負うことが原則とされていることなどから，これに反対する意見もあった。また，この点に関しては，民法第117条の責任が成立しない場合に不法行為責任が成立する余地があるのかどうかを整理した上で議論すべきであるとの指摘があった。
　無権代理人が故意に無権代理行為を行った場合については，狭義の心裡留保（前

記第30, 1(1)参照)に類することとなるから，相手方に過失があるときでも，無権代理人は責任を免れないとするべきであるとの意見があったほか，無権代理人が重過失によって無権代理行為を行った場合には，相手方に軽過失があるときでも無権代理人は責任を免れないとすることを提案する意見や，そもそも民法第117条第2項については，相手方の過失が軽過失にとどまる場合には，無権代理人の責任を追及できる余地を認めるべきであるとの意見などがあった。

270　(2)　無権代理と相続

同一人が本人としての法的地位と無権代理人としての法的地位とを併せ持つに至った場合における相手方との法律関係に関しては，判例・学説の到達点を踏まえ，無権代理人が本人を相続したとき，本人が無権代理人を相続したとき，第三者が無権代理人と本人の双方を相続したときなどの場面ごとに具体的な規定を設けるかどうかについて，更に検討してはどうか。

【部会資料13－2第3, 4(2)［111頁］, ア［112頁］, イ［114頁］, 同（関連論点）［115頁］, ウ［115頁］】

（議事の概況等）

第13回会議においては，このような細目についてまで明文の規定を設ける必要はないとの意見と，特に第三者が無権代理人と本人の双方を相続した場合については，判例法理に問題があるので，立法による解決を図る必要があるとの意見があった。

4　授権

自己の名で法律行為をしながら，権利の移転等の特定の法律効果を他人に帰属させる制度である授権のうち，被授権者が自己の名で，授権者が有する権利を処分する法律行為をすることによって，授権者がその権利を処分したという効果が生ずる処分授権について，委託販売の法律構成として実際上も重要であると指摘されていることを踏まえて，明文の規定を新たに設けるべきであるとの考え方がある。この考え方の当否について，その概念の明確性や有用性に疑問を呈する意見があることにも留意しつつ，更に検討してはどうか。

```
          授権者
           ‖
           ‖          権利の移転・設定
    処分授権 ‖
           ‖
           ▼
         被授権者 ——————法律行為—————— 相手方
                  （権利の移転・設定を除く効果）
```

【部会資料13－2第3，5［116頁］】

（議事の概況等）

1　第13回会議においては，委託販売の効果を基礎付けるために，処分授権が認められることを明文化すべきであるとの意見があった。なお，百貨店等において委託販売と称されている取引形態は，厳密には売上仕入れと呼ばれる取引であることが多く，ここでいう委託販売とは異なるものであるとの注意喚起があった。このほか，集合動産譲渡担保における通常の営業の範囲内での処分や，金銭債権ではない権利を目的とする権利質について担保権者のイニシアティヴによる任意処分についても，処分授権の概念が有用性を持つのではないかとの指摘があった。また，処分授権についての規定を設ける場合には，被授権者が相手方に対して主張できた事由を授権者も相手方に対抗できるようにする必要があるとの指摘や，他人物売買がされたときに事後の追認によって処分授権と同様の効果が生ずることをも明文化するべきであるとの指摘があった。さらに，規定の位置に関して，他人物売買に関する規定に並べるべきであるとの意見もあったが，処分授権が問題となる事案には，他人の不動産を無断で自己名義に変えて抵当権を設定するようなものもあるので，他人物売買に関する規定に並べるのは適当ではないとの意見もあった。

　他方，義務負担授権についても，授権者のみならず被授権者も連帯責任を負うことにすれば，これを認めることも可能であるとの意見があったが，これに対しては，義務負担授権は，被授権者が債務者だと思っていた相手方に不利益を及ぼす可能性があるので，これを認めることには反対論が多く，授権者のみならず被授権者にも連帯責任を負わせてまで肯定しなければならない制度であるのかどうか疑問であるとの指摘があった。

　なお，授権という用語が多義的に用いられていることから，仮に処分授権についての明文の規定を設ける場合であっても，制度の名称を「授権」とするべきではないとの意見もあった。

2 　以上に対し，第13回会議においては，授権という概念が必ずしも明確ではないとして，これに関する規定を設けた場合に，取次や問屋との区別が曖昧となることを危惧する意見もあった。さらに，第26回会議においては，授権の概念の有用性に疑問を呈する意見もあった。

第34　条件及び期限

1　停止条件及び解除条件の意義
　停止条件及び解除条件という用語の意義を条文上明確にすることとしてはどうか。

【部会資料13－2第4，2［120頁］】

（議事の概況等）

　第12回会議においては，停止条件及び解除条件という用語の意義を明確にすることに関して，特段の異論はなかった。

2　条件の成否が未確定の間における法律関係
　条件の成就によって不利益を受ける当事者が故意に条件の成就を妨げた場合の規定（民法第130条）について，判例は，条件の成就によって利益を受ける側の当事者が故意に条件を成就させた場合にも類推適用して，条件が成就しなかったものとみなすことができるとしていることから，この判例の考え方を明文化する方向で，具体的な要件について更に検討してはどうか。その際，「故意に条件を成就させた」というだけでは，何ら非難すべきでない場合が含まれてしまうため，適切な要件の設定について，更に検討してはどうか。

【部会資料13－2第4，3［120頁］】

（議事の概況等）

　第12回会議においては，本論点については特段の異論はなかった。
　もっとも，判例の考え方を明文化する場合であっても，「故意に条件を成就させた」というだけでは何ら非難すべきでない場合が含まれてしまうため，適切な要件の設定について更に検討する必要がある。

3　不能条件（民法第133条）
　原始的に不能な契約は無効であるとする伝統的な理解（原始的不能論）の見直しに関する議論（前記第22，3）との関連で，不能な条件を付した法律行為の効力について一律に無効又は無条件とする旨を定めている民法第133条の規定も削除するかどうか等について，検討してはどうか。

（議事の概況等）

　第12回会議においては，原始的に不能な契約の効力における議論と関連して，不能の条件を付した法律行為の効力を規定する民法第133条について，一律に無効

4 期限の意義

期限の始期と終期や，確定期限と不確定期限などの用語の意義を条文上明確にすることとしてはどうか。

【部会資料13－2第4，4［121頁］】

（議事の概況等）

第12回会議においては，本論点については特段の異論はなかった。

5 期限の利益の喪失（民法第137条）

民法第137条が定める期限の利益の喪失事由のうち，破産手続開始の決定を受けたとき（同条第1号）に関しては，破産法に委ねて民法の当該規定を削除するかどうかについて，更に検討してはどうか。

また，同条第2号に関しても，何らの義務違反のない場合が含まれないことを明らかにする等の見直しをする必要がないか，検討してはどうか。

【部会資料13－2第4，5［122頁］】

（議事の概況等）

第12回会議においては，民法第137条第1号に関して，破産法第148条第3項による財団債権の現在化については，破産手続の終了までに相当期間を要すると見込まれ，かつ，財団債権の履行期が破産手続中に到来すると見込まれるときに殊更現在化する必要はないとする見解が多数であり，破産債権と財団債権とを区別しない民法第137条第1号の規律は誤解を招くおそれがあるため，削除すべきであるとの意見が示された。他方で，破産債権については破産手続開始の決定によって期限の利益が失われることに異論はないことから，特別法のインデックスという意義にも留意して，民法上何らかの根拠規定を残す工夫をすることも考慮すべきではないかとの意見も示された。

また，民法第137条第2号は，担保を供した後に義務の不履行があった場合に関する規定であって，動産売買先取特権の目的動産を買主が費消しても同号に該当しないと考えられることから，現在の条文表現が適切であるかについても，更に検討すべきではないかとの意見があった。

第35　期間の計算

1　総論（民法に規定することの当否）
　期間の計算に関する規定は，民法ではなく，私法以外にも広く適用される法律で規定すべきであるという考え方については，引き続き民法に規定を置くべきであるという意見もあることを踏まえ，更に検討してはどうか。

【部会資料14－2第1,1［1頁］】

（議事の概況等）

　第12回会議においては，期間の計算に関する規定は私法以外にも広く適用される法律で規定すべきであるとの考え方について審議され，引き続き民法に規定すべきであるとの意見が表明された。

2　過去に遡る方向での期間の計算方法
　一定の時点から過去に遡る方向での期間の計算については，他の法令における期間の計算方法への影響に留意しつつ，新たな規定を設ける方向で，更に検討してはどうか。その際には，民法第142条に相当する規定を設けることの要否についても，結論の妥当性が確保されるかどうか等に留意しつつ，更に検討してはどうか。

【部会資料14－2第1,2［2頁］】

（議事の概況等）

　第12回会議においては，一定の時点から過去に遡る方向で期間を計算する規定を置くことに賛成する意見が示され，特段の異論はなかった。もっとも，会社法，金融商品取引法等においても期間に関する定めがあり，これらの特別法に置かれた規定に与える影響にも十分留意する必要があるとの意見が示された。
　他方，過去に遡る方向で期間を計算する場合に民法第142条に相当する規定を設ける必要性の有無については，同条のような規定を設けると当事者の意思に沿わない結果となることが想定されるなどの理由から，同条に相当する規定は不要であるとの意見が示された。

3　期間の末日に関する規定の見直し
　期間の末日の特則を定める民法第142条に関しては，期間の末日が日曜・祝日でない場合にも取引慣行に応じて同条の規律が及ぶようにする等の見直しをすることの要否について，検討してはどうか。

(議事の概況等)

　第12回会議においては，民法第142条は期間の末日が日曜・祝日である場合で，かつ，その日に取引をしない慣行がある場合に，期間の満了を延期する旨を規定しているが，現在の社会では日曜・祝日以外に営業しない業種や店舗が少なくなく，こうした取引慣行を考慮して，期間の末日が日曜・祝日であるという限定を緩和する方向で，規定の見直しをすべきであるとの意見が示された。

　また，日曜・祝日であったとしても取引の両当事者の営業日であれば延期の必要性がないことから，民法第142条を推定規定とし，事案に応じて延期が否定され得るものとすべきであるとの意見が示された。

第36　消滅時効

（議事の概況等）

　　第12回会議においては，時効の制度趣旨に関する意見が提出された。まず，短期消滅時効制度を廃止し，時効期間を統一化すべきであるとの立場からは，仮にその結果，現行の10年よりも短い時効期間とする場合には，債権者に不利益を強制する根拠として，時間の経過による事実関係の曖昧化から生ずる危険と負担から人々と社会を解放するという制度趣旨が考えられるのではないかとの意見が示された。また，現行制度の趣旨として説明されてきた長期間継続した事実関係に対する信頼の保護や権利の上に眠る者は保護に値しないという説明は消滅時効の制度趣旨としては説得的ではなく，長期にわたって弁済の証拠を保持すべき債務者の負担に限界を画するという制度趣旨が考えられるのではないかとの意見が示された。
　　このような意見に対して，時効の制度趣旨についてコンセンサスを形成するのは困難であり，個別の制度設計の際に必要に応じて議論すべきであるとの意見が示された。

1　時効期間と起算点

(1)　原則的な時効期間について

　　債権の原則的な時効期間は10年である（民法第167条第1項）が，その例外として，時効期間を職業別に細かく区分している短期消滅時効制度（同法第170条から第174条まで）や商事消滅時効（商法第522条）などがあるため，実際に原則的な時効期間が適用されている債権の種類は，貸付債権，債務不履行に基づく損害賠償債権などのうち商事消滅時効の適用されないものや，不当利得返還債権などがその主要な例となる。しかし，短期消滅時効制度については，後記(2)アの問題点が指摘されており，この問題への対応として短期消滅時効制度を廃止して時効期間の統一化ないし単純化を図ることとする場合には，原則的な時効期間が適用される債権の範囲が拡大することとなる。そこで，短期消滅時効制度の廃止を含む見直しの検討状況（後記(2)ア参照）を踏まえ，債権の原則的な時効期間が実際に適用される債権の範囲に留意しつつ，その時効期間の見直しの要否について，更に検討してはどうか。
　　具体的には，債権の原則的な時効期間を5年ないし3年に短期化すべきであるという考え方が示されているが，これに対しては，短期化の必要性を疑問視する指摘や，商事消滅時効の5年を下回るのは実務上の支障が大きいとの指摘がある。また，時効期間の長短は，起算点の定め方（後記(3)）と関連付けて検討する必要があり，また，時効期間の進行の阻止が容易かどうかという点で時効障害事由の定め方（後記2）とも密接に関わることに留意すべきであるとの指摘もあ

る。そこで，これらの指摘を踏まえつつ，債権の原則的な時効期間を短期化すべきであるという上記の考え方の当否について，更に検討してはどうか。

【部会資料14－2第2，2(2)［5頁］】

(議事の概況等)

　　第12回会議においては，原則的な時効期間に関して，短期消滅時効を廃止して時効期間の統一化ないし単純化を図る観点から，現在の10年よりも短い期間とすべきとの意見が示された。これに対し，短期消滅時効を見直すことが必ずしも原則的な時効期間を短くする理由とはならないのではないかとの意見も示された。
　　また，時効期間を検討するに当たっては，時効制度の趣旨（時間が経過することによって事実関係が曖昧化することに伴う危険と負担からの解放という考え方と，永続する事実関係に対する社会的な信頼の保護という考え方などが示された。）のほか，債権者が権利を行使するのに必要な期間や権利を行使しないことによって権利が失われても仕方がないと言える期間，現行制度との連続性，債権者にとっての権利行使の期待可能性を考慮した起算点の定め方，債権者にとって時効の完成を阻止する時効障害事由のあり方などを考慮すべきであるとの意見が示された。
　　具体的な時効期間については，商事債権と同じ5年程度に短期化することに対しては，あまり抵抗感がないとする意見があり，また，これを下回る期間となると実務上影響が出てくるという意見があった。
　　このほか，民法が定める原則的な時効期間は，例えば，他法令で帳簿・書類の保存期間を定める際の標準として参照されており，他法令にも影響が及び得ることに留意すべきであるとの意見があった。

(2) 時効期間の特則について
　ア　短期消滅時効制度について
　　　短期消滅時効制度については，時効期間が職業別に細かく区分されていることに対して，理論的にも実務的にも様々な問題が指摘されていることを踏まえ，見直しに伴う実務上の様々な影響に留意しつつ，職業に応じた区分（民法第170条から第174条まで）を廃止する方向で，更に検討してはどうか。
　　　その際には，現在は短期消滅時効の対象とされている一定の債権など，比較的短期の時効期間を定めるのが適当であると考えられるものを，どのように取り扱うべきであるかが問題となる。この点について，特別な対応は不要であるとする考え方がある一方で，①一定の債権を対象として比較的短期の時効期間を定めるべき必要性は，原則的な時効期間の短期化（前記(1)参照）によって相当程度吸収することができる（時効期間を単純化・統一化するメリットの方が大きい）とする考え方と，②職業別の区分によらない新たな短期消滅時効として，元本が一定額に満たない少額の債権を対象として短期の時効期間を設けるとする考え方などがあることを踏まえ，更に検討してはどうか。

【部会資料 14 - 2 第 2，2 (1) [3 頁]】

(議事の概況等)

　第 12 回会議においては，短期消滅時効制度は職業別に消滅時効期間を定める前近代的な制度に由来するものであり，現代では合理性に疑問があることや，債権の発生原因に応じて時効期間が変わる制度では個々の債権に適用される時効期間が分かりにくいことなどの理由から，時効期間を単純化・統一化する方向で見直しをすべきであるとの意見があった。その一方で，時効期間を変更する差し迫った必要性や現行法の具体的な弊害の有無について，慎重に検討すべきであるとの意見も示された。

　短期消滅時効制度を見直す考え方からは，原則的な時効期間を現在の 10 年よりも短くした上で原則的な時効期間に統一化する案や，職業別の区分によらない新たな短期消滅時効制度を創設する案が示された。比較的短期の時効期間に適した債権の例としては，レンタルビデオの返却の有無が争いになったりする事例で動産の損料についての 1 年の短期消滅時効（民法第 174 条第 5 号）が適用されていることが紹介された。また，二重払の危険を免れるための領収書の保存期間という観点から，一定の少額の債権について短期の時効期間を定める必要があるのではないかという意見があった。また，時効の制度趣旨を長期にわたって弁済の証拠を保持すべき債務者の負担に限界を画することに求める考え方からは，債権の目的や成立原因によって，債務者が弁済の証拠を保存すべき期間に差異があり得，時効期間が異なることもあり得るのではないかとの意見もあった。もっとも具体的な提案内容はまだ示されていない。他方，労務供給の対価である報酬等（例えば，同法第 174 条第 1 号など）については，短期の時効期間を定めることは適当でなく，仮に一定の少額債権についての短期の時効期間を定める場合であっても，この報酬等の債権は除外すべきであるとする意見もあった。このほか，特別法においても様々な債権の消滅時効の期間が規定されていることから，時効期間の見直しはこうした特別法にも影響を与える可能性があることに留意すべきであるとの意見も示された。

　　イ　定期金債権
　　　定期金債権の消滅時効に関しては，長期に及び定期的な給付をする債務を負担する者が，未発生の定期給付債権（支分権）がある限り消滅時効の利益を受けられないという不都合を避けるために，例外的な取扱いが規定されている（民法第 168 条）。その趣旨を維持する必要があることを踏まえつつ，消滅時効期間を「第 1 回の弁済期から 20 年」としているのを改め，各定期給付債権の弁済期から 10 年とする案や定期給付債権が最後に弁済された時から 10 年とする案などを対象として，規定の見直しの要否について，更に検討してはどうか。

【部会資料 14 - 2 第 2，2 (3)ア [9 頁]】

(議事の概況等)

　第12回会議においては，定期金債権の消滅時効（民法第168条）について基本的に現在の例外的な取扱いを維持する必要があるとした上で，基本権である定期金債権ないし将来発生する各期の定期金債権の時効期間と起算点につき，最後に弁済がされた時から10年とする考え方や，各回の弁済期から10年とする考え方について審議されたが，これらの考え方に対する特段の異論はなかった。

　　ウ　判決等で確定した権利
　　　　確定判決等によって確定した権利は，高度の確実性をもって確定されたものであり，その後も時効完成を阻止するために短期間のうちに権利行使することを求めるのは適当でないことなどから，短期の時効期間に対する例外規定が設けられている（民法第174条の2）。この規定に関しては，短期消滅時効制度の見直しや原則的な時効期間に関する検討（前記1(1)(2)ア参照）を踏まえつつ，現在と同様に，短期の時効期間に対する例外的な取扱いを定める方向で，更に検討してはどうか。

【部会資料14－2第2，2(3)イ［10頁］】

(議事の概況等)

　第12回会議においては時効期間について審議が行われたが，時効期間の短期化を図るべきであるとの立場からも，判決等で確定した権利については，期間の長さを例外的に長期間とすべきであるとの考え方に対して，特段の異論はなかった。

　　エ　不法行為等による損害賠償請求権
　　　　不法行為による損害賠償請求権の期間制限に関しては，債権一般の消滅時効に関する見直しを踏まえ，債務不履行に基づく損害賠償請求権と異なる取扱いをする必要性の有無に留意しつつ，現在のような特則（民法第724条）を廃止することの当否について，更に検討してはどうか。また，不法行為の時から20年という期間制限（同条後段）に関して，判例は除斥期間としているが，このような客観的起算点からの長期の期間制限を存置する場合には，これが時効であることを明確にする方向で，更に検討してはどうか。
　　　　他方，生命，身体等の侵害による損害賠償請求権に関しては，債権者（被害者）を特に保護する必要性が高いことを踏まえ，債権一般の原則的な時効期間の見直しにかかわらず，現在の不法行為による損害賠償請求権よりも時効期間を長期とする特則を設ける方向で，更に検討してはどうか。その際，特則の対象範囲や期間については，生命及び身体の侵害を中心としつつ，それと同等に取り扱うべきものの有無や内容，被侵害利益とは異なる観点（例えば，加害者の主観的態様）からの限定の要否等に留意しつつ，更に検討してはどうか。

【部会資料 14 - 2 第 2，2(3)ウ［11 頁］，同（関連論点）1［12 頁］，
同（関連論点）2［13 頁］】

(議事の概況等)

　第 12 回会議においては，民法第 724 条後段における不法行為の時から 20 年という期間制限を除斥期間とする考え方については，除斥期間とすると時効中断の効力が認められないなど被害者の救済が不十分となるおそれがあるため時効期間であることを明確にすべきであるとの意見が表明され，これに対する特段の異論はなかった。

　また，生命・身体等の侵害に対する不法行為に基づく損害賠償請求権の時効期間について，被害者は通常の生活を送ることが困難な状況に陥り平常時と同様の行動が期待できない状況になることから，原則的な時効期間よりも長い期間とする必要があるとの意見が表明され，この必要性に対する特段の異論はなかったが，時効期間の長期化を検討する際には，証拠が散逸したり記憶が曖昧化したりするなどの懸念があることも踏まえた検討をすべきであるとの意見も提出された。また，その対象範囲に関して，生命や身体，健康に対する不法行為の場合は権利者の保護の観点から特例的な扱いが必要であるものの，その他の人格的な利益に対する不法行為についてまで例外扱いを認めることに対して慎重な意見が示された。他方，行為の重大性，行為者の故意・過失の態様など，被侵害利益とは異なる基準によって対象を限定すべきであるとの意見も示された。

　また，安全配慮義務違反のような事例において，損害賠償請求権の法的構成を債務不履行に基づくものとするか不法行為に基づくものとするかで結論が異なることは妥当ではないとして，民法第 724 条のように不法行為に基づく損害賠償請求権だけを切り離して特別に規定することに対して疑問が示された。これに対し，不法行為等による損害賠償請求権に関する時効期間とその他の債権の時効期間との区別を廃止すべき必要性に対して疑問を呈する意見も表明された。

(3)　時効期間の起算点について

　時効期間の起算点に関しては，時効期間に関する検討（前記 1 (1)(2)参照）を踏まえつつ，債権者の認識や権利行使の期待可能性といった主観的事情を考慮する起算点（主観的起算点）を導入するかどうかや，導入するとした場合における客観的起算点からの時効期間との関係について，実務に与える影響に留意しつつ，更に検討してはどうか。

　また，「権利を行使することができる時」（民法第 166 条第 1 項）という客観的起算点についても，債権の種類や発生原因等によって必ずしも明確とは言えず，紛争が少なくないとの指摘があることから，一定の類型ごとに規定内容の明確化を図ることの要否及びその内容について，検討してはどうか。

　さらに，預金債権等に関して，債権に関する記録の作成・保存が債務者（銀行

等）に求められていることや，預けておくこと自体も寄託者としての権利行使と見ることができることなどを理由に，起算点に関する例外的な取扱いを設けるべきであるとする考え方の当否について，預金債権等に限ってそのような法的義務が課されていることはないとの指摘があることも踏まえ，更に検討してはどうか。

【部会資料14－2第2，2(4)［13頁］，同（関連論点）［15頁］】

（議事の概況等）

　第12回会議においては，時効期間の長さを見直す場合には時効期間の起算点についても検討する必要があるとの意見が示された。
　このうち，客観的起算点のほかに債権者等の認識を基準とする主観的起算点を併置する考え方に対しては，起算点が分かりにくくなるため慎重に検討すべきであるとの意見や，時効制度の趣旨を債務者の証拠保存の負担からの解放とする場合には，主観的起算点を採用することの説明が困難ではないかとの意見も示された。その上で，債権者が知らない間に時効が完成する不利益を特に回避すべき不法行為に基づく損害賠償請求権については，客観的起算点からの時効期間を超えた後も主観的起算点から一定期間が経たなければ時効が完成しないという例外を設けるべきであるとの考え方も示された。
　これに対して，比較的短い時効期間を定める場合には，債権者の権利の否定を正当化するためには債権者に権利行使の機会が保障されていたと言えることが必要であることから，短い時効期間の起算点は債権者の認識を考慮したもの（主観的起算点）とする必要があるのではないかとの考え方が示された。また，債権者が権利を認識していても権利行使が期待できない場合も想定されることから，権利行使の期待可能性を基準とする起算点とすべきであるとの考え方も示された。
　このほか，預金債権については，銀行に預けていること自体が権利行使であって，預け入れをした日を起算点とする合理性がないと指摘して，預金債権のような一定の債権の起算点について特則を設けることを更に検討すべきであるとの考え方が示された。これに対しては，時効の制度趣旨を弁済の証拠の保存期間を画することに求める見解からは預金債権だけを特別に考える理由があるのか疑問であり，また，金融機関が取引結果の開示に応じる義務は委任契約に基づく受任者の報告義務に由来しており，委任契約の中で預金債権だけを特別に考える理由があるのか疑問であるとの意見もあった。
　また，第23回会議においては，民法第166条第1項が定める「権利を行使することができる時」という客観的起算点の解釈をめぐり，実務上，不作為債務の場合や，債務不履行に基づく損害賠償請求権と不法行為に基づく損害賠償請求権との間における時効の起算点の関係など，紛争を生ずることが少なくないことを指摘して，債権の種類や発生原因によって類型化をした上で客観的起算点の規定内容の明確化を図るべきであるという提案もあった。もっとも，具体的な提案内容は，まだ

示されていない。

(4) 合意による時効期間等の変更

　　当事者間の合意で法律の規定と異なる時効期間や起算点を定めることの可否について，現在の解釈論では，時効完成を容易にする方向での合意は許容される等の学説があるものの，必ずしも明確ではない。そこで，合意による時効期間等の変更を原則として許容しつつ，合意の内容や時期等に関する所要の制限を条文上明確にすべきであるという考え方が示されている。このような考え方の当否について，交渉力に劣る当事者への配慮等に留意しながら，更に検討してはどうか。交渉力に劣る当事者への配慮の在り方として，例えば，消費者概念を民法に取り入れることとする場合には，消費者契約においては法律の規定より消費者に不利となる合意による変更を認めないという特則を設けるべきであるとの考え方がある（後記第62，2③参照）が，このような考え方の当否について，更に検討してはどうか。

【部会資料14－2第2，2(5)［15頁］】

（議事の概況等）

　　第12回会議においては，当事者の合意によって時効期間や起算点を設定することについては，立場の強い当事者が立場の弱い当事者に対して合意を強制することになるのではないかとの懸念や，契約ごとに時効が異なり債権管理が複雑化するのではないかとの懸念から，慎重に検討すべきであるとの意見が表明された。

　　これに対して，現在の解釈論においても時効の完成を容易にする方向での合意など一定の合意による変更は認められていると指摘して，濫用を防ぐ措置を講じながら一定限度で許容されることを明確にすべきであるとの意見や，債権管理が複雑化するとの懸念に対しては契約において権利行使期間が定められる場合もあり，時効に関する合意のみの問題ではないとの意見が表明された。

　　時効期間等を合意によって変更することができるとするとしても，消費者概念を民法に取り入れる場合には，消費者契約について，法律の規定より消費者に不利となる合意による変更をすることができないという特則を設けるべきであるとの考え方がある。第20回会議においては，このような考え方について，仮に合意による時効期間の変更が認められるのであれば消費者契約に関する特則が必要になるが，特則の適用範囲を消費者契約以外にも広げる必要がないか検討すべきであるとの意見があった。

2　時効障害事由

(1) 中断事由（時効期間の更新，時効の新たな進行）

　　時効の進行や完成を妨げる事由（時効障害事由）のうち時効の中断事由（民法第147条）に関しては，例えば，「請求」（同条第1号）の意味が必ずしも明確で

なく，ある手続の申立て等によって時効が中断された後，その手続が途中で終了すると中断の効力が生じないとされるなど，複雑で分かりにくいという問題が指摘されている。また時効の中断は，新たな時効が確定的に進行するという強い効力を有するため，そのような効力を与えるに相応しい事由を整理すべきであるとの問題も指摘されている。そこで，このような問題意識を踏まえて，新たな時効が確定的に進行することとなる事由のみをほかと区別して条文上明記することとしてはどうか。その上で，具体的な事由としては，①権利を認める判決の確定，②確定判決と同一の効力が認められる事由（裁判上の和解等）が生ずること，③相手方の承認，④民事執行などを掲げる方向で，更に検討してはどうか。

このうち，④民事執行については，債権の存在を認めた執行手続の終了の時から新たな時効が確定的に進行するという考え方が示されているが，このような考え方の当否及び具体的な内容について，更に検討してはどうか。

また，関連して，時効の中断という名称についても，一時的に時効の進行が止まることを意味するとの誤解を生じやすいため，適切な用語に改めることとしてはどうか。

【部会資料14－2第2，3(2)［20頁］】

（議事の概況等）

第12回会議においては，請求書や内容証明を相手方に送付すれば時効期間がリセットされると思っている事業者もいるなど，制度の分かりにくさから誤解が生じているとの指摘や，中断や請求などの用語が一般的に用いられる意味と異なっていることを指摘して，分かりやすい規定とすべきであるとする意見が示された。

また，民法第147条以下に規定されている時効の中断事由に関して，ある手続の申立て等によって時効が中断された後，その手続が途中で終了すると中断の効力が生じないとされるなど，複雑で分かりにくいという問題が指摘されていることを踏まえ，新たな時効が確定的に進行することとなる事由を条文上明記すべきであるという考え方について審議されたが，これに対する特段の異論はなかった。

また，中断事由の見直しが必要な理由として，分かりにくいことのほか硬直性という問題があり，新たな時効が確定的に進行するという強い効果に相応しい事由かどうかを整理して規定すべきであるとの意見も出された。

具体的な事由として挙げられている①権利を認める判決の確定，②確定判決と同一の効力が認められる事由（裁判上の和解等）が生ずること，③相手方の承認，④民事執行（差押え等）のうち，④民事執行については差押えに限定せずに間接強制等の民事執行も含めるという案に賛成であるとの意見が示された。また，④民事執行という事由は，債権の存否が争われることなく手続が最後まで進行した時を意味していることを確認した上で，その場合に①確定判決や③債務の承認と同様に扱われる根拠を明らかにする必要がある（その根拠によっては，配当要求や担保権者による債権届の取扱いに影響があり得る）こと，民事執行手続の様々な終了事由のうち具

体的にどれが該当するのかを整理する必要があるとの意見が示された。

(2) その他の中断事由の取扱い

時効の中断事由（民法第147条）のうち，新たな時効が確定的に進行することとなる事由（前記(1)参照）以外の事由（訴えの提起，差押え，仮差押え等）の取扱いに関しては，時効の停止事由（同法第158条以下）と同様に取り扱うという案や，時効期間の進行が停止し，その事由が止んだ時から残りの時効期間が再び進行する新たな障害事由として扱うという案（時効期間の進行の停止）などが提案されていることを踏まえ，更に検討してはどうか。

【部会資料14－2第2，3(3)［22頁］，(4)［27頁］】

（議事の概況等）

第12回会議においては，時効の中断事由（民法第147条）のうち新たな時効が確定的に進行することとなる事由（前記(1)参照）を除いた事由（訴えの提起，差押え，仮差押え等）の取扱いについて審議が行われた。

この点について，時効期間の進行が停止し，その事由が止んだ時から残りの時効期間が再び進行するという考え方に対しては，残りの時効期間が短期間である場合に債権者の権利行使を確保するため一定の期間が確保されるのであれば賛成であるとの意見が表明された。これに対して，その事由が終了するまでの間は時効期間の進行が止まるとすると，進行停止中の日数を当事者が計算する必要が生じる上，このような事由は繰り返し現れることが少なくないため，時効期間の満了時点が分かりにくくなると指摘して，反対する意見も示された。

他方，現在の時効の停止事由と同様に取り扱う考え方については，その事由が終了した後に新たな中断に向けた行動を起こせるような一定の期間が確保されていれば十分であるとの理由から賛成する意見が示された。

また，保全処分に関して，保全処分の申立書は相手方に送達されないため，申立ての時点で時効障害の効果を認めてもよいのかとの疑問が示されたが，この疑問に対しては，訴えの提起でも訴状を裁判所に提出した時点で時効の中断効が認められており，債権者として必要な行動を起こした時点で時効障害の効果が認められることに合理性があるのではないかとの意見が示された。

(3) 時効の停止事由

時効の停止事由（民法第158条から第161条まで）に関しては，停止の期間について，3か月に短期化する案がある一方で1年に長期化する案もあることを踏まえ，更に検討してはどうか。また，天災等による時効の停止については，その停止の期間が2週間（同法第161条）とされている点を改め，ほかの停止事由と同等のものとする方向で，更に検討してはどうか。

また，催告（同法第153条）についても，これを時効の停止事由とするかどう

かについて,現在の判例法理における裁判上の催告の効果には必ずしも明らかでない部分が少なくないという指摘も踏まえて,更に検討してはどうか。
【部会資料14－2第2,3(5)[31頁],(3)(関連論点)3[26頁]】

(議事の概況等)

　第12回会議においては,時効の停止事由(民法第158条から第161条まで)に関して,特に見直しの必要がある旨の指摘は見られないものの,時効の完成が延期される期間について,3か月に短期化する考え方や逆に1年に伸ばすとする考え方,天災等による時効の停止の期間を6か月に伸ばすべきであるとする考え方が紹介され,審議が行われた。

　この点に関しては,まず3か月では短すぎるという意見があった。また,天災等による時効の停止(民法第161条)に関して,災害の現場では2週間で権利行使を求めるのは阪神・淡路大震災における経験に照らして短すぎると指摘して,ほかの停止事由と同等に6か月等とする案に賛成する意見が示され,これに対して特段の異論はなかった。

　他方,催告に関しては,被告が抗弁として主張する場合の取扱いを始めとして,裁判上の催告にも様々なものがあり,現在の判例法理ではその取扱いが必ずしも明らかでないものが少なくないとの指摘があった。

(4) 当事者間の交渉・協議による時効障害

　時効完成の間際に当事者間で交渉が継続されている場合には,訴えの提起等により時効完成を阻止する手段を講じなければならないのを回避したいという実務上の要請があることを踏まえ,当事者間における交渉・協議を新たな時効障害事由として位置付けることの当否について,更に検討してはどうか。その際には,新たな時効障害事由を設けることに伴う様々な懸念があることを踏まえ,交渉・協議の意義や,その開始・終了の時期を明確にする方策などについて,更に検討してはどうか。

　また,当事者間の交渉・協議を新たな時効障害事由とする場合には,その効果に関して時効の停止事由として位置付ける案や時効期間の進行の停止と位置付ける案について,更に検討してはどうか。

【部会資料14－2第2,3(6)[32頁]】

(議事の概況等)

　第12回会議においては,当事者の交渉・協議を時効障害事由として位置付けることに関しては,例えば企業間の紛争で双方とも訴訟提起によるイメージダウンを回避したいと考えるようなケースで,慎重に協議を続けたいが時効が完成しては困るという場面があることから,このような時効障害事由を新たに設ける実務要請は確かにあるという意見があった。また,債務者にとっても時効の中断のためだけに

訴えの提起などをされることが避けられるメリットがあるという意見を始めとして，債権者・債務者双方にとって利便性が増すという意見が示された。

　他方，当事者の交渉・協議を時効障害事由として位置付ける場合には，交渉・協議の始期と終期を明確に定める必要があるとの意見や，時効障害とする旨の明確な合意がある場合に限るべきであるとの意見など，合意の明確性を確保する観点から要件を慎重に検討する必要があることに留意すべきであるとの意見もあった。このことに関連して，ADR法の制定においても議論が行われ，合意の明確性を確保する観点から認証ADR機関を用いるという制度が採用されたことが紹介された。

　時効障害事由としての効果については，時効の停止事由とすべきであるとの意見があり，これによれば時効の完成時期との関係では交渉・協議の終期さえ確定できれば十分であることから，当事者の交渉・協議を新たな時効障害事由とすることに伴う懸念の一部が回避できるのではないかとの指摘があった。

　これに対して，当事者の交渉・協議を時効障害事由として位置付けることが，かえって交渉・協議を阻害する要因になるのではないかという懸念や，法的知識に乏しく交渉力の弱い当事者にとっては，債権者である場合には利用しにくく，債務者である場合には利用されやすいものとなるのではないかとの懸念を示して，慎重な検討を求める意見も述べられた。

(5) その他
　ア　債権の一部について訴えの提起等がされた場合の取扱い
　　　債権の一部について訴えの提起がされた場合であっても，一部請求であることが明示されているときは，判例と異なり，債権の全部について時効障害の効果が生ずることとするかどうかについて，一部請求であることが明示されなかったときの取扱いにも留意しつつ，更に検討してはどうか。また，債権の一部について民事執行の申立てがされた場合についても同様の取扱いとするかどうかについて，検討してはどうか。

【部会資料14－2第2，3(3)（関連論点）1［26頁］】

（議事の概況等）

　第12回会議においては，債権の一部について訴えの提起等がされた場合の取扱いに関して，訴訟費用の節約のため一部請求であることを明示して訴えを提起し，その後に請求の拡張を行うこともあり，このような場合でも債権の全額について時効障害事由としての効果が生ずることとすべきであるとの意見が表明された。関連して，一部だけ民事執行の申立てがされた場合についても同様に検討すべきとの意見が表明された。また，一部請求であることを明示しないで訴えが提起された場合の取扱いにも留意しつつ議論を進める必要があり，その場合にも判例とは反対に債権の一部のみが時効障害の対象となる可能性があると指摘する意見があった。他方，一部請求であることの明示の有無にかかわらず，債権の全部について時効障害

の効果が生ずるとすべきであるとの意見もあった。

　　イ　債務者以外の者に対して訴えの提起等をした旨の債務者への通知
　　　　保証人や物上保証人がある場合において，専ら時効の完成を阻止するためだけに債務者に対する訴えの提起等をする事態を回避できるようにする観点から，保証人等の債務者以外の者に対して訴えの提起等をしたことを債務者に通知したことをもって，時効障害の効果が生ずるとする考え方の当否についても，更に検討してはどうか。
　　　　　　　　　　　　　【部会資料14－2第2，3(3)（関連論点）2［26頁］】
（議事の概況等）

　　第12回会議においては，債務者以外の者（保証人や物上保証人等）を相手方として訴えの提起等をした場合に，訴えの提起等をした旨を債務者に通知すれば，債務者との関係においても時効期間の進行停止の効力が生ずるとする考え方に対しては，賛成の意見もあるものの，反対の意見が多かったことを紹介する意見があった。

3　時効の効果
(1)　時効の援用等
　　消滅時効の効果に関しては，当事者が援用したときに債権の消滅という効果が確定的に生ずるとの判例準則を条文上明記するという案と，消滅時効の完成により債務者に履行拒絶権が発生するものと規定するという案などを対象として，時効完成後に債務者が弁済をした場合に関する現在の解釈論との整合性や，税務会計その他の実務との適合性，時効を主張することができる者の範囲の差異などに留意しつつ，これらの案の当否について，更に検討してはどうか。
　　　　　　　　　　　　　　　　　【部会資料14－2第2，4(1)［34頁］】
（議事の概況等）

　　第12回会議においては，消滅時効の効果を債権の消滅とした上で，その効果は当事者が援用したときに確定的に生ずる旨を条文上明記すべきであるとの意見が示される一方で，消滅時効の完成により債務者に履行拒絶権が発生する旨を規定すべきとの意見も示された。
　　履行拒絶権が発生する旨を規定すべき理由としては，時効が援用された債権は，現在の解釈論でも強制力と請求力は消滅するものの給付保持力は残ると解されており，そのことを分かりやすく規定すべきであるとの意見や，時効が完成した債権に関するこのような現在の理解を前提として債権の「消滅」と条文で規定する場合には，給付保持力も含めて消滅する趣旨の立法として受け取られ，現在の一般的な理解を変えることになるのではないかとの意見が示された。

これに対して，債権が消滅する旨を規定すべきであるとする理由としては，履行の請求をすることができない債権の存在を民法上明確にする結果として，その債権の税務会計上の取扱いが不明確となるのではないかとの意見があった。また，債務が消滅しないとすれば，債務者は債権者が請求するたびに履行を拒絶することができるにすぎないことになるとの意見，時効が完成した債権を被担保債権とする保証人・物上保証人も被担保債権が消滅したことを理由として保証債務や抵当権の消滅を主張できなくなるのではないかとの意見，債務が消滅したと規定しないことにより，時効完成後も取立行為を誘発するのではないかとの懸念が示された。もっとも，税務会計上の取扱い上の問題を指摘する意見に対しては，それは時効援用前の現在の法律状態でも同じ問題があるのではないかとの指摘や，比較法的には消滅時効の効果を履行拒絶権や抗弁権という構成にしている立法例が多く，それで国際会計基準との関係で支障が生じていないのではないかとの指摘などがあった。

このほか，消滅時効の効果は弁済によって消滅したと推定するものとすべきであるという試みの案があることが紹介された。時効が完成した後は，弁済されていないことの立証責任を債権者が負担するというものである。その理由としては，時効の制度趣旨を専ら債務者が弁済の証拠を確保すべき期間を画するという点に置くことなどが挙げられた。

(2) 債務者以外の者に対する効果（援用権者）

消滅時効の効果に関する検討（前記3(1)参照）を踏まえつつ，仮に当事者が援用した時に債権の消滅という効果が確定的に生ずる旨を条文上明記するという案を採る場合には，時効の援用権者の範囲について，保証人，物上保証人など，判例上「時効により直接利益を受ける者」とされているものを条文上明確にすることについて，更に検討してはどうか。

他方，仮に消滅時効の完成により債務者に履行拒絶権が発生するものと規定するという案を採る場合には，履行拒絶権を行使するのは基本的に債務者であるとした上で，保証人，物上保証人など，判例上時効の援用権が認められてきた者の利益を保護する方策について，更に検討してはどうか。

【部会資料14-2第2，4(2)［35頁］】

(議事の概況等)

第12回会議においては，時効の援用権者である当事者（民法第145条）とは，債権者のほか保証人，物上保証人等の「時効により直接利益を受ける者」であるとする判例を踏まえて，時効の援用権者の範囲を条文上明確にするかどうかが審議の対象とされた。この点については，消滅時効の効果（前記(1)参照）に関して，当事者が援用した時に債権の消滅という効果が確定的に生ずるとすべきであるという立場から，賛成する意見が示された。

また，消滅時効の完成により債務者に履行拒絶権が発生するものと規定する案を

支持する立場からは，前記(1)に掲げた意見以外の意見は示されなかった。

(3) 時効の利益の放棄等
　時効完成後に債務者が弁済その他の債務を認める行為をした場合の効果として，信義則上，時効援用権を喪失するとした判例があることを踏まえ，これを明文化するかどうかについて，実務的には債権者からの不当な働きかけによって一部弁済その他の行為がされ，債務者が時効の利益を主張できなくなるという不利益を被る場合があるとの指摘があることに留意しつつ，更に検討してはどうか。

【部会資料14－2第2，4(3)［37頁］】

（議事の概況等）

　第12回会議においては，判例では，時効完成後に債務者が弁済その他の債務を認める行為をした場合には，信義則上，時効援用権を喪失するとされている点に関して，実務上は時効が完成したことを知らずに債務の承認をさせられたり，時効が完成した債権のうちごく少額の一部弁済を迫られ，それによって時効援用権を喪失したと主張されたりすることがしばしばあるため，そのような場合には時効の援用権を喪失しないこととすべきであるとの意見が示された。また，援用権という形成権的な権利を喪失するためには，その権利があることを知った上でその権利行使と矛盾する行動を起こしたことが必要であると指摘する意見も示された。
　他方で，弁済をした者が時効の完成を知らなかったときは常に時効援用権を喪失しないとするのは，相手方の正当な期待との関係で適当かどうかという問題があると指摘する意見があった。また，判例も信義則上時効の援用権を喪失するとしており，個別の事情に応じた判断をしていることから，裁判所の判断に委ねることとし，条文上は明記しないほうがよいのではないかとの意見も示された。
　このほか，第23回会議においては，時効援用権を喪失するとした判例の射程はそれほど広くないのではないかという疑問を呈する意見も示された。

4　形成権の期間制限
　形成権一般を対象とする期間制限に関する特別な規定の整備の要否等について，更に検討してはどうか。

【部会資料14－2第2，5［38頁］】

（議事の概況等）

　第12回会議においては，形成権一般を対象とする期間制限の規定の要否について，賛成する意見がある一方で，形成権には様々なものがあって，一般的な規定を設けることは困難ではあり，それぞれの形成権について個別に規定を整備すべきであるとの意見があったことが紹介された。また，クーリングオフに関して，事業者の書面不交付などによりクーリングオフの期間が進行しないまま時間が経った場合

に，クーリングオフの権利が容易に時効にかかることのないようにすべきであるという意見があった。

5 その他

(1) その他の財産権の消滅時効

債権又は所有権以外の財産権の消滅時効（民法第167条第2項）に関しては，債権の消滅時効に関する検討の結果を踏まえ，起算点や期間の長さを見直す必要がないかどうかについて，更に検討してはどうか。

【部会資料14－2第2，6(1)［40頁］】

（議事の概況等）

第12回会議においては，本論点について特段の意見はなかった。

(2) 取得時効への影響

取得時効（民法第162条以下）に関しては，消滅時効を対象として時効障害事由（前記2）や時効の効果（前記3）に関する検討を行った後，それを取得時効にも適用があるものとするかどうか等について，更に検討してはどうか。

【部会資料14－2第2，6(2)［40頁］】

（議事の概況等）

取得時効は，民法（債権関係）の規定の見直しにおける主要な検討課題ではない（部会資料4［1頁］）が，時効総則（民法第1編第7章第1節）に置かれている時効障害事由や時効の効果に関する規定の見直しに伴って，この見直しの影響を取得時効にも及ぼすかどうかが検討課題となり得る。

この点について，第12回会議においては，特段の意見はなかった。

第37　契約各則－共通論点

1　冒頭規定の規定方法
　　典型契約の冒頭規定の規定方法については，現在は効力発生要件を定める形式が採用されているところ，契約の本質的な要素が簡潔に示されていること等の現行規定の長所を維持することに留意しつつ，規定方法を定義規定の形式に改める方向で，更に検討してはどうか。

【部会資料15－2第6，2（関連論点）2［66頁］】

（議事の概況等）

　　第16回会議においては，各典型契約の冒頭規定の規定方法について，定義規定の形式に改めることに賛成する意見があった。その理由としては，分かりやすさの観点のほか，理論的にも，契約が効力を生ずる根拠は，法律行為は意思表示により効力を生ずる等の基本原則の定め（部会資料12－2第1，2(1)［1頁］）に求められるべきであり，典型契約の冒頭規定を，効力要件を定める形式ではなく定義規定とすることによって，無名契約が効力を生ずる根拠の説明も容易になることを挙げるものがあった。また，売主，買主等の契約当事者の呼び名を広く共有することが望ましいことを指摘して，冒頭規定は定義規定に改めるべきであるという意見（第3回会議においても「債権者」「債務者」という文言を用いた規定は，一般にいずれの契約当事者を指すのか分かりにくいため，これを理解しやすくすることに留意すべきである旨の意見があった。）があった。そして，これらの意見について特段の異論はなかった。また，定義規定化を検討する際の留意点として，現在の冒頭規定が契約の本質部分や成立要件等を簡潔に示し，訴訟における攻撃防御の構造を示す指標にもなっていた点を大切にするべきであるという意見があった。

2　強行規定と任意規定の区別の明確化
　　契約各則の規定のうち，どの規定が強行規定であり，どの規定が任意規定であるかを条文上明らかにすることが望ましいとの考え方について，前記第28，3の議論との整合性に留意しつつ，強行規定かどうかを区別することの可否やその程度，区別の基準の在り方，区別をする場合における個々の規定の表現等を含め，検討してはどうか。

（議事の概況等）

　　民法のうち債権関係の規定を公序良俗に関するもの（強行規定）とそうでないもの（任意規定）に書き分けるという問題については，第10回会議において，「法令の規定と異なる意思表示」という論点（部会資料12－2第1，3［11頁］）に関連し

て議論がされたところである（部会資料22第25，2［31頁］参照）。その際には，強行規定と任意規定の区別が規定上明らかになることを求める意見がある一方で，その区別が実際上困難な規定があり，また，現時点で固定化することも適当でないという意見，適当な代替措置があれば異なる合意が許されるというタイプの規定等もあることを指摘する意見もあった。第14回会議においては，特に契約各則の規定について，不当な反対解釈を招かないよう規定ぶりに留意しつつ，強行規定か任意規定かを書き分けることを検討してはどうかという意見があった。

　また，第14回会議においては，契約各則の強行規定に反する契約であっても非典型契約として効力が認められてしまう余地があるのではないかという問題意識を踏まえて，典型契約の性質決定に関する規定を新設することや各典型契約の定義規定に該当する契約について典型契約としての拘束を強めることなどを検討する必要があるとの意見もあった。

第38 売買－総則

1 売買の一方の予約（民法第556条）

売買の一方の予約を規定する民法第556条の規定内容を明確にする等の観点から，①「予約」の定義規定を置くこと，②両当事者が予約完結権を有する場合を排除しない規定とすること，③契約成立に書面作成等の方式が必要とされる類型のものには，予約時に方式を要求すること，④予約完結権の行使期間を定めた場合の予約の効力についての規定も置くことについて，更に検討してはどうか。また，どのような内容の予約を規定の対象とすべきかという点については，予約完結権を与えるもの以外の予約の形態を民法に取り込むことの是非や，有償契約への準用規定（同法第559条）を通じて予約に関する規定が他の有償契約にも準用され得ることなどに留意しつつ，更に検討してはどうか。

また，予約に関する規定が他の契約に適用ないし準用され得ることを踏まえて，その規定の位置を売買以外の箇所（例えば，契約総則）に改めるかどうかについて，検討してはどうか。

【部会資料15－2第1，2［2頁］】

（議事の概況等）

第14回会議においては，売買の一方の予約に関する民法第556条の規定内容を明確にする立法提案が審議の対象とされたところ，この既存の制度を理解しやすいものにすべきであるという意見が複数あり，それについて特段の異論はなかった。

このほか，民法において規定すべき予約の具体的内容については，取引実務上予約と呼ばれる形態は多様であり，例えば，建物建築工事に着工する時点で，その建物の賃貸借契約について予約をするという実務があることなどを念頭に置きつつ，多様な形態の予約を民法に取り込むことを検討してはどうかという意見があった一方で，多様な形態の予約を全て民法に規定することは困難であるから，最も基本的な予約を規定することで足りるのではないかという意見が複数あった。最も基本的な予約の態様を決するに当たっては，売買の規定が原則として他の有償契約に準用されること（民法第559条）にも留意すべきであるという意見があった。

また，一方の予約のように，複数の契約類型に適用ないし準用される規定については，その配置を，例えば，契約総則か，あるいは契約総則と契約各則の中間的な規定群等に移すべきではないかという意見があった。

2 手付（民法第557条）

手付の規定（民法第557条）に関しては，履行に着手した当事者による手付解除を認める判例法理を明文化することについて，更に検討してはどうか。なお，これ

を明文化する場合には，履行されると信頼した相手方がそれにより生じた損害の賠償請求をすることができる旨の規定を置くことについても，検討してはどうか。

また，「履行に着手」の意義に関する判例法理を明文化することについて，検討してはどうか。

さらに，「償還」の意義については，現実に払い渡す必要はないなどとする判例を踏まえ，債務不履行責任を免れる要件としての弁済の提供（民法第 492 条）との異同に留意しつつ，その内容を明確にする方向で，更に検討してはどうか。

【部会資料 15 － 2 第 1，3 ［3 頁］】

（議事の概況等）

　第 14 回会議においては，履行に着手した当事者による手付解除を認める判例法理の明文化に関し，この判例法理に賛成ではないが，これに従って規定の文言を改める場合には，履行されると信頼した相手方が，それにより生じた損害の賠償請求をすることができる旨の規定を置くことを検討すべきではないかとの意見があり，他に特段の意見はなかった。

　また，「履行に着手」の意義については，これを「客観的に外部から認識できるような形で履行行為の一部をなし又は履行の提供をするために欠くことのできない前提行為をした場合を指す」とする判例法理（最判昭和 40 年 11 月 24 日民集 19 巻 8 号 2019 頁）の明文化を検討すべきであるという意見があった。

　さらに，「償還」の意義については，これに関する判例との整合性及び債務不履行責任を免れる要件としての弁済の提供（民法第 492 条）との異同を意識しつつ，その内容を明確にする方向で検討すべきではないかという意見があり，それについて特段の異論はなかった。「償還」の具体的な内容については，一般的には，現実の提供が原則であり，口頭の提供が認められるのはごく例外的であると理解されているのではないかとの指摘があった。

第39　売買－売買の効力（担保責任）

1　物の瑕疵に関する担保責任（民法第570条）
(1)　債務不履行の一般原則との関係（瑕疵担保責任の法的性質）
　　瑕疵担保責任の法的性質については，契約責任と構成することが適切であるという意見があった一方で，瑕疵担保責任の要件・効果等を法的性質の理論的な検討から演繹的に導くのではなく，個別具体的な事案の解決にとって現在の規定に不備があるかという観点からの検討を行うべきであるという意見があった。これらを踏まえて，瑕疵担保責任を契約責任と構成して規定を整備することが適切かという点の検討と併せて，目的物に瑕疵があった場合における買主の適切な救済を図る上で具体的にどのような規定の不備等があるかを確認しながら，売買の目的物に瑕疵があった場合の特則を設けるか否かについて，更に検討してはどうか。

【部会資料15－2第2，2(1)［8頁］】

（議事の概況等）
　　第14回会議においては，瑕疵担保責任の法的性質については契約責任と構成することが適切であるという意見が多数あった。具体的には，現代の取引社会において買主が自らの経済活動や生活を合理的に設計できるようにするためには，購入した目的物が意図したとおりの性質を備えていることが不可欠であり，特定物についても目的物の性質に関する合意に効力を認める必要性が高いとする意見，実際上特定物と不特定物の区別が困難な場合があるという意見，学説上も契約責任説が多数であるという意見等があった。これらの意見に対して，特段の異論はなかった。
　　もっとも，具体的な議論の進め方については，瑕疵担保責任の法的性質に関する理論的な検討のみから演繹的に要件・効果を導くのではなく，現実社会における具体的な事例の解決にとって現在の規定のどこに不備があるか，具体的な事案を前提に買主にどのような救済手段を認めるべきかという観点からの検討を併せて行うべきであるという意見が複数あった。具体的な検討課題に関しては，瑕疵担保責任は無過失責任であるが信頼利益の賠償責任しか負わないという点が紛争解決に資していた面があるため，そのような実態を踏まえて，損害賠償の範囲についても検討すべきであるという意見があった。
　　また，契約責任説を前提とした場合における瑕疵担保責任の規定の要否については，上記のような具体的事案を前提とした検討を通じて売買における特則を置く必要性について検討すべきであるという意見があったが，債務不履行の一般原則のみを規定すれば足りるという意見もあった。

(2) 「瑕疵」の意義（定義規定の要否）
　ア　「瑕疵」という文言からはその具体的な意味を理解しづらいため「瑕疵」の定義を条文上明らかにすべきであるという考え方があり，これを支持する意見があった。具体的な定義の内容に関しては，瑕疵担保責任の法的性質（前記(1)）を契約責任とする立場から，契約において予定された性質を欠いていることとすることが適切である等の意見があった。これに対し，瑕疵担保責任を契約責任とするならば，債務不履行の一般則のみを規定すれば足り，あえて「物」の瑕疵についてだけ定義規定を設ける意味があるのかという問題提起があったが，債務不履行の具体的な判断基準を確認的に明らかにする意義があるとの意見や，物の瑕疵に関する特則を設ける意義があるとの意見等があった。
　　　また，「瑕疵」を「契約不適合」に置き換えるという考え方（部会資料15－2第2，2(2)［18頁］）については，なじみのない用語であることや取引実務に過度の負担を課すおそれがある等の理由から消極的な意見があったが，他方で，債務不履行の一般原則を売買において具体化した概念として「契約不適合」を評価する意見もあった。
　　　これらを踏まえて，「瑕疵」という用語の適否，定義規定を設けるか否か，設ける場合の具体的内容について，瑕疵担保責任の法的性質の議論（前記(1)）との整合性や取引実務に与える影響，労働契約等に準用された場合における不当な影響の有無等に留意しつつ，更に検討してはどうか。
　イ　建築基準法による用途制限等のいわゆる法律上の瑕疵の取扱いに関しては，物の瑕疵と権利の瑕疵のいずれの規律によって処理すべきかを条文上明らかにすることの要否について，更に検討してはどうか。また，売主が瑕疵担保責任を負うべき「瑕疵」の存否の基準時に関しても，これを条文上明らかにすることの要否について，更に検討してはどうか。
　　　【部会資料15－2第2，2(2)［17頁］，同（関連論点）［18頁］】

（議事の概況等）

1　瑕疵の意義
(1)　第14回会議においては，「瑕疵」の具体的な意味が条文上不明確であることから「瑕疵」の定義を条文上明らかにすべきであるという考え方について，これを支持する意見が複数あった。「瑕疵」の具体的な定義の内容については，瑕疵担保責任の法的性質（前記(1)）を契約責任とする立場から，当該契約において予定された性質を欠いていることとすることが適切であるという意見があり，このような考え方は最判平成22年6月1日判時2083号77頁の考え方と整合性があるという意見もあった。また，「瑕疵」を「契約不適合」という文言に改めるべきであるという考え方（部会資料15－2第2，2(2)［18頁］）については，「契約不適合」という要件がどのように解釈されるか不明確である上，契約解釈によって全てが決せられてしまうとの誤解を生じさせるという意見や，物の傷を意味する「瑕

疵」という文言のほうが分かりやすく親しみがあるという意見，契約書に記載がないと瑕疵担保責任が生じないとの誤解を生じさせるおそれがある上，契約上想定されていないリスクが顕在化した際に，買主救済の観点から瑕疵担保責任を機能させるという実務的な解決策を弱めるおそれがあるという意見等，消極的な意見があった。他方で，「瑕疵」は，物の傷を連想させるため，契約で予定した性質を有しない場合等を含める表現として適切ではなく，債務不履行と同じではないが「瑕疵」とも違う中間的な概念として「契約不適合」を支持する意見もあった。

なお，「瑕疵」の意義の捉え方に関しては，客観的な不具合だけで瑕疵を判断するのではなく，当該取引に関する商慣行を含め，契約当事者が当該目的物の性質についてどのような理解をしていたかという点を考慮することが現代取引の要請に適合的であるという意見があった。また，「瑕疵」の意義をこのように捉えると，当事者の属性を「瑕疵」の解釈において考慮することができるため，当事者の属性に応じた特則を置く必要がなくなる旨の意見もあった（後記9参照）。

第26回会議においては，瑕疵を「契約において予定された性質を欠くとき」という場合の「予定された」の中には，単に当事者が合意した性質だけではなくて，その種類のものとして通常有すべき品質や性能を欠いているという要素が考慮されているというのが実態に即しているとの意見，瑕疵の有無に関し，客観的な面と主観的な面の両方を考慮して判断すること自体は，瑕疵担保責任の法的性質についての法定責任説と契約責任説のいずれとも結びつくとの意見があった。また，「主観的瑕疵」「客観的瑕疵」の区別に関し，目的物が備えるべき性質等を契約の内容に基づき判断するか否かの違いを指す場合と，当事者の内心的な意思を考慮するか物の客観的な性質を考慮するかの違いを指す場合があるとの指摘があった。

(2) 瑕疵担保責任を債務不履行責任と構成した上で債務不履行の一般則のみを規定すれば足りるとする立場から，物の瑕疵だけを抜き出して特に規定する意義はどこにあるのかという問題提起がされた。これに対しては，原則として債務不履行の具体的な判断基準を確認的に明らかにする点に重点があるが，あえて物の瑕疵を抜き出して規定する以上，一般的な契約解釈よりも契約の趣旨や性質を一般的・客観的な基準で判断することになり得るという意義もあるのではないかという意見，売買目的物の品質に関する解釈基準を示す意義と物の瑕疵に関して債務不履行の一般則と異なる特則を設け得る意義があるという意見，売買目的物の瑕疵については，履行を終えたという売主の信頼を保護するため，短期期間制限や瑕疵の通知義務等の特則を置く余地があり，また，物の売買は代金の減額処理をしやすい契約類型であるため，代金減額請求権の特則を置きやすいという意義があるのではないかという意見があった。もっとも，最後の意見に対しては，それらの特則を必要とする理由は，物の売買以外の契約類型にも当てはまるのではないかという意見があった。

(3) なお,「瑕疵」の定義の見直しに当たっては,売買の規定が他の有償契約に準用され得ること（民法第559条）を考慮し,例えば,採用時の健康診断によっても判明しなかった疾病が労働契約後に判明した場合において,これが「瑕疵」に当たるとして使用者から労働者に賃金減額請求がされるなどの不当な事態が生じないように慎重に検討してほしいとの意見があった。

2 法律上の瑕疵及び「瑕疵」の存否の基準時の明文化の要否

第14回会議においては,建築基準法上の用途制限等のいわゆる法律上の瑕疵を物の瑕疵と位置付けるか権利の瑕疵と位置付けるかという論点及び「瑕疵」の存否の基準時の明文化の要否という論点について,特段の意見がなかった。

(3) 「隠れた」という要件の要否

買主の善意無過失（あるいは善意無過失を推定させる事情）を意味する「隠れた」という要件を削除すべきか否かについては,「瑕疵」の意義を当該契約において予定された性質を欠いていることなどの契約の趣旨が反映されるものとする場合（前記(2)参照）には,買主の主観的要素は「瑕疵」の判断において考慮されるため重ねて「隠れた」という要件を課す必要はないという意見がある一方で,「隠れた」という要件には,紛争解決に当たり買主の属性等の要素を考慮しやすくするという機能があり得る上,取引実務における自主的な紛争解決の際の判断基準として機能し得るなどといった意見があることに留意しつつ,更に検討してはどうか。

【部会資料15－2第2,2(3)［19頁］】

（議事の概況等）

第14回会議においては,民法第570条の「隠れた」という要件を削除すべきであるという考え方について,同条の「瑕疵」の意義を当該契約において予定された性質の欠如とするなど契約の趣旨を反映させたものとすべきであるという立場からは,「瑕疵」の評価において買主の善意無過失等の主観的要素を考慮できるため,善意無過失（あるいは善意無過失を推定させる事情）を意味する「隠れた」という要件を重ねて課す必要はないという意見があった。これに対しては,例えば,買主が転売目的の事業者である場合など買主の属性によって契約時の検査義務を認めるべき事例等があり,その解釈根拠として「隠れた」（買主の善意無過失）という要件が機能する可能性があると指摘して,このような買主の属性や主観的要素等を全て「瑕疵」の要件のみで処理することは,「瑕疵」の内容が複雑になり望ましくないとする意見があった。また,「隠れた」という文言があれば,少なくとも外形上明白な瑕疵は含まれないことが明らかになるから,自主的な紛争解決の際の判断基準として実務上意味があるという意見もあった。

なお,前記(3)と同様,「隠れた」という要件の見直しについても,瑕疵担保責任の規定が民法第559条を通じて労働契約に準用され得るため,労働契約に与える影響

に留意しつつ,慎重に検討してほしいとの意見があった。

(4) 代金減額請求権の要否

代金減額請求権には売主の帰責性を問わずに対価的均衡を回復することができる点に意義があり,現実的な紛争解決の手段として有効に機能し得るなどの指摘があったことを踏まえて,買主には損害賠償請求権のほかに代金減額請求権が認められる旨を規定する方向で,更に検討してはどうか。その検討に当たっては,具体的な規定の在り方として,代金減額のほかに買主が負担した費用を売主に請求することを認める規定の要否や,代金減額の基準時等の規定の要否等について,更に検討してはどうか。

また,代金減額請求権が労働契約等の他の契約類型に準用された場合には不当な影響があり得るという意見があることを踏まえて,代金減額請求権の適用ないし準用の範囲について,更に検討してはどうか。

【部会資料15－2第2,2(4)［21頁］】

(議事の概況等)

第14回会議においては,代金減額請求権の要否については,損害賠償請求権のほかにこれを認める必要性が不明確であるとする意見があったものの,売主の帰責性を問わずに対価的均衡を回復することができる権利として必要であるという意見や,購入した物に瑕疵があった場合に,その分の代金を返してほしいという素朴な法感覚に適合する現実的な制度ではないかという意見,契約解除を望まないが損害賠償の範囲も不明確である事案等において代金減額請求権が紛争解決に役立つ可能性があるという意見等,代金減額請求権の明文化に賛成する意見が複数あった。代金減額請求権の明文化に当たっては,売主に帰責性がない場合でも,少なくとも善意の買主には,買主が負担した費用を売主に請求できる旨の規定を設けるべきではないかという意見や,代金減額の基準時等についての規定を設けるべきではないかという意見があった。

また,代金減額請求権が民法第559条により労働契約に準用された場合,使用者に不当な賃金減額請求権を認めることにもなり得るとして,労働契約への準用が不当なものにならないよう慎重な検討が必要であるという意見があった。この点に関連しては,仮に代金減額請求権を規定する場合,等価的均衡の維持という趣旨は売買目的物の瑕疵のみに妥当するものではないため,有償契約全般に妥当するのではないかという意見があったのに対し,代金減額請求権が労働契約や委任契約,請負契約等に準用されることへの危惧感から,仮に規定する場合でも適用範囲を売買等の特定の部分に限定すべきではないかという意見があった。

(5) 買主に認められる権利の相互関係の明確化

買主に認められる権利の相互関係の明確化については,相互関係を法定するこ

とにより紛争解決の手段が硬直化するおそれがあるため，可能な限り買主の権利選択の自由を確保すべきであるという意見と，相互関係についての基本的な基準を示すことなくこれを広く解釈に委ねることは紛争解決の安定性という観点から適切ではないので，必要な範囲で明確にすべきであるという意見があったことを踏まえて，更に検討してはどうか。その際，権利の相互関係が債務不履行の一般則からおのずと導かれる場面とそうでない場面とがあり，そのいずれかによって規定の必要性が異なり得るという指摘があることに留意しつつ，検討してはどうか。

　また，代物請求権及び瑕疵修補請求権の限界事由の明文化の要否について，追完請求権の限界事由の要否という論点（前記第２，４(3)）との関連性に留意しつつ，更に検討してはどうか。

【部会資料15－２第２，２(5)［21頁］，同（関連論点）［25頁］】

（議事の概況等）

　第14回会議においては，買主に認められる権利の相互関係の明確化について，多様な意見が出された。

　相互関係の明確化に消極的な意見としては，たとえ任意規定であっても権利の相互関係を明文化すると，買主保護を弱めるおそれがある上，追完方法の選択や追完権の問題についても合理的・画一的なルールを作成することは困難であるという意見や，紛争の適切な解決方法は，様々な事情の総合判断によって個別具体的に決まるものであり，権利の相互関係が法律により固定化されると実務的に紛争を解決しづらくなるという意見，明文化によりかえって相互関係が複雑で分かりにくくなるとの懸念がある上，取引実務上，買主に認められる権利の優先順位は，それぞれの事案の特性に応じて個別具体的に決まるため，一律に定めることは困難ではないかという意見，権利の相互関係をある程度明確にすることは合理的ではあるが，紛争解決のための任意の交渉をしている段階と法的手段による紛争解決が必要となった段階では当事者間の信頼関係の程度等が異なり，買主が求める請求内容も異なってくるため，特に権利行使の可否のレベルで相互関係を明確にする場合には，どのような紛争状態を想定して優劣を付けるかを慎重に検討する必要があるという意見等があった。これらの立場からは，制度設計に関する具体案として，売買に限らず債務不履行一般に適用されるものとした上で，解除以外の権利について可能な限り債権者の自由な選択を認め，これを信義則や権利濫用の法理によって制約する制度設計が適切ではないかという意見，矛盾する権利行使は認められない旨の規定のみを置き，原則として買主の権利選択の自由を認めつつ，これを信義則や損害軽減義務等によって調整すれば足りるのではないかという意見等があった。

　これに対して，相互関係の明確化に積極的な意見としては，相互関係の明確化には，債務不履行の一般則として各種権利の要件を定める中でおのずと導かれる優劣関係を，売買の規定において具体化・明確化するという確認規定的な性質のもの

と，債務不履行の一般則からは導かれないルール（例えば，代金減額請求権を売買に規定した場合における追完請求権や損害賠償請求権等との関係や，代物請求権と瑕疵修補請求権との関係等）を明文化する性質のものがあり，前者については明文化が不可欠ではないが（もっとも，分かりやすさの観点から明文化する場合には一般則との整合性に留意する必要がある。），後者については紛争解決の基本的な基準を示すことなく，これを広く解釈に委ねることは適切ではなく，明文化が不可欠であるという意見があった。また，追完内容の選択権の所在や選択の変更の可否等に関するルールの整備が必要である上，債務不履行の一般則からおのずと導かれる相互関係の枠組みや優先順序を変える必要がある場合，売買の追完請求権に特有の限界事由を定める必要がある場合，代金減額請求権を売買において定めるに際して債務不履行の一般則との相互関係を示す必要がある場合等については，相互関係の明確化をすべきであるという意見，相互関係を明確にできるものは可能な限り明確にすべきであるとした上で，規律の方向としては，矛盾する権利行使の結果を許容するべきではないが，権利を選択する段階での柔軟性は認めるべきではないかという意見等があった。

　さらに，今後の検討に関する個別的な意見としては，買主に認められる権利の相互関係の明確化を検討するに当たっては，その前提として瑕疵担保責任の法的性質やそこから認められる権利の内容等を明らかにする必要があるという意見，特に特定物売買の代物請求権や瑕疵修補請求権を強い権利として認めた場合，個人売主等に過重な負担を課す結果となることもあり得るため，修補等に代わる損害賠償請求権の要件を緩和するなどの検討が必要ではないかという意見，住宅リフォームに関して修補を約束しつつ実行しない悪質な業者が多いため，瑕疵修補請求に過度に拘束されない制度設計をしてほしいという意見があった。

(6)　短期期間制限の見直しの要否

　瑕疵担保責任に基づく権利は買主が瑕疵を知った時から1年以内に行使すべき旨の規定（民法第570条，第566条第3項）の見直しに関しては，このような短期期間制限を維持すべきであるという方向の意見と，債権の消滅時効の一般則に委ねれば足りる（短期期間制限の規定を削除する）という意見があった。後者の立場からは，買主が短期間の間に通知などをしなかったことが救済を求める権利を失うという効果に結びつけられることに対して疑問が提起された。これらの意見を踏まえ，瑕疵担保責任の法的性質に関する議論（前記(1)）との関連性に留意しつつ，売買の瑕疵担保責任において特に短期期間制限を設ける必要性の有無について，更に検討してはどうか。

　仮に短期期間制限を維持する場合には，さらに，買主は短期間のうちに何をすべきかという問題と，その期間の長さという問題が議論されている。このうち前者に関しては，期間内に明確な権利行使の意思表明を求めている判例法理を緩和して，瑕疵の存在の通知で足りるとするかどうかについて，単なる問い合わせと

通知との区別が容易でない等の指摘があることに留意しつつ，更に検討してはどうか。他方，後者（期間の長さ）に関しては，事案の類型に応じて変動し得る期間（例えば，「合理的な期間」）では実務上の支障があるという指摘を踏まえ，現在の1年又はこれに代わる一律の期間とする方向で，更に検討してはどうか。

　また，制限期間の起算点についても議論されており，原則として買主が瑕疵を知った時から起算するが，買主が事業者である場合については瑕疵を知り又は知ることができた時から起算する旨の特則を設けるべきであるとの考え方がある。このような考え方の当否について，更に検討してはどうか。

【部会資料15－2第2，2(6)［26頁］，部会資料20－2第1，3(2)［16頁］】

（議事の概況等）

　第14回会議においては，瑕疵担保責任の短期期間制限の見直しの要否について，取引の早期安定を確保する観点から民法の短期期間制限を維持すべきであるという意見，民法の短期期間制限の規定が適用されて問題が生じているという取引実態は把握していないとの意見，民法の短期期間制限を維持しつつ，通知の内容を単に瑕疵があったことの通知で足りるとすべきであるという意見，主に瑕疵担保責任の契約責任説の立場から，債権の消滅時効の一般則に委ねれば足りるという意見，同様に債権の消滅時効の一般則に委ねつつ，売買目的物の瑕疵について特に短期期間制限を設ける必要があれば特則を置くという観点から検討すればよいという意見等があった。

　これらのうち，債権の消滅時効の一般則に委ねる考え方に対しては，責任追及され得る期間が長期化し，企業にとって経営上の不安を抱えることになるとの意見があり，また，通知の内容を単に瑕疵があったことの通知で足りるとする考え方に対しては，取引実務で日常的に体験する問い合わせや要望，クレーム等と通知との違いを明確にしないと業務が混乱するおそれがあるのではないかという意見があった。

　また，瑕疵担保責任の期間制限を債権の消滅時効の一般則に委ねつつ，買主が瑕疵を知ったときから合理的な期間内に通知すべき義務を課すという考え方については，消極的な意見が多数あった。具体的には，「合理的な期間」という要件が曖昧であり，具体的な期間を巡って紛争が生ずるおそれなどがあるため，一律かつ明確な期間制限が望ましいといった意見，一般市民を対象とする民法に通知義務はなじまないという意見，事業者・消費者間の取引に通知義務を課すこと，特に消費者に通知義務を課すのは酷であるという意見等である。もっとも，この考え方は起算点と通知の内容の点で民法第566条第3項と比べて不合理なものではないとの意見もあった。

　制限期間の起算点を買主が事業者であるか否かによって区別する考え方（原則として買主が瑕疵を知った時から起算するが，買主が事業者である場合については瑕疵を知り又は知ることができた時から起算するという考え方）について，第20回会議におい

ては，事業者であるかどうかではなく営利性の有無で区別するほうが合理的であるとの意見があった。

2 権利の瑕疵に関する担保責任（民法第560条から第567条まで）：共通論点

権利の瑕疵に関する担保責任に関し，債務不履行の一般原則との関係（権利の瑕疵に関する担保責任の法的性質），買主の主観的要件の要否，買主に認められる権利の相互関係の明確化及び短期期間制限の見直しの要否の各論点については，物の瑕疵に関する担保責任における，対応する各論点の議論（前記1(1)(2)(5)及び(6)）と整合させる方向で，更に検討してはどうか。

【部会資料15－2第2，3(1)［29頁］，(2)［33頁］，(3)［35頁］，(4)［36頁］】

（議事の概況等）

　　第14回会議においては，権利の瑕疵に関する担保責任に関して，債務不履行の一般原則との関係（権利の瑕疵に関する担保責任の法的性質），買主の主観的要件の要否，買主に認められる権利の相互関係の明確化及び短期期間制限の見直しの要否の各論点については，物の瑕疵に関する担保責任における，対応する各論点と共通に考えればいいのではないかという意見があり，それについて特段の異論はなかった。

　　もっとも，短期期間制限の見直しの要否については，物の瑕疵に関する担保責任における議論において「合理的な期間」という要件を設けることに反対する立場から，それと同様に考えてよいとの意見があったのに対し，物の瑕疵は，権利の瑕疵と比べて事後的に瑕疵の有無等を判定することが難しいという特性があり，両者を区別して考えることもできなくはないという指摘があった。

3 権利の瑕疵に関する担保責任（民法第560条から第567条まで）：個別論点

(1) 他人の権利の売買における善意の売主の解除権（民法第562条）の要否

他人の権利の売買において，善意の売主にのみ解除権を認める民法第562条に関しては，他の債務不履行責任等と比べて特に他人の権利の売買の売主を保護する理由に乏しいという指摘を踏まえ，これを削除することの当否について，更に検討してはどうか。

【部会資料15－2第2，4(1)［38頁］】

（議事の概況等）

　　第14回会議においては，本論点について，特段の意見はなかった。

(2) 数量の不足又は物の一部滅失の場合における売主の担保責任（民法第565条）

数量の不足又は物の一部滅失の場合における売主の担保責任（民法第565条）に関しては，数量指示売買における数量の不足及び物の一部滅失が民法第570条

の「瑕疵」に含まれるものとして規定を整理する方向で，更に検討してはどうか。その際，数量指示売買の定義規定等，数量指示売買における担保責任の特性を踏まえた規定を設けることの要否について，数量指示売買における数量超過の特則の要否（後記6）という論点との関連性に留意しつつ，更に検討してはどうか。

【部会資料15－2第2，4(2)［38頁］】

（議事の概況等）

　第14回会議においては，数量指示売買における数量不足等の担保責任は，物の瑕疵に関する担保責任と同質と考えられるという意見があり，それについて特段の異論はなかった。

　もっとも，数量指示売買における数量不足等の担保責任の規定を削除するという考え方については，数量指示売買の担保責任は，契約類型的に代金減額による処理になじみやすいという特性がある上，数量指示売買における数量超過に関する特則を設ける立場に立つと（後記6参照），それとの均衡から，数量不足の規定も存置する方が望ましいという意見や，物の瑕疵に関する担保責任と同質と考えればその規定に統合すれば足りるが，数量指示売買に関する定義等を解釈指針として規定することは検討されるべきであり，具体的には，「瑕疵」の定義の中に数量の不足を盛り込むことのほか，最判昭和43年8月20日民集22巻8号1692頁が示した数量指示売買の定義を明文化することも考えられるところ，後者については「瑕疵」の定義規定との関係について説明が必要と思われるという意見があった。

(3) 地上権等がある場合等における売主の担保責任（民法第566条）

　地上権等がある場合等における売主の担保責任（民法第566条）に関しては，買主の主観的要件を不要とする考え方（前記2）を前提とした場合において，同条は地上権等がない状態で権利移転をすべき売買に適用される旨を条文上明記すべきであるという考え方や，買主の代金減額請求権を認めるべきであるという考え方について，更に検討してはどうか。

【部会資料15－2第2，4(3)［40頁］】

（議事の概況等）

　第14回会議においては，本論点について，特段の意見はなかった。

(4) 抵当権等がある場合における売主の担保責任（民法第567条）

　抵当権等がある場合における売主の担保責任（民法第567条）に関しては，債務不履行責任が生ずる一場面を確認的に規定したものにすぎず不要な規定であるという意見と，債務不履行責任が生ずる場面を具体的に明らかにするなどの意義があるので，適用範囲を条文上明確にした上で規定を維持すべきであるという意

見等があったことを踏まえて，確認規定として存置することの要否及び仮に規定を存置する場合には適用範囲を明確にすることの要否について，他の担保責任に関する規定を維持するか否かという点との関連性に留意しつつ，更に検討してはどうか。

【部会資料15－2第2，4(4)［41頁］】

(議事の概況等)

　第14回会議においては，抵当権等がある場合における売主の担保責任に関する規定(民法第567条)の要否が議論された。規定を存置することに積極的な立場からは，担保責任を債務不履行責任と構成することを前提に，同条が規定する責任の内容は債務不履行責任にほかならず，本来規定は不要だが，債務不履行責任が生ずる場面を具体的に明らかにする確認的規定として意義がある上，あえて削除した場合には規律内容を実質的に変更する意図があるなどの誤解が生ずるおそれもあるので，抵当権等の存在を考慮することなく売買代金が決定された場合に限って適用されることなどを明らかにしつつ，規定を維持すべきであるという意見があった。これに対して，規定に消極的な立場からは，抵当権付不動産売買にだけ確認規定を並べるとかえって規定がある意義に疑問を持たれる可能性があり，短期期間制限の規定を不要とする場合(前記1(6)及び2)には規定は不要とも考えられるのではないかという意見，実務上当然のことを規定したものであり規定は不要と考え得るのではないかという意見があった。

　また，抵当権等が存在しない状態で権利移転すべき場合に適用される規定とした上で，そのような場合に抵当権等が存在するという事情は，それだけで重大な不履行であり解除を認めるべきであるから，抵当権等の実行により所有権を失ったときに限らず適用されるものとすべきであり，その場合は，民法第566条と統合してよい部分が生ずるのではないかという意見があったが，これに対しては，売買目的物の用益が妨げられている場合に関する民法第566条には短期期間制限を設ける趣旨が妥当し得るが，抵当権等が存在するだけで用益が妨げられない場合には短期期間制限を設ける必然性がないと考え得るため，両者を統合することはできないのではないかという意見があった。

4 競売における担保責任（民法第568条，第570条ただし書）

　競売における物の瑕疵に関する担保責任については，現行法を改めてこれを認める立場から，瑕疵の判断基準の明文化の要否や損害賠償責任の要件として債権者等に瑕疵の存在の告知義務を課すことの当否等の検討課題が指摘されている。そこで，まずはこれらの点を踏まえた制度設計が，競売実務や債権回収，与信取引等の実務に与える影響の有無に留意しつつ，競売における物の瑕疵に関する担保責任を認めることの可否について，更に検討してはどうか。

　また，競売において物の瑕疵に関する担保責任を認めることの可否は，競売代金

の算定等に影響を及ぼすため競売手続全体の制度設計の一環として検討されるべきであることや，競売では，契約とは異なり，当事者の合意に照らした瑕疵の認定が困難であることなどを理由に，これらの規定は民法ではなく民事執行法に設けるべきであるという意見があることを踏まえて，民法に設けるべき規定の内容について，更に検討してはどうか。

【部会資料15－2第2，5［42頁］】

（議事の概況等）

1　第14回会議においては，競売において物の瑕疵に関する担保責任を認めない民法第570条ただし書を削除することに賛成する意見が複数あった。具体的には，債権者は競売目的物の性状を知る機会に乏しいのが通常であるとする同条ただし書の立法理由は，権利の瑕疵にも当てはまり，両者を区別する合理的な理由にならないとして，競売制度においてもその信頼性を高めるために物の瑕疵の担保責任を認めるべきであるという意見，内覧制度や現況調査報告書等が整備された現状でもいわゆる競売減価が生じているため，対価的均衡の回復を確保するとともに，競売価格を上昇させるために同条ただし書を削除し，代金減額請求権や解除を認めるべきであるという意見，民事執行法の現況調査報告書や内覧制度等により広く買受人を募る制度設計をしつつ，物の瑕疵については買受人の自己責任とすることは一貫性に欠けるという意見等があった。

　その上で，損害賠償責任に関する規定の在り方に関して，競売には権利移転を自ら約束したという意思的要素がないため，民法第568条第3項のような特則が必要ではないかという意見，物や権利の瑕疵について損害賠償責任を認める場合，瑕疵を知りつつ競売請求すること自体は責められず，債権者が一定の時点で瑕疵の存在を告げなかった場合に損害賠償責任を負う旨の規定を検討すべきではないかという意見があった。後者の意見に対しては，債権者が競売申立後に偶然知った瑕疵についても告げる義務を課すことは，債権者に酷ではないかとの意見があった。

　これらに対し，競売では瑕疵の認定が困難である上，物の瑕疵について解除や代金減額を認めることにすると債権回収に支障が生じ，ひいては与信取引に萎縮効果を与えるとして，民法第570条ただし書の削除に反対する意見があった。もっとも，これに対しては，動産の競売を念頭に置いた意見と思われるところ，動産の競売についてはその性質上現状有姿で買い受けたものと認定することができるため，問題は生じないのではないかとの意見があった。また，第23回会議においては，競売実務の円滑な運用を確保できるかという点に留意すべきであるという意見があった。

2　また，第14回会議においては，民事執行法との関係での規定の配置に関する意見があった。具体的には，民法において契約等の合意を重視する場合，競売は契約適合性という観点からの瑕疵の判断が困難であるため民法の規定の射程から外れるおそれがあり，競売価格の適正化等の観点も含めて規定を設けることの当否を民事

執行法で検討すべきではないかという意見，競売代金の上昇を期待して物の瑕疵に関する担保責任を認めるか，競売減価を前提に物の瑕疵に関する担保責任を否定するかという競売制度の仕組み方の問題であり，民法だけで決める問題ではないのではないかという意見，物の瑕疵に関する担保責任の適用を認めつつ，配当手続に入った時点で瑕疵の存在が判明した場合等を考慮すると，民事執行法で対処することも検討してよいのではないかという意見等があった。これらのうち，競売においては瑕疵の判断が困難であるとの意見に対しては，現況調査報告書や物件明細書の作成経過や記載内容，競売目的物の評価及び最低売却価額の決定の過程等において瑕疵の存在が考慮されたかといった点を基準に判断することになると思われるが，その基準を明確にした方が望ましく，それを規定する法律が民法か民事執行法かは検討の余地があるという意見があった。

3 以上のほかに民法第568条の適用範囲に関する意見として，同条の「強制競売」という文言は，規定の適用範囲を表すものとして狭すぎることや，存在しているはずの借地権がなかった場合に同条第1項・第2項と同法第566条第1項・第2項の類推適用を認めた判例（最判平成8年1月26日民集50巻1号155頁）があることに留意すべきであるという意見があった。

5 売主の担保責任と同時履行（民法第571条）

担保責任の法的性質を契約責任とする立場を前提に，民法第571条は，同時履行の抗弁（同法第533条）や解除の場合の原状回復における同時履行（同法第546条）の各規定が適用されることの確認規定にすぎないから削除すべきであるという考え方が示されているが，この考え方の当否について，担保責任の法的性質に関する議論（前記1(1)及び2）等を踏まえて，更に検討してはどうか。

【部会資料15－2第2，6［44頁］】

（議事の概況等）

第14回会議においては，本論点について，特段の意見はなかった。

6 数量超過の場合の売主の権利

数量指示売買における数量超過の場合の売主の権利については，契約解釈による代金増額請求権や錯誤無効等により保護されているなどとして特段の新たな規定を不要とする意見がある一方で，契約解釈による代金増額請求権や錯誤無効等では適切な紛争解決を導けない場合があり得るとする意見もあり，後者の立場からは，例えば，売主による錯誤無効の主張を認める一方，買主に対して超過部分に相当する代金を提供することにより錯誤無効の主張を阻止する権利を与えるなどの提案や，代金増額請求権の規定を設けることや超過部分の現物返還を認めることも考え得るとの指摘がある。これらの考え方を踏まえて，数量超過の場合の売主の権利に関する規定を設けることの要否について，取引実務に与える影響に留意しつつ，更に検

討してはどうか。

【部会資料15－2第2，7［45頁］】

（議事の概況等）

　第14回会議においては，数量超過の場合の売主の権利に関する規定を設けることについて，多様な意見があった。規定を設けることに消極的な意見としては，数量指示売買であれば，通常の契約解釈として代金増額請求権が認められるのであり，特段の規定は不要であるという意見，売主の債務不履行の場面であり単純に代金増額請求権を認める処理には向かず，学界の議論も熟していないので規定を設けることには慎重であるべきであるという意見，売主は数量超過の有無を検査できるし，特約による対処や合意解釈による救済も可能である上，旧民法の数量超過の規定を削除した現行民法制定時の立法事実に大きな変更は見られないから，規定は不要であるという意見，買主が購入した土地上に建物を建てた後に土地の数量超過が判明した事案等にまで代金増額請求権を認めることは売主を保護しすぎであるという意見等があった。もっとも，数量指示売買であれば通常の契約解釈として代金増額請求権が認められるという意見に対しては，そのような考え方が一般的であるとは思えないという意見があった。

　これに対して，規定を設けることに積極的な意見としては，山林の売買など売主が数量超過に気付きにくい事案もあり，対価的均衡が崩れているのに売主に錯誤無効以外の救済方法がないというのは紛争解決の選択の幅が狭いとして，合理的な任意規定を設けたほうが良いのではないかという意見，実務的に錯誤無効の主張はハードルが高いので，数量超過の場合に即した立法的な手当ての可能性を検討すべきではないかという意見，代金増額請求権は認めるべきではないが，売主の錯誤無効の主張は認められてよく，買主には，代金増額分の支払により錯誤無効の主張に対抗できる旨の規定を設けてもよいのではないかという意見があった。また，第23回会議においては，売主に代金増額請求権を認めることや，超過部分の現物返還を認めることも検討されてよい旨の意見があった。

　もっとも，これらの意見に対しては，主に土地売買を念頭に置いた意見だが，これを一般的に広げると影響が大きく，また，土地売買に限って考えても不動産売買実務に与える影響が大きく，慎重に議論すべきであるという意見があり，錯誤無効に対する特則を設けるという意見に対しては，規定が複雑になり，そのような規定を必要とする説明が難しいのではないかという意見があった。また，数量超過について規定を置く場合には，質的な超過についても規定を置くことになるのかという問題提起があり，これに対しては，数量に対して代金が決められた場合とそうでない場合とでは違いがあるのではないかとの意見があった。

7　民法第572条（担保責任を負わない旨の特約）の見直しの要否

　　担保責任を負わない旨の特約の効力を制限する民法第572条に関して，このよう

な規定の必要性の有無及びこれを必要とする場合には，売主が事業者か否かにより規定の内容に差異を設けるべきか否かについて，不当条項規制に関する議論（前記第31）との関連性に留意しつつ，検討してはどうか。

　また，このような規定の配置について，一般的な債務不履行責任の免責特約に関する規定として配置し直すことの当否について，担保責任の法的性質に関する議論（前記1(1)及び2）との整合性に留意しつつ，検討してはどうか。

（議事の概況等）

　第14回会議においては，担保責任を負わない旨の特約の効力を制限する民法第572条に関して，このような趣旨の規定を維持すべきか否かを検討し，これを維持する場合には，売主が事業者か否かにより規定の内容に差異を設けるべきか否かについて検討すべきではないかという意見があった。この点に関しては，不当条項規定に関する議論（前記第31）との関連性に留意する必要がある。

　また，このような規定の配置について，一般的な債務不履行責任の免責特約に関する規定として配置し直すことの可否について検討してはどうかという意見もあった。この点については，瑕疵担保責任及び権利の瑕疵に関する担保責任の法的性質に関する議論（前記1(1)及び2）との整合性に留意する必要がある。

8　数量保証・品質保証等に関する規定の要否

　取引実務上用いられる数量保証や品質保証，流通過程で売買される物に関するメーカー保証等について，何らかの規定を置く必要がないかについて，検討してはどうか。

（議事の概況等）

　第14回会議においては，取引実務上用いられる数量保証や品質保証，流通過程で売買される物に関するメーカー保証等について，それらが多義的に用いられていることも踏まえて，何らかの規定が必要ではないかについて検討する必要があるという意見があった。もっとも，この点については，まだ具体的な立法提案が示されていない。

9　当事者の属性や目的物の性質による特則の要否

　前記各論点の検討を踏まえた上で，担保責任について契約の当事者の属性や目的物の性質による特則を設ける必要があるか否かについて，消費者・事業者に関する規定についての議論（後記第62）との関連性に留意しつつ，検討してはどうか。

（議事の概況等）

　第14回会議においては，売主が商人か個人かといった契約当事者の属性や売買目的物が不動産か動産か債権かといった契約目的物の性質の違いによって，必要と

なる規定が異なり得るのではないかという問題提起がされた。このような観点から検討すべき具体例としては，個人売主の瑕疵担保責任を無過失責任とすることの適否，瑕疵担保責任により個人売主に課す履行利益の賠償責任や瑕疵修補義務を制限する必要性の有無，消費者売主について転売利益の賠償責任を制限することの要否等の指摘があり，また，ネットオークション等消費者が売主となる事例が増えていることに留意して検討してほしいとの意見もあった。

　もっとも，この問題提起に対しては，前記1(2)記載のとおり，当事者の属性は，「瑕疵」の解釈や認定等により適切に考慮できる上，約款や不当条項に関する規定が新設されれば，それらによる対処も可能となるという意見，同様に「瑕疵」等の解釈により対応可能であり，その方が当事者の属性や目的物の性質を定型化した規定を複数置くよりも適切に対応できるという意見，売主の属性によって責任に差異を設けることは買主の属性を無視した規定を置くことになり得て論理的に破綻するという意見等，特則を設けることに消極的な意見が複数あった。これを受けて，消費者売主が増加している旨の指摘をする上記立場からも，瑕疵の意味を消費者が理解しやすいように規定すれば，特則は必要でないかもしれないとの意見も出された。

　なお，この論点の検討に当たっては，消費者・事業者に関する規定についての議論（後記第62）との関連性に留意する必要がある。

第40　売買－売買の効力（担保責任以外）

1　売主及び買主の基本的義務の明文化
(1)　売主の引渡義務及び対抗要件具備義務
一般に売主が負う基本的義務とされるが明文規定のない引渡義務及び対抗要件具備義務を明文化する方向で，後者については対抗要件具備に協力する義務とすべきではないかという意見があったことに留意しつつ，更に検討してはどうか。

【部会資料15－2第3，2(1)［47頁］】

（議事の概況等）

第14回会議においては，売主の引渡義務及び対抗要件具備義務について明文化することに賛成であるとしつつも，対抗要件具備義務の内容については対抗要件具備に協力する義務とすべきではないかという意見があったが，他に意見はなかった。

(2)　買主の受領義務
民法は，買主の基本的義務として，代金支払義務を規定する（同法第555条）が，目的物受領義務については規定がなく，判例上も買主一般に受領義務があるとは必ずしもされていない。この買主の受領義務については，様々な事例において実務上これを認める必要性があると指摘された一方で，契約に適合しない物の受領を強要されやすくなるなど消費者被害が拡大することへの懸念を示す意見，買主に一律に受領義務を認めるのではなく，契約の趣旨や目的等により買主が受領義務を負う場合があるものとする方向で検討すべきであるという意見，実務上の必要性が指摘される登記引取義務を超えた広い範囲での受領義務を認めるべきか否かという観点から検討すべきであるという意見，契約不適合を理由とする受領の拒絶を認めるべきであるという意見，「受領」が弁済としての受領を意味するのか，事実としての受け取りを意味するのかなど，「受領」の具体的内容について検討すべきであるという意見，債権者の受領遅滞に関する議論（前記第7）との関連性に留意しつつ，他の有償契約への準用可能性等を検討すべきであるという意見等があった。これらを踏まえて，買主の受領義務に関する規定を設けることの当否，規定を設ける場合の受領義務の具体的な内容等について，更に検討してはどうか。

【部会資料15－2第3，2(2)［48頁］】

（議事の概況等）

第14回会議においては，買主の受領義務の明文化に賛成する意見として，債権者一般に関する義務ではなく買主の基本的義務として明文化することに賛成する意

見，代金を前払した買主が目的物の受領を拒絶すると，売主はこれを保管し続けなければならないという不都合があるので，消費者側に受領義務を課すべきであり，また，代金後払の売買で買主たる大企業が中小企業の納品を拒絶する事例があるので，中小企業保護の観点から買主に受領義務を課すべきであるという意見，消費者売買では，例えば，中古車の買主が引渡しを受けたのに名義変更を拒むため，売主が納税や事故の責任を負うという事例があるので，受領義務を明文化してほしいという意見があり，不動産取引においても買主が登記移転に協力しないため，登記引取義務に対応する登記移転請求権を行使して買主の意思表示に代わる裁判を求めたい事例があるという意見もあった。

これに対して，買主全般に受領義務を認める旨の規定ではなく，契約の趣旨や目的等により買主が受領義務を負う場合がある旨の規定の方が望ましいという意見や，契約不適合を理由とする受領拒絶は認められるものとすべきではないかという意見，不必要となった物についても受領義務を課し，受領した上で廃棄すべきであるとすることは地球環境への負荷の観点から疑問があるという意見があった。第21回会議においては，受領義務の明文化により，消費者が契約に適合しない物等の受領を強要されるおそれが高まるという懸念があるとの意見，実務では不動産登記の引取義務の必要性が意識される場面があるが，これを買主の受領義務として一般化すると思わぬ問題が生じるのではないかという懸念もあるという意見があった。

また，第21回会議においては，受領義務の具体的内容として弁済としての受領義務を規定することは困難であるとした上で，「受領」が何を意味するのかを検討すべきであるという意見もあった。

受領義務を売買以外の有償契約にも認めるべきであるかという点について，受領義務の規定が物の売買に限らず有償契約一般に広く認められるとすると，労働契約において就労請求権を認める根拠にもなり得て妥当でないので，少なくとも売買と請負に関する議論とすべきではないかなどという意見があった。これに対しては，債権総則に信義則に従って受領義務を負う旨の規定を置いた場合（前記第7，2参照），売買の受領義務の規定はその特則となるので，雇用や請負等に関しても債権総則の特則の要否という観点から議論されるべきであって，売買の受領義務の規定の準用という枠組みで議論するべきではないのではないかという意見，民法第559条は，売買の規定が契約の性質に応じて他の有償契約に準用される旨規定しており，売買の受領義務の規定が当然に準用されるのではないのだから，役務提供型契約における受領義務の要否・在り方について別途検討すればよいのではないかという意見があった。

2　代金の支払及び支払の拒絶

(1)　代金の支払期限（民法第573条）

　　民法第573条は，売買目的物の引渡期限があるときは，代金の支払についても

同一の期限を付したものと推定する旨を規定しているところ，不動産売買においては，登記の重要性に鑑み，目的物の引渡期限ではなく登記移転の期限を基準とし，代金の支払について登記移転期限と同一の期限を付したものと推定する旨の特則を置くという考え方がある。このような特則を設けることについては，その必要性に疑問があるとの意見があったことを踏まえて，実務上の必要性の有無に留意しつつ，更に検討してはどうか。

【部会資料15－2第3，3(1)［50頁］】

（議事の概況等）

　第14回会議においては，あえて不動産売買についての推定規定を置く意味があるのか疑問があるという意見があったが，他に意見はなかった。

(2) 代金の支払場所（民法第574条）
　　代金の支払場所を定める民法第574条に関しては，「目的物の引渡しと同時に代金を支払うべきとき」であっても，目的物が既に引き渡された後は，同法第484条が適用されるとする判例法理を明文化する方向で，また，同条が任意規定であるとする判例を踏まえて「支払わなければならない」という表現を見直す方向で，更に検討してはどうか。

【部会資料15－2第3，3(2)［51頁］】

（議事の概況等）

　第14回会議においては，本論点について，特段の意見はなかった。

(3) 権利を失うおそれがある場合の買主による代金支払の拒絶（民法第576条）
　　民法第576条は，売買の目的について「権利を主張する者がある」場合における買主の代金支払拒絶権を規定しているところ，買主が権利取得を疑うべき相当の理由がある場合にも適用されるという解釈論を踏まえ，これを明文化すべきであるという考え方がある。この考え方については，抽象的な要件を定めると濫用のおそれがあるから，要件を明確にし適用範囲を限定する方向の検討もすべきであるという意見があったことを踏まえるとともに，不安の抗弁権に関する議論（後記第58）との関連性にも留意しつつ，その具体的な要件設定や適用範囲について，更に検討してはどうか。

【部会資料15－2第3，3(3)［52頁］】

（議事の概況等）

　第14回会議においては，民法第576条を「権利を主張する者がある」場合に限らず，買主が権利取得を疑うべき相当の理由がある場合に拡張すべきであるという考え方は，既に現行法の解釈として一般的な考え方となっているのではないかとい

う指摘がされたほか，同条の要件を抽象的に規定すると，不安の抗弁権（後記第58）と同様，安易に濫用されるおそれがあるため，要件を明確にし適用範囲を限定的にする検討をしてもいいのではないかという意見があった。

(4) 抵当権等の登記がある場合の買主による代金支払の拒絶（民法第577条）
　民法第577条は，一般に，当事者が抵当権等の存在を考慮して代金額を決定した場合には適用されないと解されていることから，これを条文上明確にすることの当否について，更に検討してはどうか。

【部会資料15－2第3，3(4)［51頁］】

（議事の概況等）

　第14回会議においては，民法第577条は，当事者が抵当権等の存在を考慮して代金額を決定した場合には適用されない旨を条文上明確にすべきであるという考え方について，特段の意見がなかった。なお，民法第577条に規定された内容は，実務上当然のことであって，あえて規定する必要はないのではないかという意見があったが，これに対しては，売買代金の支払は，所有権移転登記と同時履行であっても，抵当権設定登記の抹消とは必ずしも同時履行にならず，規定が必要ではないかという意見があった。

3　果実の帰属又は代金の利息の支払（民法第575条）

　売買目的物の果実と売買代金の利息を等価値とみなしている民法第575条に関しては，その等価値性の擬制が不合理であるとして，売主は引渡期日までに生じた果実を取得し，買主は代金支払期日まで代金の利息を支払う必要はない旨を規定すべきであるという考え方がある。この考え方については，果実と利息の価値の差が大きい場合の不合理性等を指摘して賛成する意見がある一方で，決済の簡便性や果実と利息の等価値性を前提とした民法の他の規定との整合性等を重視して同条の規定内容を維持すべきであるという意見があったことを踏まえて，更に検討してはどうか。

【部会資料15－2第3，4［53頁］】

（議事の概況等）

　第14回会議においては，民法第575条の根拠とされる売買目的物の果実と売買代金の利息が等価値であるという擬制を不合理であるとする考え方について，決済の簡便性が制限されるおそれがある上，民法の体系的整合性を失するおそれがあり，また，改正すべき立法事実があるのか疑問であるとして，同条を維持するか，少なくとも慎重に検討すべきであるという意見や，先履行義務を遅滞した売主が高額な果実を収受できてしまう点は債務不履行の損害賠償において処理し得るため特段不都合はなく，同条を維持すべきであるという意見があった。もっとも，後者の

意見に対しては，同条が存在する以上，債務不履行の損害賠償によって売主が取得した果実分を請求することは認められないとする有力な見解があるため，これを認めるためには別途損害が立証できれば賠償請求が認められる旨の規定が必要であるという指摘があった。

また，同条について実際に不都合が生じているのかという疑問が示されたのに対して，果実の価値が圧倒的に高く，目的物を引き渡さない方が有利になる場合に売主の果実収取権を認めた大判大正13年9月24日民集3巻440頁は批判されており，立法事実はあるのではないかという意見があった。

4 その他の新規規定
(1) 他人の権利の売買と相続

同一人が他人の権利の売買の売主と権利者の法的地位を併せ持つに至った場合における相手方との法律関係に関しては，判例・学説の到達点を踏まえ，他人の権利の売主が権利者を相続したとき，権利者が他人の権利の売主を相続したときなどの場面ごとに具体的な規定を設けるかどうかについて，無権代理と相続の論点（前記第33，3(2)）との整合性に留意しつつ，更に検討してはどうか。

【部会資料15－2第3，5(1)［54頁］】

（議事の概況等）

第14回会議においては，無権代理と相続に関する論点（前記第33，3(2)）と同様，このような細目についてまで明文の規定を設ける必要があるのかという意見があった。なお，無権代理と相続に関する論点においては，特に第三者が無権代理人と本人の双方を相続した場合については，判例法理に問題があるので，立法による解決を図る必要があるとの意見があった。

(2) 解除の帰責事由を不要とした場合における解除権行使の限界に関する規定

債務不履行解除の要件としての帰責事由を不要とした上で（前記第5，2），解除と危険負担との適用範囲が重複する部分の処理（前記第6，1）について解除権の行使を認める考え方を採用する場合（部会資料5－2第4，3［100頁］における解除一元化モデルや単純併存モデル等）には，双務契約の一方の債務が債務者の帰責事由によることなく履行できなくなったときに，その危険をいずれの当事者が負担するか（反対債務が存続するか否か）という問題（前記第6，3等）は，どのような場合に債権者の解除権行使が否定されるかという形で現れる。

これを踏まえ，このような解除権行使の限界を，双務契約の基本形と言える売買において規定すべきであるという考え方について，更に検討してはどうか。

また，買主が目的物の瑕疵を理由に売主に対し代物の請求を行い，それに伴って瑕疵ある目的物の返還義務を負う場合において，目的物の滅失・損傷が生じたときのリスクを誰が負担するかという問題は，上記の基準では処理できない。そ

こで，この点の特則を新たに設けることの要否について，更に検討してはどうか。

【部会資料 15 − 2 第 3，5⑵ [56 頁]，同（関連論点）[58 頁]】

（議事の概況等）

　第 14 回会議においては，本論点の考え方については，特段の意見がなかったが，民法第 534 条が規定する危険の移転時期の見直し（前記第 6，3）に関して，不動産売買においては登記移転のみで危険が移転するものとすることは不合理であり反対であるという意見があった。
　また，瑕疵のある目的物が引渡し後に滅失・損傷した場合の特則の要否については，特段の意見がなかった。

⑶　消費者と事業者との間の売買契約に関する特則
　消費者と事業者との間の売買契約においては，消費者である買主の権利を制限したり消費者である売主の責任を加重する条項の効力を制限する方向で何らかの特則を設けるべきであるとの考え方の当否について，更に検討してはどうか（後記第 62，2④参照）。

【部会資料 20 − 2 第 1，2 [11 頁]】

（議事の概況等）

　第 20 回会議においては，本論点について，特段の意見はなかった。

⑷　事業者間の売買契約に関する特則
　事業者間の売買契約に関し，以下のような特則を設けるべきであるとの考え方の当否について，更に検討してはどうか（後記第 62，3参照）。
　①　事業者間の定期売買においては，履行を遅滞した当事者は，相手方が履行の請求と解除のいずれを選択するかの確答を催告し，確答がなかった場合は契約が解除されたものとみなす旨の規定を設けるべきであるとの考え方
　②　事業者間の売買について買主の受領拒絶又は受領不能の場合における供託権，自助売却権についての規定を設け，目的物に市場の相場がある場合には任意売却ができることとすべきであるとの考え方

【部会資料 20 − 2 第 1，3⑴ [14 頁]】

（議事の概況等）

　第 20 回会議においては，本論点について，特段の意見はなかった。

5　民法第 559 条（有償契約への準用）の見直しの要否
　契約の性質に応じて売買の規定を売買以外の有償契約に準用する旨を定める民法

第559条に関して，売買の規定が有償契約の総則的規定と位置付けられていることの当否や，準用される規定の範囲を明確にすることの可否等の観点に留意しつつ，同条の見直しの要否について，検討してはどうか。

(議事の概況等)

　第14回会議においては，買主の受領義務の規定が他の有償契約に準用されるのかという議論（前記1(2)）に関連して，売買の規定を原則として売買以外の有償契約に準用する旨を定める民法第559条の見直しの要否について，検討する必要があるのではないかという指摘があった。また，第23回会議においては，検討の視点として，売買の規定が有償契約の総則的規定となっていることを見直す必要があるか，また，他の有償契約に準用される範囲を明確にするかというものが考えられるという意見があった。

第41　売買－買戻し，特殊の売買

1　買戻し（民法第579条から第585条まで）

担保目的の買戻しは，譲渡担保として処理すべきであって民法の買戻しに関する規定は適用されないとする判例法理を踏まえて，民法の買戻しの規定は，担保目的を有しない買戻しにのみ適用されることを条文上明確にすべきであるという考え方について，検討してはどうか。

また，買戻しの制度を使いやすくする観点から，契約と同時に登記することを必要とする民法第581条の見直し等について，検討してはどうか。

このほか，買戻しの特約により売主が負担する返還義務の範囲（民法第579条）を，条文により固定するのではなく，合意等により決する余地を認めるべきであるという考え方や，買戻しに関する規定の意味を明確にする観点から「その効力を生ずる」という条文の文言を見直すべきであるといった考え方についても，更に検討してはどうか。

【部会資料15－2第4，2［61頁］】

（議事の概況等）

第14回会議においては，担保目的の買戻しと担保目的を有しない買戻しとでは必要な規律が異なり，判例も担保目的の買戻しについては譲渡担保法理に委ねるべきである旨を判示していることから，民法の買戻しは，担保目的を有しない買戻しに適用される旨を明確にするべきではないかという意見や，その上で不動産開発等において担保目的を有しない買戻しが用いられていることを踏まえて，その必要に応じて民法の買戻しの規定を見直すべきではないかという意見があった。これに対しては，担保目的の買戻しについて規定がない状況で，民法の買戻しの適用対象から担保目的の買戻しを除外することが立法技術的に可能なのかという問題提起がされた。

また，買戻しは債権的合意に対抗力を付与することができる点で重要な制度であるから，使い勝手を良くするために，契約と同時に登記をすることを必要とする民法第581条等の見直しを検討してはどうかという意見があった。

なお，買戻しの特約により売主が負担する返還義務の範囲（民法第579条）を，条文により固定するのではなく，合意等により決する余地を認めるべきであるという考え方や，規定の意味を明確にする観点から「その効力を生ずる」という同条の文言を見直すべきであるなどの考え方（部会資料15－2［62頁］）については，特段の意見はなかった。

2 契約締結に先立って目的物を試用することができる売買

　契約締結に先立って目的物を試用することができる売買については，民法上，特段の規定が設けられていないが，①契約の成立時期，②目的物の試用によって所有者に生じた損害の負担，③試用者が契約締結に関する意思表示をしない場合の法律関係等について問題が生ずるおそれがあるとの指摘がある。これを踏まえ，特別法等の規定のほかに民法に規定を設ける必要性があるか，また，必要がある場合にはどのような内容の規定が必要かといった点について，消費者被害の有無等の実態にも留意しつつ，更に検討してはどうか。

【部会資料15－2第4，3［63頁］】

（議事の概況等）

　第14回会議においては，事業者が一方的に商品を送りつける商法があり，消費者被害を惹起しかねないため，実態の確認をする必要があるのではないかという意見があった。この点に関し，そのような商法に対しては，特定商取引法に消費者保護に関する規定があるため，地域差があるかもしれないが，現時点では消費者トラブルとして目立っている感覚はないという意見があった。

　また，目的物の試用によって所有者に生じた損害につき試用者が損害賠償責任を負うのは故意・重過失がある場合に限る旨の立法提案が，契約成立前に目的物を費消したが結局契約が成立しなかった場合にも賠償義務を生じさせる趣旨であれば，適切ではないという意見があった。

第42　交換

　交換に関する民法第586条については，冒頭規定の規定方法について定義規定の形式に改めるかどうかを検討するほか（前記第37，1），現在の規定内容を維持するものとしてはどうか。

【部会資料15－2第5［64頁］】

（議事の概況等）

　第14回会議については，交換に関する民法第586条を維持するという考え方について，特段の意見はなかった。

第43 贈与

1 成立要件の見直しの要否（民法第549条）

贈与の成立要件に関して，書面によること（要式契約化）や目的物を交付すること（要物契約化）を必要とすべきであるという考え方については，口頭でされる贈与にも法的に保護されるべきものがある旨の意見があることを踏まえて，贈与の実態に留意しつつ，更に検討してはどうか。

【部会資料15－2第6，2［65頁］】

（議事の概況等）

第16回会議においては，現実には口頭による贈与が多い上，例えば，要物契約化した場合には，学業を援助するため将来に向けた分割給付を約束する贈与等の効力が不安定化するおそれがあるなどという意見や，贈与の要式契約化により有益な贈与の効力まで否定されるおそれがあるという意見等，贈与の要式契約化及び要物契約化に反対する意見があったが，他に特段の意見はなかった。

2 適用範囲の明確化

贈与の適用範囲に関して，贈与の目的が「財産」を与えること（民法第549条）と規定されているところを売買と同様に「財産権」の移転と改めるかどうかについては，まずは贈与の目的を「財産権」の移転とした場合の規定を検討した上で，その適用範囲を制限物権の設定，権利放棄，債務免除等の他の無償行為に及ぼすべきか否か，また，これを及ぼす場合には，贈与の目的を拡大する形を採るか，贈与の規定を準用する形を採るかといった点について，無償契約への準用という論点（後記7(4)）との関連性に留意しつつ，更に検討してはどうか。

その際，合意による無因の債務負担行為も有効であるとして，これを明文化することの当否について，贈与の適用範囲との関係に留意しつつ，検討してはどうか。

また，他人の財産の贈与契約が有効であることを条文上明らかにするため，民法第549条の「自己の」を削除することの当否について，更に検討してはどうか。

【部会資料15－2第6，2（関連論点）1［66頁］】

（議事の概況等）

第16回会議においては，贈与の目的を現在の「財産」を与える（民法第549条）から「財産権」の移転と改めるかどうかは，財産権以外のものの取扱いを検討する必要があり，無利息消費貸借や使用貸借等の他の典型契約に該当するものはその規律によるとするのかを検討し，次に，他の典型契約から外れる制限物権の設定，権利放棄，債務免除等の周辺的行為に贈与の規定を適用ないし準用すべきかを検討し

た上で決すべきであるという意見（具体的な規定の在り方として，無償の財産権移転を贈与とした上で「財産権の設定，変更，放棄，その他自己の負担において相手方に利益を与える財産の処分」に贈与の規定を準用する方法があり得るとし，また，検討の結果として財産権移転の規定が周辺的行為の全てに適用ないし準用されるのであれば，それら全てを取り込んだ概念を設けることもあり得るとする。）があった。また，例えば，物上保証契約や債務引受，債務免除等について，これまで書面によらない贈与の撤回の規定（民法第550条）の適用ないし準用を考えてきたか疑問があるとして，まずは財産権の移転について分かりやすいルールを作った上で，それを周辺的行為にどこまで及ぼせるかを検討すべきであるという意見（例えば，贈与の適用範囲に関しては，ソフトウェアの無償提供行為等も問題となるという意見もあった）があった。また，贈与を厳密に定義し，他の恩恵的行為に準用することもあり得るが，恩恵的行為全体の要件・効果を規定し，贈与をその一部とすることも考え得るのではないかという意見等があった。これらの意見を踏まえて，差し当たり，財産権を想定した規定を検討した上で，その規定の適用範囲を更に広げるかについては無償契約への準用規定の問題（後記7(4)）と併せて検討してはどうかという提案があり，それについて特段の異論はなかった。

　また，第16回会議においては，合意による無因の債務負担行為が有効であることを明らかにする規定を設けてほしいという意見があった。金融商品の組成等において現実に問題になることがある上，そもそも契約の原因という概念自体が曖昧であって，当事者の意思で贈与ができる以上，当事者の意思による無因の債務負担行為も認められてよいのではないかなどといった意見である。これに対しては，合意による無因の債務負担行為を認めることが民法体系全体の整合性に問題を生じさせないか十分な配慮が必要であるという意見や，無因の債務負担行為を正面から認めることには慎重であるべきであるという意見があった。この議論を受けて，贈与の適用範囲について恩恵的行為全体の要件・効果を規定する考え方もあり得るとする立場からは，この考え方によれば，無因の債務負担行為等も併せて規律することも考え得るのではないかという意見があった。

　なお，他人の財産の贈与を有効とする判例法理を条文上明確にするため，「自己の」を削除すべきであるという考え方については，特段の意見はなかった。

3　書面によらない贈与の撤回における「書面」要件の明確化（民法第550条）

　贈与の撤回（民法第550条）における「書面」要件に関しては，原則として贈与契約書の作成を要するとするなど，これを厳格化することによって，契約締結後の事情の変化に応じた合理的な撤回の可能性を確保すべきであるという意見と，「書面」要件の厳格化によって，実務上行われている法的に保護されるべき贈与の効力が否定されやすくなるおそれがあるという意見があった。これを踏まえて，「書面」要件の厳格化が現実の贈与取引に与える影響に留意しつつ，「書面」要件の内容を厳格化し，これを条文上明確にすることの当否について，更に検討してはどうか。

また,「書面」に電磁的記録を含めるべきか否かという点について，贈与に関する電子取引の実態を踏まえつつ，検討してはどうか。

さらに，書面によらない負担付贈与において，負担が履行された場合には撤回することができない旨を明文化することの当否について，更に検討してはどうか。

【部会資料15－2第6，3［69頁］，同（関連論点）［72頁］】

（議事の概況等）

　　第16回会議においては，現在の判例の立場によれば，贈与契約締結後に経済状況等が悪化したため撤回したいという場面における合理的な撤回を阻害するおそれがあり得るなど，受贈者保護に傾いているため,「書面」要件について一定の厳格化があっていいのではないかという意見があった一方で,「書面」要件の厳格化により有益な贈与まで容易に撤回されるおそれがあるとの懸念を示す意見があった。

　　また，書面によらない贈与の撤回を広く認めることが，クレジットカード決済を利用したインターネット上の寄付等の電子取引に萎縮効果を与えているなどの実態があるとして,「書面」要件の厳格化に反対する意見もあったが，これに対しては,「書面」に電磁的記録を含めることで解決できる可能性があり，その点についても検討されていいのではないかという意見があった。

　　書面によらない負担付贈与において負担が履行された場合には，撤回することができない旨を明文化する考え方については，特段の意見がなかった。

　　なお,「撤回」という用語と解除，取消等との異同が不明確であるという意見があったが，その点は，規定の実質的内容についての議論を経た後の用語の選択の問題と位置付けるべきではないかという意見があった。

4　贈与者の担保責任（民法第551条第1項）

　　贈与者の担保責任の法的性質については，売主の担保責任の法的性質の議論（前記第39，1(1)及び2）との整合性に留意しつつ，契約責任と構成することが適切かという観点から，更に検討してはどうか。

　　贈与者の担保責任の法的性質を契約責任とする場合においては，無償契約の特性を踏まえた契約の解釈準則を設けるべきであるという意見があり，それに対して消極的な意見もあったことを踏まえて，解釈準則については債務内容確定のための準則と免責における準則を区別して議論すべきであるという指摘があることや使用貸借の担保責任に関する議論（後記第46，3）との整合性に留意しつつ，仮に解釈準則を設けるとした場合にはどのような具体的内容の解釈準則を設けることができるかという点の検討を通じて，解釈準則を設けることの要否や可否について，更に検討してはどうか。

　　また，他人の権利の贈与者は，原則として他人の権利を取得する義務を負わず，結果として他人の権利を取得したときには受贈者に権利を移転する義務を負う旨の規定を置くべきであるという考え方の採否について，更に検討してはどうか。

【部会資料 15 − 2 第 6，4［72 頁］，同（関連論点）［76 頁］】

（議事の概況等）

　　第 16 回会議においては，贈与者の担保責任の法的性質を契約責任と考えるべきであり，売主の担保責任の法的性質を契約責任とするのに，贈与者の担保責任の法的性質を法定責任とすることには反対であるという意見があった。その上で，債務不履行責任の一般則との関係では，贈与の無償性を考慮した特則は不要であるが，仮に贈与の無償性を考慮して免責事由を拡大し，あるいはこれを柔軟に捉えるならば，悪意で告げなかった場合以外を免責する民法第 551 条第 1 項の枠組みが適切なのかという点を慎重に検討してほしいという意見があった。

　　なお，担保責任を契約責任と構成した上で無償性を考慮した特則を設けるべきかという問題については，使用貸借の担保責任に関する議論においても同様に問題とされた（詳細は，後記第 46，3 参照）。そこでは，責任の有無の判断を全て契約解釈に委ねることは明確性を欠くとして，無償契約という類型的な特徴を踏まえた契約の解釈準則を設けることを検討してはどうかという意見が複数あった。これに対しては，解釈準則を置く場合には，債務内容確定の解釈準則と免責における解釈準則の二つの方向があることに留意して議論すべきであるが，無償という点にだけ着目して債務内容確定に関する特則を置くことには違和感がある上，免責における解釈準則を必要とする理由も不明確であるなどとして，解釈準則を設けることに消極的な意見も複数あった。

　　当事者の合意内容が不明確な場合における債務内容確定の解釈準則の具体例として，無償契約の場合は現状有姿での引渡しが債務内容となり，有償契約の場合は通常有すべき性能を持つ目的物の引渡しが債務内容となる旨の規定があり得るという意見があり，これを支持する方向の意見もあったが，これらに対しては，法定責任説の瑕疵概念を前提にしているところがあるのではないかという意見や，引き渡す目的物の性質について現状有姿で足りるか否かを，有償契約か無償契約かという点に着目して類型化することはできないのではないかという意見もあった。

　　また，以上の問題に関連して，贈与者の担保責任を契約責任とした場合であっても，民法第 551 条第 1 項の規律は成り立ち得るという指摘や，書面による贈与契約において引渡しがない場合の損害賠償額の算定がどのようにされているのかという点が参考になるのではないかという指摘もあった。

　　なお，他人の権利の贈与者は，原則として他人の権利を取得する義務を負わず，結果として他人の権利を取得したときには受贈者に権利を移転する義務を負う旨の規定を置くべきであるという考え方の採否については，特段の意見がなかった。

5　負担付贈与（民法第 551 条第 2 項，第 553 条）

　　負担付贈与における担保責任（民法第 551 条第 2 項）の内容は，一般に，受贈者が受け取った物等の価値が受贈者の負担の価値を下回った場合には，その差額分の

履行拒絶あるいは返還請求が認められるというものであると解されており、これを条文上明確に規定することの当否について、更に検討してはどうか。また、負担付贈与への双務契約の規定の包括的準用（同法第553条）については、準用すべき規定を個別に明確にし、準用すべき規定がなければ削除するかどうかについて、更に検討してはどうか。

【部会資料15－2第6、5⑴［78頁］、⑵［80頁］】

（議事の概況等）

　第16回会議においては、本論点について、特段の意見はなかった。

6　死因贈与（民法第554条）

　死因贈与について性質に反しない限り遺贈の規定を準用する旨を定める民法第554条に関しては、具体的にどの条文が準用されているかを明らかにすべきであるという考え方がある。この考え方については、遺贈の撤回に関する規定（民法第1022条）や遺言の方式に関する規定（同法第960条、第967条から第984条まで）等を準用すべきか否かという個別論点の検討を踏まえつつ、相続に関する規定、相続実務、裁判実務等に与える影響に留意しながら、更に検討してはどうか。

【部会資料15－2第6、6［82頁］】

（議事の概況等）

　第16回会議においては、死因贈与に準用される遺贈の規定を可能な限り明らかにするという考え方については、準用される条文を明らかにすることに賛成する意見があった。もっとも、この意見に対しては、準用される規定の明確化は、相続法（遺留分等）や相続実務、裁判実務への影響が大きい上、確実に準用できるものだけ明文規定を置くと、規定がない部分の議論に混乱が生ずるおそれもあるので慎重に検討すべきであるという意見があり、相続法への影響等を慎重に考慮すべきであるという点に共感を示す意見もあった。また、慎重に検討すべきであるという点に理解を示しつつ、死因贈与に関する規律の内容が実務上も学説上も非常に不明確であるため、準用される規定の明確化について前向きに検討する必要があるとする意見もあった。

　その上で、死因贈与に関する具体的な規律の在り方に関しては、遺贈の規律と同様にするという方向のほか、遺贈とは異なる要請に応える独自の制度設計を試みる方向もあり得るという意見が複数あり、遺贈とは異なる要請の具体例として、死因贈与について遺贈のような撤回の自由（民法第1022条）を認めず、契約関係に一定の安定性を与えたいという要請があるという意見があった。民法第1022条の準用の可否という点については、ほかにも、単独行為である遺贈と異なり、契約である死因贈与においては、合意によって相手方に対する信頼が生ずるため、撤回の自由を認めるべきではないという意見があった。これらの遺贈と死因贈与について撤回

可能性の有無に違いを設ける立場に対しては，当事者が撤回可能性の有無を踏まえて遺贈と死因贈与を選択することを想定しているが，現実にはそのような選択が困難な事例は多々あると指摘して，撤回可能性に差異を設けることが現実の紛争回避ないし解決に寄与するかという点に疑問を呈する意見もあった。

　また，死因贈与の成立には公正証書か自筆証書を要するという考え方（部会資料15－2［83頁］参照）については，秘密証書遺言や危急時における遺言に与える影響等も問題となるので，慎重に検討すべきであるという意見があった。また，このように契約成立において方式を要求する場合には，自由な撤回を認めるべきか，認める場合にはどのような方式でこれを認めるのか，撤回擬制を許すのかといった点を，検討する必要があるのではないかという意見があった。

7　その他の新規規定

(1)　贈与の予約

　売買その他の有償契約には予約に関する規定が設けられている（民法第556条，第559条）ところ，無償契約である贈与にも予約に関する規定を設けるかどうかについては，その必要性の有無や規定を設けた場合の悪用のおそれなどを踏まえるとともに，売買の予約に関する規定の内容や配置（前記第38，1）等に留意しつつ，更に検討してはどうか。

【部会資料15－2第6，7(1)［85頁］】

（議事の概況等）

　第16回会議においては，贈与の予約に関する規定を設けることについて，莫大な財産について贈与の予約をさせられるなど悪用のおそれもあり，規定の必要性に疑問があるという意見が複数あったほかは，特に意見がなかった。予約については，売買の予約の規定に関して，他の契約への適用ないし準用が考えられる規定であることから，その配置を含めて検討する必要があるとの意見があったこと（前記第38，1）を踏まえて，検討する必要がある。

(2)　背信行為等を理由とする撤回・解除

　受贈者の背信行為等を理由とする贈与の撤回・解除の規定を新たに設けることについては，相続に関する規定との関係，経済取引に与える影響，背信行為等が贈与に基づく債務の履行前に行われたか，履行後に行われたかによる差異等に留意しつつ，具体的な要件設定を通じて適用範囲を適切に限定することができるかどうかを中心に，更に検討してはどうか。

　仮に，受贈者の背信行為等を理由とする贈与の撤回・解除の規定を新たに設けるとした場合には，贈与者の相続人による贈与の撤回・解除を認める規定を設けることの当否や，法律関係の早期安定のために，受贈者の背信行為等を理由とする贈与の撤回・解除の期間制限を設けることの当否についても，更に検討しては

どうか。また，受贈者の背信行為等を理由とする贈与の撤回・解除とは別に，贈与後における贈与者の事情の変化に基づく撤回・解除の規定を新たに設けることについても，更に検討してはどうか。

【部会資料15－2第6，7(2)［86頁］，同（関連論点）［89頁］】

（議事の概況等）

　第16回会議においては，背信行為等を理由とする撤回・解除に関する規定を新設することについては，冷徹な計算に基づく経済取引に情愛や信頼関係を基礎とする規定を適用することになり反対であるという意見があったが，これに対しては，背信行為等を理由とする撤回・解除の規定は，相続法と贈与を関連付ける観点から，主に相続代替的な贈与に適用することを想定して議論されているため，適用範囲を限定する方向で調整してはどうかという意見や，経済取引一般に適用されるのは問題だが，その点は背信行為の考え方により工夫が可能であり，相続の前倒し的な贈与等の様々な場面に対応できる規定にする方向で検討する価値はあるという意見があった。また，贈与債務が未履行の状態における背信行為と履行後の状態における背信行為とでは質が異なり得るため，背信行為等を理由とする撤回・解除の要件設定について場合分けをして検討すべきではないかという意見があった。
　なお，「忘恩行為」（部会資料15－2第6，7(2)［86頁］）という用語については，贈与契約の法的効果が恩を忘れるという倫理的・情緒的事情により動揺させられるという印象を与えるなど，議論を混乱させ誤解を生じさせるおそれがあるため，用いない方が望ましいという意見があった。また，贈与者の相続人による撤回・解除権行使の可否，撤回・解除権の期間制限及び背信行為等以外の事由による撤回・解除権の各論点については，特段の意見がなかった。

(3)　解除による受贈者の原状回復義務の特則
　解除による原状回復義務の目的物が滅失又は損傷した場合において，原状回復義務者に価額返還義務を認める見解（部会資料5－2第3，4(3)［B案］［B－1案］［87頁］）を採用する立場から，贈与においては，受贈者は，原則として解除時の現存利益の限度で価額返還義務を負うとの特則を設けるべきであるという考え方が示されている。このような特則の要否について，解除における原状回復の目的物が滅失・損傷した場合の処理という論点（前記第5，3(3)）との関連性に留意しつつ，更に検討してはどうか。

【部会資料15－2第6，7(3)［94頁］】

（議事の概況等）

　第16回会議においては，本論点について，特段の意見はなかった。

(4) 無償契約への準用

　贈与の規定を契約の性質に応じて他の無償契約に準用する旨の規定を新たに設けることの要否については，贈与の適用範囲の明確化という論点（前記2）との関連性及び民法における無償契約一般の規律の在り方にも留意しつつ，他の無償契約に関する検討結果を踏まえて，更に検討してはどうか。

【部会資料15－2第6，7(4)［95頁］】

（議事の概況等）

　第16回会議においては，贈与の規定を契約の性質に応じて他の無償契約に準用する旨の規定の要否について，贈与の適用範囲を財産権の移転に限定した場合（前記2）における贈与に該当しない周辺的行為の規律の在り方及び無償契約一般についての民法の規律の在り方という二つの問題があることを指摘し，他の無償の典型契約の審議結果を踏まえて，検討すべきであるという意見があった。

　なお，無償契約の規律の在り方に関連して，約款により無償でソフトウェアを提供する契約等を念頭に置いた上で，約款に関する規定や不当条項規制について無償契約の特性を考慮した特則を設けることを検討してはどうかという意見があった。

第44 消費貸借

1 消費貸借の成立
(1) 要物性の見直し

　　消費貸借は，金銭その他の物の交付があって初めて成立する要物契約とされている（民法第587条）が，実務では，金銭が交付される前に公正証書（執行証書）の作成や抵当権の設定がしばしば行われていることから，消費貸借を要物契約として規定していると，このような公正証書や抵当権の効力について疑義が生じかねないとの問題点が指摘されている。また，現に実務においては消費貸借の合意がされて貸す債務が発生するという一定の規範意識も存在すると言われている。そこで，消費貸借を諾成契約として規定するかどうかについて，貸主の貸す債務（借主の借りる権利）が債権譲渡や差押えの対象となる場合の実務への影響を懸念する意見があることも踏まえて，更に検討してはどうか。

　　仮に，消費貸借を諾成契約として規定する場合には，借主の借りる義務を観念することができるのかどうかについても，検討してはどうか。

【部会資料16－2第1，2［1頁］】

（議事の概況等）

1　第15回会議においては，金銭交付前に作成された公正証書（執行証書）や金銭交付前に設定された抵当権の効力についての疑義を条文上も解消する必要があることや，現に実務的に諾成的消費貸借が広く行われている以上は「貸す債務」（「借りる権利」）をめぐる法律関係等について条文上も明確にする必要があることなどを根拠に，消費貸借を諾成契約として規定することに肯定的な意見があった。

　そして，消費貸借を諾成契約として規定する場合に検討を要する事項として，第1に，利息付消費貸借における利息の発生が，金銭交付時からなのか，契約成立時からなのかを明確にする必要があるとの指摘があった。この点については，利息は金銭の利用の対価であることなどから，金銭交付前に利息が発生するのは不当であるとの意見もあったが，賃貸借契約では入居の有無にかかわらず賃料が発生することとの整合性を重視して，契約成立時から利息の発生を認めるべきであるとの意見もあった。

　第2に，貸主の貸す債務（借主の借りる権利）が債権譲渡や差押えの対象となると，借主の資金の利用目的や返済計画を吟味して貸付を実行する金融機関にとっては，安心して貸付の合意をすることが困難になるとの指摘があり，これへの対応として，「貸す債務」の譲渡や差押えに制限を設ける方法や，借主の信用状態に不安が生じた場合には「貸す債務」の履行を拒むことができるようにする方法，期限の利益喪失条項を伴う使途制限条項を設け，それに違反がある場合には，既に返済期限

が到来しているとして「貸す債務」を履行しなくてよいと解する方法などの提案があった。

　第3に，合弁契約において構成員から消費貸借という形で資金を調達した場合に，「貸す債務」が相殺によって消滅してしまい，現実に資金が拠出されなくなってしまうと，実務に多大な影響が生ずるとの指摘があった。このほか，融資交渉のどの時点で消費貸借契約が成立するのかを明確にする必要があるとの指摘や，「貸す債務」の不履行があった場合に民法第419条を適用すべきであるかどうかを検討する必要があるとの指摘もあった。

　以上に対し，金銭交付前に作成された公正証書（執行証書）や金銭交付前に設定された抵当権の効力について実務上の不都合は生じていないことなどを理由に，消費貸借を諾成契約として規定することに消極的な意見もあった。

2　本論点に関連して，第23回会議においては，消費貸借を諾成契約として規定した場合に，借主が「借りる義務」を負うものか否かについても議論があった。もし借主が借りる義務を負わないのであれば，目的物の交付前における消費者借主の解除権（後記(3)参照）に関する議論の実益が失われるのではないかとの指摘もあったが，諾成的な消費貸借の中には，借主の借りる義務を想定しているものもあり，一概に借りる義務を否定することは相当ではないとの指摘もあった。

　この点については，従前の消費貸借契約の諾成化に関する議論において意識されていたのは，専ら「貸す債務」についてであり，「借りる義務」についての議論の蓄積が十分ではないことを指摘する意見もあった。

(2)　**無利息消費貸借についての特則**

　　仮に，消費貸借を諾成契約として規定する場合（前記(1)参照）であっても，無利息消費貸借については，合意のみで貸す債務が発生するとするのは適当ではないとの意見もあることから，書面による諾成的消費貸借と要物契約としての消費貸借とを並存させるという案や，書面によるものを除き目的物の交付前における解除権を認めるという案などを対象として，無利息消費貸借に関する特則を設けるかどうかについて，更に検討してはどうか。

【部会資料16 − 2 第1，2［1頁］】

（議事の概況等）

　第15回会議においては，無利息消費貸借と利息付消費貸借とを区別した上，諾成契約として規定するのは利息付消費貸借に限るべきであるとの意見があった。また，無利息消費貸借について，書面によるものを除き目的物の交付前における解除権を認めるという案に対しては，「貸す債務」の消滅時効期間と解除権の消滅時効期間との調整が必要になるとの指摘があった。

(3) 目的物の交付前における消費者借主の解除権

　　仮に，消費貸借を諾成契約として規定する場合（前記(1)参照）であっても，貸主が事業者であり借主が消費者であるときには，利息の有無や書面の有無を問わず，貸主が目的物を借主に交付するまでは，借主は消費貸借を解除することができるとの特則を設けるべきであるという考え方が示されている。このような考え方の当否について，そもそも解除によって借主がどのような義務から解放されることを想定しているのかを整理する必要があるとの意見や，その適用場面を営業的金銭消費貸借（利息制限法第5条）の場合にまで拡張して，借主が事業者であるものも含めるべきであるなどの意見があることも踏まえて，更に検討してはどうか。

【部会資料16－2第1，2（関連論点）1［5頁］】

（議事の概況等）

　　第15回会議においては，現在の実務でも，諾成的消費貸借において借主が一方的に借入れを辞退した場合には，金融機関が手数料や違約金を徴収することがあるとして，金融機関が資金調達や信用調査に要した費用については，解除をした借主に賠償させるべきであり，そうでなければ目的物の交付前における消費者借主の解除権を認めることは不合理であるとの意見があった。これに対し，少額の消費者金融において，借主が結果的に借り入れなかった場合に，違約金等の支払義務を負うことになるのは許容し難いとの意見があった。また，第23回会議においては，そもそも借主が借りる義務を負っていないのであれば，借主が一方的に借入れを辞退したとしても，金融機関に対する損害賠償責任は生じないはずであるとの意見があった。

　　本論点に関しては，コミットメントライン設定契約のように，借主が「借りる権利」を確保しつつも「借りる義務」を負うものではないタイプの契約類型を用意することによって解決が図られると示唆する意見や，貸主が事業者であり借主が消費者である場合の特則を設けるのであれば，むしろ利息制限法における営業的金銭消費貸借の概念を用いて，借主が事業者か消費者かを問わないとした方が分かりやすいとの意見があったほか，目的物の交付前における消費者借主の解除権を認めなければならないのであれば，そもそも消費貸借を諾成契約として規定する一般的な必要性がなかったということになるのではないかとの指摘があった。

(4) 目的物の引渡前の当事者の一方についての破産手続の開始

　　仮に，消費貸借を諾成契約として規定する場合（前記(1)参照）には，目的物が交付される前に当事者の一方が破産手続開始の決定を受けたときに消費貸借契約が失効する旨の規定を設けるかどうかについて，更に検討してはどうか。

　　また，これに関連して，目的物が交付される前に当事者の一方の財産状態が悪化した場合にも貸主が貸す債務を免れるものとするかどうかについても，検討し

てはどうか。

【部会資料 16 - 2 第 1，2（関連論点）2［5 頁］】

（議事の概況等）

　第 15 回会議及び第 23 回会議においては，本論点についての直接的な意見はなかったが，金融機関としては，目的物が交付される前に借主に破産手続の開始決定があった場合のみならず，借主の財産状態が悪化した場合についても，「貸す債務」を免れることにならないと，安心して消費貸借契約を締結できなくなるとの指摘があった。これに対し，第 23 回会議においては，金銭を借り入れようとする者は財産状態が良好でないのが通常であるから，財産状態の悪化を消費貸借契約の失効事由にすると，借主が不当に害されかねないとの指摘もあった。

　また，本論点に関連して，再建型倒産手続における目的物の引渡前の諾成的消費貸借の扱いについても議論すべきであるとの意見があった。

(5)　消費貸借の予約

　仮に，消費貸借を諾成契約として規定する場合（前記(1)参照）には，消費貸借の予約の規定（民法第 589 条）を削除するかどうかについて，更に検討してはどうか。

【部会資料 16 - 2 第 1，2（関連論点）3［5 頁］】

（議事の概況等）

　第 15 回会議においては，本論点について，特に意見はなかった。

2　利息に関する規律の明確化

　民法では，無利息消費貸借が原則とされているものの，現実に用いられる消費貸借のほとんどが利息付消費貸借であることを踏まえ，利息の発生をめぐる法律関係を明確にするために，利息を支払うべき旨の合意がある場合に限って借主は利息の支払義務を負うことを条文上も明らかにする方向で，更に検討してはどうか。これに関連して，事業者間において，貸主の経済事業（反復継続する事業であって収支が相償うことを目的として行われるもの）の範囲内で金銭の消費貸借がされた場合には，特段の合意がない限り利息を支払わなければならない旨の規定を設けるべきであるとの考え方（後記第 62，3(3)②参照）が提示されていることから，この考え方の当否について，更に検討してはどうか。

　また，諾成的な消費貸借において元本が交付される以前は利息は発生せず，期限前弁済をした場合にもそれ以後の利息は発生しないとする立場から，利息が元本の利用の対価として生ずることを条文上明記すべきであるという考え方が示されている。このような考え方の当否について，目的物の交付前における借主の解除権（前記 1(3)参照）や，期限前弁済に関する規律（後記 4）などと関連することに留意し

つつ，検討してはどうか。

【部会資料16－2第1，3［6頁］，部会資料20－2第1，3(3)［20頁］】

(議事の概況等)

1　第15回会議においては，利息を支払うべき旨の合意がある場合に限って借主は利息の支払義務を負うことを条文上も明らかにすることについては，特に異論はなかった。

　　このほか，第15回会議においては，商人間において金銭の消費貸借をしたときは，貸主は法定利息を請求することができることを規定する商法第513条を民法に取り込むことを検討すべきであるとの意見があり，こうした意見をも踏まえて，第20回会議において，事業者間で貸主の経済事業（反復継続する事業であって収支が相償うことを目的として行われるもの）の範囲内で金銭の消費貸借がされた場合には，特段の合意がない限り利息を支払わなければならない旨の規定を設けるべきであるとの考え方の当否についての審議が行われたところ，「経済事業」の概念が不明確である（「収支相償う」の意味が不明確である）との指摘があったが，利息を支払わなければならないという結論に対しては特に異論はなかった。

2　第23回会議及び第24回会議において，諾成的な消費貸借において元本が交付される以前は利息は発生せず，期限前弁済をした場合にもそれ以後の利息は発生しないとする立場から，利息が元本の利用の対価として生ずることを条文上明記すべきであるという意見があった。なお，利息の定義に関しては，前記第1，5(4)参照。

3　目的物に瑕疵があった場合の法律関係

(1)　貸主の担保責任

消費貸借の目的物に瑕疵があった場合の貸主の担保責任について規定する民法第590条に関し，売買における売主の担保責任（前記第39）及び贈与における贈与者の担保責任（前記第43，4）の規律が見直される場合には，利息付消費貸借における貸主の担保責任の規律は売買における売主の担保責任の規律に対応するものに，無利息消費貸借における貸主の担保責任の規律は贈与における贈与者の担保責任の規律に対応するものに，それぞれ規定を改める方向で，更に検討してはどうか。

【部会資料16－2第1，4［7頁］】

(議事の概況等)

第15回会議においては，本論点について，特に意見はなかった。

(2)　借主の返還義務

民法第590条第2項前段は，「無利息の消費貸借においては，借主は，瑕疵がある物の価額を返還することができる。」と規定する。この規定に関しては，利息

付消費貸借において貸主の担保責任を追及しない場合にも適用されると解されていることから，利息の有無を問わないものに改める方向で，更に検討してはどうか。

【部会資料16－2第1，4（関連論点）［8頁］】

（議事の概況等）

第15回会議においては，本論点について，特に意見はなかった。

4　期限前弁済に関する規律の明確化

(1)　期限前弁済

民法第591条第2項は，消費貸借において，借主はいつでも返還をすることができると規定しているが，他方で，同法第136条第2項が，期限の利益を放棄することによって相手方の利益を害することはできないとも規定していることから，返還時期が定められている利息付消費貸借における期限前弁済の可否や，期限前弁済が許されるとした場合に貸主に生ずる損害を賠償する義務の有無が，条文上は必ずしも明らかではないとの指摘がある。そこで，返還時期の定めのある利息付消費貸借においても期限前弁済をすることができ，その場合には，借主は貸主に生ずる損害を賠償しなければならないことを条文上も明らかにするかどうかについて，期限前弁済を受けた後の貸主の運用益を考慮すれば，ここでいう損害は必ずしも約定の返還時期までの利息相当額とはならないとの指摘があることにも留意しつつ，更に検討してはどうか。

【部会資料16－2第1，5［9頁］】

（議事の概況等）

第15回会議においては，本論点についての直接的な意見はなかったが，期限前弁済があった場合の「貸主に生ずる損害」に関して，期限前弁済を受けた後の貸主の運用益を考慮すれば，必ずしも約定の返還時期までの利息相当額とはならないとの指摘があった。

(2)　事業者が消費者に融資をした場合の特則

仮に，返還時期の定めのある利息付消費貸借においても期限前弁済をすることができることを条文上も明らかにする場合（前記(1)参照）には，貸主が事業者であり借主が消費者であるときに，借主は貸主に生ずる損害を賠償することなく期限前弁済をすることが許されるとの特則を設けるべきであるとの考え方が示されている。このような考え方の当否について，その適用場面を営業的金銭消費貸借（利息制限法第5条）の場合にまで拡張して，借主が事業者であるものも含めるべきであるなどの意見がある一方で，期限前弁済があった場合に貸主に生ずる損害を賠償する義務を負うことは交渉力や情報量の格差とは関係しないという意見

があることも踏まえて，更に検討してはどうか。

【部会資料16－2第1，5（関連論点）［10頁］】

（議事の概況等）

　　第15回会議及び第23回会議においては，返還時期が定められている利息付消費貸借において期限前弁済があった場合に貸主に生ずる損害を賠償する義務を負うことは，交渉力や情報量の格差とは関係しないことであるから，借主が消費者であるからという理由だけでこれを免除することは不当であり，むしろ約定とは異なる弁済をした借主は貸主に生じた損害を賠償するのが当然であるとの意見があったが，他方で，消費者に対して損害賠償責任まで負わせて不要な借入れを継続させることは適当ではないとの意見や，営業的金銭消費貸借においては，一定以下の金銭について期限前弁済をした場合には貸主に損害が生じていないとみなすような特則を設けることを提案する意見もあった。

5　抗弁の接続

　　消費貸借の規定の見直しに関連して，消費者が物品若しくは権利を購入する契約又は有償で役務の提供を受ける契約を締結する際に，これらの供給者とは異なる事業者との間で消費貸借契約を締結して信用供与を受けた場合に，一定の要件の下で，借主である消費者が供給者に対して生じている事由をもって貸主である事業者に対抗することができる（抗弁の接続）との規定を新設するべきであるとの考え方（後記第62，2⑦参照）が示されている。このような考え方の当否について，民法に抗弁の接続の規定を設けることを疑問視する意見があることも踏まえて，更に検討してはどうか。

　　また，その際には，どのような要件を設定すべきかについても，割賦販売法の規定内容をも踏まえつつ，更に検討してはどうか。

【部会資料16－2第1，6［10頁］】

（議事の概況等）

　　第15回会議においては，抗弁の接続に関する規定を民法に設けるか否かについて，抗弁の接続は，割賦販売法に規定される以前から，裁判例によって認められてきていたこと，最近では，割賦販売法の規制の対象外であるマンスリークリア方式におけるトラブルが散見されていることなどから，抗弁の接続の規定を民法に設けることに積極的な意見があった。これに対し，抗弁の接続に関しては，割賦販売法において規制の対象とされているものについては割賦販売法上の規定で対処すればよく，そうでないものについては信義則によって対処すればよいなどとして，抗弁の接続の規定を民法に設けることに消極的な意見もあった。

　　また，仮に抗弁の接続に関する規定を民法に設ける場合の要件について，与信の態様を消費貸借に限定する必然性はないとの指摘や，供給契約と消費貸借契約を一

体として行うことについての合意が存在したことを要求するのは厳格にすぎるので，二つの契約の密接関連性ないし一体性を要求することで足りるとすべきであるとの意見があった。これに対し，要件が一般化すると，抗弁の接続の規定の適用範囲が不当に広くなることが懸念されるとの意見もあった。

第45　賃貸借

1　短期賃貸借に関する規定の見直し
　　民法第602条が定める短期賃貸借の主体として規定されている「処分につき行為能力の制限を受けた者」という文言については，未成年者や成年被後見人などのそれぞれの規定で手当てがされており，同条の規定により単独で短期賃貸借を行うことができるとの誤読のおそれがあること等から，これを削除するものとしてはどうか。
　　処分の権限を有しない者が同条が定める短期賃貸借の期間を超えて締結された賃貸借の効力については，これまでの裁判例等を踏まえて，法定期間を超える部分のみが無効（一部無効）となる旨を明記することとしてはどうか。

【部会資料16－2第2，2(1)［34頁］】

（議事の概況等）
　　第15回会議においては，民法第602条の短期賃貸借の主体として規定されている「処分につき行為能力の制限を受けた者」という文言に関して，未成年者，成年被後見人，被保佐人及び被補助人が該当し得るところ，これらの者が単独ですることができる行為についてはそれぞれ別途規定が置かれており，同条のような規定を設ける必要がなく，むしろ，制限行為能力者であっても一律に短期賃貸借をすることができるとの誤読のおそれがあることから，これを削除すべきではないかとの考え方について審議された。この文言を削除することについて，賛成の意見が示され，特段の異論はなかった。
　　また，民法第602条の短期賃貸借の期間を超えて締結された賃貸借の効力についても，法定期間を超える部分のみが無効となることを明記する方向で検討すべきであるとの意見が示され，特段の異論はなかった。なお，この論点については，法律行為に含まれる特定の条項の一部無効（前記第32，2(1)）との関連に留意する必要がある。

2　賃貸借の存続期間
　　賃貸借の存続期間の上限を20年と定める民法第604条を削除して，上限を廃止するかどうかについて，長期の賃貸借を認める実務的な必要性や，長期間に渡り契約の拘束力を認めることに伴う弊害の有無などに留意しつつ，更に検討してはどうか。

【部会資料16－2第2，2(2)［38頁］】

（議事の概況等）

　第15回会議においては，賃貸借の存続期間に関して，現在の経済活動においては20年を超える大型のプロジェクトも一般化しており，外国では20年を越えるプラントや重機のリースも行われていることから，日本の民法で賃貸借契約の存続期間の上限を20年とすると経済活動上の不都合が生ずるのではないかとの意見や，借地借家法や農地法といった特別法が適用されず，民法の期間制限が適用されるような賃貸借契約であっても，20年を超えて賃貸借契約を締結したいという事例は，ゴルフ場の敷地の賃貸借などで実際にあるので，期間制限を廃止する方向で検討すべきであるとの意見が示された。また，建物のサブリース契約で長期の契約をする必要性があることを指摘して，少なくとも建物に関して20年の期間制限を置くことは合理的とは言えず，一律に期間制限を課すのではなく，目的物の性質や用法などによって期間制限の有無を検討すべきではないかとの意見も示された。

　これに対して，期間制限を廃止することに慎重な意見としては，期間制限によって不都合が生じている領域には特別法が手当をしてきており，それ以外には特段の不都合が生じているかは疑問であることや，賃貸借契約は目的物の所有権を制限し，賃貸人に義務を課すものであることから，そのような状態が長期間にわたることは問題であることを指摘するものがあった。また，後者の具体的な問題としては，賃貸借の目的物が劣化する危険があること，債務者を永久に債務に拘束すること，長期間の賃貸借契約と賃料の包括譲渡がされた場合に果実を得られない所有権が生ずること，長期間に渡り賃料が固定化することなどが指摘された。

3　賃貸借と第三者との関係

(1)　目的不動産について物権を取得した者その他の第三者との関係

　不動産の賃貸借の登記がされたときは，その後その不動産について「物権を取得した者」に対しても効力を生ずる（民法第605条）ほか，例えば，二重に賃貸借をした賃借人，不動産を差し押さえた者などとの関係でも，一般に，賃貸借の効力を対抗することができると解されている。そこで，登記した不動産の賃貸借と「物権を取得した者」以外の第三者との関係について，これを条文上明らかにする方向で，更に検討してはどうか。その際，具体的な条文の在り方については，「物権を所得した者」をも含めて，第三者に対抗することができると規定する案のほか，「物権を取得した者」との関係では同条を維持した上で，これとは別に，二重に賃貸借をした賃借人等との間の対抗関係について規定を設ける案があることを踏まえ，更に検討してはどうか。

【部会資料16－2第2，3(1)ア［40頁］】

（議事の概況等）

　第15回会議においては，不動産賃貸借と第三者との関係に関して，第三者に

よって問題となる法律関係の性質が異なることに留意すべきであるとの指摘があった。目的不動産について物権を取得した者に対する関係では，賃借権は債権であり賃貸借契約の締結後に物権を取得した者に対しては効力を生じないのが原則であるところ，賃貸借の対抗要件を備えた場合には民法第605条により物権取得者に対して当該賃貸借契約の効力が及ぶこととなるのに対し，二重に賃貸借を受けた者や目的不動産を差し押さえた債権者との関係においては，自らが賃借人であることを主張できるかどうかという対抗関係の問題であるという差異があり，後者について規定を設ける際には民法第605条とは区別して独立の規定とする必要があるとの指摘である。また，民法第605条の「効力を生ずる」という文言は，目的不動産の所有権が移転した場合に賃貸人たる地位も法律上当然に移転するという法理（後記(2)参照）を基礎付けていることにも留意すべきであるという意見があった。

このほか，民法第605条は，対抗関係でないものが含まれる規定であることから，平成16年改正で付された「不動産賃貸借の対抗力」という条見出しが不適切であるという指摘もあった。

(2) 目的不動産の所有権が移転した場合の賃貸借の帰すう

賃貸借の目的物である不動産の所有権が移転した場合における旧所有者との間の賃貸借契約の帰すうに関しては，次のような判例法理がある。すなわち，①不動産賃貸借が対抗要件を備えている場合には，特段の事情のある場合を除き，旧所有者と新所有者との間で賃貸人の地位を移転する合意が無くても，賃借人と旧所有者との間の賃貸借関係は新所有者との間に当然に承継され，旧所有者は賃貸借関係から離脱する，②その際に賃借人の承諾は不要である，③この場合の賃貸人たる地位の承継を新所有者が賃借人に対して主張するためには，新所有者が不動産の登記を備える必要がある。そこで，これらの判例法理を条文上明記する方向で，更に検討してはどうか。また，判例は，賃貸人たる地位を旧所有者に留保する旨の合意が旧所有者と新所有者との間にあったとしても，直ちには前記特段の事情には当たらず，賃貸人の地位が新所有者に承継され，旧所有者は賃貸借関係から離脱するとしている。このことを条文上明記するかどうかについては，実務上このような留保の特約の必要性があり，賃借人の保護は別途考慮することが可能であると指摘して，一律に無効とすべきでないとする意見があることに留意しつつ，更に検討してはどうか。

新所有者が上記③の登記を備えた場合であっても，賃借人は目的不動産の登記の移転について一般に関心を有しているわけではない。このことを踏まえ，賃借人は，賃貸人の地位が移転したことを知らないで旧所有者に賃料を支払ったときは，その支払を新所有者に対抗することができる旨の特則を新たに設けるかどうかについて，更に検討してはどうか。

このほか，賃借人が必要費を支出した後に目的不動産の所有権が移転し，賃貸人の地位が承継された場合には，必要費の償還債務も新賃貸人に移転すると解さ

れていることを踏まえ，これを明文化するかどうかについて，検討してはどうか。

【部会資料 16 - 2 第 2，3(1)イ［42 頁］，同（関連論点）1［44 頁］】

（議事の概況等）

　第 15 回会議においては，賃貸借の目的物である不動産の所有権が移転した場合の旧所有者との間の賃貸借契約の帰すうについては，不動産賃貸借が対抗要件を備えている場合には，賃借人と旧所有者との間の賃貸借関係は新所有者との間に当然に承継され，旧所有者は賃貸借関係から離脱すること等の判例法理を明文化し，このような場合の法律関係を明確にすべきであるとの意見が示された。また，その検討に当たっては，旧所有者と新所有者との間で賃貸人たる地位を移転する合意がある場合（合意承継）と無い場合（法定承継）とを意識的に区別して規定を設けるべきであるとの意見が示された。

　また，賃貸人たる地位を譲渡人に留保する旨の合意をした場合の効力に関して，判例（最判平成 11 年 3 月 25 日判時 1674 号 61 頁）では賃貸人の地位の移転を否定する特段の事情には当たらず，賃貸人の地位は当然に新所有者に移転するとの判断が示されているものの，一切の例外を認めない趣旨ではないこと，このような留保特約の実務上の必要性があること，この留保によって転貸借関係が生ずるとしても転借人（当初の賃借人）の保護の問題として別に検討することが可能であることなどを指摘して，一律に無効とすべきではないとする意見が示された。また，新旧所有者の間で留保の合意をする際に旧所有者に与えられた利用権限について，後日その利用権限が消滅しても転借人（元の賃借人）が新所有者に対して賃借権を主張することができるような仕組みがある場合などには，旧所有者に賃貸人の地位を留保する旨の合意の効力が認められてもよいのではないかとの意見が示された。このほか，第 24 回会議においては，賃貸人たる地位の移転だけでなく敷金返還請求権の帰すうに関しても，賃貸人の地位が移転したにもかかわらず敷金返還債務は旧賃貸人に留保するという特約の効力が認められるかどうか等について，検討すべきではないかとの意見が示された。

　第 15 回会議においては，賃借人が目的不動産の所有権の移転を知らずに旧所有者に対して賃料を支払った場合の賃料の取扱いに関しては，その支払を新所有者に対抗することができる旨の特則を設けることに賛成する意見があった。

　このほか，賃借人が賃借物に対して支出した必要費や有益費の取扱いについても検討すべきであるとの意見が示された。有益費については賃貸借終了時の賃貸人に対して償還請求すると理解されており，特別な規定は必要でないとも言えるが，必要費については直ちに償還請求権が発生し，この償還債務が賃貸人の地位の承継に伴って新賃貸人に移転すると解されており，この結論が適切であるとすれば明文化の必要があるとの新たな提案をするものである。

(3) 不動産賃貸借における合意による賃貸人の地位の承継

　対抗要件を備えていない不動産賃貸借においても，目的不動産の譲渡に伴いその当事者間の合意により賃貸人たる地位の承継が行われる場合があるが，このような場合にも，①賃借人の承諾は不要であること，②この場合の賃貸人たる地位の承継を新所有者が賃借人に対して主張するためには，新所有者が不動産の登記を備える必要があること，③賃借人は，賃貸人の地位が移転したことを知らないで旧所有者に賃料を支払ったときは，その支払を新所有者に対抗することができることを条文上明記するかどうかについて，更に検討してはどうか。

【部会資料16－2第2，3(1)イ（関連論点）2［45頁］】

（議事の概況等）

　第15回会議においては，賃貸借の目的物である不動産の所有権が移転した場合の旧所有者との間の賃貸借契約の帰すうについて，旧所有者と新所有者との間で賃貸人たる地位を移転する合意がある場合（合意承継）の規定を設けることに賛成する意見が示された。この場合には，契約上の地位の移転一般の取扱い（前記第16，2）とも関係するが，賃借人の承諾が不要であると解されていることを条文上明記すべきであり，これは特に不動産賃貸借が対抗要件を備えていない場合に，実際上の意味があるとする。

(4) 敷金返還債務の承継

　目的不動産の所有権の移転に伴い賃貸人たる地位が新所有者に移転する場合において，賃借人から旧所有者に対して敷金が差し入れられていたときは，判例・通説は，旧所有者の下での延滞賃料債務等に充当された後の残額の敷金返還債務が当然に新所有者に承継されると解している。そこで，これを条文上明記することの当否について，更に検討してはどうか

　また，これによって賃貸人の同意なく敷金返還債務が新所有者に承継される場合には，賃借人の利益を保護する観点から，旧所有者もその履行を担保する義務を負うものとすることの当否については，旧所有者の地位を不安定にし賃貸不動産の流通を阻害するおそれがある等の指摘があることを踏まえ，更に検討してはどうか。

　このほか，敷金に関しては，その定義を明らかにする規定や，敷金の充当に関する基本的な法律関係を明らかにする規定を設けるかどうかについて，検討してはどうか。

【部会資料16－2第2，3(1)ウ［45頁］，同（関連論点）［46頁］】

（議事の概況等）

　第15回会議においては，目的不動産の所有権の移転に伴い賃貸人たる地位が新所有者に移転する場合において，賃借人から旧所有者に対して敷金が差し入れられ

ていたときは，旧所有者の下での延滞賃料債務等に充当された後の残額の敷金返還債務が当然に新所有者に承継されるのが判例・通説とされている点に関して，長期にわたるテナント契約などでは実際に敷金承継が問題になる事例が多いことや，敷金が新所有者に承継されるかどうかについての消費者相談の事例も多いことなどを指摘して，これを明文化すべきであるとの意見が示された。新所有者への当然承継の根拠としては，賃借人は不動産所有者の資力というよりも当該不動産を敷金返還請求権の引当てとしていることや，賃料との相殺ないし当然充当という方法もあるため賃貸借関係が続いている限り敷金は一定程度保全されていると言えることを挙げるものがあった。

他方，新所有者に承継される敷金返還債務に関して旧所有者もその履行を担保する義務を負う旨の規定を設けるべきであるとの考え方については，賛成する意見が複数あった。その理由としては，賃借人の同意なく敷金返還債務を負う賃貸人が交替する場合には，賃借人の利益を保護する手当てを講ずるべきであること，債務者の同意を得ないで債務引受をすれば併存的債務引受となるのが債務引受の原則であり，旧所有者が債務を免れるには本来賃借人の同意を得る必要があることなどが挙げられた。また，長期間にわたり債務を負う可能性のある旧賃貸人の保護策としては，例えば，期間制限を設けるなどの配慮をすることが考えられるとの意見もあった。これに対して，反対する意見もあった。その理由としては，不動産を譲渡した後も長期にわたり簿外債務を負い続けることとなる可能性があり，取引に混乱を招くおそれがあること，賃借人は賃貸借契約を結ぶに当たり賃貸人の信用力を重視しておらず，旧賃貸人が新賃貸人の信用力を担保する必要性は小さいこと，賃貸不動産の流通を阻害するおそれがあること，信託財産である賃貸不動産を他に売却して信託を終了させようとしても受託者に担保義務が残ることになり，信託の方法による不動産流動化の障害となることなど，実務上の懸念を挙げるものが多数あった。なお，この旧所有者の責任は手形の裏書のように全ての前主に遡求できるものかという問題提起に対して，現実に敷金を受領した旧所有者のみが責任を負うものと考えられるとの意見があった。

このほか，敷金に関しては，その定義を明らかにする規定を設けるべきであるという意見や，敷金債務が承継されることだけでなく，不払賃料等の充当関係など，敷金に関する基本的な法律関係を明らかにする規定を設けることを検討すべきであるという意見があった。もっとも，これらの点に関しては，まだ具体的な立法提案が示されていない。

(5) 動産賃貸借と第三者との関係

動産の賃貸借と第三者との関係に関しては，不動産に関する民法第605条のような規定がないことを踏まえ，目的物である動産の所有権が移転した場合における賃貸借の帰すうを明確にするため新たな規定を設けるかどうかについて，動産賃貸借の対抗要件制度の要否という問題を含めて，更に検討してはどうか。

【部会資料 16 － 2 第 2，3(1)イ （関連論点）2 ［45 頁］】

(議事の概況等)

　　第15回会議においては，賃貸借による社会資源の有効活用を促進する観点から，動産賃貸借についても賃借人を保護するための方策を検討すべきであるとの意見が示された。また，トランクルームに関する消費者相談事例が少なくないが，これには不動産ではなく動産の賃貸借と考えられるものがあり，貸主が所有権を譲渡した場合の法律関係が明らかになることが望ましいという意見があった。

(6) 賃借権に基づく妨害排除請求権
　　対抗要件を備えた不動産賃借権について，賃借人の妨害排除請求権を認めている判例法理を明文化するかどうかについて，物権的請求権の規定の在り方とも関連する問題であることに留意しつつ，更に検討してはどうか。

【部会資料 16 － 2 第 2，3(1)エ ［47 頁］】

(議事の概況等)

　　第15回会議においては，本論点に関して，特段の意見はなかった。

4　賃貸人の義務
(1)　賃貸人の修繕義務
　　民法は，賃貸人は修繕義務を負うとする一方（同法第606条第1項），賃借物が修繕を要する場合における賃借人の通知義務を規定している（同法第615条）。この通知義務に違反した場合の効果が不明確であるとして，賃貸人の修繕義務の不履行による賃借人の損害賠償請求の額の算定において考慮されるとともに，賃貸人に損害が生じたときは賃借人が損害賠償責任を負うことを明文化すべきであるという考え方がある。このような考え方については，もともと賃借人の通知義務の要件が不明確であり，義務違反の効果を明文化した場合に賃借人に不当な不利益を与えるおそれがある等の指摘があることに留意しつつ，更に検討してはどうか。

【部会資料 16 － 2 第 2，3(2)ア ［49 頁］】

(議事の概況等)

　　第15回会議においては，民法第615条には賃借人の通知義務が規定されているのみで，それに違反した場合の効果が明記されていないことから，明確にすべきではないかとの意見が示される一方で，建物の瑕疵や手入れの不備など賃貸人側の事情によって損害が発生した場合にまで賃借人に通知義務違反による損害賠償責任を課すことは賃借人にとって酷な場合があるとの意見，修繕を要する状態であるか否かの判断は容易でなく，損害賠償責任を明文化することによって通知義務違反によ

る賃借人の責任が問われやすくなるおそれがあるとの意見，義務違反の効果を明文化しなくても一般則から損害賠償責任が生ずることは明らかであり，明文化の必要はないとの意見が示された。

(2) 賃貸物の修繕に関する賃借人の権利
　　賃借人が支出した必要費の償還について規定する民法第608条は，賃貸人が修繕義務を履行しない場合には賃借人が自ら修繕をする権限を有することを前提としていると解されている。これを踏まえて，賃借人が自ら必要な修繕をする権限があることを明文化することの当否について，賃貸人への事前の通知の要否など具体的な要件に関する問題を含めて，更に検討してはどうか。

【部会資料16−2第2，3(2)イ［50頁］】

（議事の概況等）

　第15回会議において，賃借人が賃貸物を修繕する権限を有する旨を条文上明記すべきではないかとの論点に関して，賃借人による修繕の権限は，修繕の内容にもよるが賃貸人に通知をした上で修繕を行うというプロセスが必要とされる場合もあることを踏まえて検討すべきであるとの意見が示された。

(3) 賃貸人の担保責任
　　賃貸物の瑕疵についての賃貸人の担保責任には，売買の規定が準用されている（民法第559条）。このうち，売主の瑕疵担保責任の期間制限の規定（同法第570条，第566条第3項）に関しては，賃貸物を継続的に使用収益させるという賃貸借の性質に照らして，賃貸借には準用されないことを条文上明確にするかどうかについて，更に検討してはどうか。

【部会資料16−2第2，3(2)ウ［51頁］】

（議事の概況等）

　第15回会議においては，本論点に関して，特段の意見はなかった。

5　賃借人の義務
(1) 賃料の支払義務（事情変更による増減額請求権）
　　借地借家法第11条，第32条，農地法第20条などを参照しつつ，契約締結後の事情変更による賃料の増減額請求権の規定を賃貸借一般を対象として設けるか否かについては，その必要性などを疑問視する意見があることも踏まえて，更に検討してはどうか。

【部会資料16−2第2，3(3)ア［52頁］】

362　第45　賃貸借

(議事の概況等)

　第15回会議においては，賃料の増減額請求権の規定は借地借家法に存在するが，その性質は継続的な契約において事情変更が生じた場合の一般的な調整の仕組みと考えられ，特別法だけに置かれるのではなく，任意規定として民法に規定する合理性があるとの意見が示された。また，民法に規定を設ける場合には，賃料不払の口実に利用されないよう，借地借家法のような詳細な規定を用意する必要があるとの意見が示された。
　他方で，このような規定を設けるとすれば借地借家法と同程度の詳細な仕組みが必要となるが，現在特別法で規定されているもののほかに賃料の増減額の仕組みが必要な事例が実際上あるのか疑問であるとの意見，継続的な契約関係のうち賃貸借についてのみ規定する必要性があるのか疑問であるとの意見，明文化によって原則と例外が逆転して賃料の減額を迫られる事例が増え，賃貸人に不利益となるのではないかとの意見が示された。

(2)　目的物の一部が利用できない場合の賃料の減額等
　目的物の一部が利用できなくなった場合の賃料の取扱いに関して，民法第611条第1項は，賃借人の過失によらないで滅失した場合に限り，賃借人の請求によって賃料が減額されることを規定しているが，使用収益の対価である賃料は，使用収益の可能性がなければ発生しないものとすべきであるという理解に立って，目的物の一部が利用できなくなった場合には，その理由を問わず（賃借人に帰責事由がある場合も含めて），賃料が当然に減額されるものとすべきであるとの考え方がある。この考え方の当否について，目的物の一部が利用できなくなった事情によって区別する必要性の有無や，危険負担制度の見直し（前記第6）との関係に留意しつつ，更に検討してはどうか。
　他方，目的物の一部が利用できず賃借をした目的を達せられなくなった場合の賃借人の解除権（民法第611条第2項）についても，利用できなくなった理由を問わないで（賃借人に帰責事由がある場合も含めて）解除権を認めるという考え方がある。このような考え方の当否についても，更に検討してはどうか。
　また，目的物が一時的に利用できない場合に関して，同様に賃料の減額や賃借人による契約の解除を認めるという考え方の当否についても，更に検討してはどうか。
　このほか，目的物が利用できない場合に関する以上のような規律を明文化するに当たっては，「滅失」という用語（民法第611条参照）ではなく，目的物の機能が失われたことに着目した文言を用いることの当否について，検討してはどうか。

【部会資料16－2第2，3(3)イ［55頁］，同（関連論点）1［56頁］，
　　　　　　　　　　　　　　　　　　　同（関連論点）2［57頁］】

(議事の概況等)

　第15回会議においては，賃借人側の事情によって目的物が利用できなくなった場合にまで賃料債務が消滅することは不合理であり，また，当事者間の公平を欠くのではないかとの意見が示された。

　また，賃貸人と賃借人のいずれにも責めに帰すべき事由がなく目的物が利用できなくなった場合については妥当なルールで，規定を置く必要が認められるものの，賃貸人又は賃借人の債務不履行によって目的物が利用できなくなった場合においても当然に賃料が減額されることとすると法律関係が複雑になるのではないかとの意見や，一時的に目的物の利用ができなくなったにすぎない場合には利用できない期間についての対価的バランスを調整する仕組みが必要であるとの意見が示された。

　このような意見に対して，賃料はある一定期間にわたって目的物を賃借人の使用収益可能な状態に置いたことに対して具体的に発生するものであり，賃貸人が利用できない場合には賃料も発生しないと考えるべきではないか，また，およそ利用が不可能になった以上，賃貸借契約を残しておく意味はないため，契約が当然に終了すると従来から解釈されてきており，そのことを明文化すべきではないかとの意見が示された。

　また，阪神・淡路大震災のような大きな災害において建物の機能に重大な欠損が生じ，賃借人の使用収益に耐えない状態になったような場合を想定すると，無用の紛争を避ける観点からも，現在の滅失概念で対応するだけでなく，建物の機能が失われたことに着眼した規定を設けることも検討する意義があるとの意見も示された。

6 賃借権の譲渡及び転貸

(1) 賃借権の譲渡及び転貸の制限

　賃貸人に無断で賃借権を譲渡したり賃借物を転貸したりした場合の賃貸人の解除権（民法第612条第2項）に関して，「賃借人の当該行為が賃貸人に対する背信的行為と認めるに足らない特段の事情がある場合」に解除が認められないとする判例法理を明文化するとともに，これによって解除が認められない場合の法律関係を明確にすることの当否について，原則と例外の関係を適切に表現する必要性などに留意しつつ，更に検討してはどうか。

【部会資料16－2第2，3(4)ア［57頁］】

(議事の概況等)

　第15回会議においては，背信的行為と認めるに足らない特段の事情がある場合において解除権が制限される判例法理に対する異論は示されなかったものの，この法理は原則として無断転貸や無断譲渡がされた場合には賃貸借契約を解除できるとした上で，特段の事情がある場合には例外的に解除権を制限するものであり，明文

化することによって，一定の事情がなければ無断で譲渡や転貸をしても解除ができないことが原則となってしまう懸念があるとの意見が示された。また，信頼関係破壊の法理は借地借家法が適用されるような事案を念頭に形成されたものであり，借地借家法において賃貸人に代わる裁判所の許可の制度が導入された後においても，信頼関係破壊の法理が一般的な法原則として成り立っているのかについては検証の必要があるとの意見が示された。また，動産については代替物の調達が容易であるため賃借人の保護の必要性は低く，信頼関係破壊の法理を適用する必要はないとの意見が示された。

　他方で，賃貸借においては，賃借権の無断譲渡・転貸の場合だけでなく，それ以外の賃借人の債務不履行を理由とする解除権の行使についても，信頼関係の破壊の有無が問題とされており，信頼関係破壊の法理はより一般的な形で規定されるべきではないかとの意見も示された。

　また，解除権が制限される場合の法律関係について，適法な転貸借や譲渡がされたとみなすことに対しては，賃貸人の利益が害されるおそれがあるとの懸念が示された。

(2) 適法な転貸借がされた場合の賃貸人と転借人との関係

　適法な転貸借がされた場合の賃貸人と転借人との法律関係に関しては，判例・学説を踏まえ，①転借人は，原賃貸借によって賃借人に与えられた権限の範囲内で，転貸借に基づく権限を与えられ，その限度で賃貸人に対して使用収益の権限を対抗することができること，②転借人は賃貸人に対して直接賃料債務を負い，その範囲は原賃貸借と転貸借のそれぞれの賃料債務の重なる限度であることなどを明文化すべきであるという考え方がある。このような考え方については，転借人は賃貸人に対して目的物を使用収益する権限が認められるわけではないことを前提として，転借人が賃貸人に対して直接に義務を負うということの意味をより精査する必要があることや，賃借人（転貸人）の倒産時に賃貸人の賃料債権に優先的地位を認める根拠とその方法のあり方を考える必要がある等の指摘がされている。そこで，以上の指摘を踏まえつつ，適法な転貸借がされた場合における賃貸人と転借人との間の基本的な法律関係や直接請求権に関する規定の在り方について，更に検討してはどうか。

　また，適法な転貸借がされた場合に，判例は，原賃貸借が合意解除された場合であっても，転借人に対して原賃貸借の消滅を対抗することができないとする一方で，賃借人の債務不履行によって原賃貸借が解除された場合には，転借人は目的物を使用収益する権限を失うとしており，このような判例法理を明文化することの当否についても，更に検討してはどうか。

【部会資料16－2第2，3(4)イ［59頁］】

(議事の概況等)

　　第15回会議においては，民法第613条は，適法な転貸借がされた場合の賃貸人と転借人との法律関係を十分に明確に規定しているとは言えず，より明確に法律関係を定める規定を置くべきとの意見が示された。

　　転借人の法的地位については，転借人の権限はあくまで転貸借契約に基づく賃借権で，転借人が使用収益を要求できる相手は転貸人（原賃借人）と考えるべきであること，従って，原賃貸人は転借人に対して賃貸人としての義務を負わないことが指摘された。その上で，適法な転貸借の場合には，原賃貸人は転貸借を理由として原賃貸借契約を解除することができず（民法第612条），転借人は原賃貸人に対して自らが使用収益することの受忍を請求することができるという関係になることから，明文化に当たっては「賃貸人は，転借人がその転貸借に基づいて賃借物を使用収益することを妨げてはならない」という趣旨の書き方をする必要があるとの指摘があった。

　　また，民法第613条は転借人が原賃貸人に対して直接義務を負うことを規定しているが，当該義務が，転借人が転貸借契約に基づき転貸人に対して負う義務なのか，それとも賃借人が原賃貸借契約に基づき原賃貸人に対して負う義務なのかがはっきりせず，この点についても明確にすべきであるとの指摘があった。この点については，転借人はあくまでも自らが結んだ転貸借契約に基づいて義務を負うのみであり，義務の履行先が原賃貸人になる可能性があるにすぎないことを条文上明確にすべきではないかとの指摘がされた。

　　また，原賃貸人が転借人に対して直接請求をすることができるのは，賃借人が債務不履行になった場合などに限定すべきではないかとの意見も示された。これに対しては，賃料請求ではそのような議論があり得るとしても，転借人は用法遵守義務や保管義務についても原賃貸人に対して直接義務を負うと考えられ，これらは債務不履行がある場合に限られないのではないかという意見があった。

　　また，民法第613条は，賃貸人にとって賃料の回収を優先的に確保する機能を有するものの，その場合に，請求を受けた転借人は転貸人に対して弁済することが禁止されるのかという債権者代位権と同様の問題があるという指摘があった。また，転貸人が倒産した場合の取扱いに関しては，賃貸人が端的に直接権利行使できると考えるのか，転貸人の権利の行使という実質を有すると考えるのかという理論的な分析が関係するとともに，賃貸人の権利にどこまで優先性を認めるのかという政策的な判断も関係するとの指摘も示された。更に，請負などほかの契約類型での直接請求権の扱いとの関係にも留意する必要のあることが指摘された。

　　原賃貸借契約が合意解除された場合の転貸借契約に与える影響に関して，賃貸人が望めば賃貸人と転借人との間に直接賃貸借契約が成立し，転貸人は契約関係から離脱するとすることについて検討すべきではないかとの意見があることが紹介された。また，原賃貸借契約が債務不履行解除された場合には転借人が目的物を使用収

益する権限を失うという判例法理を明文化することに賛成であるものの，転借人に対して賃借人の債務不履行状態を解消させるチャンスを与える手続を定めることについては，現実の取引では全ての賃借人に対して機会を保証することが困難である場合もあることから反対であるとの意見も示された。

7 賃貸借の終了
(1) 賃借物が滅失した場合等における賃貸借の終了
賃借物の全部が滅失した場合における賃貸借の帰すうについては，現在は規定がないが，一般に賃貸借契約が終了すると解されていることから，このことを条文上明記する方向で，更に検討してはどうか。

【部会資料 16－2 第 2，4(1) [65 頁]】

（議事の概況等）

　　第 15 回会議においては，賃貸借契約が目的物の滅失により終了すると解釈されてきており，また，それを変更する必要もないことから，その旨を条文として明記すべきであるとの意見が表明され，ほかの特段の意見はなかった。

(2) 賃貸借終了時の原状回復
賃貸借の終了時における賃借人の原状回復に関して，使用貸借についての簡略な規定（民法第 598 条）が賃貸借に準用されるのみである（同法第 616 条）という現状を改め，収去権とは区別して，賃借人の原状回復義務の規定を整備する方向で，更に検討してはどうか。その際には，賃借物に附属させた物がある場合と賃借物が損傷した場合の区別に留意し，後者（賃借物の損傷）に関しては原状回復の範囲に通常損耗の部分が含まれないことを条文上明記することの当否について，更に検討してはどうか。これを条文上明記する場合には，賃貸人が事業者であり賃借人が消費者であるときはこれに反する特約を無効とすべきであるとの考え方が併せて示されている（後記第 62，2⑧参照）が，このような考え方の当否についても，更に検討してはどうか。

　　また，「原状に復して」（同法第 598 条）という表現は分かりにくいという指摘があることから，これに代わる適切な表現について，検討してはどうか。

【部会資料 16－2 第 2，4(2) [67 頁]，部会資料 20－2 第 1，2 [11 頁]】

（議事の概況等）

　　第 15 回会議においては，賃貸借の終了時の原状回復に関する法律関係について，収去権とは区別して原状回復義務を明確に規定すべきであるとの意見が表明された。
　　その基本的な考え方として，賃借物に附属物が付いている場合については，付着させた物に関する所有権の所在とは関係なく，賃借人が契約締結後に賃借物に附属

させた物については収去義務があることが原則であり，附属物を分離できない場合，それが困難な場合や，収去義務を排除する特約がある場合には例外的に収去義務がないと考えるべきであること，他方，賃借物が損傷した場合には，契約上予定されていないような損傷が生じたときは賃借人は原状回復義務を負うことが原則であり，また，通常損耗や不可抗力によって生じた損傷は契約上賃借人が負担することが予定されているとは言えないから原状回復義務の範囲外であると整理すべきであるとの意見が表明された。

　また，原状回復の範囲に関して，国土交通省のガイドラインでは，通常損耗とは別に経年変化という用語を用いて，その両方を本来賃貸人が負担すべきものとしていることに留意すべきであるという指摘があった（第16回会議）。

　このほか，賃貸人が事業者で賃借人が消費者である場合に，通常損耗を賃借人の負担とする特約を無効とする旨の規定を設けるべきとの提案（部会資料20－2［13頁］参照）に関して，国土交通省のガイドラインで賃貸人の責任であると明記されているのに，実際には特約で消費者の負担とされていることが多いとして，民法に明記すべきであるとの意見がある一方で，原状回復義務を賃借人が負担する代わりに月々の賃料を減額するという実務もあり，契約全体の対価関係が崩れて多様な取引ニーズに支障をきたすおそれがあるのではないかとの意見も示された。

　また，原状回復の範囲に通常損耗の部分が含まれないことを条文上明記する場合に，賃貸人が事業者であり賃借人が消費者である契約においては，これに反する特約を無効とすべきであるとの考え方がある。第20回会議においては，このような考え方について，原則として賛成だが，このような特則の適用範囲を消費者契約以外にも広げるべきであるとの意見があった。

　第24回会議においては，原状回復という用語（民法第598条の「原状に復して」）は分かりにくいので，これに代わる適切な用語を検討すべきであるという提案があった。

(3) 損害賠償及び費用の償還の請求権についての期間の制限
　ア　用法違反による賃貸人の損害賠償請求権についての期間制限
　　　賃借人の用法違反による賃貸人の損害賠償請求権に関する期間制限（民法第621条，第600条）については，賃貸借の期間中に賃借物に生じた損害について賃貸人に短期間での権利行使を求めるのは適当でないとして，これを廃止した上で，賃貸人が目的物の返還を受けた時を消滅時効の起算点（客観的起算点）としたり，目的物の返還から一定期間を経過するまでは消滅時効が完成しないものとしたりする特則を設ける等の考え方がある。また，このような考え方を採った上で，賃借人保護の観点から，賃貸人に対して，返還後に目的物の損傷を知った場合には，一定期間内にその旨を賃借人に通知すべきことを義務付けるという考え方がある（ただし，賃貸人が事業者である場合には，目的物の損傷を知り，又は知ることができた時から起算するとの考え方がある（後記

第62，3(2)⑤参照）。）。これらの考え方の当否について，更に検討してはどうか。

【部会資料16－2第2，4(3)ア［68頁］】

(議事の概況等)

　第15回会議においては，賃貸借契約が終了すると賃貸人は賃借物に生じた滅失や損傷の有無を明渡し時に確認するのが通常であり，時間が経つと損傷がいつ存在したのかの立証も困難になるので，賃貸人が損害賠償を請求するには損傷を知ってから一定の期間内に賃借人に対して通知する義務を課することが適当であるとの意見が表明される一方で，賃借人側の義務違反によって損害が生じたことの立証責任は賃貸人側にあり，それが立証される以上，通知をしていないからといって損害賠償請求権を失う理由はないのではないかとの意見や，返還時から1年以内に請求しなければならないという現在の規定は合理的であるとの意見が示された。

　賃貸人が事業者であるか否かによって損傷の存在を通知すべき期間の起算点を区別する考え方に対しては，第20回会議において，通知義務を課すこと自体に反対であることを留保しつつ，事業者であるかどうかではなく営利性の有無で区別するほうが合理的であるとの意見があった。

イ　賃借人の費用償還請求権についての期間制限

　賃借人が支出した費用の償還請求権に関する期間制限（民法第621条，第600条）に関しては，民法上のほかの費用償還請求権の規定（同法第196条，第650条など）において期間制限が設けられていないこととの平仄などの観点から，これを廃止して債権の消滅時効一般に委ねるという考え方の当否について，更に検討してはどうか。

【部会資料16－2第2，4(3)イ［71頁］】

(議事の概況等)

　第15回会議においては，賃借物に関して賃借人が支出した必要費，有益費に対する費用償還請求権に関して，民法に規定されているその他の費用償還請求権（占有者の費用償還請求権（民法第196条），留置権者の費用償還請求権（同法第299条），受任者の費用償還請求権（同法第650条））などと同じ性格であるとされており，これらの費用償還請求権については期間制限の規定はなく一般的な消滅時効の規定に従って消滅するとの扱いであるのに，賃借人の費用償還請求権についてのみ短期の期間制限を規定する必要性・合理性は乏しいことから，債権の消滅時効一般の規定によって処理するべきであるという本文記載の考え方について審議が行われたが，本論点について，特段の意見はなかった。

8　賃貸借に関する規定の配列

　賃貸借に関する規定を分かりやすく配列する観点から，例えば，①不動産・動産に共通する規定，②不動産に固有の規定，③動産に固有の規定という順に区分して配置するという考え方の当否について，検討してはどうか。

【部会資料16－2第2，1［34頁］】

（議事の概況等）

　第15回会議においては，賃貸借に関する規定の配列について，不動産に関する規定，動産に関する規定，動産・不動産に共通の規定が混在していると分かりにくいし，また，不動産に関する規定の中でも借地借家に関するものと農地に関するものとが混在すると分かりにくくなることから，これらの区分に応じて規定を整理することを検討すべきではないかとの意見が表明された。このほか，規定の配置に関する意見として，民法の重要な特別法である借地借家法の規定についても，地上権に関する規定が含まれていることなどの難点はあるが，そのうちの重要な規定の内容を民法に取り入れることは検討されてよいとするものがあった。

第46 使用貸借

1 使用貸借契約の成立要件
　使用貸借が要物契約とされていること（民法第593条）に対しては，ほかの取引関係等を背景とする合理的な使用貸借もあり，一律に合意の拘束力を認めないのは適当でないとの指摘がある。これを踏まえ，使用貸借を諾成契約とした上で，両当事者は書面による合意をもって排除しない限り目的物の引渡しまでは契約を解除することができるものとするなど，契約の成立要件の緩和を図る方策を設ける方向で，更に検討してはどうか。

【部会資料16－2第3，2［72頁］】

（議事の概況等）
　　第16回会議においては，特段の異論は示されなかった。
　　第26回会議においては，本論点に関してなお慎重な検討が必要であるという指摘もあることが紹介された。

2 使用貸借の対抗力
　土地を使用貸借して建物を建てる際に，建築資金の担保としてその建物を活用する必要性があること等を踏まえ，使用貸借についても登記その他の方法により対抗力を備えることができる旨の規定を新たに設けることの当否について，所有者には利用権も賃料収入もないため差押えが機能しない財産が生ずることへの懸念に留意しつつ，検討してはどうか。

（議事の概況等）
　　使用貸借によって借りた土地の上に建物を建てるようなケースにおいて，土地の使用貸借に対抗力が認められないため，建物を担保として融資を受けることができないことへの対応として，使用貸借についても対抗力が認められる方策を用意すべきであるとの意見が示された。また，使用貸借には合理的な取引と関係する様々な態様のものがあることを指摘して，一定の使用貸借には対抗力を取得する方法を認めるべきであるとの意見も示された。
　　これに対して，使用貸借に対抗力が認められるとすると，所有者には使用する権利がなく，対価も得られない状態となり，債権者がこれを差し押さえても実際上の価値がないことになることを指摘して，慎重に検討すべきであるとの意見や，民法が人役権制度を導入しなかったことも併せて考慮に入れる必要があるとの意見も示された。

3　使用貸借の効力（貸主の担保責任）

　使用貸借の貸主の担保責任に関しては，贈与者の担保責任の規定（民法第551条）の見直しとも関連するが，現在と同様に贈与者の担保責任の規定と同様の規律をすべきである（同法第596条参照）との考え方がある一方で，贈与と異なり契約の趣旨等から積極的に基礎付けられる場合に限って貸主の担保責任が認められることを条文上明記すべきであるとの考え方も示されている。これらの考え方の当否について，更に検討してはどうか。

　また，負担付使用貸借の貸主の担保責任（民法第596条，第551条第2項）についても，現在と同様に負担付贈与の贈与者の担保責任と同様の規律をすべきであるとの考え方がある一方で，負担付使用貸借は，負担の範囲内で賃貸借と同じ関係にあると考え，負担の限度で賃貸人と同じ義務を負うこととすべきであるとの考え方も提示されている。これを踏まえ，これらの考え方の当否についても，更に検討してはどうか。

【部会資料16－2第3，3［74頁］，同（関連論点）［75頁］】

（議事の概況等）

　　第16回会議においては，使用貸主の担保責任に関して，売主の瑕疵担保責任において目的物の性質についての合意が契約の内容にならないとする法定責任説は妥当ではないとする議論は，無償契約である使用貸借についても当てはまるものであり，貸主の担保責任は契約内容の解釈から定められるべきであるとする意見があり，これに賛成する意見があった。

　　使用貸主の担保責任の具体的規律に関しては，無償契約において契約内容になったかどうかという契約の解釈問題として考えればよいとの意見が示された。これに対して，無償契約と有償契約とでは貸主の担保責任に関して差異があり，無償契約の特徴を示す契約解釈の準則（例えば，無償の契約の場合には現状有姿が債務内容であり，有償契約の場合には通常有すべき性質を持っている物の引渡しが債務内容であること）を検討すべきではないかとの意見が示された。この意見に賛同しつつ，同じ無償契約であっても，贈与契約と異なり使用貸借は通常は自己の有する物を他人に無償で貸すという特徴があることから，貸主の担保責任も贈与契約と異なるのではないかとの意見も示された。

　　これらの意見に対して，更に，解釈準則を置くとしても，債務の内容を確定するための解釈準則と貸主の免責ルールの解釈準則とを区別して議論する必要があるところ，いずれの解釈準則についても，無償性に着目した解釈準則を置くことには疑問があるとの意見が示された。また，売買契約の瑕疵担保責任の議論では，売買契約が有償契約であることをもって目的物が通常有すべき性質を備えていることが契約内容であるとするのではなく，契約ごとに内容が確定されるべきであるとの議論であり，使用貸借契約においても同じであるとの意見が示された。

　　このほか，契約責任説が有力になっても民法第551条の規定の存在が否定されて

はおらず，契約責任説の考え方と整合性のある規定を置くこともできるのではないかとの指摘もあった。

4 使用貸借の終了
(1) 使用貸借の終了事由
借用物の返還時期について定める民法第597条については，専ら分かりやすく規定を整理する観点から，使用貸借の存続期間を定める規定と貸主の解除権を定める規定とに条文表現を改める方向で，更に検討してはどうか。

また，無償契約である使用貸借の終了事由として，貸主に予期できなかった目的物を必要とする事由が生じた場合や，貸主と借主との間の信頼関係が失われた場合における貸主の解除権の規定を新たに設けるかどうかについて，更に検討してはどうか。

【部会資料16－2第3，4(1)［76頁］】

（議事の概況等）

第16回会議においては，貸主と借主との間の信頼関係が失われた場合における貸主の解除権を新たに規定するかどうかとの論点に対して，一時的に信頼関係が失われたとしても将来に向けて永続的に関係が絶たれることが想定されないような場合（例えば，労働組合の事務所の使用貸借）においては妥当性を欠くため，より厳格な要件とすべきであるとの意見や，借主の立場を保護する観点から貸主に新たな解除権を創設することに慎重な意見が示された。

他方で，信頼関係が失われた場合や契約が著しく長期にわたった場合における契約終了の方策を検討すべきではないかとの意見も示された。また，使用貸借の解除は将来に向かって契約を終了させる点で，目的物を返還させる贈与の解除とは異なるのではないかとの指摘があった。

また，貸主に予期できなかった目的物を必要とする事由が生じた場合における貸主の解除権を新たに規定するかどうかとの論点に対しては，解除される借主の利益を考慮する必要もあり，貸主側に解除が認められないために妥当な解決ができない事例がどの程度存在するのか，実態を調べる必要があるとの指摘があった。

(2) 損害賠償請求権・費用償還請求権についての期間の制限
借主の用法違反による貸主の損害賠償請求権や借主が支出した費用の償還請求権に関する期間制限の規定（民法第600条）の見直しについて，現在はこの規定を準用している賃貸借における見直し（前記第45, 7(3)）との関連に留意しつつ，更に検討してはどうか。

【部会資料16－2第3，4(2)［77頁］】

（議事の概況等）

　第16回会議においては，本論点に関しては，特段の意見はなかった。

第47 役務提供型の典型契約（雇用，請負，委任，寄託）総論

　一方の当事者が他方の当事者に対して役務を提供することを内容とする典型契約には，民法上，雇用，請負，委任及び寄託があるとされている。しかし，今日の社会においては新しい役務・サービスの給付を目的とするものが現れており，役務提供型に属する既存の典型契約の規定によってはこれらの契約に十分に対応できないのではないかとの問題も提起されている。このような問題に対応するため，役務提供型に属する新たな典型契約を設ける考え方や，役務提供型の契約に適用される総則的な規定を設ける考え方が示されている（後記第50参照）ほか，このような考え方を採用する場合には，これに伴って既存の各典型契約に関する規定の適用範囲の見直しが必要になることもあり得る（後記第48，1，第49，5参照）。
　役務提供型の典型契約全体に関して，事業者が消費者に対してサービスを提供する契約や，個人が自ら有償で役務を提供する契約など，当事者の属性等によっては当事者間の交渉力等が対等ではない場合があり，交渉力等において劣る方の当事者の利益を害することのないように配慮する必要があるとの問題意識や，いずれの典型契約に該当するかが不明瞭な契約があり，各典型契約の意義を分かりやすく明確にすべきであるとの問題意識が示されている。これらの問題意識なども踏まえ，各典型契約に関する後記第48以下の論点との関連にも留意しつつ，新たな典型契約の要否，役務提供型の規定の編成の在り方など，役務提供型の典型契約の全体的な在り方について，更に検討してはどうか。

【部会資料17－2第1［1頁］】

（議事の概況等）

　役務提供型の典型契約の全体的な在り方については，新しいサービスの給付を目的とする契約への対応の必要性などの問題意識が紹介され，第16回会議において審議が行われた。
　役務提供型の典型契約の全体的な在り方を検討するに当たっての総論的な意見としては，役務提供型の契約には，事業者が消費者にサービスを提供する契約のように役務提供者が強い立場にあるもののほか，個人が自ら役務を提供する契約のように実質的に雇用に類似したものもあり，このような契約においては役務提供者が弱い立場にあることから，その保護を図る必要性があることに留意して検討すべきであるとの意見や，雇用以外の類型の契約にも労働関係法規の適用対象となる労働契約があるとの指摘を念頭に置いて慎重に議論すべきであるとの意見があった。
　また，消費者契約の分野では，請負に該当するか委任に該当するかが消費者にとって分かりにくい契約が増えていることから，それぞれの典型契約の意義を明確にすべきであるとの意見があった。
　他の法制の紹介として，新しいサービス契約に対応するための諸外国の法制度は

多様であり，必ずしも共通の傾向があるわけではないことが指摘された。具体的な制度の在り方として，例えば，雇用，請負，寄託と並んで「サービス契約」に相当する別の類型を設け，これに適用される総則規定を設けるとともに，「サービス契約」の下位概念として委任，仲介，代理商，医療などに関する規定を設ける例（オランダ），委任，雇用，寄託と並んで「請負契約ないし役務契約」という規定群を設け，この中に，請負と役務提供の共通ルールと固有のルールを合わせて規定する例（ケベック），請負，委任，雇用，寄託とは別に，典型契約として，フランチャイズ，ファイナンスリース，有償のサービス契約などを設ける例（ロシア），雇用，委任とは別に，請負及び寄託類似の契約を包摂するサービスという概念を設け，その下位概念として，建設，加工，寄託，設計，情報・助言を提供する契約，医療などを設ける例（ヨーロッパ私法に関する共通参照枠草案），「委任と事務処理契約」という規定群を設け，この中に狭い無償の委任契約と事務処理契約を並列して規定し，事務処理契約に関する規定として，総則的な規定と銀行取引に関する詳細な規定を設ける例（ドイツ）があることが紹介された。

　このほか，請負の意義（後記第48，1）や準委任の意義（後記第49，5）などの後記の個別論点に関連して，請負などの既存の典型契約の意義については，役務提供型の契約全体をどのように構想するかとの関連で検討すべきであるとの意見があった。

第48 請負

1 請負の意義（民法第632条）
　請負には，請負人が完成した目的物を注文者に引き渡すことを要する類型と引渡しを要しない類型など，様々なものが含まれており，それぞれの類型に妥当すべき規律の内容は一様ではないとの指摘がある。そこで，現在は請負の規律が適用されている様々な類型について，どのような規律が妥当すべきかを見直すとともに，これらの類型を請負という規律にまとめるのが適切かどうかについて，更に検討してはどうか。例えば，請負に関する規定には，引渡しを要するものと要しないものとを区別するもの（民法第633条，第637条）があることなどに着目して，請負の規律の適用対象を，仕事の成果が有体物である類型や仕事の成果が無体物であっても成果の引渡しが観念できる類型に限定すべきであるという考え方がある。このような考え方に対しては，同様の仕事を内容とするにもかかわらず引渡しの有無によって契約類型を異にするのは不均衡であるとの指摘があることも踏まえ，「引渡し」の意義に留意しつつ，その当否について，更に検討してはどうか。

【部会資料17－2第2，2［7頁］】

（議事の概況等）

1　民法上の請負には，成果物の引渡しを要するものと要しないものという区別（同法第633条等参照）も含め，多様な契約が包摂されているが，仕事の成果（物）とその対価の交換というモデルが妥当する類型に純化するという考え方に基づき，また，請負のうち引渡しを要しない類型には瑕疵担保責任に関する規定など請負の規定の多くが適用されないことなどを指摘して，「請負」の範囲を仕事の成果が有体物である類型及び仕事の成果が無体物であっても成果の引渡しが観念できる類型に限定するという考え方がある。このような考え方からは，請負における仕事の成果物を売買における目的物に相当するものと考え，仕事完成後においては，基本的には売買と同様の規律が妥当するとする。「請負」の意義について，このような考え方が紹介され，第16回会議において審議が行われた。

2　成果が有体物である類型等に限定する考え方
　(1)　成果が有体物である類型等に限定する考え方を支持する意見
　　　請負の規律の適用対象を成果が有体物である類型等に限定する考え方を支持する立場からは，その根拠として，完成した成果を引き渡すという類型は請負における一つの典型的な類型であり，引渡しや受領の有無という基準は明確で外形的に分かりやすい上，このような類型においては引渡しと受領の関係や請負人の瑕疵担保責任が問題になるなど，他の類型とは異なる特色を有していることが挙げられた。例えば，ある種の医療行為（インフルエンザの予防接種を受けさせること

など)は請負契約と捉えることもできるが,このように引渡しを伴わないものにおいては,履行が不完全であった場合でも瑕疵担保責任は問題にならないことが指摘された。

　また,民法の請負に関する規定には引渡しを要する請負と要しない請負とを区別して扱うもの(同法第633条,第637条)があり,民法自体がこのような区別を設けていることや,役務提供型契約の受皿規定・総則規定(後記第50参照)を設けることとする場合には,規定の適用関係を明確にするため,請負に関する規定の適用対象を明確に画する必要があることも,引渡しの有無によって請負概念を画する意見を支持する根拠として指摘された。

　引渡しを要するものに請負を限定するとの考え方を支持しつつ,限定する意義を,成果物が契約に適合するかどうかを確認して受領するというプロセスを観念できるかどうかが重要であるという観点から説明する意見もあった。すなわち,成果が有体物であるか無体物であるかにかかわらず,それが契約に適合しているかどうかを注文者が確認し,問題があれば修補をさせ,なければ引渡しを受領するというプロセスを経ることが予定されている契約類型においては,請負人はこのプロセスを経て受領がされた以上債務の履行が終了したと信頼するのが通常であるから,不完全履行の責任を注文者が追及できる期間を制限しても不合理ではないなど,受領というプロセスがある類型について特有の規律を設けることにも合理性があるとする。これに対しては,従来請負と考えられてきた契約の中に,仕事の成果物が契約に適合しているかどうかを確認するプロセスが予定されていない契約は考えられないのではないか,また,上記の意見にいうような「受領」は民法第633条の「引渡し」とは異なる概念なのではないかなどの指摘があったほか,引渡しの有無によって請負概念を限定する考え方と受領の有無によって限定する考え方との異同が不明確であるとの指摘もあった。

(2)　成果が有体物である類型等に限定する考え方に消極的な意見

　以上に対し,様々な観点から,成果が有体物である類型等に請負の規律の適用対象を限定する考え方の問題点を指摘する意見もあった。

　請負の規律を限定する前提について疑問を提起する意見として,そもそも従来の請負概念で特段の不都合は生じておらず,請負の概念を変更する実益が明らかでないとの意見があった。

　また,成果が有体物であるか,引渡しが観念できるかという基準の明確性について,このような判断が困難な場合もあることから,請負の外延を明確にしなければ混乱が生ずるとの意見があった。

　成果が有体物である類型等に限定する考え方の内容面についての批判として,引渡しが観念できるかどうかで適用される規律を異にすることの不均衡を指摘するものがあった。すなわち,物の修理を目的とする契約を例に取り,請負人が持ち帰って修理するか,注文者の下で修理するかによって請負に該当するかどうかが異なるのは不均衡であるとの批判があった。このような批判を前提として,仮

に製作物供給契約や建物の建築請負のようなものに請負の規律の適用対象を限定することを意図するのであれば，引渡しの有無ではなく，労務の結果が有体物に化体するかどうかを基準とすべきではないかという考え方を示す意見もあった。他方，このような批判に対しては，成果が有体物である類型等に限定する考え方を支持する立場から，「引渡し」や「受領」の意義の捉え方によって，指摘されているような不均衡を回避することができるとの反論があった。

同様に，内容面での批判として，請負から除外されることとなる契約に適用される規律に着目して，請負の範囲から除外されることとなる契約に瑕疵担保責任の規定が適用されないのは妥当でないとの問題提起があった。このような意見に対しては，物の引渡しを観念できる契約類型については，引渡しを起算点として権利行使期間を規定するなど，瑕疵担保責任に関する規定を設ける実益があるが，引渡しを観念することができないサービスの提供を目的とする契約についてはこのような特則は必要なく，不完全履行として処理すれば足りるとの反論があった。

また，請負を成果が有体物である類型等に限定したとしても，その中には様々な類型が含まれ，例えば，注文者の注文に応じて請負人が物を製作する請負と，物の修理を内容とする請負であって引渡しを伴うものとでは，必ずしも利益状況が同じではないと指摘する意見もあった。

(3) 検討課題

成果が有体物である類型等に請負を限定する考え方を検討するに当たっては，「引渡し」の意義や，これと「受領」との異同については必ずしも理解が一致していないと思われることから，この点について，売買における「引渡し」「受領」概念との整合性などにも留意しながら検討する必要があると考えられる。

3 その他の考え方

請負の規律の適用対象をどのような基準で画するかについては，審議の中で示された考え方として，上記のとおり，仮に製作物供給契約や建物の建築請負のようなものに請負の規律の適用対象を限定することを意図するのであれば，引渡しの有無ではなく，労務の結果が有体物に化体するかどうかを基準とすべきではないかという考え方があったほか，請負の本質的な要素は仕事の完成であるから，引渡しが観念できるかどうかではなく，仕事の完成を目的としているかどうかを判断基準とすべきであるとの考え方も示された。

4 請負の意義に関する議論の在り方

以上の議論の過程で，民法上の請負には様々な類型の契約が含まれていることを指摘する意見があった。請負に含まれる類型を指摘する意見として，引渡しを要するものと要しないものとがあるとの意見のほか，実務上は仕事の完成を観念できないものも「請負」と呼ばれることを指摘するもの，成果が有体物である類型の中にも製作物供給契約，請負人が物を持ち帰ってそれを修理する類型，請負人が注文者の下で物を修理する類型の三つがあり，さらに無体物に関する請負にも様々なもの

があることを指摘するものなどがあった。
　このような認識を前提に，まず，それぞれの類型についてどのような規律が妥当すべきかを類型ごとに検討する必要があるとする意見があった。請負をどのように定義するかは，これらの類型に妥当するルールの内容とは別の問題であり，まず規律内容を検討した上で，これらの類型を「請負」という概念にまとめるかどうかを議論すべきであるというものである。

5　請負の意義を検討するに当たって留意すべき事項
　請負の意義の見直しの要否を検討するに当たっての留意点を指摘する意見として，規定の適用対象を整理する観点から，請負の意義は役務提供型の契約全体をどのように構成するかと関連するものであり，役務提供の受皿的な規定あるいは総則的な規定（後記第50参照）を設けるのであれば，これらの規定との関係に留意する必要があるとの意見があった。
　また，これとは異なる観点からの留意点を指摘するものとして，請負の中には，請負人が個人で注文者が事業者である場合など，請負人の方が弱い立場にあるものが多く，規定を設けるに当たっては，このことに留意する必要があるとの意見があった。

2　注文者の義務

　民法は，報酬支払義務のほかには注文者の義務について規定していないが，注文者は請負人が仕事を完成するために必要な協力義務を負う旨の規定を新たに設けるべきであるとの考え方も示されていることから，このような考え方の当否について，更に検討してはどうか。
　また，請負人が仕事を完成したときには注文者は目的物を受領する義務を負う旨の規定を新たに設けるべきであるとの考え方も示されているが，「受領」の意味について，契約内容に適合したことを確認した上で履行として認容するという要素を含むとする理解や，契約の目的物・客体と認めるという要素を含むとする理解のほか，そのような意思的要素を含まず，単に占有の移転を受けることを意味するという理解などがあり得る。そこで，注文者の受領義務を規定することの当否について，「受領」の意味にも留意しつつ，更に検討してはどうか。

【部会資料17－2第2，3［9頁］】

（議事の概況等）

1　請負における注文者の義務について，請負人による仕事の完成に必要な協力をする義務や，請負人が仕事を完成したときには，仕事の目的物が契約内容に適合したものであることを確認し，履行として認容するという意味での受領をする義務を負うという考え方がある。このような考え方が紹介され，第16回会議において審議が行われた。
2　協力義務

協力義務を規定することについては，これに賛成する立場から，情報処理システムの開発請負契約を例に挙げ，請負人が適切に仕事を完成するには注文者が情報提供をしなければならない場合があるが，実務上，十分な情報提供があったかどうかをめぐる紛争が生ずることも多いことを指摘し，このような紛争の防止には協力義務を規定することが有益であるとの意見があった。

これに対し，協力義務を規定することに慎重な立場から，債権者の協力義務は請負に限らず他の契約でも認められることであり，請負についてのみ規定するのは疑問であるとの意見や，協力義務の具体的内容は仕事の進捗状況に応じて変化していくものであることから，要件効果を明確に規定するのは困難であり，信義則に委ねるか，規定するとしても柔軟な規定にする必要があるとの意見があった。

3 受領義務

受領義務を規定することに賛成する意見もあったが，このような立場にも，「受領」の意味を履行として認容するという意思的要素が加わったものであると理解することに対しては疑問を示すものがあった。具体的には，履行として認容するという意味での「受領」は債権者に受領義務が認められる場合に従来想定されていた「受領」の意味とは異なるものであり，仮に意思的要素があるとしても，当該契約の目的物・客体と認めるということにとどめるべきであるとの意見や，受領義務を規定したとしても，その履行を強制する方法が明確でないとの意見があった。

また，受領義務を規定することに慎重な立場からは，このような規定を設ければ，弱い立場にある注文者が，請負人がした仕事の成果物を履行として認容することを事実上強制されるおそれがあるとの意見や，一律に受領義務を規定するのではなく，信義則に委ねるべきであるとの意見があった。

3 報酬に関する規律

(1) 報酬の支払時期（民法第633条）

民法第633条は，請負における報酬の支払時期について，仕事の目的物の引渡しと同時（引渡しを要しないときは，仕事完成後）と規定しているところ，この規律を改め，請負報酬の支払と，成果が契約に適合することを注文者が確認し，履行として認容することとを同時履行とすべきであるとの考え方が提示されている。これに対しては，請負人の保護に欠けることがないか，履行として認容することとの引換給付判決の強制執行をどのように行うかなどの指摘もある。そこで，これらの指摘を踏まえ，請負に関する取引の実態や取引実務に与える影響に留意しつつ，請負報酬の支払と注文者が履行として認容することとを同時履行とするという考え方の当否について，更に検討してはどうか。

このような考え方を採用する場合には，履行として認容する行為をどのような文言で表現するかについて，例えば「受領」と表現することが適切かどうかを含めて，併せて検討してはどうか。

【部会資料17－2第2，4(1)［10頁］】

（議事の概況等）

1　請負報酬の支払時期について，注文者が履行として認容するという意味での「受領」をすると同時に支払わなければならないものとすべきであるとの考え方が紹介され，第16回会議において審議が行われた。

　この点については，問題の所在を指摘するものとして，報酬の支払と上記の意味での受領とが同時履行であるとすると，請負人は，目的物を引き渡しても，注文者がその契約適合性について確認しなければ報酬が得られないこととなり，請負人が目的物の引渡しのリスクを一方的に負担することになるが，一方で，注文者からすれば，引渡しを受けた時に，目的物が契約に適合するかどうかを確認しないまま報酬を支払わなければならないのは酷であると言うことができ，両者の利害をどのように調整するかが問題であると指摘するものがあった。

2　受領と同時履行とする考え方を支持する意見

　報酬の支払と受領とを同時履行とすべきであるとの考え方については，検収によって初めて報酬請求権が発生するという規律は合理的で分かりやすいなどとして，このような考え方に賛成する意見があったほか，商人同士の取引では検収を終えてから報酬が支払われるのが通常であることや，商法学上も，特に国際取引においては単なる占有の移転を意味する「受取」と契約適合性を確認した上での「受領」とは区別されていることなどに言及し，商取引まで視野に入れた場合には報酬の支払は受領との同時履行とすべきではないかとする意見があった。商法学上，「受取」と「受領」が区別されていることを指摘する意見に対しては，商事売買においては両者は区別して議論されているが，この区別が問題となる商法第526条は，商事売買における売主を保護するという政策的な目的から買主に検査通知義務を課しているのであり，このような政策的目的を持つ規律を民法に設けることには疑問があるとの意見があった。

3　受領と同時履行とする考え方に消極的な意見

　以上に対し，報酬の支払と受領とを同時履行とするという考え方については，弱い立場にある請負人を保護する観点や，このような規律を実現する手続法上の困難性の観点等から，消極的な意見があった。

　まず，弱い立場にある請負人を保護する観点からの意見として，引渡しと同時履行とされている現行法の下でも，優越的地位にある注文者が仕事の完成を認めないために報酬の支払をめぐって紛争が生ずる例が多発しており，報酬の支払を受ける要件として，引渡しだけでなく注文者が履行として認容することまで必要であるとすると，現在以上に紛争が多発するおそれがあるとして，受領と報酬の支払を同時履行とする考え方に反対するものがあった。

　また，意思的要素を含む行為との引換給付を実現する執行上の困難性を指摘する意見として，履行として認容するという意思的要素を含む「受領」と報酬の支払が同時履行関係に立つとすると，請負人が報酬請求権を裁判上実現するためには「受

領」との引換給付判決を得て執行することになるが，このような意思的要素を含む行為との同時履行が執行手続の中でどのように実現されるのかが不明瞭で，執行手続が機能しないのではないかとの意見があった。

このほか，現在の実務との乖離を指摘する意見として，契約上は注文者が検収してから代金を支払うという合意がされている場合であっても，報酬の支払を求めた訴訟においては，受領との引換給付判決ではなく，引渡しがあれば請求が認容されるのが一般的であるとの指摘もあった。

また，報酬の支払と受領とが同時履行であるとすると注文者が過度に有利になるとして，基本的には引渡しの時に報酬の支払がされるべきであるとしながら，注文者の利益にも一定の配慮をし，成果が契約に適合するかどうかを注文者が確認するための機会を確保する方策も考えるべきであるとの意見もあった。

4　「受領」の意義

請負報酬は注文者が履行として認容するのと同時に支払うこととすべきであるとの考え方が，履行として認容することを「受領」と表現していることについても，問題を指摘する意見があった。すなわち，「受領」という文言は売買の担保責任における受領義務を議論する際にも用いられるが，従来，性状承認を伴うとは理解されておらず，ここで性状承認を伴う意味で「受領」という文言を用いれば，他の分野における「受領」の理解にも影響を与えるおそれがあるとする。そこで，仮に履行として認容する行為と報酬の支払とを同時履行にするという考え方を採る場合であっても，履行として認容する行為を表現する文言としては，「受領」ではなく他の文言を用いるべきであるとする。

このほか，以上の議論を踏まえ，「受領」という概念の理解には，単なる受取，客体としての承認を伴うもの，性状の承認を伴うものがあるとされているが，これらの学説の対立を踏まえた上で，請負における成果の受領後の法律関係がどのようなものであるかを具体的に考えていくことが重要であるとの意見があった。

(2)　仕事の完成が不可能になった場合の報酬請求権

仕事の完成が中途で不可能になった場合には，請負人は仕事を完成していない以上報酬を請求することができないのが原則であるが，注文者の責めに帰すべき事由によって仕事の完成が不可能になったときは，民法第536条第2項の規定に基づき，請負人は報酬を請求することができるとされている。もっとも，請負人が例外的に報酬を請求することができる場合を同項によって規律することについては，仕事が完成していない段階では具体的な報酬請求権が発生していないから，危険負担の問題として構成する前提を欠くという批判や，「責めに帰すべき事由」という文言が多義的で内容が不明確であるとの批判があるほか，請求できる報酬の範囲も明確ではない。

そこで，仕事の完成が中途で不可能になった場合であっても請負人が報酬を請求することができるのはどのような場合か，どのような範囲で報酬を請求するこ

とができるかについて、現行法の下で請負人が得られる報酬請求権の内容を後退させるべきではないとの指摘があることにも留意しながら、更に検討してはどうか。

その場合の具体的な規定内容として、例えば、①仕事の完成が不可能になった原因が注文者に生じた事由であるときは既に履行した役務提供の割合に応じた報酬を、②その原因が注文者の義務違反であるときは約定の報酬から債務を免れることによって得た利益を控除した額を、それぞれ請求することができるとの考え方がある。このような考え方の当否について、「注文者に生じた事由」や「注文者の義務違反」の具体的な内容、請負人の利益を害するおそれの有無、注文者が債務不履行を理由に解除した場合の効果との均衡などに留意しつつ、更に検討してはどうか。

また、判例は、仕事の完成が不可能になった場合であっても、既に行われた仕事の成果が可分であり、かつ、注文者が既履行部分の給付を受けることに利益を有するときは、特段の事情のない限り、既履行部分について請負契約を解除することはできず、請負人は既履行部分について報酬を請求することができるとしていることから、このような判例法理を条文上も明記するかどうかについて、更に検討してはどうか。

【部会資料17－2第2，4(2)［11頁］】

(議事の概況等)

1　仕事の完成が不可能になったにもかかわらず報酬を請求することができる場合の有無や、その場合に請求し得る報酬の範囲については、第16回会議において、本文記載の考え方が紹介され、審議が行われた。
2　注文者に生じた事由又は注文者の義務違反がある場合の報酬請求権
　本文記載の考え方は、請負人が報酬を請求することができる場合の中にも、約定の報酬全額を請求することができる場合と、一部（履行の割合に応じた額）を請求することができる場合があることを明らかにし、それぞれの要件を定めるものであると言えるが、このように、報酬全額を請求することができる場合と一部の報酬を請求することができる場合があることについては、特段の異論はなかった。
　もっとも、これらの効果を導く要件を「注文者に生じた事由」と「注文者の義務違反」と規定することについては、規定の表現について、これらの要件が具体的にどのようなことを指すのかや民法第536条第2項の「債権者の責めに帰すべき事由」との異同が明確でないとの意見があった。
　規定内容については、民法第536条第2項の解釈として、仕事の完成が不能になったことについて注文者に帰責事由があれば請負人は報酬全額を請求することができるという理解を前提に、注文者に義務違反がない限り既履行部分の割合に応じた報酬の支払をすれば足りることとすれば、現行法よりも請負人の権利を後退させることになるとして反対し、同項の規律を維持すべきであるとの意見があった。

また，報酬請求権の存否及び範囲を規律する法律構成について，「注文者に生じた事由」と「注文者の義務違反」という要件によって規律するよりも，注文者の義務違反があった場合には債務不履行解除が可能な場合が多いことから，解除と損害賠償を組み合わせる構成を用いる方が適切な結論を導きやすいとの意見もあった。
　なお，解除制度との関係に関する問題提起として，請負における仕事の完成が不可能になった場合に注文者の解除の意思表示とかかわりなく報酬を請求することができる規定を設けるのであれば，注文者による解除の可否や解除できる場合の効果との整合性に留意する必要があり，このような場合には解除という枠組みが妥当しないということを規定しておくか，解除をしても結果として同じ結論になるように要件効果面で矛盾のないように規定を設けておく必要があるとの意見があった。

3　既履行部分が可分の場合の報酬請求権
　判例（最判昭和56年2月17日判時996号61頁等）は，仕事の完成が不可能になった場合であっても，仕事の成果が可分であり，注文者が既履行部分の給付を受けることに利益を有するときは，特段の事情のない限り，注文者は既履行部分について請負契約を解除することができないとし，請負人は既履行部分について報酬を請求することができるとしている。このような法理を条文上明らかにすれば，このような要件が具備されているときは，仕事の完成が不可能になったことについて注文者に帰責事由がない場合であっても（この「議事の概況等」2で紹介した考え方によれば，注文者の義務違反や注文者に生じた事由がない場合であっても），請負人が既履行部分について報酬を請求することができる点で実益がある。
　このような判例法理を明文化することについては，請負においては成果を一部しか履行していない段階で既履行部分について報酬を請求することはできないのが基本であり，これに対する例外を認めることによって，既履行部分が可分である場合と可分でない場合との均衡を失するのではないかとの意見があった。

(3)　仕事の完成が不可能になった場合の費用償還請求権
　　仕事の完成が中途で不可能になった場合に，請負人が仕事完成義務を履行するためそれまでに支出した費用の償還を請求することができるかどうかについて，更に検討してはどうか。その場合の規定内容として，例えば，注文者に生じた事由によって仕事完成義務が履行不能になった場合には既に履行した役務提供の割合に応じた報酬を請求することができるという考え方（前記(2)①）を前提に，このような場合には報酬に含まれていない費用の償還を請求することができるとの考え方（前記(2)②の場合には，②の適用により請求できる範囲に費用が含まれていることになると考えられる。）の当否について，更に検討してはどうか。
　　　　　　　　　　　　【部会資料17－2第2，4(2)（関連論点）［14頁］】

（議事の概況等）
　仕事の完成が中途で不可能になった場合に，請負人が仕事完成義務を履行するた

めに支出した費用の償還を請求することができるかどうかについて，本文記載の考え方が紹介され，第16回会議において審議が行われた。これについては，特に意見がなかった。

4 完成した建物の所有権の帰属

建物建築の請負人が建物を完成させた場合に，その所有権が注文者と請負人のいずれに帰属するかについて，判例は，特約のない限り，材料の全部又は主要部分を供給した者に原始的に帰属するとしているが，学説上は，当事者の通常の意思などを理由に原則として注文者に原始的に帰属するとの見解が多数説であるとされる。そこで，完成した建物に関する権利関係を明確にするため，建物建築を目的とする請負における建物所有権の帰属に関する規定を新たに設けるかどうかについて，実務への影響や不動産工事の先取特権との関係にも留意しつつ，検討してはどうか。

（議事の概況等）

本論点については，第16回会議において問題提起がされた。

請負人が完成した建物の所有権をめぐって，判例は，本文記載のとおり，特約がない限り材料の供給者に原始的に帰属する（請負人が材料を提供するのが通常であることから，基本的に請負人が所有権を取得することになる。）としており，原則として注文者に原始的に帰属するという多数説と対立している。このような対立について，これは理論的な対立であるというより，どちらを原則にするかという性格の問題であり，また，これらの見解は一見先鋭に対立しているようであるが，原則を修正することによって結論的には近似しており，一致点もあることから，完成した建物に関する権利関係を明確にするためには，建物所有権の帰属に関する規定を新たに設けることを検討すべきであるとの問題提起がされた。

これに対しては，仮に注文者原始取得説を採用して判例の見解を否定することになれば実務に対して大きな影響を与えることになると考えられ，他方，判例の見解に従った規定を設けるとすると，不動産工事の先取特権を体系的にどのように位置づけるかを整理する必要が生ずることから，いずれにしても困難な問題があるとの指摘があった。

なお，完成した建物の所有権の帰属に関する規定を設ける場合の内容については，まだ具体的な立法提案が示されていない。

5 瑕疵担保責任

(1) 瑕疵修補請求権の限界（民法第634条第1項）

民法第634条第1項ただし書によれば，瑕疵が重要である場合には，修補に過分の費用を要するときであっても，注文者は請負人に対して瑕疵の修補を請求することができるが，これに対しては，報酬に見合った負担を著しく超え，契約上予定されていない過大な負担を請負人に負わせることになるとの批判がある。こ

のような批判を踏まえて，瑕疵が重要であるかどうかにかかわらず，修補に要する費用が契約の趣旨に照らして過分である場合には，注文者は請負人に対して瑕疵の修補を請求することができないこととするかどうかについて，瑕疵があれば補修を請求できるという原則に対する例外の拡大には慎重であるべきであるとの指摘があることも踏まえ，検討してはどうか。

（議事の概況等）

　本論点については，第16回会議において問題提起がされた。
　民法第634条第1項ただし書は，瑕疵が重要でない場合において，修補に過分の費用を要するときは，注文者は修補を請求することができないとしている。この趣旨は，修補に過分の費用を要する場合にも修補を請求することができるとすると，請負人は報酬に見合った負担を著しく超えるような負担を課されることになるが，このような過大な負担を負わせることは契約上予定されていないからであると説明されてきたと指摘して，これと同様の趣旨からすれば，瑕疵が重要である場合にはどれだけ費用がかかっても修補義務を負うのは行き過ぎであるとする意見があった。このような立場からは，瑕疵の程度も含めて，契約の趣旨に照らして「修補に過分の費用を要する」かどうかという要件によって修補義務の有無を判断すれば足りるとの考え方が示された。
　このような考え方に対しては，瑕疵がある場合には請負人は修補義務を負うのが原則であり，例外的に修補義務を負わない要件は厳格にすべきであって，瑕疵が重要である場合には過分の費用を要する場合であっても瑕疵修補を請求できるという民法の規定を維持すべきであるとの意見も述べられた。

(2)　瑕疵を理由とする催告解除

　民法第635条本文は，瑕疵があるために契約目的を達成できないときは注文者は請負契約を解除することができると規定しているところ，契約目的を達成することができないとまでは言えないが，請負人が修補に応じない場合に，注文者が同法第541条に基づく解除をすることができるかについては，見解が分かれている。そこで，法律関係を明確にするため，注文者が瑕疵修補の請求をしたが相当期間内にその履行がない場合には，請負契約を解除することができる旨の規定を新たに設けるべきであるとの考え方がある。このような考え方の当否について，解除に関する一般的な規定の内容（前記第5，1）にも留意しながら，更に検討してはどうか。

【部会資料17－2第2，5(2)［16頁］】

（議事の概況等）

　請負の目的物に，契約目的を達成できないとまでは言えない程度の瑕疵がある場合に，注文者が催告解除をすることができるかどうかについては，第16回会議に

おいて本文記載の考え方が紹介されて審議が行われたところ，民法第541条の解除の一般的な規定の内容（前記第5，1）が確定した段階でこれとの整合性にも留意しながら再度検討する必要があるとの意見があった。

(3) 土地の工作物を目的とする請負の解除（民法第635条ただし書）
　　民法第635条ただし書は，土地の工作物を目的とする請負は，瑕疵のために契約をした目的を達成することができない場合であっても解除することができないと規定しているが，これは，土地工作物を収去することは請負人にとって過大な負担となり，また，収去することによる社会的・経済的な損失も大きいからであるとされている。しかし，建築請負契約の目的物である建物に重大な瑕疵があるために当該建物を建て替えざるを得ない事案で建物の建替費用相当額の損害賠償を認めた最高裁判例が現れており，この判例の趣旨からすれば注文者による契約の解除を認めてもよいことになるはずであるとの評価もある。これを踏まえ，土地の工作物を目的とする請負の解除の制限を見直し，例えば，土地の工作物を目的とする請負についての解除を制限する規定を削除し，請負に関する一般原則に委ねるという考え方や，建替えを必要とする場合に限って解除することができる旨を明文化する考え方が示されている。これらの考え方の当否について，更に検討してはどうか。

【部会資料17－2第2，5(2)［16頁］】

（議事の概況等）

　　土地の工作物を目的とする請負の解除の制限については，本文記載の考え方が紹介され，第16回会議において審議が行われた。
　　土地の工作物を目的とする請負の解除の制限を見直すかどうかについては賛否が分かれた。解除の制限を廃止してよいという立場からの意見として，建築請負契約の目的物である建物に重大な瑕疵があるために建物を建て替えざるを得ない場合には，注文者は請負人に対し建物の建替えに要する費用相当額の損害賠償請求をすることができ，このことは民法第635条ただし書の趣旨に反しないとした最高裁判例（最判平成14年9月24日判時1801号77頁）の趣旨に照らすと，同条ただし書は廃止してよいという意見が述べられた。これに対し，現行法を改めると，目的物が土地の工作物であっても比較的容易に解除することができるようになるが，その当否については慎重な検討が必要であるとの意見があった。

(4) 報酬減額請求権の要否
　　請負の目的物に瑕疵があった場合における注文者の救済手段として報酬減額請求権が認められるかどうかは，明文の規定がなく不明確であるが，報酬減額請求権は，損害賠償など他の救済手段の存否にかかわらず認められる点で固有の意義があるなどとして，報酬減額請求権に関する規定を新たに設けるべきであるとの

考え方がある。これに対しては，請負においては損害賠償責任について請負人に免責事由が認められるのはまれであることなどから，減額請求権を規定する必要はないとの指摘もある。このような指摘も考慮しながら，報酬減額請求権の要否について，更に検討してはどうか。

【部会資料17 − 2 第2，5(3)［17頁］】

(議事の概況等)

　請負の目的物に瑕疵がある場合の救済手段としての報酬減額請求権については，本文記載の考え方が紹介され，第16回会議において審議が行われた。
　報酬減額請求権を規定する意義を指摘するものとして，例えば報酬請求権が譲渡されている場合において，請負人が完成した目的物に瑕疵があるときは，報酬請求権の譲受人には減額された報酬請求権しか取得させるべきでないと考えられるが，このような帰結を導くために減額請求権を規定する必要性があるのではないかとの意見があった。
　報酬減額請求の要件のうち他の救済手段との関係については，実務上は，損害賠償請求権と報酬減額請求権は併存して行使することができるのが通常であり，報酬減額請求権が損害賠償請求をすることができない場合の予備的な救済手段である旨の規定が設けられれば，実務に混乱が生ずるとの意見があった。もっとも，紹介された考え方は，損害賠償請求権が認められない場合であっても最低限報酬減額請求権は認められる場合があるというものであり，損害賠償請求権が認められない場合に限って報酬減額請求権が認められるという趣旨ではないと考えられる。

(5)　請負人の担保責任の存続期間（民法第637条，第638条第2項）
　　請負人の担保責任を追及するためには，土地の工作物を目的とするもの以外の請負においては仕事の目的物の引渡し（引渡しを要しないときは完成時）から1年以内，土地の工作物を目的とする請負において工作物が瑕疵によって滅失又は損傷したときはその時から1年以内に，権利行使をしなければならず（民法第637条，第638条第2項），具体的には，裁判外において，瑕疵担保責任を追及する意思を明確に告げる必要があるとされている。
　　このような規律に対しては，請負人の担保責任について消滅時効の一般原則と異なる扱いをする必要があるか，目的物の性質を問わず一律の存続期間を設けることが妥当か，存続期間内にすべき行為が過重ではないかなどの指摘がある。これらの指摘を踏まえ，起算点，期間の長さ，期間内に注文者がすべき行為の内容を見直すことの要否について，更に検討してはどうか。
　　その場合の具体的な考え方として，①注文者が目的物に瑕疵があることを知った時から合理的な期間内にその旨を請負人に通知しなければならないとする考え方（ただし，民法に事業者概念を取り入れる場合に，請負人が事業者である場合の特則として，瑕疵を知り又は知ることができた時からこの期間を起算する旨の

規定を設けるべきであるとの考え方がある（後記第62，3(2)④）。）や，②瑕疵を知った時から1年以内という期間制限と注文者が目的物を履行として認容してから5年以内という期間制限を併存させ，この期間内にすべき行為の内容は現行法と同様とする考え方が示されているほか，③このような期間制限を設けず，消滅時効の一般原則に委ねるという考え方もある。これらについては，例えば①に対して，「合理的な期間」の内容が不明確であり，取引の実務に悪影響を及ぼすとか，失権効を伴う通知義務を課すことは注文者にとって負担が重いとの指摘などもある。上記の各考え方の当否について，売買における売主の瑕疵担保責任の存続期間との整合性（前記第39，1(6)），消滅時効の一般原則の内容（前記第36，1(1)(3)）などにも留意しつつ，更に検討してはどうか。

【部会資料17－2第2，5(4)［18頁］，部会資料20－2第1，3(2)［16頁］】

（議事の概況等）

1　請負人の担保責任の存続期間については，本文記載の①及び②の考え方が紹介され，第16回会議において審議が行われた。具体的な問題点は，存続期間の起算点，期間の長さ，その期間中に注文者がすべき行為の内容をどのように考えるかである。この点については，まず，存続期間を引渡しから1年とする現行法の規律を改正する必要があるとの意見があった。改正する場合の具体的な規定内容については，本文記載の①及び②の考え方のほか，審議において，請負人の担保責任について消滅時効の特則を設けず，消滅時効の一般原則によって処理すべきであるとの意見もあった。

2　注文者に瑕疵の通知義務を負わせる考え方

　本文記載①の考え方は，注文者に瑕疵の通知義務を負わせ，これを怠ったときの失権効によって担保責任の存続期間を規律する観点から，起算点，期間の長さ，その期間中に注文者がすべき行為の内容についての考え方を提示するものである。通知義務と失権効によって規律する考え方の当否については，賛否双方の立場からの意見があった。

　注文者に通知義務を負わせることを支持する立場からは，瑕疵の判断は時間が経過すると困難になること，注文者の行為規範としても通知させる方が無用の紛争の防止を可能にすること，このような義務を課すことにより請負人がその損害を小さくする対応をとり得ることにもなることから，注文者が瑕疵を知っている場合には通知義務を課してもよいのではないかという意見があり，さらに，一般論としては注文者に検査確認義務を課すのは過大であるとしても，注文者が事業者である場合には検収をするのが通常であるから，検査確認義務を前提とした規律を設けることもあり得るとの意見があった。

　他方，注文者に通知義務を課すことに慎重な立場から，注文者が消費者である場合に，注文者が請負人に瑕疵を通知することを期待できるか疑問であり，通知義務について検討するのであれば，誰にどのような通知をするかを情報提供するなど，

通知がどのように実効的にされるかという視点も併せて検討する必要があるとの意見があった。これに対しては、通知すること自体は一般消費者にも期待できるが、通知したことの立証の困難性を考えると、失権効と結びつけるのは疑問があるとの意見があった。同様に、通知をしなければ失権するという効果は注文者にとって酷な場合があるとの意見があった。

なお、通知義務と失権効によって瑕疵担保責任の存続期間を規律するという考え方は、売主の瑕疵担保責任の存続期間についても議論されており（前記第39、1(6)）、これとの整合性にも留意しながら検討する必要がある。

3　消滅時効の特則を設けることの要否

本文記載①の考え方とは異なる方向の考え方として、請負人の瑕疵担保責任の存続期間について、消滅時効の一般原則に委ねれば足りるとの意見もあった。民法は消滅時効の一般原則と異なる規律を設けているが、特則を設ける合理的な理由はないとする。また、原則としてこのような立場に立ちつつ、一定の修正を加えるものとして、請負人は引渡しにより債務の履行を完了したと考えている場合が多いことから、このような請負人の信頼を保護するため、注文者が瑕疵を知っているときは、引渡しを起算点とする一般の時効期間と併せて、注文者がその瑕疵を知った時を起算点とする短い期間制限を設けるべきであるとの意見もあった。

請負人の担保責任の存続期間を債権の消滅時効の一般原則に従って処理するかどうかを検討するに当たっては、瑕疵の存否や程度についての評価は時間を経るに従って困難になるという性質をどのように評価するか、注文者が瑕疵の存在を知ったときの行為規範としてどのようなものが望ましいかなどを考慮する必要があるとの指摘があった。

なお、消滅時効の一般原則をどのようなものとするかについては、起算点、時効期間の長さなどについて議論がされており（前記第36、1(1)(3)参照）、請負人の担保責任について消滅時効の特則を設ける必要があるかどうかは、一般原則の内容を踏まえて検討する必要があると考えられる。

4　個別の検討課題

本文記載①及び②の考え方を含め、起算点等の個別の論点については、以下のような意見があった。

(1)　存続期間の起算点

本文記載①の考え方は、瑕疵担保責任の存続期間を瑕疵通知義務と失権効によって規律するものであるから、その起算点は、原則として注文者が瑕疵を知った時から起算することになるが、注文者が事業者である場合は、瑕疵を知り又は知ることができた時から起算するという考え方が併せて示されている（後記第62、3(2)④）。このような考え方について、第20回会議においては、通知義務を課すという考え方に疑問があるという留保をしつつ、区別するとしても、事業者であるかどうかではなく営利性の有無で区別するほうが合理的であるとの意見があった。

本文記載③の考え方は、担保責任の存続期間を消滅時効の一般原則に委ねるものであるから、一般原則をどのように考えるかによるが、「権利を行使することができる時」とする民法の規定を維持する考え方や、債権者等の認識を基準とする起算点を併置する考え方などがある（前記第36、1(3)参照）。第16回会議において、時効の一般原則に委ねる立場から述べられた意見としては、仕事の結果について瑕疵があるかどうか確認できるような状態になった時、すなわち、引渡しを要する場合については引渡しの時、引渡しを要しない場合には仕事が終了した時を起算点とすべきであるとするものがあった。

引渡しを起算点とする考え方に対しては、存続期間内に注文者がすべき行為の内容について、現在の判例は権利保存のため具体的な主張をしなければならないこととしているが、このような重い通知ないし権利行使を要求するのか、より軽微な行為で足りるかを併せて検討すべきであるとの意見があった。

また、瑕疵担保責任の起算点は請負の意義（前記1）にも関連する（請負を引渡しが観念できるものに限定するのであれば、引渡しを要しないものについての起算点を検討する必要がない。）ので、この点との関係にも留意する必要がある。

(2) 存続期間の長さ

本文記載①の考え方からは、契約の性質に応じた合理的期間とする考え方が示されている。このような考え方に対し、期間制限は請負人を保護するために設けられているが、期間の長さが不明確になれば、特に注文者が強い立場にある請負において請負人の利益が害される懸念があるため、期間は一律にすべきであるとの意見があった。

本文記載③の考え方によれば、一般原則をどのように考えるかによるが、5年ないし3年に短期化する考え方などがある（前記第36、1(1)参照）。

(3) 存続期間内に注文者がすべき行為の内容

本文記載①の考え方からは、請負人に対して瑕疵がある旨の通知をすべきことになる（通知を期待することの可否についての意見は、この「議事の概況等」2参照。）。

消滅時効の一般原則に委ねる考え方によれば、訴えを提起することが必要になると考えられる。

(6) 土地工作物に関する性質保証期間（民法第638条第1項）

民法第638条第1項は、土地工作物に関する担保責任の存続期間について規定するが、その法的性質を性質保証期間（目的物が契約で定めた性質・有用性を備えていなければならない期間）と解する立場がある。このような立場から、前記(5)の担保責任の存続期間に加え、土地工作物について性質保証期間に関する規定を設け、請負人はその期間中に明らかになった瑕疵について担保責任を負うことを規定すべきであるとの考え方が示されているが、これに対しては、土地工作物のみを対象として性質保証期間を設ける根拠が十分に説明できないなどの指摘もある。そこで、土地工作物について性質保証期間に関する規定を設けるかどう

か，設ける場合に設定すべき具体的な期間，合意によって期間を伸縮することの可否等について，担保責任の存続期間との関係などにも留意しつつ，更に検討してはどうか。

【部会資料17－2第2，5(5)［21頁］】

（議事の概況等）
1　民法第638条第1項が規定する土地工作物に関する担保責任の存続期間は，性質保証期間（仕事の目的物が契約で定めた性質ないし有用性を備えていなければならない期間）であるという理解を前提として，その法的効果などを明確にすべきであるとの考え方がある。このような考え方が紹介され，第16回会議において審議が行われた。
2　性質保証期間の意義
　　性質保証期間という考え方については，期間内に瑕疵が明らかになった場合でも，請負人は引渡し時には瑕疵がなかった旨の反証をすることによって責任を免れることができるかという問題を提起するものがあった。性質を保証すべき期間内においては契約で定められた性質・有用性が具備されていなければならないのであるから，注文者が通常の使用をしていたにもかかわらずこの期間内にその性質・有用性が失われた場合には，請負人は，引渡し時にその性質・有用性が具備されていたことを理由に責任を免れることはできないと考えられる。
3　性質保証期間の採否
　　土地の工作物について性質保証期間を設けるかどうかについては，賛否双方からの意見があった。慎重な立場からの意見として，売買などの他の契約類型については性質保証期間に関する規定を設けず，土地の工作物を目的とする請負についてのみ性質保証期間を定める合理的な根拠を説明する必要があるとの意見や，性質保証期間の効果として議論されていることは消滅時効の効果として議論すれば足り，必ずしも性質保証期間という考え方を導入する必要はないとの意見があった。
　　性質保証期間という考え方の採否を検討するに当たっての留意点を指摘するものとして，一定期間内に瑕疵が明らかになった場合には受領時に瑕疵があったとみなすという理由付けをするのであれば，製造物責任法第3条の欠陥の証明との関係をどのように整理するかという問題を意識すべきであるとの意見，一般の消滅時効期間との整合性にも留意すべきであるとの意見があった。

(7) 瑕疵担保責任の免責特約（民法第640条）
　　請負人は，担保責任を負わない旨の特約をした場合であっても，知りながら告げなかった事実については責任を免れないとされている（民法第640条）が，知らなかったことに重過失がある事実についても責任を免れない旨の規定を設けるかどうかについて，検討してはどうか。また，これに加え，請負人の故意又は重大な義務違反によって生じた瑕疵についても責任を免れない旨の規定を設けるか

どうかについて，更に検討してはどうか。

【部会資料17－2第2，5(6)［22頁］】

（議事の概況等）

　請負人の担保責任の免責特約については，本文後段の考え方が紹介され，第16回会議において審議が行われたが，その内容について特段の意見はなかった。「重大な義務違反」とするか「重過失」とするかについて問題が提起されたが，「重大な義務違反」という表現は，契約の趣旨によって注文者が負う義務が設定され，この契約上の義務に対する違反の程度が重大であるかどうかに着目したものであると考えられる。この表現については，債務者が契約上の義務に反した場合を条文上一般にどのように表現するかとも関連するので，他の領域での表現との整合性にも留意して更に検討する必要がある。

　本論点については，このほか，知らなかったことについて重過失がある事実についても，知りながら告げなかった事実についてと同様，免責特約が及ばず，責任を免れないとすべきであるとの意見があった。

　なお，本論点と関連するものとして，民法第572条（担保責任を負わない旨の特約）の見直しの要否（前記第39，7）がある。

6　注文者の任意解除権（民法第641条）

(1)　注文者の任意解除権に対する制約

　民法は，請負人が仕事を完成しない間は注文者はいつでも損害を賠償して請負契約を解除することができるとして（民法第641条），注文者による解除権を広く認めている。これに対しては，請負人が弱い立場にある請負について注文者による解除権を広く認めることには疑問があるとの指摘がある。そこで，一定の類型の契約においては注文者の任意解除権を制限する規定を新たに設けるかどうかについて，検討してはどうか。

（議事の概況等）

　民法は，仕事完成前における注文者の解除権を幅広く認めている。これに対し，第17回会議において，請負人が注文者に対して従属関係にある労働契約類似の請負など，請負人が注文者に対して弱い立場にある請負については，注文者による解除を広く認めた上で当事者の利害を金銭によって調整するという規律を適用することには疑問があり，注文者の解除権に対する制約原理を検討する必要があるのではないかとの意見があった。

　なお，この点については，まだ具体的な立法提案が示されていない。

(2)　注文者が任意解除権を行使した場合の損害賠償の範囲（民法第641条）

　注文者が民法第641条の規定に基づいて請負契約を解除した場合に賠償すべき

損害の範囲は具体的に規定されていないが，現在の解釈を明文化し，約定の報酬相当額から解除によって支出を免れた費用（又は自己の債務を免れたことによる利益）を控除した額を賠償しなければならないことを規定すべきであるとの考え方がある。このような考え方の当否について，注文者の義務違反によって仕事の完成が不可能になった場合の報酬請求権の額（前記3(2)）との整合性にも留意しつつ，更に検討してはどうか。

【部会資料17－2第2，6［23頁］】

（議事の概況等）

　　注文者が民法第641条の規定に基づいて請負契約を解除した場合に賠償すべき損害の範囲については，本文記載の考え方がある。
　　第17回会議においては，注文者の義務違反によって仕事の完成が不可能になった場合の報酬請求権の額との関係を整理する必要があるとの意見があった。注文者の義務違反によって仕事の完成が不可能になった場合には，請負人は「約定の報酬から債務を免れることによって得た利益を控除した額」を請求することができるとの考え方が紹介されている（前記3(2)）ところ，本論点で紹介された「約定の報酬相当額から解除によって支出を免れた費用を控除した額」という考え方との異同が明確でないとする。特に，請負人が他の仕事をすることによって得た利益は「債務を免れることによって得た利益」には該当するとも解されるが，「支出を免れた費用」には該当しないようにも解されることが指摘され，任意解除の場合にも請負人が他の仕事をすることによって得られた利益を控除することを検討すべきであるとの問題提起がされた。

7　注文者についての破産手続の開始による解除（民法第642条）

　　注文者が破産手続開始の決定を受けたときは，請負人又は破産管財人は契約を解除することができる（民法第642条第1項）。これについて，請負の中には仕事完成後の法律関係が売買と類似するものがあり，このような請負については，買主について破産手続が開始されても売主が売買契約を解除することができないのと同様に，仕事完成後に注文者が破産手続開始の決定を受けても請負人が契約を解除することはできず，解除できるのは，注文者についての破産手続開始が仕事完成前であった場合に限定されることになるのではないかとの問題が提起されている。そこで，このような限定をする旨の規定を設けることの当否について，検討してはどうか。

（議事の概況等）

　　第16回会議において，仕事完成後引渡し前の請負に関する規律と売買に関する規律の整合性という観点から，注文者が破産した場合に請負人が契約を解除することができる時期について，問題が提起された。すなわち，請負の中には仕事完成後

は基本的には売買と同様の規律が妥当するものがあるが，買主について破産手続開始決定がされたとしても売主が破産法第53条の規定に基づいて売買を解除することができるとはされていない以上，仕事完成後引渡し前に注文者について破産手続開始決定がされた場合に，売買と同様の規律が妥当すべき請負を請負人が解除できるとするのは均衡を失するので，民法第642条第1項の規定に基づいて請負人がこのような請負を解除することができるのは，同法第641条と同様に，請負人が仕事を完成しない間に限定すべきであると考える余地があるというものである。

　なお，請負の意義（前記1）に関する一つの考え方として，請負を限定し，引渡しを観念できるものに純化するというものがあるが，この考え方は，仕事の成果物を売買の目的物と同様に捉えるものであるとされている。このような考え方に従えば，請負一般について，本論点が問題になり得る。他方，このような考え方を採らなくても，請負の中に，仕事の完成後の法律関係が売買に類似するものはあり得るから，そのような請負については本論点が問題になり得る。したがって，本論点は請負の意義をどのように考えるかにかかわらず問題になるものである。

8　下請負

(1)　下請負に関する原則

　請負人が下請負人を利用することができるかどうかについて民法上明文の規定はないが，当事者の意思又は仕事の性質に反しない限り，仕事の全部又は一部を下請負人に請け負わせることができると解されている。これを条文上明記するかどうかについて，下請負に関するこのような法律関係は契約責任の一般原則から導くことができ，明文の規定は不要であるとの考え方があることも踏まえて，更に検討してはどうか。

【部会資料17－2第2，7(1)［24頁］】

（議事の概況等）

　下請負に関する原則を明文化するかどうかについては，原則として下請負を利用することができるという考え方や，下請負を利用することができることは契約責任の一般原則から導かれることから，特に規定することを要しないとの考え方が紹介され，第17回会議において審議が行われたが，特段の意見はなかった。下請負を利用することの可否は，履行補助者に関する規定の内容（前記第8，2）にも関連することから，この点との整合性にも留意する必要があると考えられる。

(2)　下請負人の直接請求権

　下請負契約は元請負契約を履行するために行われるものであって契約相互の関連性が密接であることなどから，適法な下請負がされた場合には，賃貸人が転借人に対して直接賃料の支払を求めることができる（民法第613条第1項）のと同様に，下請負人の元請負人に対する報酬債権と元請負人の注文者に対する報酬債

権の重なる限度で，下請負人は注文者に対して直接支払を請求することができる旨を新たに規定すべきであるとの考え方がある。これに対しては，下請負人に直接請求権を認めるのは担保権以上の優先権を認めることであり，その必要性があるのか慎重な検討を要するとの指摘，元請負人が多数の下請負人を使用した場合や複数次にわたって下請負がされた場合に適切な処理が困難になるとの指摘，元請負人が第三者に仕事を請け負わせた場合には直接請求が可能になるが，元請負人が第三者から物を購入した場合には直接請求ができないのは均衡を失するとの指摘，下請負人から報酬の支払を請求される注文者が二重弁済のリスクを負うことになるとの指摘などがある。これらの指摘も考慮しながら，下請負人が注文者に対して報酬を直接請求することができるものとする考え方の当否や，直接請求権を認める場合にどのような範囲の下請負人に認めるかについて，更に検討してはどうか。

【部会資料17－2第2，7(2)［24頁］】

(議事の概況等)

1 下請負の直接請求権については，本文前段記載の考え方が紹介され，第17回会議において審議が行われた。
2 下請負人に優先権を認めることの可否

下請負人は元請負人の注文者に対する報酬請求権から優先的に弁済を受けられるとすることの当否がまず問題とされ，一定の要件を満たす下請負人に限定して優先権を認めるという立場と，下請負人一般に優先権を認めるという立場があった。

下請負人一般に優先権を認める立場からは，その根拠として，下請負契約は元請負契約を履行するために行われるので契約相互が密接に関連していること，元請負人は注文者との合意によりその報酬請求権の履行を確保する方法があるが，下請負人には必ずしもその債権の履行を確保する手段がないこと，特別法によって保護される類型や債権者代位権による対応も可能であるが，これらの手段を用いることができない場合もあることなどが挙げられた。

他方，一定の要件を満たす下請負人に限定して優先権を認める意見として，包括的下請負が注文者と請負人の合意の下で行われるような事例では下請負人に優先権を認めてもよいが，注文者からの受注等における元請負人の役割が大きい事例では下請負人の優先権を認めるべきではないとの意見があった。また，転貸借との比較の観点から，最低限転貸借と同じような状況の場合には直接請求権を認めるべきであるとの意見があった。

優先権を認める方法や程度についても議論がされた。この点については，下請負人に優先権を与える必要があるとしても，その方法として特別の先取特権などの担保権を付与することも検討すべきであるとの意見があった。また，このような構成との比較の観点から，下請負人をどの程度保護することが適切かを検討する必要性を指摘するものとして，下請負人に担保権を与える構成によれば，元請負人につい

ての会社更生手続が開始された場合には，下請負人は更生担保権を有するにとどまって手続外で行使できないのに対し，直接請求権を与える構成によれば，手続外でも優先的な立場で弁済を受けられることになり，担保権を付与する以上に強い権利が認められることになるが，このような強い保護の必要性の有無を検討すべきであるとの意見があった。

3　転貸借等との整合性

　下請人に直接請求権を認めるかどうかという問題を検討するための視角を提供するものとして，この問題は，転貸借や復委任，さらには一般的に連鎖する契約相互に密接な関連性がある場合に直接請求権を認めるかどうかという問題の一つであるとして，転貸借の場合には賃貸人の転借人に対する直接請求権が認められていることとの整合性をどのように考えるかという問題提起があった。この点については，下請負と転貸借との差異を指摘するものとして，転貸借は原則として禁止されているが下請負は原則として自由であること，転貸借は目的物をそのまま転貸するが，下請負の場合は幾つかの部分に分割して別の下請負人に請け負わせる場合があることを指摘する意見があった。他方，倒産時の債権者間の不平等を回避する観点から，むしろ転貸借も含めて直接請求権を認めるべきではないとの意見があった。

4　直接請求権の問題点を指摘する意見

　下請人の注文者に対する直接請求権を認めることについては，理論的な観点と実務上の弊害の観点の双方から，その問題点を指摘する意見があった

　理論的な観点から直接請求権の問題点を指摘するものとして，二つの契約の間に密接な牽連関係が認められるのは元請負契約と下請負契約の間に限らず，例えば，元請負契約と元請負人が材料を入手するために締結した売買との間にも同様の牽連関係が認められるが，両者が請負である場合にだけ直接の請求権を認めることの説明が十分ではないとの意見，元請負人について，その財産の包括的差押えとしての性格を有する破産手続開始があった場合には，注文者はその債務の弁済を禁止されるはずであるのに，下請負人に対する弁済をすることができるのは不均衡であるとの意見があった。

　また，実務上の弊害を指摘するものとしては，下請負には重層的な下請負構造を採る例が多く，このような場合の処理が複雑になって実務上混乱が生ずるおそれがあるとの意見，下請負人からの請求に対応するため注文者が下請負契約を管理する必要があり，注文者の事務負担を増大させるおそれがあるとの意見，混乱を避けるために元請負契約において下請負の利用が禁止されることが増え，従来下請負を受注していた企業の仕事が減少するおそれがあるとの意見，中小企業は金融機関が提供する一括支払システムを活用して下請代金を前もって現金化しているが，直接請求権を認めると，この債権の取扱いが不明確になり，債権譲渡による資金調達ができなくなるおそれがあるとの意見，元請負人の経営が悪化している場面で，下請負人が注文者等に対して直接報酬の支払を請求すると，倒産の引き金を引きかねないとの意見，注文者は元請負人と下請負人との間の契約内容を把握していないことが

多いため，債務不履行や二重払のリスクを負うおそれがあるとの意見，元請負人と下請負人との紛争に注文者を巻き込むことになるおそれがあるとの意見などがあった。

5　更に検討すべき問題
　　技術的な観点から更に検討すべき問題点として，権利行使の手続的な要件をどのように考えるか，注文者が元請負人に対して何らかの抗弁を主張することができる場合にこれを下請負人に主張することの可否，元請負人が下請負人に対して何らかの抗弁を主張することができる場合に，そのことを知らない注文者が支払をしてしまった場合の処理などが指摘された。

(3)　下請負人の請負の目的物に対する権利
　　下請負人は，注文者に対し，請負の目的物に関して元請負人と異なる権利関係を主張することはできないとするのが判例である。このような判例を踏まえ，下請負人は，請負の目的物に関して，元請負人が元請負契約に基づいて注文者に対して有する権利を超える権利を注文者に主張することができないことを条文上明記するかどうかについて，下請負人を保護するためにこのような原則の例外を設ける必要がないかどうかにも留意しつつ，更に検討してはどうか。
　　また，これとは逆に，注文者も，元請負契約に基づいて元請負人に対して有する権利を超える権利を下請負人に対して主張することができない旨の規定を設けるかどうかについて，更に検討してはどうか。

【部会資料17－2第2，7(3)［25頁］】

（議事の概況等）

　　本論点は，最判平成5年10月19日民集47巻8号5061頁の趣旨を条文上明記することの当否を取り上げるものであり，第17回会議において審議が行われた。
　　この点については，下請負人は元請負人が元請負契約に基づいて注文者に対して有する以上の権利を主張できないという原則には異存がないが，下請負人の保護も考慮すべきであり，一括請負かどうか，注文者の承諾の有無などの要素を勘案して全く例外を認めないかどうかについて更に検討する必要があるのではないかとの意見があった。

第49　委任

1　受任者の義務に関する規定
(1)　受任者の指図遵守義務

　民法は受任者の義務として善管注意義務を規定している（同法第644条）が，その一つの内容として，委任者の指図があるときはこれに従って委任事務を処理しなければならないものと解されていることから，このような原則を条文上明記するかどうかについて，その例外に関する規定の要否や内容などを含め，更に検討してはどうか。

　受任者の指図遵守義務の例外として，①指図を遵守しなくても債務不履行にならない場合があるか，②指図に従うことが債務不履行になる場合があるかのそれぞれについて，適切な要件を規定することができるかや，指図の射程がどこまで及ぶかなどに留意しながら，更に検討してはどうか。

【部会資料17－2第3，2(1)［29頁］】

（議事の概況等）

1　受任者の善管注意義務については，その一つの内容として指図遵守義務があるという原則を明記することの当否，例外的に指図に従うことを要しない場合について規定を設けるかどうか及びその内容が問題として提起され，第17回会議において審議が行われた。

　この点に関する議論の進め方についての意見として，法律行為の処理を内容とする委任と法律行為以外の事務の処理を内容とする準委任とでは状況が異なっていることから，まず法律行為の委任についてどのような規律の内容が望ましいかを議論すべきであるとの意見があった。

2　指図遵守義務の原則

　受任者が原則として委任者の指図に従うべきことについては，特段の異論は述べられなかった。もっとも，その例外（本文後段参照）を適切に規定することができないのであれば，受任者が委任者の指図に従わなければならないという原則も条文に規定せず，善管注意義務の解釈に委ねた方が柔軟でよいとの意見があった。

3　指図遵守義務の例外

(1)　指図遵守義務の例外に関する規定を設けること自体に対して消極的な意見として，指図遵守義務の例外を設けると委任者が受任者をコントロールできない場合が生じ，実務上不都合が生ずるおそれがあるとの意見や，受任者が委任者の指図を遵守することが合理的でない場合があり得ることは認めながら，指図を遵守すべきでないと考えられる理由や望ましい対応も様々であるから，要件や効果を適切に規定するのは困難であるとの意見があった。

(2) 指図遵守義務の例外は，①受任者が指図に従うことを要しない場合があるか（指図を遵守しなくても債務不履行にならない場合があるか），②指図の変更を求めるとか指図と異なる処理をするなどの義務を受任者が負う場合があるか（指図に従うことが債務不履行になる場合があるか）という2点が問題になると考えられる。

指図と異なる処理をする権利を認めることについては，一定の場合に指図を遵守しなくてもよい旨の規定を設けることは受任者の選択肢を広げることになって望ましいという意見があった。

これに対し，指図と異なる処理をする義務を受任者に負わせることについては，消極的な意見があった。このような規律を設けた場合には，受任者が指図を遵守した結果債務不履行責任を負うことがあり得るが，このような結論は実務的に受け入れ難いこと，指図を遵守することが不合理かどうか曖昧な事案も多く，このような場合に受任者が指図とは異なる処理をする義務を負うとすると，義務違反の責任を問われることを恐れて判断にバイアスが生じ，結果として委任者の利益を害する結果になりかねないことや，受任者に専門性がない委任において，委任者の利益を判断する義務を受任者に負わせるのは適当でないことなどを根拠とする。

これに対しては，現行法においても，受任者が指図されたとおりに事務を処理することが善管注意義務違反に該当する場合があり得るとの指摘があった。すなわち，指図がある場合であっても，通常は，それに従うことが委任者の利益を害する場合にまでその射程は及んでいないのであり，このような場合には，受任者は指図が存在していないものとして，善管注意義務に従って委任事務を処理しなければならないのであるから，指図と異なる処理をしなければ債務不履行責任を負う場合はあり得るという。

このほか，受任者が指図を遵守する以外の積極的な行為をする義務を負うとしても，その内容には様々な段階があることを指摘し，委任者の指図が不適切であると思われる場合に，常にこれと異なる処理をする義務や指図の変更を求める義務があるとするのは行き過ぎであり，指図を維持するか変更するかの確認をすれば足りる場合もあるとの意見があった。

(2) **受任者の忠実義務**

受任者は，委任者との利害が対立する状況で受任者自身の利益を図ってはならない義務，すなわち忠実義務を負うとされている。民法には忠実義務に関する規定はなく，善管注意義務の内容から導かれるとも言われるが，忠実義務は，適用される場面や救済方法などが善管注意義務と異なっており，固有の意味があるとして，善管注意義務とは別に，受任者が忠実義務を負うことを条文上明記すべきであるとの考え方がある。これに対しては，忠実義務の内容は委任の趣旨や内容によって異なり得ることから，忠実義務に関する規定を設けず，委任の趣旨や善管注意義務の解釈に委ねる方が柔軟でよいとの指摘，忠実義務を規定すると強い

立場にある委任者が弱い立場にある受任者に対してこの規定を濫用するおそれがあるとの指摘，適切な要件効果を規定することは困難ではないかとの指摘もある。このような指摘も踏まえ，忠実義務に関する明文の規定を設けるという考え方の当否について，善管注意義務との関係，他の法令において規定されている忠実義務との関係，忠実義務を減免する特約の効力などに留意しながら，更に検討してはどうか。

【部会資料17－2第3，2(2)［31頁］】

(議事の概況等)

1　忠実義務については，本文記載の考え方が紹介され，第17回会議において審議が行われた。

　忠実義務に関する議論の在り方に関して，法律行為の処理を内容とする委任においては忠実義務の内容は明確だが，事実行為の処理を内容とする準委任における忠実義務が何を意味するのかは不明確であるなどとして，どのような類型の契約について，善管注意義務とは別に忠実義務を規定する意義があるかをまず明らかにすべきであるとの問題提起があり，これに関連する意見として，準委任は定型的・画一的な業務を大量に処理するものであり，忠実義務を適用するのは困難であるとの意見があった。

2　善管注意義務との関係

　最大判昭和45年6月24日民集24巻6号625頁は，取締役の商法（会社法）上の忠実義務は善管注意義務を敷衍して一層明確にしたものであり，通常の委任関係に伴う善管注意義務とは別個の高度な義務を規定したものと解することができないと判示しており，それにもかかわらず，善管注意義務とは別に忠実義務に関する規定を設けると，最高裁判例との整合性をどのように説明するか，困難な問題が生じるのではないかとの問題が提起された。

　これに対し，上記最高裁判決にかかわらず，会社法の理論及び実務においては，善管注意義務と忠実義務は区別されており，これは民法上の委任についても同様であるとの意見があり，具体的な相違点として，①忠実義務の違反に対しては，差止めや利益の吐出しなど，善管注意義務とは異なる救済方法が認められること，②委任事務と直接関係しない領域で受任者自身の利益を図る行為（委任事務を遂行する過程で得た情報を使って私的な利益を追求するなど）は善管注意義務に違反するとは言えないが，忠実義務に反すると言えること，③会社法においては，忠実義務に反する判断には経営判断の原則が適用されないとされているなど，忠実義務は善管注意義務の内容を画するに当たっても重要であることが指摘された。

3　義務内容の明確性

　この「議事の概況等」2と関連すると考えられるが，忠実義務の内容を明確に規定することができるかどうかに疑問を示す意見があった。忠実義務の概念について理解が一致しておらず，抽象的な文言では解釈をめぐる紛争が生ずるおそれがある

こと，委任の趣旨や内容によって忠実義務の程度に濃淡があることを指摘し，委任の趣旨や善管注意義務の解釈に委ねる方が柔軟でよいというものである。

4　他の法令に規定する忠実義務との関係

　忠実義務を善管注意義務と区別して規定することと他の法令の規定との関係についても審議が行われた。

　忠実義務を規定することに慎重な立場からは，委任一般について忠実義務に関する規定を設けると，他の法令に規定された忠実義務との関係が問題になり，会社法第355条，信託法第30条など，専門性を有する者に特別の忠実義務を負わせた規定が機能を果たせなくなるとの意見や，会社法上，取締役及び監査役と会社との関係はいずれも委任の規定に従うとされている（同法第330条）が，取締役については忠実義務が設けられているのに対して監査役については忠実義務の規定は設けられていないことから，委任に関する一般的な規定として忠実義務を規定すると，会社法上も混乱が生ずるのではないかとの意見があった。

　これに対し，信託法上の忠実義務は必ずしも受託者が専門家であることを想定したものとは言えないとの意見や，監査役の忠実義務については，監査役に業務執行権がなく，忠実義務が具体化する場面が少ないことから規定されていないと考えられるが，立法論的にはむしろ忠実義務を規定すべきであるとの意見が強いとの指摘があった。

　他の法令との平仄を考えると，むしろ，会社法と信託法などにおいて忠実義務に関する規定が設けられており，これと民法の委任における受任者の義務とは本質的な違いがあるとは言えないことから，受任者の義務としても忠実義務を規定せざるを得ないのではないかとの意見があった。

5　その他

　仮に民法に忠実義務に関する規定を設けるとしても，それが任意規定であることを明確にすべきであるとの意見があった。このような意見については，忠実義務を一定の範囲で軽減することはともかく，全面的に忠実義務を排除できるとすることが妥当かどうかは疑問があるとの意見があり，併せて，信託法改正の際にも忠実義務の任意規定化が検討されたがこれを全面的に免除することは認められなかったことが紹介された。

　また，忠実義務を規定すると強い立場にある委任者が弱い立場にある受任者に対してこの規定を濫用するおそれがあることを指摘し，慎重な検討を求める意見があった。

(3)　受任者の自己執行義務

　受任者は，原則として自ら事務処理をしなければならないとされているが，その実定法上の根拠は代理に関する民法第104条であるとされている。このような原則を，委任に関する規定として，条文上明記することとしてはどうか。

　また，同条は，本人の許諾を得たときとやむを得ない事由があるときに限って

復代理人の選任を認めているが，これに対しては，復委任が認められる場合を限定しすぎているとして，受任者の自己執行義務の例外をこれらの場合以外の場合にも拡大すべきであるとの考え方がある。これに対し，委任は当事者間の信認関係に基づくものであるから復委任の要件を緩和すべきでないという指摘もある。このような指摘も考慮しながら，復委任の要件を緩和することの可否について，更に検討してはどうか。緩和する場合には，例えば，受任者に自ら委任事務を処理することを期待するのが相当でないときに復委任を認めるという考え方や，有償委任においては委任の本旨が復委任を許さない場合を除いて復委任をすることができるという考え方の当否について，更に検討してはどうか。

　復受任者を使用した受任者の責任については，民法第105条第1項のように一律に復受任者の選任・監督についての責任のみを負うとするのではなく，履行補助者を使用した債務者の責任（前記第8，2）と同様に扱う方向で，更に検討してはどうか。

　さらに，復受任者が委任者に対して善管注意義務，報告義務等を負うか，復受任者が委任者に対して報酬等を直接請求することができるかなど，復委任が認められる場合の復受任者と委任者との法律関係について，更に検討してはどうか。

【部会資料17－2第3，2(3)［32頁］】

（議事の概況等）

1　受任者の自己執行義務の原則とその例外，復委任が認められる場合の法律関係については，第17回会議において審議が行われた。
2　自己執行義務の原則
　　受任者は原則として自分で事務を処理しなければならず，復代理人を使用できないという原則は，代理に関する民法第104条に規定されているが，これは代理権の授与を伴わない場合にも妥当するものである上，同条の規律は委任の外部に対する効果に関するものではなく，その内部関係に関するものであるから，委任に関する規定として設けるべきであるとの意見があり，これに対しては特段の異論がなかった。
　　もっとも，準委任は定型的・画一的な業務を大量に処理するものであり，自己執行義務を適用するのは困難であるから，これを準委任に準用すべきでないとの意見があった。
3　復委任の要件の緩和
(1)　民法第104条は，やむを得ない事由がある場合に復委任が認められるとしているが，復委任の要件を緩和すべきであるとの考え方が紹介され，審議が行われた。
　　　復委任の要件を緩和する現実の必要性について疑問を呈する意見もあったが，特に専門的な事業者に委任するような場合を中心として復委任の要件を緩和するニーズがあるとの意見や，現代社会における専門化・分業化を考えると受任者に

よる自己執行の必要性は立法当時と同じではないとの意見もあった。

このほか，復委任の要件を緩和することに慎重な意見として，委任は当事者間の信頼関係に基づく属人的なものであるから，復委任の要件を緩和することに対しては反対であるとの意見や，復委任が拡大することによる現実の不都合を指摘するものとして，専門化・分業化の時代だからこそ，復委任の要件を緩和すると，法律関係を混乱させるおそれがあるとの意見や，自ら事務を処理する能力がないにもかかわらず受任し，復受任者に丸投げする受任者が出てくるのではないかとの指摘があった。

(2) 復委任の要件については，受任者に自ら委任事務を処理することを期待するのが委任の趣旨からみて相当でないときは，復委任を認めなければ委任の目的を実現できないから，自己執行義務の例外の要件を緩和し，このような場合にも復委任を認めてもよいとの意見があった。これに対しては，「受任者に自ら委任事務を処理することを期待するのが相当でないとき」という要件では，誰の期待を基準とするのか（委任者なのか，裁判所なのか）が不明であるとか，このような場合には受任者は委任を解除すべきであるとの批判があった。

4 　復委任がされた場合の受任者の責任

民法第105条第1項は，代理人は復代理人の選任及び監督について責任を負うと規定しているが，復代理人を使用することを本人が許諾したとかやむを得ない事由があるというだけで代理人の責任が制限される理由はなく，債務者が契約上どのような債務を負っているかが重要であるが，これは委任においても同様であるとの意見があった。すなわち，契約上復受任者の選任・監督の義務しか負わない場合もあり得るが，委任者が一定の委任事務を処理する債務を負担したのであれば，その債務を履行するために復受任者を使用してよい場合であっても，復受任者の行為によって債務が履行されないときは債務不履行責任を免れないとする。このような考え方からは，併せて，復受任者を使用した場合の受任者の責任は履行補助者を使用した場合の債務者の責任（前記第8，2）と理論上異ならないので，履行補助者責任に関する一般原則に委ね，復受任者を使用した受任者の責任については特に規定を設けないこともあり得るとの考え方が示された。このような考え方を支持しつつ，無償委任の受任者の責任を軽減することは考えられるとの意見もあった。

これに対し，委任という契約類型は当事者間の信認関係を特徴とするものであるから，履行補助者の一般原則に委ねるのではなく，原則として自己執行義務があることを明文化しておくことはなお意義があるとの意見があった。

5 　復受任者の委任者に対する義務

復受任者は，委任者に対し，復委任において定めた範囲内で，受任者が原委任によって委任者に対して負うのと同一の義務を負うとの考え方が紹介されたが，特段の意見はなかった。

6 　復受任者の委任者に対する権利

復受任者に委任者に対する報酬，費用等の直接請求権を認める考え方が紹介さ

1　受任者の義務に関する規定　405

れ，審議が行われた。このような考え方に対しては，下請負人の注文者に対する直接請求権（前記第48，8(2)）と同様，委任者は見ず知らずの復受任者，復々受任者から請求を受ける可能性があり，二重払のリスクを負うおそれがあるなどとして反対する意見があった。

(4) 受任者の報告義務（民法第645条）
　　受任者は，委任者の請求があるとき（民法第645条）だけでなく，委任事務の処理について委任者に指図を求める必要があるときも，委任事務の処理の状況について報告する義務を負うことを条文上明記することとしてはどうか。
　　長期にわたる委任においては相当期間ごとに報告義務を負うこととするかどうかについては，これに要する費用，柔軟な対応の可否等にも留意して，更に検討してはどうか。

【部会資料17 − 2第3，2(4)［36頁］】

（議事の概況等）

1　受任者の報告義務については，本文記載の考え方が紹介され，第17回会議において審議が行われた。
2　受任者は，委任者に指図を求める必要があるときには委任事務の処理について報告しなければならないとの考え方について，特段の意見がなかった。
3　長期の委任においては相当期間ごとに報告義務を負うとの考え方については，単に期間が長期であるというだけで相当期間ごとの報告義務が課されると費用が増加する上，委任者としてもそれを望まないことが多いとして反対する意見や，内容的には合理的だが，条文上明記すると柔軟な対応が困難になるのではないかとの意見があった。

(5) 委任者の財産についての受任者の保管義務
　　受任者が委任事務を処理するために委任者の財産を保管する場合については民法上規定がないが，この場合における法律関係を明確にする観点から，有償寄託の規定を準用するとの考え方がある。このような考え方の当否について，有償寄託に関する規定の内容（後記第52参照）を検討した上で，更に検討してはどうか。

【部会資料17 − 2第3，2(5)［36頁］】

（議事の概況等）

　本論点については，本文記載の考え方が紹介され，第17回会議において審議が行われた。この考え方は，有償寄託に関する一定の規定内容を前提とするものであり，委任が有償であるか無償であるかを問わず受任者は善管注意義務を負い，また，混合寄託等に関する規定（後記第52，9）を通じて委任者と受任者との法律関係

(6) 受任者の金銭の消費についての責任（民法第647条）

民法第647条は，受任者が委任者に引き渡すべき金額又はその利益のために用いるべき金額を自己のために消費したときは，消費した日以後の利息を支払わなければならず，これを超える損害がある場合はその賠償責任を負うと規定しているが，これは，利息超過損害についての同法第419条を削除することとする場合（前記第3，6(2)参照）には一般的な損害賠償の規律によっても導くことができるとして，同法第647条を削除するという考え方がある。この考え方の当否について，一般的な損害賠償の規律によって消費した日以後の利息を請求することの可否にも留意しつつ，更に検討してはどうか。

【部会資料17－2第3，2(6)［37頁］】

(議事の概況等)

受任者が委任者の金銭を消費した場合の受任者の責任については，第17回会議において審議が行われた。

この点については，民法第647条の背景には忠実義務の思想があると考えられるから，忠実義務を独立して規定すれば，同条の規定を削除し，一般的な損害賠償のルールに委ねてよいとも考えられるとの意見があった。これに対し，金銭の消費が債務不履行であるとすれば請求して初めて遅延損害金の請求をすることになるはずであり，同条を削除すれば，明文の規定がないのに消費した日以後の遅延損害金は請求できないのではないかとの指摘があった。

なお，この点については，利息超過損害の賠償についての一般的規定である民法第419条を削除するかどうか（前記第3，6(2)）にも関連することから，この点との整合性にも留意する必要があると考えられる。

2　委任者の義務に関する規定

(1) 受任者が債務を負担したときの解放義務（民法第650条第2項）

受任者が委任事務の処理に必要と認められる債務を負担した場合には，受任者は委任者に対して代弁済を請求することができる（民法第650条第2項）が，より一般的に弁済資金の支払を請求することができる旨を定めるべきであるとの考え方がある。このような考え方の当否について，受任者の他の債権者による弁済資金請求権の差押えが可能となることへの評価や，費用前払請求権との関係などに留意しながら，更に検討してはどうか。

【部会資料17－2第3，3(1)［38頁］】

（議事の概況等）

　　受任者が委任事務の処理に必要と認められる債務を負担した場合の委任者の義務について，本文記載の考え方が紹介され，第17回会議において審議が行われた。
　　このような考え方については，代弁済請求を認めずに弁済資金の支払請求だけが認められるとすると，受任者の他の債権者がこの金銭債権を差し押さえてそこから満足を得ることができることになるが，それが適当であるかどうかを検討する必要があるとの意見や，弁済資金支払請求権は受任者の費用前払請求権（民法第649条）や費用償還請求権（同法第650条第1項）とどのように異なるのか不明確であるとの意見があった。

(2)　受任者が受けた損害の賠償義務（民法第650条第3項）
　　受任者が委任事務を処理するため過失なく損害を受けたときは，委任者はその損害を賠償しなければならないとされている（民法第650条第3項）が，同項は有償委任には適用されないとの学説もある。そこで，この点を明確にするため，有償委任に同項が適用されるか，適用されるとしても損害賠償責任の有無や額において有償性が考慮されるかを条文上明記すべきであるとの考え方の当否について，更に検討してはどうか。後者の問題については，受任者が委任事務を処理するについて損害を被る危険の有無及び程度を考慮して報酬の額が定められている場合には，委任者の損害賠償責任の有無及び額はこれを考慮して定めるという考え方があるが，このような考え方の当否について，有償委任の場合であっても損害を被る危険の評価がされていない場合もあるという指摘があることにも留意しながら，更に検討してはどうか。

【部会資料17－2第3，3(2)［39頁］】

（議事の概況等）

　　民法第650条第3項の規定が有償契約に適用されるか，その適用の在り方が無償委任と異なるかについては，第17回会議において審議が行われた。
　　受任者が損害を被る危険の有無・程度を考慮して報酬の額が定められている有償契約においては委任者の損害賠償責任の有無及び額はこれを考慮して定めるという考え方が紹介されたところ，損害を被る危険の有無や程度の評価は容易ではなく，有償委任の場合であっても報酬の決定に当たってリスクが評価されていない場合もあることから，慎重に検討する必要があるとの意見があった。

(3)　受任者が受けた損害の賠償義務についての消費者契約の特則（民法第650条第3項）
　　委任者は，受任者が委任事務を処理するに当たって過失なく被った損害について無過失責任を負うとされている（民法第650条第3項）が，消費者及び事業者

概念を民法に取り入れる場合には，受任者が事業者であり委任者が消費者である場合の特則として，委任者が無過失を立証すれば免責されるとの特則を設けるべきであるとの考え方がある（後記第62，2⑨）。このような考え方の当否について，受寄者が事業者であり寄託者が消費者である場合の寄託者の損害賠償責任の在り方（後記第52，5(1)）との整合性にも留意しながら，検討してはどうか。

(議事の概況等)

　寄託者の損害賠償責任（民法第661条）を見直す場合の規定の在り方について，原則として寄託者の責任を無過失責任とするが，例外的に，受寄者が事業者で，寄託者が消費者である場合に限定して，寄託者が寄託物の性質又は状態を過失なく知らなかった場合には免責されることとする考え方がある（後記第52，5(1)）。第20回会議において，仮にこのような考え方を採るのであれば，受任者が過失なく被った損害についての委任者の賠償義務（同法第650条第3項）についても，これと同様に，委任者が消費者であり受任者が事業者である場合の特則（後記第62，2⑨）として，委任者が無過失を立証すれば責任を免れるとの特則を設けるのが整合的であるという意見があった。
　このような考え方については，受寄者が事業者であり寄託者が消費者である場合の寄託者の損害賠償責任の在り方との整合性にも留意しながら検討する必要があると考えられる。

3　報酬に関する規律

(1)　無償性の原則の見直し（民法第648条第1項）

　受任者は特約がなければ報酬を請求することができないと規定されている（民法第648条第1項）ため，委任は原則として無償であると解されているが，このような原則は必ずしも現実の取引に適合するとは言えないことから，有償又は無償のいずれかが原則であるとする立場を採らず，条文上も中立的な表現を用いる方向で，更に検討してはどうか。

　また，受任者が事業者であり，経済事業（反復継続する事業であって収支が相償うことを目的として行われるもの）の範囲内において委任契約を締結したときは，有償性が推定されるという規定を設けるべきであるとの考え方（後記第62，3(3)③）の当否について，更に検討してはどうか。

【部会資料17－2第3，1（関連論点）2［29頁］，
部会資料20－2第1，3(3)［20頁］】

(議事の概況等)

　第17回会議において委任の無償性の原則について審議が行われたところ，事業者が受任者である委任においては，報酬を支払う旨の合意の存在が事実上推認され，更に，諸事情を勘案して報酬額が推認されるという運用がされていることか

ら，報酬請求権の有無についてより中立的な規定に改めることを検討すべきであるとの意見があり，この点について特段の異論はなかった。

　また，事業者が受任者である委任についてはむしろ有償であるのが原則である旨の規定を設けるかどうかを併せて検討すべきであるとの意見があった。

　なお，委任の規定の編成について，有償委任と無償委任とを区別して配置する考え方が紹介されたが，これに対しては，対価の有無によって直ちに性質が異なるとは言えないこと，提供される役務の内容は様々で，有償と無償の区別が微妙な場合もあることから，最初から有償の類型と無償の類型とを区別するのではなく，有償と無償とを区別して規定すべき場合があれば個別の規定において対応すれば足りるとの意見があった。

　第20回会議においては，事業者である受任者が「経済事業」の範囲内で委任契約を締結したときは有償性が推定されるという特則を設ける考え方について審議が行われたところ，「経済事業」の概念について，「収支相償う」の意味が不明確であるとの意見があった。

(2) 報酬の支払方式

　委任における報酬の支払方式には，委任事務の処理によってもたらされる成果に対して報酬を支払うことが合意されるもの（成果完成型）と，役務提供そのものに対して報酬が支払われるもの（履行割合型）があることを条文上明記し，報酬請求権の発生要件や支払時期などをそれぞれの方式に応じて規律するかどうかについて，更に検討してはどうか。

【部会資料17－2第3，4(1)［40頁］】

（議事の概況等）

1　委任についての報酬支払方式には本文記載の成果完成型と履行割合型とがあり，これを明文で規定すべきであるとの考え方が紹介され，第17回会議において審議が行われた。

2　委任における報酬の支払方式を成果完成型と履行割合型に分類して規律する考え方については，報酬請求権の発生時期，途中で履行不能になった場合の報酬請求権の帰すうについて，役務提供型に属する各典型契約全体について見通す観点から，「成果完成型」と「履行割合型」という類型を設けることには意味があるとの意見があった。

　他方，成果そのものに対して報酬が支払われるという方式が委任にもあり得るとすると，請負との関係が混乱するのではないかとの指摘があり，これに対しては，委任においても，成功報酬のように成果に対して報酬が支払われる場合もあるとの反論があった。

　また，成果完成型と履行割合型の区別は相対的なものであるからいずれに該当するかによって効果が大きく異なることには疑問があるとの意見もあった。区別が相

対的なものであることを示す具体的な例として一定期間を要する事務の委任を挙げ，事務処理の完了後に一括して報酬を支払う場合には成果完成型に該当するように思われるが，報酬を分割して支払う場合には履行割合型に該当するように見えることを指摘する。もっとも，このような指摘に対しては，報酬の支払方式に関する規定は任意規定であるから，合意があればそれが優先し，合意の解釈によって解決されるのではないかとの意見や，民法第648条第2項の「委任事務を履行した後」には，合意された委任事務の全てを終了した後と解される場合もあるし，中途であってもある一定の段階に達したところでそれまでの委任事務について支払うということもあり，このような現行法の解釈でされていることを分かりやすく書けば，成果完成型と履行割合型があるということになるのではないかとの意見があった。

　このほか，後記(3)とも関連するが，成果完成型という支払方式を明文で設けることについては，現行法の下においても，個人が有償で自ら役務を提供する準委任においては仕事が完成したかどうかをめぐって紛争が生じているのに，成果が完成しないと報酬請求権が発生しないことを条文で明記すれば，契約の形式や外形によって成果完成型の報酬支払方式であるとされた委任においては，仕事が未完成であることを理由とする報酬の支払拒絶を更に誘発する可能性が懸念されるので，このような紛争の実態も考慮して検討すべきであるとの意見があった。

(3) 報酬の支払時期（民法第648条第2項）
　　委任の報酬は後払が原則であるという規律（民法第648条第2項）を維持した上で，委任の報酬の支払方式を成果完成型と履行割合型に分類して規律する立場から，その支払時期は成果完成型においては成果完成後，履行割合型においては委任事務を履行した後（期間によって報酬を定めたときは期間経過後）であることを条文上明記する考え方がある。このような考え方の当否ついて，更に検討してはどうか。

【部会資料17－2第3，4(2)［41頁］】

383　（議事の概況等）
1　委任の報酬の支払方式を成果完成型と履行割合型に分類して規律するとした場合の報酬の支払時期について，本文記載の考え方が紹介され，第17回会議において審議が行われた。この考え方は，委任の報酬の支払時期は後払が原則であるとする民法第648条第2項を維持するものであるが，これを成果完成型と履行割合型に即した文言で規定しようとするものであると考えられる。
2　成果完成型においては成果が完成しなければ報酬を請求することができないとの規律を設けることについては，現行法の下においても，個人が有償で自ら役務を提供する準委任においては仕事が完成したかどうかをめぐって紛争が生じているのに，成果が完成しないと報酬請求権が発生しないことを条文で明記すれば，契約の形式や外形によって成果完成型の報酬支払方式であるとされた委任においては，仕

事が未完成であることを理由とする報酬の支払拒絶を更に誘発する可能性が懸念されるので，このような紛争の実態も考慮して検討すべきであるとの意見があった。
3　他方，消費者トラブルを減少させる観点から，委任の報酬の支払時期を後払とする考え方を支持する意見があった。
4　このほか，条文の表現について，民法第648条第2項のように「履行した後でなければ請求できない」と表現すると，これが任意規定であることが分かりにくいため，強行規定のように解釈されるおそれのある表現は避け，任意規定であることが明らかな表現を用いるべきであるとの意見があった。

(4) 委任事務の処理が不可能になった場合の報酬請求権
　　委任が受任者の帰責事由なく中途で終了したときは，受任者は既にした履行の割合に応じた報酬を請求することができるとされている（民法第648条第3項）が，帰責性の所在やその程度は様々であり，それぞれの事案における報酬請求権の有無や範囲は必ずしも明確ではない。
　　そこで，有償委任に基づく事務の処理が中途で終了しその後の事務処理が不可能になった場合であっても受任者が報酬を請求することができるのはどのような場合か，どの範囲で報酬を請求することができるかについて，現行法の下で受任者が得られる報酬請求権の内容を後退させるべきではないとの指摘があることにも留意しながら，更に検討してはどうか。
　　その場合の具体的な規定内容として，例えば，①受任者が事務を処理することができなくなった原因が委任者に生じた事由であるときは既に履行した事務処理の割合に応じた報酬を請求することができ，②その原因が委任者の義務違反であるときは約定の報酬から債務を免れることによって得た利益を控除した額（ただし，委任者が任意解除権を行使することができる場合は，その場合に受任者が請求することができる損害賠償の額を考慮する。）を，それぞれ請求することができるとの考え方がある。このような考え方の当否について，「委任者に生じた事由」や「義務違反」の具体的な内容，請負など他の役務提供型典型契約に関する規律との整合性などに留意しながら，更に検討してはどうか。
　　また，判例は，請負について，仕事の完成が不可能になった場合であっても，既に行われた仕事の成果が可分であり，かつ，注文者が既履行部分の給付を受けることに利益を有するときは，特段の事情のない限り，既履行部分について請負を解除することはできず，請負人は既履行部分について報酬を請求することができるとしているが，このような判例法理は成果完成型の報酬支払方式（前記(2)参照）を採る委任についても同様に妥当すると考えられることから，これを条文上も明記するかどうかについて，更に検討してはどうか。

【部会資料17－2第3，4(3)［42頁］】

(議事の概況等)

1 委任事務の処理が中途で不可能になった場合に受任者が報酬を請求できるか，どのような範囲で請求することができるかについては，本文記載の考え方が紹介され，第17回会議において審議が行われた。
　なお，本論点は，請負（前記第48，3⑵）や準委任に代わる役務提供型契約の受皿規定（後記第50，4⑷）とも関連するので，これらとの整合性にも留意する必要がある。

2 「委任者の義務違反」と「委任者に生じた事由」に分けて規律することについては，賛否双方の立場からの意見があった。
　支持する立場からは，民法第536条第2項の「責めに帰すべき事由」という文言は多義的であって理解しにくいので，「義務違反」「委任者に生じた事由」とすることにより，その意義がより明瞭になるとの意見があった。また，義務違反の内容については，例えば協力義務に違反するというような広い範囲で理解できるのではないかとの意見があった。
　これに対し，民法第536条第2項の「責めに帰すべき事由」という表現の方が「義務違反」よりも適切であるとの意見や，また，委任者の義務違反によって委任事務の処理が不可能になった場合の報酬請求権は「約定の報酬から利益を控除した額」とされているが，これと委任者の任意解約の場合の損害賠償の範囲とを整合させるべきであるとの意見があった。

3 本文記載の考え方を採用した場合の帰結に対しては，委任者が仕事を打ち切った場合でも，委任者に義務違反がなければ既履行分の割合に応じた報酬の支払をすればよいことになり，民法第536条第2項の規定に比べて受任者の権利が後退するので，委任に関して同項の規律を維持すべきであるとの意見があった。

4 委任の終了に関する規定

(1) 委任契約の任意解除権（民法第651条）

　　判例は，委任が受任者の利益をも目的とする場合には委任者は原則として民法第651条に基づく解除をすることができないが，やむを得ない事由がある場合及び委任者が解除権自体を放棄したものとは解されない事情がある場合には，同条に基づく解除をすることができるとしている。しかし，このような判例法理の解釈や評価をめぐっては様々な見解が主張されていることから，規律を明確にするため，委任が受任者の利益をも目的としている場合の委任者の任意解除権に関する規定を新たに設けるかどうかについて，更に検討してはどうか。
　　その場合の具体的な規定内容として，①委任が委任者の利益だけでなく受任者の利益をも目的とする場合には，委任者は契約を解除することができるが，解除によって受任者が被った損害を賠償しなければならないこととし，専ら受任者又は第三者の利益を目的とする場合にはやむを得ない場合を除き任意解除権を行使

できないとする考え方，②有償委任においては，当事者が任意解除権を放棄したと認められる事情がある場合には，当該当事者は任意解除権を行使することができないこととし，無償委任においては，解除権の放棄は書面をもってする必要があるとする考え方があるが，これらの考え方の当否について，更に検討してはどうか。

【部会資料 17 − 2 第 3，5(1)［44 頁］】

(議事の概況等)

1　委任が受任者の利益をも目的としている場合における委任者の任意解除権について，第 17 回会議において審議が行われた。
2　規定を設けることについては，現代社会においては受任者の利益を目的としない委任がどれだけあるか疑問であり，受任者の利益をも目的とするという要件の判断も判例上揺れ動いており，大審院大正 9 年 4 月 24 日判決民録 26 輯 562 頁の枠組みで判断するのには限界があるとして，新たな枠組みによって解決することを考えてもよいのではないかとの意見があった。
3　規定の内容については，委任者が受任者による事務処理をコントロールするための最終的な手段として解除権を認める必要があり，その上で一定の制約を課すのがよいとの意見があった。
　　任意解除権の制限に消極的な方向からの意見として，委任者による任意解除を制限すべき場合は特殊な事例であり，任意解除権に対する制限を一般化すると，契約の自由が損なわれたり，任意解除権を放棄したと認められる挙動をとらないように注意する必要が生ずるなどのおそれがあることから，慎重な検討が必要であるとの意見があった。
　　個人である受任者を保護する観点からの意見として，受任者が個人である場合について，労働者の保護と同様に，任意解除権の制約を検討すべきであるとの意見があった。このような意見に対しては，雇用類似の委任における受任者の保護を検討する必要はあるが，まず本来的な委任について検討し，その上で雇用類似の契約との関係を考えていけばよいとの意見があった。
4　なお，受任者による任意解除権については，受任者にも一定の場合に契約から離脱する自由を認めるべきではあるが，受任者による任意解除権は，基本的には制限的に解し，それ相応の理由を要するとすべきではないかとの意見があった。

(2)　委任者死亡後の事務処理を委託する委任（民法第 653 条第 1 号）
　　委任者が自己の死亡後の事務処理を委託する委任の効力については，特段の規定が設けられていないことから，規律を明確にするため，新たに規定を設けるかどうかについて，更に検討してはどうか。
　　その場合の規定内容として，遺言制度との整合性を図る観点から，委任事務の内容が特定されていることを要件として認めるべきであるとの考え方があるが，

その当否について，更に検討してはどうか。

【部会資料17－2第3，5(2)［47頁］】

（議事の概況等）

　委任者が自己の死亡後の事務処理を委託した場合の委任（死後委任）の効力については特段の規定がないが，遺言制度との関係を整理するため，これに一定の制限を課すべきであるとの見解がある。第17回会議においては，本文後段記載の考え方が紹介され，審議が行われた。

　死後委任の効力について，一定の限度でその効力を認める必要はあるが，遺言制度との整合性を図るために要件を限定する必要があるという点については，特段の異論がなかった。すなわち，これを広く認めると，方式や内容とすることができる事項が法定されている遺言制度と矛盾するおそれがあることから，要件を限定する必要があるとの意見，死後委任については有用性もあることから，内容の特定等に留意し，遺言の脱法行為にならない限度で，死後の一定の委任についても認めてよいという意見などがあったが，無条件で効力を認めることを主張する見解はなく，一定の制限が必要である点には特段の異論がなかった。

　もっとも，「委任事務の内容が特定されている」という要件によって死後委任を限定することについては，死後委任の効力は契約時に明確に判断できるものである必要があるが，具体的にどの程度特定されていればよいか明確でないとの意見があった。

(3) 破産手続開始による委任の終了（民法第653条第2号）

　委任者又は受任者について破産手続が開始されたことは委任の終了事由とされている（民法第653条第2号）が，会社が破産手続開始決定を受けても直ちには取締役との委任関係は終了しないとした最高裁判例や，破産者であることが取締役の欠格事由でなくなったことなどを踏まえ，同号の規律の見直しを検討すべきであるとの指摘がある。その場合の規定内容として，例えば，当事者について破産手続が開始された場合の法律関係は破産法第53条など同法の規律に委ねるという考え方や，委任者について破産手続が開始された場合に受任者が契約を解除することができるという考え方などがあり得るが，これらの考え方の当否を含め，民法第653条第2号の規律を維持すべきかどうかについて，検討してはどうか。

（議事の概況等）

　民法第653条第2号は，委任者又は受任者が破産手続開始の決定を受けたことを委任の終了事由としているが，第17回会議において，この規律を維持することの当否について問題提起がされた。すなわち，会社が破産手続開始決定を受けても直ちには取締役との委任関係は終了せず，破産財団に関する管理処分権限と無関係な

会社組織に係る行為等については取締役としての権限を行使し得るとした最高裁判決（最判平成21年4月17日判時2044号74頁）があること，会社法第331条第1項は破産者を取締役の欠格事由としていないことから，当事者の破産手続開始によって委任が当然に終了するとする規律を見直し，管財人の選択に任せることを検討する必要があるとする。これは破産法第53条等の規律に委ねることを提案するものであると考えられるが，このほか，請負に関する民法第642条と同様の規律を設け，委任者について破産手続が開始された場合に受任者が契約を解除することができることとすることも考えられるとの意見があった。

なお，このような問題を議論する余地はあるが，民法（債権関係）部会において審議することが適当かも含めて検討する必要があるとの意見があった。

5　準委任（民法第656条）

準委任には，種々の役務提供型契約が含まれるとされているが，その規定内容はこれらに適用されるものとして必ずしも妥当なものではなく，これらの役務提供型契約の全てを準委任に包摂するのは適当でないとの指摘もある。そこで，役務提供型契約の受皿的な規定（後記第50, 1）等を設ける場合に，例えば，準委任の意義（適用範囲）を「第三者との間で法律行為でない事務を行うことを目的とするもの」とする考え方があるが，このような考え方に対しては，その内容が明瞭でないとの指摘や，第三者にサービスを提供する契約と当事者にサービスを提供する契約とが異なる典型契約に該当するのは不均衡であるとの指摘もある。そこで，準委任を「第三者との間で法律行為でない事務を行うことを目的とするもの」とする考え方の当否について，準委任に代わる役務提供型契約の受皿規定を設ける場合のその規定内容との整合性にも留意しながら，更に検討してはどうか。

また，準委任について準用すべき委任の規定の範囲についても，検討してはどうか。

【部会資料17－2第3，6［48頁］】

（議事の概況等）

1　準委任の意義については，本文記載の考え方が紹介され，第17回会議において審議が行われた。

準委任が現行法上果たしている役割については，準委任が広く役務提供型の契約の受皿になっていることが学説・判例の共通の理解であるとの意見があり，準委任の範囲をどのように考えるかは役務提供型契約の受皿となる規定（後記第50, 1）と関連する問題であるとの意見があった。なお，役務提供型契約のうち，雇用にも委任にも請負にも該当しない契約は全てが準委任に該当するわけではなく，無名契約又は混合契約として扱われるケースもあるとの指摘があった。

2　準委任の意義

準委任の意義（適用範囲）を見直すとしても，「第三者との間で法律行為でない事

務を行うことを目的とするもの」では分かりにくい上，例えば委任者自身に対して役務を提供してもらうサービス契約は準委任にはならず，第三者に対して役務を提供してもらうサービス契約は準委任になるとするのは均衡を失するので，より適切な定義の在り方を検討すべきであるとの意見があった。

　また，準委任は，当事者間にある種の信認的な関係がある場合の契約であるから，第三者との間の法律行為でない事務を行うものに限定するのは狭過ぎ，準委任をした本人のためのものであっても，本人と準受任者との間に信認関係があるものであれば準委任と捉えるべきであるとの意見があった。

　このほか，準委任の適用範囲については，役務提供型契約についての受皿規定の内容（後記第50）との関連性にも留意する必要があるので，役務提供型契約についてどのような規定を設けるかをまず検討した上で改めて準委任の意義を検討すべきであるとの意見があった。

3　準委任に準用する委任の規定の範囲

　民法第656条は委任に関する規定の全てを準委任に準用しているが，準委任について準用される規定の範囲を見直すべきであるとの意見があった。例えば，忠実義務あるいは自己執行義務を委任に関する規定として設けるとしても，これを準委任に準用するのは適当でないとする。これに対しては，信認的な関係が準委任の基礎になっているという立場から，忠実義務は準委任においても重要な要素になるとの意見もあった。

6　特殊の委任

(1)　媒介契約に関する規定

　　他人間の法律行為の成立を媒介する契約については，商事仲立に関する規定が商法第543条以下にあるほか，一般的な規定が設けられていない。そこで，媒介契約に関する規定を新たに民法に設けるかどうか，設ける場合にどのような内容の規定を設けるかについて，更に検討してはどうか。

　　その場合の規定内容として，媒介契約を「当事者の一方が他方に対し，委託者と第三者との法律行為が成立するように尽力することを委託する有償の準委任」と定義した上，媒介者は委託の目的に適合するような情報を収集して委託者に提供する義務を負うこと，媒介者が報酬の支払を請求するためには媒介により第三者との間に法律行為が成立したことが必要であることを規定するという考え方があるが，その当否について，更に検討してはどうか。

【部会資料17－2第3，7(1)［49頁］】

（議事の概況等）

1　媒介契約については，第17回会議において審議が行われた。
2　規定を設けることの当否

　媒介契約に関する規定を設けることについては，第三者が法律行為の成立に関与

する形態やそれぞれの効果はこれまで明確でなかったが，代理，媒介及び取次について規定を設けることは，これらの三つの形態があることを明らかにする点で意味があるとの意見，媒介に関する法律関係は不明確であるので，明確に条文上規定すべきであるとの意見，現行法上は他人間の商行為の媒介をする場合に商事仲立として商法の規定が適用され，それ以外の媒介（民事仲立）とは区別されているが，このような区別には合理性があるとは言えないことから，民法に一般化して規定することは望ましいとの意見があった。

3 媒介契約の定義

媒介契約の定義については，一つの考え方として，「当事者の一方が他方に対し，委託者と第三者との法律行為が成立するように尽力することを委託する有償の準委任」とする考え方が紹介され，審議が行われた。

このような考え方については，委任や取次には有償のものも無償のものもあるのに，媒介についてだけ有償を要件とする必要はないとの意見があった。最近は仲介料が無料である不動産仲介なども増えており，金融の世界でも媒介手数料が無料であるETF（上場投資信託）などが現れていることが指摘された。

また，商事仲立に関する商法の規定の適用対象は，「業とする」という要件によって限定されているが，一回の行為でも媒介行為に該当し得るとすると，媒介契約を定義することが非常に困難であるとの意見があり，併せて，金融商品取引法における「媒介」は相当広い意味で用いられており，これとの異同も検討する必要があるとの問題提起があった。

4 媒介者の注意義務

媒介者の義務について，受任者の善管注意義務の具体化として，委託の目的に適合するような法律行為の相手方やその内容等についての必要な情報の収集・調査を行い，委託者にこれを提供する義務を挙げる考え方が紹介され，審議が行われた。このような考え方に対しては，一般的には取引当事者間には情報格差があり，例えば商社のビジネスはこのような情報格差を基盤とするものであるから，商社を含め一般的に情報提供義務を認めるのは実際のビジネスにとって不都合が大きいという意見があった。

5 媒介者の報酬請求権

媒介者の報酬請求権については，特段の合意がない限り，成果完成型（前記3(2)参照）の報酬支払方式が採られているとし，委託者は媒介による第三者との間に法律行為が成立したときは報酬を支払う義務を負うとの考え方が紹介されたが，この点については特段の意見がなかった。

(2) 取次契約に関する規定

自己の名をもって他人の計算で法律行為をすることを受託する契約については，問屋に関する規定が商法第551条以下にあるほか，一般的な規定が設けられていない。そこで，取次契約に関する規定を新たに民法に設けるかどうか，設け

る場合にどのような内容の規定を設けるかについて，更に検討してはどうか。

その場合の規定内容として，取次契約を「委託者が相手方に対し，自己の名で委託者の計算で法律行為をすることを委託する委任」と定義した上で，財産権の取得を目的とする取次において取次者が当該財産権を取得したときは，取次者から委託者に対する財産権の移転の効力が生ずることや，取次者は，相手方の債務が履行されることを保証したときは，委託者に対して相手方と同一内容の債務を負うことを規定すべきであるという考え方があるが，その当否について，更に検討してはどうか。

【部会資料17－2第3，7(2)［52頁］】

（議事の概況等）

1　取次契約については，第17回会議において審議が行われた。
2　規定を設けることの当否

取次契約に関する規定を設けることについては，第三者が法律行為の成立に関与する形態やそれぞれの効果はこれまで明確でなかったが，代理，媒介及び取次について規定を設けることは，これらの三つの形態があることを明らかにする点で意味があるとの意見や，取次に関する法律関係は不明確であるので，明確に条文上規定すべきであるとの意見などがあった。

これらに対し，取次者の名をもって，他人の計算で法律行為をする行為はこれまで間接代理とされてきたが，民法の代理の箇所で間接代理を規定しない一方，取次に関する規定を一般化して規定することに体系上問題がないかという指摘があった。これに対しては，間接代理という抽象的な一般規定ではなく，むしろ取次等の具体的な契約の趣旨に即して規定を置く方が望ましいとの意見が述べられた。

3　取次契約の効力

取次契約の効力については，問屋（証券会社）が権利を取得した後委託者にこれを移転しない間に破産した場合に，委託者による取戻権行使を認めた最判昭和43年7月11日民集22巻7号1462頁の考え方を踏まえ，財産権の取得を目的とする取次において，取次者がその相手方から財産権を取得したときは，特段の行為を要することなく，取次者から委託者に対する財産権の移転の効力が生ずることを規定すべきであるとの考え方が紹介された。

このような考え方については，公示が十分でないのに委託者の取戻権を広く認めることには問題があるという意見や，昭和43年最判は証券会社の破綻に関する事案であり，証券会社にはその営業の態様からして顧客の証券が少なからず存在していることは公知の事実であるという点も重視されていると考えられるので，これを一般化することについては慎重な検討が必要であるとの意見があった。

4　履行担保責任

取次者の履行担保責任として，取次者が，相手方の取次者に対する債務が履行されることを委託者に保証した場合には，取次者は当該債務と同一の内容の債務を委

託者に対して負うことを規定すべきであるとの考え方が紹介されたが，この点については特段の意見がなかった。

(3) 他人の名で契約をした者の履行保証責任

無権代理人が，相手方に対し，本人から追認を取得することを保証したときは，当該無権代理人は当該行為について本人から追認を取得する義務を負うことを条文上明記すべきであるとの考え方がある。このような考え方に対しては，無権代理人が本人の追認を取得する義務を負うのは，履行保証の有無にかかわらず当然であり，追認を取得する義務に関する規定を履行保証がある場合についてのみ設けると，それ以外の場合は追認を取得する義務を負わないと解釈されるおそれがあるとの指摘や，このようなまれな事例に関する規定を設ける必要はないとの指摘もある。これらの指摘も考慮しながら，他人の名で契約をした者の履行保証責任について規定するという考え方の当否について，更に検討してはどうか。

【部会資料17－2第3，7(2)（関連論点）[54頁]】

（議事の概況等）

他人から代理権を授与されることなく相手方との間で他人の名で法律行為をした者の責任について，本文記載の考え方が紹介され，第17回会議において審議が行われた。

このような考え方については，自ら代理行為をした以上，それが無権代理であれば本人から追認を取得する義務を負うのは，履行保証の有無にかかわらず当然であり，履行保証がある場合に追認を取得する義務があるとの規定を設けると，それ以外の場合はそのような義務を負わないと解釈されるおそれがある点で問題があるとの意見や，他人の名で契約をした者が相手方に対して追認を取得することを保証するというケースはまれであり，明文化するだけの立法事実があるのか疑問であるとの意見があった。

他方，無権代理人の履行保証責任は相手方が悪意の場合であっても成立するという意味で無権代理人の責任（民法第117条）と概念的には区別されるので，更に検討する価値があるとの意見もあった。

第50　準委任に代わる役務提供型契約の受皿規定

1　新たな受皿規定の要否

　役務提供型に属する典型契約として，民法には，雇用，請負，委任及び寄託が規定されているが，現代社会における種々のサービスの給付を目的とする契約の中には，これらのいずれかに性質決定することが困難なものが多いとされている。これらについては，無名契約や混合契約などとして処理されるほか，準委任の規定（民法第656条）が言わば受皿としての役割を果たしてきたとされているが，同条において準用される委任の規定内容は，種々の役務提供型契約に適用されるものとして必ずしも妥当でないとの指摘がある。また，既存の役務提供型の典型契約の中にも，適用範囲の見直しが提案されているものがある（前記第48，1，第49，5）。これらを踏まえ，既存の典型契約に該当しない役務提供型の契約について適用される規定群を新たに設けることの要否について，請負の規定が適用される範囲（前記第48，1）や，準委任に関する規定が適用される範囲（前記第49，5）との関係などにも留意しながら，更に検討してはどうか。

　その場合の規定の内容として，例えば，後記2から7までのように，役務提供者及び役務受領者の義務の内容，役務提供者が報酬を請求するための要件，任意解除権の有無等が問題になると考えられるが，これらについて，取引の実態に対する影響や，役務受領者の立場が弱い場合と役務提供者の立場が弱い場合とを一律に扱うことは適当でないとの指摘などにも留意しながら，更に検討してはどうか。

【部会資料17－2第4，1［56頁］】

（議事の概況等）

1　現代社会における種々のサービスの給付を目的とする契約を民法上どのように扱うかについては，本文記載の考え方が紹介され，第17回会議において審議が行われた。

　なお，準委任が現行法上果たしている役割については，広く役務提供型の契約の受皿になっていることが学説・判例の共通の理解であるとの意見があったが，役務提供型契約のうち，雇用にも委任にも請負にも該当しない契約は全てが準委任に該当するわけではなく，無名契約又は混合契約として扱われるケースもあるとの指摘があった。

2　受皿規定の対象となる契約類型

　準委任に代わる役務提供型契約の受皿規定を設けるかどうかについては，どのような契約類型を念頭に置いて規定を設けるかを明確にする必要があるとの意見があり，役務提供型契約を，請負，委任などの既存の典型契約に該当しないものを受け止めるものとして考えるか，積極的な定義を有するものとして考えるかによって議

論の方向がかなり異なるのではないかとの意見があった。

　この点については，例えば，①対象をある程度明確に限定した契約類型を設け，これに関する規律を設ける方法，②これよりも汎用性のある規定を設ける方法，③既存の典型契約にも適用される総則規定を設ける方法があり得るとの意見があった。このうち，全ての役務提供型契約を対象とする総則規定や，委任と請負を包摂する上位概念として有意義な規定を設けることは困難であり，請負や委任と並ぶ受皿的な典型契約を設ける方向で議論するのが生産的であるという意見や，既存の典型契約と並ぶ比較的輪郭の明確な典型契約を設け，これに該当しない契約にも規定を準用するのが適切であるとの意見があった。

　また，規定を設ける対象となる契約類型の範囲に関連する意見として，人の実際の労働，労力が必ず入らなければならないものに限定するか，過去の労力によってシステム等が完成しており，利用者が機械的にサービスを受けられる施設利用型契約・ライセンス契約も含むかなども議論する必要があるとの意見があった。

3　受皿規定の内容

　規定の内容については，サービスの給付を目的とする契約を企業が扱うことは多いが，いずれの典型契約に該当するかが明らかでない「○○業務委託契約」などの名称を用いたり，当事者が契約書を作成していなかったために，民法が適用されることも少なくないことから，実務を踏まえた規律，類型を検討すべきであるとの意見があった。他方，役務提供型契約に関する有意義な規定を設けることができればよいが，役務提供者の義務，役務受領者の義務，履行不能の場合の報酬請求権，報酬の支払時期など，現在提案されているのはそれほど重要な規定ではなく，かつ任意規定であるから，設けても意味がないとの意見があった。

4　雇用類似の役務提供型契約における役務提供者の保護

　役務提供型契約に関する規定を設けるに当たっては，このような契約の中には役務提供者が弱い立場にある契約もあり，これらについては労働契約におけるのと同様に役務提供者の保護を図る必要があるのではないかとの問題提起がされ，これらについても審議が行われた。

　雇用のほかにも，役務提供者が役務受領者に対して従属的な立場にある場合があることを指摘し，役務提供型契約の規定として任意解除権，報酬請求権の発生要件に関する規定等を設けるとしても，これらの規定を適用することは不適切であるとの意見があった。このような役務提供者を保護するための方法として，①雇用の概念を広く捉える方法，②雇用に準ずる役務提供型契約について別途規定を設けるという方法，③雇用に準ずる役務提供型契約については新たに設ける役務提供型契約の適用を除外し，必要に応じて雇用，労働契約法等の規定を準用する方法，④役務提供型に関する規定をそもそも設けないという方法，⑤労働契約法第16条等の規定を類推適用する方法，⑥役務提供型の契約全てに適用される総則的規定としてではなく，雇用類似のものを含まないような形で定義された契約類型を設ける方法などが考えられるとの意見があった。

また，役務提供者を保護すべき契約の範囲をどのように画するかについて，例えば，役務提供者が個人であって当該個人以外の者による役務提供が予定されておらず，かつ，特定の役務受領者と専属的な取引関係を結んでいて，そこから収入の大部分を得て生活している場合が考えられるという意見があった。

2　役務提供者の義務に関する規律

　準委任に代わる役務提供型の新たな受皿規定を設けるとした場合に，役務提供者がどのような義務を負うかについて，多様な役務提供者の義務の内容を適切に規定することができるかどうかにも留意しながら，更に検討してはどうか。
　その場合の規定の内容として，例えば，契約で定めた目的又は結果を実現する合意がされた場合には役務提供者はその目的又は結果を実現する義務を負い，このような合意がない場合には契約で定めた目的又は結果の実現に向けて善管注意義務を負うことを規定すべきであるとの考え方があるが，これに対しては，役務提供者の属性や役務受領者との関係によっては善管注意義務を課すのは適当でないとの指摘もある。このような指摘にも留意しながら，上記の考え方の当否について，更に検討してはどうか。
　また，原則として無償の役務提供型契約においては役務提供者の注意義務が軽減されるとしつつ，役務提供者が事業者であるときは，注意義務の軽減を認めないとの考え方がある（後記第62，3(2)⑦）が，このような考え方の当否についても，更に検討してはどうか。

　　　【部会資料17－2第4，2［57頁］，部会資料20－2第1，3(2)［16頁］】

（議事の概況等）

　　役務提供者の義務については，本文第2段落記載の考え方が紹介され，第17回会議において審議が行われた。このような考え方については，手段債務型の役務提供型契約において役務提供者が善管注意義務を負うという点について，受任者が善管注意義務を負うのは裁量権等を持っているからであり，役務提供者が弱い立場にある雇用類似の役務提供型契約において役務提供者が善管注意義務を課すことには疑問があるとの意見があった。
　　また，第20回会議において，原則として無償の役務提供型契約においては役務提供者の注意義務が軽減されるが，役務提供者が事業者であるときは無償であっても注意義務が軽減されないこととすべきであるとの考え方が紹介されたが，これについては特段の意見がなかった。

3　役務受領者の義務に関する規律

　準委任に代わる役務提供型の新たな受皿規定を設けるとした場合に，役務受領者の義務に関する規定として，役務提供者に協力する義務を負う旨の規定を設けるかどうかについて，更に検討してはどうか。

【部会資料 17 − 2 第 4, 3 [58 頁]】

(議事の概況等)

　役務受領者の義務について本文記載の考え方が紹介され，第 17 回会議において審議が行われた。このような考え方については，消費者契約を念頭に置き，役務受領者の協力義務を条文上明記することは，不誠実な役務提供者のために逃げ道を設けることになるのではないかとの意見があった。

4　報酬に関する規律
(1)　役務提供者が経済事業の範囲で役務を提供する場合の有償性の推定
　役務受領者が事業者であり，経済事業（反復継続する事業であって収支が相償うことを目的として行われるもの）の範囲内において役務提供型契約を締結したときは，有償性が推定されるという規定を設けるべきであるとの考え方（後記第 62, 3(3)③）の当否について，更に検討してはどうか。

【部会資料 20 − 2 第 1, 3(3) [20 頁]】

(議事の概況等)

　第 20 回会議においては，事業者である受任者が「経済事業」の範囲内で委任契約を締結したときは有償性が推定されるという特則を設ける考え方について審議が行われたところ，「経済事業」の概念について，「収支相償う」の意味が不明確であるとの意見があったが，この概念によって有償性を推定する点については特段の意見はなかった。

(2)　報酬の支払方式
　準委任に代わる役務提供型の新たな受皿規定を設けるとした場合に，役務提供型契約における報酬の支払方式には，役務提供の処理によってもたらされる成果に対して報酬を支払うことが合意されるもの（成果完成型）と，役務提供そのものに対して報酬が支払われるもの（履行割合型）があることを条文上明記し，報酬請求権の発生要件や支払時期などをそれぞれの方式に応じて規律するかどうかについて，委任の報酬の支払方式（前記第 49, 3(2)）との整合性にも留意しながら，更に検討してはどうか。

【部会資料 17 − 2 第 4, 4(1) [59 頁]】

(議事の概況等)

　役務提供型契約における報酬の支払方式については，本文記載の考え方が紹介され，第 17 回会議において審議が行われた。
　このような考え方については，労働力を提供すること自体が債務の履行であり，当初から一定の分量の履行や仕事の量が約束されているわけではなく，どれが

履行の全部、どれが一部ということが観念できない役務提供型契約もあるので、履行の割合という観念で整理しきれない場合もあるのではないかとの意見があった。
　この点については、委任の報酬の支払方式に関する規律（前記第49，3(2)）と関連し、これについての議論は基本的に役務提供型契約における報酬の支払方式についても妥当すると考えられるので、当該箇所を参照されたい。

(3)　報酬の支払時期
　　準委任に代わる役務提供型の新たな受皿規定を設けるとした場合に、その報酬は後払が原則であるとする立場から、役務提供型契約の報酬の支払方式を成果完成型と履行割合型に分類して規律することを前提として、その支払時期は成果完成型においては成果完成後、履行割合型においては役務を提供した後（期間によって報酬を定めたときは期間経過後）であることを条文上明記する考え方がある。このような考え方の当否について、更に検討してはどうか。
【部会資料17－2第4，4(2)［61頁］】

（議事の概況等）
　　役務提供型契約の報酬の支払方式を成果完成型と履行割合型に分類して規律するとした場合の報酬の支払時期について、本文記載の考え方が紹介され、第17回会議において審議が行われた。この考え方は、履行割合型の役務提供型契約については委任に関する民法第648条第2項と、成果完成型の役務提供型契約については請負に関する同法第633条と同様の規定を設けることを提案するものである。
　　この点については、請負報酬の支払時期（前記第48，3(1)）、委任報酬の支払時期（前記第49，3(3)）とも関連し、これらの箇所での議論がここにも妥当すると考えられるので、当該箇所を参照されたい。

(4)　役務提供の履行が不可能な場合の報酬請求権
　　準委任に代わる役務提供型の新たな受皿規定を設けるとした場合に、その役務提供が中途で不可能になったにもかかわらず役務提供者が報酬を請求することができるのはどのような場合か、どの範囲で報酬を請求することができるかについて、現行法の下で役務提供者が得られる報酬請求権の内容を後退させるべきではないとの指摘があることにも留意しながら、更に検討してはどうか。
　　その場合の具体的な規定内容として、例えば、①履行不能の原因が役務受領者に生じた事由であるときは既に履行した役務の割合に応じた報酬を請求することができ、②その原因が役務受領者の義務違反であるときは約定の報酬から債務を免れることによって得た利益を控除した額（ただし、役務受領者が任意解除権を行使することができる場合は、その場合に役務提供者が請求することができる損害賠償の額を考慮する。）を、それぞれ請求することができるとの考え方がある。このような考え方の当否について、「役務受領者に生じた事由」や「義務違反」の

具体的な内容，請負や委任など他の役務提供型典型契約に関する規律との整合性などに留意しながら，更に検討してはどうか。

また，判例は，請負について，仕事の完成が不可能になった場合であっても，既に行われた仕事の成果が可分であり，かつ，注文者が既履行部分の給付を受けることに利益を有するときは，特段の事情のない限り，既履行部分について請負を解除することはできず，請負人は既履行部分について報酬を請求することができるとしているが，このような判例法理は成果完成型の支払方式を採る役務提供型契約についても同様に妥当すると考えられることから，これを条文上も明記するかどうかについて，更に検討してはどうか。

これらの規定と併せて，報酬が成果完成前（役務提供前）に支払われた後にその役務提供が中途で不可能になった場合の法律関係についての規定を設けるかどうかについて，検討してはどうか。

【部会資料17－2第4，4(3)[61頁]】

（議事の概況等）

1　役務提供が中途で不可能になった場合に役務提供者が報酬を請求することができるか，どのような範囲で請求することができるかについては，本文記載の考え方が紹介され，第17回会議において審議が行われた。

なお，この点は，請負（前記第48，3(2)）や委任（前記第49，3(4)）とも関連するので，これらとの整合性にも留意する必要がある。

2　上記の考え方については，成果完成型の契約として，例えばコンサルタントやエージェントを利用して受注を取ってくるという契約があるが，このような契約においては，役務提供者の機会主義的行動を防ぐための規律として，完成しなければ報酬が発生しないという仕組みを取っていることから，一部を請求することができるという仕組みは実態に合わない場合があるとの意見があったほか，委任において事務処理が履行不能になった場合の受任者の報酬請求権（前記第49，3(4)）についての議論が基本的には妥当すると考えられるので，当該箇所を参照されたい。

3　第21回会議においては，役務提供型契約には報酬が前払とされる契約も多く，このような契約において役務提供が不可能になった場合に報酬請求権の扱いをめぐって紛争になることが多いため，報酬が前払とされる場合の規律を設ける必要があるとの意見があった。報酬を支払った後に役務提供が不能になった場合には，本論点についての考え方によって請求することができる報酬額と既払額を比較して既払額が多いときは役務受領者は超過分の返還を請求でき，不足しているときは役務提供者が不足分を請求できることになると考えられる。

5　任意解除権に関する規律

準委任に代わる役務提供型の新たな受皿規定を設けるとした場合に，役務受領者による任意解除権を認めるかどうかについて，役務受領者を長期間にわたり役務提

供型契約に拘束することの妥当性，任意解除権の理論的な根拠，役務提供者が不測の損害を受けるおそれ，役務提供者が弱い立場にある場合の役務受領者による優越的地位を利用した解除権濫用のおそれなどにも留意しながら，更に検討してはどうか。

　また，役務提供者による任意解除権を認めるかどうかについても，役務提供者を長期間役務提供に拘束することの妥当性などに留意しながら，更に検討してはどうか。

　任意解除権を認める場合には，これを行使した者の損害賠償義務の存否及び範囲について，注文者による請負の任意解除（前記第48，6）などとの整合性にも留意しながら，更に検討してはどうか。

【部会資料17－2第4，5［65頁］】

（議事の概況等）

1　役務提供型契約についての当事者の任意解除権に関する規律については，第17回会議において審議が行われた。

2　任意解除権の根拠

　役務提供型の契約の任意解除権については，その理論的根拠を整理する必要があるとの意見があった。委任や請負については任意解除権が認められているが，その根拠は異なっており，また，請負については進捗状況によって解除し得る範囲が異なるなど，効果も一様ではないから，役務提供型契約について任意解除権を認めるとすると，その根拠をどのように考えるかを整理する必要があるとするものである。

3　役務受領者による任意解除権

　役務受領者による任意解除権については，実務上の不都合を指摘する見解として，例えば，クレジットカード決済が，カード利用者を役務受領者，クレジットカード会社を役務提供者とする役務提供型契約に該当するのであれば，クレジットカード会社が履行に着手した後にカード利用者による解除を認めると決済が混乱するとの意見や，個人が自ら有償で労務を供給する契約について，役務受領者による一方的な解除を認めると役務提供者の保護に欠けるとの意見があった。

　他方，役務受領者を長期間にわたり役務提供型契約に拘束することについては，特に消費者契約においてその妥当性が問題になるとの意見もあった。

　また，役務受領者による任意解除権は，当事者間に信認関係がある類型については正当かもしれないが，信認関係がない類型にも認めると，更に他の類型の契約についても損害賠償さえすれば解除できるという解釈を許すおそれがあるとの懸念を示す意見があった。

4　役務受領者が任意解除権を行使した場合の損害賠償義務

　役務受領者が任意解除権を行使した場合の損害賠償義務の範囲については，成果完成型の場合には約定報酬から解除によって支出を免れた費用を控除した額，履行

割合型の役務提供型契約においては既に行った役務提供の履行の割合に応じた報酬及びその中に含まれていない費用の額とする考え方が紹介され，審議が行われた。

　このような考え方に対しては，成果完成型と履行割合型を截然と分けるのは困難であり，様々な事情を特別事情などとして考慮して損害賠償額を算定するという視点を盛り込むのがよいのではないかとの意見があった。この点については，注文者による請負の任意解除権（前記第48，6(2)）との整合性にも留意しながら検討する必要があると考えられる。

5　役務提供者による任意解除権

　役務提供者による任意解除権については，役務提供者が自ら有償で労務を供給する個人である場合に，役務提供者を長期間にわたって契約に拘束して役務を提供させるのは不当であることや，反社会的勢力との関係を遮断するなどの要請が生ずる場合もあることなどを挙げて，一定の範囲で認めるべきであるとの意見があった。また，役務提供者を長期間にわたって契約に拘束することが不当であると考えられるのは役務提供者が自ら有償で労務を供給する個人である場合に限らないとして，期間の定めのない有償サービス契約について，役務提供者は相当の告知期間を置くことによっていつでも契約を解消することができ，また，契約を継続しがたいやむを得ない事由があるときは役務提供者は即時に解除することができるとの規定を設けるべきであるとの意見もあった。

　任意解除権の要件については，正当な事由があることやむを得ない事由があることが必要であるとの意見のほか，相当の告知期間を置くことによって解除できることとすべきであるとの意見があった。

6　役務受領者について破産手続が開始した場合の規律

　準委任に代わる役務提供型の新たな受皿規定を設けるとした場合に，役務受領者について破産手続開始決定がされたときは役務提供者は契約を解除することができる旨の規定を設けるかどうかについて，更に検討してはどうか。

【部会資料17－2第4，6［68頁］】

（議事の概況等）

　役務受領者について破産手続が開始した場合は，役務提供者は契約を解除することができるとの考え方が紹介され，第17回会議において審議が行われた。

　このような考え方については，準委任は一方当事者について破産手続が開始されることによって当然終了するとされている（民法第656条，第653条第2号）が，役務提供型契約に該当するとされるものは必ずしも当事者間の信頼関係を前提にしているとは言えないから，当然に終了するのは相当でないなどとして，役務提供者に解除権を与える考え方に賛成する意見があった。

7　その他の規定の要否

準委任に代わる役務提供型の新たな受皿規定を設けるとした場合に，準委任に準用されている委任の規定のうち，前記2から6までにおいて取り上げた事項以外の事項に関するもの，特に，受任者の報告義務に関する民法第645条や解除の効力に関する同法第652条と同様の規定を，役務提供型契約に関する規定として設けるかどうかについて，更に検討してはどうか。

【部会資料17－2第4，7［70頁］】

（議事の概況等）

準委任に代えて役務提供型契約に関する受皿規定を設けることとする場合には，前記2から6までにおいて取り上げた事項以外の事項について，これまで準用されてきた委任に関する規定と同様の規定を受皿規定として設ける必要がないか，検討する必要があると思われる。特に，受任者の報告義務（民法第645条），委任の解除の効力（同法第652条）について，委任と同様の規定を受皿規定として設けることを提案する考え方があることが紹介された。

この点については，第17回会議において審議が行われたが，特段の意見はなかった。

8　役務提供型契約に関する規定の編成方式

雇用，請負，委任又は寄託に該当しない役務提供型の契約に適用されるものとして，準委任に代わる役務提供型の新たな受皿規定を設ける場合には，その受皿規定を適用対象が限定された新たな典型契約として設ける方式や，より抽象度の高い独立の典型契約とする方式，役務提供型の既存の典型契約を包摂する総則的規定を置き，これを既存の典型契約に該当しない役務提供型契約にも適用する方式があり得るが，これらの編成の方式については，規定の具体的な内容，既存の典型契約との関係，雇用類似の役務提供型契約の扱いなどに留意しながら，更に検討してはどうか。

【部会資料17－2（後注・関連論点）［109頁］】

（議事の概況等）

既存の典型契約に該当しない役務提供型の契約に適用される規定を設ける場合に，既存の典型契約に関する規定を含め，役務提供型契約に関する規定全体をどのように編成するかについて，第17回会議において，審議が行われた。

その編成の在り方として，①既存の典型契約に該当しない契約のうち，ある程度明確に限定した類型を新たに典型契約とし，これに関する規律を設ける方式，②これよりも汎用性のある独立の典型契約として位置づけ，これについての規定を設ける方式，③役務提供型の既存の典型契約を包摂する総則的規定を置き，これを無名契約としての役務提供型の契約にも適用する方式があり得る。①又は②を採れば適

用の対象から漏れた契約にどのような規律を適用するかが問題になり，③では既存の典型契約に関する規定との調整が問題になることを指摘し，どのような方式を採るかは規定の具体的内容を検討した上で決定すべきだが，無償の役務提供型契約も対象とすべきであるとの意見があった。

　①又は②に該当する方式を支持する立場からは，全ての役務提供型契約を対象とする総則規定や，委任と請負を包摂する上位概念として有意義な規定を設けることは困難であり，請負や委任と並ぶ受皿的な典型契約を設ける方向で議論するのが生産的であるという意見や，既存の典型契約と並ぶ比較的輪郭の明確な典型契約を設け，これに該当しない契約にも規定を準用するのが適切であるとの意見があった。

　③の総則的な規定を設けるという方法については，望ましいとの意見もあったが，単に役務提供型の契約に共通する規定を，独立の典型契約としての名称のない総則として取り出すのであれば，民法全体の中で他の契約類型とは異なった形になるので妥当ではないとの意見があった。その内容についても，既存の典型契約を含め役務提供型の契約全てに適用される最大公約数的な規定を設けようとすれば中身のないものになるおそれがあり，対象を特定した方が有益であるとの意見があった。

　また，雇用は，労務の提供そのものを目的とすることや，役務提供者が自然人でしかなく，法人ではあり得ないということからくる特殊性があるとして，少なくとも雇用は別立てにすべきであるとの意見があった。

第51　雇用

1　総論（雇用に関する規定の在り方）

　労働契約に関する民事上の基本的なルールが民法と労働関係法規（特に労働契約法）とに分散して置かれている現状に対しては，利便性の観点から問題があるとの指摘があり，将来的には民法の雇用に関する規定と労働契約法の関係の在り方が検討課題となり得るが，当面，民法と労働契約法との関係について現状を維持し，雇用に関する規定は，引き続き民法に置くこととしてはどうか。その上で，民法の雇用に関する規定について，民法で規律すべき事項の範囲に留意しつつ，見直しの要否を検討してはどうか。

　また，利便性という問題への一つの対応として，安全配慮義務（労働契約法第5条）や解雇権濫用の法理（同法第16条）に相当する規定を民法にも設けるという考え方や，民法第627条第1項後段の規定を使用者からの解約の申入れに限り解約の申入れの日から30日の経過を要すると改めること（労働基準法第20条参照）により，労働関係法規上の私法ルールを民法に反映させるという考え方の当否については，雇用の規定と労働関係法規の適用範囲が必ずしも同一ではないという見解も有力であること等に留意しつつ，更に検討してはどうか。

【部会資料17－2第5，1［72頁］，同（関連論点）［74頁］】

（議事の概況等）

1　第17回会議においては，雇用に関する規定の見直しに当たっては，将来的には民法の雇用契約の規定と労働契約法との統合の是非が検討課題となり得るが，当面，民法と労働契約法との関係について現状を維持し，雇用に関する規定は労働契約についての一般規定として引き続き民法に置くことした上で，民法の雇用に関する規定について，民法で規律すべき事項の範囲に留意しつつ，見直しの要否を検討することに賛成する意見があり，これに対して特段の異論はなかった。

2　安全配慮義務（労働契約法第5条）や解雇権濫用の法理（同法第16条）に相当する規定を民法にも設けるべきであるという考え方や，民法第627条第1項後段の規定に労働基準法第20条を反映させて，使用者からの解約の申入れに限り解約の申入れの日から30日の経過を要することとすべきであるという考え方（部会資料17－2［74頁］）については，（雇用以外の契約類型で締結された契約であっても労働関係法規の適用があり得るという考え方を前提として）雇用にのみ安全配慮義務や解雇権濫用の法理に相当する規定を設けると，反対解釈がされることにより，雇用以外の契約類型で締結された契約に労働関係法規が適用されなくなるのではないかという意見，仮に雇用の適用範囲が労働関係法規の適用範囲よりも広いという立場を採ると，労働関係法規の適用範囲を拡張することにつながりかねないという意見，なぜ安全配

慮義務と解雇権濫用の法理の二つの規定のみを民法に置くのか疑問であるという意見や，特に民法第627条第1項後段の見直しは，解約予告手当を支払うことにより解雇ができるとする労働基準法第20条を実質的に見直すことにつながるのではないかということを指摘する意見等，慎重な検討を要するとの意見があった。
3 なお，特に労働契約特有のルールの実質的な変更については，公益代表者と労働者側，使用者側のそれぞれの代表者が参加する労働政策審議会で，労使双方の意見を反映させるという労働関係法規の法形成のプロセスの特性に配慮し，雇用の規定の見直しは，基本的には最低限の整序にとどめるべきであるという意見があり，これに対して特段の異論はなかった。民法（債権関係）の見直し全般について，このような意見に留意しつつ検討する必要があると考えられる。

2 報酬に関する規律

(1) 具体的な報酬請求権の発生時期

雇用契約においては，労働者が労務を履行しなければ報酬請求権は具体的に発生しないという考え方（いわゆるノーワーク・ノーペイの原則）が判例・通説上認められているところ，これを条文上明確にするかどうかについて，民法第624条から読み取れるとの指摘があることや，実務上は合意によりノーワーク・ノーペイの原則とは異なる運用がされる場合があることを根拠として反対する意見があること等に留意しつつ，更に検討してはどうか。

【部会資料17 − 2 第5，2(2)［76頁］】

（議事の概況等）

第17回会議においては，労働者が労務を履行しなければ報酬請求権は具体的に発生しないという考え方（いわゆるノーワーク・ノーペイの原則）に関する明文の規定を設けるべきであるという考え方について，慎重に検討すべきであるとの意見があった。その理由としては，ノーワーク・ノーペイの原則は，民法第624条から読み取れることを挙げる意見，雇用のみに報酬請求権の発生要件についての規定を置くことにより，ほかの契約類型との関係で統一性がとれないことを挙げる意見や，当事者間の合意で，労務の履行がない段階でも賃金を支払う場合があるという実務上の運用に影響が生ずるおそれがあることを挙げる意見があった。

また，規定を設ける場合の留意点として，労務を履行しなければ報酬請求権は具体的に発生しないという規定ぶりでは，抗弁として位置付けられるおそれがあるので，報酬請求権の発生要件であることを端的に示すために，労務の履行によって報酬請求権が発生するという規定にすべきであるとの意見や，任意規定であることを明らかにすべきであるとの意見があった。

(2) 労務が履行されなかった場合の報酬請求権

使用者の責めに帰すべき事由により労務が履行されなかった場合の報酬請求権

の帰すうについて，民法第536条第2項の文言上は必ずしも明らかではないが，判例・通説は，雇用契約に関しては，同項を，労務を履行していない部分について具体的な報酬請求権を発生させるという意味に解釈している。そこで，同項を含む危険負担の規定を引き続き存置するかどうか（前記第6）とは別に，この場合における労働者の具体的な報酬請求権の発生の法的根拠となる規定を新たに設けるかどうかについて，更に検討してはどうか。

規定を設ける場合には，具体的な規定内容について，例えば，①使用者の義務違反によって労務を履行することが不可能となったときは，約定の報酬から自己の債務を免れることによって得た利益を控除した額を請求することができるとする考え方や，②使用者側に起因する事由によって労働できないときに報酬を請求できるが，自己の債務を免れたことによって利益を得たときは，その利益を使用者に償還しなければならないとする考え方がある。これらの考え方の当否について，「使用者の義務違反」「使用者側に起因する事由」の具体的な内容が分かりにくいとの指摘，労働基準法第26条との整合性，現在の判例・通説や実務上の一般的な取扱いとの連続性に配慮する必要があるとの指摘のほか，請負や委任などほかの役務提供型典型契約に関する規律との整合性などにも留意しつつ，更に検討してはどうか。

また，労務の履行が期間の中途で終了した場合における既履行部分の報酬請求権の帰すうについて明らかにするため，明文の規定を設けるかどうかについて，更に検討してはどうか。

【部会資料17－2第5，2(2)［76頁］】

（議事の概況等）

1　第17回会議及び第24回会議においては，使用者の責めに帰すべき事由により労務が履行されなかった場合における労働者の具体的な報酬請求権の発生の法的根拠となる規定を設けるべきであるという考え方について，賛成する意見があり，これに対して特に異論はなかった。

2　規定を設ける場合の内容については，現在の民法第536条第2項の「責めに帰すべき事由」という文言が必ずしも明確ではないことを理由として，「使用者の義務違反によって労務を履行することが不可能となったとき」に，約定の報酬から自己の債務を免れることによって得た利益を控除した額を請求することができるとする規定を設ける考え方に賛成する意見があった。この意見は，民法全体として，「責めに帰すべき事由」という要件の表現ぶりを見直すべきであるとするものである。

これに対して，上記の考え方を含む具体的な立法提案（部会資料17－2［76頁］参照）に反対し，現在の判例・通説と連続性のある規定とすべきであるという意見があった。このような意見としては，①「責めに帰すべき事由」という表現に基づくこれまでの判例の蓄積を踏まえると，この表現を維持する方が分かりやすいというもの，②「使用者の義務違反」という表現を用いると，現在の実務では認められて

いない労働者の就労請求権（労務の受領義務）を認めることになるのではないかという懸念を示すもの，③「使用者に起因する事由」という表現を用いると，労働基準法第26条の「責めに帰すべき事由」が使用者に起因する事由と解釈されていることとの整合性が問題になるというもの等があった。もっとも，②に対しては，「義務違反」は受領義務のみならず協力義務を含む広い概念であり，また，受領義務の有無と受領強制の可否（就労請求権の有無）は別の問題であり，義務違反という表現を用いることが受領強制を認めることにはつながらないという反論があった。

　また，「責めに帰すべき事由」という表現を見直す場合の考え方としては，以上のほかに，「使用者に生じた合理的とは言えない事由」という表現を用いることを提案する意見があった。

　このほか，労務の履行が不能となった場合における報酬請求権の発生の有無については，民法第536条第2項のみならず，受領遅滞や弁済の提供とも関係するという考え方も有力であることから，現在の判例・通説だけではなく，実務上の一般的な取扱いとの整合性にも留意すべきであるとの意見や，平均賃金（労働基準法第12条第1項参照）の6割に達するまでの部分を利益控除の対象とすることが禁止されているとした判例（最判昭和62年4月2日集民150号527頁）との整合性に留意すべきであるとの意見もあった。

　なお，この点は，請負（前記第48，3(2)），委任（前記第49，3(3)）や準委任に代わる役務提供型契約の受皿規定（前記第50，4(4)）とも関連するので，これらとの整合性にも留意する必要がある。

3　労務の履行が期間の中途で終了した場合における既履行部分の報酬請求権の帰すうについて明らかにするため，労務の履行が期間の中途で終了したときは，労働者が，既に履行した労務の割合に応じて報酬を請求することができることに関する明文の規定を設けるべきであるという考え方については，当然のことであるため規定を設ける必要はないとの意見があった。

3　民法第626条の規定の要否

　労働基準法第14条第1項により，雇用期間を定める場合の上限は，原則として3年（特例に該当する場合は5年）とされており，通説によれば，これを超える期間を定めても，同法第13条により当該超過部分は無効になるとされているため，民法第626条の規定が実質的にその存在意義を失っているとして，同条を削除すべきであるという考え方がある。この考え方の当否について，労働基準法第14条第1項の期間制限が適用されない場合に，民法第626条の規定が適用されることになるため，現在でも同条には存在意義があるという指摘がある一方で，家事使用人を終身の間継続する契約のように公序良俗違反となるべき契約の有効性を認めるかのような規定を維持すべきでないという意見があることを踏まえつつ，更に検討してはどうか。

【部会資料17-2第5，3［78頁］】

（議事の概況等）

　第17回会議においては，民法第626条の規定を削除すべきであるという考え方について，賛成する意見と反対する意見の双方が出された。
　削除に反対する意見としては，「一定の事業の完了に必要な期間」（労働基準法第14条第1項）として5年を超える雇用期間を定めた場合や，労働基準法の適用が除外されている家事使用人等（同法第116条）との間で5年を超える雇用期間を定めた場合，事業以外における雇用契約で5年を超える雇用期間を定めた場合等に，民法第626条の規定が適用されることになることを指摘した上で，同条を削除すると上記のような場合に終身拘束が可能になるため，削除すべきではないとするものがあった。
　これに対して，例えば家事使用人との間で生涯働き続けるという契約がされた場合，民法第626条を維持すると，この契約は有効となり，5年間は拘束されることになるが，本来，このような契約は公序良俗違反として無効とされるべきであるため，このような規定を維持することには疑問があるとする意見があった。

4　有期雇用契約における黙示の更新（民法第629条）
(1)　有期雇用契約における黙示の更新後の期間の定めの有無
　民法第629条第1項の「同一の条件」に期間の定めが含まれるかという点については，含まれるとする学説も有力であるものの，裁判例は分かれており，立法により解決すべきであるとして，「同一の条件」には期間の定めが含まれないことを条文上明記すべきであるとする考え方がある。このような考え方の当否について，労働政策上の課題であり，労働関係法規の法形成のプロセスにおいて検討すべき問題であるという指摘があることに留意しつつ，更に検討してはどうか。

【部会資料17－2第5，4［80頁］】

（議事の概況等）

　第17回会議においては，民法第629条第1項の「同一の条件」には期間の定めが含まれないことを明記すべきであるという考え方について，この問題は労働政策上の課題であり，現在有期労働契約に関する問題について検討を行っている労働政策審議会労働条件分科会において検討されるべき問題であるという意見があり，これに対して特段の異論はなかった。
　もっとも，この問題について最終的には労働政策審議会において議論すべきであるという考え方を前提としつつも，民法第629条第1項後段は明らかに期間の定めのない契約になることを前提とした規定と読めるため，当面の間この問題を解釈に委ねる前提として，後段を削除した方がよいのではないかという意見があり，この点について，引き続き検討する必要があると考えられる。

(2) 民法第629条第2項の規定の要否

　民法第629条第2項は，雇用契約が黙示に更新される場合における担保の帰すうについて規定しているところ，この点については，具体的事案に応じて担保を設定した契約の解釈によって決せられるべきであり，特別な規定を置く必要がないとの考え方が示されている。そこで，同項に関する実態に留意しつつ，同項を削除する方向で，更に検討してはどうか。

【部会資料17－2第5，4（関連論点）［81頁］】

（議事の概況等）

　第17回会議及び第24回会議においては，本論点について，賛成する意見があったが，これに対して，実態が明らかではないことから，慎重に検討すべきとの意見もあった。

第52　寄託

1　寄託の成立－要物性の見直し
(1)　要物性の見直し

　　寄託は，受寄者が寄託者のために寄託物を受け取ることによって初めて成立する要物契約であるとされている（民法第657条）が，契約自由の原則から，諾成的な寄託契約の効力が認められているほか，実務上も，諾成的な寄託契約が広く用いられており，寄託を要物契約とする民法の規定は取引の実態とも合致していないと指摘されている。このような指摘を踏まえて，諾成契約として規定を改める方向で，更に検討してはどうか。

　　もっとも，無償寄託に関しては，合意のみによって寄託物を引き受ける義務を受寄者に負わせることが適当かどうかという問題があることを踏まえ，寄託の合意が書面でされない限り，寄託物を受け取るまでの間，受寄者に任意の解除権を認めるという考え方や，書面によって合意がされた場合に限り諾成契約の効力を認めることとし，それ以外の無償寄託は要物性を維持するという考え方の当否について，更に検討してはどうか。

　　　　　　　　　　　　　　　　　【部会資料17－2第6，2(1)［84頁］】

（議事の概況等）

1　第18回会議及び第24回会議においては，寄託を諾成契約として規定すべきであるという考え方について，賛成する意見があり，これに対して特段の異論はなかった。なお，消費貸借を諾成契約として見直すという考え方の採否との整合性に留意すべきであるとの意見があった。

2　寄託を諾成契約とする場合における見直しの方向として，有償契約と無償契約のいずれについても諾成契約として規定しつつ，無償寄託については，寄託の合意が書面でされない限り，寄託物を受け取るまでの間，受寄者に解除権を認めるという考え方や，無償寄託については，書面によって合意がされた場合に限り諾成契約の効力を認めることとし，それ以外の無償寄託は要物性を維持するという考え方が紹介された（部会資料17－2［84頁］）ところ，特段の意見がなかった。もっとも，いずれの考え方を採る場合であっても，寄託物の受取前の受寄者が契約に拘束され続けることを防止するための方策が必要であるとの意見が出された（後記(2)参照）ことに留意する必要がある。

(2)　寄託物の受取前の当事者間の法律関係

　　諾成的な寄託の効力を認めている現在の解釈論では，寄託物の受取前の当事者間の法律関係については，寄託者は，寄託物の引渡前は自由に解除することがで

きるが，解除した場合には寄託物を受け入れるために受寄者が支出した費用の償還義務を負い，他方，受寄者は，寄託物の受取義務を負うとされている。寄託の規定を諾成契約として改める場合には，このような現在の解釈論を条文上明記する方向で，更に検討してはどうか。

　また，諾成的な寄託において寄託物が引き渡されるまでは，無償寄託において受寄者の任意解除権を認める考え方（前記(1)）があるほか，有償寄託か無償寄託かを問わず，一般に，受寄者を契約の拘束から解放するための方法を用意することが必要であるという問題が指摘されている。このような指摘を踏まえ，寄託者に引渡義務を負わせ，その不履行による解除権を認める考え方や，受寄者が催告してもなお寄託者が寄託物を引き渡さない場合における受寄者の解除権を認める考え方等の当否について，更に検討してはどうか。

【部会資料17－2第6，2(2)［85頁］】

（議事の概況等）

1　第18回会議においては，寄託者は，寄託物の引渡前は自由に解除することができるが，解除した場合には寄託物を受け入れるために受寄者が支出した費用の償還義務を負い，他方，受寄者は，寄託物の受取義務を負うことを条文上明確にすべきであるという考え方について，特段の異論はなかった。

2　寄託物の受取前の受寄者の解除権については，書面によらない無償寄託の場合にこの解除権を認める考え方（前記(1)）が紹介され（部会資料17－2［84頁］），この点については特段の意見がなかったが，別の問題として，寄託を諾成契約として規定する場合には，受寄者が契約に拘束され続けることを防止するための方策が必要であるとの意見があった。すなわち，書面によらない無償寄託を除いて，受寄者に寄託物の受取前の解除権が認められないとすると，寄託者が寄託物を引き渡さない場合に，受寄者がいつまでも契約に拘束されることになるという問題があるとして，例えば，寄託者に寄託物の引渡義務を負わせた上で，当該引渡義務の不履行の効果として受寄者に解除権を認めたり，受寄者が催告してもなお寄託者が寄託物を引き渡さない場合に受寄者に解除権を認めたりすること等が必要であるとするものである。このうち，寄託者に寄託物の引渡義務を負わせるという意見は，寄託者の利益のためだけに寄託されている場合にまで，寄託物の引渡義務を負わせるべきであるという意見ではなかったものの，これに対して，引渡義務の効果として損害賠償や解除を認めることについては，慎重に検討すべきであるという意見があった。

(3)　寄託物の引渡前の当事者の一方についての破産手続の開始

　仮に，寄託を諾成契約として規定する場合には，寄託物が交付される前に当事者の一方が破産手続開始の決定を受けたときに寄託契約が失効する旨の規定を設けるかどうかについて，消費貸借に関して同様の規定を設けるべきであるとの考え方（前記第44，1(4)）についての検討状況に留意しつつ，検討してはどうか。

(議事の概況等)

　第24回会議においては，消費貸借を諾成契約として規定することを前提として，目的物の引渡前の当事者の一方についての破産手続の開始に関する規定を設けるのであれば（前記第44，1(4)），寄託においても同様の規定を設けることを検討すべきであるとの意見があった。

2　受寄者の自己執行義務（民法第658条）
(1)　再寄託の要件

　委任と寄託とは，当事者間の人的信頼関係を基礎とする点で共通しており，再寄託と復委任の要件に差を設ける合理的理由はないという指摘を踏まえて，再寄託が認められる要件を復委任の要件と整合させる方向で，更に検討してはどうか。その具体的な要件については，復委任の要件を拡張する考え方（前記第49，1(3)）を前提として，再寄託の要件を「受寄者に受託物の保管を期待することが相当でないとき」にも拡張するかどうかについて，より具体的な要件を定めて明確にする必要があるという指摘に留意しつつ，更に検討してはどうか。

【部会資料17-2第6，3(1)［87頁］】

(議事の概況等)

　第18回会議及び第26回会議においては，再寄託が認められる要件を復委任の要件と整合させることには特段の異論はなかったものの，復委任の要件の拡張に反対する立場から本論点について慎重な検討が必要であるという意見や，具体的な要件を「受寄者に受託物の保管を期待することが相当でないとき」とすることについて，更に明確にしなければ，無限定に再寄託を認めることになりかねないという懸念を示す意見があった。

(2)　適法に再寄託が行われた場合の法律関係

　適法な再寄託がされた場合における受寄者の責任について，第三者が寄託物を保管することについて寄託者が承諾しただけで，受寄者の責任が限定される結果となるのは不当であるという問題意識を踏まえ，民法第658条第2項が復代理に関する同法第105条を準用している点を見直し，①一般的には，受寄者は自ら寄託物を保管する場合と同様の責任を負うこととするが，②寄託者の指名に従って再受寄者を選任した場合には，受寄者は，再受寄者が不適任又は不誠実であることを知らなかったときと，知っていたとしてもその旨を本人に通知し又は再受寄者を解任したときには，寄託者に対して責任を負わないものとするという考え方が示されている。このような考え方の当否について，復委任と異なる規律とすること（前記第49，1(3)参照）の当否が問題となるとの指摘があることに留意しつつ，更に検討してはどうか。

また，民法第658条第2項が同法第107条第2項を準用し，寄託者と再受寄者との間に相互の直接請求権を認めている点を見直し，再寄託については，寄託者と再受寄者との間に直接請求権を認めないこととするかどうかについて，寄託者が寄託物の所有権を有しない場合や受寄者が支払不能に陥った場合に問題が生じ得るという指摘に留意しつつ，更に検討してはどうか。

【部会資料17－2第6，3(2)［88頁］】

（議事の概況等）

1　第18回会議及び第24回会議においては，適法な再寄託がされた場合における受寄者の責任につき，①受寄者は，自ら寄託物を保管する場合と同様の責任を負うこととし，②寄託者の指名に従って再受寄者を選任した場合には，民法105条第2項の趣旨を準用し，受寄者は，再受寄者が不適任又は不誠実であることを知らなかったときと，知っていたとしてもその旨を本人に通知し又は再受寄者を解任したときには，寄託者に対して責任を負わないものとするという考え方について，復委任と異なる規律とすること（前記第49，1(3)参照）の当否を更に検討する必要があり，この点に留意しつつ検討すべきであるとの指摘があった。
2　寄託者と再受寄者との間に直接請求権を認めないこととすべきであるという考え方については，寄託者が寄託物の所有権を有しない場合に，寄託者が再受寄者に対して寄託物の返還を請求することができなくなることや，再受寄者は，受寄者が支払不能に陥った場合に，寄託者に対して報酬を請求することができなくなるが，再受寄者は寄託者の寄託物を保管していたのだから，寄託者に対して請求できてしかるべきではないかと指摘した上で，見直しの必要があるのか慎重に検討すべきであるとの意見があった。

3　受寄者の保管義務（民法第659条）

　有償寄託の場合の受寄者に要求される注意義務の程度について，寄託に固有の規定はなく，民法第400条が適用されることにより，受寄者は善管注意義務を負うこととされている。この点についての規律を明確にする観点から，寄託に固有の規定を設けるべきかどうかについて，同条の見直し（前記第1，2(1)）と関連することにも留意しつつ，更に検討してはどうか。

　また，民法に事業者概念を取り入れる場合に，事業者が行う一定の事業について適用される特則として，受寄者の保管義務に関して，原則として無償の寄託契約においては受寄者の保管に関する注意義務が軽減されるが，事業者がその経済事業（反復継続する事業であって収支が相償うことを目的として行われるもの）の範囲内において寄託を受けた場合には受寄者の注意義務の軽減を認めないものとすべきであるという考え方（後記第62，3(3)④参照）がある。このような考え方の当否について，更に検討してはどうか。

【部会資料17－2第6，4［90頁］，部会資料20－2第1，3(3)［20頁］】

(議事の概況等)

　第18回会議においては，本論点について特段の意見はなかったが，この問題は，民法第400条の見直し（前記第1，2(1)）と関係する問題であること（部会資料19－2［3頁］）に留意して，更に検討すべきであると考えられる。
　第20回会議においては，原則として無償の寄託契約においては受寄者の保管に関する注意義務が軽減されるが，事業者がその経済事業の範囲内において寄託を受けた場合には受寄者の注意義務の軽減を認めない考え方が紹介され，審議が行われた。「経済事業」の概念については，「収支相償う」の意味が不明確であるとの意見があったが，この概念によって受寄者の注意義務を規律する点については特段の意見がなかった。

4　寄託物の返還の相手方

　受寄者は，寄託者に対して寄託物の返還義務を負っており，寄託物について所有権を主張する第三者から当該寄託物の返還請求を受けたとしても，強制執行等により強制的に占有を奪われる場合でない限り，この第三者に任意に引き渡してはならないと考えられているところ，このような寄託物の返還の相手方に関する規律を条文上明確にするかどうかについて，寄託者以外の第三者に任意に引き渡すことによっても受寄者が免責される場合があるという指摘にも留意しつつ，更に検討してはどうか。
　また，①寄託物について第三者が受寄者に対して引渡請求等の権利の主張をする場合において，寄託者が第三者に対して引渡しを拒絶し得る抗弁権を有するときは，受寄者が，権利を主張してきた第三者に対して，当該抗弁権を主張することを認めるかどうか，②寄託者が第三者の訴えの提起や差押え等の事実を既に知っている場合には，受寄者の通知義務が免除されるということを条文上明らかにするかどうかについても，更に検討してはどうか。

【部会資料17－2第6，5［91頁］，同（関連論点）1［92頁］，
同（関連論点）2［92頁］】

(議事の概況等)

1　第18回会議においては，寄託物の返還の相手方に関する規律を条文上明確にすべきであるという考え方について，強制執行等により強制的に占有を奪われる場合以外にも，例えば，引渡しを請求する者に所有権が帰属することを明らかにする確定判決がある場合に，真の所有者に対する引渡しが認められること等，寄託者以外の第三者に引き渡すことにより受寄者が免責されるべき場合があるのではないかとの指摘があった。また，受寄者が寄託物を寄託者以外の第三者に引き渡してはならない場合に，真の所有者に対する引渡しを拒絶したことにより，損害賠償責任を負うかという点や，受寄者が損害賠償責任を負うとすれば，その金額を寄託者に求償

することができるかという点についても検討すべきであるとの意見もあった。
2　①寄託物について第三者が受寄者に対して引渡請求等の権利の主張をする場合において，寄託者が第三者に対して引渡しを拒絶し得る抗弁権を有するときは，受寄者が，権利を主張してきた第三者に対して，当該抗弁権を主張することを認めるべきであるという考え方や，②寄託者が第三者の訴えの提起や差押え等の事実を既に知っている場合には，受寄者の通知義務が免除されることを条文上明らかにすべきであるという考え方については，いずれも特段の意見はなかった。

5　寄託者の義務

(1)　寄託者の損害賠償責任（民法第661条）

　民法第661条に対しては，委任者の無過失責任を定めた同法第650条第3項との権衡を失しているのではないかという立法論的な批判がされており，学説上，無償寄託の場合には同項を類推適用して寄託者に無過失責任を負わせるべきであるという見解が主張されていることを踏まえて，同法第661条の規定を見直し，一定の場合に寄託者に無過失責任を負わせるべきであるとの考え方が示されている。これに対しては，取引実務の観点からは現在の規定が合理的であって見直しの必要がないとの意見がある一方で，見直しの必要性を肯定しつつ，たとえ無過失責任が原則とされても必要に応じて寄託者の責任を軽減する特約を締結できるから，見直すことに不都合はないと反論する意見もある。これらの意見に留意しつつ，上記の考え方の当否について，更に検討してはどうか。

　仮に規定を見直す場合には，具体的な規定の在り方について，①無償寄託についてのみ，寄託者に無過失責任を負わせる考え方，②有償寄託と無償寄託のいずれについても，原則として寄託者の責任を無過失責任とするが，例外的に，受寄者が事業者で，寄託者が消費者である場合に限定して，寄託者が寄託物の性質又は状態を過失なく知らなかった場合には免責されることとする考え方があることを踏まえて，更に検討してはどうか。

【部会資料17－2第6，6(1)［93頁］】

（議事の概況等）

　第18回会議においては，一定の場合に寄託者に無過失責任を負わせる方向で，民法第661条の規定を見直すべきであるという考え方について，委任との権衡を根拠に同条を見直すことに対する疑問を示す意見のほか，実際には，寄託者よりも受寄者の方が高い専門知識を有する場合も多く，取引実務の観点からは，現在の規定が合理的であると言えるので，特に見直す必要はないという意見があった。これに対して，規定の見直しに賛成した上で，後者の意見の場合には，特約により寄託者の責任を軽減することを認めればよいとする意見もあった。

　民法第661条の規定を見直す場合の具体的な方向としては，①無償寄託についてのみ，寄託者に無過失責任を負わせるという考え方と，②有償寄託と無償寄託のい

ずれについても，原則として寄託者の責任を無過失責任とするが，例外的に，受寄者が事業者で，寄託者が消費者である場合に限定して，寄託者が寄託物の性質又は状態を過失なく知らなかった場合には免責されることとするという考え方が紹介されたところ，第18回会議及び第20回会議においては，②の考え方を支持する意見や，寄託者が無過失責任を負うとの原則自体に疑問があり，消費者契約について扱いを異にするとしても，このような差の在り方には疑問があるとの意見があった。

(2) 寄託者の報酬支払義務

　寄託を諾成契約として規定する場合には，報酬に関する規律として，①保管義務を履行しなければ，報酬請求権は具体的に発生しないという原則や，②当事者間の合意により寄託者が寄託物の引渡義務を負った場合に，寄託者の義務違反により寄託物が引き渡されなかったときは，受寄者は，約定の報酬から自己の債務を免れることによって得た利益を控除した額を請求することができることについての明文の規定を設けるという考え方がある。このような考え方の当否について，特に②においては，受寄者が請求する金銭債権の法的性質を損害賠償請求権と報酬請求権のいずれと考えるかという問題があることのほか，「寄託者の義務違反」の具体的な内容，請負や委任などほかの役務提供型典型契約及び消費貸借（消費貸借を諾成契約として見直すことを前提とする。前記第44，1。）に関する規律との整合性などにも留意しつつ，更に検討してはどうか。

　また，受託者が事業者であり，経済事業（反復継続する事業であって収支が相償うことを目的として行われるもの）の範囲内において寄託契約を締結したときは，有償性が推定されるという規定を設けるべきであるとの考え方（後記第62，3(3)③）の当否について，更に検討してはどうか。

【部会資料17－2第6，6(2)［95頁］，部会資料20－2第1，3(3)［20頁］】

(議事の概況等)

1　第18回会議及び第24回会議においては，①保管義務を履行しなければ，報酬請求権は具体的に発生しないという原則に関する規定を設けるべきであるという考え方について，特段の意見がなかった。

2(1)　②当事者間の合意により寄託者が寄託物の引渡義務を負った場合に，寄託者の義務違反により寄託物が引き渡されなかったときは，受寄者は約定の報酬から自己の債務を免れることによって得た利益を控除した額を請求することができるという規定を設けるべきであるという考え方について，寄託者の義務違反を要件とするのであれば，受寄者は債務不履行の一般則により損害賠償請求が可能であるから，別途規律を設ける必要はないという指摘があった。

　他方で，上記の考え方については，消費貸借を諾成契約として見直した場合（前記第44，1）に，借主の義務違反によって目的物が交付されなかったときの利息の扱いとの整合性にも留意すべきであるとの意見があった。

(2) 規定を設ける場合の内容のうち，要件については，寄託者の「義務違反」という用語を用いることに反対する意見があった。

　　また，この場合に受寄者が寄託者に請求する金銭債権の法的性質について，損害賠償請求権と報酬請求権のいずれと考えるべきかを検討すべきであるとの問題提起があった。この点について，損害賠償請求権と考えた場合には，約定の報酬相当額から，自己の債務を免れることによって得た利益を控除することができると考えられるが，報酬請求権と考えた場合には，この利益を控除する根拠があるか疑問であるとする意見や，実際に保管をしていない以上，報酬請求権ではなく，損害賠償請求権と考えるべきであるという意見があったが，これに対して，法的性質に関する見解の対立は，民法第536条第2項に基づき報酬相当額を請求する場合にも妥当する問題であると指摘した上で，統一的に報酬請求権と考えるべきであるという意見や，受寄者が実際に保管していないとしても，報酬請求権と考えることは可能であるという意見もあった。

(3) なお，以上の点は，請負（前記第48，3(2)），委任（前記第49，3(3)），準委任に代わる役務提供型契約の受皿規定（前記第50，4(4)）や雇用（前記第51，2(2)）とも関連するので，これらとの整合性にも留意する必要がある。

3　第20回会議においては，事業者である受寄者が「経済事業」の範囲内で寄託契約を締結したときは，有償性が推定されるという特則を設けるべきであるとの考え方について，「経済事業」の概念については，「収支相償う」の意味が不明確であるとの意見があった。

6　寄託物の損傷又は一部滅失の場合における寄託者の通知義務

　　売買や請負の瑕疵担保責任の期間制限について，短期の除斥期間を廃止して消滅時効の一般原則を適用することに加えて，買主や注文者が瑕疵の存在を知った場合には売主や請負人に対する通知義務を負い，当該通知を行わなければ，買主や注文者は，損害賠償請求権等を行使することができないものとする考え方（前記第39，1(6)，第48，5(5)）を前提として，寄託物の損傷や一部滅失があることを寄託者が知った場合には，一定の合理的な期間内にその旨を受寄者に通知しなければ，寄託者は損害賠償請求権を行使することができないという規律を新たに設けるとする考え方の当否について，売買や請負における瑕疵担保責任の期間制限の見直しの方向に留意しつつ，更に検討してはどうか。

　　また，このような考え方を採る場合における制限期間の起算点について，民法に事業者概念を取り入れる場合に，契約当事者の一方が事業者である場合の特則として，原則として寄託者が損傷等を知った時とし，寄託者が事業者であるときは寄託者が損傷等を知り又は知ることができた時とすべきであるという考え方（後記第62，3(2)⑥）の当否についても，更に検討してはどうか。

　　【部会資料17－2第6，7［96頁］，部会資料20－2第1，3(2)［16頁］】

(議事の概況等)

1　第18回会議においては，寄託物の損傷や一部滅失があることを寄託者が知った場合に，一定の合理的な期間内にその旨を受寄者に通知しなければ，寄託者は損害賠償請求権を行使することができないという規律を設けるべきであるという考え方について，反対する意見があった。その中には，売買や請負の瑕疵担保責任の期間制限についても，同様に買主や注文者が瑕疵の存在を知った場合には売主や請負人に対する通知義務を課すという見直しに反対することを前提として，寄託者の通知義務を課すことにも反対するという意見や，上記の考え方が債務の本旨に従った履行を完了したと信じた善意の債務者の正当な信頼の保護を理由の一つとする点について，このような信頼を保護する必要はないという意見があった。

　他方，寄託物の損傷や一部滅失があることを知った場合に，寄託者に通知義務を課すことはそれほど過大な要求ではないとして，寄託者に通知義務を課すことに賛成する意見もあった。

2　また，通知義務を課すことに反対するものではないが，通知義務の期間制限の起算点を寄託者が知った時とするのではなく，寄託者が寄託物の返還を受けた時とすべきであるという意見のほか，通知義務の期間は，一定の合理的な期間内とするのではなく，具体的な期間を定めるべきであるという意見もあった。このうち，前者の意見に対しては，寄託者が事業者である場合に，寄託物の損傷や一部滅失があることを知ることができた時を起算点にすることはあり得る（後記第62，3(2)）ものの，それ以外の場合には，寄託者に重い義務を課すことになるのではないかという意見があった。寄託者が事業者であるかどうかによって起算点を区別する考え方については，第20回会議において，通知義務を課すことに反対であることを留保しつつ，事業者であるかどうかではなく営利性の有無で区別するほうが合理的であるとの意見があった。

7　寄託物の譲渡と間接占有の移転

　動産を倉庫等に寄託した寄託者が，当該動産を寄託した状態で第三者に対して譲渡し，引渡しをするという取引に関して，第三者に対する荷渡指図書の交付と受寄者に対するその呈示によって，形式的には指図による占有移転（民法第184条）の要件を充足し，引渡しがあったとも考えられるが，判例はこれを否定する。他方，寄託者が発行する荷渡指図書の呈示を受けた受寄者が，寄託者の意思を確認後，寄託者台帳上の寄託者名義を荷渡指図書記載の被指図人に変更する手続を行った場合に，そのような手続により寄託物の引渡しが完了したものとする処理が関係の地域で広く行われていたとして，寄託者台帳上の寄託者名義の変更により，指図による占有移転が行われたと判示した判例がある。この判例の趣旨を踏まえて，寄託者の契約上の地位の移転には，受寄者の承諾が必要であることを条文上明記すべきであるとの考え方が示されている。この考え方の当否について，契約上の地位の移転一

般についての検討（前記第16）に留意しつつ，更に検討してはどうか。
　また，その場合には，法律関係が複雑化することを避けるために，寄託者の契約上の地位の移転と間接占有の移転の関係に関して，寄託者の契約上の地位の移転がない限り間接占有の移転が認められないことを明記するかどうかについて，民法第184条の実質的な意義を大きく変えることになりかねないという指摘等に留意しつつ，更に検討してはどうか。

【部会資料17－2第6，8［97頁］】

（議事の概況等）

1　第18回会議においては，寄託者の契約上の地位の移転には受寄者の承諾が必要であることを条文上明記すべきであるという考え方に賛成する意見があり，これに対して特段の異論はなかった。もっとも，この考え方の採否は，契約上の地位の移転一般についての規定の在り方とも関連する問題であることから，その検討を踏まえて，更に検討すべきであると考えられる。

2　寄託者の契約上の地位の移転と間接占有の移転の関係に関して，寄託者の契約上の地位の移転がない限り間接占有の移転が認められないことを明記すべきであるという考え方については，反対する意見があった。その理由としては，このような考え方を採ると，民法第184条の実質的な意義を大きく変えることになりかねないとするものや，集合動産への譲渡担保権の設定時に，債務者が寄託者の地位を有したまま，指図による占有移転によって寄託物の間接占有を譲渡担保権者に移転することがあるため，このような実務を否定すべきではないとするもの等があった。
　これに対して，法律関係が複雑化するという問題があるにもかかわらず，寄託者の契約上の地位の移転を伴わずに間接占有を移転させることを認める必要性の有無を明確にするために，更に検討を続けるべきであるという意見もあった。

8　消費寄託（民法第666条）

　民法は，消費寄託について，寄託物の返還に関する規律の一部を除き，基本的に消費貸借の規定（同法第587条から第592条まで）を準用している。消費寄託と消費貸借とが共通するのは，目的物（寄託物）の処分権が移転するという点にあることに着目して，消費貸借の規定を消費寄託に準用する範囲は目的物の処分権の移転に関するものに限定し，その他については寄託の規定を適用することに改めるかどうかについて，更に検討してはどうか。
　仮に上記の方向で検討する場合には，以下の各論点について，更に検討してはどうか。
　①　寄託を諾成契約とする場合（前記1参照）には，消費寄託における寄託物の受取前の当事者間の法律関係は，仮に消費貸借をも諾成契約とする場合であっても（前記第44，1参照），消費貸借の規定を準用するのではなく，寄託の規定（前記1(2)）を適用することに改めるべきであるという考え方がある。この

ような考え方の当否について，寄託一般において寄託者に寄託物の引渡義務を認めるか否かにかかわらず，特に消費寄託では受寄者にも寄託の利益があることを理由として，寄託者に寄託物の引渡義務を認めるべきであるとの意見があることも踏まえ，更に検討してはどうか。
② 消費寄託の寄託物の返還請求については，消費寄託が寄託者の利益を図るためのものであることを理由として，寄託の規定を適用して，いつでも返還を請求できるものと改めるべきであるとする考え方がある。他方で，消費寄託においては受寄者にも寄託の利益があることを理由に，返還時期を定めたときでも寄託者がいつでも返還を請求できるとする民法第662条は適用すべきではないとの意見がある。そこで，このような意見も踏まえ，消費寄託の寄託物の返還に寄託の規定を適用するという考え方の当否について，更に検討してはどうか。
【部会資料17－2第6，9［100頁］】

（議事の概況等）

1　第18回会議においては，消費貸借の規定を消費寄託に準用する範囲を目的物の処分権の移転に関するものに限定し，その他には寄託の規定を適用すべきであるという考え方について，特に預金の場合には，寄託者が報酬を支払うわけではなく，受寄者である銀行が利息を支払うことからすると，消費貸借に近いと考えるべきであり，消費貸借の規定を広く準用すべきであるという意見があった。これに対して，受寄者を信頼して寄託物を預けるという寄託契約の性質は，消費貸借とは異なることを指摘する意見もあった。
2　その上で，まず，寄託を諾成契約とする場合（前記1参照）には，消費寄託における寄託物の受取前の当事者間の法律関係には，寄託の規定を適用すべきであるという考え方がある一方で，消費寄託は受寄者にも寄託の利益があるため，寄託物の引渡義務を認めるべきであるという意見があった。しかし，この意見に対しては，受寄者が寄託の利益を有する場合か否かを問わず，一律に寄託者に寄託物の引渡義務を認めるのは，受寄者が特別の寄託の利益を有する場合に限り引渡義務を認める現在の解釈との連続性を欠くとして，反対する意見があった。
3　消費寄託の寄託物の返還請求につき，寄託の規定を適用すべきであるという考え方については，特に消費寄託は受寄者にも寄託の利益があることを理由として，返還時期の定めがある寄託において，受寄者がいつでも返還を請求することができるとする民法第662条が適用されることに反対し，寄託者がいつでも寄託物の返還を請求することができるのは，返還時期が寄託者の利益のためだけに定められている場合に限定すべきであるという意見があった。

9　特殊の寄託－混合寄託（混蔵寄託）

混合寄託が，実務上，重要な役割を果たしているにもかかわらず，民法には混合寄託に関する規定が置かれていないことから，その明文規定を設けるかどうかにつ

いて，更に検討してはどうか。
　仮に規定を設ける場合には，具体的に以下の①から③までのような内容の規定を設けるかどうかについて，更に検討してはどうか。
　　①　種類及び品質が同一である寄託物を混合して保管するには，全ての寄託者の承諾を要する。
　　②　混合寄託がされた場合には，各寄託者は，自らが寄託した物の数量の割合に応じて，寄託物の共有持分権を取得する。
　　③　各寄託者は，混合して一体となった寄託物の中から，自らが寄託したのと同数量の物の返還を請求することができる。
【部会資料17－2第6，10［102頁］】

(議事の概況等)
1　第18回会議においては，混合寄託に関する明文の規定を設けるべきであるという考え方について，特段の意見はなかった。
2　規定を設ける場合の一つの考え方として紹介されたもののうち，混合寄託がされた場合に，各寄託者は，その寄託した物の数量の割合に応じて，混合して保管する寄託物の共有持分権を取得するという考え方（部会資料17－2［102頁］）については，寄託は，寄託者が所有権を有しない場合もあることからすると，寄託物の共有持分権を取得する旨の規定を設けることはできず，寄託物の返還請求権を準共有するという規定を設けることになるのではないかという疑問が呈されたが，このほかに特段の意見はなかった。

10　特殊の寄託－流動性預金口座
　(前注)　この「第52，10　特殊の寄託－流動性預金口座」は，主として，以下の場面に関する法律関係を取り上げるものである。
　　　①　振込依頼人は，仕向銀行に対して，振込依頼を行うとともに，振込資金の交付又は預金口座からの引落しの依頼をする。
　　　②　仕向銀行は，為替通知を被仕向銀行に送信する。
　　　③　被仕向銀行は，受信した為替通知に基づき，受取人の流動性預金口座に入金記帳をする。

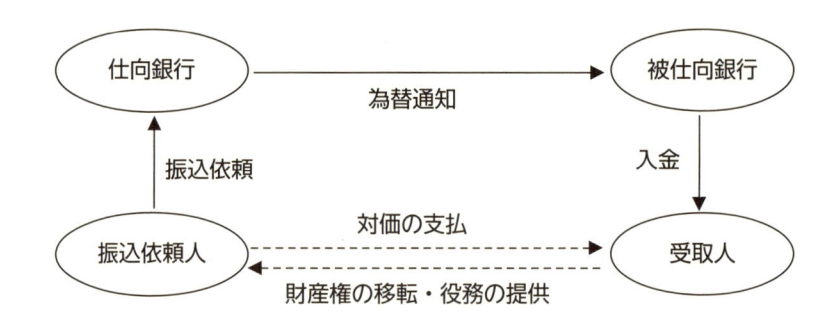

```
  仕向銀行  ──── 為替通知 ────→  被仕向銀行
     ↑                              │
   振込依頼                         入金
     │                              ↓
  振込依頼人  ····対価の支払····→   受取人
            ←··財産権の移転・役務の提供··
```

(1) 流動性預金口座への振込みによる金銭債務の履行に関する規律の要否

ア　普通預金や当座預金等の流動性を有する預金口座への振込みは，現代の日常生活において極めて重要な役割を果たしているが，民法にはこの点に関する規定が置かれていないため，流動性預金口座への振込みが，金銭債務の弁済と代物弁済（同法第482条）のいずれに該当するかという点や，流動性預金口座への振込みによる金銭債務の消滅時期がいつかという点などの基本的な法律関係が必ずしも明らかではないという問題が指摘されている。そこで，流動性預金口座への振込みによる金銭債務の履行に関する明文の規定を設けるべきかどうかについて，更に検討してはどうか。

　具体的な規定内容については，以下の①②のような内容の規定を設けるべきであるとの考え方があるが，被仕向銀行の過誤や倒産手続開始により入金記帳がされない場合があり得るという指摘や，他方で，入金記帳時以外に効力発生時点として適当な時点を定めることは難しいという指摘があること等にも留意しつつ，更に検討してはどうか。

① 流動性預金口座において金銭を受け入れる消費寄託の合意がされた場合において，流動性預金口座への入金や振込みがされたときは，受寄者が当該預金口座に入金記帳（入金記録）を行うことにより，既存の債権の額に当該金額を合計した金額の預金債権が成立する。

② 金銭債務を負う債務者が債権者の流動性預金口座に金銭を振り込んだときは，債権者の預金口座において当該振込額を加えた預金債権が成立した時点で，当該金銭債務の弁済の効力が生ずる。

イ　たとえこのような規定が必要であるとしても，民法に規定を置くことの当否については議論があり，預金債権が日常生活において極めて重要な役割を果たしていることから，預金債権に関する基本的な規定を民法に設けるべきであるとする意見があったが，他方で，一般法である民法に特殊な場面についての規定を設けることに違和感があるとする意見もあった。これらの意見を踏まえて，民法に規定を置くことの当否について，更に検討してはどうか。

ウ　仮に民法に規定を置く場合の，その置き場所については，特に上記②が受取

人の振込依頼人に対する債権の弁済について定める規定であることから，弁済の規定の中に置くべきであるとの意見があったことをも踏まえ，更に検討してはどうか。

【部会資料17－2第6，11［104頁］】

（議事の概況等）

1　第18回会議及び第24回会議においては，流動性預金口座への振込みによる金銭債務の履行に関する明文の規定を設けるべきであるという考え方について，賛成する意見と反対する意見とが出された。

　　規定を設けることに賛成する意見としては，預金債権が日常生活において極めて重要な役割を果たしていることから，預金債権に関する基本的な規定を民法に設けるべきであるという意見や，振込取引に伴う紛争が多いという実態を踏まえて，規律を明確にすべきであるという意見があった。

　　これに対して，民法に規定を設けることに反対する意見は，規定を設ける場合の具体的な規律内容について反対するものではないとしつつ，一般法である民法に規定を設けることに違和感があるとするものであった。

2　流動性預金口座への振込みによる金銭債務の履行に関する規定を設ける場合の具体的な内容として，本文①②記載の内容の規定を設けるべきであるという考え方が紹介された（部会資料17－2［104頁］）。

　　これらの考え方について，例えば，被仕向銀行について倒産手続が開始された事例や被仕向銀行の過誤により入金記帳がされなかった事例では弁済の効力が生じないこととなるが，このような場合に債務者にリスクを負担させることが常に適当であると言えるか疑問であるとして，その内容について慎重に検討することが必要であるとする意見があった。これに対して，仮に入金記帳時に弁済の効力が生じるという規定を置かないとすると，ほかの効力発生時点を定めるか，又は効力発生時点を定めないことになるが，効力発生時点は明確に定める必要があり，その規定の在り方としては，入金記帳時点以外に適当な時点を定めることは難しいという意見があった。

　　また，②において流動性預金口座への振込みによる金銭債務の履行が弁済に当たるとされている点について，これにより預金債権をほかの法貨・通貨と同様に扱うということになるが，金融機関が破綻することもあり得ることからすると，慎重に検討すべきであるという意見があった。

　　以上のほか，流動性預金口座への振込みによる金銭債務の履行に関する規定は，金銭債務の弁済方法として流動性預金口座への振込みが含まれることが契約から導かれる場合に適用される規律であり，明示又は黙示に異なる合意が認められる場合についてまで適用されるものではないという考え方について，債権者が想定していなかった銀行口座に振り込まれた場合に，銀行が倒産する等の事情により債権者が不利益を被ることを防ぐ必要があるとして，例えば，「債権者が指定した口座に振り

込んだとき」に弁済の効力が生ずるという要件を付加することにより，適用範囲を更に限定すべきであるとの意見があった。

3　流動性預金口座への振込みによる金銭債務の履行に関する規定を設ける場合の置き場所については，特に②が受取人の振込依頼人に対する債権の弁済について定めるものであることを理由として，弁済の規定の中に置くべきであるとの意見があった。

(2) **資金移動取引の法律関係についての規定の要否**

　流動性預金口座への振込み等の資金移動取引に関する法律関係が必ずしも明らかではないことから，例えば，振込依頼人と受取人との間に原因関係がないにもかかわらず受取人に対して振込みがされた場合に，受取人が被仕向銀行に対する預金債権を取得するかという点に関する紛争が生じてきたと指摘されている。このような指摘を踏まえて，法律関係を明確にするために，例えば，振込依頼人と受取人との間の原因関係の存否にかかわらず，振込みがされた場合に，受取人が被仕向銀行に対して振込金額相当の預金債権を取得するとの判例法理を明文化するかどうか，その他の資金移動取引に関する規定を設けるかどうかについて，規定を設ける場合に新たな典型契約として位置付けるべきかという点にも留意しつつ，検討してはどうか。

（議事の概況等）

1　流動性預金口座への振込み等の資金移動取引については，特に，振込依頼人と受取人との間に原因関係がないにもかかわらず振込みがされた場合に，受取人と被仕向銀行との間に預金債権が成立するかという点に関する争いが多発している。この点については，従来，学説や下級審裁判例において，その結論や法的構成について様々な見解が対立していたところであるが，最判平成 8 年 4 月 26 日民集 50 巻 5 号 1267 頁（以下「平成 8 年判決」という。）が，原因関係の存否にかかわらず，被仕向銀行と受取人との間に振込金額相当の預金契約が成立し，受取人は被仕向銀行に対する預金債権を取得すると判断し，これに続く判例（最決平成 15 年 3 月 12 日刑集 57 巻 3 号 322 頁，最判平成 20 年 10 月 10 日民集 62 巻 9 号 2361 頁等）も平成 8 年判決を前提としたことにより，一応の決着が見られたと評価する見解もある。しかし，平成 8 年判決に対しては，これを批判する見解も有力に主張されており，学説上は，今もなお，この点についての確立した見解が存在するとは言い難い状況にある。そして，このように見解が対立しているのは，流動性預金口座への振込みに関する法律関係が不明確であることに起因するとの指摘もされているところである。

2　第 18 回会議においては，上記のような指摘を踏まえて，法律関係を明確にする規定を設けるべきであるという意見があった。このような意見の中には，資金移動取引が日常的に行われる取引であるということを踏まえて，これを明確にするための規定を設ける必要性があり，特に平成 8 年判決が判示した原因関係の存否と預金

契約の成立の成否との関係は，民法に規定すべき問題であるというものがあった。また，規定を設ける場合には，寄託の規定の中に位置付けるのではなく，これを新たな典型契約とすることも含めて検討すべきであるとの意見があった。

　なお，資金移動取引についての規定に関しては，まだ具体的な立法提案が示されていない。

(3)　指図に関する規律の要否
　　上記(1)(2)の法律関係は，指図という法律行為を基礎とするものと解されることから，上記のような規定を設ける場合には，民法に指図に関する明文の規定を設けるべきであるとの考え方が示されている。このような考え方の当否について，検討してはどうか。

（議事の概況等）

　流動性預金口座への振込みに関する法律関係は，「指図」という法律行為を前提とするものであるとの指摘があった。すなわち，指図者である振込依頼人が，被指図者である銀行に対して指図をして，銀行は，指図受益者である受取人に対して給付をするのが指図の構造である。流動性預金口座への振込に関する法律関係を明確にするに当たっては，その基礎となる指図の内容を明らかにすることが必要となるため，これまで指図の内容についても学説上議論されてきたところであるが，現行法には指図について直接定める明文の規定が存在しない。そのため，例えば，ドイツ法上の「指図」概念を借用することにより説明する学説が現れるなど，指図の内容に関してこれまで様々な解釈論が示されてきたが，現在でもなおその内容は必ずしも明らかではないと言われている。

　以上のような状況を踏まえ，流動性預金口座への振込みに関する規定を設ける場合には，その基礎となる指図の意味についても法律上明確にすべきであるとした上で，法律行為である指図についての規定は一般法である民法に置かれるべきであるとして，民法に指図についての明文の規定を設けることの要否を併せて検討すべきであるという意見があった。

　なお，指図についての規定に関しては，まだ具体的な立法提案が示されていない。

(4)　流動性預金口座に存する金銭債権の差押えに関する規律の要否
　　流動性預金口座に存する金銭債権の差押えに関して，ある時点における残高に係る金銭債権を差し押さえることは可能であるとした上で，差押え時点の残高に係る金銭債権についてのみ差押えの効力が生じ，その限度で金銭債権の流動性は失われるが，これによって流動性預金口座自体の流動性が失われるものではないとするのが判例及び通説の立場とされる。そこで，これを明文化すべきかどうかについて，差押命令送達後に入金された金額に相当する預金債権をも含めて差押

えの対象とすることの可否に関する民事執行法上の問題と関連することに留意しつつ，更に検討してはどうか。

【部会資料 17 － 2 第 6，11（関連論点）1 ［107 頁］】

(議事の概況等)

　　差押命令送達後に入金された金額に相当する預金債権をも含めて差押えの対象とすることの可否について，下級審の裁判例では，第三債務者である銀行に過度な負担を課すおそれがあるため，差押債権の特定を欠くということを理由として，これを認めないもの（東京高決平成 20 年 11 月 7 日金法 1865 号 50 頁参照）がある。第 18 回会議においては，このような裁判例を指摘した上で，差押え時点の残高に係る金銭債権についてのみ差押えの効力が生ずるかどうかは，民事執行法上の問題と言えるとした上で，民法に何らかの規定を設ける場合には民事執行法との関係に留意すべきであるという意見や，実体法ではなく，民事執行法に規定を設けるべきであるという意見があった。このほか，規定を設ける場合には，差押債権の特定に要する第三債務者の負担に留意する必要があるという意見もあった。

(5) 流動性預金口座に係る預金契約の法的性質に関する規律の要否
　　第三者による振込みの流動性預金口座への受入れ，預金者の受寄者に対する第三者の預金口座への振込みに関する支払指図，その他の流動性預金口座に関する契約関係に関して，判例・通説は委任の規定が適用されるとしている。そこで，これを条文上明確にするかどうかについて，概括的な規定を設けるだけであればかえって硬直的な適用を招き望ましくないとの意見があることに留意しつつ，更に検討してはどうか。

【部会資料 17 － 2 第 6，11（関連論点）2 ［107 頁］】

(議事の概況等)

　　第 18 回会議においては，流動性預金口座に関する契約関係に委任の規定が適用される旨の明文の規定を設けるべきであるという考え方について，概括的な規定を設けるだけであれば，あえて規定を設ける意義に乏しく，他方，流動性預金口座に係る契約関係に委任の規定が適用される場面としては様々なものがあることから，詳細な規定を設けることは難しいとして，反対する意見があった。

11　特殊の寄託－宿泊事業者の特則

　　民法に事業者概念を取り入れる場合に，契約当事者の一方が事業者である場合の特則として，商法第 594 条から第 596 条までを参照し，宿泊事業者が宿泊客から寄託を受けた物品について厳格責任を負う原則を維持しつつ（同法第 594 条第 1 項参照），高価品について損害賠償額を制限するには宿泊事業者が価額の明告を求めたことが必要であること，正当な理由なく保管の引受けを拒絶した物品についても寄

託を受けた物品と同様の厳格責任を負うこととすべきであるとの考え方（後記第62，3(2)⑧）が示されている。このような考え方の当否について，更に検討してはどうか。

【部会資料20－2第1，3(2)［16頁］】

(議事の概況等)

　第18回会議においては，本論点に関連して，商法第594条から第596条までの場屋営業者の寄託責任に関する規定を現代化することについて検討対象とすべきであるとの意見があった。

第53 組合

1 組合契約の成立
(1) 組合員の一人の出資債務が履行されない場合
　　組合員の一人の出資債務が履行されない場合について、同時履行の抗弁権等の契約総則の規定をそのまま適用することは組合の団体的性格に照らして適切であるとは言えないことから、組合契約の性格に即した規定を整備する方向で、更に検討してはどうか。具体的には、組合員の一人が出資債務の履行をしない場合であっても、他の組合員は原則として組合契約の解除をすることができないこと等を条文上明記するかどうかについて、更に検討してはどうか。
　　　　　　　　　　　　　　　　　　　【部会資料18－2第1，2(1)[4頁]】

（議事の概況等）

　　第18回会議においては、本論点について、特に異論がないとの意見が示され、それ以外には特段の意見はなかった。

(2) 組合契約の無効又は取消し
　　組合契約について意思表示に関する民法総則の規定をそのまま適用することは、組合契約の団体的性格に照らして適切でない場合があることから、組合契約の性格に即した特別の規定を整備する方向で、更に検討してはどうか。その具体的な規定内容については、組合契約を締結する意思表示に錯誤等があった場合において、①組合が第三者との取引を開始する前は、意思表示に関する規定がそのまま組合契約にも適用されるが、②第三者との取引が開始された後は、錯誤等があった組合員の他に二人以上の組合員がいるときは、原則として組合契約の効力は妨げられないこと等を条文上明記するとの考え方が提示されているのに対して、組合が第三者と取引をする前後で規定内容を区分することの妥当性を疑問視する意見があることに留意しつつ、更に検討してはどうか。
　　　　　　　　　　　　　　　　　　　【部会資料18－2第1，2(2)[8頁]】

（議事の概況等）

　　第18回会議においては、組合契約の性格に即した意思表示に関する規定を設ける必要性について、特段の異論は示されなかったものの、その具体的な規定内容については、本文記載のように組合が第三者と取引をする前後で規定を分ける考え方に対して、第三者と取引をする前であっても残りの組合員の意思を尊重し、組合契約の効力を認める必要があるとも考えられる上、第三者と取引をする前か後かで紛争を生ずるおそれもあり、実務に耐え得る考え方であるか疑問であるという意見が

示された。

2 組合の財産関係

　組合財産は，総組合員の共有に属すると規定されている（民法第668条）が，各組合員は持分の処分が制限され（同法第676条第1項），組合財産の分割を請求することもできない（同条第2項）など，同法第2編（物権）の「共有」と異なり，組合員個人の財産から独立した性質を有するとされている。このような組合財産の特殊な規律を明確にする観点から，現在の通説的な理解に基づき，組合の債権及び債務について規定を明確にする方向で，更に検討してはどうか。

　具体的には，①組合財産の独立性に関して，各組合員の債権者は組合財産に対して権利行使をすることができないという解釈を明文化すること，②組合の債権に関して，総組合員が共同しなければ請求することができないという解釈を明文化すること，③組合の債務に関して，組合員個人の債務とは区別して組合財産固有の債務を認める規定を設けることなどの当否について，更に検討してはどうか。

　また，組合員の全員が事業者であって，経済事業（反復継続する事業であって収支が相償うことを目的として行われるもの）を目的として組合の事業が行われる場合には，組合員は組合の債権者に対して連帯債務を負う旨の規定を設けるという考え方（後記第62，3(3)⑤）について，更に検討してはどうか。

　このほか，組合の債務者による相殺の禁止を定める同法第677条に関して，信託法第22条を参考とする例外規定を設けるかどうかについて，検討してはどうか。

　　　　　　　　　　　　【部会資料18－2第1，3［10頁］，同（関連論点）［13頁］，
　　　　　　　　　　　　　　　　　　部会資料20－2第1，3(3)［20頁］】

（議事の概況等）

　第18回会議においては，組合の債権及び債務に関して現在の通説的な理解に基づき明文規定を設けるべきであるとの考え方に対して，特段の異論は示されなかった。

　他方，組合の債務と組合員個人の債務との関係に関して，組合の債権者はまず組合財産に対して権利を行使しなければならず，組合財産によって満足を得られなかった場合に初めて組合員個人の財産に対して権利行使することができるものとすべきであるとの考え方（部会資料18－2［13頁］）については，組合員の財産を当てにした債権者にとって債権回収が迂遠となり組合の運営に支障が生ずることや，組合の債権者にとって組合財産と組合員個人の財産の区別がはっきりしないことが多いことなどを理由として，多くの反対意見が示されたことから，今後検討すべき論点としては取り上げなかった。

　また，組合員全員が事業者であり，共同事業として組合の事業が行われる場合に商法第511条第1項を参考として，各組合員の責任を連帯責任とする旨の規定を民法に置くべきであるとの考え方（部会資料20－2［20頁］）に対しては，組合員に連

帯責任を負わせる場合の要件として適切な要件となっているのか，連帯責任を負うべき根拠から要件を慎重に検討すべきであるとの意見や，事業には慈善事業なども含まれることから，より限定する必要があるとの意見が示された。

このほか，組合には様々な形態があり，必ずしも団体性が明確でない組合があることについても意識する必要性があるとの指摘もあった。

また，組合員の全員が事業者であって，経済事業（反復継続する事業であって収支が相償うことを目的として行われるものをいう。後記第62，3(3)参照）を目的として組合の事業が行われる場合には，組合員は組合の債権者に対して連帯債務を負う旨の規定を設けるかという点に関しては，「経済事業」の概念について，「収支相償う」の意味が不明確であるとの意見があった。

また，組合の債務者による相殺の禁止を定める民法第677条に関して，信託財産に属する債権と受託者の固有財産等に係る債権との相殺について，原則として禁止した上で例外的に認める信託法第22条のような規定を設けることを検討すべきではないかとの意見が示された。

3 組合の業務執行及び組合代理
(1) 組合の業務執行

組合の業務執行の方法について定める民法第670条に関しては，主に組合の意思決定の方法を定めるにとどまり，その意思決定を実行する権限（業務執行権）の所在が分かりにくいなどの問題点が指摘されていることから，例えば，各組合員は原則として業務執行権を有する旨の規定を設けるなど，現在の通説的な理解に基づき条文を明確にする方向で，更に検討してはどうか。

【部会資料18－2第1，4(1)［13頁］】

(議事の概況等)

第18回会議においては，組合に関する規定を整理し，内部関係と対外的な効力に分けて規定を整備していくことに賛成する意見が示された。

(2) 組合代理

組合が対外的に法律行為を行う方法（組合代理）について，民法は業務執行に関する規定（同法第670条）を置くのみで特段の規定を置いていないため，組合代理についても同条の規定に従うべきか等をめぐって判例・学説は分かれている。この点については，近時の一般的な学説に従い，組合の業務執行とは別に組合代理に関する規定を整備する方向で，更に検討してはどうか。その具体的な規定内容については，例えば，組合代理の要件を欠いて行われた取引の相手方が保護されるには善意無過失であることを要するとの考え方に対して，組合の業務執行者の権限を第三者が確認することが困難であるとの指摘があること等に留意しつつ，更に検討してはどうか。

【部会資料 18 − 2 第 1，4(2)［15 頁］】

(議事の概況等)

　　第 18 回会議においては，組合代理について規定を設けることに関して，特段の異論は示されなかった。
　　組合代理の要件を満たさない場合に組合と取引をした第三者が保護されるための要件に関して，組合には法人格がなく登記制度がないため業務執行者の権限を確認することが難しいことから，第三者の保護要件として無過失を求めるのは適当ではないとの意見がある一方で，登記制度がないからこそ相手方は注意して取引すべきであり，一般的な表見代理と同様の保護要件でよいのではないかとの意見も示された。

4　組合員の変動

(1)　組合員の加入

　　組合成立後の新たな組合員の加入について，民法には規定が置かれていないが，判例・学説上，組合に新たな組合員が加入することも認められると解されている。そこで，組合員の加入に関する規定を整備し，加入の要件や加入した組合員の責任について条文上明らかとする方向で，更に検討してはどうか。

【部会資料 18 − 2 第 1，5(1)［17 頁］】

(議事の概況等)

　　第 18 回会議においては，組合員の加入に関する規定を設けることについて，特段の異論は示されなかった。

(2)　組合員の脱退

　　組合員の脱退に関する規定（民法第 678 条から第 681 条まで）については基本的にはその内容を維持しつつ，やむを得ない事由があっても組合員が脱退することができない旨の組合契約の定めは無効であることや，脱退前の組合債務に関する脱退した組合員の責任に関して，判例・学説において示されてきた解釈を明文化する方向で，更に検討してはどうか。
　　また，組合員に死亡その他の脱退の事由が生じたとき（同法第 679 条）であっても，当然に持分の払戻しをするのではなく，その持分を他の組合員が買い取ることができる仕組みを設けるかどうかについて，当該規定の趣旨や代替的な手段の有無にも留意しつつ，検討してはどうか。

【部会資料 18 − 2 第 1，5(2)［17 頁］】

(議事の概況等)

　　第 18 回会議においては，組合員の脱退に関して判例・学説において示されてき

458　第53　組合

た解釈を明文化することに関して，特段の異論は示されなかった。
　このほか，組合員が死亡した場合に脱退する旨を定める民法第679条第1号の規定に関して，この規定が強行規定であるとすると組合員の死亡に伴って必ず持分の払戻しをしなければならず，業務の継続に支障が生じることを指摘して，任意規定か強行規定かを明らかにし，また，他の組合員が持分を買い取ることで組合財産の流出を防止する方策を検討すべきであるとの意見が示された。この意見に対しては，現在でも，脱退した組合員の持分権を買い取るのではなく，他の組合員が追加出資をすることによって，目的を達することができるのではないかとの意見があった。
　また，民法には組合員の債権者によって組合員の持分が差押えられた場合に組合員が脱退する旨の規定は置かれていないが，会社法第609条のような規定を組合にも設けるかどうかという論点の指摘があった旨を紹介する発言があった。

5　組合の解散及び清算
(1)　組合の解散

　組合の解散事由については，民法に定められている事由（同法第682条及び第683条）のほか，総組合員が解散に同意した場合，組合契約で定めた解散事由が発生した場合，組合の存続期間が満了した場合など，解釈上認められている事由を新たに明文化する方向で，更に検討してはどうか。
　組合員が欠けた場合か，又は一人になった場合のいずれかを新たな組合の解散事由とするかどうかについては，構成員の入れ替わりが想定されている組合では，たまたま組合員が一人になった場合にも清算手続をしないで組合を存続させる必要性があるとの指摘があることに留意しつつ，更に検討してはどうか。

【部会資料18－2第1，6(1)［21頁］】

(議事の概況等)

　第18回会議においては，組合員が一人になった場合を解散事由とすべきかどうかという点に関して，組合も契約である以上組合員が一人になった場合には契約も終了するとして，解散事由とすべきであるという意見がある一方で，当初から構成員が変わることを予定している組合については，一時的に組合員が一人となった場合に一旦組合を解散して後に同じ契約を新たに結ばせることとするのは妥当ではないとして，解散事由とすべきではないという意見の紹介があった。この意見に対して，一人になったことを組合の解散事由とせずに存続させておくことがいかなる意味で便利であるのかとの疑問が示されたが，組合の清算手続きが不要となるのではないか，との意見が示された。
　その他，民法に規定されている事由以外の解散事由として①組合契約で定められた存続期間が満了した場合や，②組合契約で定められた解散事由が生じた場合，③組合員全員が解散に同意した場合を規定すべきとの提案に対しては，特段の異論は

示されなかった。

(2) 組合の清算
　　組合契約の無効又は取消し（前記１(2)）に関する規定の整備の一つとして，その効力は将来に向かってのみ生ずることを明文化するとするという考え方が提示されているが，これと併せて，組合契約の無効又は取消しに係る訴訟の認容判決が確定したことを新たな清算原因として規定するという考え方も提示されている。このような考え方の当否について，判決の確定を要件とするのは他の清算原因との平仄が取れていないという指摘があることに留意しつつ，更に検討してはどうか。
　　また，清算人を選任して清算事務を行わせる場合（民法第685条第１項後段）における清算人の職務権限については，判例・学説上，各清算人は清算事務の範囲内で全ての組合員を代理する権限を有するとされており，これを明文化してはどうか。

【部会資料18－２第１，６(2)［22頁］】

（議事の概況等）

　　第18回会議においては，清算原因として組合契約の無効又は取消しに係る訴訟の認容判決が確定した場合を新たに規定するとの考え方に対して，この場合についてのみ判決の確定を要件とすることには違和感があり，他の清算原因との平仄に留意すべきであるとの意見が示された。もっとも，上記の考え方が，持分会社などにおける設立の無効又は取消しのように，形成訴訟によってのみ組合契約の無効又は取消しの主張をすることができるとする趣旨のものであれば，他の清算原因との平仄という問題は生じないことを指摘し，上記の考え方の当否については，組合契約の無効又は取消しの主張を訴えに限定するかどうかを併せて検討する必要があるとの意見があった（第26回会議）。
　　清算人の職務権限として組合員を代理する権限があることを明文化するという考え方に対しては，特段の異論はなかった。

6　内的組合に関する規定の整備

　　内的組合は，構成員相互の間の契約に基づき共同して事業を行う点で民法上の組合と共通するものの，事業活動に必要な全ての法律行為を一人の組合員が自己の名で行い，組合財産も全てその組合員の単独所有とする点で組合とは異なる性質を持つものとして，判例・学説上，その存在が認められている。しかし，民法にはその規定が置かれていない。
　　そこで，内的組合に関する規定を新たに設けるかどうかについて，規定を設ける必要性として，内的組合に関する法的関係が明確に示されるというメリットが指摘される一方で，許可事業等に関する規制を回避する受け皿として濫用されるおそれ

がある等のデメリットも指摘されていることから，実務に与える影響に留意しつつ，更に検討してはどうか。

【部会資料18－2第1，7［24頁］】

（議事の概況等）

　第18回会議においては，商法の匿名組合において匿名組合員と営業者との間に内的組合が認められるとの理解は有力であり，また，同一の匿名組合契約が複数の匿名組合員と営業者との間に締結され，匿名組合員が契約の形成や交渉において合同的に行動しているような場合には，匿名組合員相互間においても内的組合があると解されていることから，内的組合に関する規定を民法に置くことにより，組合員間の権利・義務を適切に規律することが有効なのではないか，との意見が示された。

　また，実務では匿名組合とは言えない形態も用いられており，内的組合に関する規定を整備することで規律が明確にされるメリットがあるとの指摘もあった。その際には，匿名組合との違いなど，匿名組合についても併せて検討すべきとの意見が示された。

　これに対して，民法の組合に関する規定は組合の財産関係に関する規定が中心であり，業務執行組合員に対して情報開示を求める等の仕組みが用意されているわけではないから，内的組合の規定を置くことにより，共有にもなっていない内的組合の組合財産に対して特殊な地位を与えることには問題があるとの意見が示された。

　また，内的組合に関する規定を民法に置くことにより，一定の許可事業等において規制を回避する受皿として濫用的に使われることになるのではないかとの懸念が示された。

第54 終身定期金

　終身定期金契約については，実際にはほとんど利用されていない契約類型であると言われる一方で，終身性や射倖性のある契約の有効性を確認し，様々な無名契約を締結する手掛かりとなり得るという意義がある等の指摘がされていることを踏まえて，これを削除しない方向で，更に検討してはどうか。
　その上で，規定の在り方については，その存在意義にふさわしい規定内容とするための必要な見直しを行うべきであるとの意見があり，具体的に，①有償の終身定期金契約を中心に規定を再編成する（部会資料18－2第2，2［28頁］），②特殊な弁済方法の一つとして，終身定期金としての不確定量の弁済の規定を設ける（同3［34頁］），③終身定期金契約に代わる新たな典型契約として「射倖契約」の規定を設ける（同4［35頁］），④現在の枠組みを基本的に維持した上で，使いやすいものとするための必要な見直しを行う等の考え方が示されている。このような考え方を踏まえつつ，終身定期金契約の規定の在り方について，更に検討してはどうか。
　【部会資料18－2第2，1から4まで［25頁から35頁まで］】

（議事の概況等）

1　第18回会議においては，終身定期金契約を引き続き存置することに問題があるわけではないものの，実際にはほとんど利用されていないことから，これを引き続き民法に残す必要があるか疑問であり，仮に規定を残すのであれば，その理由を明らかにする必要があるという意見があった。
　これに対して，終身定期金契約に関する規定が実際には利用されていないとしても，その規定を残すことに賛成する意見があった。その理由としては，終身定期金契約に関する規定が置かれることにより，終身性のある契約の有効性を確認することができることを挙げる意見，終身性に加えて射倖性を有する終身定期金契約は，様々な無名契約を締結する手掛かりとなり得るという意義があることを挙げる意見，実際に多く利用されている契約だけを典型契約として規定するのではなく，多様な契約類型を規定することが重要であり，その観点から終身定期金契約を存置することに意義があることを挙げる意見，例えば，リバースモーゲージ，私的な年金保険や老後の生活保障のような取引が今後増加する可能性があるところ，このような取引において利用される余地があることを挙げる意見等，多様なものがあった。

2　終身定期金契約を存置しつつ規定を見直す場合の考え方としては，①有償の終身定期金契約を中心に規定を再編成する考え方，②典型契約としてではなく特殊な弁済方法の一つとして，終身定期金としての不確定量の弁済の規定を設ける考え方，③終身定期金契約に代わる新たな典型契約として「射倖契約」の規定を設ける考え方が紹介された（その提案内容の詳細につき，部会資料18－2第2，2から4まで［28頁以下］）。

このうち，①については，この方向で検討することに賛成する意見があり，規定の在り方としても，射倖性が高くならないようにする観点から，終身定期金基準者の早期死亡の場合に一律に契約解除を認める規定を設けること（部会資料18－2［32頁］参照）に賛成する意見があった。また，仮にこのような規定を設ける場合の留意点として，無関係の第三者を終身定期金基準者とするのは，射倖性が高いとして，この場合には，当該第三者の承諾を必要とすべきであるという意見（部会資料18－2［28頁］参照）や，終身定期金の改定については，民法で規定を設けるべきではないが，合意によって改定されることを妨げないようにすべきであるという意見があった。他方，射倖性を有する終身定期金契約は，有償であるといっても，対価的均衡を欠く可能性があることを前提として締結されるものであるから，「有償」の意義がほかの典型契約と同じとは言えないとして，①の方向で検討することに疑問を呈し，具体的な規定の在り方についても，終身定期金基準者の早期死亡の場合に一律に契約解除を認める規定を設けることは適当ではなく，社会的相当性を欠く程度に対価的均衡を欠く場合に限り，公序良俗違反を理由として契約を無効とすればよいとする意見があった。

③については，反対する意見があり，具体的には，射倖契約という規定を設けた場合に適用対象となることが想定されるのは，結局終身定期金契約だけであるから，わざわざ規定を設ける意味がないというもの，射倖契約としての性格を有するものに共通に適用される規定として有意な規定を置くことができるか疑問であるというもの，民法に規定があることを理由として悪用されるおそれがあるというものが挙げられた。

また，部会資料で紹介された考え方のほか，現在の規定の枠組みを維持しつつ，利用しやすいものとする観点から必要な見直しをすべきであるという意見もあった。このような意見の中には，見直し後の規定が実際に利用されるようにするために，具体的にどのような場面で利用されるかを想定した上で見直すことが必要であるという意見があったが，これに対しては，終身定期金契約には，様々な無名契約を締結するための手掛かりとなる意義があることから，必ずしも終身定期金そのものが実際に利用されるようにするために見直しをする必要はないという意見もあった。なお，このような考え方については，まだ具体的な立法提案が示されていない。

第55 和解

1 和解の意義（民法第695条）

　和解の要件のうち当事者の互譲については，和解の中心的な効力である確定効（民法第696条）を与えるのが適当かという観点から，その存否が緩やかに判断されており，また，当事者の互譲がない場合であっても，争いをやめることを合意したのであれば，当該合意は確定効が認められる無名契約となることから，要件とする意義が乏しいとの指摘がある。このような指摘を踏まえて，和解の要件として当事者の互譲を不要とすべきかどうかについて，当事者の互譲は，和解の確定効を正当化する要素（特に権利変動を生じさせることを正当化する要素）として重要であるとの指摘や，当事者の互譲によって，和解の成立が促進されているという実務上の意義があるとの指摘にも留意しつつ，更に検討してはどうか。

　また，書面によらずに締結された和解契約を無効とする旨の規定を設けることの要否についても，検討してはどうか。

【部会資料18－2第3，2［37頁］】

（議事の概況等）

1　第18回会議においては，和解の要件のうち当事者の互譲を不要とすべきであるという考え方について，賛成する意見と反対する意見があった。

　　当事者の互譲を不要とすることに賛成する意見としては，現在でも，当事者の互譲の存否が緩やかに解されていることを踏まえて，要件として不要であることを明確にすべきであるというものや，当事者の互譲がない場合でも，当事者が争いをやめることを合意したのであれば，当該合意は無名契約としては有効であり，かつ，効果として確定効が認められるのであるから，当事者の互譲の有無によって効果に違いはなく，これを要件とする意義が乏しいとするもの等があった。

　　これに対して，当事者の互譲を不要とすることに反対する意見としては，和解の確定効の中でも，特に，権利変動を生じさせる効果については，当事者の互譲があるからこそ，反対の証拠が出ても諦めるという意思を根拠付けることができるとするものや，当事者の互譲によって，当事者が和解契約の締結に納得している実態があるという実務上の意義を重視して，これを引き続き要件とすべきであるとするものがあった。

2　このほか，和解契約の対象となった争いを明確にしなければ，和解契約の内容に関する紛争が生じるおそれがあり，実態としても，和解契約のほとんどは書面で締結されているのではないかと指摘した上で，書面によらずに締結された和解契約を無効とする旨の規定を設けることを検討すべきであるという意見が出された。

2 和解の効力（民法第696条）

(1) 和解と錯誤

　和解の確定効（民法第696条）は，紛争の蒸し返しを防止する機能を有するが，他方で，理由のいかんを問わず常に和解の確定効が認められるのは適当ではないため，どのような範囲で和解の確定効を認めるかという点が問題となる。この点について，判例・通説は，①争いの目的となっていた事項については錯誤による無効主張（同法第95条）は認められないが，②争いの目的である事項の前提又は基礎とされていた事項，③①②以外の事項については錯誤による無効主張が認められ得るなどとしているが，このように錯誤による無効主張が制限される場合があるのは，和解契約の性質から導かれる錯誤の特則であるとの指摘がある。このような指摘を踏まえて，錯誤による和解の無効の主張をすることができる範囲を条文上明確にすべきかどうかについて，適切な要件を設けることが困難であるとの指摘があることに留意しつつ，更に検討してはどうか。

　規定を設ける場合の具体的な在り方については，当事者の一方又は双方が争いの対象となった事項にかかる事実を誤って認識していた場合であっても，錯誤による無効主張又は取消しの主張をすることができない（前記第30，3(4)参照）とする旨の規定を設けるべきであるという考え方や，当事者は争いの対象として和解によって合意した事項について，その効力を争うことができない（ただし，公序良俗違反や，詐欺・強迫の規定の適用についてはこの限りでない。）とする規定を設けるべきであるという考え方等，錯誤の主張が認められない範囲を明確にする方向からの規定を設けるべきとの考え方が提示されているが，錯誤の主張が認められる範囲を明確にする方向からの規定を設けることの要否も別途検討課題となるとの指摘があることも踏まえて，更に検討してはどうか。

【部会資料18－2第3，3［39頁］】

（議事の概況等）

1　第18回会議においては，錯誤による和解の無効の主張（民法第95条）をすることができる範囲に関する明文の規定を設けるべきであるという考え方について，賛成する意見と慎重に検討すべきであるとの意見の双方が出された。

　規定を設けることに反対する意見は，この点に関する具体的な改正提案では，実務的な感覚に照らし，錯誤の主張が認められる場合と認められない場合とを正確に表現しているとは言えず，適切な規定を設けることは困難であるから，錯誤の規定（民法第95条）の解釈に委ねざるを得ないというものであった。これに対して，規定を設けるべきであるという意見としては，錯誤の規定の解釈に委ねるだけでは，国民一般にとって分かりやすいとは言えないから，明文で規定を設けるべきであるというものや，争いの目的となっていた事項について錯誤の主張が認められないということは，錯誤の規定の解釈から導かれるものではなく，和解契約の性質から導かれる錯誤の特則であると言えることから，文言については慎重に検討する必要が

あるものの，明文の規定を設けるべきであるというものがあった。
2　明文の規定を設ける場合の具体的な改正提案（部会資料18－2［39頁］参照）は，いずれもどのような場合に錯誤の主張が認められないかという方向から規定を設けることを提案するものであるところ，このような方向に賛成する意見があった。

　また，このほかに，どのような場合に錯誤の主張が認められるかという方向からの規定を設けることが別途検討課題となることを指摘する意見があった。これは，このような規定が設けられると，動機の錯誤による無効又は取消しの主張（前記第30，3(4)参照）を広く認める特則となり得るとした上で，このような方向を志向するのであれば，規定を設けることを検討することが考えられると指摘するものであった。

(2)　人身損害についての和解の特則

　　当事者が和解時に予見することができず，和解で定められた給付と著しい不均衡を生ずる新たな人身損害が明らかになった場合には，当該損害には和解の効力が及ばない旨の規定を設けるべきかどうかについては，個別の和解契約の解釈の問題であるから一般的な規定を設けるのは適当でないという指摘や，事情変更の法理を不当に広く認めることになりかねないという指摘等がある一方で，規定を設けることに積極的な立場から，人身損害についての特則ではなく財産的損害にも適用される規律とする必要があるとの指摘があることにも留意しつつ，更に検討してはどうか。

【部会資料18－2第3，3（関連論点）［45頁］】　　*434*

（議事の概況等）

　　第18回会議においては，当事者が和解時に予見することができず，和解で定められた給付と著しい不均衡を生ずる新たな人身損害が明らかになった場合には，当該損害には和解の効力が及ばない旨の規定を設けるべきであるという考え方について，賛成する意見と反対する意見とがあった。

　　規定を設けることに賛成する意見としては，現実には，一方当事者が早期に金銭給付を受けることを希望し，自己の被害状況等を正確に把握しないまま早期解決を優先して和解契約が締結される場合があるところ，そのような場合に確定効が認められないようにするため，確定効の範囲を限定すべきであるという意見や，このようなルールが認められることを国民一般が分かるようにするために規定を設けるべきであるという意見があった。また，このような立場からは，財産的損害についても，和解の確定効の範囲を限定して考えるべき場合があり得るとして，人身損害に限らず，財産的損害にも妥当する規律とすることの要否についても検討すべきであるという意見があった。

　　他方，規定を設けることに反対する意見としては，和解時に予見できなかった損害に和解の確定効が及ぶかという問題は，和解契約を締結した当事者の意思解釈の

問題であることから，規定を設けることが難しいというもの，和解契約を締結して自己の責任を認めると，後で予想外の賠償を請求されるおそれがあり，加害者が和解契約の締結に慎重になるおそれがあるとして，被害者保護の観点から，このような規定を設けることに疑問を呈するものや，事後的に生じた予期せぬ事態には契約の効力が及ばないというルールが設けられることにより，事情変更の法理が契約一般の解釈として広く認められることになりかねないとして，規定を設けることに反対するものがあった。

第56　新種の契約

1　新たな典型契約の要否等

民法で定められている典型契約について，同法制定以来の社会・経済の変化や取引形態の多様化・複雑化などを踏まえ，総合的な見直しを行い，現在の13種類の契約類型で過不足が無いかどうか，不足があるとすれば新たに設けるべき契約類型としてどのようなものがあるかを検討する必要性が指摘されている。このような問題意識を踏まえ，既に個別的な論点として，ファイナンス・リース（後記2）のほか，準委任に代わる役務提供型契約の受皿規定（前記第50）などが取り上げられているが，このほか，典型契約として新たに定めるべき契約類型の有無及びその内容について，更に検討してはどうか。

【部会資料18－2第4，1［42頁］】

（議事の概況等）

　第18回会議においては，民法の典型契約として規定すべき契約類型について，多くの意見が示された。

　具体的な意見として，資金移動取引は民事上の法律関係をめぐる争いが多く，法律関係を明確にする必要性が高いことから，これを典型契約とすべきであるとするものがあった（前記第52，10⑵参照）。また，医療契約についても，債務不履行に関する判例の蓄積をリステートメントすることが望ましいという意見があったが，医療機関の注意義務についての裁判例は不法行為に関するものが多いので，裁判例をよく調査する必要があるとの指摘があった。

　他方，典型契約化の視点を示す意見として，私的自治を支援するという観点から民法の典型契約を検討すべきであるとするものが示された。また，医療契約や在学契約，旅行契約，保険契約，運送契約などのように，社会で多く用いられている契約や重要性のある契約を広く民法で規定するというのも一つの考え方であるが，現実に行われる様々な契約を一般化，抽象化した上で，類型的な特徴のあるものを民法に規定するというのも一つの考え方であり，どのような基本方針に基づいて典型契約を整備するかを議論すべきであるという意見も示された。

　このほか，現在の民法上の典型契約は誰もが当事者双方の立場になり得る類型のものと考えられるのに対して，新たに典型契約化するかどうかが議論の対象となっているものは一方が特定の事業者である類型のものであり，後者のように立場の互換性のないものを民法で定める必要性の有無について慎重に議論すべきであるという問題提起をするものがあった。これに対しては，契約の一方当事者が必ず事業者である契約類型であったとしても，従前の法理に十分に還元できないものが含まれているかどうかという視点から，民法に取り込む必要性の有無を考えるべきである

という意見や，諸外国における民法の在り方の変遷をみると，19世紀初頭のフランス民法典では，自由で対等な人に適用される一般法を作ることが指導理念とされたが，その後，労働者や消費者が登場し，20世紀以降はこれらの概念を入れた民法も多くなっており，社会の変化に応じて民法の在り方も多様化してきていることを指摘する意見も示された。

さらに，民法は私法の基本法であることから，現在の社会・経済の基本的な仕組みを把握するために必要な契約類型は民法の典型契約として定めておくべきであるとし，その具体例として，資金移動や指図などを挙げ，このような基本的な仕組みを法的に説明する概念は民法上必要であるという意見もあった。また，この意見は，そのような契約類型には当たらないものでも，社会的な需要があり，一般性を持ち，契約類型として確立しているものについては，必要に応じて典型契約として規定することを検討すべきであるとする。

こういった意見のほかに，民法の典型契約として追加すべき契約を検討したところ，特に無かったとの意見も示された。

2　ファイナンス・リース

ファイナンス・リースに関しては，現代社会において重要な取引形態として位置づけられること，民法の典型契約のいずれか一つに解消されない独自性を有していること等を指摘して，これを典型契約として規定する必要があるとする意見がある一方で，その多くが事業者間取引であること，税制や会計制度の動向によって利用状況が左右される取引類型であること等を指摘して典型契約化の必要性を疑問視する意見や，仮に現在の実務と異なる規定内容となった場合の実務に与える影響を懸念する意見，典型契約とする場合にはユーザーを保護する必要性の高い類型のものがあることにも配慮すべきであるとする意見など，様々な意見がある。これらの意見に留意しつつ，ファイナンス・リースを新たな典型契約として規定することの要否や，仮に典型契約とする場合におけるその規定内容（部会資料18－2第4，2(2)以下［45頁以下］参照）について，更に検討してはどうか。

【部会資料18－2第4，2［43頁］】

（議事の概況等）

1　典型契約化の当否に関する意見

第18回会議においては，ファイナンス・リースを民法の典型契約とすることの当否について審議され，賛否両論が示された。

まず，ファイナンス・リースを想定した典型契約を民法に規定することに慎重な立場からは，ファイナンス・リースは通常は事業者間取引であり，リース事業協会の標準契約書に基づく詳細な内容の契約が交わされており，民法の典型契約として規定する必要がないとの意見や，リース取引が減少していることを理由に民法の典型契約とする必要がないのではないかとの意見が示された。また，ファイナンス・

リースを民法の典型契約として規定した場合の実務に与える影響として，典型契約とすることで取引の円滑化が進むのか，取引実態を十分に把握しながら慎重に検討を進めるべきであると指摘し，特に，会計制度や税制と異なる定義とする場合には実務上混乱が生ずるのではないかとの意見が示された。また，任意規定とはいえユーザーによる中途解約ができない旨を含む規定を民法に置くとすればリース契約における消費者トラブルの原因となるのではないかとの懸念や，割賦販売法などの規制を逃れる受皿として利用されるのではないかとの懸念が示される一方で，ファイナンス・リースを賃貸借とは異なる契約として位置づけた場合には会計や税制上の処理にも影響を与え，業界の発展の障害となるのではないかとの懸念があることも紹介された。

　これに対して，ファイナンス・リースは取扱い残高が減少傾向にあるとはいえ社会的に重要な契約であること，賃貸借や信用供与とも異なる独自性を持つ契約であること，合理的な契約内容を民法で示すことはリースのユーザーにとって意味があり，特に消費者にとっては消費者契約法第10条の適用を通じて大きな意味を持ち得ること，倒産法との観点でも基本的な法律関係を示しておくことが安定的な解釈につながることなどを挙げて，規定を設けるべきであるとする意見が示された。これに関連して，倒産の局面でリース契約の取扱いが問題となる事例があり倒産法の改正においても議論がされたものの，その際には民法に規定がないことを理由として立法が見送られた経緯があることが紹介された。また，民法に典型契約として定めることは契約当事者の私的自治を促進する機能があるとの指摘を受け，ファイナンス・リース契約の法律関係を民法に置く意義があるのではないかとの意見や，ファイナンス・リースに関しては小口リースや零細事業者に対するリースにおいて問題が生じており，そのような問題に対する救済手段として規定する必要があるのではないかとの意見も示された。

　また，ファイナンス・リースを典型契約とするか否かという議論だけでなく，より抽象化したところで，他の典型契約には存在しない要素を規定するという方向での思考実験をすることも有益なのではないかとの意見も示された。具体的には，物の使用を目的とするが利用者が支払う対価が物の使用の対価ではないという契約類型や，売買契約が存在しないのに一方（ユーザー）が買主，他方（サプライヤー）が売主のような権利を有する関係を取り出して，民法の典型契約として位置づけるというアイデアが示された。

　また，第24回会議においては，ファイナンス・リースに関する権利義務関係を明確にする場合には，担保権など物権に関する事項にも議論が及ぶ可能性があり，諮問範囲との関係にも留意をして議論をする必要があるとの意見も示された。

2　典型契約化する場合の規定内容に関する意見

　第18回会議においては，ファイナンス・リースを典型契約として位置づける場合の規定内容に関しても，部会資料18－2 [45頁以下] で紹介されている立法提案等をめぐって，以下のような意見が表明された。

ファイナンス・リースの定義に関して，実際にはソフトウェアやシステム，メンテナンスを含んだリースが行われており，対象を物に限定すべきではないとの意見や，税制や会計制度と異なる定義を用いると実務上混乱が生じるのではないかとの意見。

リース物件が損傷・滅失した場合のリース料の取扱いに関しては，両当事者の責めに帰すべきではない事由による場合の残リース料の取扱いに関して，ユーザーの期限の利益に関する事項についても検討すべきであるとの意見。

物件の選定に際しサプライヤーの説明義務が問題となる事例があること，中途解約できない旨の規定が問題となる事例があることを指摘する意見。

ファイナンス・リース契約においてはサプライヤーが重要な役割を果たしており，ユーザーの権利とサプライヤーの責任を明らかにすべきであるとの意見。

ファイナンス・リースに関しては，消費者や零細事業者に被害が生じている事例が多く，そのような被害の実態を踏まえて，予防・救済手段を検討すべきであるとの意見。

第57　事情変更の原則

1　事情変更の原則の明文化の要否

　判例が認める事情変更の原則を明文化するという考え方に関しては，濫用のおそれが増加すること，個別具体的な事案に応じて信義則や契約解釈により柔軟に解決する方が望ましいことなどを理由に明文化に否定的な意見がある一方で，濫用防止のためにも明文化により適用範囲を明確にすべきであること，信義則の具体的内容を明らかにする趣旨で明文化する方が分かりやすく望ましいこと，弱者保護に資する可能性があることなどを理由に明文化に肯定的な意見があった。また，明文化に当たって留意すべき点として，適用場面が，事情の変更による契約目的の到達不能の場面か，経済的不能や双務契約における等価関係の破壊の場面かで性質に違いがあるという意見，労働契約への適用を否定すべきであるなど，契約類型の違い等に応じて，この原則の適用の可否や適切な要件・効果が異なり得るという意見，限定的に適用されることを要件だけでなく名称によっても表現すべきであるという意見等があった。これらを踏まえて，判例が認める事情変更の原則の明文化の要否について，明文化が取引実務に与える影響，契約目的の到達不能や経済的不能等の具体的な適用場面を踏まえた要件・効果の在り方，濫用防止の観点等に留意しつつ，更に検討してはどうか。

【部会資料19－2第2，1［15頁］】

（議事の概況等）

1　第19回会議においては，事情変更の原則の明文化について，否定的な意見と肯定的な意見がそれぞれ複数あった。
　　否定的な立場からの意見としては，債務の履行を拒絶する口実として事情変更が使われることが多いという取引実態を考慮すると，事情変更の原則の明文化により履行を拒絶する事案が増加するおそれがあり，また，従来の判例法理の下では認められなかったような事例において濫用され無用な訴訟が増えるおそれがあるので，慎重に検討すべきであるという意見，大企業が中小企業に対して事情変更を理由に契約変更を迫るなど，濫用的に行使する口実を与える懸念がある上，当事者に再交渉義務を課すことは経済活動の自由への不当な介入であるばかりか，契約内容について専門的知識のない裁判所に契約改訂の権限を与えることは非現実的であるとして反対する意見，信義則の具体化にすぎず，かえって信義則の一般的性格が希釈化されるおそれがある上，濫用のおそれもあるという意見，例外中の例外をあえて明文化することへの違和感等から反対する意見，明文化をすると裁判所による契約改訂の可否や再交渉義務の有無等を一律に定めざるを得ないため，事情変更の原則が適用され得る多種多様な紛争の特性に応じた解決が困難となるので，むしろ信義則

や契約解釈等によって解決することが適切であるという意見等があった。

　これらのうち，濫用のおそれが増加するとの指摘に対しては，現在も濫用事例があるというのであれば，適用範囲を明確にして濫用を防止する観点から，確立した判例法理の明文化を積極的に議論すべきではないかという意見，濫用のおそれは他の制度にもある問題であり，むしろ濫用をさせないという意識を持ちつつ，事情変更の原則の積極的意義を検討していくべきではないかという意見，既に判例上認められている法理を明文化することを意図するものであり，明文化により要件が緩和されることになる必然性はないという意見があった。また，契約解釈によって解決することが適切であるという意見に対しては，事情変更に関して契約解釈だけで全てを解決することは困難ではないかという意見があった。

　他方，事情変更の原則の明文化に肯定的な意見としては，弱者保護のために機能するのであれば明文化に賛成するという意見，信義則の具体化として規定する意義があるという意見，各自が想定する事情変更の原則の適用場面が異なっていることなどに照らせば，法律家でない人にとっての分かりやすさの観点や，この原則を厳格な要件に基づいて安定的に運用するためには，むしろ積極的に明文化を検討すべきではないかという意見，信託法第150条には，特別の事情による信託の変更を命ずる裁判という規定があるが，濫用されているとは聞いておらず，民法に事情変更の原則を規定した場合における濫用の危険を重視すべきかは疑問がある上，信託契約のような長期的契約の需要が増加すると予想される状況において，同条のような規律を民法において一般化する検討は意義があるのではないかという意見等があった。

　さらに，限られた資源を効率的に活用するためには，価値の低い契約を解除しやすくする必要があり，その観点から事情変更の原則による解除を判例よりも広く認めるべきではないかという意見があったが，これに対しては，判例法理を拡張して明文化すると濫用のおそれが強まるので妥当ではないという意見があった。

2　事情変更の原則の適用範囲や要件設定に関して，この原則が適用される場面としては，一般に，経済的不能，等価関係の破壊，契約目的の到達不能があるとされている（部会資料19－2［18頁］参照）ところ，契約目的の到達不能については比較的理解が得られやすく，実務的にも承認されていると思われるため，これと併せて経済的不能と等価性障害の要件設定を慎重に検討した上で，明文化することが望ましいという意見があった。これに対しては，経済的不能と等価関係の破壊については契約条件の変更により対処する余地があり，契約改訂等を問題にし得るが，契約目的の到達不能は契約の解消しか問題とならないなど，両者は性質が異なるため，両者を分けて規定した方が良いのではないかという意見があり，これを踏まえて，契約目的の到達不能については，これを根拠に契約の消滅を認めるべき事案として具体的にどのようなものがあるのかという点の検証を踏まえて，事例の類型に応じたきめ細かい要件設定の議論等をすべきではないかという意見があった。

　また，契約目的の到達不能については履行不能の法理に解消できる可能性があ

り，契約目的の到達不能を事情変更の原則の適用範囲に含めるべきではないという意見があったが，これに対しては，契約目的の達成不能を履行不能の法理に解消できないおそれがあることを踏まえて，経済的不能及び等価関係の破壊を含めた規定の新設について合意ができない場合でも，契約目的の到達不能による契約解消の必要性が認められる場合には，契約目的の到達不能による契約解消の規定を設けることを検討すべきではないかという意見があった。

さらに，明文化を検討する場合の留意点として，先物取引等，当事者の予測を超える事態が生じても契約解除を認めづらい類型の契約もあり得るため，事情変更の原則が適用されない契約類型の検討も必要ではないかという意見，契約改訂まで認める場合と解除のみを認める場合とでは要件が異なり得るし，継続的契約における条件変更等，事情変更を予見し得る事案への適用も射程に入れるべき場合もあるなど，事情変更の原則の機能は契約類型等に応じて異なるため，この原則の機能を類型化し，当事者の行動にどのような影響を与えるかという行為規範のレベルで整理する必要があるのではないかという意見があった。また，仮に明文化する場合でも，適用範囲が極めて限定的であることが条文上明確になるように，革命や内乱等の具体的な適用場面を例示し，名称を「事情激変の特例」とするなどの検討が必要であるという意見があった。

3 労働契約の変更や終了に関しては様々な規定や判例法理が蓄積されているところ，民法に事情変更の原則が明文化されると，使用者側が事情変更を主張して労働契約の変更や終了を迫る訴訟が増加し労働者に不利益が及ぶおそれがあるので，明文化に反対であり，仮に明文化を検討するのであれば，労働契約に適用されないことを明らかにしてほしいという意見があった。これに対しては，労働法において形成されている法理は，現行法上も判例が認める事情変更の原則の特則と位置付けられており，この原則の明文化によってもそのことは変わらないのではないかという意見があった。

2 要件論

判例が採用する事情変更の原則の要件（部会資料19−2第2，2①から④まで［16頁］参照）を明文化する考え方に関しては，重複する要件は一つにまとめるべきであるという意見があったのに対して，この原則が限定的にしか適用されないことを明らかにするため，可能な限り必要な要件を抽出して条文上明確にすべきであるという意見があり，また，例外的に適用されることを明確にする観点から，この原則と併せて，事情が変更しても契約は履行されるべきであるという原則を定める必要があるという意見等があった。これらの意見を踏まえて，前記1に関する議論及び他の法制上の契約変更に関する法理との整合性に留意しつつ，要件の在り方について，更に検討してはどうか。

【部会資料19−2第2，2［16頁］】

(議事の概況等)

　第19回会議においては，判例が採用する事情変更の原則の要件（①契約成立当時にその基礎とされていた事情が変更したこと，②契約締結当時に当事者が事情の変更を予見できなかったこと，③事情の変更が当事者の責めに帰することのできない事由により生じたこと，④事情変更の結果，当初の契約内容に当事者を拘束することが信義則上著しく不当と認められること）を明文化するという考え方に関して，④において信義則による判断がされるので②③は不要であるとか，④に「事情変更の結果」という要件を設けるのであれば①も不要であるという意見があったが，これに対しては，事情変更の原則の適用範囲が限定的であることを明確にするため，要件をまとめるのではなく，可能な限り必要な要件を抽出して条文上明確にすべきであるという意見があった。また，当該事情変更のリスクの引受けがないことと，契約の拘束力を維持することが過酷であることという要件を明確にすべきではないかという意見や，事情が変更しても契約は履行されるべきであるという原則や補充性の原則を定めるなどの工夫があり得るという意見，仮に民法に事情変更の原則を規定する場合には，要件・効果の双方にわたり，他の法制上の契約変更の法理との整理が必要であるという意見があった。

3　効果論
(1)　解除，契約改訂，再交渉請求権・再交渉義務
　　事情変更の原則の効果に関しては，解除を認める考え方や，裁判所による契約改訂を認める考え方があり，また，再交渉請求権・再交渉義務を規定すべきであるとの考え方などがある。このような考え方に対しては，いずれも賛成する意見がある一方で，履行の強制を阻止できる旨を定めることにとどめるべきではないかという意見，再交渉請求権・再交渉義務について，当事者による紛争解決が硬直化するおそれがあるという意見や，効果ではなく解除等の手続要件とすべきではないかという意見，解除について，債務不履行解除による処理に委ねれば足りるという意見，裁判所による契約改訂について，裁判所による適切な契約改訂の判断が実際上可能か否か等の観点から反対する意見が，それぞれあった。また，解除に関しては，解除に当たり金銭的調整のための条件を付すことができる旨の規定を設ける考え方について，金銭的調整になじまない契約類型があることに留意すべきであるという意見があった。これらの意見を踏まえて，事情変更の効果として履行の強制の阻止，再交渉請求権・再交渉義務，解除，契約改訂を認めるべきか否かについて，前記1及び2に関する議論及び他の法制上の契約変更に関する法理との整合性等に留意しつつ，更に検討してはどうか。

【部会資料19－2第2，3［19頁］】

（議事の概況等）

1 　第19回会議においては，解除に関して，事情変更の原則の効果としては解除を規定すべきではないかという意見があったが，契約関係を維持しつつ契約内容の改訂だけがしたいと考える当事者もいることから，効果としては履行の強制を阻止できる旨を定めることもあり得るのではないかという意見もあった。また，前記1記載のとおり，事情変更の原則による解除と履行不能による解除との関係が問題となり得ることに関連して，事情変更の原則の効果として，債務不履行とは別の解除要件を設定するという方向と，その点は債務不履行解除に委ねる方向があり得るという指摘もあった。

　　解除に当たり金銭的調整のための条件を付すことができる旨の規定を置くことに関しては，そのような調整になじまない契約類型があり得ることから，慎重な検討が必要であるという意見があった。

2 　事情変更の原則の効果として裁判所による契約改訂を認める考え方に関して，契約内容について専門的知識を有しない裁判所に契約改訂の権限を与えることは非現実的であるという意見，裁判の長期化を招くおそれがある上，コストの面でも問題があるという意見，裁判所に過度の負担を課す結果になり得る上，当事者としても契約実務に直接関与しない裁判所によって契約改訂をされることに対する危惧感があり反対であるという意見等，裁判所による契約改訂を認めることに消極的な意見があった。

　　これらに対しては，裁判所の裁量的な判断権限は，契約改訂以外の場面にも存在しているのだから，それを理由に契約改訂を否定することは適切ではないのではないかという意見があった。

3 　再交渉請求権・再交渉義務に関しては，再交渉義務は経済活動の自由への不当な介入であり反対であるという意見，事情変更の原則が適用され得る事態が生じた場合には，直ちに契約を解消することを望む当事者も多いと思われるため，再交渉を義務化することには反対であるという意見があった。

　　当事者間の再交渉については，効果としてではなく，解除等のための手続的要件として規定すべきであるという意見が複数あり，さらに，手続要件としては再交渉の申入れだけで足りるとする考え方もあり得るという意見もあった。

4 　今後の検討に当たっての留意点としては，仮に民法に事情変更の原則を規定する場合には，要件・効果の双方にわたり，他の法制上の契約変更の法理との整理が必要であるという意見や，事情変更の原則の効果として，債務不履行以外の解除要件を設定するという方向と，その点は債務不履行解除に委ね，債務不履行が認められない場合における契約改訂に関する当事者間のルールを規定する方向があり得，後者については，再交渉義務の位置付けや解除と契約改訂の先後関係の問題等，多様な問題があり得るため，事情変更の原則の明文化の要否は，これらの観点からの検討を踏まえて決すべきではないかという意見があった。

(2) 契約改訂の法的性質・訴訟手続との関係
　　裁判所による契約改訂を認める場合における手続的な条件等について，更に検討してはどうか。

【部会資料19－2第2，3（関連論点）1［21頁］】

（議事の概況等）

　　第19回会議においては，本論点について，特段の意見はなかった。

(3) 解除権と契約改訂との相互関係
　　事情変更の原則の効果として解除と裁判所による契約改訂の双方を認める場合における両者の優劣関係について，更に検討してはどうか。

【部会資料19－2第2，3（関連論点）2［22頁］】

（議事の概況等）

　　第19回会議においては，前記3(1)記載のとおり，事情変更の原則の効果の相互関係に関して，債務不履行以外の解除要件を設定するという方向と，その点は債務不履行解除に委ね，債務不履行が認められない場合における契約改訂に関する当事者間のルールを規定する方向があり得，後者については，再交渉義務の位置付けや解除と契約改訂の先後関係の問題等の多様な問題があり得るため，事情変更の原則の明文化の要否は，これらの観点からの検討を踏まえて決すべきではないかという意見があり，他に特段の意見はなかった。

第58 不安の抗弁権

1 不安の抗弁権の明文化の要否

　不安の抗弁権の明文化の要否に関しては，この抗弁権を行使された中小企業等の経営が圧迫されるなど取引実務に与える影響が大きいこと，この抗弁権が必要となるのは限定的な場面であり裁判例を一般的に明文化すべきでないことなどを理由に反対する意見があった一方で，特に先履行義務者にとっては，反対給付を受けられない具体的なおそれがあるにも関わらず，先履行義務の履行を強制させられることとなり酷であること，消費者保護に資する可能性があること，明文化により適用範囲を明確にすることで取引の予測可能性が増す可能性があることなどを理由に賛成する意見があった。このような意見を踏まえて，不安の抗弁権の明文化の要否について，取引実務に与える影響に留意しつつ，更に検討してはどうか。

【部会資料 19 − 2 第 3，1 ［27 頁］】

（議事の概況等）

　第 19 回会議においては，不安の抗弁権の明文化について，反対する意見と賛成する意見がそれぞれ複数あった。
　反対意見としては，明文化される結果として不安の抗弁権を行使すべき事情があるのに行使しなかったことを債権者側の過失と評価される可能性が生ずるため，従来よりも積極的・予防的に不安の抗弁権を行使することとなり，取引停止が増加し，私的整理による事業再生が困難になることや，大企業が中小企業に対して風評に基づいて不安の抗弁権を行使し，また，上場企業並みの財務諸表の提供を求めるなどして，中小企業に酷な事態になり得ること，抗弁事由が増えることで債権の流動化の阻害要因になり得ることなどの点から反対する意見，取引実務においては，先履行義務の履行停止事由を定めたり，反対債務に担保を設定することなどが行われており，また，反対債務に先取特権が成立することもあるので，不安の抗弁権が必要な具体的な場面（例えば，担保徴求が不相当な少額の非金銭債務で，先取特権の保護もない場面等）を想定して検討する必要があり，そのような検討を経ないで裁判例を一般的に明文化することには反対であるという意見，不安の抗弁権は，履行をしないという不作為のみで容易にその効果を実現できる上，先履行の目的物引渡債務の履行を受け，これを転売等して代金支払に当てる予定で取引をしている中小企業等にとっては，資金繰りが止まってしまい，致命的な損害を被り得るため，極めて慎重な検討を要するという意見，相手方の無資力のリスクを負って先履行するという約束をしている場合もあり得るため，契約解釈によって対応すべきではないかという意見等があった。
　これに対して，賛成意見としては，反対給付を受けることができない具体的な危

険が生じたにも関わらず，先履行義務者は債務の履行を強制されるというのは酷であるとして明文化に賛成する意見，先履行の合意がある場合において，相手方の履行に不安が生じたときに，何らかの抗弁を認めることには違和感がないので，その場合に限定して規定も設けてもよいという意見，消費者は，契約締結時に契約相手となる事業者の財務状況を知ることが困難であるため，消費者保護の観点から明文化に賛成であるという意見，中小零細企業間の取引においては，先履行債務の履行を資金繰りの前提とした取引が連鎖しているため，納入停止を契機に倒産が連続して起きる可能性があり，それを理由とした損害賠償請求のリスクが不安の抗弁権の行使に萎縮効果を与えているおそれもあるので，厳格な要件を条文上明確にすることで適用範囲を明確にする意義があるのではないかという意見等があった。

また，例えば，建設請負契約では建設工事が先履行となるため，注文者の資力に不安があっても建設工事を中止できない場合があり，不安の抗弁権がリスク回避に有効に機能し得るが，財務状況が良好とは言えない中小企業にとっては，不安の抗弁権を行使されることで資金繰りができなくなる事態等が生じ得るため，これらの実態を踏まえて慎重に検討すべきであるという意見があった。

さらに，不安の抗弁権を明文化する場合においても，この抗弁権には濫用のおそれがあるため，限定的な場面でのみ認められることが名称や要件等から理解できるように注意する必要があるという意見があった。

なお，不安の抗弁権の濫用的行使という点に関しては，売主が目的物引渡の先履行という買主に有利な条件を提示して契約を締結しつつ，契約締結後に買主の信用不安を理由に履行を停止するという事例が仮に存在するのであれば，それは詐欺的であり濫用と言い得るが，濫用のおそれはいかなる制度にも存在し得るのであるから，濫用のおそれを理由に規定を置かないとするのは，濫用による弊害が規定の必要性を凌駕する場合であると考えるべきではないかという意見があった。また，代金支払債務が先履行の事案においては，売主の立場が強いため，後履行義務者の売主が信用不安に陥ることを想定し難く，不安の抗弁権の濫用も想定しづらいとの意見に対しては，消費者契約には別の考慮が必要かもしれないという留保が付けられたほか，これに関連して，国の研究開発委託において研究機器購入のため委託業者に報酬を先払することがあるが，その際，不安の抗弁権があると報酬を持ち逃げされるリスクを回避できるということがあり得るのではないかという意見があった。

2 要件論

不安の抗弁権の適用範囲その他の要件に関しては，先履行の合意がある場合に限って適用を認めるという考え方について賛否両論があったほか，取引実務に悪影響を与えるという観点から，契約類型の特徴等をも考慮して適用範囲を限定する必要があるという意見や，事情変更の原則と同様の厳格な要件設定が必要であるという意見，契約締結前に相手方の信用不安事情が生じていた場合への適用を認めるべきではないという意見等があり，これに対して，これらの意見よりも適用範囲や要

件を緩やかに捉える傾向の意見もあった。これらの意見を踏まえて，①適用範囲を債務者が先履行義務を負う場合に限定するか，②反対給付を受けられないおそれを生じさせる事情を事情変更の原則と同様に限定的にすべきか，③反対給付を受けられないおそれが契約締結前に生じた場合においても一定の要件の下で適用を認めるべきかという論点を含めて，不安の抗弁権の適用範囲その他の要件について，更に検討してはどうか。

【部会資料19－2第3，2［28頁］】

（議事の概況等）

1　第19回会議においては，不安の抗弁権の適用範囲を債務者が先履行義務を負う場合に限定するかという論点に関して，先履行の合意がある場合において，相手方の履行に不安が生じたときに，何らかの抗弁を認めることには違和感がないので，要件も先履行合意がある場合に限定すべきであるという意見があった。この意見に関しては，事情変更の原則の適用が肯定される状況下において，債務者に債務の履行拒絶を認めるのであれば，そのような法理は，先履行関係だけでなく，同時履行関係にも等しく妥当するのではないかという指摘があった。また，前記1記載のとおり，不安の抗弁権が必要となる具体的場面を想定して検討すべきであるという意見があった。

　他に不安の抗弁権の適用範囲に関する意見として，基本契約に基づき個別契約を締結する継続的取引関係において，信用不安を理由に新規受注を拒否する類型についても不安の抗弁権を認めると，取引実務に与える影響が大きく，適用範囲を慎重に検討すべきであるという意見があった。また，この抗弁権の適用範囲を双務契約に限定する必要はなく，双方が相手方に対して債権を持ち，あるいは，持つこととなる場合にも適用を認めてよいのではないかという意見があったが，この意見に対しては，一方当事者が貸金債権を持ち，他方当事者が預金債権を持つ場合において，貸金債権の返済困難を理由に預金払戻を拒否することが容易になるという問題があるため，反対であるという意見があった。

2　不安の抗弁権の要件である反対給付を受けられないおそれを生じさせる事情を，事情変更の原則の適用が認められる場面等と同様，限定的に考えるべきか否かという論点に関しては，不安の抗弁権の行使が財務状況の良くない中小企業に与える深刻な影響を考慮した場合，反対給付を受けられないおそれを生じさせる事情は，事情変更の原則と同じように相当限定的なものにする必要があるという意見，例えば，破産手続開始等の法的倒産手続の開始を要件とするなど，反対給付の履行可能性の減少が第三者から見ても明らかで，特約による処理をするまでもなく不安の抗弁権の行使を認めることが相当な場面に限定することが必要ではないかという意見，契約締結前に生じていた信用不安に基づく不安の抗弁権の行使を否定し，契約締結後に信用不安事情が生じた場合にだけこの抗弁権の行使を肯定する立場から，そのように考えると事情変更の原則と適用場面が重複してくるので，事情変更の原

則の一類型を具体化したものとして規定することを検討する余地があるのではないかという意見等があった。

　これに対して，事情変更の原則の具体的な適用場面については，終戦時のインフレーションやオイルショック，バブル崩壊等を念頭に置いていたが，不安の抗弁権の具体的な適用場面については，発注者の支払困難や継続的契約における供給困難等，事情変更の原則とは異なる場面を念頭に置いて考えていたという意見があった。

3　反対給付を受けられないおそれを生じさせる事情が契約締結前に発生していた場合においても，そのことを合理的な理由により知らなかったときには不安の抗弁権の行使を認めるという考え方に関しては，契約当事者は，契約締結時に認識していた事情を前提にリスク分配して合意するのであるから，反対給付を受けられないおそれを生じさせる事情が契約締結前に発生していた場合にも不安の抗弁権を認めることは，要件を緩和しすぎであり反対であるという意見が複数あった。

4　不安の抗弁権の要件設定に関する意見としては，先履行の合意がされた経緯や趣旨，当事者の属性等，様々な要素を総合考慮して初めて適用されるということを明記すべきであるという意見や，担保提供に向けた交渉等を要件とすべきではないかという意見があった。

3　効果論

　不安の抗弁権の効果として，債務者が債務の履行を拒絶することができ，その場合に債務者は債務不履行に陥らないことを明確にするものとしてはどうか。

　さらに，担保提供の請求等を経た上での解除をも認めるという考え方に関しては，濫用のおそれがあるという指摘や，反対債務の履行期到来後の債務不履行による解除を認めれば足りるという指摘等があることを踏まえて，取引実務における必要性やこれに与える影響に留意しつつ，更に検討してはどうか。

　このほか，相手方が反対給付について弁済の提供をした場合や相当の担保を提供した場合には，履行拒絶等の不安の抗弁権の効果が認められない旨を明文化すべきであるという考え方の当否についても，更に検討してはどうか。

【部会資料19－2第3，3［31頁］】

（議事の概況等）

　第19回会議においては，不安の抗弁権の効果として，債務者が，債務の履行を拒絶することができ，その場合に債務者は債務不履行に陥らないことを認めるという点について，特段の異論がなかった。

　不安の抗弁権の効果として更に担保提供の請求等を経た上での解除を認めるという考え方に対して，濫用のおそれ等を考慮すると，解除まで認めるべきではなく，先履行を同時履行にすることで十分ではないかという意見，担保請求や解除まで認める場合には，それぞれの場面に応じた適切かつ詳細な要件設定が必要となり制度

が複雑化してしまうので，立法可能なのは履行拒絶までではないかという意見，相手方の期限到来後の不履行を理由に解除をすれば足り，不安の抗弁権を理由に解除を認める必要まではないという意見，不安の抗弁権を事情変更の原則の一類型と位置付ける立場から，事情変更の原則の効果として解除を不要とした意見と同様（前記第57，3参照），解除等を認める必要はなく，履行拒絶のみで足りるという意見があった。もっとも，商社からの意見として，代金回収の見込みがないのに商品を準備する必要があるとするのは不合理な負担なので解除を認めるべきであるという意見があることも紹介された。

　なお，相手方が反対給付に付き弁済の提供をした場合や相当の担保を提供した場合には，履行拒絶等の効果が認められない旨を明文化すべきであるという考え方については，特段の意見がなかった。

第59 契約の解釈

1 契約の解釈に関する原則を明文化することの要否

　　民法は契約の解釈を直接扱った規定を設けていないが，この作業が契約内容を確定するに当たって重要な役割を果たしているにもかかわらずその基本的な考え方が不明確な状態にあるのは望ましくないことなどから，契約の解釈に関する基本的な原則（具体的な内容として，例えば，後記2以下参照）を民法に規定すべきであるとの考え方がある。これに対しては，契約の解釈に関する抽象的・一般的な規定を設ける必要性は感じられないとの指摘や，契約の解釈に関するルールと事実認定の問題との区別に留意すべきであるなどの指摘がある。これらの指摘も考慮しながら，契約の解釈に関する規定を設けるかどうかについて，更に検討してはどうか。

【部会資料19－2第5，1［40頁］】

（議事の概況等）

　　本論点については，第19回会議において審議が行われた。
　　規定を設けることの当否については，契約の解釈という作業が重要であることは共通の認識になっており，特に，債権法に関する有力な潮流である当事者間の合意を重視する考え方を採る場合にはその重要性が大きくなると考えられるが，「契約の解釈」という文言自体が多義的である上，解釈に当たっての基本的な考え方がどのようなものであるかなどが不明確な状態にあることから，基本的なルールを民法上規定すべきであるとの意見があった。また，当事者がどのような法律関係を形成しようとしたかを重視する方向で契約の解釈を行うという原則を定めることを前提に，このような規定は，当事者が自らの法律関係を形成するために行うという契約制度の基本的な趣旨や考え方を表すものであることからも，民法に設けるべきであるとの意見があった。他方，この原則を定めることが，解釈に当たって検討すべき事項を固定させたり，明確な順序を付けたりすることにならないようにすべきであるとの意見があった。
　　規定が扱う対象については，遺言などの単独行為と契約とでは事情が異なるので，法律行為一般についての解釈ではなく，契約の解釈について基本的な考え方や重要な解釈準則を規定すべきであるとの意見があった。
　　これに対し，契約の解釈に関する抽象的で一般的な規定を設ける必要はないとの意見や，規定を設けるに当たっての留意点を指摘する意見として，契約の解釈が当事者の合意内容を明らかにするものであれば，事実認定の問題との関係を整理する必要があるとの意見があった。

2 契約の解釈に関する基本原則

契約の解釈に関する基本的な原則として，契約は，当事者の意思が一致しているときはこれに従って解釈しなければならない旨の規定を設ける方向で，更に検討してはどうか。他方，当事者の意思が一致していないときは，当事者が当該事情の下において合理的に考えるならば理解したであろう意味に従って解釈するという考え方の当否について，更に検討してはどうか。

また，上記の原則によって契約の内容を確定することができない事項について補充する必要がある場合は，当事者がそのことを知っていれば合意したと考えられる内容が確定できるときはこれに従って契約を解釈するという考え方の当否について，更に検討してはどうか。

【部会資料19－2第5，2［48頁］】

（議事の概況等）

1 契約の解釈に関する基本原則については，本文記載の考え方が紹介され，第19回会議において審議が行われた。
2 当事者の意思が一致している場合の契約解釈
　契約は両当事者の合意を基礎とするから，契約は，両当事者の意思が一致しているときはその共通の意思を基準に解釈すべきであるとの意見があり，このような意見に対しては特段の異論はなかった。
3 当事者の意思が一致していない場合の契約解釈
　両当事者の意思が一致していない場合については，このような場合でも，表示の一般的な意味ではなく，その契約の当事者がどのように理解し，また理解すべきだったかを基準として解釈することが，当事者が自らの法律関係を形成するために行うという契約制度の趣旨に合致するとの意見があった。

　他方，このような考え方に対しては，当事者の意思が異なるときは，実務では，通常人又は平均人の理解を基準に表示されたところの意味を解釈する考え方が採られているという理解を前提に，違和感があるとの意見，当事者は異なる意味で理解しているのであるから，「当該事情の下において合理的に考えるならば理解したであろう意味」を探求するのは困難であり，当該当事者と同等の合理的な者がどのように理解するかを問題とすべきであるとの意見があった。

　なお，当事者の意思が一致していない場合にどのような考え方に基づいて契約を解釈するかについては，錯誤との関係を整理する必要があるとの指摘があった。この点については，まず契約解釈に関する原則を適用することによって契約内容を確定した上で，確定された契約内容と当事者の意思の齟齬について錯誤を問題にすることになると考えられる。すなわち，その齟齬が要素の錯誤に該当する場合には契約は無効になるが，要素の錯誤に該当しない場合には，契約解釈に関する原則によって確定された内容を有する契約として有効になる。

484　第59　契約の解釈

4　補充的契約解釈

　補充的契約解釈においても，当事者がどのような法律関係を実現しようとしたかを重視すべきであり，もし当事者がその事項について考えていたならばどのような合意をしたかを探求し，その内容を確定できるときはこれに従って契約を解釈するというルールを設けるべきであるとの意見があった。

　なお，補充的契約解釈に関する規律は，申込みに対して軽微な修正を加える承諾がされたため，契約は成立したが内容の一部について合意がされていない場合の扱い（前記第24，9参照）や，契約に含まれる一部の条項が無効になったが契約全体はなお有効である場合の補充のルール（前記第32，2(2)）とも関連するので，これらとの整合性にも留意する必要がある。

3　条項使用者不利の原則

　条項の意義を明確にする義務は条項使用者（あらかじめ当該条項を準備した側の当事者）にあるという観点から，約款又は消費者契約に含まれる条項の意味が，前記2記載の原則に従って一般的な手法で解釈してもなお多義的である場合には，条項使用者にとって不利な解釈を採用するのが信義則の要請に合致するとの考え方（条項使用者不利の原則）がある（消費者契約については後記第62，2⑪）。このような考え方に対しては，予見不可能な事象についてのリスクを一方的に条項使用者に負担させることになって適切でないとの指摘や，このような原則を規定する結果として，事業者が戦略的に不当な条項を設ける行動をとるおそれがあるとの指摘がある。このような指摘も考慮しながら，上記の考え方の当否について，更に検討してはどうか。

　条項使用者不利の原則の適用範囲については，上記のとおり約款と消費者契約を対象とすべきであるとの考え方があるが，労働の分野において労働組合が条項を使用するときは，それが約款に該当するとしても同原則を適用すべきでないとの指摘もあることから，このような指摘の当否も含めて，更に検討してはどうか。

【部会資料19－2第5，3［50頁］，部会資料20－2第1，2［11頁］】

（議事の概況等）

1　契約解釈に関する基本的な原則のほか，契約の解釈を行うための具体的な解釈指針，例えば，有効解釈の原則，全体的解釈の原則，個別交渉を経た条項の優先，条項使用者不利の原則などを規定するかどうかについても，第19回会議において審議が行われた。

2　解釈指針を民法に規定することの当否

　個別の解釈指針を規定することについては，検討すべき事柄を限定したり解釈指針に明確な順序を付けたりすると，事案の性質に即した柔軟な解釈が困難になるおそれがあるとの意見，個別の解釈指針を規定することによって指針相互の関係が不明確になるおそれがあるとの意見，解釈指針を民法に規定する必要性に疑問がある

との意見など，規定を設けることに反対する意見があった。

また，有効解釈の原則（契約書について，それが無効又は法律的に無意味になる解釈と，有効又は法律的に意味のあるものとなる解釈のいずれもが成り立ち得る場合は，後者の解釈を採るべきであるとの原則）については，かえって硬直的な結論を導く懸念があり，また，有効又は法律的に意味があるものとする解釈が優先するとすると両当事者が想定した意味とは異なる意味で契約内容が確定されるおそれがあるとの意見があった。

以上のほか，条項使用者不利の原則を除き，個別的・具体的解釈指針を民法に規定すべきであるとの意見はなかった。

3　条項使用者不利の原則について

個別的な解釈指針の一つとして，約款については，その意味が不明確で多義的である場合に，条項使用者にとって不利な意味に解釈すべきであるとの考え方が紹介され，審議が行われた。

このような指針について，通常の一般的な解釈手法によってもなお契約条項が多義的である場合に初めて機能するものであることを確認した上で，これを民法に規定することを支持する意見として，残された複数の合理的な解釈可能性の中から作成者・使用者に不利なものを選択するのは，条項の意義を明確にする義務はその条項を作成した側にあるという考えに則ってリスク分配をしたものであり，信義則の要請に合致するとの意見や，現状でも契約の解釈に当たっていずれの当事者が条項を作成したかは考慮されている上，裁判例などで条項使用者不利の原則に言及する例も見られることから，実務上も受け入れられている指針であるとの意見などがあった。

これに対し，将来におけるあらゆる事象を予見して条項を設けるのは不可能であり，予見不可能のリスクを約款使用者に全て負担させることは，リスクの分配方法として合理性があるか疑問があるという意見，このような原則は日本の実務においてはなじみがなく，これを唐突に採用すると実務が混乱するのではないかとの意見，条項使用者不利の原則は約款使用者を敵視するようなものであり，約款の社会的意義の重要性からしてこのような立法は相当でないとの意見，中小企業が約款を作成する場合にも一律にこのような指針を採用するのは相当でないとの意見，作成者が，相手方に有利な解釈がされることを見込んだ上で戦略的な条項を設けることも予想され，不健全な約款の作成を助長するという意見など，条項使用者不利の原則を民法に規定することに批判的な意見もあった。

条項使用者不利の原則の適用の対象については，条項使用者不利の原則を規定することを支持する立場から，これを約款だけでなく，消費者契約において事業者が一方的に使用した条項についても適用すべきであるとの意見や，消費者契約を対象とすることに賛成しつつ，更に一般的に当事者間に格差がある場合を対象とすべきであるとの意見があった。また，労働の分野においては，労働組合が条項使用者になる場合もあり得るが，同原則の適用は使用者が条項使用者である場合に限定し，労働組合が条項使用者であるときは適用すべきでないとの意見があった。

第60　継続的契約

1　規定の要否等

継続的契約に関しては，その解消をめぐる紛争が多いことから，主に契約の解消の場面について，裁判例を分析すること等を通じて，期間の定めの有無を考慮しつつ，継続的契約一般に妥当する規定を設けるべきであるとの考え方がある。このような考え方の当否について，多種多様な継続的契約を統一的に取り扱おうとすることに慎重な意見があることや，仮に継続的契約一般に妥当する規定を設ける場合には，関連する典型契約の規定や判例法理との関係を整理する必要があることに留意しつつ，更に検討してはどうか。

【部会資料 19 − 2 第 7，1 [67 頁]】

（議事の概況等）

　　第20回会議及び第24回会議においては，継続的契約の解消については単発的契約の解消とは異なる規律が妥当するということには異論は出なかったが，多種多様な継続的契約を統一的に取り扱う規定を設けることは現実的には困難であるとの指摘があった。とりわけ継続的契約の多様性に関しては，継続的契約には，契約関係の維持について当事者の期待を保護すべきものもあれば，契約関係からの離脱を保障すべきものもあるとの指摘があった。そこで，例えば役務提供契約に関する規定の中に継続的な役務提供契約についての規定も設けるというように，継続的契約についての規定を個別に規定していくことを提案する意見もあったが，それでも全ての継続的契約を規定し尽くせるわけではないことから，総則的な規定の必要性は否定されないとの指摘もあった。このほか，継続的契約を幾つかの類型に分けて，類型ごとに規定を設けることを提案する意見もあった。

　　なお，継続的契約一般に妥当する規定を設けた場合に，労働契約に関するルールに影響が及ぶことを懸念する意見があった。例えば，労働契約に関する判例法理が継続的契約一般に妥当する規定に劣後することになりかねないという懸念である。この点については，労働契約については継続的契約一般に妥当する規定の適用がないことを確認すべきであるとの意見もあった。こうした議論を踏まえて，仮に継続的契約一般に妥当する規定を設ける場合には，関連する典型契約の規定や判例法理との関係をどのように整理すべきかを検討する必要があるとの指摘があった。

2　継続的契約の解消の場面に関する規定

(1)　期間の定めのない継続的契約の終了

　　仮に継続的契約一般に妥当する規定を設ける場合（前記1参照）には，期間の定めのない継続的契約に関し，当事者の一方が他方に対し，あらかじめ合理的な

期間を置いて解約の申入れをすることにより，将来に向かって終了するとする規定を設けるかどうかについて，より厳格な要件を課す裁判例が存在するとの指摘があることも踏まえて，更に検討してはどうか。

【部会資料 19 − 2 第 7，2 ⑴［72 頁］】

(議事の概況等)

　第 20 回会議においては，本論点に関して，特約による即時の解約申入れの必要性を指摘する補足的な意見があった。第 24 回会議においては，合理的な期間を置いた解約申入れよりも厳格な要件を課す裁判例が存在することにも留意する必要があるとの意見があった。

　このほか，合理的な期間を置かずに解約の申入れをした場合の効果や，置いた期間が合理的でなかった場合の効果についても検討するべきであるとの指摘があった。

⑵　期間の定めのある継続的契約の終了

　仮に継続的契約一般に妥当する規定を設ける場合（前記 1 参照）には，期間の定めのある継続的契約に関し，期間の満了によって契約が終了することを原則としつつ，更新を拒絶することが信義則上相当でないと認められるときには，例外的に更新の申出を拒絶することができないとする規定を設けるかどうかについて，期間を定めた趣旨が没却されるなどの指摘があることも踏まえて，更に検討してはどうか。

【部会資料 19 − 2 第 7，2 ⑵［73 頁］】

(議事の概況等)

　第 20 回会議においては，期間の定めのある継続的契約に関し，更新を拒絶することが信義則上相当でないと認められるときは，更新の申出を拒絶することができないとする規定を設けることに対して，期間を定めた趣旨が没却されることや，信義則の規定に委ねておけば足りること，この規定が濫用されるおそれがあることなどを理由とする消極的な意見があった。

　また，こうした規定を設ける場合には，更新後の契約の期間がどのようになるのかを検討する必要があるとの指摘があった。この点については，部会資料 19 − 2 には，期間の定めのないものと推定するとの規定も併せて設けることを提案する考え方が紹介されていた（部会資料 19 − 2 ［75 頁］）が，この考え方に対しては，更新後に直ちに合理的な期間を置いて解約申入れがされてしまうと，更新したことの意味が失われてしまいかねないとの指摘があった。

　第 20 回会議及び第 24 回会議においては，労働契約における労働者側からの更新拒絶について制約を課すことは，労働者の職業選択の自由を制約することにもなりかねないことを指摘する意見など，労働契約に関するルールに影響が及ぶことを懸

念する意見があった。

　このほか，本論点に関連して，第24回会議において，継続的契約である基本契約が更新されたとしても，個々の発注契約がされなければ，継続的契約の更新が拒絶されたのと同じことになるという問題が生じ得ることを指摘する意見があったが，これに対しては，まずは継続的契約についての基本となるルールを定め，その次の段階として，基本的契約と個々の契約からなる継続的契約についてのルールを検討すればよいのではないかとの意見があった。

(3) 継続的契約の解除
　　仮に継続的契約一般に妥当する規定を設ける場合（前記1参照）には，継続的契約の解除に関し，契約当事者間の信頼関係を破壊するような債務不履行がなければ解除することができないとし，さらに，債務不履行による契約当事者間の信頼関係の破壊が著しいときは，催告することなく解除することができるという規定を設けるべきであるとの考え方が提示されている。そこで，この考え方の当否について，債務不履行解除とは別に，やむを得ない事由がある場合には，継続的契約を解除させてよい場合があるという意見があることも踏まえて，債務不履行解除の一般則（前記第5参照）や事情変更の原則（前記第57参照）との関係に留意しつつ，更に検討してはどうか。

【部会資料19－2第7，2(2)（関連論点）［75頁］】

（議事の概況等）

　第20回会議においては，信頼関係が破壊されなければ解除ができないというのは，要件として厳格に過ぎるとの意見があった。他方，債務不履行解除とは別に，やむを得ない事由がある場合には，継続的契約を解除させてよい場合があるという意見があり，事情変更の原則との関係等についても検討を要するとの指摘があった。

(4) 消費者・事業者間の継続的契約の解除
　　消費者・事業者間の継続的契約については，消費者は将来に向けて契約を任意に解除することができることとすべきであるとの考え方（後記第62，2⑫参照）が提示されている。そこで，この考え方の当否について，検討してはどうか。

（議事の概況等）

　本論点は，部会資料19－2では特に取り上げられていないものであるが，第20回会議及び第24回会議において，消費者が事業者から継続的に役務を受領する継続的契約に関しては，特定商取引法等の特別法において消費者に契約関係を解消する権利を認める規定が設けられていたり，民法第651条を適用することにより役務受領者側の任意解除権を認めるという解釈が行われたりしていることから，消費

者・事業者間の継続的契約については，消費者は将来に向けて契約を任意に解除することができることとすべきであるとの意見があった。

(5) 解除の効果
仮に継続的契約一般に妥当する規定を設ける場合（前記1参照）には，民法上，賃貸借や委任等の解除について設けられている規定（同法第620条，第652条等）と同様に，継続的契約の解除は将来に向かってのみその効力を生ずるとする規定を設ける方向で，更に検討してはどうか。

【部会資料19－2第7，2(3)［75頁］】

（議事の概況等）
第20回会議においては，本論点について，特に意見はなかった。

3 特殊な継続的契約－多数当事者型継続的契約

当事者の一方が多数の相手方との間で同種の給付について共通の条件で締結する継続的契約であって，それぞれの契約の目的を達成するために他の契約が締結されることが相互に予定されているものについて，その当事者は，契約の履行及び解消に当たって，相手方のうちの一部の者を，合理的な理由なく差別的に取り扱ってはならないものとすべきであるとの考え方が示されている。このような考え方に基づく規定を設けるかどうかについて，その当否や要件の明確性，効果の在り方などの点で問題を指摘する意見があることに留意しつつ，更に検討してはどうか。

【部会資料19－2第7，3(2)［77頁］】

（議事の概況等）
第20回会議においては，差別禁止については，私的独占の禁止及び公正取引の確保に関する法律（独禁法）等によって対処すべき問題であり，民法に規定を置くことに違和感があるとの意見があった。また，多数当事者型継続的契約であっても，個々の契約は一対一の交渉で内容が決まるものであるから，相手方によって取扱いは異なり得るのが通常であるとして，合理的な理由という要件が不明確であると実務が大混乱に陥るとの指摘もあった。

これに対し，多数当事者型継続的契約が存在するのは事実であるから，可能な範囲でこれについての規定を設けるべきであるとの意見もあった。その中には，差別的な取扱いは公序良俗に反するとされることがあり，独禁法だけでなく民法の原則でもあると指摘するものがあった。また，規定を設ける場合には，差別的取扱いの効果を検討する必要があるとの指摘があった。なお，第24回会議においては，多数当事者型継続的契約にどのような契約が含まれるのかが議論となり，典型的にはフランチャイズ契約が想定されているとの見方を示す意見もあった。

このほか，労働契約における差別禁止という観点から，多数当事者型継続的契約

に関する規定を設けることに賛成する意見もあったが，労働契約における差別禁止については労働に関する政策立法において対処すべきであるとの意見もあった。

4 分割履行契約

　継続的契約と外見上類似しているが区別すべき契約として，総量の定まった給付を当事者の合意により分割して履行する契約（分割履行契約）があるとされている。このうち，金銭の支払のみが分割であるものに関しては，異なる規律が妥当すると考えられるので，これを除いたものについて，分割履行部分の不履行があった場合に，①当該部分についての契約解除，②将来の履行部分についての不履行の予防措置請求等，③当該部分と一定の関係がある他の部分についての契約解除ができるようにすべきであるとの考え方が示されている。このような考え方に基づく規定を設けるかどうかについて，その必要性に疑問があるとの指摘があることに留意しつつ，更に検討してはどうか。

【部会資料19－2第7，3(1)［76頁］】

（議事の概況等）

　第20回会議においては，分割履行契約についての規定の必要性について疑問を示す意見があった。

第61　法定債権に関する規定に与える影響

　契約に関する規定の見直しが法定債権（事務管理，不当利得，不法行為といった契約以外の原因に基づき発生する債権）に関する規定に与える影響に関しては，①損害賠償の範囲に関する規定（民法第416条）の見直しに伴い，不法行為による損害賠償の範囲に関する規律について，その実質的な基準の内容と条文上の表現方法を検討する必要があり得るという意見があるほか，②債務不履行による損害賠償の帰責根拠を契約の拘束力に求めた場合（前記第3，2(2)）における法定債権の債務不履行による損害賠償の免責事由の在り方，③法律行為が無効な場合や契約が解除された場合等における返還義務の範囲（前記第5，3(2)及び第32，3(2)）と不当利得との関係，④不法行為による損害賠償請求権の期間制限（民法第724条）の在り方（前記第36，1(2)エ），⑤委任に関する規定の見直し（前記第49）に伴う事務管理に関する規定の見直しの要否，⑥特定物の引渡しの場合の注意義務に関する規定（民法第400条）を削除した場合（前記第1，2(1)）における法定債権の注意義務に関する規定の要否などの検討課題が指摘されている。これらを含めて，契約に関する規定の見直しが法定債権に関する規定に与える影響について，更に検討してはどうか。

【部会資料19－2第8［78頁］】

（議事の概況等）

1　当部会においては，「契約に関する規定を中心として見直しを行う必要がある」との諮問内容に鑑み，法定債権に関する規定は，契約に関する規定の見直しに伴って必要となる範囲に限って見直しをすることが想定されている。そのため，契約に関する規定の見直しの議論がされている現時点においては，本論点における具体的な検討課題は未だ流動的であるが，公表された立法提案等においては，例えば，部会資料19－2第8（補足説明）記載のような検討課題が指摘されている。

2　第20回会議においては，不法行為による損害賠償の範囲に関する規律に関して，民法第416条（損害賠償の範囲）の規定内容を契約に基づく債権を念頭に置いたものに改める場合（前記第3，3(1)参照）においては，不法行為による損害賠償の範囲との関係では，同条をそのまま維持することにより，現在の判例法理を生かすことが現実的ではないかという意見があった。これに対しては，裁判例には，一般論として同条を類推適用すると述べているものがあるが，実際の判断においては，同条が定める枠組みによって処理したと言えるものは必ずしも多くない上，裁判例が同条の基礎にあるという相当因果関係の枠組みによって，不法行為の損害賠償の範囲が処理されているかも不明確であるという意見があった。このような認識に基づき，損害賠償の範囲の決定基準とそれを条文上どのように表現するかを区別した上で，決定基準については，完全賠償主義（損害賠償責任の発生原因と因果関係のある

損害の全てが賠償されなければならないという立法主義。部会資料5－2第2，4(1)（補足説明）1［35頁］参照）は採用しないということが共通認識である以上，決定基準の具体的な内容が問題となるとの指摘があった。そして，この点について，いわゆる相当因果関係説は，具体的な規範を示していない点に問題があるのに対して，契約債権における契約利益説（当該契約の下で債権者に生じた損害が債権者と債務者の間でどのように割り当てられているのかという観点から損害賠償の範囲を決定する立場。部会資料5－2第2，4(1)（補足説明）2(3)［36頁］参照）は，この点について具体的な規範を提供しようとするものであり，契約債権においてこの説を採用するならば，法定債権において同様に具体的な規範を提供しようとする保護範囲説（法益侵害を禁止する規範や法益保護を命ずる規範が，どのような損害の回避を目指したものかという観点から賠償範囲を画すべきであるという立場）を採用し，それを踏まえて条文上の適切な表現方法を検討すべきではないかという意見があった。また，保護範囲説は，民法第416条の類推適用を否定する立場であり，その根拠条文を求めるとすれば同法第709条となるので，新たな条文を設けなくても，同条の下で保護範囲説の解釈を採用することを立法に際して確認することで足りるとすることもあり得るかもしれないという意見もあった。

3 　第19回会議においては，前記第1，2(1)のとおり，特定物の引渡しの場合の注意義務に関する民法第400条を不要とするとともに，必要があれば，特定物の引渡しを目的とする法定債権の特則を置けば良いとする意見があった。また，第4回会議及び第11回会議においては，前記第5，3(2)及び第32，3(2)のとおり，法律行為が無効な場合や契約が解除された場合等における返還義務の範囲について議論がされ，第13回会議においては，前記第36，1(2)エのとおり，不法行為による損害賠償請求権の期間制限（民法第724条）の在り方について議論がされた。

第62　消費者・事業者に関する規定

1　民法に消費者・事業者に関する規定を設けることの当否
　(1)　今日の社会においては，市民社会の構成員が多様化し，「人」という単一の概念で把握することが困難になっており，民法が私法の一般法として社会を支える役割を適切に果たすためには，現実の人には知識・情報・交渉力等において様々な格差があることを前提に，これに対応する必要があるとの問題意識が示されている。これに対し，契約の当事者間に格差がある場合への対応は消費者契約法や労働関係法令を初めとする特別法に委ねるべきであり，一般法である民法には抽象的な「人」を念頭に置いて原則的な規定を設けるにとどめるべきであるとの指摘もある。以上を踏まえ，民法が当事者間の格差に対してどのように対応すべきかについて，消費者契約法や労働関係法令等の特別法との関係にも留意しながら，例えば下記(2)や(3)記載の考え方が示されていることを踏まえて，更に検討してはどうか。
　(2)　上記(1)で述べた対応の在り方の一つとして，当事者間に知識・情報等の格差がある場合には，劣後する者の利益に配慮する必要がある旨の抽象的な解釈理念を規定すべきであるとの考え方がある（下記(3)の考え方を排斥するものではない。）。このような考え方の当否について，検討してはどうか。
　(3)　また，上記(1)で述べた対応の他の在り方として，抽象的な「人」概念に加え，消費者や事業者概念を民法に取り入れるべきであるという考え方がある（上記(2)の考え方を排斥するものではない。）。このような考え方については，現実の社会においては消費者や事業者の関与する取引が取引全体の中で大きな比重を占めていることや，消費者に関する法理を発展させていく見地から支持する意見がある一方で，法律の規定が複雑で分かりにくくなり実務に混乱をもたらすとの指摘，民法に消費者に関する特則を取り込むことにより消費者に関する特則の内容を固定化させることにつながるとの指摘，抽象的な規定が設けられることになり本来規制されるべきでない経済活動を萎縮させるとの指摘などが示されている。これらの指摘も考慮しながら，民法に「消費者」や「事業者」の概念を取り入れるかどうかについて，設けるべき規定の具体的内容の検討も進めつつ，更に検討してはどうか。

　　消費者や事業者に関する規定を設ける場合には，これらの概念の定義や，民法と特別法との役割分担の在り方が問題となる。「消費者」の定義については，消費者契約法上の「消費者」と同様に定義すべきであるとの考え方や，これよりも拡大すべきであるとの考え方がある。また，民法と特別法との役割分担の在り方については，消費者契約に関する特則（具体的な内容は後記2参照）や事業者に関する特則（具体的な内容は後記3参照）を民法に規定するという考え方や，この

ような個別の規定は特別法に委ね，民法には，消費者契約における民法の解釈に関する理念的な規定を設けるという考え方などがある。これらの考え方の当否を含め，消費者や事業者の定義や，これらの概念を取り入れる場合の民法と特別法の役割分担について，更に検討してはどうか。

【部会資料20－2第1，1［1頁］】

(議事の概況等)

1　今日の社会においては市民社会の構成員が多様化し，構成員の間には経験，知識等において格差が生じていることから，「人」という単一の概念で把握することが困難になっているとの問題意識が示され，このような問題意識を背景に消費者及び事業者の概念を民法に取り入れるべきであるとの考え方が示されている第20回会議においてこのような考え方が紹介されて，審議が行われた。審議においては，消費者・事業者にかかわらず，当事者間の格差に対して民法がどのように対応すべきかについて議論されたほか，消費者・事業者の概念を民法に取り入れるかどうか，取り入れる場合にこれらの概念をどのように定義するか，消費者・事業者を民法に取り入れる場合に民法にどのような規定を設け，どのような規定を設けないか（特別法に委ねるか）などが議論された。

2　当事者間の格差一般に対応する必要性を指摘する考え方

現代社会においては，知識・経験・情報・交渉力などについて当事者間に格差があるのは消費者契約だけでなく，事業者間契約においてもあり得，例えば，自ら労務を供給してその対価を得ている個人事業主と大企業との間の契約は，事業者間の契約であるが，当事者間の情報の質・量や交渉力の格差が大きいことに留意する必要があるとの視点が示された。このような視点を踏まえ，当事者間の格差を是正するには格差の実体を踏まえた柔軟かつ実効性のある方策が必要であるとの意見や，当事者間において格差がある契約（格差契約）一般において当事者が共通の基盤で契約を締結するための環境を整えるため，何らかの理念や基本的考え方を示した規定や必要な特則を設けるべきであるという意見があった。また，個人事業者と大企業との間の契約のように情報の質・量や交渉力の格差が非常に大きい事業者間契約において一方当事者が優越的地位を濫用するという弊害を除去するための様々な立法的対応がされていること（例えば，下請代金支払遅延等防止法）を踏まえて，その理念を民法に取り入れることを検討すべきであるとの意見があった。

これらに対し，現実に存在する格差をどのように解消するかを検討することは必要であるが，一般法である民法によってその解消を図るということについては異論もあり，コンセンサスがあるわけではないとの意見もあった。

3　消費者概念等を民法に取り入れることの可否

(1)　消費者概念等を民法に取り入れることに積極的な意見

民法が市民生活に関わる基本的な民事ルールを定めるものであるという性質から，消費者概念等を民法に取り入れることを支持する意見として，今日の市民社

会において消費者・事業者間の取引が取引全体の中で大きな比重を占めているという現実からすれば，消費者・事業者に関する規律を特別の例外規定として特別法に置くのではなく，市民生活に関わる基本的な民事ルールとして民法に位置づけるのがふさわしいという意見や，民法が市民社会における基本法だと言われるとき，規律の対象として，一般的な個人が日常的に行う取引がその大きな柱として想定されているとして，この分野についての規律を設けることは正に民法が担うべきものであるとの意見があった。

また，消費者保護を発展させる観点から，消費者概念を民法に取り入れることを支持する意見もあった。消費者概念を民法に取り入れることにより，不当条項や抗弁権の接続など従来特別法に限定的に置かれていた規定を発展させる可能性が生まれ，また，民法の規定のうち消費者に関する特則の要否を検討する可能性が広がると言う。同様に，ビジネスのための法ではなく，市民生活にとって必要なルールとしての民法の側面を発展させていくためにも，「人」の中心として，生きている個人・市民・消費者が明確に位置づけることが重要であるとの意見があった。

このほか，原理的に議論するよりも，どのような規定を設けるべきかを具体的に検討すべきであるとの意見があった。

(2) 消費者概念等を民法に取り入れることに消極的な意見

他方，消費者概念等を民法に取り入れることに対しては，様々な観点から，消極的な意見も述べられた。

まず，抽象的な「人」概念に加えて場面に応じた特則を設けるとしても，その方法にはいろいろな可能性が考えられ，また，情報や交渉力の格差が生じうる場合も事業者・消費者だけに限らないところ，なぜ事業者と消費者という切り口だけ民法に取り入れるのかについて理由が示されていないとの問題提起があった。これに対しては，債権関係のルールを議論するに当たってどのような類型化が望ましいのかということが問題であり，消費者という類型が取引の世界で重要性を持っていることは否定できないとの意見や，民法に消費者に関する特則を定めるべきであるとの主張は，日常生活における取引についての基本的な法律関係を明らかにしてその基礎を与えるという民法の役割から十分に説得的であるとの意見があった。

また，民法に消費者概念を取り入れることにより法律の適用関係などが分かりにくくなることを指摘する意見があった。民法に様々な種類の人に関する規定が設けられ，様々な場合分けをした複雑な規定を置くことになり，適用関係が複雑になって実務に混乱を来すのではないかというものである。また，一般法としての民法には，それぞれ固有の目的を有する特別法と比較対照することにより，その乖離の有無や程度を明らかにするためのレファレンスフレームとしての意味があるが，民法に消費者概念等を取り込むことにより，このような分かりやすさを害するのではないかとの意見もあった。

民法に消費者概念を取り込むことの消費者保護への影響を懸念する意見もあった。消費者保護のためには，消費者契約法第1条の目的規定を踏まえた解釈の必要性や実体ルールの機動的改正の要請等も考慮する必要があるほか，同法は，裁判実務より相談の現場で使われることが多いことや差止請求の対象を画する機能があることを踏まえると，規定内容や適用範囲の明確性が重要であるという観点も踏まえて慎重に検討すべきであるとする。また，消費者契約法が制定されてからそれほどの期間が経過しておらず，消費者に関する規定としてどのようなものが適切かはまだ流動的であるから，現時点での規定内容を一般法である民法に取り込むと機動的な改正が困難になり，現時点での規定内容が固定されることになるのではないかとの懸念を示すものがあった。

消費者概念等を民法に取り入れることの経済活動への懸念を示す意見もあった。消費者保護の必要性がある一方で，健全な経済発展，産業のイノベーションを図る観点から，正常な取引活動を制約することがあってはならないが，民法に消費者保護の規定を置こうとすると要件効果を細かく書き分けるのが困難になり，ある程度概括的な規定になる結果，本来規制すべきでないものについてまで規制するおそれがあるというものである。

また，「人」の多様性について，差異があるからこそ創意工夫や市民社会の活力やエネルギーが生まれるという面があり，民法が「人」という単一概念で捉えていることには，構成員の多様性についていたずらに国家が容喙しないという積極的な意味があるのではないかとの意見があった。

(3) その他

消費者に関するルールの置き場所よりも，消費者保護のための規定の内容を整備する方が重要であることから，消費者に関する規定を民法に設けるか特別法に設けるかは，どうすれば現在又は近い将来における適切な法形成を後押しできるかという観点から考えるべきであるとの意見があった。

また，消費者保護を目的とする規律は最終的には消費者契約法又は消費者統一法典という法律で設けるべきだが，近い将来このような動きがないのであれば，民法に設けることでもよく，まず民法で消費者保護に関するルールを規定し，将来消費者契約法なり消費者法典に昇華することもあり得るとの意見があった。

4 消費者・事業者の定義

仮に消費者・事業者概念を民法に取り入れることとする場合，これらの概念をどのように定義するかについても議論が行われた。例えばネットオークションや中古品の売買を繰り返している個人をどのように扱うのかという問題提起や，労働者をどのように扱うのかという問題提起があった（なお，労働者が消費者契約法上の「消費者」に該当するかどうかについて，同法の立案担当者の理解によれば，労働者が労務提供を反復継続しても「事業」に該当せず，労働契約における労働者は同法第2条第1項の定義上消費者に該当するが，労働の分野については労働関係法令による規律がされているため，消費者契約法の適用が除外されていることが紹介された。）。

また,「消費者」については,消費者契約法に定義の先例があることから,これとの関係が問題になった。同法では「個人(事業として又は事業のために契約の当事者となる場合におけるものを除く。)」とされており(同法第2条第1項),分かりやすさの観点などからこれと同じ定義を用いるという意見もあったが,必ずしもこれと同じ定義を用いる必要はないとの意見もあり,具体的な提案として,例えば,個人から「直接」事業に関する取引をしたものだけを除外するなど,消費者契約法上の消費者概念よりも広く捉えるものもあった。

他方,事業者については,商事ルールを民法に一般化又は統合する場合に,事業者概念がそのルールの適用範囲を画する機能を担うと考えられるが,このような観点からは,事業者概念が消費者概念と対になる必要はなく,また,消費者契約を定義するために必要な概念としての「事業者」概念と一致する必要もないとの指摘があった。

5 民法と特別法との役割分担

民法に消費者・事業者の概念を取り入れるかどうかと,消費者契約法などの特別法の規定をどこまで民法に取り込むかとは別の問題である。

民法と特別法との役割分担については,民法には基本的な民事ルールを取り込む必要があるが,業種ごとの特別な考慮から設けられた規定や,行政的規制と協働して機能しているものは特別法に残しておくべきであるとの意見があった。

また,民法の様々な条文が消費者取引の特質に併せて発展していく可能性を大きくするためには,民法には消費者及び事業者の定義規定と,消費者契約に民法を適用する場合に留意すべき事項などの理念的な一般条項を設けるにとどめ,既に消費者契約法に置かれている個別の規定は同法に残しておくべきであるとの意見があった。

2 消費者契約の特則

仮に消費者・事業者概念を民法に取り入れることとする場合に,例えば,次のような事項について消費者契約(消費者と事業者との間の契約)に関する特則を設けるという考え方があるが,これらを含め,消費者契約に適用される特則としてどのような規定を設ける必要があるかについて,更に検討してはどうか。

① 消費者契約を不当条項規制の対象とすること(前記第31)
② 消費者契約においては,法律行為に含まれる特定の条項の一部について無効原因がある場合に,当該条項全体を無効とすること(前記第32,2(1))
③ 消費者契約においては,債権の消滅時効の時効期間や起算点について法律の規定より消費者に不利となる合意をすることができないとすること(前記第36,1(4))
④ 消費者と事業者との間の売買契約において,消費者である買主の権利を制限し,又は消費者である売主の責任を加重する合意の効力を制限する方向で何らかの特則を設けること(前記第40,4(3))

⑤ 消費貸借を諾成契約とする場合であっても，貸主が事業者であり借主が消費者であるときには，目的物交付前は，借主は消費貸借を解除することができるものとすること（前記第44，1(3)）
⑥ 貸主が事業者であり借主が消費者である消費貸借においては，借主は貸主に生ずる損害を賠償することなく期限前弁済をすることができるとすること（前記第44，4(2)）
⑦ 消費者が物品若しくは権利を購入する契約又は有償で役務の提供を受ける契約を締結する際に，これらの供給者とは異なる事業者との間で消費貸借契約を締結して信用供与を受けた場合は，一定の要件の下で，借主である消費者が供給者に対して生じている事由をもって貸主である事業者に対抗することができるとすること（前記第44，5）
⑧ 賃貸人が事業者であり賃借人が消費者である賃貸借においては，終了時の賃借人の原状回復義務に通常損耗の回復が含まれる旨の特約の効力は認められないとすること（前記第45，7(2)）
⑨ 受任者が事業者であり委任者が消費者である委任契約においては，委任者が無過失であった場合は，受任者が委任事務を処理するに当たって過失なく被った損害についての賠償責任（民法第650条第3項）が免責されるとすること（前記第49，2(3)）
⑩ 受託者が事業者であり寄託者が消費者である寄託契約においては，寄託者が寄託物の性質又は状態を過失なく知らなかった場合は，これによって受寄者に生じた損害についての賠償責任（民法第661条）が免責されるとすること（前記第52，5(1)）
⑪ 消費者契約の解釈について，条項使用者不利の原則を採用すること（前記第59，3）
⑫ 継続的契約が消費者契約である場合には，消費者は将来に向けて契約を任意に解除することができるとすること（前記第60，2(3)）

【部会資料20－2第1，2［11頁］】

(議事の概況等)

　消費者と事業者との間の契約に適用される特則として，例えば本文記載の事項についての特則を設けるべきであるとの考え方が紹介され，第20回会議において審議が行われた。これらの考え方に関する議事の概況については，本文中に記載した箇所を参照されたい。

3　事業者に関する特則
(1)　事業者間契約に関する特則
　　仮に事業者概念を民法に取り入れることとする場合に，例えば，次のような事項について事業者と事業者との間の契約に適用される特則を設けるべきであると

いう考え方がある。これらを含め，事業者間契約に関する特則としてどのような規定を設ける必要があるかについて，更に検討してはどうか。
① 事業者間契約は，債務者が催告に応じなければ原則として契約を解除することができ，重大な契約違反に該当しないことを債務者が立証した場合に限り，解除が否定されるとすること（前記第5，1(1)）
② 事業者間の定期売買においては，履行を遅滞した当事者は相手方が履行の請求と解除のいずれを選択するかの確答を催告することができ，確答がなかった場合は契約が解除されたものとみなすこと（前記第40，4(4)）
③ 事業者間の売買について買主の受領拒絶又は受領不能の場合における供託権，自助売却権についての規定を設け，目的物に市場の相場がある場合には任意売却ができるとすること（前記第40，4(4)）

【部会資料20－2第1，3(1)［14頁］】

（議事の概況等）
1 事業者同士の契約に適用される特則として，例えば本文記載の考え方があることが紹介され，第20回会議において審議が行われた。
2 総論
　事業者に関する規律を設けるに当たっての総論的な指摘として，商事ルールを規定している商法典は，「商人」「商行為」「営業の範囲内」等の概念を用い，これらを組み合わせて各ルールの適用範囲を画していることを指摘し，民法に事業者に関する規律を設けるに当たっては，各ルールについてその適用範囲をどのような概念を用いて画するかという観点からの検討が重要になるとの意見があった。また，民法に事業者に関する特則を設ける場合には，商行為法との関係をどう考えるのかについて，民法に規定することの妥当性と併せて慎重に検討すべきであるとの意見があった。
3 事業者間契約に関する特則
　事業者間契約に関する特則の具体的な内容について例えば本文記載の考え方があるが，これらの考え方についての議事の概況は，本文中に記載した箇所を参照されたい。

(2) 契約当事者の一方が事業者である場合の特則
　仮に事業者概念を民法に取り入れることとする場合に，例えば，次のような事項について，契約の一方当事者が事業者であれば他方当事者が消費者であるか事業者であるかを問わずに適用される特則を設けるべきであるとの考え方がある。これらを含め，契約当事者の一方が事業者である場合の特則としてどのような規定を設ける必要があるかについて，更に検討してはどうか。
① 債権者が事業者である場合には，特定物の引渡し以外の債務の履行は債権者の現在の営業所（営業所がないときは住所）においてすべきであるとすること

（前記第17，6(2)）
② 事業者が事業の範囲内で不特定の者に対して契約の内容となるべき事項を提示した場合に，提示された事項によって契約内容を確定することができるときは，その提示を申込みと推定すること（前記第24，2(2)）
③ 事業者がその事業の範囲内で契約の申込みを受けた場合には，申込みとともに受け取った物品を保管しなければならないとすること（前記第24，7）
④ 買主や注文者が事業者である場合においては，売主や請負人の瑕疵担保責任の存続期間の起算点を瑕疵を知り又は知ることができた時とすること（前記第39，1(6)，第48，5(5)）
⑤ 賃貸人が事業者である場合においては，賃貸借の目的物の用法違反に基づく損害賠償を請求すべき期間の起算点を損傷等を知り又は知ることができた時とすること（前記第45，7(3)ア）
⑥ 寄託者が事業者である場合においては，返還された寄託物に損傷又は一部滅失があったことに基づく損害賠償を請求すべき期間の起算点を損傷等を知り又は知ることができた時とすること（前記第52，6）
⑦ 役務提供者が事業者である場合は，無償の役務提供型契約においても注意義務の軽減を認めないとすること（前記第50，2）
⑧ 宿泊事業者が宿泊客から寄託を受けた物品について厳格責任を負う原則を維持しつつ（商法第594条第1項参照），高価品について損害賠償額を制限するには宿泊事業者が価額の明告を求めたことが必要であるとし，また，正当な理由なく保管の引受を拒絶した物品についても寄託を受けた物品と同様の厳格責任を負うとすること（前記第52，11）

　　　　　　　　　　　　　　　【部会資料20－2第1，3(2)［16頁］】

（議事の概況等）
　契約当事者の一方が事業者である場合に適用される規律として，例えば本文記載の考え方があることが紹介され，第20回会議において審議が行われた。これらの考え方に関する議事の概況については，本文中に記載した箇所を参照されたい。

(3) 事業者が行う一定の事業について適用される特則
　仮に事業者概念を民法に取り入れることとする場合に，例えば次のような事項については，事業者が行う事業一般に適用するのでは適用対象が広すぎ，反復継続する事業であって収支が相償うことを目的として行われているものを指す「経済事業」という概念によって規定の適用範囲を画すべきであるという考え方がある。「経済事業」という概念を用いて規定の適用範囲を画することの当否や，経済事業に適用される特則としてどのような規定を設ける必要があるかについて，更に検討してはどうか。
① 事業者がその経済事業の範囲内で保証をしたときは，特段の合意がない限

り，その保証は連帯保証とすること（前記第12，6(1)）
② 事業者間において貸主の経済事業の範囲内で金銭の消費貸借がされた場合は，特段の合意がない限り利息を支払わなければならないとすること（前記第44，2)
③ 事業者が経済事業の範囲内において受任者，役務提供者（役務提供型契約の受皿規定（前記第50参照）を設ける場合）又は受寄者として委任契約，役務提供型契約又は寄託契約を締結した場合は有償性が推定されるとすること（前記第49，3(1)，第50，4(1)，第52，5(2)）
④ 事業者がその経済事業の範囲内において寄託を受けた場合は，無償の寄託においても受寄者の注意義務の軽減を認めないとすること（前記第52，3）
⑤ 組合員の全員が事業者であって，経済事業を目的として組合の事業が行われる場合は，組合員が組合の債権者に対して負う債務を連帯債務とすること（前記第53，2）

【部会資料20－2第1，3(3)［20頁］】

(議事の概況等)

1 本文記載の「経済事業」概念によって適用範囲を限定した上で事業者に適用すべき規律として，例えば本文記載の考え方があることが紹介され，第20回会議において審議が行われた。

2 「経済事業」の概念については，「収支相償う」の意味が不明確であるとの意見があった。

「経済事業」という概念によって適用範囲を画すべき規定の具体的な内容については例えば本文記載の考え方があるが，これらの考え方についての議事の概況は，本文中に記載した箇所を参照されたい。

第63　規定の配置

　民法のうち債権関係の規定の配置については，①法律行為の規定を第3編債権に置くべきであるという考え方の当否，②時効の規定のうち債権の消滅時効に関するものを第3編債権に置くべきであるという考え方の当否，③債権総則と契約総則の規定を統合するという考え方の当否，④債権の目的の規定を適切な場所に再配置する考え方の当否，⑤典型契約の配列について有償契約を無償契約より先に配置する考え方の当否，⑥第三者のためにする契約や継続的契約に関する規定（前記第26及び第60）等，各種の契約類型に横断的に適用され得る規定の配置の在り方等の検討課題が指摘されている。これらを含めて，民法のうち債権関係の規定の配置について，配置の変更により現在の実務に与える影響，中長期的な視点に立った配置の分かりやすさの確保，民法の基本理念の在り方等の観点に留意しつつ，更に検討してはどうか。

【部会資料20－2第2［24頁］】

（議事の概況等）

1　第20回会議においては，大村敦志幹事から「民法改正にかかわる総論的諸問題に関する意見－民法典の編成問題を中心に－」と題する資料，山野目章夫幹事から「債権関係の規定の見直しと民法の編成」と題する資料，山本敬三幹事から「民法典の編成と規定の配置」と題する資料がそれぞれ提出され，規定の配置に関する具体的な提案がされた。

　大村幹事提供資料は，国民にとっての分かりやすさと現役の法律家にとってのなじみやすさという観点や，法制度の機能性と民法典の構造的な視点との調和，債権関係の規定の配置に関する態度決定が民法典の他の部分に与える影響等の観点に留意しつつ，ⅰ）第1編総則は基本原理と基本概念を定める小さなものとすること，ⅱ）人と家族とを同じ編にまとめること，ⅲ）法律行為の規定の大部分を債権編に移すこと，ⅳ）消滅時効と取得時効とを債権編・物権編に振り分けること，ⅴ）債権編には総則を置かないこと，ⅵ）契約各則を独立の編とすること，ⅶ）担保を独立の編とすること，ⅷ）第2編物権を第3編債権の後に置くことなど内容とする（もっとも，ⅱ）ⅶ）については態度決定を留保し，ⅵ）ⅷ）は望ましいと思うが，強く主張するものではなく，ⅰ）ⅲ）ⅳ）ⅴ）については部分的な採択も可能であるとする。）。

　山野目幹事提供資料は，継続性への配慮と透視性の向上という観点に基づき，第1編総則の冒頭において消費者の標準的な概念を明らかにしつつ，消費者契約法第1条に類する消費者の権利擁護に関する基本原則を置くこと，第1編総則に後見，保佐及び補助に関する一般的規律を置くこと，契約の効力に関する諸種の事項の規律については，そのうち基本原則に係る部分は，債権の効力に関する通則的な規定

を置く部分に置き，また，契約に固有の規律部分は，契約の総則規定群に置くという考え方か，基本原則に係る部分と契約に固有の規律部分との両方を適切に書き分けつつ，いずれも債権の効力に関する通則的な規定を置く部分に置くという考え方のいずれかを，当部会における審議の帰すうを踏まえながら決するべきであるなどとして，第１編総則と第３編債権の具体的な編成案を提示する。

　山本（敬）幹事提供資料は，法律行為概念を維持し，これを引き続き第１編総則に置くこと，債権の消滅時効に関する規定は，その趣旨と規定内容の改正内容に応じて第１編総則に置くか第３編債権に置くかを決すべきであること，債権総則と契約総則を統合して再編すること，各種の契約に関する規定群を債権及び契約総則に関する規定群から独立させた上で，各種契約類型の配列を再検討するものであり，第１編総則と第３編債権の具体的な編成案を提示する。

2　このほか，次のような意見があった。すなわち，①第１編第５章（法律行為）の規定を，第３編債権に置くべきであるという考え方に関しては，現行法の規定を余り動かさないほうが分かりやすいという観点から否定的な意見と，肯定的な意見があったが，現在の法律行為の規定の多くが契約を想定しているのではないかという規定の具体的な中身の検証という問題と，契約の規律に法律行為総則的な意味合いを持たせることの可否に留意して検討すべきであるという意見や，法律行為の規定を債権編に規定すると，手形行為やその他の有価証券上の行為等，成文法上法律行為としての性質が必ずしも明確にされていないものの取扱いに疑義が生ずるのではないかという意見があった。②第１編第７章（時効）の規定のうち債権の消滅時効に関するものを，第３編債権に置くべきであるという考え方に関しても賛否両論があった。また，これらの法律行為と債権に関する時効の配置を考えるに当たっては，第１編総則に何を規定すべきかといった観点からの第１編総則全体の民法典における位置付けについて検討が重要となるのではないかという意見があった。

　③第３編債権のうち第１章の債権総則と第２章第１節の契約総則の各規定を，契約に関する規定をまとめるという観点から統合して再編するという考え方に関しては，現行法と同様に区別して規定すべきであるという意見と，債務不履行による損害賠償と解除・危険負担が分断して規定されていることの分かりづらさから統合することにも理由があるという意見等があった。

　④第３編第１章第１節（債権の目的）の規定を，この編の冒頭に一括して配置する必要はなく，適切な場所に配置し直すべきであるという考え方に関しては，適切な再配置が検討されて良いという意見があった。また，第19回会議においても，法定債権と契約債権に共通する規定として債権総則に置くべきか，法定債権への適用可能性が低いとして契約総則に置くべきか，契約各則に個別に規定すべきかなどを検討すべきではないかという意見があった。

　⑤典型契約の配列に関して同種の契約類型内においては有償契約を先に規定すべきであるという考え方については，これに賛成する意見のほか，典型契約の類型化を重視すると，個々の典型契約の性質よりも類型としての性質が重視されるおそれ

があるため，配列の検討の際には，最も問題となり得る賃貸借に関する認識や評価等に留意しつつ，現代の日本社会において最も適切な配列は何かを考えるべきではないかという意見，労働契約法制が適用される民法の典型契約は雇用に限らず，請負・有償委任・準委任・混合契約等にも適用され得るところ，雇用を役務提供型契約の最後に配置すると労働契約法制上の適用対象が民法上の雇用契約だけであるという誤解を招くのではないかという懸念があるという意見があった。

⑥各種の契約類型に横断的に適用され得る規定として，第三者のためにする契約に関する規定（前記第26）及び継続的契約に関する規定を設ける場合における当該規定（前記第60）の配置についても検討すべきであるという意見があった。

また，民法の条文番号を変更すると，民法の条文を引用する多数の契約書の改訂作業が実務上大きな負担となり得る点と，条文が増えすぎることによりかえって民法が分かりづらくなるという点に留意してほしいという意見があった。これに関連して，今後の検討の視点として，現行法の配置に親しんでいる法律家の視点で見るのではなく，初めて民法に接しようとするこれからの法律家や国民にとっての分かりやすさという長期的な観点からの検討が必要ではないかという意見があった。

このほか，「債権」と「債務」,「債権法」と「債務法」などの用語の使い分けについて，諸外国の立法例の解説と併せて議論がされた。

民法(債権関係)の改正に関する中間的な
論点整理の補足説明

2011年6月20日　初版第1刷発行

編　者　　商　事　法　務

発行者　　大　林　　　譲

発行所　　株式会社　商　事　法　務
〒103-0025 東京都中央区日本橋茅場町 3-9-10
TEL 03-5614-5643・FAX 03-3664-8844〔営業部〕
TEL 03-5614-5649〔書籍出版部〕
http://www.shojihomu.co.jp/

落丁・乱丁本はお取り替えいたします。　　印刷／広研印刷㈱
© 2011 Shojihomu　　　　　　　　　　　　Printed in Japan
Shojihomu Co., Ltd.
ISBN978-4-7857-1888-6
＊定価はカバーに表示してあります。